COMMENTAIRES

DE

JEAN CALVIN

SUR LE

NOUVEAU TESTAMENT

COMMENTAIRES

DE

JEAN CALVIN

SUR LE

NOUVEAU TESTAMENT

TOME HUITIÈME

LES ÉPÎTRES « CATHOLIQUES »

DEUXIÈME VOLUME

L'ÉPÎTRE DE JACQUES
LES DEUX ÉPÎTRES DE PIERRE
LA PREMIÈRE ÉPÎTRE DE JEAN
L'ÉPÎTRE DE JUDE

ÉDITIONS KERYGMA - ÉDITIONS FAREL
AIX-EN-PROVENCE MARNE-LA-VALLÉE

*Le présent volume fait partie d'une édition de certaines œuvres de Jean Calvin, présentée conjointement par les Editions Kerygma et les Editions Farel. Cette collection comprend l'*Institution de la Religion Chrétienne *et, à présent, les commentaires de Calvin sur la* Genèse, *l'*Evangile de Jean, *les* Epîtres de Paul aux Romains, Galates, Ephésiens, Philippiens, Colossiens, *les* Epîtres pastorales *et l'*Epître aux Hébreux. *Elle reproduit intégralement les éditions publiées entre 1955 et 1968 par Labor et Fides de Genève, à qui revient le mérite pour la disposition et la présentation du texte.*

Farel et Kerygma poursuivent le travail de mise en orthographe moderne des ouvrages de Calvin, commencé de façon si compétente par les pasteurs Pierre Marcel et Jean Cadier. Le désir des éditeurs est que ces livres soient accessibles au plus grand nombre et qu'ils contribuent ainsi à l'édification de l'Eglise de Jésus-Christ.

B.P. 20
France - 77421 Marne-la-Vallée Cédex 2
ISBN 2-86314-104-X

33, avenue Jules-Ferry
France - 13100 Aix-en-Provence
ISBN 2-905464-24-0

Photocomposition : Scriptura - Montélimar (France)
Imprimé aux Etats-Unis
Dépôt légal 2e trimestre 1992

L'ÉPÎTRE DE JACQUES

TEXTE ÉTABLI PAR LE PASTEUR RODOLPHE AEBERHARD

ÉPÎTRE CATHOLIQUE DE S. JACQUES

ARGUMENT

On peut facilement connaître par ce que disent S. JEROME et EUSEBE, qu'en plusieurs Eglises anciennement cette épître n'a pas été reçue sans débat ni difficulté. Et encore aujourd'hui il y en a qui n'estiment pas qu'on doive la tenir pour Ecriture authentique. Toutefois, pour ma part, parce que je ne vois cause qui soit suffisante pour la rejeter, je la reçois volontiers, et sans en faire difficulté quelconque. Car, quant à ce qu'il semble que le second chapitre renverse la doctrine de la justification gratuite, nous résoudrons facilement ce doute, quand nous en viendrons à l'exposition du passage. Et quant à ce qu'on pourrait penser qu'il ne magnifie pas la grâce de Christ en telle sorte que doit le faire un Apôtre, certes la réponse est facile : à savoir que nous ne devons pas requérir précisément que tous traitent un même argument ou un même point de doctrine. Il y a bien de la différence entre les livres de Salomon et le style de David. Car alors que Salomon s'arrête plus à former et façonner l'homme extérieur et à traiter les règles et préceptes concernant la vie politique, on sait bien que David est toujours sur le service spirituel de Dieu, le repos de la conscience, la miséricorde de Dieu et la promesse gratuite de salut, et ne parle quasi d'autre chose. Cependant, cette diversité ne fait pas qu'en approuvant l'un nous condamnions l'autre. Qui plus est, entre les Evangélistes même il y a une si grande différence dans l'affirmation de la vertu de Christ, que si on compare à S. Jean les trois autres, à peine auront-ils des étincelles de cette grande lueur qui apparaît si évidemment en S. Jean. Et toutefois nous les recevons tous quatre également. Dès lors, pour recevoir cette épître, ce m'est assez qu'elle ne contient rien qui soit indigne d'un Apôtre de Christ, mais qu'au contraire elle est toute pleine de diverses et bonnes doctrines, dont l'utilité s'étend bien loin à toutes les parties de la vie chrétienne. Car il y a des sentences bien notables sur la patience, sur l'invocation de Dieu, sur l'excellence et le fruit de la doctrine céleste, sur l'humilité, sur les exercices saints, sur la vertu de retenir la langue, d'entretenir la paix, de réprimer les cupidités, sur le mépris de la vie présente, et d'autres semblables que nous expliquerons chacune en son lieu.

Au reste, il y a un peu plus grande raison de douter de l'auteur de cette épître. Il est bien certain que ce n'est point le fils de Zébédée, lequel Hérode fit décapiter un peu après la résurrection de notre Seigneur (Act. *12* : 2). Les anciens sont presque tous d'accord que ç'a été un des disciples nommé Oblias, parent de Jésus-Christ, qui fut aussi évêque en l'Eglise de Jérusalem. Et ils pensent que c'est celui même que S. Paul en l'épître aux Galates adjoint avec Pierre et Jean, disant qu'ils étaient estimés les colonnes (Gal. *2* : 7). Mais il me semble qu'il n'y a point d'apparence de dire qu'un des disciples soit compté au nombre des trois colonnes et élevé par-dessus les dix Apôtres. Aussi inclinerai-je plutôt à une autre opinion : que celui dont parle S. Paul, était le fils d'Alphée. Bien que je ne nie pas qu'il y en ait eu un autre ordonné sur l'Eglise de Jérusalem, et qui était même de la compagnie des disciples. Car il ne fallait pas que les Apôtres fussent attachés à un certain lieu. Or ce n'est pas à moi d'affirmer lequel de ces deux Jacques est auteur de cette épître. Toutefois il apparaît que cet Oblias était de grande autorité entre les Juifs, parce que JOSEPHE ne fait point de difficulté d'imputer en partie la destruction de Jérusalem à la mort de ce saint personnage, qui fut cruellement mis à mort par la bande du méchant sacrificateur.

COMMENTAIRE SUR L'ÉPÎTRE DE S. JACQUES

CHAPITRE PREMIER

1. *Jaques serviteur de Dieu, et du Seigneur Jésus-Christ, aux douze lignées qui estes esparses, salut.*
2. *Mes frères, tenez pour une parfaite joye, quand vous cherrez en diverses tentations :*
3. *Sçachans que la probation*[1] *de vostre foy engendre patience.*
4. *Mais* il faut *que la patience ait une œuvre parfaite : afin que vous soyez parfaits et entiers, ne défaillans en rien*[2].

1. JACQUES SERVITEUR DE DIEU, ET DU SEIGNEUR JESUS-CHRIST, AUX DOUZE LIGNEES QUI ETES EPARSES, SALUT. Quand les dix lignées furent emmenées en captivité, le roi des Assyriens donna pour habitation aux captifs divers endroits du pays. Puis, comme il se fait coutumièrement lors des mutations des royaumes, telles qu'elles advinrent alors, il est vraisemblable qu'ils changèrent de pays et se retirèrent séparément, les uns de çà, les autres de là. Et quant aux Juifs, ils étaient épars presque par toutes les régions du monde. Il exhorte donc par écrit tous ceux-ci, auxquels il ne pouvait parler en leur présence, d'autant qu'ils étaient fort éloignés de lui. Or quant à ce qu'il ne traite point de la grâce de Christ, ni de la foi en lui, il semble qu'il ne le fait pour autre raison, sinon qu'il adressait son propos à des gens qui étaient déjà droitement enseignés par d'autres, en sorte qu'ils avaient plus grand besoin d'aiguillons d'exhortations que de doctrine.

2. TENEZ POUR UNE PARFAITE JOIE, QUAND VOUS CHERREZ[3] EN DIVERSES TENTATIONS. C'est la première exhortation, à savoir qu'ils reçoivent d'un cœur joyeux les tentations, vu que par elles leur foi est éprouvée. Or il était bien nécessaire de donner alors quelque consolation aux pauvres Juifs, presque accablés de tant d'angoisses et de misères. Car le nom de cette nation était si diffamé et décrié qu'en quelque lieu qu'ils arrivassent, ils étaient en haine et mépris à tous les autres peuples. Mais la condition des Juifs qui étaient chrétiens était plus misérable encore, parce que même ceux de leur nation leur étaient des ennemis mortels. Encore que cette consolation n'ait point été tellement propre à un temps, qu'elle ne soit toujours utile aux fidèles, dont la vie est une bataille continuelle sur la terre. Au

[1] Ou, *l'espérance.*
[2] Ou, *de sorte que rien ne vous défaille.*
[3] Ou, *tomberez.*

surplus, afin que nous entendions mieux ce qu'il veut dire, il ne faut point douter qu'il ne prenne les *tentations* pour toutes les adversités, d'autant que ce sont les épreuves de l'obéissance que nous rendons à Dieu. Quand les fidèles sont exercés par elles, il veut qu'ils s'en réjouissent, et non seulement quand ils tombent en une seule tentation, mais en plusieurs, et non point seulement d'une sorte, mais de diverses. Et de fait, puisqu'elles servent à mortifier notre chair, comme les vices de la chair bourgeonnent continuellement en nous, ainsi faut-il nécessairement qu'elles reviennent souvent. Davantage, comme nous sommes malades de diverses maladies, il ne se faut point ébahir si divers remèdes leur sont appliqués. Le Seigneur nous afflige donc en diverses sortes, parce que l'ambition, l'avarice, l'envie, la gourmandise ou l'ivrognerie, l'amour excessif du monde et tant d'appétits désordonnés dont nous sommes pleins, ne pourraient pas être guéris tous par un même remède.

Quand il veut qu'on *tienne pour une parfaite joie*, c'est comme s'il disait que les tentations doivent être tellement estimées à gain et profit qu'on n'y prenne que matière de joie. Bref, il signifie qu'il n'y a rien dans les afflictions qui empêche notre joie. Et par ce moyen non seulement il commande de supporter paisiblement et patiemment les adversités, mais il montre qu'il y a occasion pour les fidèles de se réjouir, quand ils sont pressés par elles. Il est certain que tous les sens de notre nature sont sujets à cela, qu'il n'y a si petite tentation qui ne nous rende tristes et marris. Et il n'y en a pas un de nous qui puisse si bien dépouiller sa nature qu'il ne soit peiné et fâché aussitôt qu'il sent quelque mal. Mais cela n'empêche point que les enfants de Dieu, par la conduite du Saint-Esprit, ne regardent plus haut pour surmonter la douleur de la chair. De là vient qu'ils ne laissent point de se réjouir, même au milieu de la tristesse.

3. SACHANT QUE LA PROBATION[1] DE VOTRE FOI ENGENDRE PATIENCE. Nous voyons maintenant pourquoi il a appelé les adversités « tentations », à savoir parce qu'elles servent à éprouver notre foi. Or c'est là une explication pour confirmer la sentence précédente. Car on pouvait objecter au contraire : comment se peut-il faire que ce que nous sentons être amer, nous le jugions être doux ? Il montre donc par l'effet, qu'il se faut réjouir au milieu des afflictions, d'autant qu'elles engendrent un fruit grandement à priser, à savoir la patience. Ainsi donc, puisque Dieu pourvoit à notre salut, il nous donne occasion et matière de nous réjouir. S. Pierre use d'un même argument vers le commencement de sa première épître, disant : « Afin que l'épreuve de votre foi, beaucoup plus précieuse que l'or, soit trouvée en louange. » Car certes la raison pour laquelle nous avons en horreur les maladies, la pauvreté, le bannissement, la prison, l'ignominie et la mort, c'est parce que nous pensons que ce sont des maux. Mais quand nous entendons que par la grâce de Dieu toutes ces choses nous sont converties en aides de salut, ce serait une grande ingratitude à nous de murmurer contre elles, et de ne pas nous offrir à lui volontairement, pour être traités d'une affection si paternelle.

S. Paul au chapitre 5 des Romains, v. 3, use de ce mot « glorifier », au lieu que S. Jacques dit ici « avoir joie ». *Nous nous glorifions dans les tribulations* (dit-il) *sachant que la tribulation engendre la patience*. Ce qu'il ajoute immédiatement après semble être contraire aux paroles de S. Jacques. Car il met en troisième lieu, comme l'effet de la patience, l'épreuve, laquelle est ici mise en premier lieu, comme la cause. Mais il est facile de résoudre ceci, vu que la signification du mot est là active, et ici passive. Selon S. Jacques

[1] Ou, *épreuve*.

l'épreuve engendre la patience, du fait que si le Seigneur ne nous éprouvait, mais nous laissait en oisiveté, il n'y aurait point matière à patience, laquelle n'est autre chose qu'une constance de courage à endurer les adversités. Mais S. Paul entend que quand nous surmontons les maux par la patience, nous expérimentons ce que vaut l'aide de Dieu dans la nécessité. Car alors la vérité de Dieu nous est montrée quasi à l'œil, comme quand on nous mène sur place pour nous faire voir une chose de près, et cela est cause que nous prenons plus d'espérance pour l'avenir. Car quand nous connaissons la vérité de Dieu par expérience, nous nous y arrêtons avec plus d'assurance. Pour cette raison, S. Paul enseigne que d'une telle épreuve, c'est-à-dire d'une telle expérience de la grâce de Dieu, procède l'espérance ; non pas que l'espérance ne commence point plus tôt qu'alors, mais pour autant qu'alors elle croît, et qu'elle est confirmée. Toutefois tous deux signifient que la tribulation est cause de patience. Au reste, les esprits des hommes ne sont point naturellement disposés à cela, que l'affliction leur apporte avec soi la patience. Mais S. Paul et S. Jacques ne regardent point tant à la nature des hommes qu'à la providence de Dieu, qui fait que les fidèles par les adversités sont conduits à patience, bien qu'envers les infidèles elles ne servent qu'à les envenimer de rage de plus en plus, comme il est montré par l'exemple de Pharaon.

4. MAIS IL FAUT QUE LA PATIENCE AIT UNE ŒUVRE PARFAITE, AFIN QUE VOUS SOYEZ PARFAITS ET ENTIERS[1], NE DEFFAILLANT EN RIEN. Parce que bien souvent se lèvent en nous des bouffées de vertu et de magnanimité, qui ensuite s'évanouissent tout aussitôt, pour cette cause il requiert la constance. Alors ce sera une vraie patience, dit-il, quand elle durera jusqu'à la fin (car *œuvre* est ici prise pour « effet »), et cela en sorte que non seulement nous soyons victorieux en un combat, mais que nous persévérions toute notre vie. On pourrait aussi rapporter cette perfection à la pure affection du cœur, à ce que les hommes s'assujettissent à Dieu de bon gré et non point par feintise. Mais parce que ce mot *œuvre* est ajouté, j'aime mieux le rapporter à la constance. Car comme nous avons déjà dit, il semble que plusieurs ont au commencement une magnanimité héroïque, qui sitôt après deviennent lâches. Aussi veut-il que nous persévérions jusqu'au bout, si nous voulons être parfaits et accomplis. Or, par ces deux mots, il signifie ce qu'il expose tout de suite après, à savoir : ceux qui ne *défaillent point*, ni ne se lassent de fructifier et de continuer toujours. Car ceux qui, vaincus par l'impatience, se laissent abattre, il faut nécessairement que leurs forces diminuent peu à peu et que finalement ils défaillent tout à fait.

5. *Que si quelqu'un d'entre-vous ha faute de sapience, qu'il la demande à Dieu, qui la donne à tous simplement*[2]*, et qui ne le reproche point : et elle luy sera donnée.*
6. *Mais qu'il la demande en foy*[3]*, et ne doutant nullement. Car celuy qui doute, est semblable au flot de la mer, agité du vent, et démené.*
7. *Or que cest homme-là ne s'attende point de recevoir aucune chose du Seigneur.*
8. *L'homme double de cœur est inconstant en toutes ses voyes.*

5. QUE SI QUELQU'UN D'ENTRE VOUS A FAUTE DE SAGESSE, QU'IL LA DEMANDE A DIEU, QUI LA DONNE A TOUS SIMPLEMENT ET QUI NE LE REPROCHE POINT, ET ELLE LUI SERA DONNEE.

[1] Ou, *intégralement saints, sans défaut ni reproche*.
[2] Ou, *bénignement*.
[3] Marc *11* : 24.

Puisque notre raison et même tous nos sens ne peuvent consentir que nous soyons bienheureux au milieu des maux, il nous commande donc de faire requête à Dieu pour qu'il nous donne le goût de cette sagesse. Car je restreins le mot de sagesse à la circonstance du présent passage, comme s'il disait : « Si cette doctrine surmonte la capacité de votre entendement, demandez au Seigneur qu'il vous illumine par son Saint-Esprit. » Car comme cette seule considération est suffisante pour adoucir toute aigreur d'adversité, à savoir quand nous nous persuaderons que ce qui est fâcheux à la chair nous est salutaire, ainsi, si nous ne sommes soutenus par cette consolation, il faudra nécessairement que nous soyons surmontés par l'impatience. Ainsi nous voyons que le Seigneur ne requiert pas tellement de nous plus que nous pouvons, qu'il ne soit prêt de nous aider, moyennant que nous lui demandions aide. C'est pourquoi, aussitôt qu'il commande quelque chose, apprenons à lui demander le pouvoir de l'accomplir. Or être sage, ou avoir sagesse, signifie en ce passage se soumettre à Dieu pour pouvoir endurer tous les maux, quand nous considérons bien qu'il gouverne tellement toutes choses qu'elles tournent à notre salut. Toutefois cette sentence peut être généralement appropriée à toutes les parties de droite intelligence.

Mais pourquoi dit-il « *si quelqu'un* » comme si tous n'en avaient pas besoin ? Je réponds qu'il est vrai que tous en sont naturellement dépourvus, mais que quelques-uns ont reçu l'Esprit de prudence, que les autres n'ont pas. Puisque tous ne sont donc pas parvenus à se réjouir dans l'affliction, mais qu'il y en a bien peu à qui cette grâce est faite ; pour cette raison, S. Jacques intervient et exhorte ceux qui ne sentent point encore cette persuasion imprimée en leurs cœurs, que le Seigneur avance notre salut par la croix et la tribulation, qu'ils prient pour que cette sagesse leur soit donnée. Et toutefois il ne faut point douter que la nécessité n'exhorte chacun de nous à le demander. Car celui qui a déjà un peu avancé en chemin, est néanmoins encore bien loin du but. Mais il y a une différence entre demander l'accroissement, et demander le commencement.

Quand il veut que nous *la demandions au Seigneur*, il signifie que c'est lui seul qui peut guérir nos maladies, et subvenir à notre indigence.

QUI LA DONNE A TOUS SIMPLEMENT. Quand il dit *à tous*, il entend ceux qui demandent. Car ceux qui ne cherchent point les remèdes pour subvenir à leur indigence sont dignes de sécher sur les pieds en elle. Toutefois il y a grand poids en cette façon universelle ou générale de parler, par laquelle il avertit chacun de nous, sans en excepter un seul. C'est pourquoi il n'y a personne qui doive se priver d'un si grand bien. A ceci est jointe la promesse qui suit immédiatement après. Car comme par ce commandement il montre quel est le devoir de chacun, ainsi il affirme que ce ne sera point en vain que nous ferons ce qu'il commande, suivant ce que dit Jésus-Christ : « Frappez à la porte, et on vous ouvrira, demandez, et on vous donnera » (Matth. *7* : 7).

Ce mot *simplement* dénote une promptitude à donner. Ainsi S. Paul au chapitre *12* des Romains, v. 8, requiert des diacres la simplicité, et en sa deuxième lettre aux Corinthiens, chapitres *8* et *9*, quand il traite des aumônes, il répète plusieurs fois ce même mot. Le sens est donc que Dieu est facile et prompt à donner en sorte qu'il ne rejette personne et ne fait point attendre par dédain, et n'est point semblable aux gens chiches et avares qui donnent peu et rarement, comme s'ils avaient la main à demi close, ou retranchent quelque chose de ce qu'ils avaient entrepris de donner, ou sont longtemps à disputer en eux-mêmes s'ils donneront ou non.

ET QUI NE LE REPROCHE POINT. Ceci est ajouté, afin que nul ne craigne d'aller souvent à Dieu. Ceux d'entre les hommes qui sont les plus libéraux, si quelqu'un toutefois revient souvent à eux, rappellent le bien qu'ils ont fait auparavant, et par ce moyen s'excusent pour l'avenir. Par conséquent il nous déplaît et nous avons honte d'importuner un homme mortel, en lui demandant souvent, quelque libéral qu'il soit. Mais S. Jacques nous enseigne qu'il n'y a rien de semblable en Dieu, d'autant qu'il est toujours prêt à ajouter de nouveaux bienfaits aux premiers sans fin et sans mesure.

6. MAIS QU'IL LA DEMANDE EN FOI, NE DOUTANT NULLEMENT. CAR CELUI QUI DOUTE EST SEMBLABLE AU FLOT DE LA MER, AGITE DU VENT ET DEMENE. Il enseigne ici en premier lieu la vraie et droite façon de prier. Car comme nous ne pouvons prier, si la Parole ne précède, ainsi il faut que nous croyions avant que nous puissions prier. Car en faisant oraison, nous protestons que nous espérons de Dieu la grâce qu'il nous a promise. Ainsi celui qui n'ajoute point foi aux promesses, prie avec hypocrisie. Par ceci aussi nous apprenons quelle est la vraie foi. Car S. Jacques, après avoir commencé de demander avec foi, ajoute aussitôt l'explication, quand il dit : *Ne doutant nullement*. La foi donc est celle qui, étant appuyée sur les promesses de Dieu, nous rend certains qu'elle est jointe à la confiance et à la certitude de l'amour que Dieu nous porte. Le mot dont il use signifie proprement s'enquérir d'une chose à la façon de ceux qui débattent si elle sera ou non. Il veut donc que nous soyons tellement assurés de ce que Dieu a promis une fois, que nous ne révoquions point en doute si nous serons exaucés ou non.

CAR CELUI QUI DOUTE EST SEMBLABLE AU FLOT DE LA MER. Il déclare proprement par cette similitude comment Dieu punit l'infidélité de ceux qui doutent de ses promesses. Car ils se tourmentent eux-mêmes au-dedans par leur propre inquiétude, d'autant que nos esprits ne sont jamais en tranquillité, sinon quand ils se reposent sur la vérité de Dieu. Finalement il conclut que ces gens sont indignes de recevoir quelque chose de Dieu. Or voici un singulier passage pour repousser la méchante doctrine reçue pour un oracle dans toute la papauté, qu'il faut prier en doutant, et avec une opinion incertaine de ce qui adviendra. Par là retenons ce principe, que le Seigneur n'exauce point autrement nos oraisons, sinon quand nous avons une assurance certaine de recevoir. Il est vrai qu'on ne peut éviter, en cette grande infirmité de la chair, que nous ne soyons agités de diverses tentations, qui sont comme une artillerie pour abattre notre assurance. Par ce moyen on ne trouvera personne qui ne soit ébranlé et qui ne tremble selon le sentiment de la chair, mais il faut à la fin que de telles tentations soient surmontées par la foi. Comme un arbre qui a de fermes racines sera bien ébranlé par l'impétuosité du vent, mais ne sera pourtant point arraché, et demeurera ferme en sa place.

8. L'HOMME DOUBLE DE CŒUR EST INCONSTANT EN TOUTES SES VOIES. On peut lire à part cette sentence, et entendre qu'il parle généralement des hypocrites. Il me semble toutefois que c'est plutôt la conclusion de la sentence précédente, et par ce moyen il y aura tacitement une antithèse ou opposition entre la simplicité de Dieu, dont il a fait mention ci-dessus, et le cœur double de l'homme. Car tout de même que Dieu nous donne franchement, et à main ouverte, il faut aussi de notre côté que le pli de notre cœur soit ouvert et déployé. Il dit donc que les infidèles, qui ont des cachettes détournées et de travers, sont inconstants, parce qu'ils n'ont jamais un même propos arrêté ; ils sont tantôt enflés d'une confiance charnelle, tantôt totalement abattus de désespoir.

9. *Que le frère qui est de basse condition, se glorifie en sa hautesse.*

10. *Au contraire, que celuy qui est riche, se glorifie en sa petitesse : car il passera comme la fleur de l'herbe*[1].
11. *Car le Soleil ardent n'est pas plustost levé que l'herbe est bruslée, et sa fleur est cheute, et sa belle apparence est périe : ainsi aussi flestrira le riche en ses voyes*[2].

9. QUE LE FRERE QUI EST DE BASSE CONDITION, SE GLORIFIE EN SA HAUTESSE. Comme S. Paul, quand il exhorte les serviteurs à supporter patiemment leur condition servile, leur propose cette consolation, qu'ils sont les affranchis de Dieu, mis en liberté par sa grâce et retirés de la misérable servitude de Satan, et du contraire, exhorte ceux qui sont libres à se souvenir qu'ils sont serviteurs de Dieu, ainsi S. Jacques veut ici que ceux qui sont de basse condition se glorifient de ce que le Seigneur les a adoptés pour ses enfants, et les riches de ce qu'ils ont été rabaissés par la connaissance qui leur a été donnée de la vanité de ce monde. Par ce moyen il veut que les premiers se contentent de leur basse et petite condition, et il défend aux seconds de s'enorgueillir. Vu que c'est une grâce singulière et inestimable que nous soyons appelés à la compagnie des anges, et même faits semblables à Jésus-Christ, celui qui estimera comme il convient cet excellent bienfait de Dieu ne tiendra pas compte de tout le reste. Et par conséquent il n'y aura ni pauvreté ni mépris, ni nudité, ni faim, ni soif qui puissent lui troubler l'esprit, sans qu'il ne soit toujours soutenu par cette consolation. Vu que le Seigneur m'a donné ce qui était le principal, si je manque des autres moindres choses, il faut l'endurer patiemment. Voilà comment le frère de basse condition doit se glorifier en son élevation. Car s'il est agréable à Dieu, il a assez d'occasion et de matière de se consoler en son adoption, afin qu'il ne se fâche par trop de sa condition basse et un peu malaisée.

10. AU CONTRAIRE, QUE CELUI QUI EST RICHE SE GLORIFIE EN SA PETITESSE, CAR IL PASSERA COMME LA FLEUR DE L'HERBE. **11.** CAR LE SOLEIL ARDENT N'EST PAS PLUTOT LEVE QUE L'HERBE EST BRULEE, ET SA FLEUR EST CHUE, ET SA BELLE APPARENCE EST PERIE, AINSI AUSSI FLETRIRA LE RICHE EN SES VOIES. Il a mis l'espèce pour le général. Car cette exhortation s'adresse à tous ceux qui ont quelque excellence, soit en honneur ou noblesse ou autres choses externes. Il veut que ceux-là se glorifient en leur petitesse, et c'est afin qu'il rabaisse ce cœur hautain que la prospérité engendre volontiers. Au reste il appelle *petitesse*, parce que le règne de Dieu nous étant manifesté doit nous amener à un mépris du monde, en sorte que nous sachions que tout ce qui nous était auparavant en grande admiration n'est rien ou bien peu. Car Christ, qui n'est maître que des petits, rabaisse tout l'orgueil de la chair par sa doctrine. Que les riches, afin qu'ils ne soient pas transportés de la vaine joie du monde, s'accoutument donc à se glorifier en l'abaissement de leur excellence charnelle.

CAR IL PASSERA COMME LA FLEUR DE L'HERBE. Si quelqu'un est d'opinion que S. Jacques fait allusion aux paroles d'Esaïe, je n'y résiste pas grandement, mais je n'accorderai point qu'il allègue le témoignage du Prophète, qui ne parle point seulement des biens terrestres et de l'apparence transitoire du monde, mais de l'homme tout entier, et autant du corps que de l'âme. Et ici il est question de la pompe des honneurs ou des richesses. Or il veut dire en somme que c'est bien mal adressé et sottement fait de se glorifier des richesses, qui s'écroulent en un moment. Les philosophes en disent bien autant, mais nous sommes tous sourds à cette doctrine jusqu'à ce que le Seigneur nous

[1] Es. *40* : 6.
[2] Ou, *avec toutes ses entreprises* (I Cor. *7* : 31).

ait ouvert les oreilles, pour ouïr et entendre l'éternité du royaume céleste. Il dit donc « *le frère* », signifiant que cette doctrine n'a point de lieu, sinon depuis que nous sommes reçus au nombre des enfants de Dieu. La lecture commune en ce passage est « *en ses voies* », mais parce que les Grecs ont un autre mot, qui n'est différent qu'en une lettre, mot qui signifie richesses ou abondance, je suis de l'avis d'ERASME, que c'est celui qu'il faut prendre ici, et dire *en ses richesses*, ou *avec ses richesses*, ce dernier sens me semblant meilleur.

12. *Bienheureux est l'homme qui endure tentation : car quand il aura esté esprouvé, il recevra la couronne de vie, que Dieu a promise à ceux qui l'aiment.*
13. *Quand aucun est tenté, qu'il ne die point, je suis tenté de Dieu. Car Dieu ne peut estre tenté de maux, et ne tente personne.*
14. *Mais un chacun est tenté, quand il est attiré et amorsé par sa propre concupiscence :*
15. *Puis après quand la concupiscence a conceu, elle enfante péché : et le péché estant parachevé, engendre mort.*

12. BIENHEUREUX EST L'HOMME QUI ENDURE TENTATION, CAR QUAND IL AURA ETE EPROUVE, IL RECEVRA LA COURONNE DE VIE, QUE DIEU A PROMISE A CEUX QUI L'AIMENT. Après avoir adouci par la consolation la douleur de ceux qui sont durement traités en ce monde, et rabaissé de l'autre côté l'orgueil des grands, il conclut maintenant que sont bienheureux ceux qui endurent avec fermeté les angoisses et les autres tentations, en sorte qu'ils en viennent à bout. Il est vrai que le mot de *tentation* pourrait bien être pris autrement, à savoir pour les aiguillons des cupidités qui excitent l'esprit au-dedans, mais je pense qu'il loue ici la constance qui consiste à endurer les adversités, tellement que ce sera une maxime totalement contraire à l'opinion commune et au sens humain, à savoir que les bienheureux ne sont pas ceux auxquels toutes choses viennent à souhait (comme on estime communément), mais ceux qui ne sont pas vaincus par les maux et les adversités.

CAR QUAND IL AURA ETE EPROUVE. Il rend la raison de la sentence précédente, car après le combat suit la couronne. Si c'est donc une félicité souveraine d'être couronné dans le Royaume de Dieu, il s'ensuit que les combats par lesquels Dieu nous exerce, sont les aides de notre félicité. Ainsi c'est un argument pris de l'effet ou de la fin. Nous en inférons la cause pour laquelle les fidèles sont si gravement tourmentés de tant de maux : c'est afin que leur obéissance et le zèle qu'ils ont pour Dieu soient manifestés, et que par ce moyen ils soient préparés à recevoir finalement la couronne de vie. Au reste, ceux-là argumentent très mal, qui infèrent de ceci que nous méritons la couronne en combattant. Car puisque Dieu nous l'a destinée par sa bonté gratuite et sa pure grâce, il ne fait que nous conduire à la recevoir et nous en rendre capables. Car, quand il ajoute *qu'elle est promise à ceux qui aiment Dieu*, en parlant ainsi il n'affirme pas que l'amour de l'homme en soit la cause (car Dieu nous prévient par l'amour qu'il a envers nous) mais il signifie seulement que ceux-là qui aiment Dieu sont vraiment approuvés être de ses élus. Cependant il nous donne à entendre que ceux qui aiment Dieu obtiendront la victoire contre toutes les tentations, et qu'il n'y a rien qui nous fasse perdre courage quand nous sommes tentés, sinon que l'amour du monde triomphe en nous et nous gagne.

13. QUAND QUELQU'UN EST TENTE, QU'IL NE DISE POINT : JE SUIS TENTE DE DIEU. CAR DIEU NE PEUT ETRE TENTE DE MAUX, ET NE TENTE PERSONNE. Or ici il ne faut point douter qu'il ne parle d'une autre sorte de tentation. Il est plus que notoire que toutes les tentations externes, dont il a été fait mention jusqu'à présent, nous sont envoyées par Dieu. En ce sens Dieu a tenté Abraham et nous tente tous les jours (Gen. *22* : 1), c'est-à-dire qu'il éprouve qui nous sommes, en nous proposant quelque occasion de manifester notre cœur. Mais c'est bien autre chose de tirer dehors ce qui était caché dans les cœurs, que de solliciter les cœurs au-dedans par des cupidités perverses. Il traite donc ici des tentations intérieures qui ne sont pas autre chose que des appétits désordonnés, qui nous incitent à pécher. Il dit à bon droit que Dieu n'est point l'auteur de telles tentations, parce qu'elles procèdent de la corruption de notre nature. Cet avertissement est grandement nécessaire, parce que les hommes n'ont rien de plus commun que de transférer ailleurs la culpabilité des maux qu'ils commettent chacun en son endroit. Mais surtout ils pensent alors être quittes, quand ils peuvent la faire retomber sur Dieu même. Et c'est une façon de tergiverser, c'est-à-dire une ruse pour échapper quand on se sent coupable, que notre premier père nous a enseignée, et de notre part nous mettons bonne peine de le suivre. Pour cette cause S. Jacques nous ramène à la confession de notre propre faute, afin que nous ne mettions point Dieu à notre place, comme s'il nous induisait à pécher.

Mais à cette sentence semble s'opposer toute la doctrine de l'Ecriture, qui enseigne que Dieu aveugle les hommes, les prive de jugement, et les abandonne à des cupidités vilaines et illicites (Rom. *1* : 24, 26, 28). Je réponds que c'est par aventure la raison même qui a conduit S. Jacques à dire que nous ne sommes point tentés par Dieu, parce que les iniques s'arment de tels témoignages de l'Ecriture pour avoir quelque apparence de raison. Mais il faut noter ici deux choses. Car quand l'Ecriture attribue à Dieu l'aveuglement ou l'endurcissement du cœur, elle ne lui assigne point le commencement, et ne le fait point auteur du mal, en sorte que la faute doive lui être imputée. Or S. Jacques insiste seulement sur ces deux points. L'Ecriture affirme que Dieu abandonne les réprouvés à des cupidités perverses. Est-ce que le Seigneur déprave ou corrompt leur cœur ? Non point. Car il tombe dans des désirs pervers, parce qu'il était déjà corrompu et vicieux. Ou bien, quand Dieu aveugle et endurcit, est-il auteur ou ministre du péché ? C'est bien le contraire ; car par ce moyen il tire vengeance des péchés, et rend aux méchants qui ont refusé d'être gouvernés par son Esprit le salaire qui leur appartient. Il s'ensuit donc que la source du péché n'est point en Dieu, et qu'on ne peut lui en imputer la faute, comme s'il prenait plaisir aux maux et aux péchés. En résumé, l'homme ne profite en rien à tergiverser en tâchant de rejeter la faute de ses vices sur Dieu, parce que tout mal ne procède pas d'une autre source que de la concupiscence perverse des hommes. Et de fait, la vérité est telle, que nous ne sommes point poussés d'ailleurs, mais chacun est poussé et incité par son affection propre.

Or il prouve que *Dieu ne tente personne, parce qu'il ne peut être tenté de maux*. Car le diable nous sollicite à pécher parce qu'il brûle tout d'une convoitise enragée de pécher, mais Dieu ne désire point le mal, et par conséquent il n'est point l'auteur du mal que nous faisons.

14. MAIS UN CHACUN EST TENTE, QUAND IL EST ATTIRE ET AMORCE PAR SA PROPRE CONCUPISCENCE. Vu que le mouvement et l'incitation au mal sont intérieurs, et viennent du dedans, que gagnera le pécheur à chercher quelque couloir d'excuse, en disant qu'il a été incité d'ailleurs ? Toutefois il faut noter ces deux effets de la concupiscence, à savoir qu'elle nous amorce par des allèchements, et qu'elle nous attire, chacun des deux suffisant à notre condamnation.

15. PUIS APRES QUAND LA CONCUPISCENCE A CONÇU, ELLE ENFANTE PECHE, ET LE PECHE ETANT PARACHEVE, ENGENDRE MORT. Premièrement il appelle ici concupiscence, non point quelque appétit et désir parmi les autres, mais la source de tous les appétits. Il montre que d'elle sont conçus des fruits vicieux, qui finalement deviennent des péchés. Toutefois, il semble qu'il agisse improprement et non point selon l'usage commun de l'Ecriture, en restreignant le mot *péché* aux œuvres externes, comme si la concupiscence n'était point péché en soi, et comme si les désirs pervers qui demeurent enfermés et ignorés au-dedans, n'étaient point autant de péchés. Mais puisqu'on use de ce mot de *péché* en diverses sortes, il n'y a nul inconvénient s'il est pris ici pour le péché actuel, comme aussi en plusieurs autres passages. Et les papistes se montrent sots et mal exercés en l'Ecriture, de tordre à tort et à travers ce passage pour prouver que des concupiscences vicieuses, et même vilaines, méchantes et plus qu'abominables, ne sont pas des péchés pourvu que le consentement n'y soit point. Car S. Jacques ne traite point ici de savoir quand le péché commence à naître, en sorte qu'il soit péché et réputé tel devant Dieu, mais quand il commence à sortir dehors. Car il procède ainsi par degrés : la consommation du péché est cause de la mort éternelle ; or le péché procède des désirs illicites, puis les désirs illicites ont leur racine dans la concupiscence. Il s'ensuit que les hommes, dans la damnation éternelle, recueillent le fruit qu'eux-mêmes ont produit.

Quand donc il dit : *le péché a été parachevé*, je n'entends point quelque acte de péché qui aura été commis, mais que le cheminement du péché est parachevé. Car bien que chaque péché mérite la mort, celle-ci est appelée les gages ou le salaire de la vie méchante et inique. Par ce moyen est réfutée la rêverie de ceux qui concluent de ces paroles que le péché n'est point mortel, jusqu'à ce qu'il soit manifesté par un acte extérieur, comme ils disent. Car ce n'est point ce que S. Jacques traite ici, mais seulement il insiste pour montrer que la racine de notre perdition et de notre ruine est en nous.

16. ***Mes très chers frères, ne vous abusez point.***
17. ***Toute bonne donation, et tout don parfait est d'enhaut, descendant du Père des lumières : envers lequel il n'y a point de mutation, ou d'ombrage de changement.***
18. ***Il nous a engendrez de son propre vouloir par la parole de vérité : afin que nous fussions comme prémices de ses créatures.***

16. MES TRES CHERS FRERES, NE VOUS ABUSEZ POINT. **17.** TOUTE BONNE DONATION, ET TOUT DON PARFAIT EST D'EN HAUT, DESCENDANT DU PERE DES LUMIERES, ENVERS LEQUEL IL N'Y A POINT DE MUTATION, OU D'OMBRE DE CHANGEMENT. C'est un argument pris des choses contradictoires. Car vu que Dieu est l'auteur de tout bien, quelle absurdité serait-ce de le réputer auteur du mal ? C'est, dis-je, son propre et sa nature de bien faire, vu que de lui nous proviennent tous les biens. Il ne peut donc aucunement convenir à sa nature de faire un mal quelconque. Mais parce qu'il arrive quelquefois qu'un homme qui autrement se gouverne bien toute sa vie trébuche néanmoins en quelque endroit, il vient au-devant de ce doute en disant que Dieu n'est point changeant comme les hommes. S'il est ainsi en toutes choses et toujours semblable à soi-même, il découle d'une telle constance qu'il y a en lui une disposition continuelle à bien faire. Cette façon d'argumenter est bien différente de celle de PLATON qui veut dire que Dieu n'envoie point des afflictions et des misères aux hommes parce qu'il est bon. Car s'il est raisonnable que Dieu punisse les péchés des hommes, il n'est point convenable que les peines qu'il n'envoie que justement soient mises au rang des choses mal faites, j'entends quant à lui. Or PLATON conclut mal comme un pauvre ignorant, mais S. Jacques, laissant l'autorité et l'office de punir à Dieu, maintient seulement qu'il n'y a point de faute en lui. Ce passage nous enseigne que nous devons tellement être émus des bienfaits innombrables que nous recevons sans cesse de la main de Dieu, que nous ne pensions rien sinon à sa gloire, et au contraire, que nous ayons en horreur de tout notre cœur tout ce qui nous vient en fantaisie, ou nous est inspiré par les autres, qui ne s'accordera point avec sa louange.

Il est appelé *Père des lumières*, comme qui dirait de toute excellence, et de tout ordre bien dressé et mesuré. Et quand il ajoute immédiatement après qu'*il n'y a point en Dieu d'ombre de changement*, il persévère en sa métaphore et sa comparaison, à savoir que nous ne mesurions pas la splendeur de Dieu par la clarté du soleil qui nous apparaît, laquelle a divers changements.

18. IL NOUS A ENGENDRES DE SON PROPRE VOULOIR PAR LA PAROLE DE VERITE, AFIN QUE NOUS FUSSIONS COMME PREMICES DE SES CREATURES. Maintenant il met en avant le principal témoignage de cette bonté de Dieu qu'il a louée, à savoir qu'il nous a régénérés pour la vie éternelle. Il n'y a pas un seul fidèle qui ne sente en soi ce bienfait inestimable, la bonté de Dieu donc étant connue de tous par expérience, doit nous ôter à son sujet toute opinion contraire.

Quant à ce qu'il dit que Dieu *nous a engendrés de son propre vouloir*, ou de son bon gré, il signifie qu'il n'a point été conduit à le faire par aucune cause hors de soi-même, comme souvent la volonté et le conseil de Dieu sont opposés aux mérites des hommes. Car ce ne serait pas grand-chose de dire que Dieu n'a point été contraint à cela. Il faut donc dire qu'il exprime quelque chose de plus grand, à savoir que Dieu pour son bon plaisir nous a engendrés, et par ce moyen il a été la cause à soi-même de cette action. Il s'ensuit que bien faire est naturel à Dieu. Au reste, ce passage nous enseigne que comme notre élection avant la création du monde a été gratuite, ainsi par la pure grâce de Dieu nous sommes illuminés en la connaissance de la vérité, en sorte que la vocation répond à l'élection. L'Ecriture nous enseigne que Dieu nous a adoptés gratuitement avant que nous fussions nés, mais S. Jacques exprime ici quelque chose de plus, à savoir que nous obtenons le droit d'adoption par la foi, parce que Dieu nous appelle aussi gratuitement. Davantage, nous apprenons de ceci que c'est le propre office de Dieu de nous engendrer spirituellement. Car s'il semble que cet office soit parfois attribué aux ministres de l'Evangile, cela signifie que Dieu besogne par eux, et de telle manière que lui seul besogne.

Le mot *engendrer* signifie que nous sommes faits hommes nouveaux, si bien que, quand nous sommes appelés par Dieu d'une manière efficace, nous dépouillons notre première nature. Il ajoute comment Dieu nous régénère, à savoir *par la Parole de vérité*, afin que nous sachions que nous ne pouvons pas entrer par une autre porte dans le royaume de Dieu.

AFIN QUE NOUS FUSSIONS COMME PREMICES. Ce mot *comme*, ou *quelques*, est une marque de similitude, comme s'il eût dit que nous sommes, par manière de dire, les prémices. Or ceci ne doit pas se restreindre à un petit nombre de fidèles, mais il appartient à tous généralement. Car bien que l'homme soit la plus excellente de toutes les créatures, le Seigneur choisit et sépare ses fidèles de toute la troupe des autres, et les met à part pour soi en oblation sainte. Ce n'est point certes ici une petite noblesse, à laquelle Dieu élève ses enfants. C'est pourquoi, à bon droit, il est dit qu'ils sont mis à part comme prémices, quand l'image de Dieu est réparée en eux.

19. *Par ainsi mes chers frères, tout homme soit hastif à ouïr, tardif à parler, et tardif à courroux.*
20. *Car le courroux de l'homme n'accomplit point la justice de Dieu.*
21. *Parquoy rejettans toute vilenie, et abondance de malice*[1], *recevez en douceur la Parole plantée en vous, laquelle peut sauver vos âmes.*

19. AINSI MES CHERS FRERES, QUE TOUT HOMME SOIT HATIF A OUIR, TARDIF A PARLER, ET TARDIF A COURROUX. Si c'est ici une sentence générale, la conséquence sera prise de loin. Mais parce qu'immédiatement après ceci il met une sentence touchant cette Parole de vérité, sentence qui s'accorde avec la précédente, je ne doute point qu'il n'accommode particulièrement cette exhortation à son propos. Après avoir proposé la bonté de Dieu, il montre donc comment il nous faut être disposés pour recevoir ce bienfait inestimable qu'il nous fait, qui est une doctrine fort utile. Car la régénération spirituelle n'est pas une œuvre d'une heure. Vu qu'il y a toujours du vieil homme qui reste en nous, il est nécessaire que nous soyons réformés sans cesse, jusqu'à ce que la chair soit abolie. Or notre fierté ou notre orgueil ou notre nonchalance empêche grandement que Dieu ne parfasse son œuvre en nous.

C'est pourquoi, quand S. Jacques veut que nous soyons *hâtifs à ouïr*, il nous recommande la promptitude, comme s'il disait : Puisque Dieu s'offre si libéralement à vous, rendez-vous aussi dociles pour lui, afin que votre lenteur et votre paresse ne le retardent pas. Et parce que, quand nous pensons être trop sages, nous ne pouvons pas endurer paisiblement que Dieu nous parle, mais (par manière de dire) nous lui coupons la parole par notre hâte, S. Jacques nous commande d'être *lents à parler*. Et de fait, jamais homme ne sera un bon disciple de Dieu, s'il ne fait silence pour l'écouter. Toutefois il ne nous commande point le silence à la façon de Pythagore en son école, en sorte qu'il ne nous serait point licite de nous enquérir chaque fois que nous avons le désir d'apprendre ce qui est utile de connaître, mais il veut seulement corriger notre fierté et notre arrogance, afin que (comme il arrive bien souvent), nous n'interrompions pas le discours de Dieu avant qu'il en soit temps, et que, tandis que sa bouche sacrée est ouverte, nous lui ouvrions nos entendements et nos oreilles, et que nous ne nous mettions pas à parler.

TARDIF A COURROUX. Je pense que le courroux aussi est condamné, en tant qu'il interrompt comme en faisant du bruit, ou empêche l'écoute que Dieu veut. Car Dieu ne peut être entendu, sinon que l'esprit soit posé et paisible. Il ajoute donc que si la colère ou le courroux règnent, la justice de Dieu n'a point lieu. Bref, si l'ardeur à se disputer ne cesse pas, nous ne rendrons jamais à Dieu cette modération de silence, dont il a parlé naguère.

21. PAR QUOI REJETANT TOUTE VILENIE, ET ABONDANCE DE MALICE, RECEVEZ EN DOUCEUR LA PAROLE PLANTEE EN VOUS, LAQUELLE PEUT SAUVER VOS AMES. Maintenant il conclut comment il faut recevoir la parole de vie. Et premièrement il dit qu'elle n'est point reçue comme il convient, sinon qu'elle soit entée ou enracinée en nous. Car cette manière de parler : *recevez*

[1] Ou, *superfluité de malice*.

la Parole plantée, doit ainsi se comprendre, ou en quelque autre semblable manière : recevez-là de telle sorte que vraiment elle soit plantée. Car il fait allusion à la semence, qui tombe bien souvent en des lieux secs et ne rencontre pas la bonne terre, pour être nourrie et entretenue de son humidité, ou bien il fait allusion aux rejetons, qui étant jetés à terre ou sur du bois mort flétrissent. Il commande donc qu'on en fasse une plante ou une greffe vivante, par laquelle la Parole soit comme unie et incorporée à notre cœur.

Il montre aussi le moyen de la recevoir : *en douceur*. Par ce mot il signifie une modestie et une bonté de l'esprit disposé à apprendre, comme Es. *66* : 2 le décrit, quand il dit : *Sur qui reposera mon Esprit, sinon sur l'humble et paisible ?* Et voilà pourquoi il y en a si peu qui profitent de l'école du Seigneur. Car à grand-peine y en aura-t-il un sur cent qui ôte la fierté de son esprit, pour s'assujettir paisiblement à Dieu ; mais presque tous y viennent arrogants et revêches. Mais quant à nous, si nous voulons être une plante vive de Dieu, tâchons de dompter nos esprits et de les ranger à l'humilité, afin que nous nous laissions gouverner comme de petits agneaux par notre pasteur.

Mais parce que les hommes ne sont jamais assez dépouillés de leur nature sauvage, pour avoir l'esprit doux et paisible, s'ils ne sont premièrement purgés de leurs affections perverses, il commande donc *d'ôter toute vilenie et abondance de malice*. Et parce que S. Jacques emprunte cette similitude au labourage ou au jardinage, il lui a fallu tenir cet ordre, qu'il commençât par arracher les mauvaises herbes. Or vu qu'il parle à tous, il faut recueillir de ceci que ces maux sont enracinés en notre nature, et tiennent attachés à la personne de chacun de nous. De plus, vu qu'il adresse son propos aux fidèles, il montre que nous ne sommes jamais entièrement purgés de ces ordures en cette vie, mais que parfois elles font pousser des boutons. Il demande donc que nous ayons toujours soin de les arracher. Premièrement, parce que la parole de Dieu est une chose sainte et sacrée, pour être bien disposés à la recevoir il faut que nous ôtions les ordures dont nous sommes souillés.

Sous ce mot de *malice*, il comprend tant l'hypocrisie et la rébellion, que toutes les cupidités perverses. Et non content d'assigner à la malice son siège en l'âme de l'homme, il montre qu'il y a là une si grande abondance de malice qu'elle regorge et, pour ainsi dire, vient à faire un grand monceau. Et de fait, quiconque saura bien s'examiner, trouvera en soi un abîme infini de maux.

LAQUELLE PEUT SAUVER VOS AMES. Voici une louange magnifique de la doctrine céleste, à savoir que par elle nous obtenons un salut assuré. Or ceci est ajouté afin que nous apprenions à désirer, aimer et magnifier cette Parole comme un trésor inestimable. C'est donc un aiguillon pour corriger notre paresse, bien piquant et vif, quand il est dit que la Parole à laquelle nous nous sommes accoutumés, de prêter l'oreille si lâchement, est la cause de notre salut. Quoique ce ne soit pas à cette fin que la vertu de nous sauver est attribuée à la Parole, comme si le salut était enclos dans le son externe de la Parole, ou si l'office de sauver était ôté à Dieu, et transféré ailleurs. Car S. Jacques parle de la Parole, qui a pénétré jusqu'au cœur des hommes par la foi, et il montre seulement que Dieu, auteur de notre salut, le fait et l'accomplit par son Evangile.

22. *Et soyez faiseurs de la Parole, et non point seulement escouteurs en vous décevant vous-mesmes.*
23. *Car si quelqu'un oit la Parole, et ne la met point en effet, il est semblable à l'homme qui considère en un miroir sa face naturelle.*
24. *Car s'estant considéré soy-mesme, et s'en estant allé, il a incontinent oublié quel il estoit.*

25. *Mais celuy qui aura regardé en la Loy parfaite,* qui est *de liberté, et aura persévéré ainsi, n'étant point escouteur oublieux, mais faiseur de l'œuvre, cestuy-là sera bienheureux en son faict.*
26. *Si quelqu'un semble*[1] *estre religieux*[2] *entre-vous, ne refrénant point sa langue, ains*[3] *décevant son cœur, la religion d'un tel personnage est vaine.*
27. *La religion pure et sans macule*[4] *envers Dieu et le Père, est de visiter les orphelins et les vefves en leurs tribulations, et se garder sans estre souillé de ce monde.*

22. ET SOYEZ FAISEURS DE LA PAROLE, ET NON POINT SEULEMENT ECOUTEURS EN VOUS DECEVANT VOUS-MEMES. Faiseurs ne se prend pas ici comme au chapitre *2* des Romains, v. 13, pour celui qui accomplit la loi de Dieu, et qui y satisfait entièrement, mais pour celui qui reçoit de bon cœur la parole de Dieu, et qui rend témoignage par sa vie qu'il a cru à bon escient, suivant cette sentence de Christ : *Bienheureux ceux qui écoutent la parole de Dieu et qui la gardent* (Luc *11* : 28). Car il déclare ici par les fruits quelle est cette façon de planter ou de greffer dont il a fait mention. De plus, il faut noter que S. Jacques comprend aussi la foi avec les autres œuvres, et même il la comprend par-dessus toutes les autres, puisque c'est la principale œuvre que Dieu requiert de nous. En somme, il veut dire qu'il faut tâcher que la parole du Seigneur prenne racines en nous, afin qu'ensuite elle fructifie.

23. CAR SI QUELQU'UN ENTEND LA PAROLE, ET NE LA MET POINT EN EFFET, IL EST SEMBLABLE A L'HOMME QUI CONSIDERE EN UN MIROIR SA FACE NATURELLE. **24.** CAR S'ETANT CONSIDERE SOI-MEME ET S'EN ETANT ALLE, IL A INCONTINENT OUBLIE QUEL IL ETAIT. La doctrine céleste est bien un miroir dans lequel Dieu se présente à nous pour être vu, mais c'est afin que nous soyons transfigurés en son image, comme dit S. Paul (II Cor. *3* : 18). Mais ici il est parlé du regard extérieur des yeux, et non point de la contemplation vivante et efficace, par laquelle il signifie en peu de paroles que la doctrine qu'on écoute seulement, sans la recevoir par l'affection intérieure du cœur, ne sert à rien, d'autant qu'elle s'évanouit bientôt.

25. MAIS CELUI QUI AURA REGARDE EN LA LOI PARFAITE, QUI EST DE LIBERTE, ET AURA PERSEVERE AINSI, N'ETANT POINT ECOUTEUR OUBLIEUX, MAIS FAISEUR DE L'ŒUVRE, CELUI-LA SERA BIENHEUREUX EN SON FAIT. Après avoir parlé de cette façon légère de contempler, qui demeure sans effet, il vient maintenant à traiter du regard pénétrant qui nous transforme en la ressemblance de Dieu. Or parce qu'il a affaire aux Juifs, il use du nom de la *loi*, qui leur était commun et familier, le prenant pour toute la doctrine de Dieu.

Au reste, les commentateurs n'ont pas bien compris pourquoi il l'appelle *loi parfaite et de liberté*, parce qu'ils n'aperçoivent point qu'il y a ici une antithèse, qu'on peut fort bien recueillir d'autres témoignages de l'Ecriture. Tant que la loi est annoncée par la voix extérieure de l'homme, et n'est point écrite dans les cœurs par le doigt ou l'Esprit de Dieu, ce n'est qu'une lettre morte, et comme un corps sans âme. Il ne faut donc point s'étonner si la loi est réputée imparfaite, jusqu'à ce qu'elle soit reçue dans le cœur. Par cette même raison, nous pourrons l'appeler loi de servitude. Car (comme S. Paul l'enseigne

[1] Ou, *cuide.*
[2] Ou, *dévotieux.*
[3] Ou, mais.
[4] Ou, *tache.*

en l'épître aux Galates, chapitre *4*, v. 24), séparée de Christ, elle engendre en servitude, et comme S. Paul le montre aussi en l'épître aux Romains, chapitre *8*, v. 15, elle ne peut que nous abattre par la crainte et la défiance. Mais l'Esprit de régénération qui la grave et la scelle en nos cœurs nous apporte aussi la grâce de l'adoption. C'est donc comme si S. Jacques eût dit : Afin que l'institution de la loi ne soit plus servile, mais que plutôt elle vous mette en possession de la liberté, et afin qu'elle ne soit plus seulement pédagogue, mais qu'elle vous amène à la perfection, il faut que vous la receviez avec une pure affection de cœur, en sorte que vous viviez purement et saintement. Au reste, vu qu'il est clair par le témoignage de Jérémie, chapitre *31*, v. 33, et plusieurs autres passages, que c'est un bienfait du nouveau Testament, que la loi de Dieu nous réforme, il s'ensuit que nous ne pouvons l'avoir jusqu'à ce que nous soyons venus à Christ. Et à la vérité lui seul est la fin et la perfection de la loi. S. Jacques ajoute donc la liberté comme compagne inséparable de cette régénération, parce que l'Esprit de Christ ne nous régénère jamais, sans être pour nous témoin et gage de l'adoption de Dieu, en sorte qu'il délivre nos cœurs de la crainte et du tremblement.

AURA PERSEVERE AINSI. C'est-à-dire aura persisté ferme en cette connaissance de Dieu. Et quant il ajoute : *Celui-là sera bienheureux en son fait*, il signifie que la béatitude consiste à pratiquer vraiment la doctrine, et non point à l'écouter avec froideur et sans efficacité.

26. SI QUELQU'UN SEMBLE ETRE RELIGIEUX ENTRE VOUS, NE REFRENANT POINT SA LANGUE, MAIS TROMPANT SON CŒUR, LA RELIGION D'UN TEL PERSONNAGE EST VAINE. Maintenant il reprend en ceux-là mêmes qui ont l'apparence d'obéir à la loi un vice dont les hypocrites sont coutumièrement entachés, à savoir la trop grande légèreté de la langue à médire. Déjà ci-dessus il a dit quelque mot pour la régler et la retenir, mais ç'a été à une autre fin. Car il nous commandait alors de faire silence pour Dieu, afin que nous fussions mieux disposés à apprendre. Maintenant il traite d'autre chose, à savoir que les fidèles n'exercent et n'accoutument point leur langue à médire. Or il fallait expressément que ce vice fût repris à propos de l'observation de la loi. Car ceux qui se sont corrigés des vices les plus grossiers sont volontiers adonnés à ce vice. On verra que celui qui ne sera ni paillard, ni larron, ni ivrogne, mais montrera plutôt au dehors une grande apparence de sainteté, se vantera en diffamant les autres. Ce sera, il est vrai, sous prétexte de zèle, mais en réalité par un désir de médire. Il a donc voulu distinguer ici ceux qui servent Dieu d'une vraie affection du cœur des hypocrites qui sont tellement enflés d'un orgueil pharisaïque qu'ils cherchent à acquérir la louange en critiquant et diffamant tous les autres.

Si quelqu'un (dit-il) *semble être religieux*, c'est-à-dire si quelqu'un a l'apparence de la sainteté, mais prend plaisir toutefois à médire, il est convaincu de ce fait qu'il ne sert point Dieu en vérité. Car en disant que *la religion d'un tel personnage est vaine*, non seulement il signifie que les autres vertus sont corrompues par ce venin de la médisance, mais aussi il en conclut que le sentiment religieux qui apparaît en un tel personnage n'est point pur.

MAIS TROMPANT SON CŒUR. La traduction d'ERASME ne me plaît point : « Laissant errer son cœur ». Car S. Jacques montre quelle est la source de ce débordement de langue auquel sont adonnés les hypocrites : aveuglés par un amour excessif d'eux-mêmes, ils se persuadent qu'ils sont beaucoup plus gens de bien qu'ils ne sont. Et de fait, la maladie de médire vient de ce que nous mettons en avant les vices d'autrui, et les nôtres derrière, en sorte qui nous ne les voyons point. S. Jacques dit donc bien à propos, quand en voulant corriger l'effet, c'est-à-dire cet appétit désordonné de médire, il ajoute la cause, à savoir que les hypocrites se flattent outre mesure. Car ils seraient enclins à pardonner aux autres, si de leur côté ils reconnaissaient qu'ils ont aussi besoin que les autres leur pardonnent. Les applaudissements par lesquels ils se trompent eux-mêmes en se pardonnant leurs propres vices, les rendent donc si rigoureux à contrôler les autres.

27. LA RELIGION PURE ET SANS TACHE ENVERS DIEU LE PERE, EST DE VISITER LES ORPHELINS ET LES VEUVES EN LEURS TRIBULATIONS, ET SE GARDER SANS ETRE SOUILLE DE CE MONDE. Bien qu'il laisse les choses qui sont les plus d'importance en la religion, il ne donne point une définition générale de la religion, mais donne seulement à entendre qu'il ne peut y avoir religion sans ces choses. Comme si quelqu'un étant adonné à la gourmandise et l'ivrognerie, se vantait d'être tempérant, et qu'un autre lui répliquât qu'est tempérant celui qui ne se remplit point outre mesure de vin et de viandes. L'intention de ce second ne sera pas d'exprimer toute la nature de la tempérance, mais il en prendra une partie seulement, qui convienne à la matière présente. Car ces religieux dont il parle, n'ont le plus souvent que babil et vanterie sans aucune vraie pratique des bonnes œuvres. S. Jacques montre donc que la religion doit bien être estimée par d'autres choses que par un étalage de cérémonies, parce qu'il y a de vrais exercices dont les serviteurs de Dieu doivent s'occuper.

Visiter en tribulations, c'est tendre la main pour soulager ceux qui sont en peine. Or bien qu'il y en ait encore plusieurs autres que le Seigneur veut que nous secourions, en faisant seulement mention des veuves et orphelins il use d'une figure nommée synecdoque, à savoir en prenant une partie pour le tout. Il ne faut donc point douter que sous cette seule espèce il ne nous recommande tous les devoirs qui concernent la charité, comme s'il disait : Quiconque veut être estimé religieux, doit se montrer tel par un vrai renoncement à soi-même et par la miséricorde et la charité envers ses prochains.

Il dit *envers Dieu* pour signifier qu'il est bien vrai que les hommes en jugent autrement, parce qu'ils s'arrêtent à l'apparence externe, mais qu'il nous faut regarder ce qui est agréable à Dieu. Au reste, quant à ces mots, *Dieu et Père*, il faut les expliquer ainsi : Dieu qui est Père.

CHAPITRE II

1. *Mes frères, n'ayez point en acceptions de personnes la foy de nostre Seigneur Jésus-Christ par opinion*[1].
2. *Car en vostre assemblée s'il entre un homme qui ait un anneau d'or, vestu de quelque précieux habit, et il y entre aussi quelque povre, vestu de quelque meschant habit :*
3. *Et qu'ayez esgard à celuy qui porte le vestement précieux : et luy disiez, Toy assieds-toy yci honnestement : et vous disiez au povre, Toy, tien-toy là debout, ou Assieds-toy sous mon marchepied :*
4. *N'estes-vous pas jugez en vous-mesmes, et estes faits juges de mauvaises pensées*[2] *?*

Il semble au premier abord que ce reproche soit sauvage et absurde. Car entre les devoirs d'humanité celui-ci en est un, et qu'on ne doit point mépriser, de faire honneur à ceux qui ont quelque excellence en ce monde. Davantage, si l'acception des personnes est vicieuse, il faudra exempter de toute sujétion les serviteurs. Car S. Paul comprend sous le mot de *personne*, la condition tant de liberté que de servitude : autant en faudra-t-il dire des magistrats. Mais il sera facile de résoudre ces questions, pourvu que nous ne séparions point les choses que S. Jacques joint. Car il ne réprouve pas simplement l'honneur qu'ils faisaient aux riches, mais de le faire avec mépris et dédain pour les pauvres. Et ceci sera mieux entendu par ce qui suit, où il ramènera le tout à la règle de charité. Ainsi donc, qu'il nous souvienne qu'ici est condamnée cette acception de personnes par laquelle on honore et élève tellement le riche qu'on fait tort au pauvre. Ce qui est bien montré aussi par le contexte. Et en vérité ce sera un honneur ambitieux et plein de vanité, quand on honorera celui qui est riche en méprisant le pauvre. Et il ne faut pas douter que l'ambition et la vanité règnent quand on n'estime que les masques, c'est-à-dire l'apparence externe de ce monde. Il faut retenir cette maxime, qu'entre les autres marques de celui qui est tenu du nombre des enfants et des héritiers du royaume de Dieu, il est dit que c'est celui qui méprise les méchants et honore ceux qui craignent Dieu (Ps. *15* : 4). Ici est donc condamné le vice contraire, quand quelqu'un pour le seul regard des richesses honore même les méchants, avec dédain et mépris pour les bons, comme il a été dit. C'est pourquoi si on lit à part « Celui qui fait honneur aux riches pèche », ce sera une sentence absurde ; mais si on prend tout d'un fil : « Il pèche, celui qui fait honneur seulement aux riches, en méprisant les pauvres, et même en leur faisant injure », ce sera une doctrine vraie et sainte.

1. N'AYEZ POINT EN ACCEPTIONS DE PERSONNES LA FOI DE NOTRE SEIGNEUR JESUS-CHRIST PAR OPINION. Il signifie que les *acceptions des personnes* s'accordent si mal avec la foi en Christ,

[1] Ou, *la foy de nostre Seigneur Jésus-Christ glorieux, en ayant esgard à l'apparence des personnes.*

[2] Ou, *n'avez-vous pas fait distinction en vous-mesmes, et estes faits juges de meschantes pensées ?* Ou, *mal affectionnez ?*

qu'on ne peut les joindre, et cela à bon droit. Car, par la foi, nous sommes unis en un même corps, dans lequel Christ tient la première place. C'est pourquoi quand les pompes de ce monde ont tellement pris le dessus envers nous, qu'elles couvrent entièrement ce qui est de Christ, c'est un signe apparent que la foi n'y a pas grande vigueur.

En mettant *par opinion*, j'ai suivi ERASME, bien que l'ancien traducteur ne puisse être repris, qui a traduit : « de gloire ». Car le mot grec signifie opinion et gloire. Et de fait il peut bien être proprement rapporté à Christ, et cela selon la circonstance du lieu. Car la splendeur de Christ est si grande qu'elle éteint facilement toutes les gloires du monde pourvu qu'elle se montre à nous, et jette ses rayons sur nos yeux. Il s'ensuit que nous estimons bien peu Christ quand l'admiration de la gloire de ce monde nous retient. Toutefois l'autre interprétation convient très bien aussi. Car quand l'opinion des honneurs ou des richesses éblouit nos yeux, la vérité est supprimée, qui seule devait avoir lieu entre nous.

Il a dit *être assis honnêtement*, pour « en lieu honnête et honorablement ».

4. N'ETES-VOUS PAS JUGES EN VOUS-MEMES, ET ETES FAITS JUGES DE MAUVAISES PENSEES ? On peut lire ceci aussi bien comme une interrogation que comme une affirmation, et il y aura toujours presque un même sens. Car il amplifie la faute, d'autant qu'ils se plaisent et se flattent en une perversité si grande. Si nous le lisons comme une interrogation, le sens sera : votre propre conscience ne vous tient-elle pas convaincus, en sorte qu'il n'est point besoin d'un autre juge ? Si on aime mieux le lire comme une affirmation, ce sera comme s'il eût dit : il y a encore ce mal qui fait que vous ne sentez point que vous péchez, et que vous ne connaissez point que vos pensées sont mauvaises comme elles sont.

5. *Escoutez, mes très chers frères, Dieu n'a-il point éleu les povres de ce monde, qui sont riches en foy, et héritiers du Royaume qu'il a promis à ceux qui l'aiment ?*
6. *Mais vous avez déshonoré le povre. Or les riches n'abusent-ils pas*[1] *de puissance contre vous ? et vous tirent-ils pas aux plaidoyers ?*
7. *Eux-mesmes ne blasphèment-ils pas le bon Nom qui a esté invoqué sur vous ?*

5. ECOUTEZ, MES TRES CHERS FRERES, DIEU N'A-T-IL POINT ELU LES PAUVRES DE CE MONDE, QUI SONT RICHES EN FOI, ET HERITIERS DU ROYAUME QU'IL A PROMIS A CEUX QUI L'AIMENT ? Maintenant il prouve par deux arguments qu'ils font mal et tout à rebours de leur devoir, quand ils méprisent les pauvres en honorant les riches. Le premier est : c'est une honte et une vilenie d'abaisser ceux qui Dieu exalte, et de traiter ignominieusement ceux qu'il honore. Or, puisque Dieu honore les pauvres, quiconque les rejette pervertit donc l'ordre de Dieu. Le second argument est pris de l'expérience ordinaire. Car, puisque les riches communément indisposent les bons et les innocents, c'est une chose contre toute raison, qu'en récompense de leurs outrages, nous les ayons en plus grande recommandation que les pauvres, qui nous aident plus qu'ils ne nuisent. Or nous verrons par ordre jusqu'où ces deux arguments procèdent.

DIEU N'A-T-IL POINT ELU LES PAUVRES DE CE MONDE ? Il est vrai qu'il n'a pas seulement élu les pauvres, mais il a voulu commencer par eux, afin de rabaisser l'orgueil des riches. C'est ce que dit S. Paul : *Il n'y a pas beaucoup de puissants ni beaucoup de nobles du monde,*

[1] Ou, *ne vous maistrisent-ils pas ?*

mais Dieu a élu les choses faibles de ce monde pour confondre les fortes (I Cor. *1* : 26). En somme, bien que Dieu ait répandu sa grâce en commun et sur les riches et sur les pauvres, toutefois il a voulu préférer les pauvres aux riches, afin que les grands apprennent à ne point se plaire, et que les petits et gens de basse condition attribuent tout ce qu'ils ont à la miséricorde et à la grâce de Dieu, et que les uns et les autres soient par ce moyen amenés à la modestie et à l'humilité.

Or il appelle *riches en foi*, non pas ceux qui abondent en grandeur de foi, mais ceux que Dieu par son Esprit a enrichis de divers dons et grâces que nous recevons par la foi. Car, puisque Dieu s'offre libéralement à tous, chacun est fait participant de ses grâces selon la mesure de sa foi. Si donc nous sommes vides ou indigents, il nous faut l'imputer à notre manque de foi. Car pourvu que nous déployons et ouvrions le sein de notre foi, Dieu est toujours prêt à le remplir.

Il dit que *le royaume est promis à ceux qui aiment Dieu*, non pas que la promesse dépende de leur amour, mais pour nous avertir que Dieu nous appelle à l'espérance de la vie éternelle à cette condition et à cette fin, qu'étant appelés nous l'aimions. Ainsi donc, il dénote ici la fin et non pas le commencement.

6. MAIS VOUS AVEZ DESHONORE LE PAUVRE. OR LES RICHES N'ABUSENT-ILS PAS DE PUISSANCE CONTRE VOUS ET NE VOUS TIRENT-ILS PAS AUX PLAIDOYERS ? Il semble qu'il incite à la vengeance, en mettant en avant la domination injuste des riches, afin que ceux qui sont traités injustement par eux leur rendent la pareille. Toutefois il nous est commandé par toute l'Ecriture de faire du bien à nos ennemis qui nous font fâcherie. Mais l'intention de S. Jacques est tout autre. Car il veut seulement montrer que ceux-là sont dépourvus de raison et de jugement qui honorent par ambition ceux qui sont leurs bourreaux, et dédaignent par contre ceux qui les aiment ou, pour le moins, qui ne leur firent jamais aucun déplaisir. Car en cela la vanité apparaît mieux quand, sans en avoir reçu ni bien ni plaisir quelconque, ils ont en admiration les riches, seulement parce qu'ils sont riches, et même quand ils les expérimentent à leurs dépends comme iniques et cruels, ils ne cessent pas de les applaudir en flatteurs, et d'une façon servile. Il est vrai qu'il y a bien des riches raisonnables et modestes, et qui ne voudraient point faire du tort à un autre, mais il y en a bien peu de tels. S. Jacques donc indique ce qui a accoutumé d'advenir le plus souvent, et qu'on expérimente ordinairement. Car d'autant que les hommes essaient volontiers leurs forces en nuisant à autrui, il en résulte que plus quelqu'un aura de puissance, plus il sera méchant et inique envers ses prochains. Les riches doivent donc d'autant mieux prendre garde à ne pas participer à ce malheur qui règne coutumièrement parmi leurs semblables.

7. EUX-MEMES NE BLASPHEMENT-ILS PAS LE BON NOM QUI A ETE INVOQUE SUR VOUS ? Je ne doute point qu'il n'entende le Nom de Dieu et de Christ. Or il dit qu'il est invoqué sur les fidèles non pas en prières comme l'Ecriture a accoutumé quelquefois de parler, mais à cause de la profession. Comme il est dit que le Nom du père est invoqué sur ses enfants (Gen. *48* : 16) et le nom du mari sur sa femme (Es. *4* : 1). C'est donc comme s'il eût dit : le bon Nom dont vous vous glorifiez ou dont vous vous réclamez par honneur. Si ceux-là diffament orgueilleusement et sauvagement la gloire de Dieu, combien sont-ils indignes que les chrétiens leur fassent honneur ?

8. *Toutesfois si vous accomplissez la Loy royale selon l'Escriture,* asçavoir, *Tu aimeras ton prochain comme toy-mesme*[1] *: vous faites bien.*
9. *Mais si vous avez esgard à l'apparence des personnes, vous faites péché, et estes reprins de la Loy comme transgresseurs :*
10. *Car quiconque aura gardé toute la Loy, et vient à faillir en un* poinct, *est coulpable de tous.*
11. *Car celuy qui a dit, Tu ne seras point adultère, dit aussi, Tu ne tueras point. Si donc tu n'es point adultère, mais tu tues, tu es transgresseur de la Loy.*

Vient maintenant une plus ample déclaration. Car il montre clairement la cause de la répréhension qu'il a faite naguère, d'autant qu'ils n'honoraient point les riches par charité, mais plutôt par un désir fou d'acquérir leur grâce. Or c'est une anticipation par laquelle il prévient l'excuse de la partie adverse. Car ils pouvaient répliquer qu'il n'est point à blâmer, celui qui se soumet humblement, même à ceux qui ne le méritent pas. S. Jacques confesse bien que c'est vrai, mais il montre qu'ils allèguent faussement cette excuse, parce que l'honneur qu'ils font en cet endroit, ils le font aux personnes et non pas à leurs prochains. Au premier membre (dis-je), il reconnaît pour droits et louables tous les devoirs de charité dont nous usons envers nos prochains. Et au second membre il dit que cette acception de personnes pleine d'ambition ne doit point être mise dans ce rang, parce qu'elle est bien loin de la règle de la loi.

La pointe de cette réponse gît en ces deux mots : *prochain* et *personne*, comme s'il disait : si vous mettez en avant quelque apparence de charité pour couvrir votre fait, il y a réponse facile, car Dieu commande d'aimer ses prochains, et non point de choisir les personnes. Or tous les hommes généralement sont compris sous ce mot de *prochain*. Celui donc qui prend à sa fantaisie quelque petit nombre de gens pour les aimer, laissant là les autres, ne regarde point la loi de Dieu mais obéit au mauvais désir de son cœur. Dieu nous recommande expressément et les étrangers et nos ennemis et tous ceux qui autrement seraient méprisables. L'acception de personnes est totalement contraire à cette doctrine. S. Jacques affirme donc à bon droit que l'acception des personnes s'oppose à la charité.

8. TOUTEFOIS SI VOUS ACCOMPLISSEZ LA LOI ROYALE SELON L'ECRITURE, A SAVOIR, TU AIMERAS TON PROCHAIN COMME TOI-MEME, VOUS FAITES BIEN. Au commencement de la sentence, je prends le mot *loi* simplement pour règle, et *parfaite* pour garder rondement et d'une pure intégrité de cœur. Ces mots s'opposent à une observation partielle de la loi, c'est-à-dire de quelque partie de la loi. Et selon mon jugement elle est appelée *loi royale* comme on dit le chemin royal, c'est-à-dire le grand chemin, sur lequel on ne saurait faillir, et où on peut marcher sûrement. Ainsi la loi royale est pour ainsi dire comme la doctrine complète et unique, qui est ainsi appelée en opposition aux circuits dangereux et aux détours obscurs, dans lesquels les hommes s'égarent.

En second lieu, quand il dit que ceux qui ont acception des personnes *sont repris de la loi*, alors la loi est prise dans sa signification propre. Car puisqu'il nous est ordonné par le commandement de Dieu d'aimer tous hommes, quiconque choisit un petit nombre et rejette tous les autres, doit à bon droit être appelé transgresseur de la loi, vu qu'il renverse l'ordre et rompt le lien mis et établi par Dieu.

[1] Lév. *19* : 18.

10. CAR QUICONQUE AURA GARDE TOUTE LA LOI ET VIENT A FAILLIR EN UN POINT, EST COUPABLE DE TOUS. Il ne veut pas dire autre chose sinon que Dieu ne veut point être servi à demi, ou en exceptant quelque chose, et qu'il ne fait point ce partage avec nous, qu'il nous soit licite de retrancher de sa loi ce qui ne nous plaira point. Cette sentence semble de prime abord à certains bien rude et étrange, comme si S. Jacques s'accordait avec le paradoxe des stoïciens[1], qui fait tous les péchés égaux, et comme s'il affirmait que celui qui n'aura failli qu'en une chose doit être puni autant que s'il avait été méchant et dissolu toute sa vie. Mais il est clair par la déduction du texte que l'Apôtre n'a pensé à rien d'approchant. Car il faut toujours observer pourquoi et à quelle fin on dit un propos. Il dit que ce n'est point aimer les prochains, que de choisir par ambition une partie et de laisser là les autres. Il le prouve, parce qu'il n'y a point obéissance envers Dieu quand il n'y a point un désir égal d'obéir, qui corresponde au commandement de Dieu. Comme la règle de Dieu est simple et ronde, il est donc convenable que nous apportions de notre côté une intégrité et une rondeur, afin que nul de nous ne la corrompe en séparant les choses que Dieu conjoint. Il faut donc qu'il y ait une façon égale, si nous voulons obéir à Dieu comme il convient. Comme un juge, par exemple, s'il punit dix larcins et en laisse un impuni, découvre par là la perversité fourbe de son cœur, puisqu'il poursuit les hommes plutôt que les vices, car ce qu'il condamne en l'un, il l'absout en l'autre.

Nous comprenons maintenant l'intention de S. Jacques : si nous retranchons de la loi de Dieu ce qui ne nous plaira point, bien que nous nous rendions obéissants dans les autres parties, toutefois nous sommes coupables de tout, d'autant que nous violons et rompons toute la loi de Dieu en un article. Au reste, bien qu'il accommode cette sentence à la circonstance de la matière présente, elle est toutefois prise d'un principe général, à savoir que Dieu nous a prescrit la règle de bien vivre qu'il ne nous est point licite de déchirer ou de diviser. Car ce n'est point seulement d'une partie de la loi qu'il est dit : *C'est ici la voie, cheminez en elle* (Es. *30* : 21) et la loi ne promet le salaire ou la récompense qu'à celui qui obéira en tout et partout. C'est donc une grande folie pour les scolastiques[2] de tenir pour méritoire la justice qu'ils appellent partielle. Au contraire, tant ce passage que plusieurs autres démontrent à l'évidence qu'il n'y a de justice qu'en la parfaite observation de la loi.

11. CAR CELUI QUI A DIT : « TU NE SERAS POINT ADULTERE » DIT AUSSI : « TU NE TUERAS POINT ». SI DONC TU N'ES POINT ADULTERE, MAIS TU TUES, TU ES TRANSGRESSEUR DE LA LOI. C'est la vérification de la sentence précédente, parce qu'il faut avoir égard au législateur plutôt qu'à chaque commandement pris à part. La justice de Dieu consiste en toutes ses parties en la loi de Dieu et elle est comme un corps entier composé de tous ses membres. Quiconque donc transgresse un seul article de la loi détruit et renverse la justice de Dieu en tant qu'il dépend de lui. Davantage, comme Dieu veut éprouver notre obéissance en un endroit, il le veut aussi en tous. C'est pourquoi quiconque offense en un commandement est transgresseur de toute la loi, suivant ce qui est dit : Maudit est celui qui n'aura pas accompli toutes ces choses (Deut. *27* : 26). Ainsi nous voyons que, selon S. Jacques, *transgresseur de la loi*, et *coupable de tous*, signifient une même chose.

[1] Les *stoïciens* étaient une secte de philosophes dont il est parlé dans les Actes (Act. *17* : 18), et leurs opinions étaient nommées paradoxes, parce qu'elles étaient le contraire de l'opinion commune des hommes. (Note de Calvin).

[2] Théologiens du Moyen-Age.

12. *Parlez, et faites comme ceux qui doyvent estre jugez par la Loy de liberté.*
13. *Car condamnation sans miséricorde* sera *sur celuy qui ne fait point miséricorde : et miséricorde se glorifie à l'encontre de condamnation.*

12. PARLEZ, ET FAITES COMME CEUX QUI DOIVENT ETRE JUGES PAR LA LOI DE LIBERTE. Parce qu'ils se flattaient par trop, il les ramène devant celui qui est le seul juge compétent. Car pour cette raison les hommes s'absolvent par leur opinion, d'autant qu'ils se soustraient au jugement de la loi de Dieu. Il avertit donc qu'il faut y rapporter tous les faits et les paroles pour en faire l'examen, d'autant que Dieu doit juger le monde par sa loi.

Toutefois parce qu'une telle comparution pouvait leur donner une frayeur extrême, il corrige ou adoucit cette âpreté, en ajoutant *la loi de liberté.* Car nous écoutons ce que dit S. Paul : *Tous ceux qui sont sous la loi sont sujets à malédiction* (Gal. *3* : 10). Le jugement de la loi ne pourrait donc être que la condamnation à la mort éternelle. Mais par ce mot de *liberté*, il signifie que nous sommes délivrés de la rigueur de la loi. Ce sens ne convient pas mal ; toutefois, si on considère de plus près ce qui suit, il semble que S. Jacques veuille dire autre chose, comme s'il eût dit : si vous ne voulez pas subir la rigueur de la loi, ne soyez pas trop rigoureux envers vos prochains. Car ce mot *la loi de liberté* équivaut à dire « la clémence de Dieu », qui nous délivre de la loi. Par ce moyen il faudra lire ces sentences tout d'un fil avec ce qui suit, où il parlera de secourir les pauvres.

13. CAR CONDAMNATION SANS MISERICORDE SERA SUR CELUI QUI NE FAIT POINT MISERICORDE, ET MISERICORDE SE GLORIFIE A L'ENCONTRE DE CONDAMNATION. C'est l'application de la sentence précédente au présent propos, pourvu qu'on veuille suivre la seconde explication que j'ai amenée. Car il montre que d'autant que nous ne subsistons devant Dieu que par sa seule miséricorde, nous devons aussi exercer miséricorde envers ceux que le Seigneur même nous recommande. Or, c'est une singulière louange de bienfaisance et d'humanité, quand il nous promet que Dieu nous sera miséricordieux, si nous le sommes envers nos frères. Non pas que cette miséricorde dont nous usons envers les hommes, qui n'est quasi rien, mérite que Dieu use de miséricorde envers nous, mais parce que Dieu veut que ceux qu'il a adoptés pour être leur Père clément et débonnaire portent son image et lui ressemblent en ce monde, suivant ce que dit Jésus-Christ : *Soyez miséricordieux, comme votre Père céleste est miséricordieux* (Luc *6* : 36). Il faut noter à l'inverse qu'il ne peut annoncer une chose plus dure ni plus horrible que le jugement de Dieu. Il en résulte qu'ils sont plus que misérables et perdus, ceux qui n'ont point leur refuge dans cet affranchissement du pardon envers Dieu.

ET MISERICORDE SE GLORIFIE. Comme s'il disait : il n'y a que la miséricorde de Dieu qui nous délivre de la crainte du jugement. Car il prend ce mot, *se glorifie*, pour : « est victorieuse, et l'emporte par-dessus tout ». Car le jugement de condamnation est prêt à tomber sur tout le monde, si la miséricorde ne subvient. L'explication de ceux qui disent que sous le nom de la chose est signifiée la personne, c'est-à-dire que par miséricorde il faut entendre « Homme miséricordieux », est difficile et forcée. Car à proprement parler, l'homme ne se glorifie point à l'encontre du jugement de Dieu, mais c'est la miséricorde de Dieu elle-même qui par manière de dire, fait un triomphe de victoire, c'est elle seule qui règne et domine, quand la rigueur du jugement cesse.

14. *Mes frères, que proufitera-il si aucun dit qu'il ha foy, et il n'ait point les œuvres ? La foy le pourra-elle sauver ?*
15. *Et si le frère ou la sœur sont nuds, et ayans faute du vivre quotidien,*
16. *Et aucun de vous leur dit, Allez en paix, chauffez-vous, et mangez vostre saoul : et vous ne leur donnez point les choses nécessaires au corps : que leur proufitera-il ?*
17. *Pareillement aussi la foy, si elle n'ha les œuvres, est morte en soy-mesme.*

14. MES FRERES, QUE PROFITERA-T-IL SI AUCUN DIT QU'IL A FOI, ET IL N'AIT POINT LES ŒUVRES ? LA FOI POURRA-T-ELLE LE SAUVER ? Il continue à louer et à recommander la miséricorde. Or parce qu'il nous avait menacés que Dieu sera pour nous un juge sévère et rigoureux, si nous ne sommes humains et miséricordieux envers nos prochains, et parce que les hypocrites répliquaient que nous suffit la foi en qui réside le salut des hommes, maintenant il repousse cette sotte prétention. Il veut donc dire en somme, que la foi sans la charité ne sert à rien, et même qu'elle est entièrement morte.

Mais on pose ici une question : Peut-on séparer la foi d'avec la charité ? Certes ce passage mal entendu et mal interprété a engendré la distinction, commune parmi les sophistes, de la foi formée et informe. Mais S. Jacques n'a aucunement pensé à cela. Car il ressort de ses premières paroles qu'il parle d'une fausse déclaration. En effet, il ne commence pas en disant : « Si quelqu'un a la foi », mais : « *Si quelqu'un dit qu'il a la foi* ». En quoi il montre clairement que les hypocrites, sans avoir autre chose, se vantent du nom de foi, lequel en vérité ne leur convient aucunement. Quand donc lui-même appelle cela foi, c'est une concession comme disent les rhétoriciens. Car quand nous insistons seulement sur la chose, il ne nuit en rien, et même il est quelquefois profitable à la cause, de concéder ou octroyer à l'adversaire le mot qu'il demande. Car sitôt après, la chose étant connue, on lui arrache aussi facilement même le mot. Ainsi donc S. Jacques, parce qu'il lui suffisait de repousser ce faux prétexte dont se couvraient les hypocrites, n'a point voulu ouvrir le débat pour le mot. Toutefois souvenons-nous que chaque fois qu'il nomme cela « foi », il ne parle point selon sa compréhension, mais il dispute plutôt contre ceux qui prétendent hypocritement avoir la foi dont ils n'ont rien.

LA FOI POURRA-T-ELLE LE SAUVER ? Ceci équivaut à dire que nous n'obtenons point le salut par une simple et froide connaissance de Dieu, ce que nous confessons être très véritable. Car nous obtenons le salut par la foi, parce qu'elle nous unit à Dieu. Ce qui ne se fait point autrement, sinon quand nous sommes entés au corps de Christ, afin que vivant par son Esprit, nous soyons aussi gouvernés par lui. Or il n'y a rien de semblable dans ce masque de foi. Il ne faut donc pas s'étonner si S. Jacques lui ôte l'effet de salut.

15. SI LE FRERE OU LA SŒUR SONT NUS ET AYANT FAUTE DU VIVRE QUOTIDIEN, **16.** ET AUCUN DE VOUS LEUR DIT, ALLEZ EN PAIX, CHAUFFEZ-VOUS ET MANGEZ VOTRE SAOUL, ET VOUS NE LEUR DONNEZ POINT LES CHOSES NECESSAIRES AU CORPS, QUE LEUR PROFITERA-T-IL ? Il tire cet exemple du propos qu'il avait commencé, car il exhorte à faire les devoirs de la charité, comme il a été écrit. Si quelqu'un au contraire se glorifie de ce qu'il se contente de la foi sans avoir les œuvres, S. Jacques compare cette ombre de foi à une parole, quand on dira à un homme affamé : « Qu'il soit rassasié », et qu'on ne lui donnera cependant pas de quoi se nourrir, bien qu'il en soit dépourvu. Comme celui qui éconduit ainsi avec des paroles un pauvre, et ne lui fait aucune aide, se moque donc de lui, ainsi ceux qui se forgent une foi sans œuvres et sans aucun exercice de piété se moquent de Dieu !

17. PAREILLEMENT AUSSI LA FOI, SI ELLE N'A PAS LES ŒUVRES, EST MORTE EN SOI-MEME. Il dit que la foi est morte en soi-même, quand elle est vide de bonnes œuvres. Nous en recueillons que ce n'est même point la foi, parce qu'étant morte, elle ne garde point proprement le nom de foi. Les sophistes insistent sur ce mot, disant qu'il se trouve donc quelque foi en soi, c'est-à-dire sans œuvre, mais il est aisé de réfuter un sophisme si frivole, vu qu'il est assez notoire que l'Apôtre argumente d'une chose impossible, (comme on dit), ainsi que fait S. Paul, quand il appelle *Exécration* (Gal. *1* : 8) l'ange qui voudrait entreprendre de renverser l'Evangile.

18. *Mais quelqu'un*[1] *dira : Tu as la foy, et moy j'ay les œuvres : monstre-moy la foy sans tes œuvres : et je te monstreray ma foy par mes œuvres.*
19. *Tu crois qu'il est un Dieu : tu fais bien : les diables le croyent aussi, et en tremblent.*

18. MAIS QUELQU'UN DIRA : TU AS LA FOI, ET MOI J'AI LES ŒUVRES ; MONTRE-MOI LA FOI SANS TES ŒUVRES, ET JE TE MONTRERAI MA FOI PAR MES ŒUVRES. ERASME introduit ici deux personnages parlant l'un à l'autre, l'un qui se vante de la foi sans les œuvres, et l'autre des œuvres sans la foi, et finalement pense que S. Jacques se met entre eux deux, et les repousse tous deux par sa réponse. Cela me semble être trop forcé. Il pense qu'il ne convient pas que ces mots : *tu as la foi*, soient dits en la personne de S. Jacques, qui ne reconnaît point de foi sans œuvres. Mais il s'abuse grandement parce qu'il ne voit point que ces paroles comportent une moquerie. Et par conséquent je prends ce mot, *mais*, pour *même*, et ce mot *quelqu'un*, pour *chacun*. Tellement que ceci tend à repousser la sotte vanterie de ceux qui imaginent qu'ils ont la foi, bien que par leurs œuvres et leur vie ils se montrent infidèles. Car S. Jacques dit qu'il sera facile à tous les fidèles vivant saintement d'arracher aux hypocrites une telle vanterie, dont ils sont enflés.

MONTRE-MOI TA FOI SANS TES ŒUVRES. Bien que la lecture la plus reçue chez les Grecs soit « par tes œuvres », toutefois la lecture latine ancienne convient mieux : « Sans tes œuvres ». On la trouve aussi en quelques exemplaires grecs. Pour cette raison, je n'ai point fait difficulté pour la préférer. Quand il demande donc qu'on lui montre la foi sans les œuvres, il argumente par une chose impossible, pour prouver qu'une telle foi est nulle. Ainsi c'est une façon de parler par ironie, c'est-à-dire moquerie. Nonobstant, si quelqu'un aime mieux l'autre lecture, tout reviendra à un même but. « Montre-moi ta foi par tes œuvres », car parce que la foi n'est point une chose oisive, il faut qu'elle soit connue par les œuvres. Le sens donc est celui-ci : si tu ne produis pas les fruits de ta foi, je dis que tu n'en as point.

Mais on pourrait poser une question : la probité extérieure de la vie est-elle un argument certain de la foi ? Car S. Jacques dit : *Je te montrerai ma foi par mes œuvres*. Je réponds que les infidèles eux-mêmes ont quelquefois des vertus excellentes en apparence, ou mènent une vie honnête et irrépréhensible, et que, par conséquent, il y a des œuvres belles et bonnes en apparence, qui peuvent être sans la foi. Et d'autre part S. Jacques ne discute point que quiconque apparaît être sage et honnête ait par conséquent la foi. Il veut seulement dire qu'on se vante en vain de la foi, si on n'a pas aussi témoignage de bonnes œuvres, d'autant qu'il ne peut pas se faire que la racine vivante d'un bon arbre ne produise pas toujours ses fruits.

[1] Ou, *mesme quelqu'un.*

19. TU CROIS QU'IL EST UN DIEU, TU FAIS BIEN, LES DIABLES LE CROIENT AUSSI, ET EN TREMBLENT. Par ce seul mot il apparaît assez qu'en toute cette discussion il n'est point traité de la vraie foi, mais d'une connaissance de Dieu telle qu'elle n'unit pas l'homme avec Dieu, pas plus que regarder le soleil ne nous élève au ciel. Or il est certain que nous nous approchons de Dieu par la foi. De plus, ce sera une moquerie de dire que les diables ont la foi, ces diables que S. Jacques toutefois préfère en cet endroit aux hypocrites.

Le diable tremble, dit il, quand il est fait mention de Dieu. Car puisqu'il le reconnaît pour son juge, il est ému de crainte face à lui. Celui qui méprise Dieu après l'avoir connu, est donc pire que le diable.

Ce mot, *tu fais bien*, est mis ici pour amoindrir la chose, comme s'il eût dit : vraiment voilà un grand cas, dont on doit bien se vanter, d'être au-dessous des diables.

20. *Mais homme vain, veus-tu sçavoir que la foy sans œuvres est morte ?*
21. *Abraham nostre père n'a-il point esté justifié par les œuvres, quand il offrit son fils Isaac sur l'autel*[1] *?*
22. *Vois-tu point que la foy besongnoit és œuvres d'iceluy, et que la foy a esté parachevée par les œuvres ?*
23. *Et que l'Escriture a esté accomplie, disant, Abraham a creu à Dieu, et il luy a esté réputé à justice, et a esté appelé ami de Dieu*[2] *?*
24. *Vous voyez donc que l'homme est justifié par œuvres, et non seulement par foy.*
25. *Semblablement aussi Rahab paillarde, n'a-elle point été justifiée par œuvres, quand elle eut receu les messagers, et les eut mis dehors par un autre chemin*[3] *?*
26. *Car ainsi que le corps sans esprit est mort, aussi la foy sans œuvres est morte.*

20. MAIS HOMME VAIN, VEUX-TU SAVOIR QUE LA FOI SANS ŒUVRES EST MORTE ? Il faut entendre et retenir l'important de la matière. Car il n'est pas question ici de la cause de la justification, mais seulement de la valeur et de l'estime qu'on doit avoir de la profession de foi sans les œuvres. Ceux qui s'efforcent de prouver par ce témoignage que l'homme est justifié par les œuvres, prennent donc mal les choses et s'abusent. Car S. Jacques n'a rien voulu dire de semblable, et les arguments qu'il ajoute doivent être rapportés à cette sentence que la foi est nulle, ou pour le moins qu'elle est morte, sans les œuvres. Car jamais homme n'entendra un propos et ne jugera prudemment et sûrement des paroles, s'il ne connaît quelle est l'intention de l'auteur.

21. ABRAHAM NOTRE PERE N'A-T-IL POINT ETE JUSTIFIE PAR LES ŒUVRES, QUAND IL OFFRIT SON FILS ISAAC SUR L'AUTEL ? Les sophistes empoignent ce mot justifier, et sur cette base, comme s'ils avaient gagné la bataille, ils crient qu'une partie de la justice des hommes consiste dans les œuvres. Mais il fallait tirer de la circonstance du passage la vraie interprétation. Or nous avons dit que S. Jacques ne traite point ici d'où ou comment les hommes obtiennent la justice, comme il est manifeste à chacun, mais que son intention est seulement de montrer que les bonnes œuvres sont toujours jointes avec la foi. C'est pourquoi quand il dit qu'Abraham a été justifié par la foi, il parle de la preuve de la justice. Quand les sophistes opposent S. Jacques à S. Paul, ils s'abusent donc dans l'ambiguïté de

[1] Gen. *22* : 10.
[2] Gen. *15* : 6.
[3] Jos. *2* : 15.

la signification du mot. Car quand S. Paul enseigne que nous sommes justifiés par la foi, il ne signifie pas autre chose que ceci : nous sommes réputés justes devant Dieu. Mais S. Jacques regarde à un autre but, à savoir que celui qui se dit être fidèle, démontre par ses œuvres que sa foi est vraie. Il est certain que S. Jacques n'a point voulu enseigner ici où doit reposer la confiance du salut, qui est le seul point sur lequel S. Paul insiste. Ainsi, afin que nous ne nous méprenions pas en ce qui a abusé les sophistes, il faut noter cette ambiguïté ou diversité de significations. Ce mot « justification » chez S. Paul signifie une imputation gratuite de la justice devant le tribunal de Dieu, et en S. Jacques, c'est une déclaration ou preuve de la justice par les œuvres ou les effets, et cela devant les hommes, comme on peut le déduire des paroles précédentes : montre-moi ta foi. En ce sens, nous confessons sans contredit que l'homme est justifié par les œuvres. Comme si l'on disait d'un homme, qui aura acheté un héritage de grand prix et de bon revenu, qu'il est devenu riche, puisque ses richesses, qui auparavant enfermées dans son coffre étaient inconnues, ont été mises en évidence.

Quand il dit que *la foi besognait dans les œuvres et a été parachevée par les œuvres*, il montre de nouveau qu'il n'est point question ici de la cause de notre salut, mais de savoir si les œuvres accompagnent nécessairement la foi. Car en ce sens il est dit qu'elle a aidé aux œuvres, puisqu'elle n'a point été oisive. Il est dit qu'elle a été parfaite par les œuvres, non pas qu'elle en tire sa perfection, mais parce que par cela elle est approuvée être vraie. Quant à ce que les sophistes tirent de ces paroles leur sotte distinction de la foi formée et informe, cela n'a pas grand chose d'une longue réfutation. Car la foi d'Abraham était formée, voire même façonnée et comme polie avant qu'il offrît son fils sur l'autel, et cette œuvre n'a point été la dernière de ses œuvres, car après il en a fait beaucoup d'autres, par lesquelles il a montré les accroissements de sa foi. Il en résulte, et que cet acte n'a point été la perfection de sa foi, et qu'elle ne commença point alors seulement à prendre forme. S. Jacques donc n'entend autre chose, sinon que l'intégrité d'Abraham s'est montrée et déclarée quand il a mis en avant ce fruit excellent d'obéissance.

23. ET QUE L'ECRITURE A ETE ACCOMPLIE, DISANT, ABRAHAM A CRU EN DIEU, ET IL LUI A ETE REPUTE A JUSTICE, ET A ETE APPELE AMI DE DIEU. Il faut nécessairement que ceux qui veulent prouver par le témoignage de S. Jacques que les œuvres ont été imputées à justice à Abraham, confessent qu'il tire l'Ecriture par force et mal à propos. Car de quelque côté qu'ils se tournent, ils ne feront jamais que l'effet précède sa cause. S. Jacques allègue le témoignage de Moïse au quinzième chapitre de la Genèse. Cette imputation à justice dont Moïse fait mention a précédé de plus de trente ans cette œuvre, par laquelle ils disent qu'Abraham a été justifié. Quoiqu'il en soit, puisque quinze ans avant qu'Isaac fût né, la foi a été imputée à justice à Abraham, l'immolation qu'il fit de son fils n'a pu lui acquérir ce bien. Ainsi je tiens serrés d'un nœud qu'il n'est pas possible de démêler tous ceux qui imaginent que la justice a été imputée à Abraham devant Dieu parce qu'il immola son fils Isaac, vu qu'il n'était pas encore né, lorsque le Saint-Esprit déclare qu'Abraham a été juste. Il reste donc nécessairement à dire qu'il est ici fait mention de quelque chose qui est venu après la justification. Comment donc S. Jacques dit-il que cela fut alors accompli ? Certes il veut montrer quelle a été cette foi qui a justifié Abraham : elle n'a point été une foi oisive, ou qui s'écoulât aussitôt, mais elle l'a rendu obéissant à Dieu, comme il est aussi montré en l'épître aux Hébreux, chapitre *11*, v. 8. La conclusion qui est ajoutée tout de suite après, vu qu'elle en dépend, n'a point d'autre sens. *L'homme n'est point justifié* *seulement par la foi*, c'est-à-dire par une connaissance de Dieu nue et vaine. *Il est justifié par les œuvres*, c'est-à-dire sa justice est connue et prouvée par les fruits.

25. SEMBLABLEMENT AUSSI RAHAB LA PAILLARDE N'A-T-ELLE POINT ETE JUSTIFIEE PAR LES ŒUVRES, QUAND ELLE EUT REÇU LES MESSAGERS, ET LES EUT MIS DEHORS PAR UN AUTRE CHEMIN ? Il semble que ce soit mal à propos de joindre deux personnages aussi différents, comme le fait ici S. Jacques. Pourquoi n'a-t-il pas plutôt choisi l'un de ces pères si nombreux qui ont été des hommes excellents pour l'adjoindre à Abraham ? Pourquoi a-t-il préféré une prostituée à tous ceux-là ? De propos délibéré il a mis ensemble ces deux personnes si différentes, afin de montrer plus clairement qu'il n'y eut jamais personne qui fût réputé parmi les justes et les fidèles sans bonnes œuvres, de quelque état ou nation ou condition qu'il ait été. Il a nommé le patriarche le plus excellent de tous ; maintenant dans la personne d'une prostituée il comprend tous ceux qui étant hors de la communion de l'Eglise viennent à y être entés. Quiconque donc veut être réputé juste, même quand ce ne serait que pour être au rang des plus petits, doit se montrer tel par ses bonnes œuvres. Quant à ce que S. Jacques, selon sa façon, dit que Rahab a été justifiée par les œuvres, les sophistes en déduisent que nous obtenons la justice par les mérites des œuvres. Mais nous disons qu'il n'est point question ici du moyen d'obtenir la justice. Nous confessons bien que les bonnes œuvres sont requises, seulement nous leur ôtons la vertu de conférer la justice, puisqu'elles ne peuvent subsister devant le jugement de Dieu.

CHAPITRE III

1. *Mes frères, ne soyez point plusieurs maistres, sçachans que nous en receverons plus grand condamnation.*
2. *Car nous tous offensons en plusieurs choses. Si quelqu'un n'offense point en parole, il est homme parfait, et peut mesme tenir en bride tout le corps.*
3. *Voyci, nous mettons aux chevaux des mors en leurs gueules, pour nous obéir, et menons çà et là tout leur corps.*
4. *Voyci aussi les navires, jà soit qu'elles soyent grandes, et qu'elles soyent poussées de rudes vents, elles sont menées çà et là d'un petit gouvernail, partout où voudra le plaisir de celui qui gouverne.*
5. *Ainsi la langue est un petit membre, et se vante de grandes choses.*

1. MES FRERES, NE SOYEZ POINT PLUSIEURS MAITRES, SACHANT QUE NOUS EN RECEVRONS PLUS GRANDE CONDAMNATION. L'interprétation la plus commune de ce passage, et reçue de presque tous, est qu'il veut nous détourner de désirer la charge d'enseigner, et cela parce que c'est une chose fort dangereuse, et sujette à un jugement rigoureux de Dieu, si quelqu'un l'offense en cette charge. Et on pense qu'il a dit, *ne soyez point plusieurs*, parce qu'il faut qu'il y en ait quelques-uns[1]. Mais quant à moi j'entends par ce mot de *maîtres*, non point ceux qui ont la charge publique d'enseigner dans l'Eglise, mais ceux qui usurpent l'autorité de censurer les autres. Car de tels censeurs veulent être estimés comme maîtres des mœurs. Et cette façon de parler est usitée tant chez les Grecs que chez les Latins, d'appeler maîtres ceux qui se mêlent de reprendre les autres magistralement et orgueilleusement.

Quant à ce qu'il défend qu'il y en ait plusieurs, c'est parce que tout communément plusieurs s'y ingèrent. Car c'est une maladie quasi naturelle à l'esprit humain de chercher à acquérir réputation en reprenant les autres. Or il y a double vice en cet endroit. Premièrement, qu'il y en ait bien peu qui y soient adroits, toutefois tous indifféremment se fourrent en avant et usurpent ce ministère. En outre, il y en a bien peu qui soient menés d'une droite affection, d'autant qu'ils sont plus incités par l'hypocrisie et l'ambition que par le soin du salut de leurs frères. Car il faut noter que S. Jacques ne nous détourne point de faire des exhortations fraternelles, que le Saint-Esprit nous recommande tant de fois et expressément, mais il condamne cette cupidité excessive, qui procède de l'ambition et de l'orgueil, quand chacun s'élève contre ses prochains, médit d'eux, les mord, les pique et cherche de tous côtés avec mauvaise volonté pour trouver quelque chose qu'il puisse tirer à mauvaise part. Car, le plus souvent, de tels censeurs importuns cherchent à se faire valoir, en mettant sur les rangs les fautes des autres. S. Jacques nous détourne de cette

[1] « Plusieurs », dans le sens de « nombreux », s'oppose à « quelques-uns » (un petit nombre).

façon de faire déréglée et pleine d'arrogance. Il ajoute la raison : parce que ceux qui sont ainsi sévères envers les autres recevront une grande condamnation. Car celui qui examine avec rigueur les paroles et les faits de chacun s'impose à soi-même une loi bien dure ; et celui qui ne peut pas pardonner aux autres ne mérite point non plus qu'on lui pardonne. C'est une sentence digne d'être diligemment notée, que ceux qui sont trop rigoureux envers leurs frères provoquent la sévérité de Dieu contre eux-mêmes.

2. CAR NOUS TOUS OFFENSONS EN PLUSIEURS CHOSES. SI QUELQU'UN N'OFFENSE POINT EN PAROLE, IL EST HOMME PARFAIT, ET PEUT MEME TENIR EN BRIDE TOUT LE CORPS. On peut prendre ceci comme étant dit par concession, comme s'il eût ainsi dit : « Tu trouves des reproches à faire à tes frères, car il n'y a personne qui soit exempt de vices, et, bien plus, il n'y a pas un de nous qui ne soit entaché de plusieurs vices. Mais toi, penses-tu être parfait avec ta langue venimeuse et pleine de médisances ? » Toutefois, quant à moi, il me semble plutôt que par cet argument, S. Jacques nous exhorte à la douceur et à la débonnaireté, puisque nous aussi nous sommes environnés de plusieurs infirmités. Voila ce que ne comprend pas celui qui refuse aux autres le pardon dont lui-même a besoin. Ainsi procède aussi S. Paul quand, après avoir commandé de corriger avec bienveillance et avec un esprit de douceur ceux qui ont failli, il ajoute tout soudain : « Te considérant toi-même, afin que tu ne sois aussi tenté » (Gal. *6* : 1). Car il n'y a rien qui soit meilleur pour modérer en nous cette rigueur excessive que la connaissance de notre infirmité.

SI QUELQU'UN N'OFFENSE POINT EN PAROLE, IL EST HOMME PARFAIT. Après avoir dit qu'il n'y a personne qui ne pèche en diverses sortes, il montre maintenant que le vice de dénigrer est odieux par-dessus les autres péchés. Car quand il dit que celui *qui n'offense point en parole, est parfait*, il signifie que c'est une vertu excellente et des principales que de retenir et bien régler sa langue. Aussi font-ils tout à rebours, ceux qui épluchent curieusement jusqu'aux plus petits vices mais se flattent en une faute si lourde. Ainsi il accuse de bien bonne grâce l'hypocrisie de ces maîtres censeurs et leur ôte toute excuse, puisqu'ils laissent dans leur examen ce qui était le principal et de plus grande importance, le vice de médisance. Car ceux qui censurent les autres semblent avoir un zèle de parfaite sainteté. Or ils devaient commencer par la langue s'ils voulaient être parfaits. Mais comme ils ne se soucient nullement de brider leur langue, mais plutôt, en mordant et dépeçant les autres, se vantent d'une sainteté feinte, il est clair qu'ils sont à reprendre plus que tous les autres, parce qu'ils rejettent la vertu principale. La liaison de ces sentences nous rend l'intention de l'Apôtre plus facile.

3. VOICI, NOUS METTONS AUX CHEVAUX DES MORS EN LEUR GUEULE, POUR NOUS OBEIR, ET MENONS ÇA ET LA LEUR CORPS. Il prouve par ces deux similitudes qu'en matière de vraie perfection la langue fait beaucoup et qu'elle obtient la vraie maîtrise dans toute la vie, comme il disait tantôt. Premièrement il compare la langue à une bride ou un mors, secondement au gouvernail d'un navire. Si un cheval, qui est une bête si farouche, est mené çà et là au plaisir du cavalier, parce qu'il est tenu en bride, la langue n'aura pas moins de pouvoir à gouverner l'homme. Nous pouvons en dire autant du gouvernail d'un navire qui surmonte tout ce grand vaisseau et l'impétuosité furieuse des vents. Quoique la langue soit un bien petit membre, elle a pourtant un grand pouvoir pour gouverner la vie de l'homme. Au reste, le mot grec qui est mis ici signifie se vanter, mais S. Jacques n'a point tant voulu reprendre ici l'ostentation que montrer que la langue est une ouvrière qui fait de grandes choses. Car ce dernier membre accommode les similitudes précédentes au présent propos. Or la vaine gloire et la vantardise ne conviendraient point à la bride ni au gouvernail. Il signifie donc que la langue a grand pouvoir. Tandis qu'ERASME a traduit l'impétuosité, j'ai mis le plaisir de celui qui gouverne et conduit, parce que le mot grec signifie appétit. Je confesse bien que les Grecs signifient par ce mot les désirs qui n'obéissent point à la raison, mais S. Jacques parle ici simplement de la fantaisie du patron de la galère ou du navire.

Voilà un petit feu combien grand bois allume-t-il ?

6. *La langue aussi est un feu,* voire *un monde d'iniquité. Telle,* di-je, *est la langue entre nos membres, laquelle souille tout le corps, et enflamme la rouë de nostre nativité*[1], *et est enflammée de la géhenne.*

VOILA, UN PETIT FEU COMBIEN GRAND BOIS ALLUME-T-IL ? Il déclare maintenant les inconvénients qui procèdent de l'intempérance de la langue, afin que nous sachions que la langue peut beaucoup en une sorte et en une autre, c'est-à-dire en bien et en mal. Si elle est modeste et bien réglée, c'est donc la bride de toute la vie, mais si elle est abandonnée à mal parler et médisante, elle est comme un feu qui embrase tout. Il dit *petit feu*, pour signifier que la petitesse de la langue n'empêche point que sa force ne s'étende en long et en large pour nuire.

6. LA LANGUE AUSSI EST UN FEU, VOIRE UN MONDE D'INIQUITE. TELLE, DIS-JE, EST LA LANGUE ENTRE NOS MEMBRES, LAQUELLE SOUILLE TOUT LE CORPS, ET ENFLAMME LA ROUE DE NOTRE NATIVITE, ET EST ENFLAMMEE DE LA GEHENNE. Quand il ajoute que c'est un monde d'iniquité, c'est comme s'il l'appelait une mer ou un abîme. Et il a bien bonne grâce en joignant la petitesse de la langue à cette grandeur infinie du monde, comme s'il disait qu'une petite pièce de chair contient en soi tout un monde d'iniquité. *Telle, dis-je, est la langue*. Il expose ce qu'il a voulu dire par ce mot de *monde* : la contagion se répand dans toutes les parties de la vie ; ou plutôt il montre ce qu'il a entendu par la similitude du feu : elle souille tout l'homme.

Il retourne toutefois immédiatement à cette similitude du feu, quand il dit que *la roue de notre nativité est enflammée par la langue*. Or il compare le cours de la vie humaine à une roue. Il prend ce mot nativité pour nature, comme il a fait ci-dessus. Le sens est : quoique les autres vices se corrigent avec l'âge ou par la succession du temps, ou pour le moins ne saisissent point tout l'homme, le vice de la langue se répand et règne dans toutes les parties de la vie. Quelqu'un aimerait peut-être mieux prendre ce mot *d'enflammer* pour un mouvement impétueux et violent, pour ce que nous appelons fervent ou enflammé, une chose qui va d'une grande violence, comme Horace, le poète latin, appelle des roues enflammées ou bien échauffées qui courent d'une grande vitesse et avec une merveilleuse fermeté. Alors le sens serait que la langue est semblable à des chevaux non domptés, parce qu'elle transporte et précipite l'homme par son débordement, comme ces chevaux farouches transportent un chariot, avec une telle force et une telle fermeté qu'il n'est pas possible de l'arrêter.

[1] Ou, *le cours de nature*, ou *de vie*.

Quand il dit qu'*elle est enflammée de la géhenne*, c'est comme s'il disait que l'intempérance de la langue est une flamme du feu de l'enfer. Car comme les poètes profanes font croire que les méchants qui ont commis quelque acte exécrable sont embrasés par les torches des furies, d'autre part il est aussi vrai que les tentations de Satan sont comme des soufflets par lesquels il allume le feu de tous les maux du monde. Mais S. Jacques signifie que le feu jeté par Satan prend aisément à la langue, en sorte qu'il s'enflamme et brûle tout de suite, bref qu'elle est là matière toute propre à recevoir, entretenir et accroître le feu de la géhenne.

7. *Car toute nature de bestes et d'oiseaux, et de reptiles, et de poissons de mer s'apprivoise, et a esté apprivoisée par nature humaine :*
8. *Mais nul homme ne peut apprivoiser la langue, en tant que c'est un mal qui ne se peut réprimer, et elle est pleine de venin mortel.*
9. *Par elle nous bénissons notre Dieu et Père, et par elle nous maudissons les hommes faits à la semblance de Dieu.*
10. *D'une mesme bouche procède bénédiction et malédiction. Mes frères, il ne faut point que ces choses soyent ainsi faites.*
11. *Une fontaine jette-elle d'un mesme pertuis*[1] *le doux et l'amer ?*
12. *Mes frères, un figuier peut-il produire des olives, ou une vigne des figues ? Ainsi nulle fontaine ne peut faire eau salée et douce.*

7. CAR TOUTE NATURE DE BETES ET D'OISEAUX ET DE REPTILES, ET DE POISSONS DE MER S'APPRIVOISE, ET A ETE APPRIVOISEE PAR NATURE HUMAINE. C'est une confirmation du membre précédent. Car il prouve que Satan règne avec une force et une efficacité merveilleuse en la langue, vu qu'elle ne peut être rangée en quelque façon que ce soit, propos qu'il amplifie par les comparaisons qu'il amène. Car il dit qu'il n'y a aucune bête, si cruelle ou si violente soit-elle, qui ne puisse être domptée par l'habileté des hommes. Les poissons qui, pour ainsi dire, habitent un autre monde, les oiseaux qui sont si légers et vagabonds, et même les serpents ennemis du genre humain sont quelquefois apprivoisés. Vu qu'on ne peut arrêter la langue, il faut donc bien dire qu'il y a là un feu d'enfer caché et qui couve secrètement. Quant à ce qu'il dit des bêtes sauvages, des serpents et autres bêtes, il ne faut pas l'entendre de toutes ; c'est assez que l'habileté des hommes ait rangé en obéissance quelques-unes des bêtes les plus farouches et indociles, et même que les serpents soient parfois apprivoisés. Et il a usé pour cette raison des deux temps, le présent et le passé. Le présent signifie la puissance et la faculté, le passé, l'usage ou l'expérience. Il en conclut à bon droit que la langue est pleine de poison mortel. Du reste, il faut en premier lieu rapporter tout ceci à la circonstance du passage : c'est une grande outrecuidance pour de telles gens, entachés d'un vice très mauvais et pernicieux, d'usurper la maîtrise et l'autorité de contrôler ainsi magistralement les autres. Toutefois il faut en même temps en tirer une doctrine générale : si nous voulons bien dresser et régler notre vie, il faut avoir grand soin de corriger la langue, parce qu'il n'y a aucune partie en l'homme qui soit plus malfaisante et plus pernicieuse.

9. PAR ELLE NOUS BENISSONS NOTRE DIEU ET PERE, ET PAR ELLE NOUS MAUDISSONS LES HOMMES FAITS A LA RESSEMBLANCE DE DIEU. C'est bien un signe évident de venin mortel que la

[1] Ou, *trou*.

langue se transfigure ainsi par une légèreté monstrueuse. Car faisant semblant de bénir Dieu, aussitôt elle le déteste en son image, quand elle maudit les hommes. Car, si Dieu doit être béni en toutes ses œuvres, cela doit avoir lieu premièrement à l'égard des hommes, en qui reluisent spécialement son image et sa gloire. C'est donc une hypocrisie insupportable, quand l'homme emploie une même langue à la louange de Dieu et à l'exécration des hommes. Il ne peut donc y avoir aucune invocation de Dieu, et il faut nécessairement que les louanges de Dieu cessent, si la médisance règne. Car c'est une profanation vilaine et méchante du nom de Dieu, quand la langue envenimée contre les frères le met en avant sous prétexte de louange. Par conséquent si nous voulons le louer comme il convient, il faut par-dessus tout corriger ce vice de la médisance et du dénigrement envers les prochains.

Cependant il faut aussi retenir de ce passage une doctrine particulière : ces contrôleurs et censeurs si austères découvrent leur venin, quand, après avoir bien doucement loué Dieu, ils dégorgent soudain contre les frères toutes les malédictions qu'ils peuvent trouver. Si quelqu'un objecte que l'image de Dieu a été effacée en la nature humaine par le péché d'Adam, il faut bien confesser qu'elle a été misérablement défigurée, mais c'est en telle sorte que quelque traces y apparaissent encore. La justice et la droiture et la liberté de désirer le bien n'y sont plus, mais nous avons encore plusieurs grâces singulières, qui nous rendent plus excellents que les bêtes. Celui qui sert et honore Dieu en vérité craindra donc de faire outrage à l'homme.

11. UNE FONTAINE JETTE-T-ELLE D'UN MEME PERTUIS LE DOUX ET L'AMER? Il amène ces similitudes afin de montrer que la langue médisante est un monstre totalement étrange dans la nature, et qui renverse l'ordre que Dieu a mis partout. Car Dieu a mis une telle distinction entre les choses qui sont contraires que même les choses qui n'ont ni sens ni âme doivent nous inciter à nous abstenir de tout mélange confus, tel que nous le voyons dans la langue double.

13. *Qui est-ce qui est sage et avisé entre-vous ? Qu'il monstre par bonne conversation ses œuvres en douceur de sapience.*
14. *Mais si vous avez envie amère, et contention*[1] *en vos cœurs, ne vous glorifiez point, et ne mentez point contre la vérité.*
15. *Car ceste sapience ne descend point d'enhaut : mais elle est terrienne, sensuelle et diabolique.*
16. *Car où il y a envie et contention, là est trouble et toute œuvre perverse.*
17. *Mais la sapience d'enhaut, premièrement est pure : puis paisible, modeste*[2]*, traittable, plene de miséricorde et de bons fruits, ne jugeant point*[3]*, sans hypocrisie.*
18. *Et le fruit de justice se sème en paix à ceux qui font paix.*

13. QUI EST-CE QUI EST SAGE ET AVISE ENTRE-VOUS ? QU'IL MONTRE PAR BONNE CONVERSATION SES ŒUVRES EN DOUCEUR DE SAGESSE. Parce que ce désir désordonné de médire procède volontiers de l'orgueil, et que l'orgueil est le plus souvent engendré par une fausse persuasion de sagesse, il en vient donc ici à parler de sagesse. La coutume des hypocrites

[1] Ou, *irritation*, ou, *despit.*
[2] Ou, *modérée.*
[3] Ou, *sans distinction.*

est de s'élever et de se vanter en blâmant tous les autres. Comme anciennement plusieurs d'entre les philosophes cherchaient à acquérir la gloire en médisant de tous les états et en les blasonnant de mots piquants. S. Jacques repousse un tel orgueil, dont sont enflés et aveuglés ceux qui font état de médire et dénigrer, quand il dit que l'opinion de sagesse en laquelle ils se plaisent n'a rien de céleste ni de Dieu ; mais il prétend qu'elle est plutôt du diable. Le sens est donc celui-ci : ces censeurs arrogants qui, sans scrupule se lâchent la bride et se permettent tout, et n'épargnent cependant personne, pensent être plus sages que tous les autres ; mais ils sont grandement abusés. Car le Seigneur instruit les siens d'une façon tout autre, leur demandant d'être bienveillants, débonnaires et humains envers les autres. Il n'y a donc de gens vraiment sages devant Dieu, sinon ceux qui joignent cette douceur avec une conversation honnête. Car les gens félons et qui ne peuvent rien pardonner, quelques vertus et grâces qu'ils aient au demeurant, ne comprennent rien à la vraie sagesse.

14. MAIS SI VOUS AVEZ ENVIE AMERE, ET CONTENTION EN VOS CŒURS, NE VOUS GLORIFIEZ POINT ET NE MENTEZ POINT CONTRE LA VERITE. Il déclare les fruits qui procèdent d'une austérité excessive, qui est contraire à l'humanité et à la douceur. Car il faut nécessairement qu'une rigueur trop grande engendre des envies et des moqueries amères, qui tournent tout de suite en chicane et en dispute. Il est vrai qu'il parle improprement quand il met *les contentions* au cœur. Mais cela ne fait rien, ou bien peu, quant au sens. Car il a voulu montrer que la source de ces maux est l'affection perverse du cœur. Il l'appelle *envie amère*, parce qu'elle règne quand les cœurs sont infectés d'un venin de mauvais vouloir, au point qu'ils convertissent tout en amertume. Ainsi donc, afin que nous puissions nous glorifier en vérité d'être enfants de Dieu, il veut que nous nous conduisions paisiblement et modestement envers nos frères. Autrement il affirme que nous mentons quand nous nous vantons d'être chrétiens. Au reste, ce n'est point sans cause qu'il a donné la *contention* pour compagne à l'envie. Car les disputes et les querelles sortent toujours de la méchanceté et de l'envie, comme le bouillon sort quand il y a une grande chaleur dans la marmite.

15. CAR CETTE SAGESSE NE DESCEND POINT D'EN HAUT, MAIS ELLE EST TERRIENNE, SENSUELLE ET DIABOLIQUE. Parce qu'on ne peut faire venir au point les hypocrites sinon à toutes forces, il rabat vivement leur orgueil, disant que ce n'est point une vraie sagesse, celle dont ils sont enflés quand ils sont trop sévères et rudes à éplucher les vices des autres. En leur accordant le nom de sagesse, il ajoute pourtant des épithètes par lesquelles il montre que cette sagesse est terrestre, sensuelle et diabolique, tandis qu'il faut que la vraie sagesse soit céleste, spirituelle et divine, les trois dernières épithètes s'opposent directement aux trois premières. Car S. Jacques prend pour entièrement résolu que nous ne sommes sages que si Dieu nous illumine du ciel par son Esprit. De quelque côté que l'entendement de l'homme puisse se tourner et s'étendre, toute sa subtilité ne sera donc que vanité ; et non seulement cela, mais étant finalement enveloppée des enchantements de Satan, elle ne fera que radoter malheureusement. Là où nous avons traduit sensuelle, le mot grec vient d'un mot qui signifie âme. Mais l'âme est opposée ici à l'Esprit comme au chapitre *2* de la première aux Corinthiens, quand S. Paul dit que l'homme animal ou sensuel ne comprend point les choses qui sont de Dieu. Et l'orgueil de l'homme ne pouvait être mieux abattu que quand on condamne ainsi toute la sagesse qu'il a de son âme, sans l'Esprit de Dieu, et même, d'autant plus quand, après avoir parlé de son âme, on passe tout de suite au diable. Car c'est comme s'il était dit que les hommes succombent immédiatement aux tromperies de Satan quand ils suivent leur propre sens.

16. CAR OU IL Y A ENVIE ET CONTENTION, LA EST TROUBLE ET TOUTE ŒUVRE PERVERSE. C'est un argument pris des choses contradictoires. Car l'envie, dont les hypocrites sont émus, engendre des effets contraires à la sagesse. Car la sagesse requiert un esprit tranquille et paisible, mais l'envie le trouble en sorte qu'il tempête et s'émeut contre soi-même et s'échauffe outre mesure contre les autres. Là où nous avons traduit *trouble*, les autres disent inconstance ; et de fait, le mot grec signifie quelquefois cela. Mais puisqu'il signifie aussi sédition et tumulte, il m'a semblé que le mot de trouble était convenable en ce passage. Car S. Jacques a voulu exprimer quelque chose de plus grave que l'inconstance ou la légèreté, à savoir que le détracteur et le médisant font toutes choses confusément et malicieusement, comme s'ils étaient hors d'eux-mêmes. Il ajoute donc *toute œuvre perverse.*

17. MAIS LA SAPIENCE D'EN HAUT, PREMIEREMENT EST PURE, PUIS PAISIBLE, MODESTE, TRAITABLE, PLEINE DE MISERICORDE ET DE BONS FRUITS, NE JUGEANT POINT, SANS HYPOCRISIE. Maintenant il expose les effets de la sagesse céleste, opposés à ceux de l'envie. En premier lieu, il dit qu'elle est *pure*. Par cette épithète est exclue toute hypocrisie et toute ambition. Secondement il l'appelle *paisible*, pour signifier qu'elle n'engendre point de chicane. Troisièmement, il l'appelle *modeste* ou humaine, afin que nous sachions qu'elle est éloignée de toute austérité excessive, qui ne peut rien supporter des frères. Il l'appelle aussi bienveillante et *traitable*, signifiant par là qu'elle est sans arrogance et sans méchanceté. Finalement il montre qu'elle est *pleine de miséricorde*, tandis que les hypocrites sont inhumains et ne peuvent être fléchis à pardonner.

Par *les bons fruits*, il signifie en général tous les plaisirs et les aides que les gens aimables et charitables font à leurs prochains, comme s'il eût dit, d'un seul mot, pleine de bienfaisance. Il s'ensuit que tous ceux qui se glorifient d'être sages, et qui ont cependant une austérité pleine de rudesse, sont des menteurs. Or bien qu'il eût assez condamné l'hypocrisie, quand il avait appelé la vraie sagesse *pure* ou sincère, il le répète toutefois encore plus clairement à la fin par ce mot, *sans hypocrisie*. Nous en sommes avertis qu'il n'y a rien qui nous rende rigoureux et sévères outre mesure, sinon que nous épargner trop et fermer les yeux sur nos propres vices.

Mais il pourrait sembler mal convenable, quand il veut que cette sagesse *ne juge point*. Car le Saint-Esprit ne nous ôte point la différence et la discrétion entre le bien et le mal et il ne nous rend point lourds et stupides, de sorte qu'étant dépourvus de jugement nous recevions et prisions le vice au lieu de la vertu. Je réponds que S. Jacques signifie ici par ce mot de *jugement*, une inquisition trop rude et trop scrupuleuse, telle qu'on peut la voir coutumièrement chez les hypocrites, qui, examinant de trop près et contrôlant les faits et les paroles des autres, tirent tout en mauvaise part.

18. ET LE FRUIT DE JUSTICE SE SEME EN PAIX A CEUX QUI FONT PAIX. On peut prendre ceci de deux manières : ou l'on sème un fruit pour les paisibles, qu'ils recueilleront après ; ou bien eux-mêmes, bien que par modestie ils supportent beaucoup de choses en leurs prochains, ne laissent point toutefois de semer la justice. Or c'est une anticipation. Car ceux qui sont transportés d'un désir désordonné de médire et de dénigrer autrui, ont toujours cette couverture : « Quoi ? Entretiendrons-nous donc le mal par notre douceur et notre débonnaireté ? » S. Jacques dit donc que ceux qui sont vraiment sages selon Dieu sont tellement modestes, paisibles, doux, miséricordieux et humains qu'ils ne dissimulent toutefois point les vices et ne les favorisent point, mais tâchent plutôt de les corriger, pourvu que ce soit *en paix*, c'est-à-dire en usant d'une telle modération que l'unité demeure toujours en son entier. Et ainsi il donne à entendre que ce qu'il a dit jusqu'ici ne tend point à ce but, que les reproches paisibles et aimables soient abolis et mis hors d'usage, mais à ce que ceux qui veulent être réputés médecins des vices ne soient pas des bourreaux. Quand il est dit *à ceux qui font paix le fruit de justice se sème*, c'est une façon de parler assez commune aux Grecs, qu'il faut ainsi traduire : ceux qui aiment la paix ne négligent point pour cela d'être soigneux de semer la justice et ne sont point lâches et paresseux à exhorter et à inciter aux bonnes œuvres, mais ils adoucissent leur zèle d'une bonne modération de paix, qui est comme la sauce des reproches qu'ils font, tandis que les hypocrites au contraire troublent tout par une impétuosité aveugle et furieuse.

CHAPITRE IV

1. *D'où viennent les batailles et débats entre-vous ? N'est-ce point d'yci,* asçavoir *de vos voluptez*[1], *lesquelles guerroyent en vos membres ?*
2. *Vous convoitez, et ne l'avez point : vous estes envieux et jaloux, et ne pouvez obtenir : vous combatez et guerroyez, et n'avez point* ce que désirez, *pource que vous ne le demandez point.*
3. *Vous demandez, et ne recevez point : pource que vous demandez mal, afin que le despendiez en vos voluptez.*

1. D'OU VIENNENT LES BATAILLES ET DEBATS ENTRE VOUS ? N'EST-CE POINT D'ICI, A SAVOIR DE VOS VOLUPTES, LESQUELLES GUERROIENT EN VOS MEMBRES ? Parce qu'il avait traité de la paix, et mentionné qu'il faut travailler à exterminer les vices, sans cependant rompre le lien de paix, saisissant cette occasion il descend aux chicanes et aux disputes qu'ils avaient l'un contre l'autre et montre que de telles querelles viennent plutôt de concupiscences désordonnées que d'une droite affection et de l'amour de ce qui est bon. Car si chacun se bridait soi-même, les uns n'inciteraient point les autres. Ainsi donc, puisqu'on laisse régner les méchantes concupiscences sans les réprimer du tout, s'allument les noises et les disputes. Il en résulte évidemment qu'il y aurait une plus grande paix entre nous si chacun évitait de faire outrage ou tort à son prochain. Mais les vices qui règnent en nous sont comme des gendarmes armés pour susciter les querelles et les noises.

Il appelle *nos membres* toutes les parties de notre personne. Il prend les *voluptés* pour tous les appétits désordonnés et les désirs illicites, qu'on ne peut rassasier sans faire outrage ou tort à autrui.

2. VOUS CONVOITEZ, ET NE L'AVEZ POINT, VOUS ETES ENVIEUX ET JALOUX, ET NE POUVEZ OBTENIR, VOUS COMBATTEZ ET GUERROYEZ ET N'AVEZ POINT CE QUE VOUS DESIREZ, PARCE QUE VOUS NE LE DEMANDEZ POINT. Il semble qu'il veut signifier que le cœur de l'homme est insatiable, quand il lâche la bride à ses méchantes cupidités. Et certes il en est ainsi. Car celui qui donne licence à ses appétits n'aura jamais aucune mesure en ses désirs. Et quand même tout le monde lui serait donné, il voudrait encore qu'on lui créât de nouveaux mondes. Ainsi il arrive que les hommes s'amassent des tourments qui dépassent la cruauté de tous les bourreaux du monde. Car il a été bien dit, et proprement, par le poète païen HORACE que les tyrans de Sicile, qui ont été comme des monstres de cruauté, n'ont point trouvé de tourment plus grand que l'envie.

[1] Ou, *concupiscences.*

VOUS COMBATTEZ ET GUERROYEZ. Il n'entend point les batailles et combats que les hommes font entre eux avec des épées dégainées, mais toutes les querelles, quand chacun s'efforce d'avancer en opprimant les autres. Comme ils ne profitent en rien de tels combats et n'ont donc point ce qu'ils désirent, il dit que c'est une punition de leur perversité. Car Dieu les frustre à bon droit de leur attente, puisqu'ils ne le reconnaissent point pour l'auteur des biens. Car en combattant ainsi par des moyens illicites, ils désirent devenir riches sous la conduite du diable, plutôt que par la grâce de Dieu. L'un tâchera de parvenir à ses aises par la fraude, l'autre par la violence, l'autre par les outrages et les calomnies, bref tous par des moyens méchants et iniques. Ils veulent être à leur aise, mais non pas par le moyen de Dieu. Il ne faut donc pas s'étonner s'ils reculent dans leurs entreprises, vu qu'il ne faut attendre le bonheur et la prospérité que de la seule bénédiction de Dieu.

3. VOUS DEMANDEZ, ET NE RECEVEZ POINT, PARCE QUE VOUS DEMANDEZ MAL, AFIN QUE LE DEPENSIEZ EN VOS VOLUPTES. Il va plus loin. Quoiqu'ils demandent, ils sont dignes d'être repoussés, puisqu'ils voudraient faire de Dieu le serviteur de leurs désirs et de leurs folles concupiscences. Car ils n'usent point en leurs désirs de la modération que Dieu commande, mais, par une licence débordée, ils se lâchent la bride au point de demander des choses qu'on aurait grande honte de découvrir devant un homme, quel qu'il fût. PLINE, en un passage, se moque à bon droit de ce que les hommes sont si impudents qu'ils abusent ainsi méchamment des oreilles de Dieu. Nous y voyons combien moins ceci doit être tolérable aux chrétiens qui ont reçu du docteur céleste la règle certaine de prier. Il est certes notoire que nous n'avons en nous nulle crainte, ni révérence, ni même une bonne estime de Dieu, quand nous sommes si hardis et téméraires que nous lui demandons des choses que notre conscience même ne nous octroierait pas. En somme, S. Jacques veut dire que nous devons brider nos cupidités. Or le moyen de les brider est de les rendre obéissantes et soumises à Dieu. De plus il enseigne qu'il faut encore demander à Dieu ce que nous désirons modérément. Si nous faisons ainsi, nous nous abstiendrons de disputes, de fraude, de violence, et de tous autres injures et outrages.

4. *Adultères et adultéresses, ne sçavez-vous pas que l'amitié du monde, est inimitié de Dieu ? Qui voudra donc estre ami du monde, il se rend ennemi de Dieu.*
5. *Cuidez-vous*[1] *que l'Escriture* le *die en vain ? L'Esprit qui habite en vous, convoite-il à envie*[2] *?*
6. *Ains il donne plus grande grâce*[3]*.*

4. ADULTERES ET ADULTERESSES, NE SAVEZ-VOUS PAS QUE L'AMITIE DU MONDE EST INIMITIE DE DIEU ? QUI VOUDRA DONC ETRE AMI DU MONDE, IL SE REND ENNEMI DE DIEU. Je joins cette sentence aux précédentes. Car selon mon jugement il appelle adultères (par métaphore et similitude) ceux qui étant corrompus par les vanités de ce monde s'éloignent de Dieu, comme s'il les appelait bâtards ou de quelque autre nom semblable. Nous savons combien souvent l'Ecriture fait mention du mariage sacré que Dieu a contracté avec nous. Il veut donc que nous soyons semblables à une vierge chaste, comme S. Paul le dit (II Cor. *11* : 2) ; or toutes les affections impures du monde corrompent cette chasteté. Ce n'est donc

[1] Ou, *pensez-vous.*
[2] Ou, sans interrogant : *l'Esprit qui habite en vous tend à envie.*
[3] Ou, *mais elle donne plus grande grâce, et pourtant il dit (ou elle dit), Dieu résiste aux orgueilleux, et fait grâce aux humbles.*

point sans cause que S. Jacques compare l'amour qu'on porte au monde à l'adultère. Ceux qui prennent ces paroles sans métaphore ni similitude ne regardent pas bien la démarche du texte, car il continue toujours à accuser les concupiscences des hommes, qui les tiennent enveloppés dans le monde et les retirent de Dieu, comme il est dit ensuite.

NE SAVEZ-VOUS PAS QUE L'AMITIE DU MONDE EST INIMITIE DE DIEU. Il appelle *l'amitié du monde* quand les hommes s'adonnent aux corruptions du monde et s'en rendent esclaves. Car il y a une si grande inimitié entre Dieu et le monde, que chacun s'éloigne d'autant plus de Dieu qu'il s'adonne à tenir le parti du monde. Et c'est pourquoi l'Ecriture nous commande si souvent de renoncer au monde, si nous voulons servir Dieu.

5. PENSEZ-VOUS QUE L'ECRITURE LE DISE EN VAIN ? L'ESPRIT QUI HABITE EN VOUS CONVOITE-T-IL A ENVIE ? Il semble qu'il amène cette sentence, qui suit immédiatement, comme si elle était prise de l'Ecriture. Pour cette raison les commentateurs se tourmentent fort, parce qu'on ne trouve nulle part dans l'Ecriture un tel témoignage, ou pour le moins qui s'en approche. Mais il n'y a rien qui empêche qu'on le rapporte à ce qui a précédé, c'est-à-dire que l'amitié du monde est contraire à Dieu. Et il a déjà été dit que c'est une doctrine qui se trouve souvent dans l'Ecriture. Quant au fait qu'il a omis le mot *le* ou *cela* qui eût pu éclaircir la sentence, il ne faut pas s'en étonner, vu qu'il est quasi partout aussi sommaire, comme cela est évident.

L'ESPRIT QUI HABITE EN VOUS. Certains pensent que ceci est dit de l'âme de l'homme, et ils le lisent donc comme une affirmation, en ce sens : l'esprit de l'homme, comme il est mauvais est aussi infecté d'envie et entremêle toujours ses affections avec l'envie. Toutefois ceux qui le rapportent à l'Esprit de Dieu ont une meilleure opinion, car c'est lui qui nous est donné afin qu'il habite en nous. Pour moi, je l'entends de l'Esprit de Dieu, et je lis cette sentence comme une interrogation. Car il veut prouver que, puisqu'ils sont envieux, ils ne sont point gouvernés par l'Esprit de Dieu, parce que celui-ci instruit les fidèles autrement. Ce qu'il confirme par le membre suivant, quand il ajoute qu'il donne plutôt une plus grande grâce, car c'est un argument pris des choses contraires. L'envie est un signe d'avarice et de méchanceté, mais l'Esprit de Dieu se montre libéral par l'affluence de ses dons. Il n'y a donc rien qui soit plus contraire à sa nature que l'envie. En somme, S. Jacques dit que le Saint-Esprit ne règne point là où les cupidités perverses ont vigueur, par lesquelles nous sommes incités à nous quereller les uns les autres, puisque le propre du Saint-Esprit est d'enrichir souvent et de plus en plus les hommes de nouveaux dons.

Je ne m'arrête point à réfuter les autres interprétations. Certains exposent que l'Esprit convoite contre l'envie, mais cette explication est trop dure et trop forcée. Ils exposent qu'*il donne plus grande grâce* parce que les concupiscences sont domptées par elle, et rangées à l'obéissance. Toutefois le sens que j'ai amené est plus naturel : par sa bienfaisance, il nous détourne de toute méchanceté et envie perverse.

7. *Soyez donc sujets à Dieu : résistez au diable, et il s'enfuira de vous.*
8. *Approchez-vous de Dieu, et il s'approchera de vous : pécheurs, nettoyez vos mains, et vous* qui êtes *doubles de courage*[1], *purifiez vos cœurs.*
9. *Soyez affligez, et lamentez et pleurez : vostre ris soit converti en pleur, et vostre joye en tristesse.*

[1] Ou, *de cœur.*

10. *Humiliez-vous devant la présence du Seigneur, et il vous eslèvera*[1].

7. SOYEZ DONC SUJETS A DIEU, RESISTEZ AU DIABLE, ET IL S'ENFUIRA DE VOUS. La sujétion qu'il recommande ici est une sujétion d'humilité. Car il n'exhorte point en général que nous obéissions à Dieu, mais il requiert que nous nous humilions et abaissions, puisque l'Esprit du Seigneur est sur les paisibles et les humbles. Il ajoute par conséquent ce mot *donc*. Car, parce qu'il avait dit que l'Esprit de Dieu est libéral à augmenter les grâces, il en déduit que nous devons donc ôter toute envie et nous assujettir à Dieu.

Plusieurs manuscrits ont intercalé cette sentence : C'EST POURQUOI IL DIT : DIEU RESISTE AUX ORGUEILLEUX, ET DONNE GRACE AUX HUMBLES. Mais, parce qu'on ne la trouve point en d'autres, ERASME pense que quelque homme studieux l'a notée dans la marge du livre, et qu'après on l'a confondue avec le texte, ce qui est bien possible, quoiqu'elle ne convienne pas mal au fil du texte.

Quant à ce que certains pensent qu'il convient mal que ceci soit allégué comme un témoignage pris de l'Ecriture, vu qu'on ne le trouve qu'en S. Pierre, on peut facilement y répondre. Car je pense plutôt que c'était alors une sentence commune parmi les Juifs, comme une sorte de proverbe, qui avait été tirée de la doctrine commune de l'Ecriture. Et de fait, elle ne contient rien sinon ce qui est dit au Psaume *18*, v. 28 et en plusieurs autres lieux : « Tu sauves le peuple affligé, ô Seigneur, et tu abaisses les yeux hautains. »

RESISTEZ AU DIABLE, ET IL S'ENFUIRA DE VOUS. Il montre à quoi nous devons employer nos efforts, comme S. Paul le dit aux Ephésiens (Eph. *6* : 12) : nous n'avons point à combattre contre la chair et le sang, mais à nous entraîner à une guerre spirituelle. Après avoir enseigné la modestie envers les hommes et l'obéissance envers Dieu, il propose donc Satan comme l'ennemi contre lequel il faut nous dresser pour combattre. Toutefois il semble que la promesse qu'il ajoute, que nous mettrons le diable en fuite, est réfutée par l'expérience ordinaire. Car il est certain que plus quelqu'un résiste vaillamment au diable, plus fort il est pressé par lui. Car Satan, pour ainsi dire, s'amuse, quand il n'est point repoussé et rembarré vivement ; mais quand il voit qu'on lui résiste à bon escient, il emploie alors tout ce qu'il a de force. En outre, il ne se lasse jamais au combat, mais, ayant perdu une bataille, il en recommence tout de suite une autre. Je réponds que quand il est dit ici que *le diable s'enfuira*, cela signifie qu'il sera jeté à terre. Et de fait, bien qu'il recommence incessamment l'assaut, il s'en retourne pourtant toujours confus et débouté.

8. APPROCHEZ-VOUS DE DIEU, ET IL S'APPROCHERA DE VOUS. PECHEURS, NETTOYEZ VOS MAINS, ET VOUS QUI ETES DOUBLES DE CŒUR PURIFIEZ VOS CŒURS. Il nous avertit derechef que l'aide de Dieu ne nous manquera point, pourvu que nous lui fassions accueil. Car, quand il nous commande de nous approcher de Dieu, afin que nous le sentions près de nous, il signifie que nous sommes destitués de sa grâce, quand nous nous en retirons. Mais quand Dieu est de notre côté, il ne faut point que nous craignions de livrer bataille. Du reste, si quelqu'un veut en déduire que c'est à nous premièrement de besogner, et que la grâce de Dieu survient après, il ne faut pas penser que l'Apôtre ait rien voulu dire qui s'en approche. Car si nous devons faire la chose, il ne s'ensuit pas que nous puissions la faire. Et quand l'Esprit de Dieu nous exhorte à faire notre office, il ne déroge nullement à soi ni à sa vertu, en sorte qu'il n'accomplisse pas lui-même en nous ce qu'il nous commande. Bref,

[1] I Pierre *5* : 6.

S. Jacques n'a pas voulu dire autre chose que Dieu ne nous manque jamais, sauf quand nous nous éloignons de lui, comme si quelqu'un amenait des affamés à table et des altérés à la fontaine. Il y a ceci à dire : il faut que Dieu gouverne nos pas et qu'il nous soutienne, puisque les pieds nous manquent.

Au surplus, à propos de ce que les papistes disent que la grâce de Dieu est comme la servante de notre préparation, et qu'elle la suit, parce que S. Jacques met en dernier lieu, *que Dieu s'approchera de nous*, c'est un raisonnement frivole. Car nous savons que ce n'est point une chose inédite que Dieu augmente ses premières grâces par des nouvelles, et qu'il enrichit de plus en plus ceux auxquels il avait déjà donné beaucoup.

PECHEURS, NETTOYEZ VOS MAINS. Il parle ici à tous ceux qui sont séparés de Dieu. Et il ne spécifie point deux sortes d'hommes, mais ceux-là même qu'il appelle *pécheurs*, il les appelle aussi *doubles de cœur*. Et il n'entend point toutes sortes de pécheurs, mais ceux qui sont méchants à l'excès, et vivent mal. Dans le même sens, il est dit au chapitre *9* de S. Jean, v. 31 : *Dieu n'exauce point les pécheurs*, S. Luc appelle la *femme pécheresse* (Luc *7* : 37), et le même S. Luc et les autres Evangélistes disent : *Celui-ci mange et boit avec les pécheurs* (Matth. *11* : 19 ; Marc *2* : 15 ; Luc *15* : 2). Pour cette raison il n'invite pas tous indifféremment à l'espèce de repentance, dont il est fait mention ici, mais ceux qui ont le cœur pervers et corrompu et qui mènent une vie méchante et malheureuse. Il requiert de ceux-ci une pureté de cœur et une netteté dans leurs œuvres. Nous en recevons la vraie manière et la nature de la repentance : quand non seulement nous corrigeons la vie extérieure, mais commençons par la purification du cœur, comme, à l'inverse, il faut nécessairement que les fruits de la repentance intérieure apparaissent dans la pureté de la vie.

9. SOYEZ AFFLIGES, ET LAMENTEZ ET PLEUREZ, VOTRE RIRE SOIT CONVERTI EN PLEUR, ET VOTRE JOIE EN TRISTESSE. Jésus-Christ annonce comme malédiction à ceux qui rient, qu'ils se lamenteront (Luc *6* : 25), et S. Jacques dans le même sens menacera ci-après les riches de pleurer. Mais ici il traite de la tristesse salutaire, qui nous amène à la repentance. Il parle à ceux qui étant enivrés dans leur esprit ne sentent point le jugement de Dieu, mais se plaisent dans leurs vices. Pour les réveiller de cette stupidité mortelle, il les avertit donc qu'ils apprennent à se lamenter, c'est-à-dire qu'ils soient saisis et oppressés de douleur dans leur conscience et qu'ils cessent de se flatter et s'applaudir dans leur ruine prochaine. Le rire donc est pris pour le bon temps que les infidèles se donnent quand, enivrés de la douceur de leurs péchés, ils oublient le jugement de Dieu.

10. HUMILIEZ-VOUS DEVANT LA PRESENCE DU SEIGNEUR, ET IL VOUS ELEVERA. C'est la conclusion des choses qui ont été dites ci-dessus : la grâce de Dieu sera prête à nous redresser quand il verra que nous aurons ôté cette outrecuidance et cette fierté de notre cœur. La cause de notre envie est que nous voulons apparaître et être éminents par-dessus les autres. Ce qui est un moyen tout à rebours. Car l'office propre de Dieu consiste à relever ceux qui sont abattus, et principalement ceux qui s'abaissent de leur propre gré. Si quelqu'un désire donc une hauteur ferme, qu'il soit abattu par le sentiment de sa propre infirmité et qu'il ne pense rien de soi, sinon dans l'humilité et la petitesse. S. Augustin dit très bien en quelque endroit que comme il faut que l'arbre pour croître en hauteur ait de profondes racines sous la terre, tous ceux qui n'ont point leur cœur fiché dans la racine de l'humilité s'élèvent pour leur ruine.

11. *Frères, ne mesdites point les uns des autres. Qui mesdit de son frère, et qui juge son frère, il mesdit de la Loy, et condamne la Loy. Et si tu condamnes la Loy, tu n'es point faiseur de la Loy, mais juge.*
12. *Or il y a un seul Législateur, qui peut sauver et détruire. Toy, qui es-tu qui juges autruy*[1] *?*

11. FRERES, NE MEDITES POINT LES UNS DES AUTRES. QUI MEDIT DE SON FRERE ET QUI JUGE SON FRERE, IL MEDIT DE LA LOI, ET CONDAMNE LA LOI. ET SI TU CONDAMNES LA LOI, TU N'ES POINT FAISEUR DE LA LOI, MAIS JUGE. Nous voyons combien S. Jacques travaille à corriger le désir immodéré de médire. Car l'hypocrisie est toujours orgueilleuse, et comme nous sommes naturellement hypocrites, nous nous élevons par une trop grande affection, et ce n'est point sans faire tort et outrage aux autres. Il y a aussi une autre maladie, naturelle à l'esprit humain, que chacun veut faire vivre les autres à sa fantaisie. Dans ce passage S. Jacques corrige expressément cette outrecuidance et cette témérité, d'oser imposer une loi de vivre à nos frères. Il prend donc la médisance pour toutes les calomnies, et les mauvaises paroles qui procèdent d'un jugement mauvais et corrompu. Le vice de la calomnie s'étend bien loin, mais l'Apôtre s'arrête ici proprement à la seule espèce dont j'ai parlé, quand nous décidons orgueilleusement des faits et des paroles d'autrui, comme si notre mauvaise humeur était pour eux une loi quand nous condamnons avec arrogance tout ce qui nous déplaît. Or il est clair, par la raison qui est ajoutée tout de suite après, qu'il reprend ici une telle témérité et une telle présomption.

QUI MEDIT DE SON FRERE. Il signifie qu'on déroge à la loi de Dieu quand chacun s'impose au détriment de ses frères. La calomnie contre la loi est donc opposée à la révérence et à l'honneur que nous devions lui porter. S. Paul traite presque la même matière au chapitre *14* des Romains, v. 4, bien que ce soit à une autre occasion. Car, parce que certains étaient prisonniers de la superstition en faisant une différence entre les aliments, ce qu'ils pensaient ne pas leur être licite, ils le condamnaient aussi chez les autres. Il montre donc là qu'il y a un seul Seigneur à la volonté duquel nous demeurons tous fermes, faute de quoi nous trébuchons, et devant le tribunal duquel nous devons tous comparaître. Il conclut donc que celui qui juge ses frères selon son sens et à sa fantaisie s'attribue ce qui est propre à Dieu. Mais S. Jacques reprend ceux qui veulent être estimés saints en condamnant leurs frères et qui mettent ainsi leur nature revêche à la place de la loi de Dieu. Il combat toutefois pour une même raison que S. Paul, c'est-à-dire que nous agissons follement si nous usurpons l'autorité de juger de la vie de nos frères, vu que la loi de Dieu nous range tous également et sans exception à une même condition. Nous sommes donc enseignés qu'il ne faut juger que par la loi de Dieu.

TU N'ES POINT FAISEUR DE LA LOI, MAIS JUGE. Nous devons expliquer ainsi cette sentence : quand tu t'attribues une puissance de réformateur par-dessus la loi de Dieu, tu t'exemptes déjà de la sujétion et de l'obéissance à la loi. Celui qui juge son frère à la légère rejette donc le joug de Dieu, puisqu'il ne se soumet point à la loi qui est la règle de vie prescrite à tous. C'est donc un argument pris des choses contraires, parce que l'observation de la loi est bien loin de cette arrogance, quand les hommes attribuent à leur folle opinion la vertu et l'autorité de la loi. Il en résulte que nous observons la loi quand nous dépendons entièrement de la seule doctrine, et ne voulons point autrement que par elle discerner entre le bien et le mal, comme tous les faits et les paroles des hommes doivent aussi être réglés et examinés selon elle. Si quelqu'un objecte que les saints seront toutefois

[1] Rom. *14* : 4.

les juges du monde (I Cor. *6* : 2), la réponse est facile à faire : ce n'est point de leur propre droit que cet honneur leur appartient, mais en tant qu'ils sont membres de Christ. Quant à ce qu'ils jugent maintenant selon la loi, ils ne doivent pas être réputés juges en cela, puisqu'ils ne font que souscrire à la volonté de Dieu, qui est leur juge et le juge de tous, et en agissant ainsi lui rendent obéissance. Quant à Dieu, il ne doit point être estimé faiseur ou observateur de la loi, parce que sa justice est au-dessus de la loi. Car la loi découle de la justice éternelle et infinie de Dieu, comme le ruisseau coule de la source.

12. OR IL Y A UN SEUL LEGISLATEUR, QUI PEUT SAUVER ET DETRUIRE. TOI QUI ES-TU QUI JUGES AUTRUI ? Quand il joint la puissance de sauver et de perdre avec l'office de législateur, il signifie que ceux qui s'attribuent la puissance de faire la loi ravissent pour eux toute la majesté de Dieu. Or tels sont ceux qui imposent aux autres leur fantaisie pour loi. Souvenons-nous toutefois qu'il ne traite point ici de la police externe, qui concerne les édits ou les lois des magistrats, mais du gouvernement spirituel de l'âme, sur lequel rien ne doit avoir domination que la seule parole de Dieu. Il n'y a donc que Dieu seul qui ait les consciences sujettes de droit à ses lois, comme aussi lui seul a en sa main le salut ou la ruine de l'âme. Il apparaît clairement par ceci quelle opinion nous devons avoir des commandements et des traditions des hommes qui lient les consciences et leur imposent une obligation.

Certains désirent en nous plus de modestie, quand nous appelons le pape antéchrist, qui exerce la tyrannie sur les âmes, en se faisant législateur égal à Dieu. Mais nous recueillons encore beaucoup plus de ce passage, c'est-à-dire que tous ceux qui se fourrent de leur propre gré dans de tels lacets, sont membres de l'antéchrist et renoncent à Christ, puisqu'ils lui donnent pour compagnon, non seulement un homme mortel, mais aussi un homme qui s'élève contre lui. C'est, dis-je, une obéissance désobéissante et pleine de rébellion, voire faite au diable, de recevoir un autre législateur que Dieu pour régir et gouverner les âmes.

TOI, QUI ES-TU QUI JUGES AUTRUI ? Certains pensent qu'il avertit ici les censeurs de leurs propres vices, afin qu'ils commencent à faire l'examen par eux-mêmes, et ne soient plus si rigoureux quand ils considèrent qu'ils ne sont point plus nets que les autres. Pour moi, je le prends plus simplement et pense qu'il propose aux hommes leur condition, afin qu'ils considèrent combien ils sont loin de ce degré auquel ils s'élèvent. Comme S. Paul dit aussi : *Toi, qui es-tu qui juges du serviteur d'autrui* (Rom. *14* : 4).

13. *Or ça maintenant vous qui dites, Allons aujourd'huy et demain en une telle ville, et demeurons là un an, et faisons marchandise et gaignons :*
14. *(Qui toutesfois ne sçavez ce qui adviendra le lendemain, car qu'est-ce de vostre vie ? Ce n'est certes qu'une vapeur qui apparoist pour un peu, et puis s'esvanouit.)*
15. *Au lieu que devez dire, Si le Seigneur le veut, et si nous vivons, nous ferons ceci ou cela.*
16. *Mais maintenant vous-vous glorifiez en vos vanteries : toute telle vanterie est mauvaise.*
17. *Il y a donc péché à celuy qui sçait faire bien, et ne le fait point.*

13. OR ÇA MAINTENANT VOUS QUI DITES : ALLONS AUJOURD'HUI ET DEMAIN EN TELLE VILLE, ET DEMEURONS LA UN AN, ET FAISONS MARCHANDISE, ET GAGNONS. Il condamne ici une autre espèce d'orgueil : plusieurs, au lieu de dépendre entièrement de la providence de Dieu, sont hardis et présomptueux à résoudre ce qu'ils doivent faire et dressent leurs discours pour longtemps, comme s'ils étaient tout assurés de vivre un grand nombre d'années, et comme s'ils tenaient tout le temps dans leurs mains, bien qu'ils ne soient pas certains d'une seule minute. Salomon aussi se moque plaisamment d'une telle sotte vanterie, quand il dit que les hommes disposent de leurs voies dans leurs cœurs, et cependant le Seigneur gouverne la langue (Prov. *16* : 1). Or c'est une folie grande et enragée de vouloir entreprendre et exécuter ce que nous ne pouvons pas même prononcer de la langue. S. Jacques ne reprend pas la manière de parler, mais plutôt une bêtise et une stupidité du cœur, quand les hommes, ayant mis en oubli leur propre infirmité, deviennent ainsi arrogants. Car il peut bien se faire quelquefois que les fidèles qui sont humbles, et qui ne pensent point d'eux-mêmes plus qu'ils ne doivent, et qui connaissent que Dieu gouverne et conduit leurs pas, diront toutefois qu'ils feront ceci ou cela, sans aucune exception. Il est vrai que c'est une chose bonne et utile de nous accoutumer à ces manières de parler, quand nous nous promettons quelque chose pour l'avenir : « S'il semble aussi bon à Dieu », ou « Si le Seigneur le permet ». Toutefois il ne faut point se faire de scrupule, comme s'il n'était nullement permis de l'omettre. Car on lit en plusieurs endroits de l'Ecriture que les saints serviteurs de Dieu ont parlé des choses à venir sans aucune condition, bien qu'ils eussent imprimé en leur entendement qu'ils ne pouvaient rien sans la permission de Dieu. Ainsi donc, il est bien vrai que tous les fidèles doivent soigneusement garder cette façon de parler : « Si le Seigneur le veut », ou : « S'il le permet ». Mais ici l'intention de S. Jacques est de réveiller la stupidité de ceux qui, n'ayant nul égard à la providence de Dieu, assujetissent tout le cours de l'an à leur fantaisie, bien qu'ils n'aient pas une seule minute de temps en leur puissance, et se promettent le gain qui est bien loin d'eux, alors que ce qui est devant leurs pieds n'est pas certain.

14. (QUI TOUTEFOIS NE SAVEZ CE QUI ADVIENDRA LE LENDEMAIN, CAR QU'EST-CE DE VOTRE VIE ? CE N'EST CERTES QU'UNE VAPEUR QUI APPARAIT POUR UN PEU, ET PUIS S'EVANOUIT.) L'Apôtre avait beaucoup d'autres raisons pour réprimer cette folle licence de délibérer des choses à venir. Car nous voyons comment le Seigneur renverse et trompe tous les jours l'attente de ces prétentieux et de ces orgueilleux qui se promettent de faire monts et merveilles. Toutefois il s'est contenté de ce seul argument : Qui t'a promis que tu vivras demain ? Quand tu seras mort, feras-tu ce que tu résous avec tant d'assurance ? Car celui qui gardera en mémoire la brièveté de sa vie abattra facilement son orgueil et son audace, afin de n'étendre point trop loin ses délibérations. Et même la seule raison pour laquelle les hommes profanes lâchent si fort leur bride est qu'ils oublient qu'ils sont des hommes.

Par la comparaison de la *vapeur*, il montre fort proprement que les entreprises qui sont fondées seulement sur l'ombre de la vie présente sont plus que vaines.

15. AU LIEU QUE DEVEZ DIRE, SI LE SEIGNEUR LE VEUT, ET SI NOUS VIVONS, NOUS FERONS CECI OU CELA. Il met deux conditions : si nous vivons assez longtemps, et si le Seigneur le veut, parce que plusieurs choses peuvent survenir, qui renversent tout ce que nous avions délibéré en nous-mêmes. Car nous sommes aveugles, quand il est question de juger de l'avènement du temps à venir. Quand il parle de la volonté du Seigneur, il n'entend pas celle qui est déclarée en la loi, mais son conseil, par lequel il gouverne et conduit toutes choses.

16. MAIS MAINTENANT VOUS VOUS GLORIFIEZ EN VOS VANTERIES ; TOUTE TELLE VANTERIE EST MAUVAISE. On peut recueillir de ces paroles que S. Jacques reprend plus qu'une parole inconstante et dite à la légère. Il dit, *vous vous glorifiez en vos vanteries*. Bien qu'ils ravissent à Dieu son empire et son gouvernement, ils ne cessaient toutefois pas de se glorifier et de se complaire en eux-mêmes. Non pas que ceux-là qui sont les plus enflés de leur propre suffisance se préfèrent ouvertement à Dieu, mais parce qu'étant enivrés de leurs sens, ils ne regardent rien moins que Dieu. Et parce que les hommes profanes ont l'habitude de mépriser de tels avertissements, et même qu'on entend tout de suite d'eux cette réponse, qu'ils savaient assez tout ce qu'on leur propose, sans qu'il soit nécessaire de les en avertir. L'Apôtre rejette contre eux la connaissance dont ils pouvaient se glorifier, disant qu'ils pèchent d'autant plus gravement que ce n'est point par ignorance qu'ils pèchent, mais par mépris.

CHAPITRE V

1. *Or sus maintenant vous riches, pleurez, hurlans pour vos misères, lesquelles vous adviendront.*
2. *Vos richesses sont pourries, vos vêtements deviennent pleins de tignes.*
3. *Vostre or et vostre argent est enrouillé : et leur rouillure vous sera en tesmoignage, et mangera vostre chair comme le feu. Vous avez amassé un thrésor pour les derniers jours.*
4. *Voyci, le loyer des ouvriers qui ont moissonné vos champs, (duquel ils ont esté frustrez par vous) crie : et le cri de ceux qui ont moissonné est entré aux oreillles du Seigneur des armées.*
5. *Vous avez vescu en délices sur la terre, et pris vos aises*[1]*, et avez rassasié vos cœurs, comme au jour des sacrifices.*
6. *Vous avez condamné et occis le juste, lequel ne vous résiste point.*

1. OR SUS MAINTENANT, VOUS RICHES, PLEUREZ, HURLANT POUR VOS MISERES, LESQUELLES VOUS ADVIENDRONT. A mon avis ceux-là s'abusent qui pensent que S. Jacques exhorte ici les riches à la repentance. Il me semble plutôt que c'est une simple dénonciation du jugement de Dieu par laquelle il a voulu les frapper sans aucune espérance de pardon. Car tout ce qu'il dit ne tend qu'au désespoir. Il ne leur parle donc point pour les inviter à la repentance, mais il a plutôt égard aux fidèles, afin qu'en entendant dire combien la fin des riches est malheureuse, ils ne soient point envieux de leur prospérité. De plus, sachant que Dieu tirera vengeance des injures qu'ils endurent, ils les supportent patiemment et d'un cœur paisible. Or il ne parle point indifféremment à tous les riches, mais seulement à ceux qui, plongés dans leurs délices et enflés d'orgueil, ne pensent qu'au monde, et dévorent tout comme des gouffres insatiables, et oppressent les autres par leur tyrannie, comme on pourra le voir par l'explication du texte.

PLEUREZ, HURLANT POUR VOS MISERES, LESQUELLES VOUS ADVIENDRONT. Il est vrai que la repentance a aussi ses pleurs, mais ils sont tels qu'il y a toujours de la consolation mêlée, et ils ne viennent point jusqu'au hurlement. S. Jacques signifie donc que la malédiction de Dieu sur les riches sera si horrible et si épouvantable qu'ils seront contraints de hurler et de braire, c'est comme s'il disait en un mot : malheur sur vous ! C'est aussi une manière de parler commune aux Prophètes, de proposer tellement aux yeux des méchants la punition et les tourments qui leur sont préparés, qu'ils sont déjà contraints de s'en effrayer, comme s'ils les voyaient et les sentaient. Au lieu qu'ils se flattent maintenant et se promettent que la prospérité dont ils jouissent heureusement (comme il leur semble) durera à jamais, l'Apôtre annonce donc qu'ils sentiront bientôt des misères et des angoisses graves.

[1] Ou, *avez esté somptueux.*

2. VOS RICHESSES SONT POURRIES, VOS VETEMENTS DEVIENNENT PLEINS DE TEIGNES. Ceci peut être entendu de deux manières. Ou il se moque de leur assurance vaine et folle, parce que les richesses dans lesquelles ils mettent toute leur félicité sont plus que caduques, et seront même réduites à néant par un seul souffle de Dieu. Ou bien il reprend leur avarice insatiable, puisqu'ils n'amassent pas des richesses à d'autre fin, sinon afin qu'elles périssent sans s'appliquer à aucun usage. Ce dernier sens est plus convenable. Je confesse bien qu'il est vrai que les riches sont enragés, quand ils se glorifient en des choses si caduques, comme l'or, l'argent, les vêtements, et autres choses semblables, puisque ce n'est pas autre chose qu'exposer sa gloire aux teignes et à la rouille. Et puis, on sait bien le proverbe commun, que les choses mal acquises périssent tôt, et malheureusement, d'autant que la malédiction de Dieu ronge et consume tout. Car il n'est point non plus raisonnable que les méchants ou leurs héritiers jouissent des richesses qu'ils ont ravies et arrachées par la violence comme de la main de Dieu.

Mais parce que S. Jacques raconte ici les vices par lesquels les riches font venir sur eux la calamité dont il a fait mention, le fil du texte requiert (selon mon opinion) que nous disions qu'ici est reprise la rapine insatiable des riches, quand ils tiennent caché tout ce qu'ils peuvent tirer à eux, afin qu'il pourrisse inutilement dans leurs coffres. Et par ce moyen il arrive que de telles gens, comme des ennemis de la nature humaine, gâtent les choses que Dieu avait crées pour l'usage des hommes. Or il faut noter que les vices qu'il mentionne ici n'appartiennent pas généralement à tous, car il y a des riches qui se traitent bien et font grande chère, d'autres qui dépensent beaucoup en pompes et coquetteries, d'autres qui sont riches et se laissent mourir de faim au milieu de leurs richesses. Sachons donc qu'il reproche ici aux uns certains vices, et d'autres aux autres. Toutefois il condamne en général tous ceux qui amassent des richesses injustement ou abusent malheureusement d'elles. Du reste, ce que S. Jacques dit maintenant ne convient pas seulement aux riches qui sont extrêmement avares et qui ne veulent rien laisser échapper (comme était l'Euclio de PLAUTE) mais aussi à ceux qui seront au demeurant vaniteux et magnifiques, et qui aiment mieux que les monceaux de richesses se corrompent en leurs coffres, plutôt que les employer à des usages nécessaires. Car il y a des hommes si mauvais et si contrariants qu'ils sont marris de ce que le soleil et l'air soient communs aux autres.

3. VOTRE OR ET VOTRE ARGENT EST ROUILLE, ET LEUR ROUILLE VOUS SERA EN TEMOIGNAGE, ET MANGERA VOTRE CHAIR COMME LE FEU. VOUS AVEZ AMASSE UN TRESOR POUR LES DERNIERS JOURS. Ceci confirme l'explication que j'ai donnée ci-dessus. Car Dieu n'a point destiné l'or à la rouille ni les vêtements aux teignes, mais il a voulu plutôt que ce fussent des aides et des soulagements de la vie humaine. Si ces choses auront été corrompues et gâtées sans avoir servi à rien, ce sera donc un témoignage de leur inhumanité. La pourriture de l'or et de l'argent sera comme une matière destinée à embraser la fureur du Seigneur, afin qu'elle les consume comme le feu.

VOUS AVEZ AMASSE UN TRESOR POUR LES DERNIERS JOURS. Ceci aussi peut être expliqué de deux manières. Ou les riches, comme s'ils devaient vivre toujours, ne sont jamais rassasiés, mais tâchent d'en amasser tant qu'ils en auraient bien assez jusqu'à la fin du monde. Ou qu'ils amassent la colère et la malédiction de Dieu pour le dernier jour. Je m'arrête plus à cette seconde explication.

4. VOICI, LE LOYER DES OUVRIERS QUI ONT MOISSONNE VOS CHAMPS (DUQUEL ILS ONT ETE FRUSTRES PAR VOUS) CRIE, ET LE CRI DE CEUX QUI ONT MOISSONNE EST ENTRE AUX OREILLES DU SEIGNEUR DES ARMEES. Il en vient maintenant à reprendre la cruauté, qui est une compagne inséparable de l'avarice. Or il en mentionne une espèce qui doit être à bon droit odieuse par-dessus toutes les autres. Car si l'homme débonnaire et humain a soin de sa bête, comme dit Salomon (Prov. *12* : 10), ce sera une cruauté monstrueuse qu'un homme ne soit ému d'aucune miséricorde envers un autre homme, dont il suce les labeurs et tire profit. Par conséquent le Seigneur fait cette défense sévère dans la loi : que le salaire du mercenaire ne dorme point chez nous (Lév. *19* : 13 ; Deut. *24* : 14). Ajoutons que S. Jacques ne nomme point tous les ouvriers indifféremment, mais pour amplifier et exagérer le propos, il parle des laboureurs et des moissonneurs. Car quelle vilenie plus grande saurait-on trouver que de faire mourir de faim et de pauvreté ceux qui nous fournissent de pain par leur labeur ? Toutefois cette cruauté si étrange est toute commune. Car il y en a plusieurs qui ont une nature tyrannique, qui pensent que le genre humain n'est fait que pour eux.

Or il dit que *le loyer crie*, parce que tout ce que les hommes retiennent par devers eux par fraude ou par violence et force, demande vengeance comme à haute voix. Il faut noter ce qu'il ajoute, que le cri des pauvres parvient jusqu'aux oreilles de Dieu, afin que nous sachions que les torts qui leur auront été faits ne demeureront point impunis. Que ceux qui sont opprimés par les iniques endurent donc patiemment, puisque Dieu tirera vengeance des torts qui leur auront été faits. Et que ceux qui ont la puissance de nuire s'en abstiennent, afin qu'ils ne provoquent pas Dieu contre eux, Dieu qui est le défenseur et le protecteur des pauvres. Pour la même raison il l'appelle *le Seigneur des armées*, dénotant sa puissance et ses forces, afin qu'il rende plus redoutable son jugement.

5. VOUS AVEZ VECU EN DELICES SUR LA TERRE, ET PRIS VOS AISES, ET AVEZ RASSASIE VOS CŒURS, COMME AU JOUR DES SACRIFICES. Il descend maintenant à un autre vice : le superflu et les délices. Car ceux qui ont des biens en abondance peuvent à grand-peine s'abstenir d'en abuser avec excès et une trop grande magnificence. Il est vrai qu'il y a certains riches, comme j'ai dit, qui se laissent mourir de faim au milieu de leurs richesses. Et de fait, ce n'est point sans cause que les poètes ont inventé la fable de Tantale, qui est toujours affamé devant une table bien garnie. Il y a toujours eu de tels Tantale dans le monde. Mais S. Jacques ne parle pas de tous les riches, comme il a été dit. Il suffit que nous voyons régner communément ce vice parmi les riches, qu'ils sont trop somptueux et excessifs en banquets et magnificence de table. Or bien que le Seigneur leur permette de vivre de leurs biens abondamment et au large, il faut qu'ils se mettent toujours en garde contre la prodigalité et qu'ils se maintiennent dans la sobriété requise. Car ce n'est point sans cause que Dieu reprend si sévèrement par ses Prophètes ceux qui dorment dans des lits d'ivoire, qui sont parfumés de précieux onguents, qui se délectent au chant des instruments en faisant grande chère, et sont comme des vaches grasses dans de beaux pâturages (Am. *6* : 4). Tout ceci est dit afin que nous sachions qu'il faut garder la mesure dans les délices et que toute dissolution déplaît à Dieu.

RASSASIER LES CŒURS signifie traiter délicatement, non seulement pour contenter la nature, mais aussi pour satisfaire tous les appétits désordonnés. Il ajoute une similitude, *comme au jour des sacrifices*, parce qu'on avait l'habitude de vivre plus opulemment aux jours des sacrifices ou des fêtes solennelles. Il dit donc que les riches continuent le jour de fête tout le temps de leur vie, parce qu'ils sont plongés dans des voluptés continuelles.

6. VOUS AVEZ CONDAMNE ET OCCIS LE JUSTE, LEQUEL NE VOUS RESISTE POINT. Suit une autre espèce d'inhumanité : les riches par leur puissance oppriment et détruisent les faibles et les pauvres. C'est par similitude qu'il dit que *les justes* sont *occis* et *condamnés* par eux. Car bien qu'ils ne les mettent pas à mort de leur propre main, et qu'ils ne fassent pas office de juge envers eux, toutefois quand ils emploient à leur nuire toute leur autorité et leur crédit, quand ils corrompent les jugements, quand ils inventent divers moyens pour détruire les innocents, n'est-ce pas vraiment *occir* et *condamner* ?

Quand il ajoute que *le juste ne leur résiste point*, il signifie que l'audace croît chez les riches, parce que ceux qu'ils dominent sont privés de toute aide. Cependant il les avertit que, si le pauvre n'a nulle défense du côté des hommes, la vengeance de Dieu est d'autant plus prompte et préparée. Or bien que le juste ne résiste point parce qu'il doit endurer patiemment les injures qu'on lui fait, toutefois pour ma part je pense que souvent l'Apôtre note la faiblesse de celui qui ne résiste point, parce qu'il n'a aucune puissance et est privé de tout secours humain.

7. *Or donc frères, soyez patiens jusqu'à la venue du Seigneur. Voyci, le laboureur attend le fruit précieux de la terre, usant de patience jusqu'à tant qu'il reçoyve la pluye du matin et du soir.*
8. *Vous donc aussi soyez patiens, et confermez vos cœurs : car la venue du Seigneur est prochaine.*
9. *Frères, ne vous plaignez point les uns des autres, afin que ne soyez condamnez : voyci, le juge est à la porte.*

7. OR DONC FRERES, SOYEZ PATIENTS JUSQU'A LA VENUE DU SEIGNEUR. VOICI, LE LABOUREUR ATTEND LE FRUIT PRECIEUX DE LA TERRE, USANT DE PATIENCE JUSQU'A TANT QU'IL REÇOIVE LA PLUIE DU MATIN ET DU SOIR. Il est clair, par ce que l'Apôtre fait ici, que ce qui a été dit jusqu'à présent contre les riches appartient à la consolation de ceux qui semblent être pour quelque temps exposés à leurs outrages, sans que la punition en soit faite. Car après avoir indiqué les causes des calamités qui s'approchent des riches, et après avoir dit entre autres qu'ils ont orgueilleusement et inhumainement exercé leur domination sur les pauvres, il ajoute immédiatement que nous, qui sommes affligés à tort, avons l'occasion d'avoir patience, puisque Dieu doit en être juge.

Car c'est ce qu'il veut signifier quand il dit *jusqu'à la venue du Seigneur*. La confusion qu'on aperçoit aujourd'hui dans le monde ne sera pas perpétuelle, parce que le Seigneur à son avènement remettra le monde en bon ordre. Il faut donc que nos esprits s'entretiennent dans une bonne espérance. Car ce n'est point sans cause que la restauration de toutes choses nous est promise en ce jour-là. Or, bien que dans toute l'Ecriture chaque manifestation du jugement de Dieu et de sa grâce, quand il donne secours aux siens et châtie les iniques, soit appelée le Jour du Seigneur, j'aime toutefois mieux appliquer ce passage à la délivrance dernière.

VOICI, LE LABOUREUR ATTEND LE FRUIT. S. Paul utilise en bref cette même similitude en la seconde épître à Timothée, chapitre *2*, v. 6, quand il dit qu'il faut que le laboureur travaille avant qu'il recueille le fruit, mais le sens qu'y donne S. Jacques est plus précis. Car il mentionne la longue patience du laboureur qui, après avoir jeté la semence en terre, attend sans souci, ou pour le moins patiemment, jusqu'à ce que la saison de la moisson vienne, et il n'est point fâché si la terre ne rend pas immédiatement le fruit mûr. Il en déduit que nous ne devons point nous tourmenter par une trop grande anxiété, s'il faut continuer de travailler et de semer jusqu'à ce que le jour du Seigneur apparaisse comme le temps de la moisson.

Je pense qu'il appelle *le fruit précieux*, parce que c'est la nourriture et le moyen d'entretenir la vie. Or S. Jacques veut dire que, vu que le laboureur souffre bien que sa vie (qui lui est si précieuse) soit longtemps cachée au sein de la terre, et tient paisiblement en suspens son désir de recueillir les fruits, nous nous montrerons en vérité trop hâtifs et impatients si nous n'attendons volontiers et paisiblement le jour de notre rédemption. Touchant les autres parties de la similitude, il n'est pas besoin de les poursuivre de point en point.

QU'IL REÇOIVE LA PLUIE DU MATIN ET DU SOIR. Par ces deux épithètes il dénote deux saisons. La première, qui vient après les semailles ; la seconde, quand les blés mûrissent. Les Prophètes parlent ainsi quand ils veulent exprimer la pluie qui vient en sa saison, et que Dieu a promise (Deut. *28* : 12 ; Joël *2* : 23 et Osée *6* : 3). Or il les mentionne toutes deux, pour mieux exprimer que l'ennui du long temps qui s'écoule ne fait point perdre courage aux laboureurs, de sorte qu'ils prennent en gré le retard.

ET CONFIRMEZ VOS CŒURS. Afin que personne n'en vienne à objecter que le temps de la délivrance tarde trop à venir, il prévient que *le Seigneur* est près, ou que *sa venue est prochaine*, ce qui est une même chose. Cependant il nous commande de corriger cette lâcheté du cœur qui nous affaiblit, de sorte que nous ne pouvons pas persévérer dans l'espérance. Et de fait, le temps nous semble long, parce que nous sommes trop tendres et délicats. Il faut donc prendre courage et force pour persévérer et tenir bon jusqu'à la fin. Ce qu'on ne pourrait mieux faire qu'en espérant et, pour ainsi dire, en regardant déjà comme présent l'avènement prochain du Seigneur.

9. FRERES, NE VOUS PLAIGNEZ POINT LES UNS DES AUTRES, AFIN QUE NE SOYEZ CONDAMNES : VOICI, LE JUGE EST A LA PORTE. Parce que plusieurs se plaignent d'être traités plus rudement que les autres, certains expliquent ce passage comme si S. Jacques commandait que chacun, étant content de sa condition, ne porte point envie aux autres, et ne soit pas fâché si la condition des autres est plus supportable. Mais quant à moi, je l'interprète autrement. Car après avoir traité de la malheureuse issue de ceux qui molestent par leur tyrannie les gens bons et paisibles, il exhorte maintenant les fidèles à être aimables entre eux, et disposés à se pardonner mutuellement leurs offenses.

Que tel soit le vrai sens, on peut le recueillir par la raison qu'il ajoute : ne vous plaignez point les uns des autres, dit-il, *afin que vous ne soyez pas tous condamnés.* Il est bien vrai que nous pouvons nous plaindre et gémir toutes les fois que quelque mal nous presse, mais l'Apôtre entend ici un gémissement qui comporte une accusation, quand les uns se plaignent des autres envers Dieu. Or il affirme que par ce moyen il arrivera qu'ils seront tous condamnés, puisqu'il n'y en a pas un seul qui n'offense ses frères et qui ne donne aux autres matière et occasion de se plaindre. Si chacun se plaint de son côté, tous s'accuseront. Car il n'y a personne, si innocent soit-il, qui n'ait offensé quelqu'un. Dieu sera juge de tous. Qu'arrivera-t-il donc, sinon que le jugement que chacun désire être prononcé sur les autres, retombe aussi sur soi, et qu'ainsi tous soient exaucés pour la confusion les uns des autres ? Que personne donc ne désire que vengeance soit faite aux autres, s'il ne veut pas qu'elle lui tombe aussi sur la tête.

Afin qu'ils ne se hâtent pas de faire de si folles plaintes, il affirme que le juge est près de la porte. Car comme nous sommes prompts et enclins à profaner le nom de Dieu, pour la moindre offense qui nous est faite nous en appelons au jugement de Dieu. Or il n'y a pas meilleure bride pour réprimer notre témérité que de tenir pour certain que les prières que nous faisons contre nos frères ne s'évanouiront pas en l'air, parce que le jugement de Dieu est proche.

10. *Mes frères, prenez pour exemple d'affliction et de patience les Prophètes, qui ont parlé au nom du Seigneur.*
11. *Voyci, nous tenons bienheureux ceux qui ont enduré. Vous avez ouy la patience de Job, et avez veu la fin du Seigneur, que le Seigneur est très miséricordieux et pitoyable.*

10. MES FRERES, PRENEZ POUR EXEMPLE D'AFFLICTION ET DE PATIENCE LES PROPHETES, QUI ONT PARLE AU NOM DU SEIGNEUR. La consolation qu'il amène n'est point celle qu'on dit dans le proverbe populaire, que la consolation des misérables est d'avoir des compagnons, quels qu'ils soient. Mais il propose pour compagnons ceux au nombre desquels on doit désirer d'être, et avec lesquels, quand nous aurons une condition commune, elle ne pourra pas être misérable. Car comme il faut nécessairement que nous soyons touchés d'une tristesse extrême, quand nous arrive quelque mal que les enfants de Dieu n'ont jamais senti ni expérimenté, c'est aussi une singulière consolation que de savoir que nous n'endurons rien qu'ils n'aient enduré et, bien plus, de connaître que nous sommes accouplés au même joug qu'ils portent. Quand les amis de Job lui disaient : regarde aux saints pour voir si tu en trouveras un seul qui soit semblable à toi (Job 5 : 1), qu'était-ce, sinon une parole de Satan, par laquelle il voulait le faire tomber dans le désespoir ? Au contraire, quand le Saint-Esprit veut nous redresser en bon espoir par la bouche de S. Jacques, il nous propose tous les saints comme allant devant nous, lesquels, pour ainsi dire nous tendent la main et nous invitent par leur exemple à endurer et à surmonter les afflictions. Il est vrai que la vie des hommes est indifféremment sujette aux adversités et aux tribulations, mais S. Jacques ne donne pas tous les hommes en exemple, parce qu'il ne nous servirait de rien de périr avec la multitude ; mais il choisit les Prophètes, dont la compagnie est heureuse.

Il n'y a rien qui nous fasse perdre courage et qui nous épouvante, que le sentiment de notre misère. Ainsi la vraie consolation est de sentir que les choses que les hommes jugent coutumièrement mauvaises sont pour nous des aides en vue du salut. Il est certain que la chair ne peut nullement entendre ceci. Toutefois les fidèles doivent être sûrs qu'ils sont bienheureux quand Dieu les éprouve par diverses tribulations. S. Jacques, voulant nous en persuader, nous avertit de considérer le but des afflictions chez les Prophètes. En effet, dans nos propres maux, quand nous sommes déjà saisis et préoccupés par la douleur ou la tristesse ou par quelque autre affection immodérée, le jugement nous fait défaut. D'autre part, agités par la tempête, sous un ciel trouble et au milieu des orages, nous ne pouvons rien voir. Il faut donc lever nos yeux ailleurs, là où le ciel est serein et clair. Quand les afflictions des saints nous sont proposées, personne ne confesse qu'ils ont été malheureux : ils ont plutôt été bienheureux. S. Jacques fait donc très bien en nous proposant cet exemple et ce modèle devant les yeux, afin que nous apprenions à nous y référer chaque fois que nous sommes tentés par l'impatience, ou le désespoir. Or il prend ce principe que les Prophètes sont réputés bienheureux dans leurs afflictions, parce qu'ils les ont endurées avec constance. Puisqu'il en est ainsi, il recueille que nous devons faire un jugement semblable quand nous sommes affligés.

Or il dit, *les Prophètes qui ont parlé au nom du Seigneur*, signifiant par là qu'ils ont été agréables et approuvés par Dieu. S'il leur eût été utile d'être exempts des misères, il ne faut donc point douter que Dieu ne les en eût exemptés. Or il ne l'a pas fait. Il s'ensuit donc que les afflictions sont salutaires aux fidèles. En ce sens il commande qu'on les prenne *pour exemple d'affliction*. Mais il faut que la patience y soit aussi jointe, qui est un vrai témoignage de notre obéissance. C'est pourquoi il les a mises ensemble.

11. VOICI, NOUS TENONS BIENHEUREUX CEUX QUI ONT ENDURE. VOUS AVEZ OUI LA PATIENCE DE JOB, ET AVEZ VU LA FIN DU SEIGNEUR, QUE LE SEIGNEUR EST TRES MISERICORDIEUX ET PITOYABLE. Il a parlé en général des Prophètes, maintenant il choisit un exemple plus notable que les autres. Car puisqu'il est possible de recueillir des histoires, il n'y en a pas eu un qui ait été opprimé d'autant d'afflictions et d'angoisses si diverses que Job. Toutefois il est sorti de cet abîme si profond. Il ne faut donc point douter que quiconque imitera sa patience ne sente semblablement la main de Dieu, qui le délivrera finalement. Nous voyons à quelle fin sont écrites les histoires. Dieu n'a point permis que son serviteur Job fût totalement opprimé, parce qu'il endura patiemment ses afflictions. Il s'ensuit qu'il ne permettra point que la patience des siens soit vaine. Toutefois on peut poser ici une question : pourquoi l'Apôtre loue-t-il tant ici la patience de Job, vu qu'étant transporté d'une impétuosité aveugle il a montré beaucoup de signes d'impatience ? Je réponds que, bien qu'il chancelât quelquefois par l'infirmité de la chair, ou qu'il se troublât en soi-même, il revenait toutefois toujours à se résigner totalement en Dieu, et se présentait à lui pour être réprimé et gouverné. Quoique quelque chose manquât à sa patience, il n'est donc point loué sans bonne raison.

ET AVEZ VU LA FIN DU SEIGNEUR. Il signifie par ce mot qu'il faut toujours juger les afflictions par leur but. Car il semble d'abord que Dieu soit bien loin, tandis que Satan attaque sans fin dans ces troubles ; et la chair nous oppose que nous sommes délaissés par Dieu et abandonnés à Satan. Il faut donc que nous étendions notre vue plus loin, parce que nous ne voyons de près aucune lumière. Au reste, il dit, *la fin du Seigneur*, parce que c'est à lui de donner une heureuse issue aux adversités. Si nous faisons notre devoir en endurant en toute obéissance, Dieu fera aussi son office de son côté. Seulement faisons en sorte que l'espérance nous guide à contempler le but ; alors Dieu se montrera plus que miséricordieux, quoiqu'il semble austère et rigoureux, quand il afflige.

12. *Avant toutes choses, mes frères, ne jurez point, ne par le ciel, ne par la terre, ne par quelque autre jurement : mais vostre ouy, soit ouy : et vostre non, non : afin que ne chéez en condamnation*[1].

13. *Y a-il quelqu'un affligé entre-vous ? Qu'il prie. Y a-il quelqu'un d'entre-vous qui ait le cœur joyeux ? Qu'il psalmodie*[2].

12. AVANT TOUTES CHOSES, MES FRERES, NE JUREZ POINT, NI PAR LE CIEL, NI PAR LA TERRE, NI PAR QUELQUE AUTRE JUREMENT, MAIS VOTRE OUI SOIT OUI, ET VOTRE NON, NON, AFIN QUE NE

[1] Ou, *feintise*, ou, *simulation* (Matth. 5 : 34).
[2] Ou, *chante*.

TOMBIEZ EN CONDAMNATION. Ce vice a été commun presque de tout temps, de jurer légèrement et à la volée. Car, parce que nous sommes mauvais, nous ne considérons point combien c'est un péché énorme d'abuser du nom de Dieu. Toutefois, parce que le Seigneur nous commande sévèrement d'avoir son Nom en révérence, les hommes inventent divers subterfuges pour se permettre de jurer à leur plaisir et sans crainte. Ainsi donc ils se font croire qu'il n'y a point de mal, pourvu que le nom de Dieu ne soit point exprimé ; et c'est une fantaisie qui est depuis longtemps au monde. Suivant cela, quand les Juifs juraient par le ciel et la terre, il leur semblait qu'ils n'abusaient point du nom de Dieu, qu'ils supprimaient. Or quand les hommes veulent se montrer ingénieux pour faire une barbe de foin à Dieu, comme on dit, que font-ils d'autre, sinon s'abuser eux-mêmes par des raisonnements frivoles ? Christ avait sévèrement repris une telle vanité, comme on peut le voir au chapitre 5 de S. Matthieu, v. 34. Maintenant S. Jacques, souscrivant à l'ordre de son maître, commande qu'on s'abstienne de ces formes perverses, puisque tous ceux qui jurent en vain et pour rien abusent du nom de Dieu, quelque prétexte qu'ils puissent prétendre dans leurs paroles. Il veut donc dire en somme qu'il n'est pas plus licite de jurer par le ciel ou par la terre que par le nom de Dieu lui-même. Christ en donne la raison : parce que la gloire de Dieu est gravée partout et reluit partout.

D'ailleurs les hommes n'usurpent ces mots, *le ciel et la terre*, dans leurs serments à nul autre sens et intention, que s'ils nommaient Dieu lui-même, parce qu'en parlant ainsi ils désignent cet ouvrier si excellent par ses œuvres. Or il dit, *sur toutes choses*, parce que la profanation du nom de Dieu n'est pas un petit péché.

Quant aux anabaptistes qui s'arment de ce passage pour condamner tous les serments, ils montrent bien leur bêtise. Car S. Jacques ne traite point ici de tous les serments en général, pas plus que Christ ne le fait dans le passage que j'ai allégué ; mais tous deux réfutent seulement le sophisme qui avait été inventé pour faire fraude à la loi, quand les hommes cherchent la liberté de jurer en n'exprimant point le nom de Dieu, une licence, dis-je, qui s'oppose à l'interdiction de la loi. C'est aussi ce que signifient clairement ces mots, *ni par le ciel, ni par la terre*. Car s'il était question ici de la substance du serment, quel besoin y aurait-il eu de noter ces diverses formes de jurer ? Il est donc clair que tant Christ que S. Jacques reprennent la tromperie puérile de ceux qui pensaient n'être point dignes de punitions en jurant, à condition de tourner à l'entour sans exprimer le nom de Dieu. Pour comprendre l'intention de S. Jacques, il faut donc premièrement savoir le commandement de la loi : tu ne prendras point le nom de ton Dieu en vain. Il en résulte clairement qu'on peut en quelque sorte user du nom de Dieu justement et légitimement. Ici S. Jacques condamne ceux qui, n'osant pas prendre le nom de Dieu directement, tâchent d'éviter par une circonlocution l'abus que la loi condamne.

MAIS VOTRE OUI SOIT OUI, VOTRE NON, NON. Il amène ici un fort bon remède pour corriger le vice qu'il reprend : qu'ils s'accoutument à la vérité et à la constance dans toutes leurs paroles. Car d'où vient la mauvaise coutume de jurer, sinon de ce que la vanité des hommes est si grande qu'on ne croit point ceux qui parlent simplement ? Car s'ils étaient véritables en leurs paroles comme ils le devraient, on n'aurait point besoin de tant des serments superflus. Puisque la déloyauté ou la légèreté des hommes est la source d'où sort cette méchante coutume de jurer, S. Jacques, voulant ôter le dernier vice, enseigne donc qu'il faut ôter le premier. Car pour bien guérir un mal il faut commencer par la cause. Certains livres ont : *que votre parole soit oui oui, non non*. Toutefois la vraie lecture et même la plus reçue est celle qui j'ai traduite. Or j'ai déjà exposé ce qu'elle signifie : que nous soyons véritables et fermes en toutes nos paroles. Dans le même sens, S. Paul témoigne

(II Cor. *1* : 19), qu'on n'a point aperçu en sa prédication oui et non, mais qu'il a toujours poursuivi d'une même teneur qu'il avait commencé.

AFIN QUE NE TOMBIEZ EN CONDAMNATION. On lit ceci de diverses manières à cause de deux mots grecs qui s'écrivent quasi l'un comme l'autre. Certains lisent, *afin que vous ne tombiez pas en jugement* ou condamnation. Là le sens sera clair : ceux qui prendront le nom de Dieu en vain ne demeureront point impunis. Mais il ne conviendra pas mal non plus de dire : afin que vous ne tombiez pas dans l'hypocrisie ou la simulation, puisque (comme il a déjà été dit), quand la simplicité règne entre nous, toute occasion est ôtée aux serments superflus. Ainsi donc, quand il y aura la vérité dans toutes nos paroles, toute hypocrisie sera ôtée, qui nous conduit à jurer à la légère.

13. Y A-T-IL QUELQU'UN AFFLIGE ENTRE VOUS ? QU'IL PRIE. Y A-T-IL QUELQU'UN D'ENTRE VOUS QUI AIT LE CŒUR JOYEUX ? QU'IL PSALMODIE. Il signifie qu'il n'y a ni temps ni saison où Dieu ne nous appelle à lui. Car les afflictions doivent nous inciter à prier, et la prospérité nous donne matière à louer Dieu. Mais la perversité des hommes est si grande qu'ils ne peuvent se réjouir sans mettre Dieu en oubli et qu'étant affligés, ils perdent courage et se laissent accabler de désespoir. Il faut donc garder cette modération que la réjouissance qui a coutume de nous conduire à mettre Dieu en oubli nous incite à annoncer la bonté de Dieu, et que la tristesse nous instruise à prier. Car il a opposé ce mot de psalmodier à une joie profane et démesurée, comme les hommes s'égaient dans la prospérité, en ne cherchant point Dieu comme il fallait.

14. *Y a-il quelqu'un d'entre-vous malade ? Qu'il appelle les Anciens de l'Eglise, et qu'ils prient pour luy, et qu'ils l'oignent d'huile au Nom du Seigneur.*
15. *Et la prière de foy sauvera le malade, et le Seigneur le relèvera : et s'il a commis péché, il luy sera pardonné.*

14. Y A-T-IL QUELQU'UN D'ENTRE VOUS MALADE ? QU'IL APPELLE LES ANCIENS DE L'EGLISE, ET QU'ILS PRIENT POUR LUI, ET QU'ILS L'OIGNENT D'HUILE AU NOM DU SEIGNEUR. Parce que le don de guérison avait encore alors sa vertu, il commande que les malades recourent à ce remède. Il est certain que tous n'étaient pas guéris, mais le Seigneur donnait lieu à cette grâce et à ce don de guérison, chaque fois qu'il le savait utile. Il n'est point vraisemblable qu'on y appliquât toujours et indifféremment de l'huile, mais quand il y avait un espoir certain d'amendement. Car, avec la vertu, le discernement aussi était donné aux ministres, afin qu'ils ne profanent pas le signe par des abus. S. Jacques n'a pas eu d'autre intention que de recommander la grâce de Dieu, dont les fidèles pouvaient user alors, afin que son utilité ne périsse point par la nonchalance ou par le mépris. Il commande d'appeler les anciens à cette fin. Or l'usage de l'onction doit être restreint à l'effet du Saint-Esprit.

Les papistes se vantent de ce passage quand ils veulent prouver et faire valoir leur extrême onction. Mais je m'abstiens d'exposer à présent combien l'abus et la corruption qu'ils ont introduits sont loin de l'ancienne ordonnance dont S. Jacques fait mention. Les lecteurs pourront recourir à mon Institution pour le voir. Je dirai seulement ceci : c'est sottement et faussement qu'on abuse de ce passage pour prouver que l'extrême onction soit et s'appelle un sacrement, dont l'usage doive perpétuellement durer dans l'Eglise. Je confesse bien que les disciples de Christ en ont usé pour sacrement, (car je ne suis point de l'opinion de ceux qui pensent que ce fut un médicament). Mais comme la vérité de ce signe n'a duré que pour un temps, je dis que le signe a été lui aussi seulement pour un temps. Ce qui est évident. Car il n'y a rien de plus absurde que d'appeler sacrement le signe vide et nu qui nous offre point en vérité la chose qu'il doit signifier. Tous sont contraints de confesser que le don de guérison a été temporaire, et non point perpétuel, et l'expérience même le démontre. Il ne fallait donc point non plus que le signe de ce don fût perpétuel. Il s'ensuit que ceux qui mettent l'extrême onction aujourd'hui parmi les sacrements ne sont pas de vrais imitateurs, mais des singes des Apôtres, à moins qu'ils remettent en vigueur l'effet que Dieu a ôté au monde il y a plus de 1400 ans. Ainsi, nous n'avons point à débattre si l'onction a été autrefois un sacrement, mais s'il nous a été donné afin que nous en usions encore aujourd'hui. Nous nions ce dernier point, parce qu'il est clair que la chose représentée a pris fin dès longtemps.

LES ANCIENS DE L'EGLISE. Quant à moi je comprends sous ce mot généralement tous ceux qui étaient désignés pour gouverner l'Eglise. Car les pasteurs n'étaient pas seuls à être appelés anciens, mais aussi ceux qui étaient élus d'entre le peuple comme réformateurs pour maintenir la discipline. Car chaque Eglise avait son consistoire formé de gens graves et de bonne vie. Or, parce que la coutume était d'élire principalement ceux qui étaient doués de dons plus excellents, l'Apôtre commande donc d'appeler les anciens, comme des gens en qui la grâce et la vertu du Saint-Esprit se montraient principalement.

ET QU'ILS PRIENT POUR LUI. La façon de prier sur quelqu'un tend à ce qu'il soit comme présenté devant Dieu, parce que, quand la personne pour laquelle on prie est présente, le désir de prier est plus grand. Ainsi nous voyons que non seulement Elisée et S. Paul, mais aussi Jésus-Christ ont, par cette cérémonie, enflammé les cœurs à prier, et ont aussi magnifié la grâce de Dieu (II Rois *4* : 32-34 ; Act. *20* : 10 ; Jean *11* : 41).

15. ET LA PRIERE DE FOI SAUVERA LE MALADE, ET LE SEIGNEUR LE RELEVERA, ET S'IL A COMMIS PECHE, IL LUI SERA PARDONNE. Il faut noter qu'il joint la promesse avec la prière afin qu'elle ne soit pas vide de foi. Car comme celui qui doute n'invoque point Dieu comme il convient, il ne mérite pas non plus de rien recevoir, comme nous l'avons vu au premier chapitre. Quiconque donc voudra être exaucé doit être certain en soi-même qu'il ne prie point en vain. S. Jacques met ainsi en avant ce don spécial, dont la cérémonie externe n'était qu'un accessoire. Nous en concluons que même l'usage de l'huile n'est point légitime sans la foi. Or, vu qu'il s'en faut de beaucoup que les papistes aient la certitude de leur onction, et qu'il est même notoire qu'ils n'ont point le don, il est clair aussi que c'est une onction fausse et bâtarde.

ET S'IL A COMMIS PECHE, IL LUI SERA PARDONNE. Ceci n'est point seulement ajouté comme une augmentation, comme s'il eût dit que Dieu donnerait au malade quelque chose de plus grand que la santé du corps. Mais, parce que les maladies sont le plus souvent envoyées à cause des péchés, en parlant de leur rémission, il signifie que la cause du mal sera ôtée. De fait, nous voyons que David quand il est affligé par la maladie et désire un soulagement, s'arrête totalement à demander le pardon de ses péchés. Et pourquoi, sinon que reconnaissant l'effet de son offense dans la punition ou le châtiment qu'il portait, il estime qu'il n'y a pas d'autre remède que celui-ci : que Dieu cesse de lui imputer ses péchés ? Les livres des Prophètes sont pleins de cette doctrine, que les hommes sont soulagés de leurs maux quand ils sont délivrés de la culpabilité de leurs iniquités. Sachons donc que la vraie médecine, tant pour nos maladies que pour nos autres calamités, consiste à nous examiner diligemment, en ayant soin d'apaiser Dieu et d'obtenir la rémission de nos péchés.

16. *Confessez vos fautes l'un à l'autre : et priez l'un pour l'autre, afin que vous en soyez guaris : car la prière du juste avec efficace vaut beaucoup.*
17. *Elie estoit homme sujet à semblables passions que nous, et il requit en priant qu'il ne plust point, et il ne plut point sur la terre trois ans et six mois*[1].
18. *Et derechef il pria : et le ciel donna de la pluye, et la terre produisit son fruit.*

16. CONFESSEZ VOS FAUTES L'UN A L'AUTRE, ET PRIEZ L'UN POUR L'AUTRE, AFIN QUE VOUS EN SOYEZ GUERIS, CAR LA PRIERE DU JUSTE AVEC EFFICACE VAUT BEAUCOUP. En quelques livres le mot *donc* est ajouté, et il ne convient pas mal. Car bien qu'il ne soit pas exprimé, toutefois il faut l'entendre. Il avait dit que les péchés étaient pardonnés aux malades, sur lesquels les anciens auraient prié. Maintenant il avertit combien il nous est utile de découvrir nos péchés à nos frères, d'autant que par leur intercession nous pourrons obtenir le pardon. Je sais que plusieurs expliquent ce passage par la réconciliation des offenses avec nos prochains. Car ceux qui veulent retourner en grâce doivent premièrement confesser qu'ils ont failli. Car, parce que chacun maintient obstinément sa querelle, il arrive que les inimitiés prennent racine, et même augmentent et ne peuvent plus s'apaiser. Ainsi donc plusieurs pensent que S. Jacques enseigne que le vrai moyen de la réconciliation fraternelle est de confesser ses péchés l'un à l'autre. Mais il a regardé ailleurs, comme il a été dit. Car il joint la prière mutuelle à la confession mutuelle, signifiant que cette confession dont il parle tend et sert à ce que nous soyons aidés par les prières de nos frères envers Dieu. Car ceux qui connaissent notre nécessité sont incités à prier, afin que par ce moyen ils nous aident, mais ceux auxquels nos maladies sont inconnues tardent plus à nous secourir.

D'ailleurs on ne saurait assez s'étonner de la sottise ou de la malice des papistes, qui tâchent de confirmer leur confession auriculaire par ce passage. Car, à le prendre ainsi, on pourrait immédiatement inférer des paroles de S. Jacques, que nuls autres que leurs prêtres ne devraient se confesser. Car puisque l'Apôtre requiert ici une confession mutuelle ou réciproque (pour parler plus grossièrement), il est certain qu'il n'est pas commandé de confesser leurs péchés à d'autres qu'à ceux qui doivent aussi être reçus pour entendre la confession des autres. Or leurs prêtres s'attribuent cette mission à eux seuls. Il s'ensuit qu'il leur faut donc quitter la confession, et qu'il n'y a qu'eux qui soient astreints à se confesser. Mais parce que leurs sottises ne méritent pas que nous nous amusions à les réfuter, contentons-nous de la vraie explication que j'ai amenée. Car les paroles signifient clairement que la confession de nos péchés ne nous est pas commandée à d'autre fin qu'à celle-ci : que ceux qui auront connu nos maladies soient plus enclins et diligents à nous secourir.

CAR LA PRIERE DU JUSTE AVEC EFFICACE VAUT BEAUCOUP. Afin que nul ne pense que les prières mutuelles soient sans fruit, il nous démontre l'utilité et l'efficacité de la prière. Or il dit expressément, *la prière du juste*, parce que Dieu n'exauce point les méchants (Jean *9* : 31) et qu'on ne peut avoir accès à Dieu sans bonne conscience. Non pas que nos prières soient fondées dans notre propre dignité, mais parce qu'il faut que nous ayons le cœur purifié par la foi, afin de nous présenter devant la face de Dieu. S. Jacques témoigne

[1] I Rois *17* : 1 et *18* : 42.

donc que les prières que les justes ou les fidèles font pour nous sont utiles et ne demeurent point sans efficacité.

Mais que veut-il dire par ce qu'il ajoute, *avec efficace* ? Car il semble que cela soit superflu, vu que, si la prière profite beaucoup, il est certain qu'elle est efficace. Quant à ce que le traducteur latin ancien a mis : assidue, cela est trop forcé. Car S. Jacques use d'un participe grec qui signifie œuvrant ou ayant efficacité. Or on pourrait expliquer ainsi cette sentence : elle profite beaucoup parce qu'elle est *avec efficacité*, de sorte que c'est un argument tiré de ce principe que Dieu ne veut point que les prières des fidèles soient vaines et inutiles. De là il recueille à bon droit que l'oraison du juste vaut beaucoup. Mais pour moi je le restreins plutôt à la circonstance présente. Car nous pouvons dire proprement que nos prières ont efficace, quand quelque nécessité nous est proposée qui incite en nous un vrai désir de prier. Nous prions tous les jours pour toute l'Eglise, afin que Dieu lui pardonne ses offenses. Mais la prière déploie vraiment son plein effet quand nous nous efforçons de secourir ceux qui sont en peine. Or il ne peut y avoir une telle efficacité dans les prières de nos frères s'ils ne savent pas que nous en avons besoin. Cette explication n'est point générale, mais doit être spécialement apportée à la sentence précédente.

17. ELIE ETAIT HOMME SUJET A SEMBLABLES PASSIONS QUE NOUS, ET IL REQUIT EN PRIANT QU'IL NE PLUT POINT, ET IL NE PLUT POINT SUR LA TERRE TROIS ANS ET SIX MOIS. **18.** ET DERECHEF IL PRIA, ET LE CIEL DONNA DE LA PLUIE, ET LA TERRE PRODUISIT SON FRUIT. Il y a dans l'Ecriture des exemples innombrables de la chose qu'il veut prouver ici, mais il en a choisi un plus notable que tous les autres. Car ce fut une grande chose que Dieu, pour ainsi dire, ait assujetti le ciel aux prières d'Elie, afin qu'il obéisse à sa requête. Elie a tenu le ciel fermé trois ans et demi par son oraison. Derechef il l'ouvrit, en sorte qu'il donna soudainement une pluie abondante. Par ceci il nous est révélé une vertu admirable de la prière. Cette histoire est notoire et assez connue, qui est contenue au premier livre des Rois, chapitres *17* et *18*. Or bien qu'il n'y soit pas déclaré clairement qu'Elie ait fait une prière, on peut néanmoins facilement déduire que la sécheresse et la pluie furent octroyées en réponse à ses prières.

Du reste, nous devons observer l'application de cet exemple. S. Jacques ne dit pas qu'il faut demander la sécheresse à Dieu, parce qu'Elie l'obtint. Car nous pourrions bien par un zèle inconsidéré suivre sottement le Prophète. Il faut donc garder la règle de bien prier, c'est-à-dire dans la foi. Il accommode l'exemple à cette fin : si Elie a été exaucé, nous le serons aussi en priant comme il convient. Car puisque le commandement de prier est commun à tous universellement et que la prière est commune, il s'ensuit que l'effet sera commun lui aussi. Mais afin que nul n'objecte que nous sommes bien loin de la dignité d'Elie, il le met à notre rang, quand il dit qu'il a été un homme mortel, est sujet aux mêmes passions que nous. Car voici pourquoi nous ne faisons pas mieux notre profit des exemples des saints : c'est parce que nous en faisons des demi-dieux, qui ont eu quelque accointance spéciale avec Dieu. Ainsi nous ne tirons aucune confiance de ce qu'ils ont été exaucés. Or S. Jacques, pour nous arracher cette superstition profane et païenne, nous avertit qu'il faut considérer les saints dans l'infirmité de la chair, afin que nous apprenions à attribuer à l'efficacité de la prière et non point à leur dignité ou à leurs mérites le fait qu'ils ont obtenu toutes choses de Dieu.

Il apparaît donc clairement combien les papistes badinent d'une façon puérile quand ils enseignent qu'il faut recourir à l'intercession des saints, parce que les saints ont été exaucés par Dieu. Car ils présentent ainsi leur argument parce que tel saint a obtenu ce qu'il demandait tandis qu'il vivait dans le monde, il sera pour nous un très bon avocat après sa mort. Cette subtilité a été inconnue au Saint-Esprit. Car S. Jacques argumente au contraire que, parce que les prières des saints ont été d'une si grande utilité, nous devons aussi prier aujourd'hui selon leur exemple, et qu'en le faisant nous ne perdrons pas nos peines.

19. *Frères, si quelqu'un d'entre-vous se fourvoye de la vérité, et quelqu'un le radresse,*
20. *Il doit sçavoir que celuy qui aura radressé un pécheur de ce qu'il s'estoit fourvoyé, gardera une âme de mort, et couvrira une multitude de péchés.*

20. IL DOIT SAVOIR QUE CELUI QUI AURA REDRESSE UN PECHEUR DE CE QU'IL S'ETAIT FOURVOYE, GARDERA UNE AME DE LA MORT, ET COUVRIRA UNE MULTITUDE DE PECHES. Je ne sais s'il ne faut pas plutôt dire : sachez. Toutefois, de quelque manière que nous le lisions, ce sera toujours un même sens. Car S. Jacques loue la correction des frères, par l'effet qui en résulte, afin que nous y soyons plus diligents et plus attentifs. Il n'y a rien de plus excellent ni de plus désirable que de délivrer une âme de la mort éternelle. Or celui qui ramène au droit chemin le frère qui se fourvoyait agit ainsi. Il ne faut donc point mépriser une œuvre si excellente. Nous voyons combien Jésus-Christ apprécie qu'on donne à manger et à boire à ceux qui en ont besoin. Or il a en plus grande recommandation le salut de l'âme que la vie du corps. Il faut donc bien prendre garde que les âmes rachetées par Jésus-Christ ne périssent pas par notre nonchalance. Pour ainsi dire Dieu met leur salut entre nos mains. Non pas que nous leur conférions le salut, mais parce que Dieu délivre et sauve par notre ministère ce qui semblait autrement être proche de la perdition. Quelques livres ont « son âme », ce qui ne change rien au sens. Toutefois, parce que l'autre lecture a plus de véhémence, j'aime mieux la suivre.

ET COUVRIRA UNE MULTITUDE DE PECHES. C'est plutôt une allusion à la parole de Salomon, que l'allégation d'un témoignage. Salomon dit que la charité couvre les péchés, comme la haine au contraire les découvre (Prov. *10* : 12). Car ceux qui se haïssent, brûlent du désir de se diffamer l'un l'autre ; au contraire, ceux qui s'aiment supportent volontiers beaucoup les uns des autres. La charité ensevelit donc les péchés devant les hommes. S. Jacques enseigne ici quelque chose de plus haut, c'est-à-dire que les péchés sont effacés devant Dieu. C'est comme s'il disait : Salomon montre et loue ce fruit de la charité, qu'elle couvre les péchés. Or il n'y a point de moyen meilleur ni plus salutaire de les couvrir, que quand ils sont totalement effacés devant Dieu. Cela se fait quand le pécheur est remis sur le bon chemin par notre avertissement. Il faut donc nous y employer avec plus de diligence et par-dessus tout.

LA PREMIÈRE ÉPÎTRE DE PIERRE

TEXTE ÉTABLI PAR LE PASTEUR GABRIEL BERTHOUD

AUX LECTEURS : SALUT.

Parce que l'auteur de ces commentaires avait naguère ajouté quelque chose par ci, par là, dans la marge de son livre, nous avons tâché d'insérer les additions en cette traduction française ; toutefois parce que quelques-unes avaient été oubliées par inadvertance, nous avons bien voulu les marquer ici pour vous en faire participants.

En la première à Timothée, chapitre *1*, v. 20, où il est parlé d'Alexandre, lisez ainsi : « Qui a voulu apaiser la sédition soulevée par Démétrius et ses compagnons, mais fut repoussé ».

En l'épître à Tite, chapitre *1*, v. 15, lisez ainsi : « Car ils insistaient fort sur l'observation de la différence des viandes telle que Moïse l'avait ordonnée pour un temps ». De même sur les purifications et les ablutions : « Comme si c'eussent été des choses encore nécessaires, même, qui plus est, ils faisaient consister presque toute la sainteté en ces petites observations. De même un peu au-dessous : « Qu'ils ne profitent rien, de se travailler avec une si grande anxiété à s'abstenir de certaines observations et garder telles autres. Par le premier membre, il maintient la liberté chrétienne, en disant que rien n'est impur pour les fidèles. Mais cependant, il condamne indirectement les faux Apôtres, qui n'estimaient en rien la pureté intérieure, qui seule toutefois est prisée de Dieu. Ainsi donc il blâme leur ignorance, de ce qu'ils n'entendent point comment les chrétiens sont purs sans les cérémonies de la loi, et il condamne leur hypocrisie de ce que, ne se souciant point de l'intégrité du cœur, ils s'occupent à des exercices frivoles ». Au même passage encore, au verset 16, ajoutez après les derniers mots du commentaire ce qui s'ensuit : « Et les nommant *abominables*, il semble qu'il fasse une allusion à la sainteté consistant en apparences et en choses externes, après laquelle ils s'appliquaient tant et plus. Mais S. Paul dit qu'ils se tourmentent en vain, parce qu'ils ne laissent pas d'être des gens profanes et détestables. Au reste, ce n'est pas sans cause qu'il les accuse de *rébellion*. Car il n'y a rien de plus fier que les hypocrites, qui recherchent ainsi fort aux cérémonies, afin de se donner congé de transgresser les principaux points de la loi. Quant à ce mot *réprouvés*, on le peut bien prendre en signification active, comme si l'Apôtre disait que ces gens qui veulent être estimés maîtres si subtils en des menus fatras, n'ont ni jugement ni raison quant aux bonnes œuvres ».

ÉPÎTRES CANONIQUES[1]

PRÉFACE

Au très haut et très excellent roi d'Angleterre,
Edouard sixième de ce nom, Seigneur d'Hybernie, etc.
Prince vraiment chrétien, Jean Calvin, paix et salut en notre Seigneur.

Je retourne derechef à vous, roi très magnanime. Car bien que j'aie eu ce bon espoir que votre majesté recevrait pour un présent agréable le commentaire que je vous ai naguère offert sur le Prophète Esaïe, toutefois je ne sens point encore que mon désir soit satisfait pour cela. Pour cette raison j'ai pensé à ajouter au premier présent les épîtres qu'on a accoutumé d'appeler canoniques, comme un surcroît, pour faire le comble de la mesure, afin que les deux œuvres parviennent ensemble en vos mains. Et de fait, vu qu'elles sont écrites ou aux païens qui étaient fort éloignés, ou aux Juifs qui habitaient par ci, par là, en régions lointaines, il ne leur adviendra rien de nouveau, s'il leur faut aujourd'hui encore passer la mer et surmonter divers détours de chemins pour parvenir jusqu'à votre majesté. Toutefois, ô roi très noble, je vous offre en particulier mes labeurs, de telle sorte que, publiés sous votre nom, ils profitent à tous en général. Et à vrai dire, s'il y eut jamais un temps auquel il ait fallu maintenir constamment et franchement la vérité de Dieu, il n'y a personne qui ne puisse juger que cela est plus que nécessaire aujourd'hui. Car bien que je renonce à parler de la cruauté horrible qu'on exerce partout contre ceux qui font profession de cette vérité, de toutes les sortes de machinations par lesquelles Satan l'assaille, des embûches secrètes qu'on lui dresse d'une part, et de la violence ouverte et de la force d'armes dont on l'oppresse de l'autre, nous voyons qu'aux lieux où la pure doctrine de la vraie religion avait naguère son domicile, maintenant les suppôts de l'antéchrist romain l'ont tellement défigurée et pervertie, qu'ils ne se moquent pas moins de Christ que s'ils lui donnaient un roseau en la main au lieu de sceptre, et lui mettaient sur la tête une couronne d'épines.

Or cependant que ces corrupteurs subtils et rusés espèrent que, par de tels moyens, la pureté de l'Evangile sera éteinte petit à petit, de quelle mollesse et de quelle lâcheté ferment les yeux à de telles moqueries et à de si vilains opprobres contre le Fils de Dieu, ceux qui devraient plutôt cent fois s'exposer au danger que d'acheter le prolongement de cette vie pour je ne sais combien de jours par un silence déloyal ? Là-dessus le pape (à ce qu'on dit) pour mettre fin à cette tragédie en crucifiant le Fils de Dieu, veut remettre en avant son concile masqué. Car bien que pour abolir le Nom de Jésus-Christ et couper la gorge à l'Eglise, il exerce un brigandage furieux, toutefois cette apparence de concile lui

[1] Edition 1561, commentaire de M. Jean Calvin sur les épîtres canoniques. Cette préface est placée à l'endroit où les anciens éditeurs l'avaient prévue. Elle ne concerne pas spécialement les Epîtres catholiques mais les Epîtres du N.T. en général. Elle ne fait d'ailleurs qu'une mince allusion aux Epîtres. Cette préface est plutôt un libelle « anti-papiste » et une condamnation du Concile de Trente. N.D.L.R.

sert de glaive sacré pour faire acte solennel de sacrifice. En cette sorte, le pape Paul troisième, après avoir délibéré de faire tuer ou massacrer tous ceux qui préféraient la défense de vérité à leur propre vie, mit en évidence à Trente ce beau fantôme fardé de toutes les couleurs qu'il put, afin de mettre en pièces l'Evangile, comme si c'eût été la dernière foudre pour le casser et le briser entièrement. Mais, quoique les vénérables pères du concile eussent commencé à éblouir les yeux des simples par quelques éclairs de quelques sessions, tout ce reluisant appareil écarté par un souffle secret soudainement soulevé de la part du saint siège, s'évanouit en fumée, à part que pour continuer l'épouvantement, il y eut une petite nuée qui s'arrêta à Bologne pour quelque temps. Jules donc, successeur de Paul, qui était le premier et le principal personnage de la farce jouée à Trente (comme si ceci seul restait pour effacer la doctrine de l'Evangile de la mémoire des hommes, à savoir de foudroyer contre nous par les décrets épouvantables et horribles du concile), se prépare maintenant à parfaire cette ruse et cette finesse de guerre, comme on dit ; toutefois il y en a plusieurs qui pensent qu'il en fait seulement le semblant. Mais il ne doit pas beaucoup importer qu'il assemble son concile à bon escient ou par ruse. Il est vrai que jusqu'à présent, depuis que Luther à commencé d'ébranler la papauté, ç'a été une chose toute claire et attestée, qu'autant qu'il y en a eu qui ont occupé ce siège tyrannique, bien qu'ils pussent espérer recouvrer quelqu'appui et quelque réconfort du concile, tel même qu'ils le souhaitaient, néanmoins ils ont fui un tel remède, ni plus ni moins qu'un malade ayant le corps tout couvert de plaies craint un attouchement du médecin, si doux et si plein de piété qu'il puisse être. Les enfants même ont ceci en la bouche comme une chanson, que le concile ne peut aider à la papauté autrement que par cautère ou incision. Or je ne vois nulle raison pour laquelle les papes doivent tant craindre les conciles, sauf que le tremblement accompagne inséparablement la mauvaise conscience.

Car, je vous prie, qu'était-ce dernièrement que cet infect amas de Trente, sinon un vain épouvantail auquel toutefois on avait donné nom de concile très saint, général, et universel, et qui ne pouvait pas plus troubler les délices et les voluptés du pape, que le son des hautbois ou des tambourins auxquels il prend tous les jours son passe-temps ? S'il advenait une fois que le concile fût rassemblé à bon escient de toutes parts, il y aurait peut-être occasion de craindre que quelque murmure élevé en une grande multitude, ne suscitât une plus grande sédition et du tumulte ; mais quand à ces conciles fardés, tels qu'a été celui de Trente, qui est-ce qui croira que le Pape en soit effrayé plus que d'une sonnette ou d'un hochet ? Ou plutôt que cela ne lui serve de coussins pour dormir plus mollement et mieux à son aise ? Il y aura deux ou trois cardinaux, choisis au gré du pape, de ses favoris, et comme tirés de son sein, qui présideront et auront toute la charge et le gouvernement du concile. Ce même tyran louera quelque malotru d'entre ses courtisans, auquel il donnera je ne sais combien de ducats tous les mois, qui, masqué du faux visage du patriarche, se vendra servilement, et pour toute sentence ne prononcera que la chanson qu'on lui aura apprise. On a fait jouer un tel personnage en la ville de Trente à un certain Robert l'Aveugle, que j'ai vu autrefois à Ratisbonne pour les affaires du pape, se montrant aussi sot que méchant, lorsqu'il tâcha par ses flatteries de me mettre en discussion avec le cardinal Contarein. Là accourront de toute l'Italie un tas d'évêques en trois leçons, comme il y en a là plusieurs de cette étoffe. Il y en viendra aussi par aventure quelques-uns de France et d'Espagne, enflés ou sots, certains même mal famés à cause des méchancetés et des forfaits qu'ils auront commis par le passé, et qui, étant après ce beau jeu retournés en leurs maisons, se vanteront de s'être bien et fidèlement employés pour l'Eglise catholique. Au reste, on verra sortir plusieurs grenouilles des cavernes des moines, qui viendront se rendre dans ce marais, et qui, par leur cri importun, s'efforceront comme à l'envi de chasser au loin toute vérité.

Mais quoi ? Forgé-je ici une nouvelle forme ou image ? Mais plutôt ne proposé-je pas ici vivement devant les yeux de tous cette belle assemblée qui a été dernièrement vue à Trente ? Qu'y a-t-il donc pour quoi le pape dût redouter ces protecteurs et ces gardiens de son tribunal, que premièrement il a achetés à beaux deniers et asservis à faire tout ce qu'il voudra, et qui d'ailleurs ne cherchent autre chose que d'acquérir sa faveur et sa grâce en quelque sorte que ce soit ? Principalement notre gentil pape Jules, qui en telle marchandise est un vieux routier, dressera en se jouant un tel concile, toutes les fois que bon lui semblera, et cependant ne laissera point de s'ébattre et de se réjouir selon sa coutume. Et certes le fait qu'en bien peu de temps il a fait beaucoup de Jacobins cardinaux semble en être un préparatif manifeste. Il est bien vrai qu'il a toujours fort aimé cet ordre, à ce qu'on dit, mais cette grande prodigalité procède d'une cause plus haute. Car le galant sait assez qu'il n'y a rien de plus impudent que ces gueux et ces coquins effrontés, comme il a bien souvent abusé d'eux à son plaisir en vilains et infâmes services. En outre, après qu'il les aura élevés à un tel degré d'honneur, en quelque lieu qu'il les envoie contre tout droit et toute raison, il entend bien qu'ils seront plus hardis, audacieux et importuns que n'importe quels autres.

Davantage il ne doute point qu'il n'advienne que plusieurs chiens affamés, léchant et tirant la langue après de telles récompenses, ne se dérobent et ne se jettent à provoquer toutes les disputes qu'il voudra. Et néanmoins je ne dis pas que ceux qui nient qu'il veuille avoir un concile soient totalement trompés, mais quand il aura dressé son théâtre pour jouer ses farces, soudainement on verra sortir de quelque part sans grande difficulté une giboulée de pluie qui troublera tout le jeu. Par ce moyen il pliera les tapis et les rideaux dès le commencement même, s'il voit que cela soit à son profit et à sa commodité. Toutefois, bien que ceci ne soit qu'une vaine apparence ou un simulacre de concile, il pense nonobstant que ce lui soit comme une massue entre les mains d'Hercules pour abattre le Fils de Dieu et pour briser le résidu de l'Eglise.

Or donc, quand nous voyons que ce principe de toute impiété s'élève si arrogamment et si outrageusement contre la gloire de Dieu et le salut de nous tous, est-ce à nous cependant de trahir cette cause si sainte par notre silence ? Mais nous devrions nous exposer cent fois à la mort, si faire se pouvait, plutôt que de souffrir qu'une oppression si méchante, si barbare et si tyrannique de la vraie doctrine demeure inconnue par notre paresse et notre lâcheté ! Mais encore prenons le cas (ce qui toutefois n'est pas facile à croire) où le pape avec toute sa bande pense à bon escient d'assembler le concile : il se pourra bien faire que Christ ne soit point là outragé de prime face par de si lourdes moqueries, toutefois on ne laissera point par ce moyen d'avoir fait une conspiration méchante contre lui. Et qui pis est, plus ce concile papal aura d'apparence, de splendeur et de magnificence pour faire croire qu'il n'y aura là que toute gravité et autorité, plus il sera dangereux pour perdre l'Eglise, et plus à craindre sera cette peste. Car il ne faut nullement attendre que cette vénérable bande, qui sera assemblée par la conduite et la menée de l'antéchrist, soit gouvernée par l'Esprit de Dieu, ni que ces esclaves de Satan aspirent à quelque bon moyen et procédure équitable. En premier lieu, le pape qui s'est déclaré ennemi mortel de Christ sera là, assis au siège principal. Et quelque semblant qu'il fasse de demander les opinions des pères qui seront là assistant, toutefois, effrayés par son seul regard, tous suivront ce que bon lui semblera.

Mais quel besoin sera-t-il de feintise ou de simulation en une compagnie qui ne s'accorde que trop à toute impiété et infidélité ? Je ne débats point quel est un chacun des cardinaux, mais quant à leur collège qui sera l'assemblée estimée la plus sainte de toutes, c'est une chose toute notoire qu'il y règne en partie un mépris de Dieu, comme entre les épicuriens, en partie une haine cruelle à l'encontre de la vérité, et une rage mortelle contre tous les vrais chrétiens. Touchant l'ordre des évêques, n'est-il pas composé presque de semblables monstres ? Sinon qu'il y a entre eux beaucoup de pauvres ânes, qui ne méprisent point Dieu ouvertement, qui, s'ils n'attaquent point la vraie doctrine d'une telle inimitié et rage, toutefois se plaisent tellement en leur état si vilainement corrompu, qu'ils ne peuvent souffrir qu'on y mette ni correction, ni aucune réformation. Ajoutez-y que ceux d'entre eux qui auront voix au chapitre (comme on dit) et autorité, ce seront quelques-uns, qui ayant toute la religion en dédain, se montreront hardis et vaillants défenseurs du siège romain ; tous les autres ne serviront que de nombre. Selon qu'un de ceux-là aura dit une opinion plus cruelle contre nous, il y aura aussi plus de gens qui le suivront, non seulement de ceux qui ne seront là que pour dire *Ad idem*, mais aussi des principaux, qui de leur propre gré et volontairement, selon le désir de leur cœur, ou poussés par l'ambition, ou contraints par la crainte, consentiront à leur opinion.

Et toutefois je ne suis point si inique, que je confesse que quelques-uns d'entre eux ont un meilleur et plus sain jugement, et ne sont point mal affectionnés ; mais cependant ils ne seront pas si courageux, qu'ils osent résister à la malice et à l'impudence de tout le corps. Entre mille, il y en aura par aventure deux ou trois qui auront plus de courage et de bonne volonté, qui prendront la hardiesse d'ouvrir la bouche à demi pour maintenir la cause de Jésus-Christ. Comme Pierre-Paul Vergier s'est montré tel à Trente. Mais la sainte cour de ces pères vénérables trouvera bientôt remède pour veiller que de telles gens ne leur fassent de longs ennuis. Car ou étant mis en prison, ils seront contraints à se dédire, ou il leur coûtera la mort pour avoir trop parlé, ou bien on leur donnera un breuvage qui leur clora la bouche à tout jamais. Et quant à nous, voici de quelle équité on procède contre nous ; on nous tiendra pour hérétiques obstinés et désespérés, qui ne pouvons être amenés à aucune raison, sinon que nous nous réformions selon les décrets du saint concile, et que, sans délai, nous nous accordions et acquiescions à tout ce qui aura été ordonné par lui. Certainement par le passé nous avons assez montré par d'évidents témoignages que nous ne fuyons pas l'autorité d'un concile légitime, s'il était possible qu'il s'en pût tenir un. Mais quand les ennemis manifestes de Christ demandant qu'il leur soit licite de juger et de prononcer comme par arrêt et sans aucune appellation, et même sous cette condition qu'ils détermineront de la religion à leur fantaisie et à leur appétit, et non point selon la parole de Dieu, quel moyen pourrons-nous tenir pour y obéir, sinon que nous renions le Fils de Dieu en le sachant ? Et il ne faut point qu'on nous objecte que nous nous défions trop tôt. Qu'ils nous octroient un concile, auquel il nous soit permis de parler franchement et de maintenir la cause de la vraie religion ! Si nous refusons alors de nous y trouver, et de rendre compte de tout ce que nous avons fait, ils pourront à bon droit nous condamner comme rebelles et obstinés. Mais bien loin que nous puissions y avoir autorité de bien et droitement parler ou sentir, il ne faut point douter que nous ne serions pas même reçus à présenter nos défenses justes et raisonnables.

Car ceux qui ne peuvent supporter aucunes admonitions et remontrances, si douces et bénignes soient-elles, même comme un petit bruit sourd, de quelles oreilles pourraient-ils recevoir les tonnerres résonnants de la vérité ? Or ils montrent cela ouvertement. Ils nous appellent, mais est-ce pour nous donner quelque place, même au plus bas siège ? Au contraire, ils disent qu'il n'est licite d'y admettre ou d'y recevoir quelqu'un pour être assis, s'il n'est mitré et graissé. Qu'ils soient donc assis, et nous debout, moyennant que nous soyons ouïs, et qu'on permette que nous mettions en avant la vérité. Ils répliqueront sur ceci qu'ils promettent libéralement audience à tous. Et même, afin qu'après que nous aurons présenté requête, on nous fasse tout incontinent sortir, et quelques jours après qu'on aura bien crié et tempêté dans ce conclave, on nous rappelle pour nous condamner. J'appelle crier et tempêter, non pas qu'en cette assemblée il doive y avoir quelqu'altercation de discorde, mais pour autant qu'il leur semblera aussi que ce sera une infamie et chose tout à fait intolérable, que les oreilles de messieurs les prélats soient offensées tant irrévérencieusement par nous. Et on sait assez combien leur rage est tempétueuse. Certes tant s'en faut que nous puissions obtenir d'eux qu'ils débattent la matière par raison, qu'il ne faut pas même espérer qu'ils en daignent prendre connaissance tant petite et légère que ce soit. Nous tâchons de remettre en sa pureté le service de Dieu purifié de superstitions infinies, dont il a été corrompu et enseveli. Là se trouveront des rhétoriciens profanes, qui ne feront que dégorger les décrets et ordonnances des ancêtres, et les coutumes et cérémonies anciennes. Comme si l'Eglise instruite sous la maîtrise céleste des Prophètes et de Christ, n'avait point d'autre manière de servir Dieu, que celle qu'à suivie la racaille de Romulus, étant seulement ensorcelée par les sottes rêveries de Numa Pompilius[1] ?

Mais où est cette simple obéissance que Dieu requiert tant diligemment par toute l'Ecriture, et commande si étroitement ? Si on dispute de la malice et de la perversité de la nature humaine, de son état misérable et désespéré, de la grâce et de la vertu de Christ, de la cause gratuite de notre salut, incontinent ils mettront magistralement en avant les sottes déterminations des scolastiques, et les proposeront comme édits de cours souveraines, auxquels il faudra se tenir sans en débattre. Le Saint-Esprit nous atteste en l'Ecriture que notre entendement est frappé d'un si grand aveuglement, que les affections de notre cœur sont si perverses et tordues, que toute notre nature est corrompue, que nous ne pouvons faire autre chose que pécher, jusqu'à ce qu'il ait formé en nous une nouvelle volonté. Le même Esprit nous contraint, comme détenus sous la damnation de mort éternelle, de rejeter toute confiance en nos œuvres, et en cette sorte de recourir au seul refuge de la miséricorde de Dieu, et de mettre toute la somme de notre justice en elle. Lui-même nous invitant à Dieu, témoignage qu'il n'est point apaisé envers nous par autre récompense et prix que du sang de Christ ; et en même temps il veut qu'étant appuyés sur l'intercession de Christ, nous nous présentions hardiment au tribunal céleste.

Or il a été ordonné par leurs beaux arrêts perpétuels, que rien de tout cela ne soit ouï, lesquels arrêts sont tels à leur dire, qu'il vaudra mieux dédire Dieu et tous les anges ensemble, que de transgresser le moindre d'entre eux. Touchant les sacrements, ils ne permettront point qu'on en sonne un seul mot qui soit discordant de l'usage reçu. Et qu'est-ce ici autre chose, sinon fermer le passage à toute correction si petite soit-elle ? Mais dira quelqu'un, il est aisé de montrer combien l'administration des sacrements est renversée et falsifiée en la papauté, en sorte qu'elle n'a presque rien approchant de la vraie règle de Christ, et combien d'abus et de faussetés y ont été introduits, ou pour mieux dire, combien de sacrilèges abominables y sont entrés comme par force. A tel point qu'il ne faut point qu'il soit permis de remuer cette matière. C'est pourquoi messieurs les folâtres théologiens sorbonistes ont ceci pour un dit commun, qu'ils ont publié çà et là par livres imprimés, qu'afin que l'état de l'Eglise demeure sain et entier, il faut bien prendre garde

[1] Il entend les Romanisques et suppôts du pape de Rome, parce que Romulus fut le premier roi à Rome, et Numa Pompilius le second (note de Calvin).

avant tout que le concile n'admette aucun doute sur les articles qui sont aujourd'hui mis en différend.

Il n'y a pas longtemps aussi qu'un sot livre d'un certain Mutius, écrit en langue italienne, sans goût ni grâce, sentant mieux son boucher qu'autre chose, vu qu'il ne parle que d'égorger, a été mis en lumière, où il fait un long discours, que quand les pères révérends sont assemblés pour célébrer le concile, il ne reste autre chose sinon qu'ils prononcent que toute la cause leur est déjà connue, et qu'il ne faut plus que nous contraindre par des édits cruels et sanguinaires à souscrire. Certes je n'eusse daigné mettre en avant les gazouillements enroués de ce malencontreux hibou, sinon que le pape Jules eût ajouté son brevet pour recommander ce beau livre, dont les lectures pourront faire jugement qu'il ne faut point attendre autre concile du pape Jules, sinon tel que Mutius l'a déjà crié au son de sa trompette. Quand donc nous voyons que ces antéchrists s'avancent avec une obstination désespérée à ruiner la vraie et saine doctrine, et que d'un même orgueil ils se déchaînent comme des gens bien assurés, et qu'ils ne dressent ce concile fardé pour une autre raison, sinon afin qu'après avoir banni l'Evangile, ils chantent le dernier chant de leur victoire, il faut que nous, de notre côté, prenions bon courage pour suivre l'enseigne de notre Capitaine, étant vêtus des vraies armures.

Pourvu que la pure et simple doctrine de l'Evangile reluise comme elle doit, quiconque ne refusera point d'ouvrir les yeux pourra bien connaître que la papauté est un monstre exécrable et horrible, composé par l'astuce de Satan d'un amas infini d'erreurs. Car nous montrons évidemment par des témoignages fermes et plus que certains, que la gloire de Dieu est là tellement démembrée par un sacrilège détestable, et distribuée à des idoles faites à plaisir, qu'à grand-peine il lui demeure la centième partie de son droit. Davantage, s'ils lui laissent quelque honneur ou service de reste, il n'y a aucune portion de celui-ci qui demeure pure et entière, tant tout y est rempli d'inventions superstitieuses des hommes. Nous montrons semblablement que la loi de Dieu y est misérablement ensevelie par ces mêmes inventions. Et en ce qui concerne les pauvres âmes qui y sont plutôt tenues serrées sous le joug des hommes, que gouvernées par les commandements de Dieu, elles ploient et travaillent sous le fardeau inique de tant de traditions ; pour mieux dire, elles sont opprimées par une cruelle tyrannie ; nous déclarons que tant s'en faut qu'ils profitent par une telle obéissance feinte et par trahison, que plutôt ils se plongent de temps à autre dans un abîme plus profond. Nous enseignons aussi ouvertement par l'Ecriture, que la vertu de Christ y est presque complètement abolie, que sa grâce y est anéantie pour la plus grande part, qu'on a arraché de son sein les pauvres âmes pour les enfler d'une confiance mortelle en leurs propres œuvres et vertus. Nous montrons clairement que l'invocation de Dieu telle qu'elle est commandée par sa Parole y est totalement renversée (laquelle néanmoins est refuge unique de salut). Nous déclarons ouvertement que les sacrements y sont en partie abâtardis par des inventions étranges, en partie employés à un autre usage, d'autant que contre toute vérité de l'Ecriture on leur assigne et attache la vertu du Saint-Esprit, et on leur attribue ce qui est propre à Christ. Davantage nous leur arrachons des mains ce nombre de sept sacrements, qu'ils ont témérairement forgé.

Et quant à la messe, dont ils font un sacrifice, nous prouvons que c'est un vilain renoncement de la mort du Fils de Dieu, et nous montrons qu'elle est pleine de plusieurs sacrilèges. Vraiment, pourvu que l'Ecriture ait telle autorité qu'il lui appartient, il n'y a rien de tout ceci en quoi nos adversaires ne soient contraints d'être muets. Et eux-mêmes ne le dissimulent point, quand ils débattent qu'il faut s'arrêter au seul jugement de l'Eglise, parce que le sens de l'Ecriture est obscur et ambigu. Qui est celui, je vous prie, qui ne voie bien que, par ce moyen, la Parole de Dieu est mise sous le pied, et que tout le droit et la puissance de déterminer leur est transférée ? Bien qu'ils baisent les livres de l'Ecriture fermés, comme voulant les adorer, toutefois vu qu'ils la condamnent comme pleine d'ambiguïtés douteuses et obscures, ils ne lui donnent pas plus d'autorité que s'il n'y avait une seule lettre écrite dedans. Qu'ils se couvrent de tant de beaux titres qu'ils voudront, afin qu'il ne semble qu'ils mettent rien en avant que le Saint-Esprit ne leur ai dicté, comme ils ont accoutumé de se vanter, il n'empêche que ceci est résolu et arrêté, que, toutes raisons mises bas, il n'y a que leur plaisir qui doive avoir pleine autorité. Pour cette raison les fidèles — vu qu'ils ont appris par l'expérience certaine de la foi qu'il n'y a rien de plus ferme que la doctrine de l'Ecriture — se reposent en sûreté sur cet appui, afin qu'ils ne soient pas transportés çà et là à tous vents de tromperie, et ne soient exposés aux pensées et aux ruses des méchants. Et de notre part, quand nous voyons que l'Ecriture est vilainement défigurée par les inventions perverses des sophistes, et que ces criards, loués aux dépens du pape, ne tendent aujourd'hui à une autre finesse que d'obscurcir la vraie lumière par leurs fumées, d'autant plus devons-nous être attentifs à la remettre en son vrai lustre.

Quant à moi, je dis en vérité que j'ai destiné ce qui me reste de vie principalement à cela, si j'ai le loisir et la liberté. L'Eglise, à laquelle je suis donné pour la servir, recevra tellement le premier fruit de ce labeur, qu'ensuite il s'épandra plus loin. Car, bien qu'après la charge de mon office il ne me reste guère de temps, néanmoins tel qu'il sera, j'ai délibéré de l'employer à cette façon d'écrire.

Or pour retourner à vous, roi très excellent, vous en avez ici un petit gage, à savoir mes commentaires, par lesquels je me suis efforcé de tellement expliquer les épîtres canoniques (dans lesquelles il y avait autrement beaucoup de choses cachées et obscures), que le lecteur qui ne sera point du tout stupide trouvera familière entrée à en connaître le vrai sens. Or puisque les interprètes de l'Ecriture fournissent, selon leur pouvoir, des armes pour combattre l'antéchrist, souvenez-vous aussi, Sire, que c'est le devoir de votre majesté de maintenir la vraie et pure interprétation de l'Ecriture contre toutes les méchantes calomnies, ainsi que la vraie religion fleurisse et demeure en son entier. Ce n'est point sans cause que Dieu commande par Moïse qu'aussitôt qu'il y aurait un roi créé sur son peuple, il donnât ordre qu'on lui écrivit un livre de la loi. Bien plus, étant encore homme privé, il s'est diligemment exercé en sa lecture ! Afin que les rois n'ignorent point que d'un côté ils ont besoin d'une singulière doctrine, d'autre part que cette charge leur est particulièrement enjointe de la maintenir et de la défendre, le Seigneur assigne un domicile sacré à sa loi en leur palais. Au reste, vu qu'en cet endroit l'excellence et la grandeur héroïque de votre courage surmontent de beaucoup la mesure de votre âge, il n'est point besoin que j'use de longues paroles pour vous stimuler. Or notre bon Dieu veuille vous tenir sous sa sainte garde, et persévérer, comme il l'a commencé, à maintenir sous sa protection votre très noble majesté, vous gouverner, et conduire votre conseil par l'Esprit de prudence et de force, et confirmer tout l'état de votre royaume en paix et tranquillité.

De Genève, ce 23 janvier 1551.

COMMENTAIRE DE M. JEAN CALVIN

SUR

LA PREMIÈRE ÉPÎTRE DE PIERRE

ARGUMENT

Le but et l'intention de S. Pierre en cette épître est d'exhorter les fidèles à renoncer à eux-mêmes et à mépriser le monde, afin qu'étant délivrés des afflictions de la chair, et dégagés de tous les empêchements terrestres, ils aspirent de tout leur cœur au royaume céleste de Christ. Qu'étant soutenus par l'espérance, appuyés sur la patience, et munis de force et de constance, ils surmontent toutes sortes de tentations et s'exercent tout le temps de leur vie en cette étude et cette méditation. Voilà pourquoi dès le commencement de son épître il loue et magnifie tant qu'il peut, et amplifie par des paroles la grâce de Dieu, qui nous a été manifestée en Christ. Il ajoute avec cela qu'on reçoit cette grâce par la foi, et qu'on la possède par l'espérance, afin que les fidèles élèvent leurs esprits et leurs cœurs par-dessus le monde.

Ensuite il les exhorte à vivre saintement, afin qu'ils ne rendent pas inutile le prix auquel ils sont rachetés, et qu'ils ne laissent point corrompre ou amortir la semence incorruptible de la Parole, par laquelle ils sont régénérés en vie éternelle. Or parce qu'il avait dit qu'ils étaient régénérés par la Parole de Dieu, il fait en même temps mention de l'enfance spirituelle. Au reste, afin que leur foi ne chancelle ou ne soit ébranlée, quand ils voient Christ être rejeté ou méprisé presque de tout le monde, il déclare que par ce moyen est accompli ce qui est écrit de lui, à savoir qu'il doit être la pierre d'achoppement et de scandale. Au contraire, il montre aussi qu'il est un ferme fondement de salut pour ceux qui croient en lui. Après cela il rappelle derechef à quel honneur Dieu les a élevés, afin que par le souvenir de leur premier état, et par le sentiment du bénéfice présent, ils soient incités à vivre saintement.

Puis il vient à faire des exhortations particulières : qu'ils se gouvernent et se conduisent modestement et en toute obéissance sous l'autorité et le régime des princes et des magistrats ; que les serviteurs soient sujets et obéissants à leurs maîtres, que les femmes obéissent à leur mari et se gouvernent en toute chasteté et continence ; que les maris de leur côté traitent humainement leur femme. Davantage il commande qu'il y ait équité mutuelle, et rondeur de bonne conscience entre eux. Et afin qu'ils le fassent plus volontiers, il leur propose le fruit qui en revient, à savoir une vie heureuse et paisible. Toutefois parce que c'est une chose quasi inséparable de la condition des chrétiens, d'être bien souvent molestés et tourmentés de beaucoup d'injures et d'opprobres et d'avoir le monde contraire sans aucune raison, bien qu'ils ne cherchent que paix, pour cette raison il les exhorte à supporter patiemment les persécutions, qu'ils savent leur devoir tourner à salut. A cela il amène l'exemple de Christ. Au contraire il montre quelle issue malheureuse est préparée aux infidèles, au lieu que le Seigneur délivre miraculeusement de mort son Eglise par sa mort. Puis il étend l'exemple de Christ plus loin, à savoir à la mortification de la chair. Il ajoute à cette exhortation plusieurs brèves sentences, mais incontinent après il retourne à la doctrine de la patience. Que les fidèles adoucissent leurs maux par la consolation, en considérant combien il leur est profitable d'être châtiés de la main paternelle de Dieu. Au commencement du cinquième chapitre il avertit les anciens en ce qui concerne leur office, pour qu'ils n'usurpent aucune domination ou seigneurie sur l'Eglise, mais qu'ils président sous Christ en toute modestie. Il recommande aux jeunes d'être dociles et humbles. A la fin, après avoir ajouté une brève exhortation, il finit son épître par une prière.

Quant au lieu d'où il a écrit cette épître, tous ne s'accordent pas. Et toutefois je ne vois nulle cause pour quoi nous doutions qu'il fut alors en Babylone. Car il l'affirme clairement. Mais parce que cette persuasion avait gagné que d'Antioche il était allé à Rome et qu'il était mort à Rome, les Anciens, n'ayant autre argument que celui-ci, ont forgé que Rome est ici appelée Babylone par allégorie. Au reste, puisque sans aucune conjecture probable ils ont avec légèreté tenu pour vrai tout ce qu'ils ont laissé par écrit sur l'évêché de Rome tenu par S. Pierre, la rêverie de cette allégorie elle non plus, ne doit être en rien estimée. Certes il est beaucoup plus vraisemblable que S. Pierre (selon que requérait son apostolat) a suivi les pays et régions dans lesquelles habitaient plus de Juifs. Or nous savons qu'il y en avait un grand nombre à Babylone, et en ces régions-là.

COMMENTAIRE SUR LA PREMIÈRE ÉPÎTRE DE S. PIERRE

CHAPITRE PREMIER

1. *Pierre Apostre de Jésus-Christ, aux estrangers qui sont*[1] *espars en Ponte, en Galatie, en Cappadoce, en Asie, et en Bithynie.*
2. *Eleus selon la prescience*[2] *de Dieu le Père en sanctification*[3] *de l'Esprit*[4] *pour obéir et estre arrousez du sang de Jésus-Christ : grâce et paix vous soit multipliée.*

1. PIERRE, APOTRE DE JESUS-CHRIST, AUX ETRANGERS QUI SONT EPARS DANS LE PONT, EN GALATIE, EN CAPPADOCE, EN ASIE, ET EN BITHYNIE. Tout ce que cette salutation a de commun avec celle de S. Paul n'a nul besoin de nouvelle explication. Quand S. Paul désire grâce et paix à ceux auxquels il écrit, il omet le verbe, et S. Pierre l'ajoute disant : *Vous soit multipliée.* Nonobstant, le sens revient au même. Car S. Paul ne désire point pour les fidèles un commencement de grâce ou de paix, mais plutôt un accroissement, jusqu'à ce que Dieu accomplisse en eux ce qu'il a commencé.

AUX ETRANGERS. Ceux qui pensent que tous les fidèles sont appelés ainsi par métaphore ou similitude, parce que ceux qui tendent au pays céleste sont comme des pèlerins en ce monde, s'abusent bien. Et on peut assez facilement réfuter leur erreur par ce mot : *qui sont épars.* Car ceci appartient seulement aux Juifs, non seulement parce qu'ils étaient bannis de leur pays, étant épars çà et là, mais aussi parce qu'ils étaient chassés hors de la terre que le Seigneur leur avait promise en héritage à perpétuité. Il est vrai que ci-après il appellera tous les fidèles « étrangers » parce qu'ils sont comme des pèlerins dans le monde, mais ici il y a une autre raison. Ils étaient donc étrangers, parce qu'une partie était éparse dans le Pont, une autre en Galatie, une autre en Cappadoce, une autre en Asie, et une autre en Bithynie. Et il ne faut pas s'ébahir de ce qu'il adresse cette épître particulièrement aux Juifs, car il savait qu'il leur était ordonné Apôtre, comme on peut le voir par ce que S. Paul dit au chapitre *2* des Galates, v. 7. Sous les régions qu'il nomme ici, il comprend toute la contrée d'Asie mineure depuis le Pont-Euxin jusqu'à la Cappadoce.

2. ELUS SELON LA PRESCIENCE DE DIEU LE PERE EN SANCTIFICATION DE L'ESPRIT POUR OBEIR ET ETRE ARROSES DU SANG DE JESUS-CHRIST, GRACE ET PAIX VOUS SOIT MULTIPLIEE. On

[1] Ou, *estes.*
[2] Ou, *providence.*
[3] Ou, *à sanctification par obéissance et arrousement.*
[4] Ou, *d'Esprit.*

pourrait demander comment il a su qu'ils fussent élus. Car l'élection de Dieu est cachée et ne peut être connue que par révélation spéciale du Saint-Esprit. Or autant chacun est rendu assuré de son élection par le témoignage de l'Esprit, autant ne peut-il rien savoir de certain des autres. Je réponds qu'il ne faut point curieusement s'enquérir de l'élection de nos frères, mais qu'il la faut plutôt estimer par la vocation, en sorte que tous ceux qui sont reçus en l'Eglise par la foi soient comptés et réputés pour élus. Car Dieu les sépare du reste du monde, ce qui est un signe d'élection. Et à ceci ne contredit point ce que nous voyons : que plusieurs se détournent et qu'il n'y a que pure hypocrisie en certains. Car c'est un jugement de charité, et non point de foi, quand nous tenons pour élus tous ceux en qui on aperçoit quelque marque de l'adoption de Dieu. Or nous pouvons bien entendre par le texte que S. Pierre ne va pas chercher leur élection au conseil étroit de Dieu, mais qu'il la juge par son effet.

Car il ajoute aussitôt après : EN SANCTIFICATION DE L'ESPRIT. En tant donc qu'ils se montraient régénérés par l'Esprit de Dieu, il les met au nombre des élus de Dieu, d'autant plus que Dieu ne sanctifie que ceux qu'il a auparavant élus. En même temps toutefois il montre d'où procède l'élection par laquelle nous sommes choisis pour le salut, afin que nous ne périssions pas avec le monde.

Car il dit : SELON LA PRESCIENCE DE DIEU LE PERE. C'est ici, dis-je, la source et la cause première : que Dieu avant la création du monde a connu en soi-même ceux qu'il voulait élire au salut. Mais il faut soigneusement regarder quelle est cette prescience. Car les sophistes, pour obscurcir la grâce de Dieu, prétendent qu'il prévoit les mérites de chacun, et qu'ainsi les réprouvés sont distingués des élus selon que chacun est digne de cette condition ou de l'autre. Mais l'Ecriture oppose partout à nos mérites le propos de Dieu, sur lequel notre salut est fondé. Quand donc S. Pierre les appelle « élus selon la prescience de Dieu », il signifie que la cause de cette élection ne dépend point d'ailleurs mais qu'il faut la chercher seulement en Dieu, d'autant que lui-même a été induit de son propre mouvement à nous élire. La prescience de Dieu ôte donc toute considération de la dignité ou du mérite des hommes. De ceci nous avons traité plus amplement au premier chapitre des Ephésiens et en d'autres passages. Mais de même qu'en notre élection il assigne le premier lieu au bon plaisir gratuit de Dieu, de même d'autre part il veut que nous la connaissions ou la jugions par son effet. Car il n'y a rien de plus dangereux ni de plus à rebours que de délaisser la vocation, et, sans aucun égard à celle-ci, d'aller chercher la certitude de notre élection dans la prescience secrète et occulte de Dieu. Car c'est un abîme trop profond. C'est pourquoi pour obvier à ce danger, S. Pierre fournit un très bon moyen. Car bien qu'en premier lieu il veuille qu'on considère le conseil de Dieu, dont la cause ne doit se chercher ailleurs qu'en lui, toutefois il nous renvoie tout soudain à l'effet par lequel il déclare et témoigne de notre élection. Cet effet c'est la sanctification de l'Esprit, c'est-à-dire la vocation jointe avec l'efficacité, quand, avec la prédication externe de l'Evangile, la foi survient, engendrée par un mouvement intérieur du Saint-Esprit.

POUR OBEIR ET ETRE ARROSES DU SANG DE JESUS-CHRIST. Vu qu'il ajoute après la sanctification ces deux choses, il semble que par ce mot *d'obéissance* il entende la nouveauté de vie, et que par l'arrosement du sang de Christ il signifie la rémission des péchés. Que si ces deux choses sont les parties ou effets de la sanctification, ce mot de *sanctification* est ici pris autrement qu'il ne l'est chez S. Paul en plusieurs passages, c'est-à-dire plus généralement. Dieu donc nous sanctifie en nous appelant de façon efficace. Or cela se fait quand nous sommes renouvelés pour obéir à sa justice, et que, arrosés du sang de Christ, nous sommes lavés de nos péchés. Et il semble qu'il veuille tacitement rapporter son propos à la cérémonie ancienne de l'aspersion, dont ils usaient jadis sous la loi. Car de même qu'alors ce n'eût point été assez de tuer une bête et de répandre son sang, si en même temps le peuple n'en eût point été arrosé, de même le fait que le sang de Christ a été répandu ne nous profiterait en rien si nos consciences n'en étaient arrosées. Il faut donc suppléer ici une antithèse : de même que jadis sous la loi se faisait arrosement de sang par la main du sacrificateur, ainsi aujourd'hui le Saint-Esprit arrose nos âmes du sang de Christ en purification de nos péchés.

Recueillons maintenant la somme de tout ceci : notre salut procède de l'élection gratuite de Dieu, mais en même temps il faut la considérer par l'expérience de la foi, en ce qu'il nous sanctifie par son Esprit ; finalement il y a deux fins ou effets à notre vocation, à savoir que nous soyons réformés pour l'obéissance à Dieu, et arrosés par le sang de Christ. Davantage, que ces deux effets sont œuvres du Saint-Esprit. D'où nous déduisons qu'il ne faut pas séparer l'élection de la vocation, ni la justice gratuite par la foi, de la nouveauté de vie.

3. *Loué soit Dieu, qui est le Père de nostre Seigneur Jésus-Christ, qui par sa grande miséricorde nous a régénérez en espérance vive, par la résurrection de Jésus-Christ d'entre les morts*[1]*,*
4. *A l'héritage incorruptible qui ne se peut contaminer ni flestrir, conservé és les cieux pour vous,*
5. *Qui estes gardez en la vertu de Dieu par foy, pour avoir le salut prest d'estre révélé au dernier temps :*

3. LOUE SOIT DIEU, QUI EST LE PERE DE NOTRE SEIGNEUR JESUS-CHRIST, QUI PAR SA GRANDE MISERICORDE NOUS A REGENERES EN ESPERANCE VIVE, PAR LA RESURRECTION DE JESUS-CHRIST D'ENTRE LES MORTS. Nous avons dit que le principal point de cette épître est que l'Apôtre, en nous élevant par-dessus le monde, nous prépare et encourage à soutenir les combats de la guerre spirituelle. Pour ce faire, la reconnaissance des bienfaits de Dieu y sert beaucoup. Car quand nous les estimons comme ils méritent, nous ne tenons pas grand compte de toutes les autres choses. Principalement quand nous considérons combien vaut Christ avec ses biens, nous réputerons comme fiente tout ce qui est hors de lui (Phil. *3* : 8). Pour cette cause il prise ici magnifiquement la bonté infinie et la grâce de Dieu en Christ, afin qu'il ne nous coûte point de renoncer à nous-mêmes et au monde, pour jouir du trésor inestimable de la vie éternelle ; davantage, afin que nous ne soyons pas découragés par les tracas et les misères de ce monde présent, mais que nous les endurions patiemment, nous reposant sur la béatitude éternelle. Au reste, quand il rend grâces à Dieu, il invite les fidèles à une réjouissance spirituelle, qui engloutit toutes les affections contraires de la chair.

Qui est LE PERE DE NOTRE SEIGNEUR JESUS-CHRIST. Il y a mot à mot : « Loué soit Dieu et Père, etc. », mais il faut le rendre de cette manière : « Loué soit Dieu, qui est Père de Jésus-Christ ». Car de même qu'en s'appelant anciennement Dieu d'Abraham, il voulait par cette marque être distingué de tous les autres faux-dieux, de même depuis qu'il s'est manifesté en son Fils, il ne veut point être connu autrement qu'en lui. C'est pourquoi ceux qui conçoivent en leur esprit la majesté nue de Dieu hors du Christ, ont une idole au lieu de Dieu, comme les Juifs et les Turcs. Quiconque veut donc vraiment connaître le vrai

[1] II Cor. *1* : 3 et Eph. *1* : 3.

Dieu, il faut qu'il le connaisse par ce titre, qu'il est Père de Christ. Car si le Fils ne nous vient en mémoire toutes les fois que notre esprit cherche Dieu, il demeurera confus, et vaguera çà et là, jusqu'à s'évanouir et à défaillir complètement. S. Pierre a voulu aussi en même temps montrer comment Dieu use d'une si grande libéralité et bonté envers nous. Car si Christ n'est mis entre lui et nous, nous ne pourrons jamais sentir sa bonté à bon escient.

QUI NOUS A REGENERES. Il signifie que la vie est un don surnaturel, parce que nous naissons enfants de colère. Car si nous étions engendrés selon la chair en l'espérance de vie, ce serait une chose superflue que nous fussions régénérés de Dieu. S. Pierre montre donc que nous qui étions naturellement destinés à la mort éternelle, avons été restitués en vie par la miséricorde de Dieu. Et ceci est comme une seconde création, comme il est dit au chapitre *2* des Ephésiens, v. 5. Ce mot *espérance vive*, est pris pour « espérance de vie ». Toutefois il semble qu'il y ait une antithèse tacite entre l'Espérance qui est fichée sur le royaume incorruptible de Dieu, et les espérances des hommes, vaines et caduques.

PAR SA GRANDE MISERICORDE. Il met premièrement la cause efficiente, puis il montre le moyen. Il enseigne, dis-je, que Dieu n'a jamais été incité par nos mérites à nous régénérer en espérance vive, parce qu'il attribue tout cela à sa miséricorde. Et afin de mieux anéantir les mérites des œuvres, il dit : *sa grande miséricorde*. Il est vrai que tous confesseront bien en un mot, que Dieu est seul auteur de notre salut, mais après ils en viennent à inventer je ne sais quelles causes d'ailleurs qui amoindrissent d'autant plus sa miséricorde. Mais S. Pierre ne met rien en avant que la seule miséricorde de Dieu.

Toutefois il ajoute tout de suite après le moyen, à savoir *la résurrection de Christ*. Car Dieu ne nous déploie point ailleurs ni autrement sa miséricorde, et pourtant l'Ecriture nous ramène toujours à ce but. Or concernant le fait qu'il ne parle pas de la mort de Christ, mais fait seulement mention de sa résurrection, en cela il n'y a nulle absurdité. Car la mort est enclose sous la résurrection, d'autant plus qu'il n'y a point d'accomplissement qui n'ait son commencement. Or il a plutôt amené la résurrection, parce qu'il traitait de la vie nouvelle.

4. A L'HERITAGE INCORRUPTIBLE, QUI NE SE PEUT CONTAMINER NI FLETRIR, CONSERVE AUX CIEUX POUR VOUS. Les trois épithètes qui s'ensuivent sont mises pour amplifier la grâce de Dieu. Car S. Pierre (comme j'ai dit ci-dessus) tâche de bien et vivement imprimer son excellence en nos esprits. Au reste, selon mon jugement, ces deux membres : *A l'héritage incorruptible*, et *pour avoir le salut prêt d'être révélé*, doivent être compris de telle manière que le dernier soit une explication du premier. Car il exprime une même chose en deux sortes.

Tous les mots qui suivent ont chacun leur poids. Il est dit que l'héritage *est conservé dans les cieux*, afin que nous sachions qu'il est hors de danger. Car s'il n'était entre les mains de Dieu, il serait exposé à des dangers infinis, et s'il était en ce monde, comment pourrions-nous être assurés au milieu de tant de changements ? Afin donc de nous délivrer de toute crainte, il affirme que notre salut est mis en sûreté, et hors de tout ce que Satan pourrait machiner à l'encontre. Mais parce que la certitude du salut ne nous apporterait pas beaucoup de consolation, sinon que chacun de nous sente qu'elle lui appartient, S. Pierre ajoute : *pour vous*. Car alors les consciences sont en repos paisible, quand le Seigneur crie du ciel : « Voici, votre salut est en ma main, et je vous le garde ». Au surplus, parce que le salut n'appartient pas indifféremment à tous, il nous renvoie à la *foi* afin que ceux qui sont garnis de foi se distinguent d'avec les autres et ne doutent point qu'ils ne soient vrais et légitimes héritiers du royaume de Dieu. Car comme la foi pénètre jusqu'aux cieux, aussi elle nous applique les biens qui sont aux cieux.

5. QUI ETES GARDES EN LA VERTU DE DIEU PAR LA FOI, POUR AVOIR LE SALUT PRET D'ETRE REVELE AU DERNIER TEMPS. Il faut noter la relation ou la correspondance mutuelle, quand il dit que nous sommes gardés dans le monde, comme notre héritage est gardé dans les cieux. Autrement cette pensée nous viendrait aussitôt à l'esprit : « De quoi nous sert que notre salut nous soit gardé au ciel, vu que nous sommes tourmentés au monde comme en une mer impétueuse ? De quoi nous sert que notre salut repose en un port assuré, vu que nous flottons entre mille périls ? » S. Pierre prévient donc de telles objections, démontrant que, bien que nous soyons environnés au monde de dangers infinis, toutefois nous sommes préservés par la foi, et que nous sommes tellement proches de la mort, que toutefois nous sommes en sûreté sous la protection de la foi. Au reste, comme en cette infirmité de la chair la foi même est souvent ébranlée, nous pourrions toujours être en souci du lendemain, si le Seigneur ne nous secourait aussi en cet endroit.

Or nous voyons comment cette opinion diabolique a été reçue en la papauté, à savoir qu'il faut que nous soyons en doute de la persévérance finale, parce que nous ne sommes pas certains si nous demeurerons demain en la même grâce que nous sommes aujourd'hui. Mais S. Pierre ne nous laisse point ainsi en suspens. Car il affirme que nous sommes soutenus par la vertu de Dieu, afin que nous ne soyons ni sollicités, ni ébranlés d'aucun doute, qui pourrait nous survenir du sentiment que nous avons en nous-mêmes de notre propre infirmité. Donc, bien que nous soyons faibles, toutefois notre salut ne laisse point d'être ferme et assuré, parce qu'il est appuyé par la vertu de Dieu. Ainsi, de même que nous sommes gardés par la foi, la foi a aussi sa fermeté en la puissance de Dieu. Et c'est pourquoi notre assurance est non seulement pour la vie présente, mais aussi pour celle qui est à venir.

POUR AVOIR LE SALUT PRET D'ETRE REVELE AU DERNIER TEMPS. Parce que de nature nous sommes impatients, et l'ennui du retardement nous fait tomber sous le fardeau, pour cette cause il nous avertit que notre salut n'est point différé comme s'il n'était pas encore prêt, mais parce que le temps ordonné de la révélation n'est pas encore venu. Cette doctrine sert à nourrir et à entretenir notre espérance. Au reste, il appelle le jour du jugement *le dernier temps*, parce qu'il ne faut point espérer avant ce jour la restauration de toutes choses, car le temps du milieu court encore. Quant au fait que tout le temps qui est depuis l'avènement du Christ est appelé ailleurs le dernier temps, cela est dit en comparaison des temps précédents, mais S. Pierre a regardé ici tout le cours du monde.

6. *En quoy vous-vous esgayez, estans maintenant un peu de temps contristez en diverses tentations, s'il est besoin :*
7. *Afin que l'espreuve de vostre foy, beaucoup plus précieuse que* l'espreuve *de l'or (qui périt, et toutesfois est esprouvé par le feu) vous tourne à louange et honneur et gloire, quand Jésus-Christ sera révélé :*
8. *Lequel vous aimez, combien que ne l'ayez veu : auquel vous croyez, combien que maintenant ne le voyez : et vous esgayez d'une joye inénarrable et glorifiée*[1],

[1] Ou, *glorieuse*.

9. *Rapportans la fin de vostre foy,* asçavoir *le salut des âmes.*

6. EN QUOI VOUS VOUS EGAYEZ, ETANT MAINTENANT UN PEU DE TEMPS CONTRISTES EN DIVERSES TENTATIONS, S'IL EST BESOIN. On pourrait tourner bien autrement le mot grec, toutefois le sens requiert que nous disions « vous vous égayez », plutôt que « égayez-vous ». Ce mot *en quoi*, se rapporte à tout ce qui a été dit touchant l'espérance de salut réservée dans les cieux. Au reste, il les exhorte plutôt qu'il ne les loue. Car son intention est de montrer quel profit nous revient de cette espérance de salut, à savoir la joie spirituelle, par laquelle non seulement est adoucie l'aigreur et l'âpreté de tous les maux, mais aussi toute tristesse est surmontée.

Toutefois par ce mot *vous vous égayez*, il veut exprimer quelque chose de plus que simple réjouissance. Mais il semble qu'il y ait quelque apparence de contradiction en ce qu'il dit que les fidèles qui s'égaient de joie sont en même temps tristes, car ce sont deux affections contraires, que la joie et la tristesse. Mais les fidèles connaissent mieux par expérience, que ces deux affections peuvent manifester ensemble ce qu'on ne pourrait exprimer par paroles. Nonobstant, pour résoudre cette question en peu de parole, il faut entendre que les fidèles ne sont point des troncs de bois, et qu'ils n'ont pas tellement dépouillé le sentiment humain, qu'ils ne soient touchés de douleur, qu'ils ne craignent les dangers, que la pauvreté ne leur soit fâcheuse, et les persécutions âpres et difficiles à porter. C'est pourquoi, quand ils sont affligés ils sentent la tristesse, mais elle est tellement adoucie par la foi, qu'ils ne cessent point pourtant de se réjouir. Ainsi la tristesse n'empêche point leur joie, mais plutôt elle lui laisse la place. D'autre part, bien que la joie surmonte la tristesse, toutefois elle ne l'abolit pas entièrement, d'autant qu'elle ne nous dépouille pas de toute fragilité humaine.

Nous connaissons par ceci quelle est la vraie patience. Son commencement, et par manière de dire, sa racine, c'est la reconnaissance des bienfaits de Dieu, principalement quand nous considérons son adoption gratuite, par laquelle il nous a appelés à être ses enfants. Car il est facile à tous ceux qui élèvent leur esprit jusque là pour savourer ce bienfait si aimable, d'avaler tout doucement toutes les adversités. Et de fait, d'où vient que les esprits des hommes sont souvent opprimés de tristesse, sinon qu'ils n'ont nul goût des biens spirituels ? Mais ceux qui ont ceci pour arrêté, que toutes angoisses leur sont des exercices utiles au salut, non seulement les surmontent, mais aussi les tournent en occasion de joie.

UN PEU DE TEMPS CONTRISTES. La tristesse n'est-elle pas aussi commune aux réprouvés ? Car ils ne sont point exempts de maux. Mais S. Pierre entend que les fidèles reçoivent la tristesse volontairement, au lieu que les infidèles grincent les dents et résistent opiniâtrement à Dieu. Les fidèles se contristent donc comme un bœuf dompté reçoit le joug volontiers, et un cheval qui aura été dressé et façonné souffre d'être bridé même par un enfant. Quant aux réprouvés, Dieu les touche de tristesse, comme on use de violence avec un cheval rétif et furieux. Car ils regimbent contre l'éperon, mais c'est en vain. S. Pierre loue donc les fidèles de ce qu'ils se soumettent à la tristesse de leur propre gré, et non point par contrainte.

Quant à ce qu'il dit : *maintenant un peu de temps*, cela sert de consolation. Car quand on nous propose que le temps de nos adversités sera bref, cela adoucit grandement nos maux, quelques âpres qu'ils soient. Or cette vie présente ne dure qu'un bien peu de temps, et est comme un moment.

S'IL EST BESOIN. C'est comme s'il disait « parce qu'il est besoin ». Car la condition est ici prise pour la cause, et l'Apôtre a voulu montrer, que quand Dieu exerce ainsi les siens, cela ne se fait point à la volée, ni par cas fortuit. Car si Dieu nous affligeait sans cause, cela serait fâcheux et grave à endurer, S. Pierre donc a pris argument de consolation du conseil de Dieu, non pas que la raison nous apparaisse toujours, mais parce que nous devons avoir cette persuasion, qu'il faut qu'ainsi soit fait parce que Dieu le veut. Il faut noter qu'il ne met pas seulement une tentation, mais plusieurs *tentations*, et non seulement une sorte de tentation, mais *diverses*. Toutefois il vaut mieux prendre l'explication de ce passage sur le chapitre premier de S. Jacques, v. 12.

7. AFIN QUE L'EPREUVE DE VOTRE FOI, BEAUCOUP PLUS PRECIEUSE QUE L'EPREUVE DE L'OR QUI PERIT, ET TOUTEFOIS EST EPROUVE PAR LE FEU, VOUS TOURNE A LOUANGE ET HONNEUR ET GLOIRE, QUAND JESUS-CHRIST SERA REVELE. C'est un argument déduit du plus petit au plus grand. Car si nous prisons tant l'or, qui est un métal corruptible, que nous le voulons éprouver par le feu afin qu'il obtienne son prix envers nous, est-ce étonnant si Dieu requiert une telle épreuve en la foi, vu qu'il estime tant l'excellence de celle-ci ? Or bien que les mots semblent avoir un autre sens, toutefois, il compare la foi à l'or, et la fait plus précieuse que l'or, voulant de là inférer qu'elle est bien digne d'être diligemment examinée. Or on ne saurait dire jusqu'où il étend ces deux mots, *l'épreuve* et *est éprouvé*. Car l'or est éprouvé par le feu en deux sortes, premièrement quand il est purifié de l'écume, puis quand il faut juger s'il est bon. Toutes les deux façons d'épreuve conviennent très bien à la foi. Car comme beaucoup d'ordures d'incrédulité résident en nous, quand par diverses afflictions nous sommes comme recuits en la fournaise de Dieu, les ordures et écumes de notre foi sont enlevées afin qu'elle soit nette et pure devant Dieu, et en même temps l'épreuve s'en fait, à savoir si elle est feinte ou vraie. Je suis content d'appliquer les mots de l'Apôtre à toutes les deux façons d'éprouver. Et là aussi se rapporte ce qui s'ensuit sitôt après. Car de même que l'argent n'est point en telle estime qu'il appartient jusqu'à ce qu'il soit purifié, il signifie aussi que notre foi sera honorée et couronnée envers Dieu, quand elle aura été dûment éprouvée.

QUAND JESUS-CHRIST SERA REVELE. Ceci est ajouté afin que les fidèles apprennent à tenir leurs esprits en suspens jusqu'au dernier jour. Car notre vie est maintenant cachée en Christ, et demeurera comme ensevelie, jusqu'à ce qu'il apparaisse du ciel, et tout le cours de notre vie tend à la ruine de l'homme extérieur ; même tout ce que nous endurons est comme un préparatif à la mort (Col. *3* : 3). Il faut donc nécessairement que nous jetions les yeux sur Christ, si nous voulons contempler la gloire et la louange dans les afflictions. Car les tentations sont pleines d'opprobre et de déshonneur en nous, et en Christ elles sont glorieuses, mais on n'aperçoit pas encore pleinement cette gloire en Christ, parce que le jour de consolation n'est pas encore venu.

8. LEQUEL VOUS AIMEZ, BIEN QUE NE L'AYEZ VU, AUQUEL VOUS CROYEZ, BIEN QUE MAINTENANT NE LE VOYEZ, ET VOUS EGAYEZ D'UNE JOIE INENARRABLE ET GLORIFIEE. Il met ici deux choses : qu'ils aiment Jésus-Christ, bien qu'ils ne l'aient pas vu, et qu'ils croient en celui qu'ils ne voient point maintenant. Mais la première procède de la dernière, car la foi est cause de l'amour, non seulement parce que la connaissance des biens que Christ nous fait nous incite à l'aimer mutuellement, mais parce qu'en nous offrant la parfaite béatitude, il nous ravit à soi. Il loue donc les Juifs de ce qu'ils croient en Christ, qu'ils ne voient point, afin qu'ils considèrent bien que c'est la nature de la foi, de s'assurer et de reposer sur les biens que nos yeux ne voient point. Car ils avaient déjà quelque expérience de la chose. Toutefois il y a plus de commandement que de louange en cela.

Or ce membre va le premier, qu'il ne faut point mesurer la foi par le regard. Car vu que la vie des fidèles est misérable selon l'apparence extérieure, ils perdraient à toutes heures courage, si leur félicité ne consistait en espérance. Il est bien vrai que la foi a ses yeux, mais ils pénètrent jusqu'au royaume invisible de Dieu, et se contentent du miroir de la Parole. Car c'est une démonstration des choses invisibles, comme il est dit en l'épître aux Hébreux *11* : 1. Aussi ce que dit S. Paul (II Cor. *5* : 6) est-il bien vrai, à savoir que nous sommes absents du Seigneur, pendant que nous sommes environnés de cette chair, d'autant que nous cheminons par la foi, et non point par la vue.

Le second membre est que la foi n'est pas une froide connaissance, mais telle qu'elle enflamme nos cœurs en l'amour de Christ. Car la foi n'appréhende pas Dieu d'une imagination confuse et implicite (comme les sophistes gazouillent), c'est-à-dire enveloppée (car cela est se fourvoyer par lieux égarés), mais elle a Christ pour son but. Davantage elle n'empoigne pas le nom de Christ nu, et son essence nue, mais elle le considère tel qu'il est envers nous, et selon les biens qu'il nous apporte. Car il ne peut se faire que l'affection et le zèle de l'homme ne se transportent là où il constitue sa félicité et sa béatitude, selon ce qui est dit, « là où est ton trésor, là aussi est ton cœur » (Matth. *6* : 21).

ET EGAYEZ D'UNE JOIE INENARRABLE ET GLORIFIEE. Il répète derechef ce fruit de la foi, dont il avait fait mention, et non sans cause. Car à la vérité ce bien est inestimable, que non seulement les consciences sont en paix, et en repos devant Dieu, mais elles tressaillent déjà de joie pour la certitude et la confiance qu'elles ont de la vie éternelle.

Or il l'appelle *joie inénarrable*, parce que la paix de Dieu surmonte tout entendement (Phil. *4* : 7). Ce qu'il ajoute, *glorifiée*, peut être exposé en deux sortes, ou qu'il signifie magnifique et glorieuse, ou bien en l'opposant à la joie vaine et transitoire, dont les hommes ont honte tout de suite après. Ainsi ce mot *glorifiée*, vaudra autant que ferme et stable, et hors de danger d'en être frustré. Ceux qui par cette joie ne s'élèvent pas au-dessus des cieux, en sorte que, se contentant de Christ seul, ils méprisent le monde, c'est en vain qu'ils se vantent d'avoir la foi.

9. RAPPORTANT LA FIN DE VOTRE FOI, A SAVOIR LE SALUT DES AMES. Il montre où les fidèles doivent dresser tous leurs sens, à savoir au salut éternel. Car ce monde tient ici-bas nos affections empêtrées par ses attraits. Cette vie, et toutes les choses appartenant au corps, empêchent grandement notre esprit de s'appliquer à la méditation de la vie à venir et spirituelle. S. Pierre donc nous propose ce salut, pour le méditer de toute notre affection, et montre tacitement que nous ne devons pas nous soucier beaucoup de la perte de toutes les autres choses, moyennant que nos âmes soient sauvées. Quand il dit *rapportant*, il leur ôte tout doute, afin qu'ils s'efforcent de plus grand courage, vu qu'ils sont certains d'obtenir le salut. Cependant il montre que ce salut est la fin de la foi, afin qu'ils ne s'affligent point de ce qui est encore différé. Car notre adoption doit nous suffire pour maintenant, et il ne faut point demander que nous soyons mis en possession de l'héritage avant le temps. On pourrait dire aussi « salaire », au lieu de *la fin*, parce que le mot grec signifie l'un et l'autre, mais ce sera toujours un même sens. Car nous recueillons par les paroles de l'Apôtre, que nous n'obtenons le salut autrement que par la foi. Or nous savons que la foi n'est appuyée que sur la promesse de l'adoption gratuite. Que s'il en est ainsi, certes le salut n'est point dû aux mérites des œuvres, et il ne faut pas l'attendre de là.

Mais pourquoi nomme-t-il seulement *les âmes*, vu que la gloire de la résurrection est aussi promise aux corps ? Parce que l'âme est immortelle, le salut lui est proprement attribué, comme S. Paul aussi a quelquefois accoutumé de parler : « Afin que l'esprit soit sauvé au jour du Seigneur ». Et ceci vaut autant que s'il eût dit : « salut éternel ». Car c'est une comparaison tacite de la vie mortelle et caduque, qui appartient au corps (I Cor. 5 : 5). Cependant le corps n'est point exclu de la participation de la gloire, en tant qu'il est conjoint à l'âme.

10. *Duquel salut les Prophètes (qui ont prophétizé de la grâce qui devoit venir*[1] *en vous) se sont enquis, et l'*ont *diligemment cherché,*
11. *S'enquérans quand et duquel temps signifioit l'Esprit de Christ qui estoit en eux, auparavant tesmoignant les souffrances*[2] *qui devoyent advenir à Christ, et les gloires qui s'en devoyent ensuyvre :*
12. *Ausquels il a esté révélé, que ce n'estoit point pour eux-mesmes, mais pour nous qu'ils administroyent les choses lesquelles maintenant vous ont esté annoncées par ceux qui vous ont annoncé l'Evangile, par le sainct Esprit envoyé du ciel : esquelles choses les Anges désirent regarder.*

10. DUQUEL SALUT LES PROPHETES (QUI ONT PROPHETISE DE LA GRACE QUI DEVAIT VENIR EN VOUS) SE SONT ENQUIS, ET L'ONT DILIGEMMENT CHERCHE. **11.** S'ENQUERANT QUAND ET DUQUEL TEMPS SIGNIFIAIT L'ESPRIT DE CHRIST QUI ETAIT EN EUX, AUPARAVANT TEMOIGNANT LES SOUFFRANCES QUI DEVAIENT ADVENIR A CHRIST, ET LES GLOIRES QUI DEVAIENT SUIVRE. Il loue le prix de ce salut, parce que les Prophètes sont réellement fixé leur entendement sur lui. Car il fallait bien que ce fût une chose grande et d'une excellence singulière, vu qu'elle les a enflammés à s'enquérir ainsi d'elle. Aussi en ceci la grande bonté de Dieu envers nous reluit plus clairement, quand nous avons aujourd'hui beaucoup plus grande manifestation que tous les Prophètes n'ont pu jadis obtenir par de longues et diligentes inquisitions. Cependant il confirme la certitude du salut par l'ancienneté, d'autant qu'il y a eu témoignage légitime du Saint-Esprit depuis le commencement du monde. Or il faut distinctement noter ces deux choses : premièrement qu'il affirme qu'il nous est aujourd'hui plus octroyé qu'aux pères anciens, afin que par cette comparaison il amplifie la grâce de l'Evangile ; secondement, que ce qui nous est annoncé du salut ne peut nullement être suspecté de nouveauté, d'autant que le Saint-Esprit en a jadis rendu témoignage par les Prophètes. De ce fait, quand il dit que *les Prophètes se sont enquis et ont diligemment cherché*, cela ne se rapporte pas à leurs écrits ou à leur doctrine, mais à leur désir particulier, dont chacun d'eux a été embrasé.

Ce qui suit après doit être rapporté à la charge publique. Mais afin que le tout soit mieux entendu, il faut diviser ce passage en certaines propositions. La première donc sera, que les Prophètes qui ont prophétisé de la grâce que Christ nous a manifestée à son avènement, ont été diligents et attentifs à ce qu'ils connussent le temps de la pleine révélation. La seconde proposition est que l'Esprit de Christ a prédit par leur bouche l'état à venir du règne de Christ, en partie tel qu'on le voit déjà, en partie aussi tel qu'on l'espère

[1] Ou, *qui vous est adressée.*
[2] Ou, *et en quel temps l'Esprit prophétique de Christ qui estoit en eux, signifioit les souffrances.*

encore, à savoir qu'il est ordonné que Christ (et tout son corps en général) entrera dans la gloire par diverses tribulations. La troisième est que les Prophètes nous ont administré les choses plus abondamment qu'ils n'ont fait à leur temps, et il leur a été révélé de Dieu qu'il en serait ainsi. Car maintenant les choses nous sont pleinement et entièrement données en Christ dont Dieu ne donnait alors que quelques figures obscures, et comme légèrement tracées. La quatrième, que non seulement l'Evangile contient une confirmation expresse de la doctrine des prophètes, vu que c'est un même Esprit qui parle, mais aussi une déclaration beaucoup plus ample et plus familière, d'autant que maintenant il démontre ouvertement et comme au doigt et à l'œil le salut, au lieu qu'anciennement il ne le montrait que de loin par les Prophètes. La dernière est qu'il est visible combien est admirable la gloire du salut qui nous est promis par l'Evangile, en ce que les anges mêmes, bien qu'ils jouissent dans les cieux de la présence de Dieu, nonobstant brûlent d'un désir de voir cette gloire. Toutefois tout cela tend à un même but, à savoir qu'il faut que les chrétiens surmontent tous les empêchements du monde, quand ils viennent à être élevés en la considération de la hauteur de leur félicité. Car y a-t-il chose qui ne soit amoindrie par ce bienfait inestimable ?

DUQUEL SALUT. N'y a-t-il pas un même salut pour les pères anciens et pour nous ? Pourquoi donc dit-il que les pères l'ont cherché, comme s'ils n'avaient pas obtenu ce qui nous est aujourd'hui offert ? La solution est facile à donner, à savoir que le mot de *salut* est pris ici pour cette manifestation visible qui nous est advenue par l'avènement de Christ. Et ces paroles de S. Pierre ne signifient autre chose que celles de Christ, disant : « Plusieurs rois et Prophètes ont voulu voir ce que vous voyez, et toutefois ils ne l'ont pas vu » (Luc *10* : 24). Par quoi vos yeux sont bienheureux. Vu donc que les Prophètes n'avaient qu'un petit goût de la grâce apportée par Christ, en tant que moyen de la révélation, à bon droit ils tendaient plus outre par leurs désirs. Quand ce bon vieillard Siméon, après avoir vu Christ, se prépare à mourir allègrement et en repos d'esprit, il montre bien qu'il avait été auparavant comme en inquiétude et en souci. Tous les fidèles ont eu un tel sentiment en eux.

Il montre aussi la façon de cette enquête de l'avenir, quand il ajoute, *quand et en quel temps*. Car la différence de la loi et de l'Evangile était comme un voile mis entre deux, qui les empêchait de contempler de près ce qui maintenant est mis devant nos yeux. Et certes il n'était point raisonnable que la lumière fût pleinement reluisante comme en plein midi, lorsque Christ, le Soleil de Justice, était encore absent. Or bien qu'il leur fût nécessaire de se contenir dans les bornes qui leur avaient été assignées, ils n'agissaient point mal toutefois contre leur conscience, en gémissant du désir de voir ces choses de plus près. Car le désir qu'ils avaient tous les jours que la rédemption s'avançât et qu'ils pussent la voir, n'a point empêché qu'ils n'attendent patiemment, tant qu'il plairait à Dieu de la différer. Au reste, il me semble que ce serait un labeur superflu de m'amuser à chercher les temps qui sont marqués dans les livres des Prophètes touchant la manifestation de ce salut, vu qu'il n'est pas ici question de ce que les Prophètes ont enseigné mais de ce qu'ils ont désiré.

Au lieu que les traducteurs latins ont tourné « de la grâce qui devait venir en vous », dans les livres grecs, il y a mot à mot « de la grâce qui est envers vous ». Mais parce que cela revient au même, je n'ai rien voulu changer. Ceci est plus digne d'être observé, qu'il ne dit point que les Prophètes se soient enquis de leur propre mouvement en quel point du temps adviendrait le règne de Christ, mais qu'ils ont seulement appliqué leur étude à la révélation du Saint-Esprit. Ainsi ils nous ont enseigné par leur exemple une sobriété et une modération d'apprendre, d'autant qu'ils n'ont point passé plus outre que le Saint-

Esprit les menait. Et de fait, il n'y aura jamais mesure en la curiosité des hommes, si le Saint-Esprit ne gouverne les entendements, afin qu'ils ne désirent point d'apprendre d'ailleurs que de lui. Et aussi le règne spirituel du Fils de Dieu est une chose si haute, que les entendements humains ne serviront à rien pour le rechercher, s'ils n'ont le Saint-Esprit pour conducteur. Par quoi il nous faut aussi user de cette modération, et nous assujettir et laisser gouverner par lui.

L'ESPRIT DE CHRIST QUI ETAIT EN EUX. En premier lieu il dit : *qui était en eux*, et après : *auparavant témoignant*, c'est-à-dire, pour rendre auparavant témoignage. Par cette façon de parler, il signifie que les Prophètes ont été doués de l'Esprit d'intelligence, voire excellemment et non point d'une façon vulgaire, vu qu'ils nous ont été précepteurs et témoins, et que toutefois ils n'ont pas été participants de cette lumière qui nous a été manifestée. Cependant c'est une grande louange de leur doctrine, quand elle est appelée témoignage du Saint-Esprit. Car bien que les hommes en aient été annonciateurs et ministres, toutefois celui-ci en a été l'auteur. Et ce n'est point sans cause qu'il dit que l'Esprit de Christ dominait alors, et que les docteurs de l'Evangile sont gouvernés *par le Saint-Esprit envoyé du ciel.* Car il signifie que l'Evangile que nous avons maintenant est procédé de Dieu, et que Christ a dicté les prophéties anciennes.

LES SOUFFRANCES QUI DEVAIENT ADVENIR A CHRIST. Afin qu'ils endurent plus patiemment leurs afflictions, il leur montre qu'elles ont été dès longtemps prédites par le Saint-Esprit. Mais il comprend beaucoup plus. Car il montre que ce régime a été ordonné de Dieu à l'Eglise chrétienne dès le commencement, à savoir que la croix et l'affliction fût un préparatif et comme un guide pour conduire les siens au triomphe, et que la mort fût un passage à la vie, et que la chose a été clairement attestée. Il ne faut donc point que les afflictions nous découragent outre mesure, comme si nous étions misérables en elles, vu que l'Esprit de Dieu nous dit être bienheureux.

Il faut noter cet ordre, qu'il met *les souffrances* en premier rang, puis il ajoute *les gloires qui s'en devaient ensuivre*. Car il signifie que c'est un train qui ne peut être changé, ni avancé, ni anticipé, que les afflictions précèdent la gloire. Ainsi ces paroles contiennent deux sentences. Premièrement qu'il faut que les chrétiens soient oppressés de plusieurs misères, avant qu'ils obtiennent la gloire, puis, que leurs afflictions ne sont point malheureuses, d'autant qu'elles ont la gloire bien proche conjointe avec elles. Puisque Dieu a établi un tel ordre et une telle suite, ce n'est point à nous de séparer une partie de l'autre. Et ceci est une consolation singulière, que notre condition, telle que nous l'expérimentons maintenant, a été prédite si longtemps auparavant. Car nous recueillons de cela, que ce n'est point en vain qu'il nous est promis que l'issue en sera heureuse. Bien plus nous connaissons que nous ne sommes point affligés par hasard mais par une providence certaine de Dieu. Bref les prophéties nous sont comme un miroir pour nous représenter en nos afflictions l'image de la gloire céleste.

Il est vrai que S. Pierre dit que le Saint-Esprit a rendu témoignage des *afflictions qui devaient advenir à Christ*, mais il ne sépare point Christ de son corps. C'est pourquoi cela ne doit pas être restreint à la personne de Christ, mais il faut commencer par le chef, en sorte que les membres suivent, selon leur ordre, comme S. Paul dit qu'il faut que nous soyons faits conformes à celui qui est le premier-né entre beaucoup de frères (Rom. *8* : 29). En somme, S. Pierre ne parle point de ce qui est propre à Christ, mais il traite de tout l'état de l'Eglise en général. Mais c'est une façon de parler beaucoup plus propre à la confirmation de notre foi, quand il nous propose de considérer nos afflictions en Christ, d'autant que nous contemplons mieux en lui la conjonction de notre vie et de notre mort avec la sienne. Et de fait, la condition de la sainte union qui est entre lui et nous comporte cela, qu'il endure tous les jours en ses membres, afin qu'après que ses passions seront parachevées en nous, la gloire aussi ait son accomplissement à son tour. Qui voudra en savoir davantage pourra recourir au chapitre *3* des Colossiens, et au chapitre *4* de la première à Timothée.

12. AUXQUELS IL A ETE REVELE, QUE CE N'ETAIT POINT POUR EUX-MEMES MAIS POUR NOUS QU'ILS ADMINISTRAIENT LES CHOSES, LESQUELLES MAINTENANT VOUS ONT ETE ANNONCEES PAR CEUX QUI VOUS ONT ANNONCE L'EVANGILE, PAR LE SAINT-ESPRIT ENVOYE DU CIEL, AUXQUELLES CHOSES LES ANGES DESIRENT REGARDER. Il y a je ne sais quels étourdis et fantasques qui empoignent ce passage à fausses enseignes pour exclure de l'espérance du salut éternel les Pères qui ont vécu sous la loi. Car l'Apôtre ne nie pas simplement que les Prophètes aient servi et profité à leur temps, et qu'ils aient édifié l'Eglise, mais il veut seulement montrer que leur ministère nous est plus profitable, parce que nous sommes parvenus à la fin des siècles. Nous voyons combien ils louent hautement le règne de Christ, combien ils s'arrêtent à le magnifier, combien soigneusement ils incitent tous à le chercher, et cependant ils ont été privés par la mort de pouvoir le voir en présence. Qu'était-ce là autre chose, sinon dresser la table, afin que d'autres après mangeassent les vivres apprêtés ? Il est vrai qu'ils ont goûté par la foi ce que le Seigneur nous a transmis par leurs mains pour en jouir ; et qui plus est, ils ont été vraiment participants de Christ, ayant en lui la nourriture ferme de leurs âmes. Mais maintenant il est ici question de la manifestation de la chose. Or nous savons que la charge des Prophètes a été (par manière de dire) enclose en ces limites, qu'ils s'entretiennent les uns et les autres en l'espérance du Christ à venir. Ainsi ils ne le possédaient que comme caché et absent. Je dis absent non point quant à sa puissance ou à sa grâce, mais parce qu'il n'était point encore manifesté en chair. C'est pourquoi aussi son règne était encore comme caché sous des ombrages et des obscurités. Bref, descendant en terre, il nous a en quelque façon ouvert les cieux, en sorte que nous pouvons regarder de près les richesses spirituelles, qui n'étaient montrées que de loin sous figures. Cette jouissance de Christ manifesté montre donc quelle différence il y a entre nous et les Prophètes. Et de cela nous recueillons comme ils ont administré plutôt pour nous que pour eux-mêmes. Au reste, bien que les Prophètes fussent avertis que la grâce qu'ils annonçaient était différée à un autre temps, toutefois ils n'ont laissé pour cela d'être fort diligents à la prêcher, tant s'en faut que l'ennui et la longueur du temps leur ait fait perdre courage. Que si leur patience a été si grande, nous serons certes ingrats et plus qu'ingrats, si la jouissance de la grâce qui ne leur a pas été jadis octroyée, ne nous soutient debout en toutes les fâcheries qu'il nous faut endurer.

LES CHOSES LESQUELLES MAINTENANT VOUS ONT ETE ANNONCEES. Il touche derechef la différence qui est entre la doctrine ancienne et la prédication de l'Evangile. Car comme la justice de Dieu est révélée en l'Evangile (Rom. *3* : 21), ayant témoignage de la loi et des Prophètes, ainsi la gloire céleste de Christ, de laquelle le Saint-Esprit a témoigné anciennement, est maintenant ouvertement annoncée. Or il prouve en même temps la certitude de l'Evangile, par cela qu'il ne contient rien qui n'ait été longtemps attesté par l'Esprit de Dieu. Davantage il nous déclare que l'Evangile a été publié par la conduite de ce même Esprit, celui-ci lui dictant même et prononçant les mots le premier, afin qu'on ne pense pas qu'il y ait ici quelque chose de l'homme.

CHOSES DANS LESQUELLES LES ANGES DESIRENT REGARDER. Voilà à la vérité une louange fort excellente de l'Evangile, qu'il contient un trésor de sagesse encore caché et clos aux anges. Mais quelqu'un pourra objecter qu'il n'est point raisonnable qu'il y ait des choses qui nous soient ouvertes et connues, qui soient cependant cachées et closes aux anges, vu que les anges voient incessamment la face de Dieu, et sont ordonnés ses ministres au gouvernement de l'Eglise et en l'administration de tous biens. Je réponds que ces choses nous sont ouvertes en tant que nous les contemplons au miroir de la Parole. Et il n'est point dit non plus que notre connaissance soit plus haute que celle des anges. S. Pierre entend seulement que nous avons la promesse des choses dont les anges désirent voir l'accomplissement. S. Paul aux Ephésiens, chapitre *3*, v. 10, dit qu'en la vocation des païens, la sagesse admirable de Dieu a été connue des anges. Car cela leur était un nouveau spectacle, que Christ adjoignait à son corps le monde qui était perdu, et qui avait été si longtemps privé de l'espérance de vie. Ainsi contemplent-ils tous les jours avec grand ébahissement les œuvres magnifiques de Dieu au gouvernement de son Eglise. Combien donc en comparaison seront-ils plus étonnés, quand ils verront ce dernier et excellent acte de la justice, de la bonté et de la sagesse divine, lorsque le royaume de Christ s'accomplira ? C'est donc là ce secret dont ils attendent la révélation, et la désirent à bon droit. Toutefois ce passage peut être entendu en deux sortes. Ou que nous avons un trésor déployé en l'Evangile, qui ravit même les anges à le désirer, d'autant que cela leur est un spectacle fort joyeux, ou qu'ils désirent ardemment voir le royaume de Christ, dont il y a une vive image peinte en l'Evangile. Et ce second sens semble être plus convenable.

13. *Vous doncques en ayant les reins de vostre entendement ceints*[1], *avec sobriété, espérez parfaitement en la grâce qui vous y est présentée en la révélation de Jésus-Christ*[2] *:*
14. Et ce *comme enfans obéissans, ne vous conformez point à vos désirs de par ci devant en vostre ignorance :*
15. *Ains comme celuy qui vous a appelez, est sainct, vous aussi pareillement soyez saincts en toute conversation,*
16. *D'autant qu'il est escrit, Soyez saincts, car je suis sainct*[3].

De l'excellence et de la grandeur de la grâce, il tire une exhortation : car il convient certes que nous soyons d'autant plus attentifs à recevoir la grâce de Dieu, que plus abondamment il répand sa bonté sur nous. Il faut aussi noter l'ordre et la suite des mots. Il avait dit que la hauteur du royaume de Christ, à laquelle l'Evangile nous appelle, est si grande, que même les anges célestes se lèvent par honneur pour la regarder. Et nous donc qui sommes au monde, que devons-nous faire ? Certes tandis que nous serons couchés en terre, il y aura une si grande distance entre Christ et nous, qu'il aura beau nous appeler, avant que cela nous profite. Il faut donc nécessairement dépouiller l'image d'Adam et tout ce qui est du monde, et rejeter tous empêchements, afin qu'étant débarrassés nous soyons élevés là-haut à Christ. Or il commande à ceux auxquels il écrit, qu'étant affranchis et sobres, ils espèrent en la grâce qui leur est offerte ; bien plus, que renonçant au monde et à leur première vie, ils se conforment à Dieu. C'est ici donc le premier membre de son exhortation, qu'ayant les reins de leur entendement ceints, ils s'appliquent à espérer en la grâce qui leur a été apportée. Au second, il donne le moyen, à savoir qu'ayant changé de nature, ils se conforment à l'image de Dieu.

[1] Luc *12* : 35.
[2] Ou, *en ce que Jésus-Christ vous est déclaré.* Ou, *jusques à ce que Jésus-Christ soit révélé.*
[3] Lév. *11* : 44 ; *19* : 2 et *20* : 7.

13. VOUS DONC EN AYANT LES REINS DE VOTRE ENTENDEMENT CEINTS AVEC SOBRIETE, ESPEREZ PARFAITEMENT EN LA GRÂCE QUI VOUS EST PRESENTEE EN LA REVELATION DE JESUS-CHRIST. C'est une similitude prise de la façon ancienne. Car comme ils portaient des robes longues, ils ne pouvaient pas bien cheminer, ni entreprendre quelque œuvre à leur aise, s'ils n'eussent été ceints sur les reins. De là sont venues ces manières de parler entre les latins, se ceindre pour cheminer, ou pour faire quelque autre œuvre, quand ils veulent signifier que quelqu'un se prépare. Il commande donc d'ôter tous empêchements, afin que rien ne les détourne d'aller à Dieu. Ceux qui philosophent trop subtilement sur ce mot de reins, comme si l'Apôtre commandait qu'on dût restreindre et réprimer les affections de paillardise, s'éloignent de l'intention et du droit but de S. Pierre. Car il ne signifie autre chose par ces paroles, que ce que Jésus-Christ signifie quand il dit : « Soyez troussés sur vos reins, et ayez des chandelles ardentes en vos mains » (Luc *12* : 35). Sinon que S. Pierre double la similitude, quand il attribue des reins à l'entendement. Or il signifie que les vaines sollicitudes de ce monde et les cupidités superflues tiennent nos entendements enveloppés, en sorte qu'ils ne peuvent monter en haut à Dieu. Quiconque donc veut vraiment espérer, il faut sur toutes choses qu'il apprenne à se dépêtrer et à restreindre son entendement, afin qu'il ne s'écoule en affections vaines. A cela même tend aussi la *sobriété* dont il parle sitôt après. Car il ne recommande pas seulement la tempérance au boire et au manger, mais plutôt une sobriété spirituelle, quand nous tenons en bride tous nos sens, qu'ils ne s'enivrent des allèchements de ce monde. Car si le moindre goût de ceux-ci nous détourne de Dieu à la dérobée, il faut nécessairement que quiconque s'en remplit excessivement, devienne stupide et étourdi, et qu'il oublie Dieu, et tout ce qui est de Dieu.

ESPEREZ PARFAITEMENT. Il montre tacitement que ceux qui lâchent leurs entendements à vanité n'espèrent point entièrement ni purement en la grâce de Dieu comme ils doivent. Car bien qu'ils conçoivent quelque espérance de la grâce, toutefois parce qu'ils chancellent et sont comme flottant au monde, il n'y a nulle fermeté en leur espérance.

Or il dit : *en la grâce qui vous est présentée*, afin qu'ils soient plus prompts à la recevoir. Il nous faudrait chercher Dieu bien loin, mais il accourt au-devant de nous le premier et vient au-devant. Combien grande donc sera notre ingratitude, si nous méprisons la grâce qui nous est si bénignement offerte ? Cette amplification donc est de grand poids pour aiguiser notre espérance.

Ce qu'il ajoute : *en la révélation de Jésus-Christ*, peut être exposé en deux sortes. Car la doctrine de l'Evangile nous révèle Jésus-Christ, et toutefois parce que nous ne le voyons encore que par un miroir et en obscurité, la pleine révélation de celui-ci et différée jusqu'au dernier jour. ERASME a trouvé meilleur le premier sens, et quant à moi je ne le réprouve point. Toutefois le second me semble être plus convenable. Car l'intention de S. Pierre est de nous tirer hors du monde. Pour ce faire, la mémoire de la venue de Christ y est très propre. Car si nous dressons là les yeux, ce monde ici nous est crucifié, et nous au monde (Gal. *6* : 14). Davantage, S. Pierre a pris naguère le mot de « révélation » en cette signification. Voici donc comme je l'expose : il ne faut pas que vous fassiez long chemin pour parvenir à la grâce de Dieu, car Dieu vous prévient, quand il vous l'apporte. Mais parce que la jouissance ne se montrera point jusqu'à ce que Christ apparaisse du ciel, en qui est caché le salut des fidèles, vous avez cependant besoin d'espérance, vu que sans cela la grâce de Christ nous est maintenant offerte en vain, si nous n'attendons patiemment jusqu'à son avènement.

14. ET COMME ENFANTS OBEISSANTS, NE VOUS CONFORMEZ POINT A VOS DESIRS DE PAR CI-DEVANT EN VOTRE IGNORANCE. Il signifie premièrement que Dieu nous appelle au droit et à l'honneur d'adoption par l'Evangile. Puis, que nous sommes adoptés sous cette condition, que de notre côté nous lui soyons enfants obéissants. Car bien que l'obéissance ne nous fasse point enfants, d'autant que le don d'adoption est gratuit, toutefois elle distingue les enfants d'avec les étrangers. Or S. Pierre montre jusqu'où s'étend cette obéissance, quand il défend aux enfants de Dieu de se conformer ou de s'accommoder aux désirs de ce monde, mais il les exhorte à plutôt se conformer à Dieu. La somme de toute la loi et de tout ce que Dieu requiert de nous tend à ce que son image reluise en nous, afin que nous ne soyons pas des enfants dégénérés. Or cela ne peut se faire, que nous ne soyons renouvelés, et nous ne dépouillions l'image du vieil Adam. De ceci nous recueillons quel but les chrétiens doivent se proposer en toute leur vie, à savoir qu'ils ressemblent à Dieu en sainteté et pureté. Mais parce que tous les sens de notre chair répugnent à Dieu, et que tout le naturel de notre entendement est inimitié à son encontre (Rom. *8* : 7), pour cette cause S. Pierre commence par le renoncement au monde. Et de fait, chaque fois que l'Ecriture traite de la restauration de l'image de Dieu en nous, voici par où elle commence, à savoir que le vieil homme soit aboli avec ses désirs.

DE PAR CI-DEVANT EN VOTRE IGNORANCE. Il appelle temps d'ignorance le temps avant qu'ils fussent appelés à la foi de Christ. Nous apprenons par ceci que l'incrédulité est la source de tous les maux. Car il n'use point de ce mot « ignorance », comme nous en usons coutumièrement. Aussi la sentence de PLATON est fausse quand il dit qu'on ne pèche que par ignorance. Toutefois, quoique les infidèles soient repris par leur propre conscience, néanmoins ils errent comme des aveugles dans les ténèbres, d'autant que d'un côté ils ne savent le chemin, et de l'autre ils sont privés de la vraie lumière. C'est en ce sens aussi que S. Paul dit : « Ne cheminez plus dorénavant comme les païens cheminent en vanité de leurs pensées, ayant l'entendement obscurci de ténèbres, et étant étrangers à la vie de Dieu, pour l'ignorance qui est en eux » (Eph. *4* : 18). Là donc où il n'y a point de connaissance de Dieu, là aussi règnent les ténèbres, l'erreur, la privation de lumière et de vie. Et toutefois ces choses n'empêchent point que les infidèles ne se sentent coupables en leur conscience, quand ils offensent, et qu'ils ne sentent leur juge au ciel et leur bourreau dans leur cœur. En somme, parce que le règne de Dieu est un règne de lumière, il faut nécessairement que tous ceux qui en sont privés soient aveuglés, et qu'ils errent comme en un labyrinthe. C'est pourquoi, nous sommes admonestés que si nous sommes illuminés en la connaissance de Dieu, c'est afin que nous ne soyons plus transportés çà et là, par des désirs égarés. Ainsi donc plus chacun est avancé en la nouveauté de vie, plus il a profité en la connaissance de Dieu.

Mais ici se présente une question, vu qu'il parle aux Juifs qui avaient toujours été enseignés en la loi et nourris au service d'un seul Dieu ; pourquoi dit-il qu'ils sont ignorants et aveugles, et les rejette-t-il comme des gens profanes ? Je réponds que par ceci on voit combien est fade toute science hors de Christ. S. Paul voulant repousser l'ostentation de ceux qui voulaient être savants sans Christ, à bon droit dit en un mot, qu'ils ne s'attachent pas au chef (Col. *2* : 19). Tels étaient les Juifs, qui étant abreuvés sans cela de corruptions et d'abus infinis, avaient devant les yeux un voile qui les empêchait de voir Christ en la loi. Il est vrai que cette doctrine, en laquelle ils avaient été instruits, était une vraie lumière, mais ils étaient aveugles au milieu de la lumière, tandis que le soleil de justice leur était caché. Que si S. Pierre, parlant des disciples mêmes de la loi selon la lettre — tandis qu'ils ignorent Christ, qui est la sagesse unique de Dieu —, les renvoie aux ténèbres comme des gens profanes, d'autant plus devons-nous nous efforcer et aspirer d'affection ardente à la connaissance de Christ.

15. MAIS COMME CELUI QUI VOUS A APPELES EST SAINT, VOUS AUSSI PAREILLEMENT SOYEZ SAINTS EN TOUTE VOTRE CONDUITE. **16.** D'AUTANT QU'IL EST ECRIT : SOYEZ SAINTS, CAR JE SUIS SAINT. Il déduit son argument par le but de la vocation. Dieu nous sépare pour son héritage. Il faut donc que nous soyons purifiés de toutes pollutions et ordures. Et il allègue une sentence qui est souvent répétée par Moïse. Car comme le peuple d'Israël environné de tous côtés de nations profane, donc il pouvait facilement tirer de très mauvais exemples et des pollutions, le Seigneur le rappelle toujours à soi, comme s'il disait : « Vous avez affaire à moi, vous êtes miens, c'est pourquoi, abstenez-vous des pollutions des païens. » C'est un vice auquel nous sommes trop enclins et qui nous est comme ordinaire, que nous regardons aux hommes, pour suivre leur train commun de vivre. Par ce moyen il advient que les uns tirent les autres par troupes à tout mal, jusqu'à ce que Dieu nous en retire en nous appelant à lui. Or quant à ce qu'il veut qu'ils soient saints comme Dieu est saint, ce n'est point une comparaison de choses égales, mais il faut que nous y tâchions autant que notre capacité peut le porter. Et parce que même les plus parfaits sont toujours bien loin du but, il nous faut nous efforcer de plus en plus tous les jours. Cependant qu'il nous souvienne qu'il ne nous est pas seulement commandé et enseigné de qui est de notre devoir, mais aussi que Dieu dit davantage : « C'est moi qui vous sanctifie ».

Or il ajoute, *en toute votre conduite*, afin qu'il n'y ait nulle partie de notre vie qui ne rende cette bonne odeur de sainteté. Car nous voyons comment Dieu a accoutumé son peuple à cette méditation des choses de petite conséquence et quasi de néant, afin qu'il se tînt mieux sur ses gardes.

17. *Et si vous invoquez pour Père,* celuy *qui sans avoir esgard à l'apparence des personnes juge selon l'œuvre d'un chacun*[1]*, conversez en crainte durant le temps de vostre séjour temporel,*
18. *Sçachans que vous avez esté rachetez de vostre vaine conversation, qui vous avoit esté enseignée de vos pères : non point par choses corruptibles, comme par or, ou par argent :*
19. *Mais par le sang précieux de Christ, comme d'un agneau sans souillure et sans tache*[2] *:*
20. *Desjà ordonné devant la fondation du monde, mais manifesté aux derniers temps pour vous*[3]*,*
21. *Qui par luy croyez en Dieu, qui l'a ressuscité des morts, et luy a donné gloire, afin que vostre foy et espérance fust en Dieu.*
22. *Purifians*[4] *vos âmes en obéissant à vérité, par l'Esprit, afin de suyvre charité fraternelle, sans feintise, aimez l'un l'autre affectueusement d'un cœur pur.*

17. ET SI VOUS INVOQUEZ POUR PERE CELUI QUI, SANS AVOIR EGARD A L'APPARENCE DES PERSONNES, JUGE SELON L'ŒUVRE D'UN CHACUN, COMPORTEZ-VOUS AVEC CRAINTE DURANT LE TEMPS DE VOTRE SEJOUR TEMPOREL. Par « ceux qui invoquent Dieu pour Père », il faut entendre ici ceux qui font profession d'être de ses enfants, comme Moïse dit au chapitre *48*

[1] Deut. *10* : 17.
[2] I Cor. *6* : 20 et *7* : 23 ; Héb. *9* : 14.
[3] Rom. *16* : 25 ; Eph. *3* : 9.
[4] Ou, *ayans* donc *purifié.*

de la Genèse, v. 16, que « le nom de Jacob sera invoqué sur Ephraïm et Manassé, afin qu'ils soient réputés au nombre de ses enfants ». Et en ce même sens nous disons aussi en français « réclamer[1] ».

Or il regarde à ce qu'il avait dit auparavant, à savoir, *comme enfants obéissants*, et par la nature de ce Père il déclare quelle façon d'obéissance il faut rendre. *Il juge* (dit-il) *sans avoir égard aux personnes*, c'est-à-dire il n'est point mené par l'apparence extérieure, comme ont accoutumé les hommes, mais il regarde le cœur (I Sam. *16* : 7). Et ses yeux regardent la foi et la vérité (Jér. *5* : 3). C'est aussi ce que S. Paul veut dire au chapitre *2* des Romains, v. 2, quand il enseigne que le jugement de Dieu est selon la vérité. Car il se courrouce là contre les hypocrites, qui pensent tromper Dieu par quelque vaine apparence. En somme il veut dire que nous ne nous acquittons point envers Dieu, si nous lui obéissons dans ce qui se voit. Car il n'est point un homme mortel, qui se contente de l'apparence extérieure, mais il lit dans notre cœur quels nous sommes, et ne donne point ses lois à nos mains, ou à nos pieds, pour travailler seulement par le dehors, mais il requiert une justice spirituelle.

Or quand il dit : *selon l'œuvre*, ce n'est point pour mettre en avant quelque mérite ou salaire. Car il n'est point ici question des mérites des œuvres, ni de la cause du salut, mais S. Pierre déclare seulement que devant le siège judiciaire de Dieu il n'y a point acception de personnes, mais que là est estimée la vraie pureté du cœur. Ici la foi aussi est comprise sous ce mot *d'œuvre*. On voit clairement par là combien serait sot et puéril ce raisonnement : « Dieu juge par la pure conscience, et non point par l'apparence extérieure de ce qu'est chacun de nous ; il s'ensuit donc que nous obtenons le salut par les œuvres. »

Au reste, *la crainte* dont il fait ici mention est opposée à l'assurance qui vient coutumièrement, quand un homme ne se soucie point de faire son devoir, et cependant, se fait accroire qu'il échappera à la main de Dieu. Car puisque l'œil de Dieu est si clair-voyant, qu'il pénètre jusqu'aux profondes cachettes du cœur, il nous faut marcher soigneusement devant lui, et non point comme par acquit.

Il ajoute *séjour*, cette vie présente, non point au sens où il a appelé les Juifs auxquels il écrit « étrangers », au commencement de son épître, mais pour autant que tous les fidèles sont comme des pèlerins en ce monde, comme il est dit en Héb. *11* : 13.

18. SACHANT QUE VOUS AVEZ ETE RACHETES DE VOTRE VAINE MANIERE DE VIVRE, QUI VOUS AVAIT ETE ENSEIGNEE DE VOS PERES, NON POINT PAR CHOSES CORRUPTIBLES, COMME PAR OR, OU PAR ARGENT. C'est un autre argument tiré du prix de notre rédemption, qui doit toujours nous venir en mémoire, quand il est question de notre salut. Car celui qui rejette ou méprise la grâce de l'Evangile méprise non seulement son salut, mais aussi le sang de Christ, qui est le prix auquel Dieu l'a estimé. Or nous savons quel horrible sacrilège c'est, de profaner le sang du Fils de Dieu. Par quoi il n'y a rien qui doive plus nous inciter à aimer la sainteté, que la souvenance de ce prix. Il oppose au contraire *l'or et l'argent*, par amplification, afin que nous sachions que tout le monde et toutes les choses que les hommes estiment précieuses, ne sont rien en comparaison de l'excellence de ce prix.

Or il dit, *avez été rachetés de votre vaine conduite*, afin que nous entendions que toute la vie des hommes est un dangereux labyrinthe d'erreurs, jusqu'à ce qu'ils soient convertis à Christ. Bien plus, il signifie que quand nous sommes ramenés en bon chemin, ce n'est pas par nos mérites, mais parce que Dieu veut que le prix qu'il a employé pour

[1] Calvin pense probablement à ceux qui « se réclament » de Dieu comme de leur Père.

notre salut ait son efficacité en nous. Par quoi le sang de Christ non seulement est un gage de notre salut, mais aussi la cause de notre vocation. Au reste, S. Pierre nous exhorte à nous donner bien garde d'anéantir ce prix, ou de le rendre inutile par notre incrédulité. Or vu que S. Paul se vante qu'il sert Dieu en pure conscience depuis ses ancêtres (Act. *23* : 1 et II Tim. *1* : 3), et que lui-même écrivant à Timothée, lui loue la foi de sa grand-mère Loïs et de sa mère Eunice, afin qu'il soit imitateur de cette foi (II Tim. *1* : 5) ; et vu que Christ dit des Juifs qu'ils savent quel Dieu ils adorent (Jean *4* : 22), il pourrait sembler absurde que S. Pierre affirme que les Juifs de son temps n'ont rien appris de l'instruction de leurs pères, que pure vanité. Je réponds que quand Christ dit que les Juifs sont certains de la manière ou de la science de religion qu'ils tiennent, il regarde plutôt à la loi et aux commandements de Dieu, qu'au commun des hommes. Car parce que le temple n'avait pas été dressé sans cause en Jérusalem, et que là Dieu n'était point adoré selon la fantaisie des hommes, mais selon l'ordonnance de la loi, pour cette raison il dit que les Juifs ne se trompent point en cette observation de la loi. Quant aux ancêtres de S. Paul, et la grand-mère et la mère de Timothée, et autres semblables, il ne faut point douter que Dieu ait toujours eu en ce peuple pour le moins quelque petit reste de gens en qui demeurait une vraie crainte de Dieu et une pure piété. Cependant le corps du peuple était corrompu merveilleusement, et s'était débordé en toutes sortes d'erreurs. Il y avait des superstitions infinies entre eux. L'hypocrisie était en règne, la confiance dans le salut était convertie en je ne sais quels menus fatras ; non seulement ils étaient abreuvés d'opinions fausses et perverses, mais aussi ensorcelés de lourdes rêveries. Et ceux qui étaient épars parmi le monde en diverses régions, étaient enveloppés en de plus grandes corruptions. Bref, en la plus grande partie de cette nation-là, la vraie religion était ou totalement éteinte, ou bien fort abâtardie. Quand donc S. Pierre condamne l'instruction de leurs pères, il la sépare de Christ, qui seul est l'âme de la loi, et sa vérité.

Or nous recueillons de ceci qu'aussitôt que les hommes se détournent de Christ, ils s'égarent avec danger de mort. La couverture de l'autorité des pères ne profitera ici de rien, et on ne gagnera rien d'alléguer la coutume ancienne. Car le prophète Ezéchiel au chapitre *20* : 18 criait aux Juifs : « Ne cheminez point dans les voies de vos pères ! » Or c'est un enseignement qui ne doit point avoir moins de lieu aujourd'hui entre nous que de ce temps-là. Car avant que la rédemption de Christ nous profite et soit fructueuse, il faut que nous renoncions à notre vie passée, encore qu'elle fût réglée selon l'institution de nos pères. Les papistes donc sont plus qu'insensés, qui pensent que le simple nom de pères leur est tellement suffisant pour maintenir toutes superstitions, qu'étant enflés de cette assurance, ils rejettent hardiment tout ce qu'on leur amène de la Parole de Dieu.

19. MAIS PAR LE SANG PRECIEUX DE CHRIST, COMME D'UN AGNEAU SANS SOUILLURE ET SANS TACHE. Il signifie par cette similitude que nous avons en Christ tout ce qui a été figuré par les sacrifices anciens. Toutefois il fait principalement allusion et a égard à l'agneau pascal. Or nous devons apprendre par là quel profit nous apporte la lecture de la loi en cet endroit. Car bien que la façon de sacrifier soit abolie, néanmoins c'est une chose qui aide grandement notre foi, de comparer la vérité avec les figures, afin que nous cherchions en la vérité tout ce que les figures contenaient. Moïse commandait que l'agneau qui devait être immolé en mémoire du passage[1], fût entier et sans tache (Ex. *12* : 5). Cela même est souvent répété touchant les sacrifices (Lév. *3* : 6 et *22* : 19 ; Nomb. *28* : 3, et autres passages). Quand

[1] Sous-entendu : « de la Mer Rouge ». Passage célébré par la Pâque.

S. Pierre accommode cela à Christ, il montre que ç'a été un sacrifice légitime et approuvé de Dieu, parce qu'il a été entier et exempt de toute tache. Car s'il eût eu quelque souillure en soi, il n'eût pu être légitimement offert à Dieu, tant s'en faut qu'il eût pu apaiser sa colère.

20. DEJA ORDONNE AVANT LA FONDATION DU MONDE, MAIS MANIFESTE AUX DERNIERS TEMPS POUR VOUS. **21.** QUI PAR LUI CROYEZ EN DIEU, QUI L'A RESSUSCITE DES MORTS, ET LUI A DONNE GLOIRE, AFIN QUE VOTRE FOI ET VOTRE ESPERANCE FUSSENT EN DIEU. Il amplifie derechef par comparaison la grâce que Dieu avait faite aux hommes de ce temps-là spécialement. Car ce n'est point une chose petite ou vulgaire que Dieu a différé la manifestation de Christ jusqu'à leur temps, bien toutefois que par son conseil et décret éternel il l'eût ordonné pour le salut du monde. Toutefois il déclare aussi en même temps que ce n'est point une chose nouvelle ni soudaine, au regard de Dieu, que Christ soit apparu pour le salut, ce qui est un point grandement nécessaire à savoir. Car outre que la nouveauté est toujours suspecte en elle-même, quelle pourrait être la fermeté de notre foi si nous croyions que depuis je ne sais combien de mille ans seulement Dieu se fût avisé pour la première fois du remède pour subvenir au pauvre genre humain qui était perdu ? Bref, nous ne pouvons nous reposer sur Christ d'une assurance paisible, que nous ne soyons certains que le salut est éternel en lui et l'a toujours été. Davantage S. Pierre parle aux Juifs, qui avaient ouï que celui-ci avait été promis déjà dès longtemps. Et bien qu'ils n'entendissent rien en vérité de sa puissance et de son office, et qu'ils n'en eussent ni claire ni certaine connaissance, toutefois cette persuasion demeurait toujours entre eux, que Dieu avait promis le Rédempteur à leurs pères.

Mais on fait ici une question : vu qu'avant la création de monde Adam n'était point encore tombé, comment est-ce que Christ avait été destiné Rédempteur avant la chute ? Car le remède devait suivre le mal. Je réponds que cela se rapporte à la prescience de Dieu. Car à la vérité, avant que Dieu eût créé l'homme, il prévoyait bien que l'homme ne demeurerait pas longtemps en la perfection. Par quoi, selon sa bonté et sa sagesse admirable, il ordonna Christ pour libérateur, qui dût délivrer le genre humain de perdition. Car la bonté inestimable de Dieu reluit beaucoup mieux en cela, qu'il a prévenu notre mal par le remède de sa grâce, et a ordonné la réparation de vie avant que le premier homme fût tombé en la mort. Si on désire plus ample explication de ceci, il faut recourir à notre Institution.

MAIS MANIFESTE. Je pense que sous ce mot, il comprend à la fois la manifestation de Christ, et la publication de l'Evangile. Car Dieu par la venue de Christ a exécuté ce qu'il avait délibéré, et nous a clairement et pleinement découvert par la doctrine de l'Evangile ce qu'il avait montré obscurément aux pères anciens. Il dit que cela a été fait, *en ces derniers temps*, en la même signification que S. Paul aux Galates *4* : 4 dit « au temps de la plénitude ». Car la saison opportune et la vraie perfection sont celles que Dieu a limitées par son ordonnance et son décret.

POUR VOUS. Il n'exclut point les pères, auxquels la promesse n'a pas été inutile, mais parce que Dieu nous a préférés à eux, il signifie que plus la grâce est ample et grande envers nous, plus aussi d'ardeur, d'affection et de révérence il requiert de nous. Il ajoute *qui croyez*, d'autant plus que la manifestation de Christ n'appartient pas indifféremment à tous, mais est particulière à ceux qu'il éclaire par l'Evangile.

Or il nous faut noter cette façon de parler, *qui par lui croyez en Dieu*, par laquelle le naturel de la foi est exprimé en peu de paroles. Car vu que Dieu est incompréhensible, notre foi ne parviendra jamais jusqu'à lui, si elle ne s'adresse droit à Christ. Mais il y a encore deux raisons, pour lesquelles il ne peut se faire que nous ayons aucune foi en Dieu, sinon que Christ soit entre lui et nous, comme moyen. Car premièrement il faut considérer la grandeur et l'excellence de la gloire divine, et en même temps la petitesse de notre entendement. Il s'en faut beaucoup à la vérité, que notre vue, si aiguë soit-elle, puisse monter si haut, qu'elle appréhende Dieu. Dès lors, toute pensée que nous pourrions concevoir de Dieu, hors de Christ, est un abîme infini, qui engloutirait soudainement tous nos sens. Nous en avons un témoignage évident, non seulement chez les Turcs et les Juifs, qui, sous le titre de Dieu, adorent leurs songes, mais aussi chez les papistes. Ils ont cette maxime commune en leurs écoles, que Dieu est l'objet de la foi. Ainsi laissant là Christ, ils philosophent beaucoup et gazouillent subtilement de la majesté cachée de Dieu. Mais que profitent-ils ? Ils s'enveloppent en de surprenantes rêveries, en sorte qu'ils ne font que se fourvoyer. Car ils pensent que la foi n'est qu'une spéculation imaginative. Souvenons-nous donc que Christ n'est pas pour rien appelé l'Image de Dieu invisible, mais que ce nom lui est imposé, d'autant que Dieu ne veut être connu qu'en lui (Col. *1* : 15).

L'autre raison est que, puisque la foi doit nous unir à Dieu, nous fuyons, et avons en horreur d'approcher de lui, si le médiateur qui nous ôte toute crainte n'intervient. Car le péché qui règne en nous nous rend odieux à Dieu et fait aussi que nous l'avons en haine. C'est pourquoi, sitôt que nous entendons parler de Dieu, il faut nécessairement que nous soyons saisis d'horreur. Car si nous en approchons, sa justice nous est comme un feu pour nous consumer complètement. Or on voit par ceci que nous ne pouvons croire en Dieu, sinon par Christ son Fils, en la personne duquel Dieu se fait (par manière de dire) petit, pour condescendre à notre faiblesse et à notre petite capacité, et qui seul met nos consciences en vraie paix en repos, afin qu'elles prennent hardiesse de s'adresser familièrement à Dieu.

QUI L'A RESSUSCITE DES MORTS. Il ajoute que Christ a été ressuscité des morts, afin que notre foi et notre espérance aient un ferme appui pour se soutenir. Par ceci est derechef réfutée l'erreur de ceux qui imaginent une foi en Dieu universelle et confuse. Car même s'il n'y eût eu nulle résurrection de Christ, Dieu toutefois demeure au ciel. Or S. Pierre dit qu'il n'est pas possible de croire en lui si Christ n'est pas ressuscité. On voit donc que la foi regarde autre chose que la simple majesté de Dieu. Et c'est à bon droit qu'il parle ainsi. Car le propre de la foi est de pénétrer jusqu'aux cieux, pour trouver là le Père. Comment pourra-t-elle faire cela, si elle n'a Jésus-Christ pour conducteur ? Par lui (dit S. Paul en Eph. *3* : 12), nous avons la hardiesse d'approcher de Dieu. De même, il est dit au chapitre *4* des Hébreux, v. 16 : « Nous confiant en notre sacrificateur, nous pouvons aller au trône de sa grâce avec assurance ». De même, au chapitre *6* , v. 19 : « L'espérance est l'ancre de l'âme, laquelle entre jusqu'au plus secret du sanctuaire, mais cela ne se fait sinon que Christ aille devant. La foi est notre victoire contre le monde » (I Jean *5* : 4). Or qui est-ce qui la rend ainsi victorieuse, sinon pour autant que Christ, qui est Seigneur et roi du ciel et de la terre, nous tient en sa protection et sauvegarde ? Pour autant donc que notre salut gît en la résurrection de Christ et en sa domination souveraine, la foi et l'espérance trouvent là de quoi s'appuyer. Car s'il n'eût triomphé de la mort en ressuscitant, et si maintenant il n'obtenait la principauté souveraine pour nous défendre par sa vertu, que ferions-nous au milieu d'une si grande puissance d'ennemis, et comment pourrions-nous soutenir des assauts si furieux ? Apprenons donc à quel but il nous faut viser, afin de nous fier vraiment en Dieu.

22. PURIFIANT VOS AMES EN OBEISSANT A VERITE, PAR L'ESPRIT, AFIN DE SUIVRE CHARITE FRATERNELLE, SANS FEINTISE, AIMEZ L'UN L'AUTRE AFFECTUEUSEMENT D'UN CŒUR PUR. ERASME a mal traduit « qui avez purifié vos âmes ». Car l'Apôtre ne déclare pas quels ils sont, mais il montre quels ils doivent être. Car bien que ce soit ici un participe d'un temps passé, il faut toutefois le traduire en cette sorte : « En purifiant vos âmes », etc. Or le sens est, que nos âmes ne seront point capables de la grâce jusqu'à ce qu'elles soient purifiées et par cela notre impureté est condamnée. Mais afin qu'il ne semble qu'il nous veuille attribuer le pouvoir de purifier nos âmes, il ajoute tout soudain la correction, quand il dit : *par l'Esprit*. Comme s'il disait, il vous faut purifier vos âmes mais parce que vous ne le pouvez faire, offrez-les à Dieu, afin que, par son Esprit, il ôte leurs souillures. Il nomme seulement les âmes, bien qu'il nous faille être aussi purifiés des souillures de la chair, comme S. Paul le commande (II Cor. *7* : 1). Mais parce que la principale purification c'est celle de dedans, et que nécessairement elle tire avec soi l'extérieure, S. Pierre s'est contenté de faire seulement mention de celle-là. Comme s'il eût dit qu'il ne faut point seulement corriger les œuvres externes, mais réformer totalement les cœurs. Il montre ensuite le moyen. Car la pureté de l'âme gît en ce que nous nous rangions et assujettissions à l'obéissance de Dieu. Il prend ici la *vérité* pour la règle que Dieu nous donne en l'Evangile. Et il n'est point seulement question des œuvres, mais plutôt la foi tient ici le principal lieu.

S. Paul, au chapitre *1* des Romains, v. 5 et *16*, v. 26, montre que c'est elle principalement par laquelle nous obéissons à Dieu, et S. Pierre (Act. *15* : 9) lui donne cette louange, que par elle Dieu purifie les cœurs *afin de suivre la charité fraternelle*. Il montre brièvement que c'est ce que Dieu requiert principalement en notre vie, et à quel but doivent prétendre toutes nos entreprises. Ainsi, quand S. Paul parle de la perfection des fidèles (Eph. *1* : 4), il la fait consister en la charité. Et d'autant plus diligemment devons-nous noter ceci, que le monde, faisant consister son salut en je ne sais quel fatras, ne tient quasi nul compte de ce principal point. Nous voyons comment les papistes se tourmentent sans cesse en mille superstitions forgées au gré des hommes, cependant la charité demeure derrière, que Dieu recommande plus que toutes choses. Voilà donc pourquoi S. Pierre nous ramène à l'exercice de celle-ci, quand il est question de bien régler la vie. Il a parlé ci-dessus de la mortification de la chair, et a exhorté les fidèles à se conformer à Dieu, maintenant il montre en quoi Dieu veut que nous nous exercions toute notre vie, à savoir à entretenir la charité mutuelle entre nous. Car en cela nous rendons témoignage que nous aimons aussi Dieu, et c'est l'expérience par laquelle Dieu éprouve qui sont ceux qui l'aiment en vérité.

Il dit *sans feintise*, comme S. Paul (I Tim. *1* : 5), parce qu'il n'y a rien plus difficile que d'appliquer nos cœurs à aimer nos prochains d'une affection sincère. Car l'amour de nous-mêmes règne en nous, qui est plein de feintise, et puis chacun mesure l'amour qu'il porte aux autres, plutôt par son propre profit, que par une sainte affection de communiquer avec eux. Il ajoute *affectueusement*. Car plus nous sommes froids et paresseux de nature, plus un chacun doit s'aiguiser à être fervent, et s'efforcer d'aimer, et ce, non seulement une fois, mais tous les jours de plus en plus.

23. *Estans régénérez, non point par semence corruptible, mais incorruptible :* asçavoir *par la parole de Dieu vivant et demeurant*[1] *à tousjours.*
24. *Pource que toute chair est comme l'herbe, et toute la gloire de l'homme comme la fleur de l'herbe : l'herbe est séchée, et sa fleur est cheute*[2] *:*
25. *Mais la parole du Seigneur demeure éternellement : et ceste est la Parole qui vous a esté annoncée.*

23. ETANT REGENERES, NON POINT PAR SEMENCE CORRUPTIBLE, MAIS INCORRUPTIBLE, A SAVOIR PAR LA PAROLE DE DIEU VIVANT ET DEMEURANT A TOUJOURS. C'est un autre argument d'exhortation, que d'autant qu'ils sont des hommes nouveaux et régénérés de Dieu, il est convenable qu'ils ordonnent aussi leur manière de vivre selon Dieu, et comme le requiert la régénération spirituelle. Or il semble que ceci doit être conjoint avec la sentence qui s'ensuivra tantôt après, de désirer le lait raisonnable, afin que la façon de vivre soit correspondante à l'engagement. Toutefois on le peut étendre plus loin, tellement qu'il s'entretienne aussi avec ce qui a été dit ci-dessus. Car S. Pierre fait un recueil en général de choses qui nous peuvent inciter à tâcher de vivre droitement et saintement. Ainsi donc l'intention de S. Pierre est de nous enseigner que sans la régénération nous ne sommes point chrétiens, d'autant plus que l'Evangile n'est pas prêché pour être seulement entendu de nous, mais afin qu'il réforme complètement nos âmes, comme il est aussi la semence de vie immortelle.

Au reste il oppose *la semence corruptible* à la Parole de Dieu, afin que les fidèles sachent qu'il faut renoncer à la première nature, et afin qu'on connaisse mieux combien il y a de diffférence entre les enfants d'Adam qui naissent seulement hommes du monde, et les enfants de Dieu qui sont renouvelés en vie céleste. Au surplus, parce qu'en la langue grecque il y a ici ambiguïté dans les mots, on peut lire ceci en deux sortes, à savoir « la parole vivante de Dieu », ou « la parole de Dieu vivant ». Toutefois, parce que cette dernière lecture est moins contrainte, je la reçois plus volontiers. Mais cependant il faut noter que ces épithètes sont attribués à Dieu, à cause de la circonstance du passage. Car comme au chapitre *4* des Hébreux, v. 12, de ce que Dieu voit toutes choses, et rien ne lui est caché, l'Apôtre conclut que la parole de Dieu pénètre jusqu'aux moelles, pour juger les pensées et intentions du cœur ; de même quand S. Pierre appelle ici Dieu *vivant et demeurant à tout jamais*, cela se rapporte à la Parole, en laquelle cette éternité de Dieu reluit comme un vif miroir.

24. PARCE QUE TOUTE CHAIR EST COMME L'HERBE, ET TOUTE LA GLOIRE DE L'HOMME COMME LA FLEUR DE L'HERBE, L'HERBE EST SECHEE ET SA FLEUR EST TOMBEE. Il allègue bien à propos le passage d'Esaïe, pour prouver ces deux membres, c'est-à-dire afin qu'on connaisse combien est caduque et misérable la première naissance de l'homme, et combien est excellente la grâce de la régénération ; car puisque le Prophète parle là de la restauration de l'Eglise, pour lui faire place, il réduit les hommes à néant afin qu'ils ne se plaisent point en eux-mêmes. Je sais bien que certains tournent ces mots en un autre sens. Car les uns les appliquent aux Assyriens, comme si le Prophète disait qu'il ne faut point que les Juifs craignent si fort la chair, qui est semblable à une fleur tôt flétrie. Les autres pensent qu'il reprend la vaine confiance que les Juifs mettaient dans les aides humaines. Mais pour réfuter ces deux sens, il ne faut même que ce que dit le Prophète, quand il ajoute : « Et

[1] Ou, *vivante et demeurante.*
[2] Es. *40* : 6.

certes le peuple est herbe ». Car nommément il accuse de vanité les Juifs auxquels il promet que le Seigneur les remettra au-dessus. C'est donc ce que j'ai déjà dit, que jusqu'à ce qu'on ait montré aux hommes à quel point ils sont entièrement vides, et il n'y a en eux que pauvreté, ils ne sont nullement disposés à recevoir la grâce de Dieu. En somme, voici comment le Prophète déduit son propos : parce que la captivité était comme une mort pour les Juifs, il leur promet une nouvelle consolation, disant que Dieu enverra encore des Prophètes auxquels il donnera cette charge. Le Seigneur dira encore, dit-il : « Consolez mon peuple ». Et bien qu'ils soient au désert, la voix des Prophètes ne cessera point toutefois de résonner, qu'on prépare la voie au Seigneur.

Or parce qu'il faut que les cœurs soient nettoyés de l'orgueil pervers dont ils sont enflés, afin que Dieu y trouve ouverture, il ajoute ce que S. Pierre dit ici de la gloire vaine et transitoire de la chair. « Qu'est-ce de l'homme ? dit-il, c'est de l'herbe. Qu'est-ce que la gloire de l'homme ? C'est une fleur d'herbe. » Car parce que c'était une chose bien difficile à persuader, que l'homme qui semble avoir tant d'excellence soit pour tout potage semblable à une herbe, le Prophète use d'une manière de concession. Comme s'il disait : bien que la chair ait quelque gloire, mais afin qu'elle ne vous éblouisse les yeux, sachez que c'est une fleur flétrie. Puis il montre par quel moyen tout ce qui donne grâce aux hommes s'écoule et s'évanouit aussitôt, à savoir par le souffle de l'Esprit de Dieu. En quoi il signifie que l'homme semble être quelque chose, jusqu'à ce qu'il se soit approché de Dieu. Mais que toute sa splendeur n'est rien devant Dieu, bref, que sa gloire demeure en ce monde, et n'a point de place au royaume céleste.

L'HERBE EST SECHEE, ET LA FLEUR EST TOMBEE. Il y en a plusieurs qui pensent que ceci ne se rapporte qu'à l'homme extérieur, mais ils s'abusent. Car il nous faut considérer ici la comparaison entre la Parole de Dieu et l'homme. Car s'il entendait seulement le corps et les choses qui appartiennent à la vie présente, il fallait dire en second lieu, que l'âme est beaucoup plus excellente. Mais nous entendons qu'il n'oppose autre chose à la fleur et à l'herbe, que la parole de Dieu ; il s'ensuit donc qu'on ne trouve en l'homme que vanité. Et quand Esaïe fait mention de la chair et de toute sa grâce, il comprend l'homme tout entier, aussi excellent qu'il puisse être en soi. Car ce qu'il attribue comme propre à la Parole de Dieu, il le veut ôter à l'homme. En somme, le Prophète tend au même point que Christ au troisième chapitre de S. Jean, à savoir que l'homme est totalement privé du royaume de Dieu, et n'a rien qui ne soit terrestre, caduc et vain, jusqu'à ce qu'il soit régénéré.

25. MAIS LA PAROLE DU SEIGNEUR DEMEURE ETERNELLEMENT, ET C'EST LA PAROLE QUI VOUS A ETE ANNONCEE. Le Prophète ne veut pas ici enseigner quelle est la Parole de Dieu en soi, mais telle que nous la sentons en nous. Car après que l'homme est anéanti en lui-même, il reste qu'il cherche la vie ailleurs. Donc S. Pierre, suivant l'autorité du Prophète, attribue cette vertu et cette efficacité à la Parole de Dieu, qu'elle nous donne un être ferme et perpétuel. Car voici où regarde le Prophète, qu'il n'y a point de vie ferme et stable qu'en Dieu, et que cette vie nous est communiquée par la Parole. Ainsi donc, quoique la nature de l'homme soit caduque et fragile, néanmoins il est fait éternel par la Parole, d'autant qu'il est réformé pour être une nouvelle créature.

ET CELLE-CI EST LA PAROLE QUI VOUS A ETE ANNONCEE. Il montre en premier lieu que quand il est parlé de la Parole de Dieu, si nous l'imaginons en l'air ou au ciel, comme si elle était loin de nous, nous le comprenons mal. Car nous devons la reconnaître comme elle nous a été manifestée par le Seigneur. Qui est donc la Parole de Dieu qui vous vivifie ? C'est la Loi, les Prophètes, et l'Evangile. Ceux qui sortent hors de ces limites de révélations, au lieu de la Parole de Dieu n'appréhendent que des tromperies et des ruses de Satan, et leurs propres rêveries. Ce que nous devons d'autant plus diligemment noter, parce que les contempteurs et les athées accordant finement à la Parole de Dieu son honneur, cependant toutefois tâchent de nous détourner des Ecritures. Comme ce chien puant Agrippa élève bien hautement l'éternité de la Parole de Dieu, mais cependant se moque des Prophètes et des Apôtres en raillant ; et par ce moyen que fait-il, sinon tourner en risée indirectement la Parole de Dieu ? En somme, comme j'ai déjà démontré qu'il n'est point ici fait mention d'une Parole que Dieu tienne cachée et enclose au secret de son cœur mais de celle qui est procédée de sa bouche, et de là parvenue jusqu'à nous, de même, d'autre part, il faut entendre que Dieu a voulu nous parler par les Apôtres et les Prophètes, et que leurs bouches ne sont autre chose que la bouche d'un seul Dieu.

Bien plus, quand S. Pierre dit, *qui vous a été annoncée*, il signifie qu'il ne faut point aller chercher la Parole ailleurs qu'en la prédication qui nous est offerte. Et de fait, nous ne sentons point cette vertu ni cette force de l'éternité, autrement que par la foi. Or il en est ainsi qu'il n'y aura nulle foi, si nous ne savons que la Parole nous est destinée. A cela se rapporte aussi ce que Moïse disait au peuple : « Ne dis point en ton cœur : qui est celui qui montera au ciel ? La Parole est près, en ton cœur et en ta bouche » (Deut. *30* : 12). Car S. Paul au chapitre *10* des Romains, montre bien que ce propos de Moïse s'accorde avec celui de S. Pierre, vu qu'il dit là que cette Parole, c'est la Parole de foi qu'il prêchait. Au surplus, la prédication externe est ici ornée d'un titre excellent quand S. Pierre la dit être vivifiante. Il est bien vrai qu'il n'y a que Dieu qui nous régénère, mais pour ce faire, il use du ministère des hommes. Pour cette raison aussi S. Paul se glorifie que les Corinthiens ont été spirituellement engendrés par lui (I Cor. *4* : 15). Il est bien vrai que c'est un point tout certain, que ceux qui plantent et arrosent ne sont rien, mais que chaque fois que le Seigneur veut bénir leur labeur, il fait par la vertu de son Esprit que leur doctrine soit efficace, et que la voix qui en elle-même est morte, soit organe et instrument de la vie éternelle.

CHAPITRE II

1. *Ayans donc osté toute malice, et toute fraude, et feintises, et envies, et toutes mesdisances*[1],
2. *Désirez, comme enfans n'aguères nais, le laict raisonnable, et qui est sans fraude, afin que*[2] *vous croissiez par iceluy :*
3. *Voire pourveu que vous ayez gousté que le Seigneur est bénin.*
4. *Duquel vous approchans,* de luy, di-je, *qui est la pierre vive, rejettée des hommes, mais éleuë et précieuse envers Dieu,*
5. *Vous aussi comme pierres vives estes*[3] *édifiez pour maison spirituelle, et saincte Sacrificature, pour offrir sacrifices spirituels aggréables à Dieu par Jésus-Christ.*

Après avoir montré aux fidèles qu'ils sont régénérés par la Parole de Dieu, il les exhorte maintenant à mener une vie qui soit correspondante à leur régénération. Car si nous vivons d'Esprit, il faut aussi cheminer d'Esprit, comme dit S. Paul (Gal. *5* : 25). Il ne suffit donc point que nous soyons une fois régénérés par le Seigneur, si nous ne vivons comme il est raisonnable que de nouvelles créatures vivent. C'est ce qu'il veut dire en somme. Mais quant aux mots, l'Apôtre continue sa métaphore ou sa similitude. Car parce que nous sommes engendrés derechef, il requiert de nous une vie d'enfants ; par ce mot, il signifie qu'il faut dépouiller le vieil homme avec ses œuvres. Cette sentence s'accorde avec celle de Christ, quand il dit : « Si vous n'êtes faits comme cet enfant, vous n'entrerez point au royaume de Dieu » (Matth. *18* : 3). Et en ce lieu-ci, S. Pierre oppose cette *enfance* à la vieillesse de la chair, qui tend à la corruption. Et par le mot de *lait*, il comprend toutes les affections de la vie spirituelle. Car il y a une antithèse en cet endroit aussi entre les vices qu'il cite, et le lait raisonnable. Comme s'il eût dit, malice et feintise appartiennent à ceux qui ont été abreuvés de ces vices, s'étant accoutumés aux corruptions du monde, mais à l'enfance convient une simplicité pure et ronde, et qui est sans ruse ni fraude. Les hommes en vivant longuement s'accoutument à l'envie, ils apprennent à se calomnier les uns des autres, ils se forment à pratiquer les moyens de nuire, bref, ils deviennent rusés à toutes sortes de maux ; mais les enfants ne sont point en âge de pouvoir comprendre ce que c'est que d'être envieux, de tromper, de nuire, et autres choses semblables. Il compare donc aux nourritures solides, les vices auxquels la vieillesse de la chair est accoutumée, mais il appelle lait la façon de vivre qui est correspondante à une nature innocente et à une enfance simple.

1. AYANT DONC OTE TOUTE MALICE ET TOUTE FRAUDE ET FEINTISES, ET ENVIES, ET TOUTES MEDISANCES. Ce n'est point un dénombrement entier de toutes les choses que nous devons

[1] Rom. *6* : 4 ; Eph. *4* : 23 ; Héb. *12* : 14.
[2] Ou, *(le lait) d'intelligence*, ou, *le pur laict de la Parole, afin que...*
[3] Ou, *soyez.*

ôter, mais quand les Apôtres traitent du vieil homme, ils proposent quelques vices pour exemple, par lesquels ils signifient quel est son naturel. Les œuvres de la chair, dit S. Paul, sont notoires (Gal. *5* : 19), et toutefois il ne les recueille pas toutes là, mais en ce petit nombre qu'il énumère on peut contempler comme en un miroir cet amas infini qui sourd de notre chair comme l'eau le fait sans cesse de sa source. Ainsi en d'autres passages, quand il veut réformer toute la vie de l'homme, il ne fait que toucher bien peu d'espèces, par lesquelles on puisse entièrement connaître toute la généralité. Ainsi, ce que S. Pierre dit vaut autant que s'il disait : « Ayant ôté les fruits de votre première vie, qui sont malice, fraude, feintises, envies, et autres choses semblables, adonnez-vous aux affections contraires, à savoir bonté, rondeur et modestie. » Bref, il tend à ce but, que la vie nouvelle soit accompagnée de nouvelles mœurs.

2. DESIREZ COMME ENFANTS NAGUERE NES LE LAIT RAISONNABLE, ET QUI EST SANS FRAUDE, AFIN QUE VOUS CROISSIEZ PAR LUI. On expose coutumièrement ce passage comme ERASME l'a traduit, à savoir le lait de l'âme, et non du corps, comme si l'Apôtre voulait montrer par ce mot qu'il parle par métaphore ou similitude. Quant à moi, je pense plutôt que ce mot convient à cette sentence de S. Paul : « Ne soyez point enfants de sens, mais de malice » (I Cor. *14* : 20). Car afin qu'on ne pensât qu'il voulût louer une enfance dépourvue d'intelligence, et pleine de sottise, il prévient de bonne heure, commandant de tellement désirer du lait qui soit sans fraude, que toutefois il soit assaisonné de droite intelligence.

Nous voyons maintenant à quel propos il joint ces deux épithètes, à savoir *raisonnable* et *sans fraude*. Car ce sont deux choses qui semblent être diverses en apparence et opposées, que la simplicité et une intelligence vive et subtile ; toutefois il faut qu'elles soient mêlées ensemble, tellement que la simplicité ne soit point fade, et qu'au lieu d'intelligence, il n'y ait pas une ruse malicieuse. Ainsi il y aura un assaisonnement bien modéré, suivant ce que dit Christ : « Soyez prudents comme serpents, et simples comme colombes » (Matth. *10* : 16). Et par ce moyen est résolue la question, qu'autrement on pourrait mettre en avant. S. Paul reproche aux Corinthiens (I Cor. *3* : 2) qu'ils sont semblables à des enfants, et que pour cette cause ils ne peuvent supporter la nourriture solide, mais qu'il faut les nourrir de lait. En en l'épître aux Hébreux, chapitre *5*, v. 12, il y a presque une sentence semblable. Mais en ces passages-là, les Apôtres comparent à des enfants ceux qui sont toujours comme de nouveaux apprentis en la doctrine de la vraie religion, qui s'arrêtent aux premiers rudiments et ne viennent jamais à une plus haute connaissance de Dieu. Le lait est appellé là une façon d'enseigner puérile et grossière, quand on demeure aux premiers éléments, et qu'on ne passe point plus avant. Aussi est-ce à bon droit que tant S. Paul que l'auteur de l'épître aux Hébreux tournent ceci à vice. Mais en ce passage le lait ne signifie point une doctrine puérile, pour dire que quelqu'un soit toujours apprenti, et ne parvienne jamais à la connaissance de la vérité, mais il est pris pour une façon de vivre, qui soit conforme à la nouvelle régénération, quand nous nous laissons mourir pour Dieu. Semblablement l'enfance n'est pas ici opposée à l'âge d'homme en Christ et qui est en sa perfection, comme S. Paul l'appelle ailleurs (Eph. *4* : 13), mais à la vieillesse de la chair, et de la première vie. Au reste, de même que l'enfance de cette nouvelle vie est perpétuelle, aussi S. Pierre veut que nous soyons continuellement nourris de lait. Car il veut qu'étant entretenus par lui, nous croissions.

3. VOIRE POURVU QUE VOUS AYEZ GOUTE QUE LE SEIGNEUR EST BON. **4.** DUQUEL VOUS APPROCHANT, DE LUI, QUI EST LA PIERRE VIVE, REJETEE DES HOMMES, MAIS ELUE ET PRECIEUSE ENVERS DIEU. Il fait une allusion et a égard à ce qui est dit au Psaume *34*, v. 9 : « Goûtez et voyez que le Seigneur est bon. » Or il signifie que c'est en Christ qu'on sent ce goût, comme à la vérité nos âmes ne trouveront jamais aucun repos hors de Christ. Au surplus, il déduit son exhortation de la bonté de Dieu, parce que sa douceur, que nous sentons en Christ, doit nous attirer.

Car ce qui est ajouté, *duquel vous approchant*, ne se rapporte pas simplement à Dieu, mais nous le marque tel qu'il a été manifesté en la personne de Christ. Or il ne peut se faire que la grâce de Dieu ne nous ravisse totalement à lui, et qu'elle ne nous embrase de son amour, si nous l'avons une fois goûtée à bon escient. Si PLATON dit bien cela de ce qu'il appelle souveraine beauté, de laquelle il voyait seulement une ombre en l'air, de bien loin, cela se rapporte beaucoup plus véritablement à Dieu. Notons donc ceci, que S. Pierre joint l'accès à Dieu avec le goût de sa bonté. Car comme il faut nécessairement que l'entendement humain ait Dieu en horreur et le fuie, tandis qu'il l'imaginera rigoureux et sévère, aussi, sitôt que Dieu a découvert son amour paternel aux fidèles, il ne reste plus rien, sinon qu'ils s'approchent de lui, méprisant toutes choses, voire s'oubliant eux-mêmes. Bref, celui qui s'approche de Dieu en vérité de cœur, nous pouvons bien dire qu'il a profité en l'Evangile. Cependant il montre en même temps à quelle fin et à quelle condition nous devons nous approcher de Christ, à savoir afin que nous soyons fondés en lui. Car vu qu'il est constitué pour être la *pierre vive*, il faut qu'il démontre cette vertu envers nous, afin que rien de ce qui lui est enjoint du Père ne soit vain et inutile.

Au reste, quand il dit que cette pierre a été *réprouvée des hommes*, il obvie au scandale qu'on pouvait prendre. Car comme la plus grande partie du monde rejette Christ, et que plusieurs aussi l'ont en horreur, nous pourrions le mépriser pour cette raison. Comme nous voyons que quelques ignorants et mal avisés s'éloignent de l'Evangile, parce qu'il n'est pas bien reçu partout, et n'acquiert pas la bonne grâce des gens à ceux qui en font profession. Mais S. Pierre nous commande de ne pas moins estimer Christ, quoi qu'il soit méprisable aux yeux du monde, car il ne cesse pas pour cela de retenir son prix et son honneur devant Dieu.

5. VOUS AUSSI COMME PIERRES VIVES ETES EDIFIES POUR MAISON SPIRITUELLE, ET SAINTE SACRIFICATURE, POUR OFFRIR SACRIFICES SPIRITUELS AGREABLES A DIEU PAR JESUS-CHRIST. On pourrait aussi traduire « êtes édifiés » car le mot grec est ambigu. Mais comment qu'on le prenne, il ne faut point douter que S. Pierre ne veuille exhorter les fidèles à se consacrer à Dieu en temple spirituel. Car il conclut fort bien par le but de notre vocation, quel est notre devoir. Au reste, il faut noter que de tout le nombre des fidèles, il bâtit une maison. Car bien que chacun de nous en son endroit soit temple de Dieu, et soit appelé ainsi, toutefois il faut nécessairement que tous soient rassemblés, et conjoints par charité mutuelle, afin qu'il se fasse un temple de tous. De même qu'il est vrai que chacun de ceux en qui Dieu habite par son Saint-Esprit est un temple, de même il faut nécessairement que tous soient tellement agencés et conjoints les uns aux autres, qu'ils s'unissent et soient propres au bâtiment de ce temple universel. Cela se fait quand chacun, se contentant de sa mesure, se contient dans les limites de son office, et néanmoins tous ne cessent de rapporter au profit public tout ce qu'ils ont reçu de grâces.

Quant à ce qu'il nous appelle *pierres vives*, et *maison spirituelle*, comme auparavant il avait appellé Christ pierre vive, il y a en cela tacitement une comparaison de nous au temps ancien. Et ceci sert à amplifier la grâce qui nous a été faite. A cela aussi appartient ce qu'il ajoute des sacrifices spirituels. Car d'autant que la vérité est plus excellente que les figures, tant plus aussi ont grande excellence toutes choses sous le règne de Christ. Car nous avons ce patron céleste qui était figuré par le sanctuaire ancien et en tout ce qui avait été ordonné par Moïse en la loi.

ET SAINTE SACRIFICATURE. Voici un honneur singulier, que Dieu non seulement nous consacre pour son temple, afin d'y habiter et d'y être adoré, mais il veut en même temps que nous soyons sacrificateurs. Et S. Pierre nous propose ce double honneur, afin de nous inciter plus vivement au service de Dieu. Entre les *sacrifices spirituels*, l'oblation générale de nous-mêmes obtient le premier lieu, dont parle S. Paul (Rom. *12* : 1). Car nous ne pouvons rien offrir à Dieu jusqu'à ce que nous nous soyons offerts nous-mêmes à lui en sacrifice, et qui se fait quand nous renonçons à nous-mêmes. Après cela viennent les prières, les actions de grâces, les aumônes, et tous les exercices de la piété et de la vraie religion.

AGREABLES A DIEU. Ceci aussi doit bien fort augmenter notre courage, quand nous savons que le service que nous rendons à Dieu lui est agréable, comme il faut nécessairement, quand on est en doute et incertitude, qu'il y ait en même temps de la paresse. C'est donc pour le troisième aiguillon d'exhortation, qu'il témoigne que nos services sont agréables à Dieu, afin que la crainte et l'incertitude ne nous rendent paresseux. Il est vrai que les idolâtres sont transportés d'une grande ardeur après leurs superstitions et leurs faux services inventés à leur fantaisie, mais cela se fait, parce que Satan enivre leurs entendements, de peur qu'ils ne viennent à considérer ce qu'ils sont, mais chaque fois que leurs consciences sont ajournées et que Dieu les fait venir à examen, ils commencent à chanceler et ne savent où ils en sont. Et de fait, il est certain qu'il ne se peut faire que quelqu'un s'adonne à Dieu de bon cœur et à bon escient s'il n'a cette persuasion certaine qu'il ne travaille point en vain.

Mais l'Apôtre ajoute : *par Jésus-Christ*. Car il ne se trouvera jamais une telle pureté en nos sacrifices, que d'eux-mêmes ils soient agréables à Dieu ; jamais nous ne renonçons pleinement à nous-mêmes ; jamais nous ne prions d'une affection si pure que nous devrions. Jamais nous ne nous employons si diligemment et si ardemment à bien faire, que nos œuvres ne soient imparfaites et enveloppées de beaucoup de vices ; malgré cela Christ fait qu'elles sont agréables. S. Pierre donc vient ici au-devant de la défiance que nous pourrions concevoir. A savoir si nos œuvres sont agréables ou non, en disant qu'elles sont agréables, non point par le mérite de leur dignité, mais à cause de Christ. Et ceci doit d'autant plus embraser en nous une affection ardente, quand nous entendons que Dieu nous traite si doucement qu'il prise en Christ nos œuvres, qui ne méritaient rien en elles-mêmes. Bien que ces mots *par Jésus-Christ*, puissent être proprement conjoints avec le mot *offrir*. Car il y a une façon semblable de parler aux Hébreux, chapitre *13*, v. 15 : « Par lui, offrons sacrifice de louange à Dieu. » Toutefois le sens demeurera toujours semblable, car nous offrons par Christ, afin que le sacrifice soit agréable à Dieu.

6. ***A raison de quoy aussi il est contenu en l'Escriture, Voyci, je mets en Sion la maistresse pierre du coin éleuë et précieuse, et qui croira en elle ne sera point confus*[1].**

[1] Es. *28* : 16.

7. ***Elle est donc honneur à vous qui croyez : mais quant aux rebelles, la pierre que les édifians ont rejettée, a esté faite le principal du coin*[1],**
8. ***Et pierre de choppement, et pierre de trébuschement, lesquels heurtent contre la Parole, et ne croyent point*[2], *à quoy aussi ils ont esté ordonnez*[3].**

6. A RAISON DE QUOI AUSSI IL EST CONTENU EN L'ECRITURE : VOICI JE METS EN SION LA MAITRESSE PIERRE DU COIN, ELUE ET PRECIEUSE, ET QUI CROIRA EN ELLE NE SERA POINT CONFUS. Ceux qui rapportent à Christ le mot grec que nous traduisons par « contenir », et le prennent pour « embrasser », vu que tous les fidèles sont unis ensemble par lui, se reculent bien loin de l'intention de l'Apôtre. Les autres aussi, prenant le mot grec pour « être excellent » amènent une autre explication, qui n'est pas non plus recevable, à savoir que Christ surmonte tous en dignité. Car S. Pierre a simplement voulu alléguer le témoignage de l'Ecriture. Il signifie donc que ce qu'il ajoute après a été enregistré par le Saint-Esprit dans les Ecritures, ou que cela est contenu dans les Ecritures, ce qui vaut autant. Or ce n'est point été une chose superflue, quand il a confirmé la sentence précédente. Car nous voyons que sans propos, à tout le moins pour bien petite occasion, plusieurs ont Christ en horreur, et quelques-uns s'en détournent. Mais voici le scandale qui en empêche principalement quelques-uns, et détourne les autres, à savoir que non seulement le commun peuple méprise et rejette Christ, mais aussi ceux qui sont constitués en autorité et honneur, et qui semblent être plus excellents que les autres. C'est une erreur qui a presque toujours régné au monde, et qui, aujourd'hui, est plus commune qu'il ne serait nécessaire, que la plus grande partie des hommes estime Christ selon le faux et pervers jugement du monde. Or comme l'ingratitude et l'impiété des hommes est grande, ainsi Christ est méprisé tout communément. Ainsi il advient qu'alors que les hommes se regardent l'un l'autre, ils ne l'honorent point comme il convient, ou s'il y en a quelques-uns, c'est bien peu à la vérité. C'est pourquoi S. Pierre nous instruit de ce qui a été prédit de Christ, afin que le fait qu'il est méprisé ou rejeté ne nous ébranle point ou ne nous détourne de la droite foi.

Au surplus, le premier passage qu'il allègue est pris au chapitre *28* d'Esaïe, ou après que le Prophète s'est âprement courroucé contre la malice désespérée de son peuple, il ajoute finalement : « Votre déloyauté ne pourra faire que Dieu ne relève son Eglise, qui est maintenant toute en ruine et dissipation par votre faute. » Il ajoute le moyen de la restauration : « Je mettrai en Sion une pierre », dit-il, d'où nous recueillons qu'il n'y a nul bâtiment d'Eglise sans Christ. Car elle ne peut être fondée ailleurs qu'en lui, comme S. Paul témoigne (I Cor. *3* : 11). Et il ne s'en faut ébahir, d'autant que toutes les parties de notre salut sont comprises en lui. Quiconque se détourne donc de lui tant peu que ce soit, il trouvera au lieu d'appui, un gouffre et un abîme de perdition. C'est pourquoi, le Prophète ne l'appelle pas seulement la pierre du coin, sur laquelle la principale charge du bâtiment est soutenue, mais aussi la pierre de preuve à laquelle la mesure de tout le bâtiment doit être comparée et rapportée ; bien plus, il l'appelle fondement ferme, qui soutient entièrement tout l'édifice. Elle est donc tellement la pierre du coin, qu'elle est aussi la règle et le compas de tout le bâtiment, et son unique fondement. Mais S. Pierre a pris des paroles du Prophète ce qui convenait principalement au présent propos, à savoir que

[1] Ps. *118* : 22.
[2] Ou, *sont rebelles.*
[3] Es. *8* : 14.

Christ *est la pierre élevée*, pleine d'honneur et d'excellence, davantage, qu'il nous faut être fondés sur elle.

L'honneur tend à ce point, que quoi que Christ soit méprisable aux yeux du monde, toutefois nous ne le méprisions point, vu qu'il est en souveraine estime devant Dieu. Or quand il l'appelle *pierre du coin*, il signifie que ceux qui ne s'appuient pas sur Christ n'ont nul soin de leur salut. Quant à ce que certains philosophent trop subtilement sur ce mot de « coin », comme si c'était dit parce que Christ a joint les Juifs et les païens ensemble, ainsi que deux murailles différentes, cela n'est pas assez ferme. Contentons-nous donc de la simple explication, à savoir qu'il est appelé ainsi, parce que la pesanteur de tout le bâtiment est appuyée sur lui.

De plus, il faut noter que le Prophète introduit ici Dieu parlant, car il est le seul ouvrier et conducteur du bâtiment de son Eglise, comme il est dit au Psaume, que sa main a fondé Sion. Il est vrai qu'il use bien du moyen des hommes pour faire ce bâtiment, mais cela n'empêche point qu'il ne puisse affirmer à la vérité que c'est l'ouvrage de lui seul. Christ donc nous est fondement de salut, parce qu'il nous est ordonné du Père à cette fin. Or il dit que cette pierre est mise *en Sion*, d'autant plus qu'il a fallu que le temps spirituel de Dieu ait eu là son commencement. Donc, si nous voulons que notre foi soit fermement appuyée et fondée sur Christ, il faut venir à la loi et aux Prophètes. Car bien que cette pierre comprenne et tienne tout le monde jusqu'aux derniers recoins, néanmoins il a fallu nécessairement qu'elle ait été premièrement placée en Sion, où le siège de l'Eglise était alors. Car il est dit avoir été mis, lorsque le Père l'a manifesté pour rétablir son Eglise. En somme il nous faut entendre qu'il n'y en a point d'autres qui soient appuyés sur Christ, sinon ceux qui sont unis à l'Eglise, d'autant que la pierre de l'appui n'est mise qu'en Sion. Or du moment que l'Eglise, qui a maintenant son étendue çà et là, est procédée de Sion, notre foi a aussi de là son commencement, comme dit Esaïe *2*, v. 3 : « La loi sortira de Sion, et la Parole de Dieu de Jérusalem », avec quoi s'accorde le passage du Psaume *110*, v. 2 : « Le Seigneur enverra de Sion le sceptre de ta force. »

ET QUI CROIRA EN ELLE NE SERA POINT CONFUS. Le Prophète n'exprime point ce mot « en elle », mais il dit de façon générale : « Quiconque croit ne se hâte point. » Toutefois parce qu'il n'y a point de doute que Dieu nous propose là Christ pour but de la foi, la foi dont parle le Prophète doit regarder en lui seul. Et de fait, nul ne peut croire comme il se doit, s'il ne se propose Christ auquel il arrête tout son entendement. Au reste, à savoir que ce soit ou une promesse ou une exhortation. Il use d'un temps à venir : « Il ne se hâtera point », mais bien souvent il est pris pour l'impératif chez les Hébreux, comme s'il disait : « Qu'il ne se hâte point ! » Ainsi le sens serait : « Ne vous tourmentez point en vos esprits, mais retenez paisiblement vos désirs et réprimez vos affections jusqu'à ce que le Seigneur accomplisse ce qu'il promet, comme il dit ailleurs : « Votre force sera en silence et repos » (Es. *30* : 15). Mais parce que l'autre lecture semble approcher de plus près de l'interprétation de S. Pierre, je la reçois plus volontiers, et le sens ne conviendra pas mal : « Le croyant ne chancellera point, parce qu'il a un appui ferme et stable. » Or voici une doctrine singulière, qu'étant appuyés sur Christ, nous sommes hors de danger de tomber. Davantage, ce mot *être confus* vaut autant que « trembler » et « être en incertitude ». Ainsi S. Pierre a retenu le sens naturel du Prophète, quoiqu'il ait suivi la traduction grecque.

7. ELLE EST DONC HONNEUR A VOUS QUI CROYEZ, MAIS QUANT AUX REBELLES, LA PIERRE QUE LES EDIFIANTS ONT REJETEE A ETE FAITE LE PRINCIPAL DU COIN. Parce que Dieu prononce que Christ est la pierre précieuse et élue, l'Apôtre recueille de là qu'il nous sera tel. Car à la vérité Christ est décrit là tel que nous l'appréhendons par le sentiment de la foi, et tel qu'il se montre être par vraies expériences. Il faut donc diligemment noter cette conséquence : Christ est pierre élevée, ou excellente devant Dieu, il est donc tel pour les fidèles. Car il n'y a que la foi qui nous donne à connaître le prix et l'excellence de Christ. Or comme l'intention de l'Apôtre est d'obvier au scandale que la multitude des infidèles nous engendre, il ajoute tout de suite un autre membre qui parle expressément des incrédules : que bien loin qu'ils rejettent Christ, toutefois ils ne lui ôteront point cet honneur qui lui a été donné du Père. A ce propos il allègue le verset 22 du Psaume *118* : *Que la pierre que les édifiants ont rejetée* ne laisse point d'être mise *au principal du coin*. Dont il s'ensuit que Christ, malgré ses ennemis, ne cesse point de demeurer au degré auquel le Père céleste l'a placé.

Il faut noter ici deux sentences. La première est qu'il a fallu que Christ fût rejeté de ceux qui avaient le gouvernement en l'Eglise de Dieu. La seconde, que leurs entreprises seront vaines, d'autant qu'il faut que ce que Dieu a une fois ordonné, soit accompli, à savoir que Christ soutienne toute la pesanteur du bâtiment, comme étant la pierre qui est assise au coin principal. Au reste, que ce passage doive être proprement et vraiment entendu de Christ, non seulement le Saint-Esprit en rend témoignage, et Christ lui-même, qui l'a ainsi exposé (Matth. *21* : 42), mais aussi on peut le déduire de ce que c'était un point vraiment commun parmi le peuple, avant que Christ vînt au monde. Et il ne faut pas douter que cette exposition fût donnée par les Pères de main en main. Et aussi nous voyons que les enfants mêmes le savaient quasi tout communément, et le prenaient comme une chanson du Messie (Matth. *21* : 15). Je ne ferai point plus longue dispute de ceci. Prenons donc pour une chose bien arrêtée que David a tellement été de son temps la pierre réprouvée des principaux bâtisseurs, que de la sorte il représentait la personne de Christ.

Maintenant retournons au premier membre. Christ est rejeté des maîtres conducteurs du bâtiment. Ceci avait été premièrement figuré en David. Car ceux qui avaient alors le gouvernement des affaires l'estimaient comme un homme perdu et réprouvé. La même chose a été accomplie en Christ. Car ceux qui alors étaient ordonnés pour gouverner l'Eglise, l'ont aussi réprouvé en tant qu'il dépendait d'eux. C'était bien une chose qui pouvait grandement étonner et ébranler les faibles, de voir qu'autant il y avait de sacrificateurs, de prêtres et de docteurs, en qui seuls se montrait l'image de l'Eglise, autant Christ avait d'ennemis. Or S. Pierre, voulant remédier à ce scandale, montre que ce que les fidèles voyaient alors, avait été longtemps auparavant prédit par le témoignage de David. Et il parle principalement aux Juifs, auxquels ceci appartenait proprement.

Toutefois cette admonition ne nous est pas moins profitable aujourd'hui. Car ceux qui usurpent la primauté en l'Eglise sont ennemis mortels de Christ, et persécutent son Evangile d'une rage diabolique. Le pape s'appelle vicaire de Christ, et toutefois nous voyons de quelle cruauté il lui résiste. Ce spectacle étonne grandement les simples et les ignorants, tellement qu'ils ne savent où ils en sont. Pourquoi cela ? Parce qu'ils ne considèrent point que ce que David a prédit, advient. Souvenons-nous donc que non seulement ceux qui ont vu Christ être rejeté par les scribes et les pharisiens, ont été admonestés par cette prophétie, mais nous aussi en sommes prémunis et fortifiés contre tous les scandales, qui journellement pourraient autrement ébranler notre foi. Toutes les fois (dis-je) que nous voyons ceux qui se vantent du titre de prélats s'élever à l'encontre de Christ, remettons-nous ceci en mémoire, que la pierre est réprouvée par les maîtres du bâtiment, comme il a été prédit par David. Au reste, comme la similitude du bâtiment est bien commune, quand il est question du régime civil ou spirituel, aussi David appelle maîtres maçons ceux auxquels la charge et la puissance de gouverner est commise ; non pas qu'ils bâtissent droitement, mais parce qu'ils en portent le nom, et sont garnis de la puissance ordinaire. D'où il s'ensuit que ceux qui ont autorité, et sont constitués en office, ne sont pas toujours vrais et fidèles ministres de Dieu.

Le pape donc et tous les siens méritent bien d'être moqués, quand ils s'attribuent une autorité souveraine et sans contredit, sous couleur seulement qu'ils sont les prélats ordinaires de l'Eglise. Premièrement leur vocation à gouverner l'Eglise n'est pas plus juste ou légitime que fut celle de Héliogabale à gouverner l'Empire romain. Mais, encore que ce qu'ils prétendent et de quoi ils se couvrent impudemment leur soit accordé, à savoir qu'ils aient été dûment appelés, nous voyons toutefois ce que David prononce des prélats ordinaires de l'Eglise, à savoir qu'ils rejettent Christ, tellement qu'ils édifient plutôt une auge à pourceaux, qu'un temple à Dieu. S'ensuit l'autre partie, que tous les grands qui s'enorgueillissent de leur puissance et de leur dignité, ne pourront faire que Christ ne demeure en sa place.

8. ET PIERRE D'ACHOPPEMENT ET PIERRE DE TREBUCHEMENT, LESQUELS HEURTENT CONTRE LA PAROLE, ET NE CROIENT POINT, A QUOI AUSSI ILS ONT ETE ORDONNES. Après avoir consolé les fidèles, leur montrant qu'ils auront en Christ un fondement stable et ferme, bien que la plus grande partie et même les principaux ne lui assignent aucune place au bâtiment, maintenant il dénonce la punition qui est préparée à tous les incrédules, afin que par l'exemple de ceux-ci les fidèles se tiennent sur leurs gardes. A cette fin il allègue le témoignage du Prophète Esaïe, pris du chapitre *8*, v. 14. Là le Prophète menace les Juifs que Dieu leur sera une pierre de heurtement et d'achoppement. On peut tirer de ce texte que cela se rapporte proprement à Christ ; S. Paul aussi l'applique à Christ en l'épître aux Romains, chapitre *9*, v. 32. Car le Dieu des armées s'est pleinement manifesté en la personne de celui-ci. Ici donc est dénoncée une terrible vengeance de Dieu sur tous les infidèles, que Christ leur sera en pierre d'achoppement et de heurtement, parce qu'ils refusent d'être fondés en lui. Car telle est la fermeté de Christ pour soutenir tous ceux qui se reposent sur lui par la foi, telle est aussi la dureté de celui-ci pour rompre et briser tous ceux qui lui résistent. Car il n'y a point de moyen entre ces deux choses, ou il faut que nous soyons édifiés sur lui, ou il faut que nous nous achoppions et nous heurtions contre lui pour être brisés.

LESQUELS HEURTENT CONTRE LA PAROLE. Il montre ici le moyen comment Christ est en scandale et en achoppement, à savoir quand les hommes résistent opiniâtrement à la Parole de Dieu. Il est certain que les Juifs ont fait cela, d'autant que, bien qu'ils protestassent vouloir recevoir le Messie, toutefois, quand il leur a été offert de Dieu, ils l'ont repoussé furieusement. Les papistes ne font pas mieux. Ils adorent le nom simple et nu de Christ, et cependant ils ne peuvent entendre la doctrine de l'Evangile. S. Pierre signifie donc que tous ceux qui ne reçoivent point Christ vêtu de son Evangile, sont adversaires de Dieu et résistent à sa Parole. Bien plus, Christ n'est en ruine à personne, sinon à ceux qui se ruent contre la Parole de Dieu furieusement et d'une impétuosité aveugle de malice et d'obstination. Et c'est un point à bien noter, afin que la faute de notre vice ne soit pas imputée à Christ. Car puisqu'il nous est donné pour fondement, ce lui est une chose accidentelle, d'être pierre de heurtement et d'achoppement. Bref, son propre office est de nous préparer pour bâtiment et temple spirituel, et si les hommes s'achoppent et se heurtent contre lui, c'est par leur propre faute, à savoir parce que l'incrédulité met les hommes en combat avec Dieu.

C'est pourquoi S. Pierre, afin d'exprimer ce combat, a dit : *Qu'ils ne croient point. A quoi aussi ils ont été ordonnés.* Ce passage peut être expliqué de deux sortes. Il est bien certain que S. Pierre parle des Juifs. Or on expose ceci communément, qu'ils ont été ordonnés à croire, d'autant que la promesse de salut leur était destinée. Mais l'autre sens peut aussi bien convenir, à savoir qu'ils ont été ordonnés à l'incrédulité, comme aussi on lit de Pharaon, qu'il a été ordonné pour résister à Dieu (Ex. *9* : 16), et tous les réprouvés sont destinés à leur fin. Et ce qui me fait plus incliner à cette opinion, c'est le mot « aussi » qui est entrelacé. Toutefois, si on aime mieux l'autre explication, ce sera un reproche aigre et piquant. Car S. Pierre, pour exagérer l'incrédulité du peuple élu de Dieu, dit qu'il a rejeté le salut qui lui était offert spécialement. Et certes cette circonstance les rend doublement inexcusables, quand étant appelés avant tous les autres, ils ont refusé de rendre obéissance à Dieu. Mais à le prendre ainsi, quand il dit qu'ils ont été ordonnés pour croire, cela se rapporte seulement à la vocation externe, à savoir pour le regard de l'alliance que Dieu avait faite en général avec toute cette nation. Alors même que (comme il a été dit) l'ingratitude des hommes est assez convaincue, quand ils rejettent la Parole qui leur est proposée.

9. *Mais vous estes la génération éleuë, la sacrificature royale, la gent saincte, le peuple acquis*[1] *: afin que vous annonciez les vertus de celuy qui vous a appelez des ténèbres à sa merveilleuse lumière :*
10. *Qui jadis n'estiez point peuple, mais maintenant estes le peuple de Dieu : qui jadis n'aviez point obtenu miséricorde, mais maintenant avez obtenu miséricorde*[2].

9. MAIS VOUS ETES LA GENERATION ELUE, LA SACRIFICATURE ROYALE, LA GENT SAINTE, LE PEUPLE ACQUIS, AFIN QUE VOUS ANNONCIEZ LES VERTUS DE CELUI QUI VOUS A APPELES DES TENEBRES A SA MERVEILLEUSE LUMIERE. Il les sépare derechef des incrédules, de peur qu'à leur exemple, étant transportés en sens contraire (comme souvent il advient) ils ne se détournent de la vraie foi. Pour autant donc que c'est une chose mal convenable, que ceux que Dieu a séparés du monde s'enveloppent en la communion des infidèles, S. Pierre montre ici aux fidèles à quel honneur ils ont été élevés, bien plus comment et à quoi ils sont appelés. Or Moïse ornait le peuple ancien des mêmes titres que S. Pierre accorde ici aux Juifs, mais il veut leur montrer que, par le moyen de Christ, ils ont de nouveau recouvré un si grand honneur qu'il avaient perdu. Il est vrai pourtant que Dieu a seulement donné un goût de ces biens aux Pères anciens, et que la parfaite manifestation consiste en Christ. Cette sentence donc a la même valeur que s'il eût dit : « Moïse appelait jadis vos pères gent sainte, royaume sacerdotal, et l'héritage de Dieu ; à présent tous ces titres vous appartiennent à plus grand droit. » Donc, prenez garde que vous ne les perdiez par votre incrédulité ! Cependant, parce que la plus grande partie de cette nation était incrédule, il oppose les Juifs fidèles à tous les autres, bien qu'ils fussent en plus grand nombre. Comme s'il disait que ceux-là sont les vrais et légitimes enfants d'Abraham, qui croient en Christ, et qu'ils retiennent seuls la possession de tous les biens que Dieu par un privilège spécial avait donnée à toute la nation. Il les appelle *génération élue*, d'autant que, laissant tous les autres, il les avait choisis pour une génération fort précieuse. De même *gent sainte*, que Dieu s'était

[1] Ex. *19* : 6.
[2] Os. *2* : 23.

consacrée et dédiée, pour mener une vie pure et sainte. Puis encore *peuple acquis*, afin qu'ils lui soient comme en héritage et possession. Car je le prends ainsi simplement, que le Seigneur nous a appelés, afin qu'il nous possède comme vraiment siens et ses sujets. Lequel sens est confirmé par les paroles de Moïse quand il dit : « Si vous gardez mon alliance, vous serez mon propre bien par-dessus tous les peuples » (Ex. *19* : 5).

En ces mots : *la sacrificature royale*, il y a une transposition des mots de Moïse, qui est fort propre. Car il dit « royaume sacerdotal », ce qui vaut autant. S. Pierre veut donc dire : « Moïse appelait vos pères royaume sacré, d'autant que tout le peuple jouissait comme d'une liberté royale ; et du corps de ce peuple les sacrificateurs étaient élus, par quoi toutes les deux dignités étaient mêlées ensemble. Maintenant vous êtes sacrificateurs royaux, même d'une façon plus excellente, d'autant que vous êtes, chacun de vous, consacrés à Christ, afin que vous soyez associés avec lui au royaume, et participants de la sacrificature. Ainsi donc bien que vos pères aient eu quelque chose de semblable avec vous, toutefois vous les dépassez de beaucoup. » Au reste, depuis que Christ a rompu la paroi, de quelque nation que nous soyons, le Seigneur nous orne de tous ces titres, quand il nous met du nombre de son peuple (Eph. *2* : 19). Bien plus, il faut considérer en tous ces bienfaits, l'antithèse ou opposition qui est entre nous et tout le reste du genre humain, par laquelle on connaît mieux combien inestimable et grande est la bonté de Dieu envers nous, vu qu'il nous sanctifie, nous qui sommes souillés de nature. Il nous choisit et toutefois ne trouve rien en nous qui ne soit sale et mauvais. Il nous tient pour son propre héritage, nous qui ne sommes que vilenie de néant. Nous sommes profanes, et toutefois il nous donne la dignité sacerdotale. Nous sommes esclaves de Satan, de la mort et du péché, et voici, il nous élève en une liberté royale.

AFIN QUE VOUS ANNONCIEZ LES VERTUS DE CELUI QUI VOUS A APPELES. Il leur rappelle diligemment la fin de leur vocation, afin qu'il les incite davantage à donner gloire à Dieu. Or il veut dire en somme, que Dieu nous a conféré des bienfaits infinis, et nous en fait continuellement afin que sa gloire soit magnifiée pour nous. Car par les *vertus*, il entend sagesse, et bonté, et puissance, et justice, et toutes les choses dans lesquelles la gloire de Dieu reluit. Au surplus, il ne nous faut point annoncer ces vertus seulement de la langue, mais aussi par toute notre vie. Or c'est une doctrine que nous devons méditer tous les jours, et nous remettre en mémoire à toutes heures, à savoir que tous les bienfaits que Dieu nous fait tendent à cela, que nous annoncions sa gloire.

Il faut aussi noter ce qu'il dit, que *des ténèbres*, nous avons été *appelés à la merveilleuse lumière de Dieu.* Car par ces paroles il amplifie la grandeur de la grâce. Si le Seigneur venait au-devant de nous en chemin, étant déjà en train de chercher la lumière, ce serait un assez grand bienfait, mais celui-ci est beaucoup plus excellent, qu'il nous a retirés d'un labyrinthe d'aveuglement et d'un abîme de ténèbres. Par cela nous devons apprendre quelle est la condition des hommes avant qu'ils soient transportés au royaume de Dieu. Et c'est ce que dit Esaïe *60*, v. 2 : « Les ténèbres couvriront la terre, et l'obscurité couvrira les peuples, mais le Seigneur se lèvera sur toi, et sa gloire sera vue sur toi. » Et certes il ne peut se faire autrement, que nous ne soyons plongés en profondes ténèbres, après que nous avons délaissé Dieu qui est notre lumière. Mais de cela il a été traité plus amplement au chapitre *2* des Ephésiens.

10. QUI JADIS N'ETIEZ POINT PEUPLE, MAIS MAINTENANT ETES LE PEUPLE DE DIEU, QUI JADIS N'AVIEZ POINT OBTENU MISERICORDE, MAIS MAINTENANT AVEZ OBTENU MISERICORDE. Il amène le passage du Prophète Osée pour confirmer ce qu'il a dit, et l'accommode très bien à son propos. Car après qu'Osée a dénoncé divorce aux Juifs de la part de Dieu, il leur donne espérance qu'ils seront encore réconciliés. S. Pierre montre que cela a été accompli de son temps. Car les Juifs étaient épars çà et là, comme membres d'un corps déchiré par pièces, et même ils semblaient être retranchés du peuple de Dieu, et il n'y avait plus de service de Dieu entre eux et ils étaient enveloppés dans les superstitions des païens. Que pouvait-on donc dire d'eux, sinon que Dieu les avait répudiés ? Mais quand ils sont recueillis en Christ, vraiment ceci est accompli, qu'au lieu qu'ils n'étaient point peuple, ils sont faits peuple de Dieu. S. Paul au chapitre *9* des Romains, v. 26, étend cette prophétie jusqu'aux païens mêmes, et à bon droit. Car depuis que l'alliance du Seigneur est rompue, qui seule fait que les Juifs soient plus excellents, ils sont faits égaux aux païens. D'où il s'ensuit que ce que Dieu promet appartient en commun aux uns et aux autres, à savoir qu'il fera un peuple sien de ceux qui ne l'étaient point.

QUI JADIS N'AVIEZ POINT OBTENU MISERICORDE. Ceci a été ajouté par le Prophète, pour mieux exprimer que l'alliance par laquelle Dieu nous reçoit pour son peuple, est gratuite. Comme s'il eût dit, qu'il n'y avait point d'autre cause pour laquelle Dieu nous accepte pour siens, sinon qu'ayant pitié de nous, il nous adopte gratuitement. C'est donc la seule bonté gratuite de Dieu qui nous fait de non-peuple, peuple de Dieu, ou qui nous remet en grâce, nous qui étions aliénés et rejetés.

11. *Bien-aimez, je vous supplie abstenez-vous comme estrangers et voyagers, des désirs charnels, qui guerroyent contre l'âme :*
12. *Ayans vostre conversation honneste entre les Gentils, afin qu'en ce qu'ils détractent de vous, comme de malfaiteurs, ils glorifient Dieu au jour de la visitation, vous estimant par bonnes œuvres*[1].

11. BIEN-AIMES, JE VOUS SUPPLIE, ABSTENEZ-VOUS COMME ETRANGERS ET VOYAGEURS DES DESIRS CHARNELS, QUI GUERROIENT CONTRE L'AME. Cette exhortation contient deux parties. Premièrement, que leurs esprits soient purifiés au-dedans de toutes cupidités mauvaises et vicieuses ; puis, qu'ils se conduisent honnêtement avec les hommes, et que non seulement ils confirment les fidèles par l'exemple d'une bonne vie, mais aussi qu'ils gagnent à Dieu les infidèles. Or en premier lieu, pour les retirer des cupidités de la chair il use de cet argument, qu'ils sont étrangers et comme voyageurs passant leur chemin. Et il les appelle ainsi, non pas parce qu'ils étaient bannis de leur pays, et épars en diverses régions, mais parce qu'en quelque lieu ou contrée que les enfants de Dieu habitent, ils sont étrangers du monde. Il est bien vrai que selon la première signification, il les a appelés étrangers et forains au commencement de son épître, comme il apparaît par la circonstance du lieu ; mais ce qu'il leur dit ici est commun à tous les fidèles. Car si les affections et désirs de la chair nous tiennent entortillés, c'est parce que nos esprits sont attachés et retenus au monde, et nous ne pensons point que le ciel est notre pays ; mais ceux qui passent par cette vie comme étrangers et voyageurs ne seront jamais adonnés à la chair.

Or il entend par les *désirs charnels*, non seulement les appétits grossiers, et tels qu'ont les bêtes sauvages, comme les sophistes l'exposent, mais aussi toutes les affections de l'âme, auxquelles nous sommes transportés et menés de nature. Car il est bien certain

[1] Ou, *pour vos bonnes œuvres qu'ils auront vues*, Matth. *5* : 16.

que toute affection de la chair, c'est-à-dire de notre nature non corrigée, est inimitié à l'encontre de Dieu (Rom. *8* : 7).

QUI GUERROIENT CONTRE L'AME. C'est ici un autre argument. Qu'ils ne peuvent obtempérer aux désirs de la chair, que ce ne soit à leur ruine. Car il ne parle point ici d'un tel combat que S. Paul décrit au chapitre *7* des Romains, et au chapitre *5* des Galates, pour dire qu'il constitue l'âme comme un adversaire combattant à l'encontre de la chair. Mais il veut dire que les affections de la chair, quoique l'âme y consente, tendent à la ruine de celle-ci. Car il reprend notre nonchalance en cela, qu'au lieu que nous sommes si soigneux et attentifs à nous garder des ennemis, qui, nous le craignons, pourraient nous faire dommage en nos corps, au contraire, quant à l'âme nous recevons de notre propre gré les ennemis mortels de celle-ci pour nous tuer, et même nous leur présentons la gorge pour la couper.

12. AYANT VOTRE COMPORTEMENT HONNETE PARMI LES PAIENS, AFIN QU'EN CE QU'ILS VOUS ACCUSENT COMME DES MALFAITEURS, ILS GLORIFIENT DIEU AU JOUR DE LA VISITATION, VOUS ESTIMANT POUR VOS BONNES ŒUVRES. C'est le second membre de l'exhortation : qu'ils se gouvernent honnêtement parmi les hommes. Ceci doit bien aller le premier, que les esprits soient purifiés devant Dieu, mais il faut avoir ensuite égard aux hommes, afin que nous ne leur soyons pas en scandale. Or il dit nommément *entre les païens qui vous accusent*. Car les Juifs étaient partout non seulement haïs, mais aussi détestables. Ils devaient donc pour cette cause s'efforcer d'autant plus d'effacer la haine et l'infamie de leur mauvais renom par des mœurs honnêtes et une sainte vie. Car il faut retenir l'avertissement de S. Paul, « afin, dit-il, qu'on ne donne occasion à ceux qui la cherchent » (II Cor. *11* : 12). Ainsi donc, les accusations et les propos méchants des infidèles nous doivent être comme des aiguillons pour nous inciter à bien vivre. Car il n'est point temps d'être nonchalants et oisifs, alors qu'ils veillent attentivement pour épier toutes les fautes que nous faisons.

ILS GLORIFIENT DIEU AU JOUR DE LA VISITATION. Il signifie que ce n'est pas pour nous que nous devons prendre peine que les hommes parlent bien et aient bonne opinion de nous, mais qu'il faut en cela chercher la gloire de Dieu, comme aussi Christ l'enseigne (Matth. *5* : 16). Or S. Pierre montre le moyen, à savoir que les infidèles, induits par nos bonnes œuvres, s'assujettiront aussi à Dieu, et ainsi donneront gloire à Dieu par le moyen de leur conversion. Car c'est ce que signifie *le jour de la visitation*. Je sais que quelques-uns rapportent ceci au dernier avènement du Fils de Dieu, mais je le prends autrement, à savoir que Dieu se servira de la vie sainte et honnête des siens comme d'un préparatif pour ramener sur le chemin ceux qui sont fourvoyés. Car c'est le commencement de notre conversion, quand Dieu nous fait ce bien de nous regarder d'un œil paternel ; au contraire, s'il détourne sa face de nous, nous sommes perdus. Ainsi, quand Dieu nous ramène à soi, à bon droit cela est nommé le jour de la visitation.

13. *Soyez donc sujets à tout ordre humain*[1] *pour l'amour de Dieu : soit au Roy, comme au supérieur :*
14. *Soit aux gouverneurs, comme à ceux qui sont envoyez de par luy à la vengence des malfaiteurs, et à la louange de ceux qui font bien.*

[1] Ou, *gouvernement public.*

15. *Car telle est la volonté de Dieu, qu'en faisant bien, vous faciez taire l'ignorance*[1] *des hommes fols,*
16. *Comme libres, et non point comme ayans la liberté pour couverture de malice, ains comme serviteurs de Dieu.*

13. SOYEZ DONC SUJETS A TOUT ORDRE HUMAIN, POUR L'AMOUR DE DIEU, SOIT AU ROI, COMME AU SUPERIEUR. Il vient maintenant à faire des exhortations particulières. Et parce que l'obéissance envers les magistrats est une partie de la conduite honnête, pour cette cause il en tire cette exhortation : *Soyez donc sujets.* Car en refusant d'obéir, ils eussent donné grande occasion aux païens de dénigrer. Et de fait, la principale raison pour laquelle les Juifs étaient haïs et mal renommés, était parce que, à cause de leur obstination, ils étaient tenus pour des gens que ne pouvaient se tenir paisibles et se montrer bons sujets. Et parce que les troubles qu'ils suscitaient dans les provinces étaient cause de grandes calamités, selon que chacun était de nature bénigne et paisible, aussi les avait-il en horreur comme une peste. C'est aussi la cause qui a mu S. Pierre à les instruire si soigneusement à l'obéissance et la sujétion. Ajouter à cela que plusieurs pensaient que la publication de l'Evangile comportait en elle-même une telle liberté, que chacun pouvait s'affranchir de la servitude. Il semblait que ce fût une chose malséante, que les enfants de Dieu fussent en servitude, et que ceux qui sont héritiers du monde, n'eussent point seulement la disposition de leur corps. Il y avait aussi alors une autre tentation, que tous les magistrats de ce temps-là étaient adversaires de Christ, et abusaient de leur autorité. Par ce moyen on n'apercevait en eux aucune image de Dieu, alors qu'elle fait principalement qu'on porte révérence et honneur aux magistrats. Nous entendons maintenant quelle est l'intention de S. Pierre, à savoir que pour des causes bonnes et nécessaires, il a exhorté les Juifs à avoir en révérence l'ordre politique, et à l'entretenir en tant qu'il leur était possible.

A TOUT ORDRE HUMAIN. Certains, au lieu d'« ordre », ont traduit « créature », mais ils se tourmentent après à tirer quelque sens d'un mot trop ambigu et obscur. De ma part je ne doute point que l'Apôtre ait voulu dénoter l'ordre que Dieu a disposé pour gouverner le genre humain. Car le verbe dont est déduit le nom grec qui est mis ici, signifie « édifier » ou « disposer un bâtiment ». Ainsi donc le mot d'« ordre » convient bien, par lequel S. Pierre montre que Dieu, fabricateur du monde, n'a point laissé le genre humain en confusion et en désordre, afin qu'il vive à la manière des bêtes sauvages, mais il a voulu que chaque partie fût mise en son lieu, comme en un bâtiment bien composé. Et cet ordre est appelé *humain*, non pas que les hommes l'aient inventé, mais parce que la façon de vivre bien ordonnée et compassée appartient proprement aux hommes.

SOIT AU ROI COMME AU SUPERIEUR. Il appelle de ce nom à mon avis l'empereur romain, sous l'empire duquel étaient comprises les régions dont il a fait mention au commencement de son épître. Car, bien que ce nom de roi fut fort odieux aux Romains, cependant il était en usage parmi les Grecs. Il est vrai que souvent ils usaient d'un mot qu'on traduit « empereur », mais qu'autrefois aussi ils le nommaient roi. Quant à la raison qu'il ajoute, qu'il faut lui obéir parce qu'il est le supérieur, ou bien parce qu'il a la surintendance, ce n'est pas une comparaison de l'empereur avec les autres magistrats. Il est vrai que celui-ci tenait la domination souveraine ; mais cette prééminence dont S. Pierre parle ici est commune à tous ceux qui exercent la puissance publique. C'est pourquoi S. Paul (Rom. *13* : 1) l'étend à tous les magistrats. Or le sens est qu'on doit rendre

[1] Ou, *vous fermiez la bouche à l'ignorance.*

obéissance à tous les supérieurs, parce qu'ils ne sont pas élevés en autorité et honneur par cas fortuit, mais par la providence de Dieu. Car certains ont accoutumé de s'enquérir trop curieusement de quel droit chaque prince domine. Mais il nous doit suffire, que nous les voyons présider. Aussi S. Paul coupe-t-il à toutes objections superflues, en prononçant qu'il n'y a puissance qui ne soit de Dieu (Rom. *13* : 1). Pour cette raison l'Ecriture déclare tant de fois, que c'est Dieu qui ceint les rois de leur baudrier royal, qui les élève en leurs hautes dignités, qui transfère les royaumes où il veut. Mais il fallait que cet avertissement fût ajouté, principalement parce que S. Pierre faisait mention de l'empereur romain. Car il est certain que les Romains sont entrés en l'Asie, et ont conquis ces pays-là plus par méchantes pratiques, que par cause légitime. Bien plus, les empereurs qui dominaient alors s'étaient approprié la monarchie par violence et force tyrannique. S. Pierre donc défend d'amener toutes ces choses en débat, parce que les sujets doivent sans contredit obéir à leurs supérieurs, d'autant que s'ils sont en autorité, ce n'est point advenu sans que Dieu les ait élevés en ce haut degré.

14. SOIT AUX GOUVERNEURS, COMME A CEUX QUI SONT ENVOYES DE PAR LUI A LA VENGEANCE DES MALFAITEURS, ET A LA LOUANGE DE CEUX QUI FONT BIEN. Il entend tous les magistrats, comme s'il disait qu'il n'y a nulle espérance de supériorité, à laquelle ils ne doivent s'assujettir. Il confirme cela, parce qu'ils sont ministres de Dieu. Car ceux qui rapportent ce mot *de par lui*, au roi s'abusent grandement. C'est donc une raison commune pour recommander l'autorité de tous les magistrats, que le fait qu'ils gouvernent est par le commandement de Dieu, et qu'ils sont envoyés par lui. D'où il s'ensuit, comme S. Paul l'enseigne, que ceux qui ne se soumettent pas à obéir aux puissances, résistent à Dieu, d'autant que Dieu les a ordonnées (Rom. *13* : 2).

A LA VENGEANCE DES MALFAITEURS, ET A LA LOUANGE. C'est la seconde raison pour laquelle il est convenable d'avoir en révérence et honneur l'ordre civil, parce qu'il a été institué de Dieu au bien et profit commun de tout le genre humain. Car nous sommes trop sauvages et grossiers, si nous n'aimons pas l'utilité et le bien public. S. Pierre veut donc dire en somme que, vu que Dieu garde et conserve le monde par le ministère des magistrats, tous ceux qui leur refusent d'obéir sont ennemis du genre humain. Or il prend les deux points en quoi consiste l'état de la république, comme PLATON l'enseigne, à savoir honorer les bons, et punir les méchants. Car non seulement les peines étaient anciennement proposées aux méchants, mais aussi les récompenses aux bons. Au reste, bien qu'il advienne souvent que les honneurs ne soient pas dûment distribués, et que récompense ne soit pas faite à ceux qui l'ont méritée, toutefois ce n'est point un petit honneur, que les bons vivent pour le moins sous la sauvegarde et la protection des magistrats ; qu'ils ne soient point exposés à la violence et aux injures des iniques ; qu'entre les lois et jugements, ils vivent en plus grand repos, et conservent beaucoup mieux leur bonne réputation, que si sans aucune bride chacun vivait à sa fantaisie. En somme, c'est une singulière bénédiction de Dieu, qu'il n'est point licite aux méchants de faire tout ce qu'ils veulent.

Toutefois on pourrait faire ici une objection, que les rois et autres magistrats abusent bien souvent de leur puissance, et exercent plutôt une barbarie et une cruauté tyranniques, qu'une domination légitime. Presque tous les magistrats étaient tels, quand cette épître fut écrite. Je réponds que les tyrans et autres semblables ne sauraient tant faire par leurs abus, que l'ordonnance de Dieu ne demeure toujours ferme, comme nous voyons que l'institution perpétuelle du mariage n'est point renversée quand la femme ou le mari se gouvernera autrement qu'il ne doit. Ainsi donc, quoique les hommes s'égarent, toutefois le but que Dieu a planté ne cessera point de demeurer ferme et immuable. Que si on réplique encore qu'il ne faut point obéir aux princes qui renversent en tant qu'il dépend d'eux l'ordre sacré de Dieu, et qui pis est, se montrent être des bêtes enragées, au lieu que les magistrats doivent représenter l'image de Dieu. Je réponds que nous devons tant estimer l'ordre institué de Dieu, qu'il nous convient d'honorer même les tyrans qui ont la domination. Bien qu'il y ait une autre solution plus claire, à savoir qu'il n'y eut jamais, et qu'on ne pourrait songer une tyrannie si cruelle et si débordée, en laquelle il n'apparaisse quelque espèce d'équité. Car Dieu ne permet jamais que cet ordre soit tellement éteint par la méchanceté des hommes, qu'on n'en aperçoive toujours quelques traces. Bien plus, la façon du gouvernement civil, quelque difformité et corruption qu'il y ait, est toutefois meilleur que l'état sans principauté.

15. CAR TELLE EST LA VOLONTE DE DIEU, QU'EN FAISANT BIEN, VOUS FASSIEZ TAIRE L'IGNORANCE DES HOMMES FOUS. Il retourne à la doctrine qu'il avait déjà touchée, à savoir qu'il ne faut pas donner aux incrédules occasion de médire. Il exprime moins qu'il n'avait dit auparavant. Car il dit seulement qu'il faut fermer la bouche aux fous. En somme, il veut dire qu'il nous faut vivre de telle façon que les incrédules qui veulent nous calomnier, soient contraints de se taire.

Quant à cette façon de parler dont il use ici, à savoir *faire taire l'ignorance*, bien qu'elle semble rude, à cause de la nouveauté, nonobstant elle n'obscurcit point le sens. Car outre ce qu'il appelle les incrédules « fous », il veut montrer quelle cause ils ont de médire, à savoir parce qu'ils ignorent Dieu. Au reste, quant à ce qu'il prive les incrédules d'entendement et de raison, nous tirons de là que la vraie intelligence ne consiste qu'en la connaissance de Dieu. Ainsi, quoique les incrédules se plaisent en la vivacité de leur esprit, et qu'ils soient tenus par les autres pour des gens sages, le Saint-Esprit toutefois les convainc de folie, afin que nous apprenions à n'être sages sinon en Dieu, car hors de lui, il n'y a nulle fermeté.

Or il donne le moyen comment on pourra réprimer les accusations des incrédules, à savoir *en bien faisant*. Par ce mot il comprend tous les devoirs d'humanité, dont il faut nous acquitter envers nos prochains. En ces devoirs est contenue l'obéissance envers les magistrats, sans laquelle on ne peut entretenir l'union entre les hommes. Si on objecte que les fidèles ne seront jamais si soigneux de bien faire, que les incrédules ne parlent mal d'eux, on peut facilement résoudre cela : l'Apôtre ne les exempte point ici des opprobres et des calomnies, mais il entend que les incrédules n'auront point matière de médire, bien qu'ils le désirent grandement. Au reste, afin que nul ne répliquât que les infidèles ne méritent nullement que les enfants de Dieu règlent leur vie selon la fantaisie de ceux-ci, S. Pierre avertit expressément que nous sommes astreints par le commandement de leur fermer la bouche.

16. COMME LIBRES, ET NON POINT COMME AYANT LA LIBERTE POUR COUVERTURE DE MECHANCETE, MAIS COMME SERVITEURS DE DIEU. Il prévient ce que quelques-uns avaient accoutumé de prétendre touchant la liberté des enfants de Dieu. Car comme les hommes sont naturellement ingénieux à pourchasser leur profit, plusieurs pensaient, au commencement, que l'Evangile leur apporterait la liberté de vivre seulement pour eux. S. Pierre donc corrige cette rêverie, montrant brièvement combien il y a de différence entre la liberté des chrétiens et une licence débordée. Et premièrement il dit que la liberté n'est point un voile ou une couverture de méchanceté, signifiant par cela qu'elle ne nous est point donnée pour offenser ou faire tort à nos prochains, ou pour les endommager en quelque sorte que ce soit. C'est donc la vraie liberté, quand nous ne faisons dommage ou nuisance à personne. Pour confirmer cela, il dit que ceux-là sont libres, qui servent Dieu. D'où nous pouvons facilement déduire que c'est le but de notre liberté, que nous soyons plus prompts et mieux à l'aise pour servir Dieu. Car ce n'est autre chose qu'un affranchissement de péché. Or la domination est ôtée au péché, afin que les hommes s'assujettissent à la justice. En somme, c'est une *servitude libre*, et une *liberté serve*. Car puisqu'il nous faut être serviteurs de Dieu pour jouir de ce bien, aussi est-il requis que nous en usions avec modération. Par ce moyen les consciences sont bien libres, mais cela n'empêche point que nous ne servions Dieu, qui nous assujettit aux hommes aussi.

17. *Portez honneur à tous. Aimez fraternité. Craignez Dieu, Honorez le Roy.*

C'est une brève conclusion des choses susdites. Car il signifie que Dieu n'est point craint, et qu'on ne rend point aux hommes le droit qui leur appartient, si l'ordre civil n'est maintenu entre nous, et si les magistrats n'exercent en autorité le droit de leur juridiction.

Quant à ce qu'il veut qu'on *porte honneur à tous*, je l'interprète ainsi, qu'il ne faut oublier personne. Car c'est un commandement général, qui tend au maintien de la société des hommes. Le mot d'*honneur* s'étend bien loin selon les Hébreux. On nous savons que les Apôtres ont suivi la propriété de parler de cette langue-là, bien qu'ils aient écrit en grec. Il en résulte que (selon mon opinion) cette manière de parler ne signifie pas autre chose, sinon qu'on ait égard à tous. Car nous devons entretenir paix et amitié avec tous, autant qu'il nous est possible. Or il n'y a rien de plus contraire à la concorde, que le mépris.

S'il ajoute *d'aimer fraternité*, c'est une chose spéciale par rapport au précédent. Car il parle de cet amour particulier qu'il nous est commandé de porter à ceux qui ont la foi, d'autant que nous sommes conjoints à eux d'un lien plus étroit. S. Pierre donc n'a point voulu omettre ces degrés, cependant il admoneste que, bien que nous devions préférer les frères fidèles, nonobstant cela n'empêche point que notre charité ne s'étende à tout le genre humain. Je prends ce mot de *fraternité*, comme s'il eût dit, les frères.

CRAIGNEZ DIEU. J'ai déjà dit que S. Pierre accommode toutes ces sentences à la présente matière. Car il signifie que l'honneur qu'on porte aux rois procède de la crainte de Dieu et de la charité des hommes, et que pour cette raison il est conjoint avec elles. Comme s'il eût dit : « Quiconque craint Dieu, et aime ses frères, et porte l'affection qu'il doit à tout le genre humain, cet homme-là honorera aussi les rois. » C'est pourquoi il nomme l'empereur, d'autant que cette espèce de domination était la plus odieuse de toutes les autres, et que les autres aussi étaient comprises sous elle.

18. ***Vous serviteurs soyez sujets en toute crainte à vos maistres, non seulement aux bons et humains, mais aussi aux rigoureux*[1].**
19. ***Car cela est aggréable, si aucun à cause de sa conscience* qu'il ha envers *Dieu, endure fascheries, souffrant injustement.***

[1] Ou, *fascheux*, ou, *argneux*. Eph. *6* : 5 ; Col. *3* : 22.

20. ***Autrement quelle louange est-ce si vous estes souffletez, pour avoir failli et vous l'endurez ? Mais si en bien faisant, estant toutesfois affligez, vous endurez : voylà où Dieu prend plaisir.***

18. VOUS SERVITEURS, SOYEZ JUSTES EN TOUTE CRAINTE A VOS MAITRES, NON SEULEMENT AUX BONS ET HUMAINS, MAIS AUSSI AUX RIGOUREUX. Bien que ce soit ici une admonition particulière, toutefois elle s'accorde avec la précédente, de même que les autres qui suivent. Car s'il est commandé aux serviteurs d'obéir à leurs maîtres, et aux femmes d'obéir à leur mari, ce sont des parties de la sujétion politique. Premièrement il veut que les serviteurs soient sujets *en toute crainte*, signifiant par cela qu'ils doivent avoir une affection pure et volontaire à porter révérence à leurs maîtres, d'autant qu'ils connaissent que leur devoir les oblige à cela. Il oppose donc la crainte tant à la feintise qu'à une contrainte violente. Car le service fait à l'œil (comme S. Paul l'appelle) est contraire à cette crainte (Col. *3* : 22). Bien plus, si les serviteurs murmurent contre la contrainte et la nécessité, prêts à secouer le joug s'ils le pouvaient, ce n'est pas proprement de la crainte. Bref, la crainte dont il parle procède de la connaissance de son devoir. Or bien qu'il n'y ait aucune exception ajoutée ici, toutefois il est évident par d'autres passages qu'on doit en faire une. Car la sujétion qui est due aux hommes, ne s'étend point jusque là, qu'elle diminue l'autorité de Dieu. Que les serviteurs soient donc sujets à leurs maîtres, mais que ce soit en Dieu, et que la conscience demeure sauve !

NON SEULEMENT AUX BONS. Bien que les serviteurs doivent obéir à leurs maîtres jusque là, que la conscience demeure sauve, si toutefois ils sont injustement traités, quant à leurs personnes, ils ne doivent point refuser la sujétion. Les serviteurs n'ont donc nulle excuse qu'ils ne servent fidèlement quels que soient les maîtres. Car si celui qui est en plus haut degré abuse de sa puissance, il en rendra bien quelque jour compte à Dieu, mais cependant il ne perd point son droit pour maintenant. Car cette condition est imposée aux serviteurs de servir leurs maîtres bien qu'ils en soient indignes. Il oppose les maîtres rigoureux à ceux qui sont raisonnables ou humains, et par ce mot, il entend ceux qui sont cruels et intraitables, ou qui n'ont nulle douceur ou humanité. Je ne sais qui a mû l'ancien traducteur latin de traduire le mot grec « scolios » par un autre mot, grec aussi, « discolos ». Et pour cela je me tairais volontiers de la lourde et vilaine ignorance des sorbonistes, qui interprètent aussi tous ce mot « discolos », dissolus ou irréguliers, sinon que de cette tant sotte interprétation ils nous veuillent bâtir un article de foi, à savoir qu'il nous faut obéir au pape et à ses bêtes cornues, quelque tyrannie grave et insupportable qu'ils exercent. Ce passage donc montre assez clairement comme ils se sont moqués hardiment de la Parole de Dieu.

19. CAR CELA EST AGREABLE, SI QUELQU'UN A CAUSE DE SA CONSCIENCE QU'IL A ENVERS DIEU, ENDURE DES OUTRAGES, SOUFFRANT INJUSTEMENT. Il y a proprement : « Car cela est grâce », mais ici le mot de grâce signifie louange. Car il entend que nous n'acquérons nulle louange ou grâce devant Dieu, si nous endurons une peine que nous ayons méritée par nos péchés, mais que ceux qui endurent patiemment les injures qu'on leur fait sont dignes de louange, et font une œuvre qui est agréable à Dieu. Or c'était une chose fort nécessaire, en ce temps-là, de savoir que c'est une œuvre agréable à Dieu, si quelqu'un, à cause de la conscience qu'il a envers Dieu, persiste à faire son devoir, encore qu'il soit traité injustement et vilainement par les hommes. Car la condition des serfs était alors fort dure, et on les traitait comme des bêtes sauvages. Un si rude traitement pouvait les induire au désespoir ; il ne leur restait donc rien, que d'avoir leur recours à Dieu.

Car c'est ce qu'il veut dire par *la conscience de Dieu*, (car il y a ainsi mot à mot) à savoir quand quelqu'un fait son devoir, ne regardant point aux hommes, mais à Dieu. Car si la femme se rend douce et obéissante à son mari, seulement pour acquérir son amitié, elle a sa récompense en ce monde, comme Christ parle des ambitieux, qui ont égard à la faveur des hommes (Matth. *6* : 2). Autant en faut-il penser des autres. Si le fils obéit à son père, seulement pour avoir sa grâce et sa faveur, il aura récompense et rémunération de son père, et non pas de Dieu. Bref, c'est une sentence générale, que le devoir que nous faisons envers les hommes est approuvé de Dieu, si nous avons devant les yeux ce but de le servir et ne regardons point seulement aux hommes. Or celui qui considère qu'il a affaire avec Dieu, il faut nécessairement qu'il s'étudie à vaincre le mal par le bien. Car Dieu ne requiert pas seulement de nous que nous soyons tels envers un chacun, qu'il se sera montré de son côté envers nous, mais il veut aussi que nous fassions du bien à ceux qui ne l'ont pas mérité, et qui nous persécutent.

Toutefois ceci n'est point sans difficulté, qu'il dit que notre patience n'aura nulle louange, quand nous serons affligés justement. Car il n'y a doute que, bien que Dieu punisse nos péchés, toutefois notre patience lui est un sacrifice de bonne odeur, si nous endurons patiemment les punitions. Je réponds que S. Pierre ne parle point ici simplement, mais par comparaison. Parce que c'est peu de louange, de supporter patiemment une peine qui est due, en comparaison de la louange de l'homme innocent, qui ne refuse point d'endurer les outrages et les injures que lui font les hommes, seulement parce qu'il craint Dieu. Toutefois, il semble qu'il veut aussi tacitement noter la fin, à savoir que ceux qui sont punis pour leurs péchés ne se maintiennent en leur devoir que par crainte des hommes. Mais la solution que j'ai amenée est suffisante.

21. *Car vous estes appelez à cela : veu aussi que Christ a souffert pour nous, nous laissant un patron, afin que vous ensuyviez ses pas :*
22. *Lequel n'a point fait de péché, et n'a esté trouvée aucune fraude en sa bouche*[1] *:*
23. *Lequel quand on luy disoit injures, n'en redisoit point, et quand on luy faisoit du mal, ne menaçoit point : mais remettoit la cause*[2] *à celuy qui juge justement.*

21. CAR VOUS ETES APPELES A CELA, VU AUSSI QUE CHRIST A SOUFFERT POUR NOUS, NOUS LAISSANT UN MODELE AFIN QUE VOUS SUIVIEZ SES PAS. Bien qu'il n'ait parlé que des serviteurs, toutefois il ne faut pas restreindre cette sentence seulement à eux. Car S. Pierre avertit en commun les fidèles, et leur montre quelle est la condition de la chrétienté. Comme s'il disait que le Seigneur nous a appelés à cette condition, que nous supportions patiemment les injures qui nous auront été faites, comme il dit ailleurs que nous sommes ordonnés à cela (I Thess. *3* : 3). Or afin que cela ne nous soit pénible, il nous amène l'exemple de Christ, pour consolation. Il n'y a rien que nous estimions plus déraisonnable et par conséquent moins tolérable, que d'être affligés sans l'avoir mérité. Mais quand nous tournons nos yeux vers le Fils de Dieu, cette aigreur est adoucie. Car qui refusera de le suivre, quand il va devant ?

[1] Es. *53* : 9.
[2] Ou, *se remettoit*.

Or il faut noter ce mot : *nous laissant un modèle.* Car quand il est question d'imitation, il est besoin de discerner ce que Christ nous a proposé pour exemple. Il a cheminé à pied sec sur la mer, il a nettoyé les lépreux, il a ressuscité les morts, il a rendu la vue aux aveugles. Si nous essayons d'en faire autant, ce sera une sotte imitation. Car quand il a montré des signes de sa puissance, il n'a point voulu nous proposer des choses que nous dussions suivre. De cela est advenu qu'on a follement tiré en exemple le jeûne de quarante jours. Mais il est certain que celui de qui ils ont tiré cet exemple, regardait bien à une autre fin. Dès lors, il faut en cet endroit user de jugement et de discrétion, comme S. AUGUSTIN le montre quelque part, expliquant ce passage : « Apprenez de moi, que je suis débonnaire et humble de cœur » (Matth. *11* : 29). Et on peut déduire cela par les paroles de S. Pierre. Car il montre qu'il est besoin de discrétion, quand il dit expressément que la patience de Christ nous est proposée en exemple que nous devons suivre. S. Paul traite plus amplement ce point au chapitre *8* des Romains, v. 28, quand il enseigne que tous les enfants de Dieu sont prédestinés pour être faits conformes à l'image de Christ, afin que lui soit le premier-né d'entre plusieurs frères. Par quoi si nous voulons vivre avec lui, il faut que premièrement nous mourions avec lui (II Tim. *2* : 11).

22. LEQUEL N'A POINT FAIT DE PECHE, ET N'A ETE TROUVEE AUCUNE FRAUDE EN SA BOUCHE. Ceci se rapporte au propos présent. Car si quelqu'un se vante de son innocence, il est certain que Christ n'a point porté la punition de ses méfaits. Bien que l'Apôtre montre en même temps combien nous sommes différents de Christ, quand il dit que même *nulle fraude n'a été trouvée en sa bouche.* Car celui qui vient jusque là de garder sa langue d'offenser, il peut bien se dire parfait, comme dit S. Jacques *3* : 2. Il démontre donc qu'en Christ il y a eu une entière perfection d'innocence, que nul de nous n'oserait s'attribuer. On connaît mieux par là combien il a enduré injustement en comparaison de tous les autres. Par conséquent, il ne faut point que quelqu'un de nous refuse d'endurer à son exemple, vu qu'il n'y a personne qui sente sa conscience si pure, et qui ne soit entaché de quelque vice.

23. LEQUEL QUAND ON LUI DISAIT DES INJURES N'EN REDISAIT POINT, ET QUAND ON LUI FAISAIT DU MAL, NE MENAÇAIT POINT, MAIS REMETTAIT LA CAUSE A CELUI QUI JUGE JUSTEMENT. S. Pierre montre ici ce qu'il nous convient d'imiter en Christ, à savoir que nous supportions patiemment les injures qu'on nous fait, et ne pensions point à nous en venger. Car notre nature est telle, qu'aussitôt qu'on nous a fait quelque tort, nos cœurs sont embrasés d'appétit de vengeance. Mais Christ s'est entièrement abstenu de rendre la pareille ; il faut donc que nous bridions nos courages, en sorte qu'ils ne désirent point de rendre le mal pour le mal.

MAIS REMETTAIT LA CAUSE. Le mot de *cause* n'est point exprimé ici, mais il s'entend facilement. Or S. Pierre a ajouté ceci pour la consolation des fidèles, à savoir que s'ils endurent patiemment les opprobres et les violences des injustes, Dieu en fera la vengeance. Car ce serait une chose fort dure, que nous fussions sujets à l'appétit des méchants, et que Dieu ne se souciât point de nos misères. Et pourtant S. Pierre donne cette épithète excellente à Dieu, *qu'il juge justement.* Comme s'il disait que notre office est d'endurer patiemment les adversités ; Dieu cependant ne cessera point de faire son office, et il ne pourra se faire qu'il ne se montre notre juge. Donc, bien que les méchants s'égaient et en fassent à leur plaisir pour quelque temps, nonobstant ils ne demeureront pas impunis, de ce qu'ils tourmentent et molestent les fidèles. Et il ne faut point que les fidèles craignent, comme s'ils étaient privés de toute aide. Car vu que c'est l'office de Dieu de les maintenir, de les garder et de prendre leur cause en main, ils posséderont leurs âmes en leur patience, (Luc *21* : 19). Au reste, comme cette doctrine apporte une singulière consolation, aussi elle sert beaucoup à apaiser et dompter les impétuosités de la chair. Car nul ne peut se reposer sur la protection et sur la défense de Dieu, s'il n'attend le jugement de Dieu d'un esprit paisible, vu que celui qui s'avance à se venger, occupe la place de Dieu, et ne souffre pas que Dieu fasse son office. A quoi aussi tend ce que S. Paul dit : « Laissez place à la colère » (Rom. *12* ; 19). Car il signifie que (par manière de dire) nous fermons le chemin à Dieu, en sorte qu'il ne puisse juger, quand nous nous avançons pour juger nous-mêmes. Et il confirme cette sentence par le témoignage de Moïse, où il dit : « A moi la vengeance » (Deut. *32* : 35) ! Bref, S. Pierre veut dire qu'à l'exemple de Christ, nous serons modérés à porter les injures, si nous donnons à Dieu l'honneur qui lui appartient, à savoir si, ayant ceci pour arrêté, qu'il est juste juge, nous remettons entre ses mains notre droit et notre cause.

Toutefois, on fait ici une question : comment est-ce que Christ a recommandé sa cause à Dieu son Père ? Car s'il lui demandait vengeance, lui-même dit que cela ne nous est point licite. Car il veut que nous fassions le bien à ceux qui nous outragent, et que nous prions pour ceux qui disent du mal de nous (Matth. *5* : 44). Je réponds que l'histoire de l'Evangile nous montre assez que Christ s'est tellement rapporté au jugement de Dieu, que cependant il ne requérait point d'être vengé de ses ennemis, mais plutôt il a prié pour eux, disant : « Père, pardonne-leur » (Luc *23* : 34) ! Et certes il s'en faut beaucoup que les affections de notre chair s'accordent avec le jugement de Dieu. Aussi, avant que nous remettions notre cause à celui qui juge justement, faut-il nécessairement que nous soyons bridés, en sorte que nous ne requérions rien qui soit contraire au juste jugement de Dieu. Car ceux qui se lâchent la bride à chercher vengeance, ne laissent point Dieu faire office de juge, mais (par manière de dire), ils veulent le faire leur bourreau. Celui donc qui est tel de courage, qu'il désire que ceux qui lui sont maintenant ennemis, lui soient faits amis, et qu'il tâche de les remettre au bon chemin, il remettra sa cause à Dieu comme il convient, en priant ainsi : « O Seigneur, tu connais mon cœur, tu sais que je désire le salut pour ceux qui souhaitent ma destruction. S'il advient qu'ils se convertissent, je me réjouirai ; mais s'ils demeurent obstinés en leur méchanceté, parce que je sais que tu veilles pour mon salut, je te remets ma cause. » Christ a gardé cette modestie, il faut donc aussi que nous suivions la même règle.

24. *Lequel mesme a porté nos péchez en son corps sur le bois : afin qu'estans morts à péchez, nous vivions à justice : par la bature duquel mesme vous avez este guaris*[1].
25. *Car vous estiez comme brebis errantes : mais maintenant vous estes convertis au Pasteur et Evesque de vos âmes.*

S'il n'eût rien loué en la mort de Christ que l'exemple, cela eût été trop froid, et c'est pourquoi il nous propose un fruit de cette mort, qui est beaucoup plus excellent. Il nous faut donc noter trois choses en ce texte. La première est que Christ nous a montré un exemple de patience en sa mort. La seconde que, nous ayant délivrés de la mort, il nous

[1] Es. *53* : 5.

a rendu la vie. D'où il s'ensuit que nous lui sommes tellement obligés, que nous devons volontiers suivre son exemple. La troisième, qu'il nous enseigne un but de sa mort plus général, à savoir qu'étant morts au péché, nous vivions pour la justice. Or toutes ces choses confirment l'exhortation précédente.

24. LEQUEL MEME A PORTE NOS PECHES EN SON CORPS SUR LE BOIS, AFIN QU'ETANT MORTS AUX PECHES, NOUS VIVIONS POUR LA JUSTICE, PAR LES COUPS DUQUEL MEME VOUS AVEZ ETE GUERIS. Cette façon de parler est propre pour exprimer la vertu de la mort de Christ. Car comme sous la loi le pécheur mettait une bête en sa place pour être délivré de la condamnation, ainsi Christ a reçu sur lui la malédiction due à nos péchés, afin qu'il les effaçât devant Dieu. Et il ajoute nommément *sur le bois*, d'autant que comme telle purification n'a pu être accomplie sinon en la croix. S. Pierre donc a très bien exprimé que la mort de Christ a été un sacrifice pour la purification de nos péchés, parce qu'étant attaché à la croix, et s'offrant lui-même pour nous en sacrifice, il a reçu sur lui notre condamnation et notre punition. Esaïe, dont S. Pierre a pris la somme de cette doctrine, use de plusieurs manières de parler : « Qu'il a été frappé de la main de Dieu à cause de nos péchés ; qu'il a été navré pour nos iniquités ; qu'il a été affligé et rompu pour l'amour de nous ; que le châtiment de notre paix a été sur lui. » Mais S. Pierre a voulu exprimer la même chose par ce mot, à savoir que nous avons été réconciliés avec Dieu, parce que Christ s'est constitué caution et coupable pour nous devant son siège judiciaire, afin qu'il endurât la peine à laquelle nous étions obligés.

Les sophistes obscurcissent ce bienfait en leurs écoles autant qu'ils peuvent. Car ils disent qu'après le baptême, nous sommes délivrés seulement de la faute par le sacrifice de la mort de Jésus-Christ, mais que la peine est rachetée par nos œuvres. Mais quand S. Pierre dit que Christ a porté nos péchés, il entend que non seulement la faute lui a été imputée, mais aussi qu'il en a porté la punition, afin que par ce moyen il fût vraiment le sacrifice de purification, selon ce que dit le Prophète : « Le châtiment de notre paix est sur lui. » S'ils répliquent que cela ne doit avoir lieu, sinon avant le baptême, la circonstance du passage les dément, d'autant que le propos s'adresse aux fidèles.

Au reste, ce membre et l'autre qui suit, *par les coups duquel même vous avez été guéris*, peuvent aussi être appliqués au présent propos, à savoir qu'il veut que nous présentions nos épaules pour porter les péchés des autres, non pas pour faire leur purification, mais seulement afin que nous portions la charge qui nous en est imposée.

AFIN QU'ETANT MORTS AUX PECHES, NOUS VIVIONS POUR LA JUSTICE. Il avait noté une autre fin auparavant, à savoir l'exemple de patience, mais ici (comme il a été dit) il l'étend plus avant, à savoir à cette fin que nous vivions saintement et justement. L'Ecriture fait quelquefois mention de tous les deux, à savoir que Dieu nous exerce par les outrages et les adversités, afin que nous soyons faits conformes à la mort de Christ : davantage, qu'en la mort de Christ notre vieil homme est crucifié, afin que nous cheminions en nouveauté de vie. Bien que cette fin dont il parle ne diffère d'avec la précédente que comme la généralité d'avec l'espèce. Car quant à la patience, il y avait l'exemple simplement, mais quand il dit que Christ a souffert, afin qu'étant morts aux péché, nous vivions pour la justice, il signifie que cette vertu est en la mort de Christ, qu'elle mortifie notre chair, comme S. Paul le traite plus amplement au chapitre *6* des Romains. Car non seulement elle nous a conféré ce bien, que Dieu nous justifie gratuitement, ne nous imputant point nos péchés, mais que nous mourons au monde et à la chair, afin que nous ressuscitions en nouvelle vie. Non pas que cette mort s'accomplisse en un jour, mais parce que en quelque part que la mort du Fils de Dieu ait vigueur pour effacer les péchés, elle montre aussi son efficacité à mortifier la chair.

25. CAR VOUS ETIEZ COMME BREBIS ERRANTES, MAIS MAINTENANT VOUS ETES CONVERTIS AU PASTEUR ET EVEQUE DE VOS AMES. S. Pierre a pris aussi cela du Prophète Esaïe, sinon que le Prophète parle généralement, disant : « Nous tous avons erré comme des brebis » (Es. *53* : 6). Au reste, le mot de *brebis* n'emporte point de signification spéciale en ce passage (car il nous compare simplement à de pauvres bêtes) mais tout le poids du propos gît en l'épithète *errantes*, que le Prophète emploie, ajoutant : « Nous nous sommes tournés chacun en sa propre voie. » Il signifie donc que nous sommes tous, sans en excepter un, hors de la voie du salut, et tendons à la perdition, jusqu'à ce que Christ nous retire de la dissipation où nous sommes. Ce qui apparaît encore mieux par le membre opposé, quand il dit que nous sommes *convertis au pasteur*. Car en parlant ainsi, il déclare que ceux qui ne sont point gouvernés et conduits par Christ sont errants comme des bêtes égarées. Ainsi toute la sagesse de ce monde est condamnée à n'être qu'erreur et égarement, d'autant qu'elle ne se soumet point à Christ pour être gouvernée.

Or voici deux excellents titres qui sont donnés à Christ, qu'il est *pasteur et évêque des âmes*. Car il ne faut douter qu'il ne veille fidèlement pour le salut de ceux qui se maintiendront en sa garde et sa bergerie. Et bien que son office soit de nous maintenir entiers et d'âme et de corps, S. Pierre toutefois exprime nommément les âmes, d'autant que ce pasteur céleste nous garde en la vie éternelle par sa défense spirituelle.

CHAPITRE III

1. *Semblablement les femmes soyent sujetes à leurs maris, afin que mesmes s'il y en a qui soyent rebelles à la parole, ils soyent gaignez sans parole par la conversation des femmes,*
2. *Ayans veu vostre pure*[1] *conversation qui est avec crainte.*
3. *Desquelles l'ornement ne soit point celuy-là de dehors qui gist en tortillement de cheveux ou parure d'or, ou en accoustremens d'habits :*
4. *Mais l'homme qui est caché,* c'est à dire *du cœur qui gist en l'incorruption d'un esprit doux et paisible : qui est de grand pris*[2] *devant Dieu.*

1. SEMBLABLEMENT, LES FEMMES SOIENT SUJETTES A LEURS MARIS, AFIN QUE MEME S'IL Y EN A QUI SONT REBELLES A LA PAROLE ILS SOIENT GAGNES SANS PAROLE PAR LA CONDUITE DES FEMMES. Il vient à un autre ordre de sujétion, quand il commande que les femmes soient sujettes à leurs maris. Et parce que celles qui sont conjointes par mariage avec des maris infidèles semblent avoir plus de raisons pour s'exempter de sujétion, il les admoneste expressément de leur devoir et montre qu'il y a une cause spéciale, pour laquelle elles doivent obéir plus diligemment, à savoir, afin que par leur douceur et leur honnête conduite, elles attirent leur mari à la foi. Que si les femmes doivent obéissance aux maris infidèles, il est beaucoup plus raisonnable qu'elles obéissent, si elles ont des maris fidèles. Mais on pourrait trouver étrange que S. Pierre dise qu'un mari puisse être *gagné* à Dieu *sans parole*. Car que deviendra ce que dit S. Paul, que la « foi est par l'ouïe » (Rom. *10* : 17) ? Je réponds qu'il ne faut pas seulement entendre les paroles de S. Pierre, comme si la seule sainteté de vie amenait les incrédules à Christ, mais parce qu'elle adoucit et modère leurs cœurs, en sorte qu'ils ne dédaignent point tant la vraie religion. Car de même que les mauvais exemples sont en scandale, les bons aussi aident beaucoup. S. Pierre signifie donc que les femmes, en vivant saintement et honnêtement, pourront obtenir que même sans parler elles prépareront leur mari à recevoir la foi de Christ.

2. AYANT VU VOTRE PURE CONDUITE QUI EST AVEC CRAINTE. Car les cœurs, si contraires soient-ils à la vraie foi, sont rompus, quand ils voient les mœurs des fidèles si bien réglées. Car parce que les infidèles n'entendent point la doctrine de Christ, ils l'estiment et en jugent par notre vie. Il ne se peut donc faire qu'ils ne louent la religion chrétienne, qui instruit à la pureté et à la crainte.

3. DESQUELLES L'ORNEMENT NE SOIT POINT CELUI-LA DE DEHORS QUI GIT EN TORTILLEMENT DE CHEVEUX OU PARURE D'OR, OU EN ACCOUTREMENT D'HABITS. C'est l'autre membre de

[1] Ou, *chaste.*
[2] Ou, *laquelle chose est de grand pris.*

l'exhortation de S. Pierre, à savoir que les femmes s'habillent modérément et modestement. Car nous savons qu'en cet endroit elles sont trop minutieuses, et volontaires plus que de raison. Aussi n'est-ce point sans cause que l'Apôtre tâche de corriger en elles cette vanité. Or bien qu'il reprenne en général les vêtements somptueux, toutefois il note quelques espèces ; qu'elles ne soient point attentives à friser et grésiller leurs cheveux (comme pour ce faire elles avaient accoutumé d'user d'un poinçon), ou qu'elles ne s'adonnent point autrement à les entortiller mignardement. Bien plus, qu'elles ne portent point de dorures sur la tête. Car la superfluité se montre principalement en ces choses.

On fait ici une question, à savoir si l'Apôtre défend simplement d'appliquer de l'or sur l'habillement du corps. Si on veut éplucher les mots de près, il ne défend pas moins les habits précieux que l'or, car il ajoute immédiatement après : *en recherche d'habits.* Or ce serait une rigueur trop excessive, de défendre précisément tout lustre, et toute beauté en habillement. Si on dit que la matière est trop somptueuse, le Seigneur l'a créée, et quant aux métiers de broderies et aux ouvrages, nous savons aussi qu'ils sont procédés de lui. S. Pierre donc n'a pas voulu reprendre tout ornement des habits, mais le vice auquel les femmes sont par trop enclines. Il y a deux choses que nous devons considérer en habillements : la commodité et l'honnêteté. Or la mesure et la modestie sont parties de cette honnêteté. Par quoi si la femme est trop mignonnement coiffée et attifée, si elle est pompeuse et dissolue, sa vanité ne peut être excusée. Ceux qui répliquent que se vêtir d'une sorte ou d'une autre est chose indifférente et en la liberté de chacun, peuvent être réfutés sans grande difficulté. Car une trop grande parade et des désirs superflus en habillement, même tout excès, procèdent du vice du cœur. Or l'ambition, l'orgueil, la convoitise de dissolution, et les autres choses semblables ne sont pas choses indifférentes. Ceux donc qui auront leurs cœurs purifiés de toute vanité, se modéreront tout droitement, en sorte qu'ils n'excéderont point la mesure.

4. MAIS L'ETRE QUI EST CACHE, C'EST-A-DIRE DU CŒUR QUI GIT EN L'INCORRUPTION D'UN ESPRIT DOUX ET PAISIBLE, QUI EST DE GRAND PRIX DEVANT DIEU. Cette antithèse ou opposition doit être diligemment notée. CATON disait que ceux qui sont trop attentifs à se parer le corps, ne tiennent pas grand compte de parer et d'orner leur esprit. Ainsi S. Pierre donne ce remède pour réprimer la folle convoitise des femmes, qu'elles appliquent plutôt leur étude à orner l'esprit. Il ne faut douter que par ce mot *cœur*, il ne signifie l'âme tout entière. Il montre en même temps en quoi gît l'ornement spirituel des femmes, à savoir en *l'incorruption d'un esprit doux et paisible. Incorruption*, selon mon opinion, est le contraire des choses caduques et transitoires, qui servent à l'habillement et à l'ornement du corps. Et partant la traduction d'ERASME est en désaccord avec le vrai sens. Bref, S. Pierre entend que l'ornement de l'âme n'est point semblable à une fleur flétrie, et ne consiste pas en vaine beauté, mais qu'il est incorruptible.

Quand il dit : *esprit doux et paisible*, il note les vertus qui sont propres aux femmes. Car il n'y a rien qui soit mieux séant à ce sexe, qu'un esprit débonnaire et paisible. Et nous savons quel animal importun c'est qu'une femme audacieuse et opiniâtre. Davantage, il n'y a rien de plus propre pour corriger la vanité dont parle S. Pierre, que d'avoir l'esprit paisible et posé.

Ce qui s'ensuit, à savoir : *qui est de plus grand prix devant Dieu*, peut se rapporter tant à tout ce qui est ici compris, qu'à l'esprit paisible ; toutefois le sens sera toujours le même. Car d'où vient que les femmes sont si soigneuses pour se parer, sinon afin qu'elles soient regardées des hommes ? Mais S. Pierre au contraire veut qu'elles soient soigneuses pour être approuvées et estimées de Dieu.

5. *Car aussi jadis les sainctes femmes espérantes en Dieu s'accoustroyent ainsi, en estant sujetes à leurs maris,*
6. *Comme Sara obéissoit à Abraham, l'appelant Seigneur*[1] *: de laquelle vous estes filles en bien faisant, et en ne craignant point d'aucun espovantement*[2].

5. CAR AUSSI JADIS LES SAINTES FEMMES ESPERANT EN DIEU S'HABILLAIENT AINSI, EN ETANT SUJETTES A LEUR MARI. Il leur propose l'exemple des saintes femmes qui se sont plutôt adonnées à se parer et à s'orner selon l'esprit, qu'à s'attifer extérieurement. Or il nomme Sara par-dessus toutes autres, qui d'autant qu'elle est mère de tous les fidèles, est digne aussi d'être honorée et imitée principalement des femmes. Au reste, il retourne derechef à la sujétion, et la confirme par l'exemple de Sara, qui (comme dit Moïse) appelait son mari Seigneur. Il est vrai que Dieu ne s'arrête point à de tels titres, et il pourra quelquefois advenir que celle qui sera la plus effrontée et la plus désobéissante appellera ainsi son mari et aura le mot en la bouche. Mais S. Paul entend que Sara avait accoutumé de parler ainsi, parce qu'elle savait que Dieu lui avait imposé cette condition d'être obéissante et sujette à son mari. S. Pierre ajoute que celles qui imiteront sa bonté et sa vertu seront *ses filles*, c'est-à-dire, auront place parmi les fidèles.

6. COMME SARA OBEISSAIT A ABRAHAM, L'APPELANT SEIGNEUR, DE LAQUELLE VOUS ETES FILLES EN BIEN FAISANT, ET EN NE CRAIGNANT AUCUN EPOUVANTEMENT. La faiblesse du sexe féminin fait qu'elles sont plus soupçonneuses et craintives, et par conséquent plus difficiles et malaisées à contenter, parce qu'elles craignent que si elles s'assujettissent à leur mari, il ne les traite plus rigoureusement. Il semble bien que S. Pierre regarde à cela, quand il leur défend de se troubler d'aucune crainte, comme s'il disait : « Assujettissez-vous volontairement et de bon cœur à vos maris, et que la crainte ne vous empêche pas de vous rendre obéissantes, comme si votre condition devait être pire quand vous serez patientes ! » Cela toutefois pourrait être une sentence plus générale : qu'elles ne suscitent noises ou débats à la maison ! Car comme elles sont enclines à s'épouvanter, bien souvent aussi elles crient pour une chose frivole et de néant, et troublent sans cause toute la famille et elles-mêmes. Il y en a d'autres qui pensent qu'il corrige en général la timidité des femmes. Timidité qui est contraire à la foi, comme si S. Pierre les exhortait à poursuivre leur vocation d'un courage fort et constant. Toutefois j'approuve plus la première explication, bien qu'elle ne soit pas beaucoup différente de cette dernière.

7. *Vous, maris, semblablement portez-vous discrètement avec elles comme avec un vaisseau plus fragile,* c'est à savoir *fémenin*[3], *leur portant honneur, comme ceux qui aussi estes ensemble héritiers*[4] *de la grâce de vie : afin que vos oraisons ne soyent point entrerompues.*

[1] Gen. *18* : 12.
[2] Ou, *n'estant esperdues*, ou, *quand mesmes vous ne craignez point aucun.*
[3] I Cor. *7* : 3.
[4] Ou, *comme à celles qui sont aussi ensemble héritières.*

7. VOUS MARIS, SEMBLABLEMENT COMPORTEZ-VOUS DISCRETEMENT AVEC ELLES COMME AVEC UN VASE PLUS FRAGILE, A SAVOIR FEMININ, LEUR PORTANT HONNEUR, COMME CEUX QUI AUSSI ETES ENSEMBLE HERITIERS DE LA GRACE DE VIE, AFIN QUE VOS ORAISONS NE SOIENT POINT INTERROMPUES. Il requiert prudence des hommes. Car il ne leur est point permis de dominer sur leurs femmes, sinon sous cette condition, qu'ils les gouvernent prudemment. Que les maris donc se souviennent qu'ils ont besoin de prudence pour faire leur devoir. Et de fait, il faut qu'ils endurent beaucoup de sottises, qu'ils passent beaucoup d'ennuis, et qu'avec cela ils se gardent bien, par leur trop grand abandon, de nourrir la folie de leur femme. L'admonition que fait S. Pierre n'est donc point superflue, à savoir que les maris se comportent discrètement avec leur femme.

En disant, *comme avec un vase plus fragile*, il désigne une partie de cette prudence, dont il a fait mention, à savoir que les hommes aient en honneur leur femme. Car il n'y a rien qui sépare et rompe plus la société de la vie, que le mépris, et nous ne pouvons vraiment aimer sinon ceux que nous avons en estime, tellement que l'amour est une chose conjointe avec l'honneur et le respect. Au reste, il use de double argument, pour persuader les hommes de traiter leurs femmes honnêtement et bénignement. Il déduit le premier argument de la faiblesse du sexe, le second de l'honneur que Dieu leur fait. Ces choses semblent bien être quelque peu contraires, qu'on doit porter honneur aux femmes, d'autant qu'elles sont faibles, et d'autant qu'il y a quelque excellence en elles. Mais tous les deux s'accordent très bien où la charité règne. C'est un point tout arrêté, que si nous ne portons respect et honneur à ceux auxquels Dieu a donné quelque excellence, nous méprisons aussi Dieu lui-même en ses dons ; et d'autre part, quand nous considérons que nous sommes membres d'un même corps, nous apprenons à nous supporter, et à couvrir les faiblesses les uns des autres en les pardonnant. C'est ce que S. Paul en la première aux Corinthiens, chapitre *12*, v. 23, entend, quand il dit que « les membres les plus faibles sont environnés de plus grand honneur », à savoir d'autant que nous sommes plus soigneux de couvrir leur honte et leur vergogne. S. Pierre ne parle donc point mal à propos, quand il dit qu'on doit avoir soin des femmes, et commande qu'elles soient honorées par un traitement honnête et humain, d'autant qu'elles sont faibles. Davantage, de même que nous pardonnons aux enfants bien facilement, quand par faute de connaissance ils ont offensé, de même la fragilité et la faiblesse du sexe doit faire que nous ne soyons point trop austères et rigoureux envers nos femmes. On sait assez que par ce mot de *vase*, est signifié en l'Ecriture tout instrument.

HERITIERES DE LA GRACE DE VIE. Les autres exemplaires ont : « de grâces diverses et de la vie ». Cette lecture convient fort bien. Car puisque Dieu fait de semblables grâces aux hommes et aux femmes, il invite aussi les hommes à s'entretenir en égalité avec leur femme. Or nous savons qu'il y a diverses grâces par lesquelles les femmes sont compagnes des maris. Car les unes appartiennent à l'usage de la vie commune, les autres au royaume céleste de Dieu. Puis il ajoute qu'elles sont aussi ensemble héritières de la vie, ce qui est le principal. Or bien que quelques-unes soient hors de l'espérance du salut, toutefois, parce qu'il ne leur est pas moins offert qu'aux hommes par le Seigneur, ceci suffit pour honorer le sexe féminin.

AFIN QUE VOS ORAISONS NE SOIENT POINT INTERROMPUES. Car Dieu ne peut être invoqué comme il appartient si les esprits ne sont pas tranquilles et paisibles, et les oraisons ne peuvent trouver place entre les querelles et les noises. Il est vrai que S. Pierre parle au mari et à la femme, quand il commande qu'ils soient d'accord, afin qu'ils prient Dieu tous deux d'un même cœur. Mais on peut tirer une doctrine générale de ceci, à savoir que nul ne peut avoir accès à Dieu, s'il n'est uni à ses frères. De même que cette raison doit apaiser tous les troubles et les querelles qui sont en la maison, à savoir afin que Dieu soit invoqué en chaque famille, de même elle doit être comme une bride pour réprimer toutes les dissensions entre tous. Car nous sommes plus qu'enragés, si volontairement nous fermons le chemin d'invoquer Dieu, vu que c'est la seule assurance de notre salut. Quelques-uns interprètent ce passage ainsi : qu'il faut que le mari use sagement et modérément de la compagnie de sa femme, afin que le trop fréquent usage n'ôte point l'affection de prier, selon ce qui est dit par S. Paul (I Cor. 7 : 5) : « Ne vous privez point l'un de l'autre, si ce n'est pour un temps par consentement mutuel, afin que vous vaquiez à jeûne et oraison. » Mais cette doctrine de S. Pierre s'étend bien plus loin. Davantage, S. Paul n'entend pas que les prières soient interrompues par l'habitation mutuelle du mari avec la femme. Retenons donc l'exposition que j'ai amenée.

8. *Et finalement soyez tous d'un consentement, et d'une compassion, aimans fraternellement, miséricordieux, humbles*[1],
9. *Ne rendans point mal pour mal, ne injure pour injure : ains au contraire bénissans, sçachans que vous estes appelez à cela, afin que vous ayez l'héritage de bénédiction.*

8. ET FINALEMENT SOYEZ TOUS D'UN MEME CONSENTEMENT, ET D'UNE COMPASSION, AIMANT FRATERNELLEMENT, MISERICORDIEUX, HUMBLES. Il met maintenant des instructions générales qui appartiennent indifféremment à tous. Or il en nomme sommairement quelques points qui sont grandement nécessaires pour garder et entretenir l'amitié et la charité. Premièrement, que nous soyons *tous d'un consentement*. Car bien qu'il soit permis entre amis d'avoir diverses opinions, toutefois cette diversité est comme une petite nuée qui peut obscurcir l'amour, et qui pis est, cette semence peut facilement engendrer la haine.

La *compassion* s'étend en tous sens : quand il y a une telle concordance entre nous, que chacun n'est point moins marri des adversités de ses frères ou prochains que des siennes propres, et ne se réjouit pas moins de leur prospérité, et ne regarde point seulement à soi, mais a soin aussi des autres.

Ce qui s'ensuit après : *vous aimant fraternellement*, a lieu spécialement entre les fidèles. Car là où Dieu est reconnu pour Père c'est là, à la vérité, où il y a fraternité. *La miséricorde* qu'il ajoute après, non seulement nous sollicite à secourir nos frères, et à soulager leurs misères, mais aussi nous instruit et nous forme à supporter leurs infirmités et leurs faiblesses.

En ce qui s'ensuit, il y a double lecture parmi les Grecs, toutefois celle que j'ai mise au texte me semble plus probable, vu que nous savons que le principal lien pour bien garder et entretenir l'amitié, c'est quand chacun s'estime peu et pense modestement de soi, comme au contraire il n'y a rien qui engendre plus la discorde, que lorsque nous plaisons par trop. S. Pierre parle donc prudemment quand il nous avertit d'être humbles afin que l'orgueil et la fierté de cœur ne nous incitent à mépriser nos prochains.

9. NE RENDANT POINT MAL POUR MAL, NI INJURE POUR INJURE, MAIS AU CONTRAIRE BENISSANT, SACHANT QUE VOUS ETES APPELES A CELA, AFIN QUE VOUS AYEZ L'HERITAGE DE BENEDICTION. Il défend par ces paroles toute vengeance. Car pour entretenir la charité, il faut

[1] Ou, *aimans accord*, ou, *gracieux*.

endurer et supporter beaucoup de choses. Bien qu'il ne parle pas ici de la bienveillance mutuelle, mais nous enseigne à supporter patiemment les injures et les outrages, quand les méchants nous irritent. Or, bien que d'habitude on estime que c'est le fait d'un couard et d'un lâche d'endurer les injures sans s'en venger, nonobstant, cela est estimé pour une grande magnanimité devant Dieu, comme il a été dit ci-dessus. Et il ne suffit pas de s'abstenir de la vengeance, mais S. Pierre requiert aussi que nous désirions du bien à ceux qui nous outragent. *Bénir* est pris ici pour prier pour la prospérité d'autrui, car il est opposé au second membre. Mais S. Pierre enseigne en général qu'il faut surmonter le mal en faisant le bien. Il est vrai que la chose est bien difficile mais il faut qu'en cela nous imitions notre Père céleste, qui fait luire son soleil sur ceux qui en sont indignes. Quant à ce que les sophistes ont forgé que c'est seulement un conseil, c'est un raisonnement plus que frivole. Car Christ ayant dit : « Aimez vos ennemis », ajoute incontinent pour confirmer sa doctrine : « Afin que vous soyez enfants de Dieu » (Matth. *5* : 45).

SACHANT QUE VOUS ETES APPELES A CELA. Il signifie que cette condition est imposée aux fidèles quand Dieu les a appelés, que non seulement ils montrent leur mansuétude jusque là, de ne rendre point outrage pour outrage, mais aussi qu'ils bénissent ceux qui les maudissent. Or parce que cette condition pourrait sembler rude et presque inique, il leur en rappelle l'avantage. Comme s'il disait qu'il ne faut point que les fidèles se plaignent, d'autant que s'ils pardonnent les injures, c'est pour leur bien. En somme, il montre quel gain apporte la patience, parce que si nous endurons patiemment les outrages, Dieu nous fait sentir sa bénédiction.

Quand il dit : *afin que vous ayez l'héritage*, il semble que ce soit pour exprimer la perpétuité, comme si S. Pierre eût dit qu'il nous sera bien non seulement pour un peu de temps, mais pour toujours, si nous sommes modestes et patients à endurer les injures qui nous sont faites. Au reste, Dieu bénit d'une autre façon que les hommes ne le font. Car c'est à nous de le prier, mais quant à lui, il a l'effet en sa main. Or S. Pierre signifie à l'opposé que ceux qui voudront se venger des injures qui leur auront été faites s'en trouveront toujours mal, quelque chose qu'ils entreprennent, parce que, par ce moyen, ils se privent de la bénédiction de Dieu.

10. *Car qui veut aimer la vie, et veoir ses jours bienheureux, qu'il garde sa langue de mal, et ses lèvres, qu'elles ne prononcent fraude*[1] *:*
11. *Qu'il se destourne de mal, et face bien : qu'il cherche la paix, et la pourchasse*[2] *:*
12. *Car les yeux du Seigneur sont sur les justes, et ses oreilles* enclines *à leurs prières : et le regard du Seigneur est sur ceux qui font les maux.*
13. *Et qui est-ce qui vous nuira, si vous ensuyvez le bien ?*
14. *Mesmement encores que vous enduriez quelque chose pour justice*[3]*, vous estes bienheureux : mais ne craignez point pour la crainte d'eux, et ne soyez troublez*[4] *:*

10. CAR QUI VEUT AIMER LA VIE, ET VOIR SES JOURS BIENHEUREUX, QU'IL GARDE SA LANGUE DE MAL, ET SES LEVRES, QU'ELLES NE PRONONCENT FRAUDE. Il confirme la sentence précédente par le témoignage de David. Le passage est pris du Psaume *34*, où le Saint-Esprit

[1] Ps. *34* : 13.
[2] Es. *1* : 16.
[3] Ou, *avoir bien fait.*
[4] Matth. *5* : 10.

témoigne que tous ceux se trouveront bien qui s'abstiendront de faire quelque tort et dommage. Il est vrai que l'opinion commune et le sens naturel de l'homme nous conseillent bien autrement. Car les hommes penseraient être abandonnés à la violence et à l'outrage de leurs ennemis, si promptement ils ne se vengeaient de tout leur pouvoir. Au contraire, l'Esprit de Dieu ne promet la vie bienheureuse sinon aux débonnaires, et à ceux qui endurent patiemment les maux qu'on leur fait. Et de fait, nous ne pouvons nous trouver bien, sinon que Dieu fasse prospérer nos entreprises. Or il veut assister les bons et ceux qui font le bien, et non les cruels et félons. Au reste, S. Pierre a suivi la traduction grecque, toutefois quant au sens, il n'y a pas grande différence. David dit ainsi de mot à mot : « Celui qui aime la vie et désire voir bons jours. » C'est une chose désirable puisque Dieu nous a mis en ce monde, de vivre en paix tout le cours de notre vie. Il montre donc comment nous pourrons obtenir un tel bien, à savoir si nous vivons justement avec tous, nous donnant garde de mal faire à personne. Et premièrement il déclare de quels vices de la langue il se faut garder, à savoir que nous ne soyons injurieux ni outrageux, puis que nous ne soyons doubles ni trompeurs. De là il vient à toucher les faits, à savoir que nous ne blessions personne, et ne fassions dommage à aucun, mais que nous tâchions de bien faire à tous, et d'user d'humanité.

11. QU'IL SE DETOURNE DU MAL, ET FASSE LE BIEN, QU'IL CHERCHE LA PAIX ET LA POURCHASSE. Car ce n'est point assez de recevoir la paix quand elle nous est offerte, mais il faut la chercher aussi et comme courir après, quand il semble qu'elle s'enfuit de nous. Davantage, il adviendra bien souvent que nous la chercherons autant que nous pourrons, et les autres ne nous la donneront pas. A cause donc de ces difficultés et de ces empêchements, il nous commande de la chercher et de la poursuivre.

12. CAR LES YEUX DU SEIGNEUR SONT SUR LES JUSTES, ET SES OREILLES ENCLINES A LEURS PRIERES, ET LE REGARD DU SEIGNEUR EST SUR CEUX QUI FONT LE MAL. Cela doit nous être un assez suffisant soulagement pour adoucir l'aigreur de toutes sortes de maux et d'adversités, à savoir que le Seigneur a sa vue jetée sur nous, pour nous aider en temps opportun. La somme donc est que cette prospérité dont il a parlé dépend de la garde et de la protection de Dieu. Car si Dieu ne pourvoyait aux siens, ils seraient comme des brebis exposées en proie aux loups. Et de fait, d'où vient cela que nous sommes si facilement émus et troublés, que nous sommes soudainement embrasés à colère et courroux, et que nous brûlons de convoitise et de vengeance, sinon que nous ne considérons point que Dieu a soin de nous, et ne nous reposons point sur son aide ? Par conséquent, on ne profitera rien de nous instruire à patience, si nos esprits ne sont premièrement abreuvés de cette doctrine, que Dieu a soin de nous pour nous secourir en temps propre. Au contraire, quand ceci nous est bien persuadé, que Dieu veut maintenir les cause des justes, premièrement nous nous étudions à vivre sans mal faire ou nuire à personne, puis, quand les méchants nous font quelque outrage et ennui, nous recourons à l'aide de Dieu. Car en disant que *les oreilles* du Seigneur sont ouvertes aux prières, il nous incite à l'exercice de prier.

ET LE REGARD DU SEIGNEUR. Par cette affirmation il signifie que le Seigneur sera notre garant et notre défenseur, parce qu'il ne permettra point que la fierté et la violence superbes des méchants aient toujours cours. Et en même temps, il annonce ce qui nous adviendra, si nous voulons maintenir notre vie en faisant le mal aux autres, à savoir que nous aurons Dieu pour adversaire. Mais on pourrait objecter à l'encontre de ceci, que nous expérimentons bien le contraire tous les jours. Car plus quelqu'un est juste et aimant la paix, plus il est tourmenté par les iniques. Je réponds que nul n'est tellement amateur de paix et d'équité, que quelquefois il n'offense en quelque endroit. Mais encore, il faut principalement regarder à un point, à savoir que les promesses de la vie présente ne s'étendent plus loin, qu'autant qu'il nous est expédient que ce qu'elles contiennent nous soit donné. Aussi notre paix avec le monde est-elle souvent troublée, afin que notre chair soit domptée pour obéir à Dieu, et pour d'autres causes, en sorte que cependant nous n'y perdons rien.

13. ET QUI EST-CE QUI VOUS NUIRA, SI VOUS SUIVEZ LE BIEN ? Il confirme derechef la sentence précédente par un argument pris de ce que nous expérimentons ordinairement. Car il advient bien souvent que les méchants nous font des ennuis, ou parce que nous les avons provoqués, ou parce que nous ne nous sommes pas employés à gagner leur amitié comme nous devions. Car ceux qui s'étudient à bien faire adouciront même des cœurs endurcis comme le fer. PLATON amène une raison semblable du premier livre de la République, où il dit qu'injustice et outrage suscitent sédition, haines et combats, justice au contraire apporte concorde et amitié. Mais bien qu'il en advienne ainsi coutumièrement, toutefois ce n'est pas toujours le cas. Car quoique les enfants de Dieu s'efforcent d'adoucir les méchants en leur faisant plaisir et services, voire même s'adonnent à bien faire à tous, néanmoins plusieurs leur courent dessus sans occasion quelconque.

Pour cette raison, S. Pierre ajoute : *Encore que vous enduriez quelque chose pour la justice.* La somme de cela est que les fidèles, pour avoir ce bien de vivre en paix et en tranquillité, feront plus en se montrant humains et prêts à faire plaisir, que par violence et promptitude de se venger. Et au reste, quand ils n'auront rien omis pour acquérir la paix, s'il advient qu'ils endurent, par cela même ils sont bienheureux, parce qu'ils endurent et sont outragés pour la justice. Il est vrai que cette dernière affirmation est grandement contraire au sens de notre chair, mais Christ n'en a point ainsi prononcé à la légère (Matth. *5* : 10), et S. Pierre ne le déclare point sans cause, le tenant de la bouche du Maître. Car Dieu se montrera à la fin libérateur, et alors apparaîtra manifestement ce qui nous semble maintenant incroyable, à savoir que les misères et calamités que les fidèles ont patiemment endurées, ont été pleines de bonheur.

ENDURER POUR LA JUSTICE, non seulement signifie souffrir quelque dommage ou adversité pour maintenir une bonne cause, mais aussi endurer à tort et injustement quand quelqu'un s'est comporté parmi les hommes sous la crainte de Dieu, sans mal faire aux autres.

14. MEME ENCORE QUE VOUS ENDURIEZ QUELQUE CHOSE POUR LA JUSTICE, VOUS ETES BIENHEUREUX, MAIS NE CRAIGNEZ POINT POUR LA CRAINTE D'EUX, ET NE SOYEZ PAS TROUBLES. Il montre derechef la source et la cause d'impatience, à savoir que nous nous troublons outre mesure, quand les infidèles s'élèvent contre nous. Car un tel épouvantement nous rend tout éperdus, ou nous fait perdre constance, ou nous incite à prendre vengeance, quand nous ne nous reposons point sur l'aide de Dieu. Ce sera donc un très bon remède pour réprimer les troubles et les impétuosités de nos esprits, ni nous surmontons les étonnements excessifs par la confiance en l'aide de Dieu. Au surplus, il ne faut point douter que l'Apôtre ait fait allusion et eu égard au passage d'Esaïe, qui est au chapitre *8*, v. 12. Car alors que les Juifs, malgré la défense de Dieu, cherchaient à se fortifier par les moyens et les aides profanes de ce monde, Dieu exhorte son Prophète à ne point trembler et ne point s'effrayer comme eux.

Il semble toutefois que S. Pierre tire ce mot de *crainte* à un autre sens. Car il est pris en signification passive par le Prophète, qui reprend le peuple d'incrédulité, parce qu'au lieu qu'étant appuyé sur l'aide de Dieu, il devait demeurer constant et ne point s'effrayer dans les dangers, il était si abattu de crainte et si découragé, que de tous côtés il cherchait des secours illicites. Mais S. Pierre prend autrement la crainte, à savoir pour la peur que les méchants ont accoutumé de nous faire par leur violence et leur menaces furieuses. Il s'éloigne donc un peu du sens du Prophète, mais il n'y a nul inconvénient en cela. Car ce n'a point été son intention d'exposer le passage du Prophète, mais il a seulement voulu montrer qu'il n'y a rien de plus propre pour nous inciter à la patience, que ce qu'Esaïe enseigne, à savoir que nous rendions à Dieu l'honneur qui lui appartient, nous reposant sur sa puissance, et arrêtant là toute la confiance de notre cœur. Toutefois si quelqu'un aime mieux interpréter les paroles de S. Pierre : « Ne craignez point de leur crainte » comme s'il eût dit : « Ne vous effrayez point de ce dont les infidèles et les enfants de ce monde ont accoutumé de s'effrayer, d'autant qu'ils ne connaissent rien de la providence de Dieu », je n'y répugne pas grandement, sinon qu'à mon avis l'explication serait contrainte. Et il ne faut pas beaucoup se tourmenter de cela, vu que S. Pierre n'a pas voulu exposer ici chaque mot du Prophète, mais seulement s'arrêter sur ce point, que les fidèles demeureront fermes et constants, et ne pourront jamais pour aucun trouble ni crainte être détournés de suivre le droit fil de leur devoir, moyennant qu'ils sanctifient le Seigneur des armées.

15. *Ains sanctifiez le Seigneur*[1] *des armées en vos cœurs. Et soyez tousjours appareillez à respondre avec douceur et crainte*[2] *à chacun qui vous demandera raison de l'espérance qui est en vous :*
16. *Ayans bonne conscience : afin que ceux qui blasment vostre bonne conversation en Christ, soyent confus, en ce qu'ils mesdisent de vous comme de malfaiteurs.*

15. MAIS SANCTIFIEZ LE SEIGNEUR DES ARMEES EN VOS CŒURS. ET SOYEZ TOUJOURS PRETS A REPONDRE AVEC DOUCEUR ET CRAINTE A CHACUN QUI VOUS DEMANDERA RAISON DE L'ESPERANCE QUI EST EN VOUS. Cette sanctification doit être restreinte à la circonstance du propos qu'il traite ici. Car d'où vient cela, que nous sommes tout abattus de frayeur, et pensons être perdus, quand nous voyons quelque péril proche, sinon d'autant que nous attribuons plus de puissance à un homme mortel pour nuire, que nous ne faisons confiance à Dieu pour garder et sauver ? Dieu promet qu'il sera gardien de notre salut, les infidèles au contraire tâchent de l'anéantir. Si nous ne demeurons fermes sur la promesse de Dieu, ne lui faisons-nous pas tort ? Et, par manière de dire, ne le profanons-nous pas ? Le Prophète enseigne donc qu'il nous faut avoir une attente magnifique et honorable du Seigneur des armées, en sorte que, bien que les méchants machinent tout ce qu'ils peuvent pour nous détruire, et même soient garnis de grandes forces, néanmoins lui seul est assez puissant pour nous garder et nous sauver.

[1] Ou, *le Seigneur Dieu.*
[2] Ou, *révérence.*

C'est pourquoi S. Pierre ajoute : *en vos cœurs*. Car si cette persuasion est fichée au profond de nos cœurs, que l'aide que Dieu nous a promise est suffisante, nous serons très bien munis pour repousser toutes les craintes d'infidélité.

ET SOYEZ TOUJOURS PRETS A REPONDRE. Bien que ce soit ici un nouvel enseignement, toutefois il dépend des autres précédents. Car il requiert des fidèles une telle constance, qu'ils répondent hardiment de leur foi aux adversaires. Or cette constance est une partie de la sanctification, dont il a parlé naguère. Car alors nous rendons vraiment à Dieu l'honneur qui lui appartient, quand il n'y a ni crainte ni honte qui nous empêche de faire une droite profession de notre foi. Au reste, S. Pierre ne nous commande point précisément de déclarer en tous lieux et tous temps indifféremment envers tous, tout ce qui nous aurait été donné de Dieu. Car dans ce domaine le Seigneur garnit les siens de l'Esprit de discrétion, afin qu'ils puissent discerner quand et jusqu'à quel point et à qui il sera utile de parler. Seulement, il veut qu'ils soient prêts à répondre, afin qu'en se taisant ils n'exposent point la doctrine de Christ aux moqueries des infidèles, par leur nonchalance et une lâche crainte de la chair. La somme donc de ceci tend à ce but, que nous devons avoir la confession de notre foi toute prête, pour la produire chaque fois qu'il en sera besoin, afin qu'en nous taisant nous ne donnions occasion aux incrédules de blâmer et de condamner toute la religion que nous suivons. Davantage, il nous faut noter que S. Pierre ne commande point ici que nous soyons prêts à donner solution à toutes les questions qu'on pourrait nous mettre en avant de quelque point de doctrine que ce soit. Car tous ne peuvent pas traiter et déduire toutes les matières qui peuvent venir en question, et toutefois, c'est ici une doctrine générale, qui appartient aussi bien aux ignorants et aux simples qu'aux autres. S. Pierre ne veut donc pas dire autre chose, sinon qu'il faut que les chrétiens montrent ouvertement aux infidèles qu'ils honorent et servent Dieu purement, et qu'ils ont une religion sainte et droite. Ce qui ne doit point être trouvé étrange, car ce serait une chose trop absurde, quand quelqu'un s'enquiert de notre foi, que nous ne mettions rien en avant pour la défense de celle-ci. Car il nous faut toujours nous efforcer que tous connaissent que nous craignons Dieu, et que nous avons en sainte recommandation et respect son vrai service.

La saison aussi et le temps le requerraient bien. Le nom de chrétien était fort odieux et diffamé, plusieurs pensaient que les chrétiens étaient une secte méchante et pleine de sacrilèges. C'eût donc été une grande déloyauté envers Dieu, si, étant interrogés, ils n'eussent tenu compte de rendre témoignage de leur religion. Et c'est à mon avis ce que signifie le mot grec *apologie*, qui veut dire défense ou excuse (et que nous avons traduit par *réponse*) dont use S. Pierre : à savoir que les chrétiens donnent à connaître au monde qu'ils étaient loin de toute impiété et de toute corruption de la vraie religion, qui étaient des blâmes dont ils étaient suspects chez les ignorants, qui n'entendaient pas comme les choses allaient à la vérité.

L'*espérance* est ici prise pour la foi, par la figure nommée synecdoque. Toutefois (comme il a été dit) S. Pierre ne requiert point que les fidèles sachent distinctement et subtilement disputer de chaque article de foi, mais qu'ils montrent que la foi qu'ils ont en Christ s'accorde avec la vraie religion. Or nous déduisons de cela que tous ceux qui n'ont rien de certain, et ne sauraient rien répondre de leur foi, abusent faussement du nom de chrétien.

Mais il ne faut pas oublier de noter diligemment ce qu'il dit : *de l'espérance qui est en vous*. Car il signifie par cela qu'il n'y a point d'autre confession qui soit approuvée de Dieu, sinon celle qui procède du cœur. Car en vain la langue babillera, si la foi n'a son siège au-dedans. Il faut donc qu'elle prenne racine en nous, afin qu'elle produise ensuite le fruit de la confession.

AVEC DOUCEUR ET CRAINTE. Voici une admonition fort nécessaire. Car si nos esprits ne sont pas disposés à la modestie, aussitôt s'émeuvent les contentions. Mais la douceur est opposée tant à l'orgueil et à la vaine ostentation ou à la parade, qu'à une ardeur excessive. Il conjoint à bon droit la *crainte* avec telle débonnaireté. Car où la crainte et la vénération de Dieu dominent, elles domptent toute fierté et arrogance de cœur, et principalement elles font que nous traitons en paix et douceur les mystères de Dieu. Car voilà d'où viennent les disputes et les contestations, à savoir que la plupart des hommes, parce qu'ils ne portent point à la sagesse céleste un tel honneur et respect que sa grandeur mérite, s'élèvent d'une audace profane. Si donc nous voulons que la confession de notre foi soit approuvée de Dieu, éloignons-nous de toute vanterie, et chassons dehors toute querelle.

16. AYANT BONNE CONSCIENCE, AFIN QUE CEUX QUI BLAMENT VOTRE BONNE CONDUITE EN CHRIST SOIENT CONFUS, EN CE QU'ILS MEDISENT DE VOUS COMME MALFAITEURS. Parce que la parole n'a pas grande autorité, si la vie n'y correspond, il conjoint la bonne conscience avec la confession de la foi. Car nous voyons que plusieurs ont la langue assez prompte, et babillent beaucoup avec hardiesse, sans aucun fruit toutefois, d'autant que la vie n'y correspond pas. De plus, il n'y a que la pureté de conscience qui nous donne hardiesse de parler comme il faut. Car ceux qui gazouillent et babillent beaucoup de l'Evangile, et cependant par leur vie dissolue peuvent être repris d'impiété, non seulement se rendent ridicules, mais aussi prostituent la doctrine aux calomnies des méchants. Car pourquoi commandait-il naguère que nous fussions prêts à proposer défense et à rendre réponse si quelqu'un demande raison de notre foi, sinon parce que c'est notre office de maintenir la doctrine de Dieu et la défendre contre tous mauvais soupçons, dont les ignorants la chargent faussement ? Or la défense de la langue ne servira pas de beaucoup en cet endroit, si la vie aussi n'est pas de même.

C'est pourquoi il dit : *afin que ceux qui blâment votre bonne conduite en Christ soient confus, en ce qu'ils médisent de vous comme des malfaiteurs*. Comme s'il disait : si les adversaires n'ont rien qu'ils puissent reprendre en vous, sinon que vous suivez Christ, finalement ils auront honte de leur malice, ou pour le moins votre innocence sera assez suffisante pour les convaincre.

17. *Car il vaut mieux que vous soyez affligez en bien faisant, si la volonté de Dieu le veut, qu'en mal faisant :*
18. *Car aussi Christ a souffert une fois pour les péchez, luy juste pour les injustes : afin qu'il nous amenast à Dieu, estant mortifié en chair, mais vivifié par l'Esprit.*

17. CAR IL VAUT MIEUX QUE VOUS SOYEZ AFFLIGES EN BIEN FAISANT, SI LA VOLONTE DE DIEU LE VEUT, QU'EN MAL FAISANT. Ceci ne se rapporte pas seulement à la sentence précédente, mais à tout le propos. Il a parlé de faire profession et déclaration de la foi, ce qui était bien dangereux en ce temps-là ; maintenant il dit qu'il vaut beaucoup mieux qu'ils souffrent injustement et à tort, pour maintenir une bonne cause, que s'ils étaient punis pour leurs mauvaises actions. Or c'est une consolation dont on sent mieux le poids par méditation secrète dans le cœur, que pour en tenir long propos. Il est vrai qu'on trouvera tout communément dans les auteurs profanes, que la bonne conscience apporte assez de confort et d'aide, quelques maux qui nous puissent advenir et qu'il nous faille endurer. Ainsi ces pauvres païens ont parlé de grand courage, mais le cœur sera alors vraiment courageux et constant, quand il regardera en Dieu.

C'est pourquoi S. Pierre a ajouté cette section : *si la volonté de Dieu le veut*, car il nous admoneste par ces paroles, que si nous endurons quelque chose à tort et sans cause, cela n'advient point par cas fortuit, mais plutôt par une certaine volonté de Dieu. Car il présuppose pour un point tout arrêté, que Dieu ne veut et n'ordonne rien, que pour bonne et juste cause. Ainsi donc les fidèles ont ce soulagement en leurs misères, qu'ils savent qu'ils ont Dieu pour témoin, qui les voit et contemple, puis après qu'ils connaissent que c'est par sa main qu'ils sont amenés au combat, afin que sous sa conduite ils montrent la force de leur foi.

18. CAR AUSSI CHRIST A SOUFFERT UNE FOIS POUR LES PECHES, LUI JUSTE POUR LES INJUSTES, AFIN QU'IL NOUS AMENAT A DIEU, ETANT MORTIFIE EN CHAIR, MAIS VIVIFIE PAR L'ESPRIT. C'est une autre consolation, que si en nos afflictions nous ne nous sentons point coupables de méfait, nous endurons à l'exemple de Christ, dont il s'ensuit que nous sommes bienheureux. Or il prouve en même temps par le but de la mort de Christ, qu'il n'est nullement convenable que les chrétiens soient punis pour des méfaits. Car il montre que Christ a souffert *afin qu'il nous amenât à Dieu*. Que veut dire cela ? Sinon que par la mort de Christ nous avons été tellement consacrés à Dieu, qu'il faut qu'en lui nous vivions et mourions. Cette sentence donc a deux membres. Le premier est qu'il faut patiemment endurer les afflictions, parce que le Fils de Dieu nous montre le chemin. Le second, que puisque par la mort de Christ nous sommes comme voués et dédiés à l'obéissance de Dieu, il n'est pas convenable que nous souffrions pour méfaits, mais bien pour justice.

Toutefois on peut faire ici une question, à savoir si Dieu ne châtie pas les fidèles toutes les fois qu'il permet qu'ils soient affligés de quelque part ? Je réponds qu'il advient bien souvent que par de tels moyens Dieu leur envoie les peines qu'ils ont méritées. Et S. Pierre ne nie pas cela, mais il montre quel soulagement c'est d'être conjoint en cause avec Dieu. Or nous verrons au chapitre suivant, comment c'est que Dieu ne punit pas les péchés de ceux qui endurent la persécution pour la justice, et en quelle signification ils sont appelés innocents.

ETANT MORTIFIE EN CHAIR, MAIS VIVIFIE PAR L'ESPRIT. C'était déjà une chose fort excellente, de dire que nous sommes faits conformes au Fils de Dieu, quand nous souffrons à tort et sans cause, mais voici encore un autre argument pour nous consoler, à savoir que l'issue de la mort de Christ a été heureuse, parce que, bien qu'il ait souffert à cause de la faiblesse de la chair, nonobstant il est ressuscité par la puissance de l'Esprit. Ainsi donc, ni la croix, ni la mort n'ont porté aucun dommage à Christ, vu que la vie a obtenu la victoire en lui. Or ceci est dit afin que nous sachions (comme aussi S. Paul le dit) que « nous portons la mortification de Christ en notre corps, afin que sa vie soit manifestée en nous » (II Cor. *4* : 10). Ce mot de *chair* est pris ici pour l'homme extérieur, et *l'Esprit* pour la puissance divine, par laquelle Christ a obtenu la victoire sur la mort.

19. *Par lequel aussi estant parti, il a presché aux esprits qui estoyent en chartre*[1].

[1] Ou, *qui estoyent au guet*, ou, *qui sont en chartre*.

20. *Comme ainsi soit qu'il y eust eu jadis des incrédules, quand on attendoit une fois la patience de Dieu és jours de Noé*[1] *: lors que l'arche s'appareilloit, en laquelle petit nombre,* asçavoir *huit personnes furent sauvées par eau.*
21. *A quoy aussi maintenant respond à l'opposite la figure qui nous sauve,* asçavoir *le Baptesme : non point celuy par lequel les ordures de la chair sont nettoyées, ains l'attestation de bonne conscience devant Dieu, par la résurrection de Jésus-Christ,*
22. *Qui est à la dextre de Dieu, estant allé au ciel, auquel sont assujettis les Anges, et Puissances et Vertus.*

19. PAR LEQUEL AUSSI ETANT PARTI, IL A PRECHE AUX ESPRITS QUI ETAIENT EN PRISON. S. Pierre a ajouté ceci, afin que nous sachions que cette vertu vivifiante du Saint-Esprit, dont il a parlé, n'a point été seulement manifestée en la personne de Christ, mais est aussi répandue sur nous, comme S. Paul aussi l'enseigne au chapitre *8*, v. 11 des Romains. Il dit donc que Christ n'est point seulement ressuscité pour lui-même, mais afin qu'il manifeste la même vertu de son Esprit aux autres, et que même elle a pénétré jusqu'aux morts. D'où il s'ensuit que nous ne la sentirons pas moins, afin qu'elle vivifie tout ce qui est mortel en nous. Au reste, parce que la difficulté de ce passage nous a engendré diverses opinions, comme il en advient souvent, en premier lieu je réfuterai les explications que les autres amènent, puis nous chercherons le sens vrai et naturel.

Ça été une opinion commune et populaire, qu'ici était fait mention de la descente de Christ aux enfers, mais les mots signifient autre chose. Car il n'est nullement parlé de l'âme de Christ, mais seulement qu'il est parti en Esprit. Or ce sont deux choses bien différentes, que l'âme de Christ est venue, et que Christ a prêché par la puissance de son Esprit. S. Pierre donc exprime nommément l'Esprit, afin d'ôter toute imagination de présence réelle. Les autres le prennent des Apôtres, à savoir que par leur ministère Christ est apparu aux morts, c'est-à-dire aux infidèles. Je confesse bien que par les Apôtres, Christ est venu en son Esprit à ceux qui étaient détenus en la chair, mais on peut amener plusieurs raisons pour montrer que cette exposition est fausse. Premièrement S. Pierre explique que Christ vint aux esprits ; par ce mot il signifie les âmes séparées des corps. Car il ne se trouve point en quelque lieu que ce soit, que les hommes vivants soient appelés esprits. Bien plus, ce que S. Pierre répétera au chapitre suivant à ce même sens, ne peut recevoir aucune allégorie. Il faut donc entendre ces mots proprement des morts. Pour le troisième, cela serait fort absurde de dire que S. Pierre, parlant des Apôtres, vint incontinent sauter au temps de Noé, comme s'il se fût soudainement oublié. Tant y a qu'à le prendre ainsi, la sentence demeurerait là tout court fort mal à propos. C'est donc une opinion qui n'a point d'apparence.

Semblablement la rêverie de ceux qui pensent que les incrédules après la mort ont été délivrés de la condamnation par l'avènement de Christ, n'a pas besoin de longue réfutation. Car c'est une doctrine de l'Ecriture toute certaine, que nous n'obtenons le salut en Christ que par la foi. Il ne faut donc point penser qu'il y ait quelque espérance de salut pour ceux qui sont demeurés endurcis et obstinés jusqu'à la mort. L'opinion de ceux qui disent que la rédemption acquise par Christ a profité aux morts, qui du temps de Noé avaient été longuement incrédules, et toutefois s'étaient finalement repentis un peu avant qu'ils fussent noyés par le déluge, est un peu plus probable. Ils entendent donc que ceux-là ont porté en la chair la punition de leur obstination, et que toutefois par le moyen de

[1] Ou, *comme ainsi soit qu'ils fussent jadis désobéissans*, ou, *qui ont jadis désobéi quand la patience de Dieu attendoit une fois.*

Christ ils ont été garantis de la mort éternelle. Mais c'est une divination qui est bien peu ferme, bien plus, elle ne concorde pas avec le fil du texte. Car S. Pierre attribue le salut à la famille de Noé seulement, et adjuge à perdition tous ceux qui étaient hors de l'arche. C'est pourquoi, de ma part, je ne doute point que S. Pierre ne dise en général que la manifestation de la grâce de Christ est parvenue aux esprits fidèles, et que par ce moyen l'efficacité vivifiante de l'Esprit a été répandue sur eux. Pour cette cause il ne faut point craindre qu'elle ne parvienne aussi jusqu'à nous.

Mais on peut faire une question : pourquoi dit-il que les âmes des fidèles qui sont sorties des corps sont *en prison* ? Selon mon opinion, le mot grec qui est mis ici, signifie plutôt le lieu où on fait le guet, ou le guet même qu'on fait. Car il est souvent pris en cette signification chez les Grecs. Et le sens coulera très bien en cette sorte, à savoir que les âmes fidèles ont été attentives à l'espérance du salut qui était promis, comme si elles l'eussent contemplé de loin, et fait le guet pour le voir venir. Car il ne faut douter que les saints pères aient dressé leurs pensées à ce but, tant en la vie qu'en la mort. Nonobstant, si quelqu'un aime mieux retenir ce mot de chartre ou prison, il ne conviendra point mal. Car comme durant leur vie la loi (selon que dit S. Paul : Gal. *3* : 23) leur a été une garde étroite, en laquelle ils étaient détenus, aussi a-t-il fallu qu'après la mort ils aient été étreints et enserrés d'un désir ardent de la venue de Christ, d'autant que l'Esprit de liberté n'était pas encore pleinement donné. Ainsi l'anxiété de cette attente leur était comme une prison. Jusqu'ici les paroles de l'Apôtre conviennent fort bien au fait et au fil du propos. Mais ce qui s'ensuit a encore quelque difficulté. Car il fait seulement mention des *incrédules*, et non point des fidèles.

20. PUISQU'IL Y AVAIT EU JADIS DES INCREDULES, QUAND ON ATTENDAIT UNE FOIS LA PATIENCE DE DIEU AUX JOURS DE NOE, LORSQUE L'ARCHE S'APPAREILLAIT, EN LAQUELLE UN PETIT NOMBRE, A SAVOIR HUIT PERSONNES FURENT SAUVEES PAR EAU. Par ce mot, il semble que toute l'exposition précédente est renversée. Et cela a été cause que quelques-uns ont pensé que ce passage ne voulait dire autre chose, sinon que les incrédules, qui jadis avaient outragé et persécuté les fidèles, avaient senti l'Esprit de Christ être leur juge. Comme si S. Pierre consolait les fidèles par cette raison, que Christ, même mort, s'est vengé d'eux. Mais leur erreur sera réfutée par ce que nous verrons au chapitre suivant, à savoir que l'Evangile a été prêché aux morts, afin qu'ils vivent selon Dieu en Esprit. Ce qui se rapporte spécialement aux fidèles. Et il est certain qu'il répète là la même chose qu'il dit ici. Davantage, ils ne considèrent point que S. Pierre veut principalement dire, que de même que la puissance de l'Esprit de Christ s'est démontrée vivifiante et pleine d'efficacité en lui, et a été connue telle des morts, aussi sera-t-elle identique envers nous.

Toutefois il nous faut voir à quoi tend ceci, qu'il nomme seulement les incrédules. Car il semble qu'il veut dire que Christ est apparu en Esprit à ceux qui jadis avaient été incrédules. Mais quant à moi, je fais la distinction autrement, à savoir que même alors ceux qui avaient la vraie crainte de Dieu, et le servaient purement, étaient mêlés parmi les incrédules, et quasi couverts et cachés par leur grande multitude. Je sais bien que la propriété du langage grec, en suivant les règles ordinaires, répugne à ce sens. Car il eût fallu que S. Pierre eût pris le cas génitif (qu'ils appellent) et non pas le datif. Mais ce n'est chose nouvelle aux Apôtres de se donner liberté de prendre un cas pour l'autre, et nous voyons que S. Pierre amasse ici beaucoup de choses ensemble un peu confusément. Aussi était-il autrement impossible de tirer de ce passage un sens convenable ; et c'est pourquoi je n'ai point fait de difficultés de résoudre ainsi cette sentence, qui était passablement enveloppée et obscure, afin que les lecteurs entendissent que ceux qu'il appelle incrédules ne sont pas ceux auxquels il a dit que l'Evangile fut prêché.

Ainsi donc, après avoir dit que Christ s'est manifesté aux morts, il ajoute aussitôt *puisqu'il y avait eu jadis des incrédules*, voulant dire que cela n'a en rien nui aux pères, d'avoir été presque couverts de la multitude des méchants. Car selon mon avis, il vient au-devant d'un doute qui pouvait tourmenter les fidèles de ce temps-là. Ils voyaient que les infidèles tenaient presque tout le monde, qu'ils avaient le gouvernement et étaient en autorité, qu'ils avaient la vie en leurs mains. Cette tentation pouvait faire perdre toute assurance aux pauvres fidèles, qui étaient comme enclos sous la mort. Sur cela S. Pierre les avertit que la condition des Pères anciens n'a point été autre, et que bien que la multitude des méchants couvrît alors toute la terre, néanmoins leur vie est demeurée sauve par la vertu et la puissance de Dieu. Ainsi il console les fidèles, afin que leur petit nombre ne les décourage point, et ne leur fasse défaillir le cœur.

Or il choisit dans tout le temps ancien un exemple excellent et notable par-dessus tous les autres, à savoir quand le monde fut englouti du déluge. Car alors, au milieu de la perdition générale de tout le genre humain, il n'y eut que la famille de Noé qui échappa. Et il spécifie le moyen, disant que ce fut une manière de baptême. Aussi, il n'y a point d'absurdité en cet endroit. En somme il veut dire que le monde a été toujours plein d'incrédules, et que pourtant il ne faut point que leur grand nombre effraye les fidèles. Comme Noé, bien qu'il fût de toutes parts environné d'infidèles, voire (par manière de dire) assiégé, et que lui eût bien peu de gens de son côté, toutefois il n'a point été détourné du droit chemin de sa foi.

QUAND ON ATTENDAIT UNE FOIS LA PATIENCE DE DIEU. Ceci doit se rapporter aux infidèles, que la patience de Dieu rendait plus nonchalants. Car si Dieu diffère la vengeance, et ne la met pas tout soudain en exécution, les infidèles se moquent à plaisir et hardiment de toutes les menaces. Au contraire, Noé étant averti par oracle et révélation divine, avait déjà le déluge devant ses yeux longtemps auparavant. Et cela le rendit diligent à bâtir l'arche, d'autant que la frayeur qu'il avait de cet épouvantable jugement de Dieu le réveillait, et lui faisait oublier toute nonchalance.

21. A QUOI AUSSI MAINTENANT REPOND LA FIGURE QUI NOUS SAUVE, A SAVOIR LE BAPTEME, NON POINT CELUI PAR LEQUEL LES SOUILLURES DE LA CHAIR SON NETTOYEES, MAIS L'ATTESTATION DE BONNE CONSCIENCE DEVANT DIEU, PAR LA RESURRECTION DE JESUS-CHRIST. Ceci n'est point douteux, bien qu'il y ait diversité de lectures en grec, pour le changement d'une lettre. Il veut dire que Noé étant gardé par l'eau a eu comme une manière de baptême. Et l'Apôtre écrit cela afin que nous connaissions mieux quelle similitude il y a entre Noé et nous. Or il a été déjà dit que ce membre tend à ce que nous ne nous mêlions point avec le monde, étant détournés de la crainte de Dieu et de la droite voie de salut par de mauvais exemples. La chose apparaît clairement au baptême, par lequel nous sommes ensevelis avec Christ, afin qu'étant morts au monde et à la chair, nous vivions pour Dieu (Rom. *6* : 4). Pour cette raison il dit que notre baptême est correspondant, en figure, au baptême de Noé. Non pas que le baptême de Noé ait été le vrai et le premier portrait, et que le nôtre soit un portrait inférieur et moindre ; en cette signification ce même mot dont use ici S. Pierre est pris par l'Apôtre en l'épître aux Hébreux, chapitre *9*, v. 24, quand il appelle les cérémonies de la loi « patrons des choses célestes, ou figures correspondantes aux choses célestes ». Les docteurs grecs aussi prennent ainsi ce mot, quand ils l'attribuent aux sacrements, comme quand ils disent que le pain mystique de la sainte Cène est la figure du corps de Christ. Mais ici le mot n'emporte aucune comparaison de la chose plus grande avec l'autre moindre. Seulement S. Pierre signifie qu'il y a une similitude mutuelle, ou correspondance, comme on dit. Il y a un autre mot grec, qui eût peut-être été plus propre à dire ce que veut dire S. Pierre, mais il ne nous faut pas soucier des mots, puisque la chose est claire. De même que Noé a obtenu la vie par la mort, quand il a été enfermé en l'arche, ni plus ni moins que s'il eût été en un sépulcre, et qu'il a été sauvé avec bien peu de gens de sa famille, au milieu de la perdition de tout le reste du monde, de même aujourd'hui la mortification qui nous est figurée au baptême nous est une entrée en la vie, et il ne nous faut point espérer le salut, si nous ne sommes séparés du monde.

NON POINT CELUI PAR LEQUEL LES SOUILLURES DE LA CHAIR SONT NETTOYEES. Ceci a été ajouté parce qu'il peut quelquefois advenir que la plus grande part des hommes fasse profession du nom de Christ en apparence, et de fait, presque tous ont reçu un même baptême avec nous, qui est le témoignage de la réception en la compagnie et communion de l'Eglise. Par ce moyen, ce qu'il a dit ci-dessus ne conviendrait pas, que peu de gens soient aujourd'hui sauvés par le baptême, comme Dieu sauva seulement huit personnes par l'arche. S. Pierre vient au-devant de cette objection, quand il atteste qu'il ne parle point du signe nu, mais il conjoint en même temps l'efficacité, comme s'il disait qu'il adviendra toujours ce qui est advenu du temps de Noé, que le genre humain ira courant à sa ruine, et que le Seigneur délivrera miraculeusement un petit troupeau. Nous voyons maintenant ce qu'il veut signifier par cette correction. Car quelqu'un eût pu objecter qu'il s'en faut beaucoup que notre baptême ressemble à celui de Noé, parce qu'il advient aujourd'hui qu'une grande quantité de gens sont baptisés. A cela je réponds que le signe extérieur ne suffit point, s'ils ne reçoivent le baptême en vérité et avec efficacité. Or il en est ainsi que la vérité de celui-ci sera trouvée en bien peu de gens. D'où il s'ensuit que nous ne devons pas regarder çà et là ce que fait la plus grande partie des hommes, pour nous conformer à l'exemple des autres, et que nous ne devons point craindre pourtant si nous sommes peu de notre côté.

Au reste, il y a un tas de fantasques, comme SCHVINCFELDIUS, qui renversent le vrai sens de ce passage, et le tirent par force, voulant ôter toute vertu et efficace aux sacrements. Car S. Pierre n'a pas voulu montrer ici que l'institution de Christ fut vaine et sans efficace, mais seulement exclure de l'espérance de salut les hypocrites, qui, en tant qu'il dépend d'eux, dépravent et corrompent le baptême. Or quand il est question de parler des sacrements, il faut observer deux choses : le signe et la vérité. Au baptême l'eau est le signe, et la vérité c'est le lavage de l'âme par le sang de Christ, avec la mortification de la chair. L'institution de Christ comprend en soi l'un et l'autre. Cependant si le signe apparaît bien souvent inutile et sans aucun fruit, cela se fait par l'abus des hommes, qui n'ôte point la nature du sacrement. Apprenons donc à ne point séparer la chose figurée d'avec la figure. Bien qu'il faille aussi se garder d'un vice contraire, comme il règne parmi les papistes. Car d'autant qu'ils ne distinguent point comme il convient entre le signe et la vérité, ils s'arrêtent à l'élément extérieur, et mettent en lui la confiance de leur salut. Ainsi le regard de l'eau détourne leur entendement du sang de Christ et de la grâce du Saint-Esprit. Ils ne considèrent point que Christ est seul auteur de tous les biens qui sont offerts là, ils transfèrent la gloire de sa mort à l'eau, ils attachent la vertu secrète du Saint-Esprit au signe visible. Qu'est-il donc besoin de faire ? Afin que nous ne séparions pas les choses que Dieu a conjointes, nous devons reconnaître au baptême notre lavage spirituel, nous devons embrasser là le témoignage de la rémission de nos péchés, et le gage de notre renouvellement, en sorte toutefois que nous laissions à Christ et au Saint-Esprit l'honneur qui leur appartient, tellement qu'on ne transfère nulle partie du salut au signe. Et de fait, quand S. Pierre, après avoir fait mention du baptême, ajoute aussitôt *qu'il n'est pas la purification des souillures de la chair*, il montre assez clairement que le baptême est pour quelques-uns seulement littéral, et par conséquent que le signe externe ne sert à rien en lui-même.

MAIS L'ATTESTATION DE BONNE CONSCIENCE. Le mot grec qui est mis ici, signifie proprement « interrogation », mais il se prend pour « réponse » ou « témoignage ». S. Pierre montre en bref la vertu et l'usage du baptême, quand il nous renvoie à la conscience, et requiert nommément une assurance qui puisse soutenir le regard de Dieu, et subsister devant son trône judiciaire. Car il montre par ces mots que le baptême, pour la plus grande part, est spirituel ; bien plus, qu'il comprend en soi la rémission des péchés, et le renouvellement du vieil homme. Car comment la conscience pourra-t-elle être bonne et pure, jusqu'à ce que notre vieil homme soit corrigé et que nous soyons renouvelés en la justice de Dieu ? Comment aussi répondrons-nous devant Dieu, si nous ne nous appuyons sur le pardon gratuit de nos péchés ? En somme, S. Pierre a voulu montrer l'effet du baptême, afin que nul ne se glorifie du signe nu et mort, comme les hypocrites ont accoutumé de faire.

Mais il faut noter ce qu'il dit : PAR LA RESURRECTION DE JESUS-CHRIST. Par ces mots il enseigne qu'il ne faut pas s'arrêter à l'élément de l'eau, mais que tout ce qui est représenté au baptême procède de Christ, et il faut le chercher en lui. Au reste, en nommant *la résurrection*, il regarde à la doctrine qu'il a exposée ci-dessus, que Christ a été vivifié en Esprit. Car la résurrection a été la victoire de la mort, et l'accomplissement de notre salut. D'où nous tirons que l'Apôtre ne veut point exclure ici la mort de Christ, mais plutôt qu'elle est contenue sous la résurrection. Finalement ne pensons point que nous profitions du baptême, sinon que tous nos sens soient fichés et arrêtés à la mort et à la résurrection de Christ.

22. QUI EST A LA DROITE DE DIEU, ETANT ALLE AU CIEL, AUQUEL SONT ASSUJETTIS LES ANGES, ET PUISSANCES ET VERTUS. Il nous propose en termes magnifiques que Christ est monté au ciel, afin que nos yeux ne le cherchent point au monde, ce qui est bien nécessaire à notre foi. Il nous déclare qu'il est assis à la droite du Père, afin que nous ne doutions point qu'il ait assez de puissance et de force pour nous garder et nous sauver. Au reste, nous avons exposé ailleurs ce que vaut cette façon de parler, « être assis à la droite du Père », à savoir que Christ a et exerce partout un empire souverain, comme lieutenant de Dieu. Et ce qui s'ensuit après sert d'explication, quand il dit : *auquel sont assujettis les anges*. Quant à ce qu'il ajoute *les vertus et puissances*, cela sert seulement d'amplification. Car c'est une chose assez commune, que les anges sont dénotés par ces noms. S. Pierre a donc voulu orner par ces titres la grandeur et l'excellence de la domination que Christ obtient.

CHAPITRE IV

1. *Or donc puis que Christ a souffert pour nous en la chair, vous aussi soyez armez de celle mesme pensée,* c'est asçavoir *que celuy qui a souffert en chair, a désisté de péché :*
2. *Afin que le temps qui reste en chair, vous ne viviez plus selon les concupiscences des hommes, ains selon la volonté de Dieu.*
3. *Car le temps passé nous doit avoir suffi pour accomplir la volonté des Gentils, quand nous conversions en insolences, concupiscences, yvrongneries, gourmandises, beuveries, et idolâtries abominables*[1].
4. *En quoy se trouvent estranges, en vous blasmant, quand vous ne courez point avec eux en un mesme abandon de dissolution,*
5. *Ceux qui rendront conte à celui qui est prest de juger les vifs et les morts.*

1. OR DONC, PUISQUE CHRIST A SOUFFERT POUR NOUS EN LA CHAIR, VOUS AUSSI SOYEZ ARMES DE CETTE MEME PENSEE, A SAVOIR QUE CELUI QUI A SOUFFERT EN CHAIR, S'EST DESISTE DU PECHE. Quand naguère il proposait Christ, il traitait seulement de porter patiemment la croix. Car quelquefois la croix est appelée mortification, d'autant que l'homme extérieur est maté par les exercices d'affliction, et notre chair aussi est domptée. Mais maintenant il monte plus haut, car il traite de la réformation de l'homme tout entier. L'Ecriture nous propose cette double conformité à la mort de Christ. A savoir que nous lui soyons faits conformes en afflictions et misères, puis, qu'étant morts à nous-mêmes, et ayant mortifié le vieil homme, nous soyons renouvelés en vie spirituelle. Alors même que nous ne devons pas considérer Christ seulement comme exemple, quand il est question de la mortification de la chair, car par son Esprit nous sommes vraiment entés en sa mort, à ce qu'elle ait efficacité en nous pour crucifier notre chair. En somme, comme S. Pierre en la fin du chapitre précédent nous a exhortés à la patience, à l'exemple de Christ, pour autant que la mort lui a été un passage à la vie, ainsi maintenant de cette même mort il déduit une plus haute doctrine, à savoir qu'il nous faut mourir à la chair et au monde, comme aussi il est dit au chapitre *6* des Romains, où S. Paul poursuit ce propos plus au long.

C'est pourquoi il dit : *Soyez armés*, signifiant que nous sommes vraiment et puissamment garnis d'armes invincibles pour dompter et mortifier la chair, si nous recevons et embrassons la vertu de la mort de Christ comme il est juste.

C'est à savoir *que celui qui a souffert*. Le mot grec signifie quelquefois « parce que », quand on veut rendre la raison de quelque chose ; mais il se prend ici simplement pour « que », tellement que ce qui s'ensuit n'est qu'une explication du propos. Car S. Pierre déclare quelle est cette pensée, dont la mort de Christ nous arme, à savoir, que le règne du péché doit être aboli en nous, afin que Dieu règne en notre vie. ERASME (selon mon avis)

[1] Eph. *4* : 17.

a mal tourné par « souffrait », rapportant cela à Christ. Car c'est un propos qui s'étend généralement à tous les fidèles. Et ses paroles ont vraiment un même sens que celles de S. Paul au chapitre *6* des Romains, v. 7. Celui qui est mort, est justifié, ou absout de péché. Car tous les deux Apôtres signifient que depuis que nous sommes morts en la chair, nous n'avons plus affaire avec le péché, pour dire qu'il ait vigueur en nous, et qu'il exerce sa force en notre vie. Toutefois on pourrait objecter que S. Pierre parle ici improprement, quand il nous fait conformes à Christ, en ce que nous endurons en la chair. Car il est certain qu'il n'y a rien eu de vicieux en Christ, qui ait dû être corrigé. Mais la solution est bien facile, à savoir qu'il n'est point nécessaire que la similitude convienne en tout et partout. Il suffit donc que nous soyons faits conformes à la mort de Christ en quelqu'endroit. Et en ce sens on peut aussi exposer proprement ce que dit S. Paul (Rom. *6* : 5) : « Que nous sommes entés en la similitude de sa mort », parce que les choses ne sont pas du tout semblables, mais parce que sa mort est seulement la figure et le modèle ou le portrait de notre mortification.

Il faut donc noter que ce mot de chair est mis ici deux fois en sens différent. Car quand il dit que *Christ a souffert en chair*, il montre que la nature humaine, qu'il avait prise de nous, a été sujette à la mort, c'est-à-dire, qu'en tant que Christ était homme, il est naturellement mort. Mais au second membre, quand il est parlé de nous, la chair est prise pour la corruption de notre nature. Et ainsi, *souffrir en chair*, signifie renoncer à nous-mêmes. Nous voyons maintenant quelle similitude et quelle diversité il y a entre Christ et nous, à savoir que de même qu'il a souffert en la chair qu'il a prise de nous, aussi faut-il que toute notre chair soit crucifiée.

2. AFIN QUE DURANT LE TEMPS QUI RESTE EN CHAIR, VOUS NE VIVIEZ PLUS SELON LES CONCUPISCENCES DES HOMMES, MAIS SELON LA VOLONTE DE DIEU. Il déclare ici le moyen comment on cessera de pécher, à savoir que, renonçant à toutes les concupiscences des hommes, nous tâchions de régler notre vie selon la volonté de Dieu. Il comprend donc ici les deux parties de notre renouvellement, la mortification de la chair, et la vivification de l'esprit. Ainsi donc il faut commencer le cours de bien vivre par la mortification, et continuer en tendant à la vivification de l'esprit. Au reste, S. Pierre nous donne ici la règle de bien vivre, à savoir quand les hommes dépendent de la volonté de Dieu. D'où il s'ensuit qu'il n'y a rien de bien ordonné ni de droit dans la vie, sitôt qu'on se détourne de cette volonté. Davantage, il faut noter l'antithèse entre la volonté de Dieu et les concupiscences des hommes. Par cela nous connaissons combien nos méchancetés et perversités sont grandes et combien nous avons à combattre contre elles pour être obéissants à Dieu. Quand il dit : *le temps qui reste en chair*, ce mot de chair est pris pour la vie présente, comme aussi aux Hébreux chapitre *5*, v. 7.

3. CAR LE TEMPS PASSE NOUS DOIT AVOIR SUFFI POUR ACCOMPLIR LA VOLONTE DES PAIENS, QUAND NOUS VIVIONS EN INSOLENCES, CONCUPISCENCES, IVROGNERIES, GOURMANDISES, BEUVERIES, ET IDOLATRIES ABOMINABLES. S. Pierre n'entend pas que nous devions être ennuyés des voluptés et des plaisirs mondains comme ont accoutumé ceux qui en sont soûls. Mais il les incite plutôt à se repentir par la mémoire de leur vie passée. Et de fait, ce nous doit être un vif aiguillon pour nous faire courir allègrement au droit chemin, quand nous nous rappelons qu'en la plus grande partie de notre vie nous nous sommes fourvoyés hors de la voie. Or S. Pierre les avertit que ce serait une chose fort mal convenable, si, étant illuminés par Christ, ils ne changeaient leur vie en mieux. Car il met ici différence entre le temps qu'on était en ignorance, et le temps de la foi. Comme s'il disait qu'il est raisonnable que les hommes se montrent nouveaux et autres qu'ils n'étaient auparavant, depuis que Christ les a appelés.

Au reste, au lieu des concupiscences des hommes, il met maintenant *la volonté des païens*. En quoi il reproche aux Juifs qu'ils s'étaient mêlés avec les païens en toutes sortes de pollutions, bien que le Seigneur les eût séparés. Mais il enseigne qu'ils doivent dorénavant se dépouiller des vices, qui montrent que les hommes sont en aveuglement, et ne connaissent point Dieu.

Ce mot aussi : *le temps qui reste en chair*, a du poids. Car il signifie qu'il faut persévérer jusqu'à la fin, comme quand S. Paul dit aux Romains (Rom. *6* : 9), que « Christ étant ressuscité des morts, ne meurt plus ». Car le Seigneur nous a rachetés, afin que nous le servions tout le temps de notre vie (Luc *1* : 75).

EN INSOLENCES. Il ne fait pas ici une énumération complète, mais il touche seulement quelques espèces, dont on puisse sommairement recueillir ce que désirent, et à quoi sont enclins les hommes qui ne sont pas régénérés par l'Esprit de Dieu. Or il nomme les vices les plus grossiers, comme on a accoutumé de faire quand on amène des exemples. Je ne m'arrêterai point à l'explication des mots, parce qu'il n'y a nulle difficulté. Mais on peut faire ici une question, parce que, quand S. Pierre les accuse tous d'insolence, de dissolution, de paillardise, d'ivrognerie et de gourmandise, il semble qu'il fait grand tort à plusieurs. Car il est certain que tous n'ont pas été entachés de ces vices, et qui plus est, nous savons qu'entre les païens même il y en a eu certains qui ont vécu honnêtement, et sans note d'infamie. Je réponds à cela que S. Pierre n'attribue pas tellement ces vices aux païens, qu'il veuille dire que chacun soit coupable de tous, mais c'est parce que nous sommes de nature tellement enclins au mal, et non seulement cela, mais aussi confits en perversité, qu'il faut nécessairement que ces fruits qu'il énumère sortent de cette mauvaise racine. Il est vrai qu'il n'y a homme au monde qui n'ait la semence de tous les vices enclose en soi, mais ils ne germent pas tous en chacun de sorte à venir en évidence. Toutefois la contagion est tellement éparse dans tout le genre humain, qu'il est évident que tout le corps est rempli de maux infinis, et qu'il n'y a membre qui soit exempt ou pur de la corruption commune.

Le dernier membre aussi peut engendrer une autre question. Car S. Pierre parle aux Juifs et toutefois il dit qu'ils ont conversé en *abominables idolâtries*. Or les Juifs, en quelque part qu'ils fussent par le monde, se donnaient bien garde d'idolâtrer. Quant à ceci on peut donner double solution : ou qu'il prononce de tous en général ce qui se rapportait seulement à quelques-uns, par la figure nommée synecdoque (car il ne faut douter que les Eglises auxquelles l'Apôtre écrivait ne consistassent tant de Juifs que de païens), ou qu'il appelle les idolâtries toutes sortes de superstitions, dont les Juifs étaient alors remplis. Car bien qu'ils fissent profession d'honorer et de servir le Dieu d'Israël, nous savons toutefois qu'il n'y avait chez eux aucune partie du service divin qui fut demeurée pure et entière. Et de fait, quelle confusion pouvait-il y avoir dans les régions barbares, et en des bandes éparses, vu que Jérusalem même, des rayons de laquelle ils empruntaient leur lumière, était tombée en une impiété extrême ? Car nous savons que toutes sortes de rêveries ont eu la vogue en Jérusalem librement et sans répréhension, en sorte que les Sadducéens avaient même la souveraine sacrificature et le principal gouvernement de l'Eglise.

4. EN QUOI ILS VOUS TROUVENT ETRANGES, EN VOUS BLAMANT QUAND VOUS NE COUREZ POINT AVEC EUX EN UN MEME ABANDON DE DISSOLUTION. S. Pierre en ce passage arme les fidèles, afin qu'ils ne se laissent point ébranler ou corrompre par les propos et les jugements pervers des infidèles. Car ce n'est point une petite tentation, quand ceux entre lesquels nous vivons, blâment notre vie comme contraire aux façons de faire du reste du monde et au train commun, ainsi qu'on dit. Il faudrait, disent-ils, forger à ceux-ci un nouveau monde, puisqu'ils sont ainsi en désaccord avec tout le genre humain. Ainsi ils blâment et accusent les enfants de Dieu, comme si ceux-ci machinaient de faire une division dans le monde. L'Apôtre donc prévient ce danger, et défend aux fidèles de perdre courage pour de tels opprobres et de telles calomnies, et pour appui, il leur propose le jugement de Dieu. Car c'est ce qui nous soutient contre tous les assauts, quand nous attendons patiemment ce jour, où Christ fera vengeance de tous ceux qui maintenant nous condamnent sans cause, et montrera qu'il nous accepte et approuve notre cause.

Or il dit expressément *les vivants et les morts*, afin que nous ne pensions pas que cela nous tourne à dommage, si après notre mort les incrédules demeurent en vie, d'autant qu'ils n'éviteront pourtant point la main de Dieu. Au surplus, on pourra connaître par le chapitre *15*, v. 6 de la première épître aux Corinthiens, en quel sens il dit « les vivants et les morts ».

6. *Car pour ce aussi a-il esté évangélizé aux morts*[1], *afin qu'ils soyent jugez selon les hommes en chair, et qu'ils vivent*[2] *selon Dieu en esprit.*
7. *Or la fin de toutes choses approche. Soyez donc sobres, et vigilans à prier.*
8. *Et surtout ayez entre-vous véhémente charité: car charité couvrira multitude des péchez*[3].
9. *Hébergez volontiers les uns les autres sans murmures*[4].
10. *Que chacun selon qu'il a receu de don, en administre aux autres, comme bons dispensateurs de la diverse grâce de Dieu.*
11. *Si quelqu'un parle,* qu'il parle *comme les paroles de Dieu. Si aucun ministre,* qu'il ministre *comme par la puissance, laquelle Dieu administre : afin qu'en toutes choses Dieu soit glorifié par Jésus-Christ : auquel est gloire et force au siècle des siècles, Amen.*

6. CAR PAR CELA AUSSI LES MORTS ONT ETE EVANGELISES, AFIN QU'ILS SOIENT JUGES SELON LES HOMMES, EN CHAIR, ET QU'ILS VIVENT SELON DIEU, EN ESPRIT. Nous voyons à quel sens il accommode la sentence précédente que nous avons eue au chapitre troisième, à savoir que la mort n'empêche point que Christ ne soit notre garant, et fasse la vengeance des outrages qui nous sont faits. C'est donc une consolation singulière aux fidèles, que la mort ne diminue rien de leur salut. Par conséquent, bien que nous n'apercevions pas en cette vie que Christ soit notre libérateur, sa rédemption toutefois n'est point vaine ni inutile, car sa vertu s'étend jusqu'aux morts. Au reste, parce que le mot grec a quelque ambiguïté, on peut lire ceci en deux sortes, mais quasi en un même sens, à savoir que Christ est apparu rédempteur aux morts, ou que le salut leur a été manifesté par l'Evangile. Que si la grâce de Christ est une fois parvenue jusqu'aux morts, il ne faut point douter que nous ne le sentions aussi après la mort. Par quoi si nous la restreignons seulement à la vie présente, nous lui donnons des limites trop étroites.

[1] Ou, *l'Evangile a esté presché aux morts.*
[2] Ou, *fussent condamnez*, etc., *et qu'ils vescussent.*
[3] Prov. *10* : 12.
[4] Rom. *12* : 13 ; Héb. *13* : 2.

AFIN QU'ILS SOIENT JUGES SELON LES HOMMES, EN CHAIR. **Je laisse les explications des autres, d'autant qu'elles me semblent trop éloignées de l'intention de l'Apôtre. Car selon mon jugement, ceci est dit par forme d'anticipation, parce qu'on pouvait objecter qu'on n'aperçoit point que les morts sentent quelque profit de l'Evangile, vu qu'il ne les remet point en vie. S. Pierre accorde une partie de cette objection, en sorte toutefois qu'ils ne soient point privés du salut acquis par Christ.**

Au premier membre donc il y a une concession, quand il dit, *afin qu'ils soient jugés* selon les hommes, en chair ; et juger est pris ici pour condamner, comme il est souvent pris en plusieurs autres passages, et la chair est prise pour l'homme extérieur. Le sens donc est tel : bien que les morts soient ruinés en leur chair, selon la raison et l'opinion du monde, et soient estimés comme damnés quant à l'homme extérieur, nonobstant ils ne laissent point de *vivre devant Dieu*, et ce, en esprit, pour autant que Christ les vivifie par son Esprit. Maintenant il faut ajouter ce que S. Paul enseigne au chapitre *8* des Romains, v. 10, que l'esprit est vie, et que par conséquent il adviendra que finalement il engloutira les restes de la mort, qui sont encore attachés en nous. En somme il veut dire que, quoique selon le jugement et l'opinion des hommes la condition des morts ait empiré dans la chair, néanmoins il suffit que l'Esprit de Christ les vivifie, qui les amènera une fois à la perfection de vie.

7. OR LA FIN DE TOUTES CHOSES APPROCHE. Soyez donc sobres, et vigilants à prier. Bien que les fidèles entendent qu'il leur est dit que leur félicité consiste ailleurs qu'en ce monde, toutefois, parce qu'ils pensent vivre longuement, cette imagination perverse les rend lâches et nonchalants, voire même stupides quant à appliquer leurs affections au royaume de Dieu. Pour cette raison l'Apôtre, afin de réveiller la stupidité de leur chair, les avertit que la fin de toutes choses est prochaine. Par ce mot, il signifie qu'il n'est point question de nous endormir en ce monde, vu qu'il nous en faut bientôt partir. Toutefois il ne parle pas seulement de la fin particulière de chacun, mais de la restauration universelle du monde, comme s'il disait que Christ viendra bientôt, qui mettra fin à toutes choses. Il ne faut donc point s'ébahir si les sollicitudes du monde nous accablent, et nous tiennent assoupis, si le regard des choses présentes nous éblouit les yeux, car nous nous promettons presque tous une éternité en ce monde, ou pour le moins, la fin ne nous vient jamais en mémoire. Que si la trompette de Christ résonnait en nos oreilles, elle réveillerait vivement tous nos sens, et ne nous laisserait point croire ainsi en notre stupidité. Au reste, on pourrait objecter ici que déjà il y a si longtemps que S. Pierre écrit cela, et toutefois on ne voit point encore la fin. Je réponds à cela que le temps nous semble être long, pour autant que nous mesurons sa longueur selon le cours de cette vie caduque, mais que si nous pouvions jeter notre vue à l'éternité de la vie à venir, beaucoup de centaines d'années nous sembleraient comme une heure, ou une minute, ainsi qu'il dira aussi en la seconde épître. Davantage, il faut retenir ce principe, que depuis que Christ est apparu, il ne reste plus rien aux fidèles, sinon d'avoir toujours comme l'œil de l'esprit dressé en haut, attendant son second avènement.

S'il les exhorte à être *sobres et vigilants*, cela appartient plutôt à l'esprit qu'au corps, selon mon avis. Car ces paroles s'accordent avec celles de Christ, quand il dit, « Veillez, d'autant que vous ne savez ni le jour ni l'heure » (Matth. *24* : 42). **Car comme le corps se sent chargé quand on mange et quand on dort outre mesure, et est empêché par cela de faire ses actions, ainsi les vaines sollicitudes et délices de ce monde enivrent l'esprit, et le rendent endormi.**

Quand il ajoute *pour prier* il touche un exercice grandement nécessaire, dont les fidèles doivent principalement s'occuper, vu que toute leur force dépend du Seigneur ; comme s'il disait : « Puisque de vous-mêmes vous êtes trop infirmes et faibles, demandez au Seigneur qu'il vous fortifie ». Cependant il enseigne d'autre part qu'il faut prier à bon escient, et non point par acquit.

8. ET SURTOUT AYEZ ENTRE VOUS VEHEMENTE CHARITE, CAR LA CHARITE COUVRIRA LA MULTITUDE DES PECHES. Plus que toutes choses, il recommande la charité, d'autant que c'est le lien de la perfection. Et il veut qu'elle soit *véhémente*, parce que chacun étant fervent outre mesure en l'amour de soi-même, aime les autres froidement. Or pour nous la faire avoir en plus grande recommandation, il allègue le fruit qui en procède, à savoir qu'elle ensevelit et *couvre une multitude de péchés*, et qui est grandement désirable.

Or cette sentence est prise de Salomon, au chapitre *10* des Proverbes, v. 12, où il est ainsi dit : « La haine émeut les noises, mais la charité couvre une multitude de péchés. » On voit assez ce qu'entend Salomon, car il y a une correspondance entre deux membres opposés. Vu donc qu'il dit au premier membre que la haine est cause que les hommes se diffament les uns les autres, et produisent en lumière tout ce qu'ils savent de déshonneur et opprobre, il s'ensuit que l'effet contraire est attribué à la charité, à savoir que quand les hommes s'entr'aiment, ils se pardonnent bénignement et humainement beaucoup de choses les uns aux autres. Ainsi advient-il que, couvrant les vices d'un côté et d'autre, ils cherchent à maintenir l'honneur l'un de l'autre. Par cette raison S. Pierre confirme son exhortation, montrant qu'il n'y a chose qui leur soit plus utile que de s'entretenir en charité. Car qui est celui qui ne soit entaché de plusieurs vices ? Tous ont donc besoin qu'on leur pardonne, et il n'y a personne qui ne veuille qu'on le supporte. La charité nous apporte ce bien singulier, quand elle règne entre nous, qu'elle fait ensevelir par oubli une multitude infinie de maux. Au contraire, quand on lâche la bride à la haine, il faut nécessairement que les hommes s'entremordent, et se déchirent par pièces, et par ce moyen se consument, comme dit S. Paul (Gal. *5* : 15). Et il faut noter que Salomon ne dit point que peu de péchés soient couverts, mais une grande multitude, selon la sentence de Christ, qui nous commande de « pardonner aux frères septante fois sept fois » (Matth. *18* : 22). Au reste, plus la charité remédie à beaucoup de péchés, plus loin s'étend son utilité pour la conservation du genre humain. Voilà quel est le simple sens des mots.

De là on peut facilement connaître combien les papistes sont dignes de moquerie, qui veulent en tirer leurs satisfactions[1], comme si les aumônes et autres devoirs de charité servaient de récompense envers Dieu, pour ôter et effacer les péchés. Il suffit de montrer en passant combien est lourde leur ignorance, d'autant que ce serait peine superflue de disputer d'une chose si claire.

9. HEBERGEZ VOLONTIERS LES UNS LES AUTRES SANS MURMURES. Après avoir exhorté en général à la charité, il précise spécialement un de ses devoirs. En ce temps-là c'était en chose toute commune, de recueillir et héberger les uns les autres, et une telle façon de faire, qu'ils nommaient hospitalité, était tenue pour une espèce d'humanité sainte et sacrée, qu'il ne fallait pas enfreindre, comme nous avons dit ailleurs. Il leur commande donc de l'exercer et de s'entretenir mutuellement, afin que nul ne requière plus des autres qu'il n'est

[1] Ou, *leurs œuvres méritoires.*

prêt lui-même d'accomplir et de montrer de son côté. Il ajoute *sans murmures*. Car à la vérité c'est une chose qu'on ne trouve guère, qu'un homme aide son prochain de sa personne et de ses biens, avec une telle promptitude qu'il ne s'en fâche ni ne s'en irrite. S. Pierre veut donc que nous exercions la charité d'un cœur libéral et allègre.

10. QUE CHACUN SELON CE QU'IL A REÇU DE DON, EN ADMINISTRE AUX AUTRES, COMME BON DISPENSATEUR DE LA DIVERSE GRACE DE DIEU. Il nous montre ce que nous devons considérer, quand nous faisons plaisir à nos prochains. Car il n'y a rien de plus propre pour corriger les murmures, que lorsque nous considérons que nous ne donnons rien du nôtre, mais que nous dispensons seulement ce que le Seigneur nous a mis entre les mains.

Quand donc il dit : *que chacun administre aux autres selon qu'il en a reçu le don*, il signifie que le pouvoir et la commodité que chacun a, lui ont été distribués à la charge qu'il soit ministre de Dieu pour aider ses frères. Ainsi, le second membre est une explication du premier. Car au lieu du mot « ministère » ou « administration », il met le mot de *dispensation*, et au lieu qu'il avait dit, selon que chacun en a reçu le don, il fait mention de *diverses grâces*, que Dieu nous distribue diversement, afin que chacun rapporte sa portion à l'utilité commune. De la sorte, si nous avons quelque don ou faculté plus que les autres, souvenons-nous qu'en cela nous sommes dispensateurs de Dieu, pour en répartir et distribuer avec bonté à nos prochains, selon que leur nécessité ou usage le requiert. Cela fera que nous serons faciles et enclins à communiquer les uns aux autres de ce que nous avons reçu. Mais encore cette considération sert de beaucoup, que le Seigneur a tellement distribué diverses grâces entre les hommes, que nul ne peut se suffire de lui seul, ni de ce qu'il a ; mais chacun a besoin de l'aide de son frère. C'est, dis-je, un lien que Dieu a établi pour garder et entretenir la société entre les hommes, qu'ils ne peuvent vivre sans s'aider l'un l'autre. Ainsi voilà qui fait que celui qui requiert l'aide des autres en beaucoup de choses, leur communique aussi plus volontiers ce qu'il a reçu. Les hommes profanes ont bien vu et considéré ce lien et ce moyen d'entretenir l'unité entre les hommes, mais S. Pierre montre ici que Dieu a mis un tel ordre expressément, afin d'obliger les hommes les uns aux autres.

11. SI QUELQU'UN PARLE, QU'IL PRONONCE LES PAROLES DE DIEU ! SI QUELQU'UN EST MINISTRE, QU'IL SERVE COMME PAR LA PUISSANCE PAR LAQUELLE DIEU ADMINISTRE, AFIN QU'EN TOUTES CHOSES DIEU SOIT GLORIFIE PAR JESUS-CHRIST, AUQUEL SONT GLOIRE ET FORCE AU SIECLE DES SIECLES, AMEN. Parce qu'il avait parlé du droit et du pur usage des dons, pour exemple il en rappelle deux espèces, et choisit celles dans lesquelles il y a plus d'excellence, ou qui sont les plus honorables par-dessus les autres. L'office d'enseigner en l'Eglise est la dispensation d'une excellente et singulière grâce de Dieu. Il commande donc expressément que ceux qui y sont appelés, s'en occupent fidèlement, bien qu'il n'enseigne pas ici seulement ce que nous devons aux hommes, mais aussi ce que nous devons à Dieu, à savoir que nous ne le dépouillions point de sa gloire.

Celui donc qui parle (c'est-à-dire, qui est légitimement ordonné par autorité publique) *qu'il parle comme annonçant les paroles de Dieu*, c'est-à-dire qu'il s'étudie à exercer la charge qui lui est commise, en tout respect, en la crainte de Dieu, et de pure affection, se souvenant qu'il traite les affaires de Dieu, et que la parole qu'il administre est la Parole de Dieu, et non pas la sienne. Car S. Pierre poursuit encore cette doctrine, que lorsque nous nous employons pour nos frères, nous leur administrons par le commandement de Dieu ce qu'il nous a mis entre les mains à cette fin. Et certes si tous ceux qui se disent être ministres de l'Eglise considéraient bien ce seul mot, il y aurait en eux plus de conscience, de fidélité, et de crainte de Dieu. Car quel honneur et quelle charge est-ce de représenter la personne de Christ, en traitant les paroles de Dieu ? Voilà donc d'où vient cette grande nonchalance et cette liberté, ou plutôt cette licence que prennent plusieurs : c'est qu'il y en a bien peu qui pensent à cette sainteté et à cette majesté sacrée de la parole de Dieu, et dès lors ils se lâchent la bride, comme s'ils avaient le gouvernement d'une métairie, ou quelque administration profane.

Ainsi, nous retirons des paroles de S. Pierre, qu'il n'est permis à ceux qui sont commis pour enseigner, que de transmettre fidèlement aux autres, comme de main en main, la doctrine qu'ils ont reçue de Dieu. Car il défend que nul se mette en avant, sinon qu'étant garni de la parole de Dieu, il prononce comme de la bouche de celui-ci des paroles certaines et véritables. Ainsi il ne laisse aucune place aux inventions humaines. Car il décrit et détermine en peu de paroles la doctrine qui devait être donnée à l'Eglise. Et il ne faut pas penser que ce mot *comme* soit mis pour diminuer ce qui est dit ici : comme s'il suffisait de protester que ce qu'on enseigne est la parole de Dieu ! Car cela était anciennement fort commun aux faux prophètes, et nous voyons aujourd'hui de quelle arrogance le pape et les siens couvrent de ce titre leurs traditions méchantes et pleines d'impiété. Mais S. Pierre n'a point voulu instruire les pasteurs à l'hypocrisie, à ce que seulement ils prétendent tenir de Dieu toute doctrine qu'il leur semblera bon de mettre en avant, mais il prend son argument sur la chose bien considérée en soi, pour les exhorter à la sobriété ou à la modestie, à la crainte de Dieu, et à une diligence attentive de remplir le devoir de leur état.

SI QUELQU'UN EST MINISTRE. Cette seconde espèce s'étend plus loin, et qui plus est, comprend aussi l'office d'enseigner. Mais parce que c'eût été une chose trop longue de nommer toutes les sortes de ministères l'une après l'autre, il a mieux aimé en parler sommairement de tous ensemble. Comme s'il eût dit, quelque charge que tu aies en l'Eglise, sache que tu ne peux rien faire, sinon ce qui t'est donné du Seigneur, et que tu n'es autre chose qu'organe de Dieu. Garde-toi donc d'abuser de la grâce de Dieu pour t'élever, avise de ne pas supprimer la vertu de Dieu qui se déploie et se manifeste en ton ministère, pour le profit et le salut de tes frères. Quand donc il ordonne qu'il exerce son ministère *comme par la puissance de Dieu*, il veut dire : en considérant qu'il n'a rien de propre à soi, mais qu'il serve humblement Dieu et son Eglise.

AFIN QU'EN TOUS DIEU SOIT GLORIFIE. Ceci peut se rapporter tant aux dons qu'aux hommes, et tous deux conviennent bien. Le sens est que Dieu ne nous donne pas de ses dons pour se dépouiller lui-même, et se faire comme une idole inutile transportant sa gloire sur nous, mais plutôt afin que sa gloire reluise partout, et que par conséquent, c'est une pollution des dons de Dieu, pleine de sacrilège, quand des hommes se proposent autre chose que de glorifier Dieu. Il dit *par Jésus-Christ*, d'autant que tout ce que nous avons de capacité pour administrer, lui seul nous le donne. « Car il est le chef, duquel tout le corps lié ensemble, et conjoint par jointure et nerfs, prend accroissement au Seigneur, selon qu'il donne vertu et opération à chaque membre » (Eph. *4* : 16).

AUQUEL EST GLOIRE ET FORCE AU SIECLE DES SIECLES, AMEN. Certains réfèrent ceci à Christ, mais la circonstance du passage requiert qu'on le réfère plutôt à Dieu. Car il confirme l'exhortation précédente, que Dieu, du droit qui lui appartient, s'attribue toute gloire, et donc que les hommes lui ravissent vilainement et méchamment ce qui lui appartient, quand ils obscurcissent sa gloire en quelque sorte que ce soit.

12. *Bien-aimez ne trouvez point estrange, quand vous estes comme en la fournaise, pour vostre espreuve, comme si quelque chose estrange vous advenoit :*
13. *Ains entant que vous communiquez aux souffrances de Christ, esjouissez-vous, afin qu'aussi à la révélation de la gloire d'iceluy vous-vous esjouissiez en vous esgayant.*
14. *Si vous estes injuriez au nom de Christ, vous estes bienheureux : car l'Esprit de gloire et de Dieu repose sur vous, lequel quant à eux est blasmé, mais quant à vous est glorifié.*
15. *Et de faict que nul de vous ne souffre comme meurtrier ou larron, ou malfaiteur, ou convoiteux des biens d'autruy*[1].
16. *Mais si aucun est affligé comme Chrestien, qu'il n'en ait point de honte, ains qu'il glorifie Dieu en cest endroit.*

12. BIEN-AIMES, NE TROUVEZ POINT ETRANGE, QUAND VOUS ETES COMME EN LA FOURNAISE, POUR VOTRE EPREUVE, COMME SI QUELQUE CHOSE ETRANGE VOUS ADVENAIT. Il est souvent fait mention des afflictions en cette épître, nous en avons ailleurs rendu la raison. Mais il faut noter la différence, c'est que quelquefois quand il veut exhorter les fidèles à la patience, il parle en général des misères communes de la vie humaine ; mais en ce passage, il traite des outrages que les fidèles endurent pour le nom de Christ. Or en premier lieu, il les avertit qu'il ne faut point qu'ils s'en étonnent, comme d'une chose soudaine ou non attendue. En quoi il signifie qu'il faut que premièrement ils soient préparés par une longue méditation à porter la croix. Car quiconque a pris ce but, qu'il faut batailler sous l'enseigne de Christ, ne se trouvera point étonné, si quelque persécution ou affliction lui survient, mais comme y étant déjà tout accoutumé, il l'endurera patiemment. Afin donc que nous soyons fermes et constants, quand il faudra soutenir les flots des persécutions, il faut que nous nous accoutumions de bonne heure à méditer assidûment la croix.

Au reste, il prouve par deux arguments que l'exercice de la croix nous est utile, à savoir parce que par ce moyen Dieu éprouve notre foi, davantage aussi parce qu'en cela, nous communions avec Christ, et lui tenons compagnie. Premièrement donc qu'il nous souvienne que cet examen par lequel notre foi est éprouvée nous est plus que nécessaire, et que, pour cette cause, c'est bien raison que volontairement nous obéissions à Dieu, quand par ce moyen il pourvoit à notre salut. Toutefois la principale consolation qu'il nous faut chercher, c'est qu'en cela nous tenons compagnie à Christ. C'est pourquoi, quand S. Pierre nous propose cette société, non seulement il nous défend de nous étonner, mais aussi il nous commande de nous réjouir. Il est vrai qu'en cela aussi il y a matière à se réjouir de ce que Dieu nous exerce par les persécutions, quand il veut éprouver notre foi, mais cette seconde espèce de joie dépasse de beaucoup, quand nous savons que le Fils de Dieu nous reçoit dans son ordre, pour nous faire participants avec lui de la gloire céleste et bienheureuse. Car il nous faut retenir cette maxime, que nous portons la mortification de Christ en notre chair, afin que sa vie soit manifestée en nous (II Cor. *4* : 10).

Il est vrai que les réprouvés même endurent beaucoup d'afflictions, mais parce qu'ils sont séparés de Christ, ils ne conçoivent rien que la colère de Dieu et sa malédiction. Voilà qui fait qu'ils sont totalement engloutis de tristesse et de frayeur. Toute la consolation des fidèles procède donc de ce qu'ils communient avec Christ, et cela à cette fin que quelque jour ils soient participants de sa gloire. Car il faut toujours considérer ce passage de la croix à la résurrection.

[1] Ou, *en questeur des affaires d'autruy.*

Mais parce que ce monde est semblable à un labyrinthe, dans lequel les fidèles ne voient nulle issue de leurs maux, S. Pierre fait mention de la *révélation* à venir *de la gloire de Christ*. Comme s'il disait qu'il ne faut pas la mépriser, même si elle est maintenant cachée, mais qu'il faut attendre le jour de la révélation. Or il met deux sortes de joie. La première est celle dont nous jouissons dès maintenant en espérance ; la seconde, celle dont l'avènement de Christ nous apportera pleine jouissance. Parce que la première est mêlée avec la douleur et la tristesse, il conjoint la seconde avec la *réjouissance*. Car il ne faut point que nous imaginions une joie au milieu de nos afflictions, qui nous exempte entièrement de toutes les épreuves, mais les consolations de Dieu adoucissent tellement le sentiment de nos maux, que nous ne laissons pas de nous réjouir en même temps.

14. SI VOUS ETES INJURIES AU NOM DE CHRIST, VOUS ETES BIENHEUREUX, CAR L'ESPRIT DE GLOIRE ET DE DIEU REPOSE SUR VOUS, LEQUEL QUANT A EUX EST BLAME, MAIS QUAND A VOUS EST GLORIFIE. Il fait mention des opprobres ou des injures, d'autant que bien souvent en cela il y a plus d'aigreur qu'en la perte des biens, ou même que dans les tourments corporels. Aussi n'y a-t-il rien qui affaiblisse plus un cœur noble. Car nous en voyons plusieurs qui supportent constamment la pauvreté, qui seront courageux au milieu des tourments, et même qui se présenteront hardiment à la mort, et toutefois ne pourront endurer l'ignominie et l'opprobre. S. Pierre donc, afin de remédier à ce mal, déclare bienheureux, suivant la sentence de Christ, ceux qui sont « vitupérés et blâmés à cause de l'Evangile » (Matth. *5* : 11). Ce qui est contraire à la raison de l'homme, et à l'opinion commune. Mais il donne la raison : d'autant que l'Esprit de Dieu, qui est aussi l'Esprit de gloire, repose sur eux. Certains séparent ceci, comme s'il était dit, la gloire et l'Esprit de Dieu. Mais la première lecture convient mieux au sens, et est plus simple quant à la propriété de la langue. S. Pierre donc montre que ceci ne nuit en rien à la félicité des fidèles, s'ils endurent quelqu'ignominie pour le nom de Christ, d'autant que devant Dieu ils ne cessent point d'être en possession de la gloire, quand le Saint-Esprit habite en eux, qui est toujours accompagné de gloire. Ainsi ce qui semble étrange et incroyable à la chair, l'Esprit de Dieu leur en donne un vrai sentiment en leurs cœurs.

LEQUEL QUANT A EUX EST BLAME, MAIS QUANT A VOUS EST GLORIFIE. C'est une confirmation de la sentence précédente. Car il signifie que les fidèles doivent se contenter de ce dont l'Esprit de Dieu leur rend témoignage : que les injures et opprobres qu'ils endurent à cause de l'Evangile, sont pleins de gloire et d'honneur, bien que les réprouvés tâchent de faire tout le contraire. Comme s'il disait : vous pouvez hardiment mépriser la rage et l'orgueil des infidèles, d'autant que le témoignage de gloire que l'Esprit de Dieu vous rend, demeure ferme et gravé dans vos cœurs.

Or il dit que *l'Esprit de Dieu est blâmé*, parce que les infidèles se moquent de tout ce qu'il nous fournit pour nous consoler. Et cela est dit par anticipation. Car, quoique le monde, selon qu'il est aveugle, ne voie rien dans les opprobres de Christ qui ne soit plein d'ignominie et d'infamie, toutefois l'Apôtre ne veut point que les yeux des fidèles soient éblouis de cette fausse opinion, d'autant qu'ils doivent regarder plutôt à Dieu. Ainsi il ne dissimule point ce que les hommes ont accoutumé d'en penser, mais il oppose à leur témérité et à leur folie le sentiment secret de la foi, que les fidèles ont en leur conscience. En cette sorte S. Paul aux Galates (Gal. *6* : 17) se vante qu'il porte les marques de Christ, et se glorifie de ses liens, bien qu'il sût assez l'estime que le monde en avait. Cependant il montre tacitement, que ceux qui n'estiment point à gloire et à honneur l'ignominie de la croix, ne savent ce qu'ils disent, et sont aveuglés avec le monde.

15. ET DE FAIT, QUE NUL DE VOUS NE SOUFFRE COMME MEURTRIER, OU LARRON, OU MALFAITEUR, OU CONVOITANT LES BIENS D'AUTRUI. Il prévient ici une objection qu'on pouvait faire. Il avait exhorté les fidèles à endurer patiemment, s'il advenait qu'ils fussent affligés pour le nom de Christ. Or maintenant il montre pourquoi il a seulement parlé de cette espèce d'afflictions, à savoir parce qu'ils doivent se garder de faire tort ou dommage à qui que ce soit. Il y a donc ici une autre exhortation enclose, à savoir qu'ils ne fassent rien pour quoi on puisse penser qu'ils soient punis à bon droit. Aussi faut-il bien noter ce mot : *et de fait*, ou comme porte le grec, « car », lequel n'est point superflu, parce que l'Apôtre veut rendre la raison pour laquelle il a seulement exhorté les fidèles a être participants des passions de Christ, et par occasion les exhorter en même temps à vivre entre les hommes en bonne équité et sans mal faire à autrui afin qu'ils ne soient justement punis par leur propre faute. Comme s'il disait, que le propre des chrétiens c'est de bien faire à tous, et cependant d'être inhumainement traités par le monde. Si quelqu'un objecte qu'on n'en trouvera pas un de si innocent, qui ne mérite bien d'être châtié de Dieu a cause de plusieurs offenses, à cela je réponds que S. Pierre parle ici des forfaits et des méchancetés, dont il faut que nous soyons tout à fait éloignés, comme sont les larcins et les homicides. Je réponds davantage que l'Apôtre montre aux fidèles quels ils doivent être. Il ne faut donc pas s'ébahir s'il met différence entre eux et les enfants de ce monde, qui étant privés de l'Esprit de Dieu, s'abandonnent à toutes sortes de méchancetés. Il ne veut point que les enfants de Dieu soient de ce rang, tellement qu'en vivant injustement, ils soient justement punis par les lois. Au reste, nous avons déjà dit ailleurs que, bien que les élus aient beaucoup de péchés en eux, que Dieu pourrait punir à bon droit, toutefois il pardonne à ses enfants selon sa clémence paternelle, ne les punissant point de ce qu'ils ont mérité, et cependant, il les marque par honneur de ses enseignes et de son Christ, en permettant qu'ils soient affligés pour le témoignage de l'Evangile.

Le mot qu'il ajoute signifie proprement « regardant », ou « jetant l'œil sur autrui ». Mais il semble qu'il entend les gens qui convoient le bien d'autrui. Car ceux qui aspirent aux richesses par fraudes et rapines, sans faire semblant de rien (ainsi qu'on dit), regardent de travers les biens d'autrui ; mais ceux qui ne mettent point leur cœur en l'argent, regarderont de grands monceaux d'argent d'un œil droit, sans tourner ni çà, ni là.

16. MAIS SI QUELQU'UN EST AFFLIGE COMME CHRETIEN, QU'IL N'EN AIT POINT HONTE, MAIS QU'IL GLORIFIE DIEU EN CET ENDROIT. Après avoir défendu aux chrétiens de faire aucun tort ni injure, afin de n'être pas haïs du monde, ainsi que les infidèles, à cause de leurs maléfices, maintenant il leur commande de rendre grâces à Dieu, s'ils endurent des persécutions pour le nom de Christ. Et de fait, ce n'est pas une petite grâce, que Dieu nous fait que, nous tenant quittes et exempts des peines que méritent communément les hommes pour leurs péchés, il nous appelle à une guerre honorable, c'est-à-dire à endurer pour le témoignage de son Evangile, bannissements, ou prisons, ou opprobres, ou la mort même. Il signifie donc que ceux qui murmurent en leurs persécutions, comme si Dieu leur faisait grand tort, sont ingrats envers lui, vu qu'ils devraient estimer cela plutôt comme un grand gain, et reconnaître la grâce de Dieu.

Au surplus, quand il dit : *comme chrétien*, il ne regarde pas tant le nom que la cause. Il est certain que les adversaires de Christ n'oublient rien quand il est question de diffamer l'Evangile. Ainsi, quelques paroles injurieuses qu'ils inventent, que les fidèles se contentent de ce qu'ils ne sont en peine que pour maintenir l'Evangile.

MAIS QU'IL GLORIFIE DIEU EN CET ENDROIT. Car vu que toutes les afflictions procèdent du péché, les fidèles doivent penser ainsi en eux-mêmes : de moi, j'avais bien mérité que Dieu me punisse ainsi, voire plus grièvement, pour mes péchés, mais maintenant il veut que j'endure pour la justice, comme si j'étais innocent. Car quoique les fidèles reconnaissent leur faute, toutefois parce qu'ils considèrent une fin différente aux persécutions, que le Seigneur leur propose, ils sentent leur condamnation effacée et abolie devant Dieu. Et ainsi en cet endroit ils ont l'occasion de glorifier Dieu.

17. *Car il est temps aussi que le jugement commence par la maison de Dieu*[1]*. Et s'il commence premièrement par nous, quelle* sera la *fin de ceux qui sont rebelles à l'Evangile de Dieu ?*
18. *Et si le juste est difficilement sauvé, où comparoistra le meschant et le pécheur ?*
19. *Que ceux-là donc qui souffrent par la volonté de Dieu, recommandent leurs âmes au fidèle possesseur*[2]*, en bien faisant.*

17. CAR IL EST TEMPS AUSSI QUE LE JUGEMENT COMMENCE PAR LA MAISON DE DIEU. ET S'IL COMMENCE PREMIEREMENT PAR NOUS, QUELLE SERA LA FIN DE CEUX QUI SONT REBELLES A L'EVANGILE DE DIEU ? Il amplifie la consolation que nous apporte la bonne cause pour laquelle nous souffrons, quand nous sommes affligés pour le nom de Christ. Car cette nécessité, dit-il, est imposée à toute l'Eglise de Dieu, d'être non seulement sujette aux misères qui sont communes à tous les hommes en général, mais aussi d'être spécialement et principalement châtiée de la main de Dieu. D'autant donc doit-on porter plus patiemment et de meilleur courage les afflictions pour le nom de Christ. Car si nous ne voulons être effacés du nombre des fidèles, il nous faut prêter le dos aux verges de Dieu. Or c'est ici une sauce gracieuse pour adoucir l'amertume des afflictions, que Dieu n'exerce pas ses jugement à l'encontre des autres, mais il nous impose la personne de son Fils, tellement que ce n'est qu'en son nom et pour sa cause que nous souffrons.

Au reste, S. Pierre a pris cette sentence de la doctrine commune et ordinaire en toute l'Ecriture. Ce qui me semble plus vraisemblable que ce que les autres pensent, c'est qu'il en cite ici un certain passage. Tous les Prophètes rendent témoignage que le Seigneur a commencé de tous temps ses châtiments par son peuple, comme un père de famille châtiera plutôt les siens qu'il ne fera les étrangers. Car bien que Dieu soit juge de tout le monde, toutefois il veut que sa providence soit spécialement reconnue au gouvernement de son Eglise. Quand il annonce qu'il se montrera juge de tout le monde, il ajoute que cela adviendra quand il aura accompli toute son œuvre en la montagne de Sion (Es *10* : 12). Il est vrai qu'il étend sa main indifféremment tant sur les siens que sur les étrangers, car nous voyons que les uns et les autres sont communément sujets aux adversités. Toutefois, si on fait comparaison, il semblera certain que (par manière de dire) il épargne les réprouvés alors qu'il se montre rigoureux envers les élus. De là viennent ces complaintes des fidèles, que les réprouvés vivent en continuels délices, qu'ils passent le temps à boire

[1] Jér. *25* : 29.
[2] Ou, *comme au fidèle créateur.*

et se réjouissent au son de la harpe et finalement descendent en un moment au sépulcre, sans douleur (Job *21* : 12-13). Que la graisse leur couvre les yeux, qu'étant exempts de misères, ils vivent sans souci et en grande aise, méprisant les autres, et même viennent à ouvrir leur bouche contre le ciel (Ps. *73* : 7). Bref, Dieu modère tellement ses jugements en ce monde, qu'il engraisse les réprouvés jusqu'au jour de la mort. Il laisse donc passer beaucoup de leurs forfaits, comme faisant semblant de ne point les voir, cependant il corrige ses enfants sitôt qu'ils ont failli, parce qu'il en a soin, mais c'est pour les remettre sur le bon chemin. Selon cette raison S. Pierre dit que le jugement commence à la maison de Dieu. Car par ce mot de *jugement*, il comprend toutes les peines par lesquelles Dieu punit les péchés des hommes, et tout ce qui concerne la réformation du monde.

Mais pourquoi dit-il qu'il est temps maintenant ? Il signifie (selon mon opinion) que ce que les Prophètes affirment de leur temps, se rapporte principalement au règne de Christ, à savoir que le châtiment commence par l'Eglise. C'est pourquoi S. Paul dit (I Cor. *15* : 19), que la foi en la résurrection ôtée, les chrétiens sont plus misérables que tous les autres. Et à bon droit, car pendant que les autres se donnent du bon temps sans aucune crainte, les fidèles ne font que gémir ; pendant que Dieu passe par-dessus les péchés des uns, et qu'il laisse les autres y croupir, il exerce beaucoup plus rudement les siens sous la correction de la croix.

ET S'IL COMMENCE PREMIEREMENT PAR NOUS. Quand les fidèles voient que les méchants ont toutes choses à souhait, il ne peut se faire qu'ils ne soient touchés d'envie, et c'est une tentation fort dangereuse. Car il n'y a personne qui ne désire une prospérité présente. Et pourtant l'Esprit de Dieu tâche diligemment en plusieurs lieux (et singulièrement au Psaume *37*) d'exhorter les fidèles à n'être point envieux de la prospérité des méchants. S. Pierre en fait autant maintenant. Car il montre que les enfants de Dieu doivent endurer patiemment les afflictions, s'ils font comparaison de leur condition avec celle des autres. Or il prend ceci pour tout arrêté, que Dieu est juge du monde, et que dès lors nul ne peut échapper à sa main, et à sa punition. De là il conclut qu'il y a une horrible vengeance, préparée pour ceux dont la condition semble être maintenant plus heureuse. La somme de ce propos (comme j'ai dit) tend à ce que les fidèles ne perdent point courage, se sentant chargés de l'aigreur et de l'amertume des maux présents, mais plutôt qu'ils portent doucement les afflictions pour un peu de temps, dont l'issue est salutaire, au lieu que cette prospérité vaine et caduque des infidèles leur est chèrement vendue, traînant avec soi la damnation éternelle. Or c'est un argument du plus petit au plus grand. Car si Dieu n'épargne point ses enfants, qu'il aime, et qui lui obéissent, il s'ensuit que sa rigueur sera plus qu'épouvantable contre ses ennemis, et contre ceux qui lui sont rebelles. Il n'y a donc rien de meilleur que d'obéir à l'Evangile, afin que Dieu nous châtie doucement de sa main paternelle pour notre salut.

18. ET SI LE JUSTE EST DIFFICILEMENT SAUVE, OU COMPARAITRA LE MECHANT ET LE PECHEUR ? On a pensé que cette sentence était prise du chapitre *11* des Proverbes, et que les Grecs ont tourné ce que dit Salomon, en cette sorte : si le juste est puni en ce monde, combien plus le méchant ? Or, soit que S. Pierre ait voulu amener ce passage-là, soit qu'il ait avancé cela comme une sentence vulgaire et un proverbe (ce qui même semble plus probable), le sens demeurera toujours tel : que le jugement de Dieu sera épouvantable contre les méchants et les infidèles, vu que le chemin pour aller au salut est si difficile et si plein d'épines pour les élus. Or ceci est dit afin que nous ne prenions point nos plaisirs à notre aise, et sans souci, mais que nous soyons soigneux à parachever notre course ; bien plus, que nous ne recherchions point un chemin mou et délicat, dont la fin est une ruine et une chute horribles.

Au reste, quand il dit que *le juste est difficilement sauvé*, cela doit se rapporter aux difficultés de la vie présente. Car notre course en ce monde est comme une navigation périlleuse entre beaucoup de rochers, et agitée de plusieurs tempêtes et orages. Nul donc ne parvient au port, qui n'ait passé par mille morts. Cependant, il est certain que nous sommes conduits par la main de Dieu, et que nous sommes hors de danger de périr tandis qu'il sera notre patron et notre conducteur. C'est pourquoi ceux qui ont expliqué ce passage ainsi : que nous serons sauvés à grand-peine quand nous viendrons au jugement de Dieu, ceux-là ont été de mauvais interprètes. Car S. Pierre ne parle point du temps à venir, mais du présent, et il ne parle pas de la rigueur de Dieu, mais il montre combien le chrétien a de grandes difficultés et de grands dangers à surmonter, avant qu'il parvienne au but. *Pécheur* est ici pris pour méchant, comme il appelle *justes*, non point ceux qui sont entièrement parfaits en justice, mais ceux qui s'étudient à bien vivre.

19. QUE CEUX-LA DONC QUI SOUFFRENT PAR LA VOLONTE DE DIEU RECOMMANDENT LEUR AME AU FIDELE POSSESSEUR, EN BIEN FAISANT. Il conclut qu'il faut supporter patiemment les persécutions, d'autant que la condition des fidèles est beaucoup plus tolérable en elles que celle des infidèles, quand ils vivent en prospérité et ont tout à souhait. Il rappelle toutefois que nous n'endurons rien que par la permission de Dieu, ce qui apporte une singulière consolation.

Quand il dit qu'ils *recommandent leur âme à Dieu*, c'est comme s'il eût dit qu'ils mettent et eux et leur vie sous la garde et la protection de Dieu. Au reste, il appelle Dieu *possesseur fidèle*, parce qu'il garde fidèlement et maintient tout ce qu'il a reçu et pris sous sa sauvegarde. Les autres ont traduit « créateur ». Le mot grec signifie bien tous les deux, mais j'approuve mieux le premier sens. Car vu qu'il nous commande de mettre notre vie en dépôt auprès de Dieu, il le fait aussi gardien de celle-ci. Il ajoute, *en bien faisant*, afin que les fidèles ne rendent point injure pour injure, mais plutôt qu'ils tâchent de surmonter par des bienfaits les méchants qui les outragent.

CHAPITRE V

1. *Je prie les Anciens qui sont entre-vous, moy qui suis ancien avec eux, et tesmoin des souffrances de Christ, qui suis aussi participant de la gloire laquelle sera révélée :*
2. *Paissez le troupeau de Dieu*[1]*, en tant qu'en vous est*[2]*, surveillans*[3] *sur iceluy, non point par contrainte, mais volontairement : non point par gain déshonneste, mais d'un prompt courage :*
3. *Et non point comme ayans seigneurie sur les héritages* du Seigneur[4], *mais tellement que soyez exemples du troupeau :*
4. *Et quand le principal Pasteur apparoistra, vous recevrez la couronne incorruptible de gloire.*

Quand il veut exhorter les pasteurs à faire leur devoir, il note principalement trois vices qui nuisent grandement, à savoir la paresse, la convoitise de gain, et la licence de dominer. Il oppose au premier vice la promptitude ou diligence volontaire ; au second, une franche affection ; au troisième la modération et la modestie par lesquelles ils se rangent à leur devoir.

Il dit donc que les pasteurs ne doivent pas être soigneux du troupeau du Seigneur seulement quand la nécessité les contraindra, car ceux qui ne s'efforcent point de faire ce qui est nécessaire s'emploient à la besogne par acquit et négligemment. Il veut donc qu'ils accomplissent de bon gré et de franche volonté ce qu'ils font, et qu'ils soient diligents et attentifs à leur office. Pour corriger l'avarice, il leur commande de faire leur office de gaieté de cœur. Car quiconque ne se propose pas cette fin, d'employer franchement au profit de l'Eglise sa personne et tout ce qu'il peut, celui-là ne sera point ministre de Christ, mais servira son ventre ou sa bourse. Le troisième vice qu'il reprend, c'est la convoitise de dominer. On pourrait demander ici de quelle sorte de domination il parle. Mais il me semble qu'il est aisé de le déduire de l'antithèse, où il leur commande d'être exemples ou patrons du troupeau. Car c'est comme s'il disait qu'ils sont commis à cette fin que leur sainteté soit éminente par-dessus les autres. Ce qu'ils ne peuvent faire, qu'ils ne s'assujettissent eux-mêmes et leur vie à la règle commune. A cette vertu est opposé l'orgueil tyrannique, quand le pasteur s'exempte de toute sujétion, et oppresse de servitude l'Eglise. C'est ce qu'Ezéchiel (Ez. *34* : 4) reproche aux faux prophètes, à savoir qu'ils dominent en austérité et puissance orgueilleuse. Christ aussi le reproche aux Pharisiens, car ils mettent sur les épaules du peuple des fardeaux importables, qu'ils ne voudraient pas seulement toucher du petit doigt

[1] Ou, *de Christ*, ou, *du Seigneur*.
[2] Ou, *qui vous est commis*, ou, *qui dépend de vous*.
[3] Ou, *en ayant esgard*, etc.
[4] Ou, *le clergé*.

(Matth. *23* : 4). C'est pourquoi cette rigueur hautaine, que les méchants pasteurs exercent sur l'Eglise, ne peut être autrement corrigée, sinon qu'ils viennent à restreindre leur autorité à ce point de présider sur le troupeau en toute honnêteté et par l'exemple de bonne vie.

1. JE PRIE LES ANCIENS QUI SONT ENTRE VOUS, MOI QUI SUIS ANCIEN AVEC EUX, ET TEMOIN DES SOUFFRANCES DE CHRIST, QUI SUIS AUSSI PARTICIPANT DE LA GLOIRE QUI SERA REVELEE. Par ce mot il signifie les pasteurs, et tous ceux qui étaient députés pour le gouvernement de l'Eglise. Or on les appelait prêtres ou anciens par honneur, non pas qu'ils fussent tous anciens d'âge, mais parce qu'on les choisissait principalement parmi les anciens. Car la vieillesse a volontiers plus de prudence, d'expérience, et de gravité. Au reste, parce que le poil blanc ne fait point l'homme sage, et que quelquefois on trouve des jeunes qui sont plus capables, comme l'était Timothée, on avait accoutumé de les appeler aussi prêtres, c'est-à-dire anciens, après qu'ils avaient été reçus en cet ordre. Quand S. Pierre s'appelle aussi ancien, il apparaît par cela que ça été un nom commun, ce qu'on peut aussi clairement connaître par plusieurs passages. Au surplus, il s'acquiert autorité par ce titre, comme s'il disait qu'il a droit d'exhorter les pasteurs, d'autant qu'il est l'un d'entre eux. Car il doit y avoir une telle liberté mutuelle entre ceux qui sont constitués en un même office. Que s'il eût eu droit de primauté, il le pouvait mettre en avant, et cela eût été plus propre pour la présente matière. Toutefois, bien qu'il fût Apôtre, il savait bien néanmoins qu'il n'avait point de domination ni d'autorité sur ses compagnons, mais plutôt qu'il était uni aux autres, et de leur rang, en ce qui concerne l'office qu'il avait en commun avec eux.

ET TEMOIN DES SOUFFRANCES DE CHRIST. On peut comprendre cela de la doctrine, toutefois j'aime mieux le rapporter à la vie, et à l'expérience qu'il a sentie, bien que tous deux soient probables. Mais la raison pour laquelle je reçois plus volontiers la dernière explication, c'est parce que ces deux membres s'entretiennent mieux. Que S. Pierre représente les passions de Christ en sa propre chair, et qu'il sera aussi participant de la gloire de son maître. Car cette sentence s'accorde avec celle de S. Paul : « Si nous endurons avec lui, nous règnerons aussi avec lui » (II Tim. *2* : 12). Davantage, c'est un point bien propre pour donner poids à ses paroles, que par la souffrance de la croix il a donné une preuve de sa foi. Car il apparaît par cela qu'il parle à bon escient, et comme expérimenté. Et aussi quand le Seigneur éprouve les siens en cette façon, il scelle, par manière de dire, leur ministère, afin qu'il soit reçu en grand respect et autorité parmi les hommes. Car l'intention de S. Pierre tend à cela, qu'il soit ouï comme serviteur fidèle de Christ. Et de cela il en propose une preuve dans les afflictions qu'il avait endurées, et dans l'espérance de la vie éternelle. Or il nous faut noter que S. Pierre dit hardiment *qu'il est participant de la gloire*, qui n'est pas encore révélée. Car c'est le naturel de la foi d'attendre avec assurance les biens qui sont encore cachés.

2. PAISSEZ LE TROUPEAU DE DIEU, EN TANT QU'IL EST EN VOTRE POUVOIR, VEILLANT SUR LUI, NON POINT PAR CONTRAINTE, MAIS VOLONTAIREMENT, NON POINT PAR GAIN DESHONNETE, MAIS D'UN PROMPT COURAGE. Nous tirons de là ce que vaut le nom de prêtre ou ancien, à savoir qu'il comprend la charge de paître. Le pape ordonne ses prêtres à une fin bien diverse, à savoir qu'ils sacrifient et offrent tous les jours Christ. Et quand on les ordonne, on ne leur fait aucune mention de la charge de paître le troupeau. Dès lors, qu'il nous souvienne de faire une différence entre l'ordre de Christ et la confusion du pape, comme nous discernerions entre la lumière et les ténèbres. Il faut aussi retenir la définition de ce mot, d'autant que le troupeau de Christ ne peut être repu que de la pure doctrine, qui est la seule pâture spirituelle. Les pasteurs ne sont donc point des masques ou des idoles muettes, ou des gens qui sèment leurs inventions, comme des poisons mortels pour meurtrir les âmes.

Ce mot, *en tant qu'il est en vous*, vaut autant que s'il eût dit : « Que tous vos nerfs y tendent, employez-y toute la puissance que Dieu vous a donnée. » L'ancien traducteur avait ainsi écrit : « Le troupeau qui est en vous », et le sens des paroles peut bien être tel ; toutefois j'ai suivi l'interprétation d'ERASME comme la plus vraie, bien que je ne rejette pas l'autre. C'est tout un, si nous disons le troupeau de Dieu, ou du Seigneur, ou du Christ, car tous trois se lisent en divers livres.

VEILLANT SUR LUI. ERASME a tourné « ayant soin d'icelui ». Mais quand le mot grec sera bien regardé, je ne doute point que S. Pierre n'ait voulu exprimer le nom et l'office d'évêque. On peut aussi déduire d'autres passages de l'Ecriture, que ces deux mots, « évêque » et « prêtre », signifient une même chose. Il enseigne donc comment ils exerceront fidèlement et droitement l'office de pasteur. Toutefois le mot grec signifie aussi quelquefois en général, avoir la surintendance, ou le regard sur quelque chose.

Au lieu que j'ai mis : *non point par contrainte*, il y a mot à mot : « non point par nécessité ». Car quand nous ne faisons rien sinon que nécessité nous y pousse, nous procédons en l'œuvre froidement et lâchement et comme par contrainte.

3. ET NON POINT COMME AYANT SEIGNEURIE SUR LES HERITAGES DU SEIGNEUR, MAIS TELLEMENT QUE VOUS SOYEZ EXEMPLES DU TROUPEAU. Parce que la préposition grecque qui signifie *sur* se prend souvent en mauvaise part, il est certain que S. Pierre reprend ici la domination usurpée sans raison, comme est celle de ceux qui, ne considérant point qu'ils sont ministres et serviteurs de Christ et de l'Eglise, désirent quelque chose de plus. Or il appelle clergé, c'est-à-dire héritages du Seigneur, les Eglises particulières. Car comme tout le corps de l'Eglise est l'héritage du Seigneur, selon qu'il y a des Eglises par les villes et villages, ce sont toutes ses métairies et ses possessions. Il les assigne à chacun des prêtres, pour les cultiver et les faire valoir.

Ça été une trop grande bêtise à certains de penser que ceci fut dit des clercs, comme on les appelle en la papauté. Il est vrai que c'est une ancienne manière de parler, d'appeler « clergé » tout l'ordre des prêtres, mais à ma volonté il ne fût jamais venu en la fantaisie aux pères anciens de parler ainsi. Car quelle raison y avait-il de restreindre à peu de gens ce que l'Ecriture attribue communément à toute l'Eglise ? Et ça été une façon de parler bâtarde, pour le moins elle ne tient rien du droit usage auquel les Apôtres ont appliqué ce mot de clergé. Or S. Pierre orne nommément de ce titre les Eglises, afin que nous sachions que tout ce que les hommes leur ravissent est dérobé à Dieu, comme en plusieurs passages il appelle l'Eglise sa possession, et la verge de son héritage, quand il veut s'attribuer pleine et entière domination sur elle (Ex. *19* : 5 ; Jér. *10* : 16). Car il ne livre point son royaume aux pasteurs, mais il leur en donne seulement la charge, en sorte que cependant son droit lui demeure sauf.

4. ET QUAND LE PRINCIPAL PASTEUR APPARAITRA, VOUS RECEVREZ LA COURONNE INCORRUPTIBLE DE GLOIRE. Si les pasteurs ne tendent pas à ce but, il ne pourra pas se faire qu'ils poursuivent dûment et allègrement le cours de leur vocation, mais ils prendront plutôt courage à chaque bout de champ, comme on dit. Car il y a des empêchements innombrables qui pourraient faire faillir le cœur, même aux plus courageux et aux plus constants. Ils ont bien souvent affaire à des ingrats, qui reconnaissent mal le bien qu'on leur fait : souvent après avoir travaillé longuement et merveilleusement, ils voient toutes leurs peines perdues. Satan est quelquefois le plus fort par ses machinations perverses. Ainsi, afin que le fidèle serviteur de Christ ne perde courage, il n'y a point d'autre remède que de dresser ses yeux à la venue de Christ. Cela fera que chacun d'eux, bien qu'il semble aux hommes qu'il se tourmente en vain, s'emploiera à faire son devoir sans s'épargner, vu qu'un si excellent salaire lui est réservé par Dieu pour son labeur. Au reste, afin que la trop longue attente ne les fasse languir, il déclare en même temps la grandeur de ce salaire, qui est bien suffisant pour récompenser la longue attente.

Vous recevrez, dit-il, *la couronne incorruptible de gloire*. Il faut noter qu'il appelle Christ *le prince des pasteurs*, d'autant que nous ne gouvernons l'Eglise que sous lui et en son Nom, en sorte qu'il demeure néanmoins seul pasteur. Ainsi, quand il est appelé le prince, ce n'est pas seulement à dire qu'il soit le principal, mais celui sous la puissance et l'autorité duquel il faut que tous les autres soient assujettis, comme d'ailleurs ils n'exercent point cet office, sinon sous son commandement et en son Nom.

5. *Semblablement vous jeunes soyez sujets aux anciens, tellement que vous soyez tous sujets l'un à l'autre : soyez parez d'humilité, pource que Dieu résiste aux orgueilleux, et fait grâce aux humbles*[1].
6. *Humiliez-vous donc sous la puissante main de Dieu : afin qu'il vous eslève quand il sera temps*[2],
7. *Rejettans tout vostre souci sur luy : car il ha soin de vous*[3].

5. SEMBLABLEMENT VOUS JEUNES, SOYEZ SUJETS AUX ANCIENS, TELLEMENT QUE VOUS SOYEZ TOUS SUJETS L'UN A L'AUTRE. SOYEZ PARES D'HUMILITE, PARCE QUE DIEU RESISTE AUX ORGUEILLEUX, ET FAIT GRACE AUX HUMBLES. Quand il parle ici des anciens, c'est en une autre signification qu'il ne l'a fait ci-dessus. Car puisqu'il les oppose aux jeunes, il faut nécessairement que les membres soient correspondants l'un à l'autre. Il les appelle donc ici anciens d'âge, au lieu qu'auparavant il a parlé de l'office, et ainsi, de l'espèce, il monte à la généralité. Or il commande en somme que, selon que chacun est plus jeune, il obéisse au conseil des anciens, qu'il se montre docile et modeste. Car la jeunesse est principalement volage et inconstante, et a besoin de bride. Bien plus, les pasteurs ne pourront pas faire leur office, sinon qu'on garde le respect, à savoir que les plus jeunes se laissent gouverner. Car là où il n'y a point de sujétion, il n'y peut avoir ni ordre ni police, et quand ceux qui de droit et selon l'ordre de la nature doivent présider, n'ont nulle autorité, aussitôt tous se permettent une licence débordée.

TELLEMENT QUE VOUS SOYEZ TOUS. Il montre dans quel but les jeunes doivent obéir aux anciens, à savoir afin qu'il y ait entre tous une égalité et mesure. Car quand l'autorité est donnée aux anciens, ce n'est pas à dire qu'on leur donne puissance ni licence de se lâcher la bride, et de se permettre tout ce qu'ils veulent ; mais eux-mêmes aussi sont rangés, afin que la sujétion soit mutuelle. Ainsi le mari est bien le chef de la femme, mais c'est en telle sorte que, lui, de son côté, soit également sujet à elle. Ainsi le père a autorité sur ses enfants,

[1] Jac. *4* : 6.
[2] Ou, *au temps de la visitation*, Jac. *4* : 10.
[3] Ps. *55* : 22.

toutefois il n'est point exempt de toute sujétion, en sorte qu'il ne leur doive aussi quelque chose. Autant en faut-il dire des autres. Bref, tous les degrés de l'ordre politique ont pour but de maintenir l'état de tout le corps en général. Ce qui ne se peut faire, si tous les membres ne s'entretiennent ensemble par un lien mutuel de sujétion.

SOYEZ PARES D'HUMILITE ! Il n'y a rien de plus contraire au naturel de l'homme, que la sujétion. Car cela est bien vrai, qui a été anciennement dit, que chacun a un cœur de roi au dedans de lui. Ainsi donc, jusqu'à ce que cette fierté et cette outrecuidance soient domptées, dont la nature des hommes est enflée, qui est-ce qui voudra laisser la place à un autre ? Mais que plutôt chacun s'attribuera tout, en méprisant les autres. Par quoi l'Apôtre agit sagement en corrigeant l'orgueil et la fierté, afin que l'humilité et la modestie puissent avoir lieu entre nous. Or il use d'une similitude fort belle et bien propre, comme s'il disait : « Embrassez l'humilité de tous côtés, ainsi que la robe couvre tout le corps ». Il signifie ainsi qu'il n'y a point de plus bel ornement, ni mieux séant, que lorsque nous nous abaissons et humilions, *parce que Dieu résiste aux orgueilleux.*

Voilà une menace horrible, que tous ceux qui voudront s'élever, auront Dieu pour ennemi, qui les abattra et les confondra : au contraire, que les humbles le sentiront propice et favorable. Il nous faut ici prendre le cas que Dieu ait deux mains, l'une qu'il élève en haut comme un marteau, pour abattre et briser ceux qui s'élèvent, l'autre qui recueille avec bonté ceux qui s'abaissent, comme un appui ferme et stable pour les soutenir. Si nous en étions vraiment persuadés, et si nous l'avions vivement imprimé en nos cœurs, qui est celui qui, par son orgueil et sa fierté, oserait entreprendre la guerre contre Dieu ? Mais l'espoir que nous avons de demeurer impunis fait que nous ne craignons point de lever les cornes jusqu'au ciel. Que cette sentence donc de S. Pierre nous soit comme une foudre du ciel, pour nous abattre et nous humilier !

Au reste, il appelle *humbles*, ceux qui se dépouillant de toute confiance en leur propre vertu, justice, et sagesse, cherchent tout bien en Dieu seul. Que si on parvient à Dieu par cette seule voie, qui est celui qui ne doive oublier sa propre gloire et s'humilier volontiers ?

6. HUMILIEZ-VOUS SOUS LA PUISSANTE MAIN DE DIEU, AFIN QU'IL VOUS ELEVE QUAND IL SERA TEMPS ! Il nous faut toujours retenir à quelle fin S. Pierre nous commande d'être humbles devant Dieu, à savoir afin que nous soyons débonnaires et humains avec nos frères, et que nous ne refusions point de nous soumettre à eux, autant que charité fraternelle le requerra. Il dit donc que ceux qui sont hautains et rigoureux aux hommes, sont aussi arrogants et fiers contre Dieu. C'est pourquoi il exhorte tous les fidèles à s'abaisser sous la *puissante main de Dieu*, et il l'appelle ainsi, afin de nous donner plus de crainte. Car bien que cette épithète convienne toujours à la main de Dieu, toutefois elle est accommodée ici à la circonstance du propos. Au surplus, parce que nous craignons coutumièrement que notre humilité ne nous apporte quelque dommage, et que cela donne occasion aux autres de devenir plus arrogants et hautains, S. Pierre remédie à cela, et promet à tous ceux qui se seront humiliés et abaissés, qu'ils seront élevés.

Mais il ajoute aussi : *quand il sera temps*, et cela pour remédier à la trop grande hâte et impatience en laquelle les hommes tombent aisément. Il signifie donc qu'il nous est besoin d'apprendre d'être petits et méprisés pour un temps, et que Dieu sait assez quand il sera bon que nous soyons élevés, et ainsi qu'il faut que nous nous soumettions à son conseil.

7. REJETANT TOUT VOTRE SOUCI SUR LUI, CAR IL A SOIN DE VOUS. Il nous recommande encore plus expressément la providence de Dieu. Car d'où sont sortis ces proverbes, qu'il faut hurler avec les loups ? De même, que ceux qui se font brebis sont bien fous, parce qu'ils se mettent en la gueule des loups pour être dévorés ? Sinon parce qu'il nous semble que par notre humilité nous lâchons la bride à l'audace des méchants, afin qu'ils s'élèvent en plus grand orgueil contre nous ? Or cette crainte procède de l'ignorance de la providence de Dieu. Au contraire, aussitôt que nous aurons arrêté en notre esprit que Dieu a soin de nous, nos cœurs seront facilement disposés à la patience et à la douceur. Afin donc que la malice des hommes ne nous irrite et rende félons, l'Apôtre nous donne ce remède, comme le fait aussi David (Ps. *37* : 5), que, remettant toute notre affaire sur Dieu, nous attendions en patience. Car il faut nécessairement que tous ceux qui ne se reposent point sur la providence de Dieu soient assidûment troublés en eux-mêmes, et qu'ils se ruent d'une impétuosité violente contre les autres. Aussi, devons-nous d'autant plus nous exercer en cette méditation, que Dieu a soin de nous : premièrement, afin que nous ayons la paix en nos consciences ; ensuite, afin que nous soyons modestes et débonnaires envers les hommes. Au surplus, il ne nous est point tellement commandé de remettre tout notre souci sur Dieu, comme s'il voulait que nous ayons des cœurs de pierre, et fussions privés de tout sentiment, mais afin que nous ne soyons pas incités à impatience par une trop grande crainte ou par une anxiété excessive. Semblablement la connaissance de la providence de Dieu n'exempte point de toute sollicitude, de telle manière que les hommes pendant ce temps se donnent du bon temps sans se soucier de rien. Car cette connaissance ne doit point nous rendre paresseux selon la chair, mais plutôt nous apporter un repos de la foi.

8. *Soyez sobres, et veillez : d'autant que vostre adversaire le diable chemine çà et là comme un lion bruyant à l'entour de vous, cherchant qu'il pourra engloutir :*
9. *Auquel il vous faut résister* estant *fermes en la foy : sçachans que les mesmes souffrances s'accomplissent en la compagnie de vos frères, qui est au monde.*
10. *Or le Dieu de toute grâce, qui nous a appelez à sa gloire éternelle en Jésus-Christ, après que nous avons un peu souffert, vous parface, conferme, corrobore, et establisse.*
11. *A luy soit gloire et force aux siècles des siècles, Amen.*

8. SOYEZ SOBRES, ET VEILLEZ, D'AUTANT QUE VOTRE ADVERSAIRE LE DIABLE CHEMINE ÇA ET LA COMME UN LION BRUYANT A L'ENTOUR DE VOUS, CHERCHANT CE QU'IL POURRA ENGLOUTIR. Cette exhortation s'étend bien plus loin, à savoir, que d'autant qu'ils ont à guerroyer contre un ennemi très rude et très puissant, ils soient attentifs à résister. Or il use de deux similitudes, à savoir qu'ils soient sobres, et qu'ils fassent le guet. La gourmandise rend les hommes lâches et endormis, semblablement ceux qui s'enivrent des sollicitudes et des voluptés terrestres, ayant l'entendement abruti et étant comme saisis d'une léthargie spirituelle, ne réfléchissent à rien. Nous entendons maintenant l'intention de l'Apôtre. Il dit qu'il nous faut guerroyer en ce monde, et nous avertit que nous n'avons pas affaire à un ennemi défini, mais à un qui court çà et là comme un lion bruyant, prêt à attraper quelqu'un et le dévorer. Il conclut de là qu'il faut faire bon guet. S. Paul, par ce même argument, aiguise notre diligence, au chapitre *6* des Ephésiens, v. 12, quand il dit que « nous n'avons pas à batailler contre la chair et le sang, mais contre malignités spirituelles ». Bien souvent nous abusons de la paix, en sorte que nous en devenons paresseux et oisifs. Ainsi il advient que notre ennemi nous environne souvent, et nous prend à dépourvu, d'autant que nous nous égayons, faisant grande chère, et suivant nos plaisirs, comme si nous étions hors de tous dangers.

Il compare *le diable à un lion bruyant*, comme s'il disait que c'est une bête furieuse. Il dit qu'il *chemine çà et là pour engloutir*, afin qu'il nous incite à nous tenir sur nos gardes et à faire bon guet. Il le nomme *adversaire* des fidèles, afin qu'ils sachent que quand ils servent Dieu, et font profession de la foi qui est en Christ, c'est à la condition qu'ils aient à batailler continuellement contre le diable. Car celui qui fait guerre contre le chef, n'épargnera point les membres.

9. AUQUEL IL VOUS FAUT RESISTER ETANT FERMES EN LA FOI, SACHANT QUE LES MEMES SOUFFRANCES S'ACCOMPLISSENT EN LA COMPAGNIE DE VOS FRERES, QUI SONT DANS LE MONDE. De même que la puissance et la force de notre ennemi nous doivent davantage aiguiser et nous rendre plus soigneux ou vigilants, de même il y aurait danger que nos cœurs, étant saisis de trop grande frayeur, ne défaillent, sinon que l'espérance de la victoire nous fût montrée. C'est donc cela à quoi prétend maintenant l'Apôtre, à savoir que nous attendions hardiment bonne issue de notre bataille, moyennant que nous guerroyons sous l'enseigne de Christ. Car quiconque étant garni de foi se présentera au combat, celui-là obtiendra assurément la victoire, comme S. Pierre le dit.

« *Résistez* », dit-il. Si quelqu'un demande, « comment cela ? », il répond qu'il y a assez de fermeté en la foi. S. Paul, au chapitre des Ephésiens que j'ai naguère cité, nomme toutes les pièces du harnais, toutefois c'est dans un même sens. Car comme S. Jean témoigne en son épître, chapitre *5*, v. 4, il n'y a que la foi seule qui soit notre victoire contre le monde.

SACHANT QUE LES MEMES SOUFFRANCES.C'est une autre consolation, que le combat que nous soutenons est commun à tous les enfants de Dieu. Car la tentation que Satan nous livre est certes bien dangereuse quand il nous sépare du corps de Christ. Nous entendons comment il s'est efforcé d'ébranler le courage de Job. « Regarde, disait-il, aux saints personnages, si entre eux il y en a un seulement qui ait enduré ce que tu endures » (Job *4* : 7). Au contraire, l'Apôtre nous démontre ici qu'il ne nous advient rien que nous ne voyons aussi advenir aux autres membres de l'Eglise. Or nous ne devons point refuser d'être compagnons de tous les fidèles, ni d'être de leur condition.

Quand il dit que les mêmes afflictions *s'accomplissent*, il signifie ce que dit S. Paul au chapitre *1*, v. 24 des Colossiens, que les fidèles accomplissent tous les jours le reste des afflictions de Christ.

Ce mot *qui est au monde* peut être exposé de deux sortes, ou que Dieu exerce indifféremment ses fidèles en quelque part qu'ils soient, ou qu'il nous faut nécessairement batailler, tant que nous serons en ce monde. Cependant il nous faut noter qu'ayant dit premièrement que nous sommes assaillis par Satan, aussitôt après il parle de toutes sortes d'afflictions. D'où nous concluons que nous avons toujours affaire à l'ennemi spirituel, de quelque côté que nous viennent les adversités, soit que les maladies nous pressent, soit que la stéritité des terres nous menace de famine, soit que les hommes nous molestent.

10. OR LE DIEU DE TOUTE GRACE QUI NOUS A APPELES A SA GLOIRE ETERNELLE EN JESUS-CHRIST, APRES QUE NOUS AVONS UN PEU SOUFFERT, VOUS PERFECTIONNE, CONFIRME, CORROBORE, ET ETABLISSE. Après avoir assez insisté sur les admonitions, il en vient maintenant à prier. Car si Dieu ne besogne par son Esprit, toute la doctrine qu'on proposera sera comme une chose jetée en l'air. Et certes tous les ministres de Dieu doivent suivre cet exemple, afin qu'il donne bonne issue à leurs labeurs, vu que sans cela ils ont beau planter et arroser, jamais ils n'en tireront profit.

Quelques livres ont « vous perfectionnera », comme si c'était une promesse, mais l'autre lecture est plus reçue. Bien que l'Apôtre, en faisant cette prière, confirme en même temps ceux auxquels il écrit. Car quand il appelle Dieu « auteur de toute grâce », et leur rappelle qu'ils sont appelés à la gloire éternelle, il ne faut nullement douter qu'il regarde à ce but, qu'ils doivent être assurés que celui qui a commencé à faire l'œuvre de leur salut, le parfera aussi.

Il appelle Dieu, *Dieu de toute grâce*, à la façon des Hébreux, parce que toute grâce vient de lui. Et il dit *toute grâce* expressément, afin qu'ils apprennent premièrement à reconnaître Dieu auteur de tout bien, puis aussi à conjoindre les dernières grâces avec les premières, afin d'espérer que celles qu'ils n'ont point encore leur seront données pour l'avenir.

QUI NOUS A APPELES A SA GLOIRE ETERNELLE. Cela sert à augmenter la confiance, comme j'ai déjà dit, d'autant que Dieu est provoqué à nous aider à bien faire, non seulement par sa bonté, mais aussi par les biens qu'il nous a faits. Au reste, il ne fait pas simplement mention de ce qu'il les a appelés, mais il montre aussi à quelle fin ils ont été appelés, à savoir pour jouir de la gloire éternelle. Bien plus, il constitue le fondement de notre vocation en Christ. L'un et l'autre nous sert à nous assurer de l'éternité. Car si notre vocation est fondée en Christ, et atteint jusqu'au royaume céleste de Dieu, et à l'immortalité bienheureuse, il s'ensuit qu'elle n'est pas passagère, ni caduque. Il faut aussi noter en passant que, quand il dit que nous sommes appelés *en Christ*, il exclut tout regard de notre propre dignité et de notre mérite. Car le fait que Dieu nous appelle à lui par la prédication de l'Evangile, c'est déjà une grâce, et encore plus grande, en ce qu'il touche à bon escient nos cœurs afin que nous obéissions à sa Parole. Or S. Pierre parle particulièrement aux fidèles, et il joint par conséquent l'efficace du Saint-Esprit avec la doctrine externe.

Au lieu des trois mots qui s'ensuivent, quelques livres ont trois autres mots qu'on peut transcrire ainsi : « En confirmant, en corroborant, en établissant ». Toutefois, cela est de peu d'importance quant au sens. Au demeurant, quant à ce que S. Pierre spécifie une même chose par plusieurs mots, à savoir la confirmation des fidèles, il le faut, afin que nous sachions que c'est une chose plus que difficile de bien parachever le cours de notre vie, et que par ce moyen nous avons bon besoin en cet endroit d'une grâce singulière de Dieu.

Cette particule : *après que nous avons un peu souffert*, qui est ici entremêlée, signifie que le temps des afflictions sera bref. Et en ceci, il y a assez ample matière de se consoler.

11. A LUI SOIENT GLOIRE ET FORCE AUX SIECLES DES SIECLES ! Afin qu'il donne plus de confiance aux fidèles, il vient tout soudain à rendre grâces ; toutefois on peut bien dire aussi : à lui « est » la gloire ! mais ce sera toujours un même sens.

12. *Je vous ai escrit briefvement par Sylvain nostre frère, qui vous est fidèle, comme j'estime, vous exhortant et tesmoignant que c'est la vraie grâce de Dieu, en laquelle vous estes.*
13. L'Eglise *qui est en Babylone, eleuë ensemble avec vous, et Marc mon fils vous salue.*
14. *Saluez l'un l'autre d'un baiser de charité. Paix soit à vous tous qui estes en Jésus-Christ, Amen.*

12. JE VOUS AI ECRIT BRIEVEMENT PAR SYLVAIN NOTRE FRERE, QUI VOUS EST FIDELE, COMME J'ESTIME, VOUS EXHORTANT ET TEMOIGNANT QUE C'EST LA VRAIE GRACE DE DIEU, EN LAQUELLE VOUS ETES. Il les exhorte par cette conclusion de son épître, à persévérer constamment en la foi. Et qui plus est, il affirme que l'intention qu'il a eue de leur écrire, c'était afin de les entretenir en l'obéissance de la doctrine qu'ils avaient reçue. Mais premièrement, il dit que son épître est brève, afin qu'ils ne se fâchent point de la lire, puis il ajoute une brève louange du messager, afin que la vive voix de celui-ci soit conjointe à son écrit. Car cela renforce le témoignage qu'il rend de sa fidélité. Au reste, cette parenthèse : *comme j'estime*, est ajoutée par humilité et modestie, ou bien afin qu'ils sachent assurément qu'il parle en vérité de cœur. Or c'eût été une chose fort absurde, qu'ils n'eussent point souscrit à l'opinion d'un Apôtre si excellent.

VOUS EXHORTANT ET TEMOIGNANT QUE C'EST LA VRAIE GRACE DE DIEU. Les reniements ordinaires de plusieurs rendent témoignage à quel point il est difficile de persévérer en la foi après l'avoir reçue. Et il ne s'en faut étonner, vu la légèreté et l'inconstance si grande des hommes, et qu'ils sont si enclins à la vanité. Au reste, parce que nulle doctrine ne peut avoir des racines fermes et perpétuelles dans les cœurs des hommes, si elle est enveloppée de quelques doutes, il témoigne que c'est la vérité certaine de Dieu, celle en laquelle ils ont été enseignés. Et de fait, si nous n'avons cette certitude en nous, il faudra nécessairement que nous chancelions à tout propos, et soyons faciles à plier à tous vents de nouvelle doctrine. Par la *grâce de Dieu*, il entend la foi avec ses fruits et ses effets.

13. L'EGLISE QUI EST EN BABYLONE, ELUE ENSEMBLE AVEC VOUS, ET MARC MON FILS VOUS SALUENT. Plusieurs des docteurs anciens ont pensé que S. Pierre ait voulu signifier ouvertement Rome par Babylone. Les papistes empoignent volontiers cette glose, afin qu'il semble que S. Pierre ait été évêque de Rome. Car l'infamie du nom ne les détourne point de leur opinion, pourvu qu'il leur soit licite d'usurper le titre du siège apostolique. Ils ne se soucient pas beaucoup de Christ, moyennant que S. Pierre leur soit laissé. Même pourvu qu'ils ne gardent que le nom de la chaire de S. Pierre, ils seront contents de situer leur Rome au profond des enfers. Mais cette fantaisie du temps passé n'a nulle apparence, et je ne vois point la raison pour laquelle elle a plu à Eusèbe et à d'autres, sinon parce qu'ils étaient préoccupés de cette erreur, que S. Pierre avait été à Rome. Cela s'ajoute au fait qu'ils se contredisent eux-mêmes. Ils disent que S. Marc mourut à Alexandrie l'an huitième de l'empire de Néron, et quant à S. Pierre, ils songent qu'il a été tué par Néron à Rome six ans après. Si S. Marc a dressé l'Eglise d'Alexandrie (comme ils disent) et y a été longtemps évêque, il n'a jamais pu être à Rome avec S. Pierre. Car en ce qui concerne ce qu'Eusèbe et Jérôme disent, que S. Pierre a été évêque de Rome en l'espace de vingt-cinq ans, on peut facilement réfuter cela par les premier et second chapitres des Galates. Vu donc que S. Pierre avait S. Marc pour compagnon avec lui, lorsqu'il écrivait cette épître, il est plus probable qu'il était à Babylone. Et même cela était convenable à sa vocation, car nous savons qu'il a été spécialement député Apôtre pour les Juifs. C'est pourquoi il allait principalement dans les régions où il y avait un plus grand nombre de ceux de sa nation.

Quant à ce qu'il dit qu'il y a là une église *participante de la même élection qu'eux*, il tend à ce que les autres s'affermissent de plus en plus en la foi. Car c'était grand-chose, que les Juifs épars en des régions si lointaines fussent assemblés en une même Eglise.

MON FILS. Il appelle ainsi Marc, par honneur. La raison toutefois en est qu'il l'avait engendré en la foi, comme S. Paul avait engendré Timothée. Quant au *baiser*, il en a été

LA DEUXIÈME ÉPÎTRE DE PIERRE

TEXTE ÉTABLI PAR LE PASTEUR GABRIEL BERTHOUD

COMMENTAIRE DE M. JEAN CALVIN

SUR

LA DEUXIÈME ÉPÎTRE DE PIERRE

ARGUMENT

Ce que dit Eusèbe, qu'anciennement on a douté de cette épître, ne doit point nous détourner de la lecture de celle-ci. Car s'il est question de s'arrêter à la simple autorité des hommes, puisqu'il ne nomme point ceux qui ont mis la chose en doute, il ne faut pas plus les croire que des gens inconnus. Bien plus, il ajoute qu'après elle a été communément reçue sans contredit. Ce que S. Jerome écrit me donne plus à penser, quand il dit que quelques-uns ont estimé que S. Pierre n'était point l'auteur de cette épître, parce qu'il y a diversité de style entre celle-ci et la première. Car bien qu'on puisse montrer quelque affinité et approche de l'une à l'autre, toutefois je confesse qu'il y a différence toute évidente, par laquelle on peut montrer que ce sont divers auteurs. Il y a aussi d'autres conjectures assez apparentes, desquelles on peut recueillir qu'elle est plutôt d'un autre que de S. Pierre. Cependant, c'est un point arrêté entre tous d'un commun accord, que tant s'en faut qu'il y ait en cette épître chose indigne de S. Pierre, que tout au contraire depuis un bout jusqu'à l'autre on y aperçoit la vertu, la véhémence et la grâce de l'Esprit duquel les Apôtres ont été doués. Or si nous la recevons pour canonique, il faut aussi nécessairement reconnaître que S. Pierre en est l'auteur, vu que non seulement elle est intitulée de son nom, mais aussi lui-même confesse qu'il a vécu et conversé avec Christ. Car de dire que l'auteur se soit déguisé, s'attribuant le nom et les qualités d'un autre, ce serait une façon de faire bien à condamner, et une simulation indigne d'un serviteur de Jésus-Christ. Mon avis est donc, puisqu'on tient cette épître pour digne d'être reçue, quelle est venue de S. Pierre, non pas qu'il l'ait écrite lui-même mais parce que, par son commandement, quelqu'un des disciples a recueilli et réuni ici en bref ce que la nécessité des temps requérait. Car il est vraisemblable qu'il était alors fort âgé, vu qu'il se dit être proche de la mort. Et il peut bien se faire que sur ses derniers jours, à la demande des fidèles, il a accordé qu'on ait mis ici par écrit et enregistré comme un mémorial de ce qu'il sentait, afin qu'après sa mort cela servît en quelque manière, tant à confirmer les dons, qu'à réprimer l'audace des méchants. Quoi qu'il en soit, puisqu'en toutes les parties de l'épître la majesté de l'Esprit de Christ se manifeste clairement, je me ferais scrupule de la rejeter entièrement, bien que je ne reconnaisse point en elle la phrase vraie et naturelle de S. Pierre. Au reste, puisqu'il ne m'apparaît point clairement qui en est l'auteur, je prends cette liberté d'user indifféremment tantôt du nom de Pierre, tantôt du nom d'Apôtre.

Je viens maintenant à l'argument, qu'il suffira de toucher seulement en bref. Le but de l'Apôtre est qu'il faut que ceux qui ont une fois fait profession de la droite foi de Christ, répondent à leur vocation, et y persévèrent jusqu'à la fin. C'est pourquoi, après qu'il a bien magnifié et haut élevé la grâce de Dieu, il les avertit d'avoir en singulière recommandation la sainteté de vie, parce que Dieu a accoutumé le plus souvent de punir d'un horrible aveuglement les hypocrites qui se sont faussement couverts de son nom. Et au contraire, il augmente ses dons et ses grâces envers ceux qui ont reçu la doctrine de piété en vraie affection, et d'un cœur entier. Il les exhorte donc qu'ils mettent peine de rendre témoignage de leur vocation, et se confirment en elle en vivant bien et saintement. Et afin que cette exhortation soit de plus grand poids, il déclare qu'il est proche de sa mort. Et en même temps, il s'excuse de ce qu'il répète si souvent les mêmes choses, disant qu'il le fait afin qu'elles demeurent mieux enracinées dans les cœurs et dans les entendements de ceux qui survivront en ce monde après sa mort. Au reste, parce que la certitude de l'Evangile est le fondement de toute piété et vraie religion, il montre combien la vérité en est infaillible et indubitable. Premièrement parce qu'il a vu de ses yeux toutes les choses qui y sont contenues, et même qu'il a ouï la voix du ciel, par laquelle Christ a été déclaré fils de Dieu. Et après, parce que Dieu a voulu que la vérité de son Evangile fut ratifiée et confirmée par les livres mêmes des Prophètes.

Mais, en même temps, afin que les fidèles soient munis et armés pour se donner garde, il leur prédit le danger prochain tant par les faux docteurs qui mettraient en avant et publieraient leurs méchantes inventions, que par les contempteurs de Dieu, qui tourneraient toute la religion en moquerie et en risée. Et il semble qu'il le dit tout exprès, afin que les fidèles ne s'attendent pas à voir, sous le règne de Christ, que la doctrine ait son cours tranquille et paisible, sans aucune résistance ni aucun combat. Après cela il peint comme en un tableau les mœurs et les habitudes de telles gens qui devaient ainsi infecter les chrétienté et la vraie religion par leurs corruptions.

Or la description qu'il en fait convient fort bien à notre temps, comme on le reconnaîtra en faisant comparaison de ce que dit ici l'Apôtre avec les choses qu'on voit aujourd'hui. Car il accuse principalement des disciples de Lucien, c'est-à-dire des athées, qui, étant abandonnés à toute méchanceté et vilenie, introduisent au monde une licence profane et un mépris de Dieu, et même se moquent entièrement de l'espérance de la vie éternelle. Nous voyons aujourd'hui le monde être rempli de telles canailles et de telles ordures.

Or l'Apôtre admoneste les fidèles non seulement d'avoir toujours les cœurs et les esprits dressés en haut, attendant la venue de Jésus-Christ, mais aussi de se proposer ce jour-là devant les yeux, comme étant présent, et que cependant ils se gardent non souillés devant le Seigneur. A ce propos il parle de S. Paul comme de son compagnon, consentant et s'accordant avec lui en cette doctrine. Et afin de défendre et de maintenir les écrits de celui-ci contre les calomnies des méchants, il condamne âprement tous ceux qui en abusent, les détournant en un autre usage que n'a prétendu S. Paul.

COMMENTAIRE SUR LA DEUXIÈME ÉPÎTRE DE S. PIERRE

CHAPITRE PREMIER

1. *Siméon Pierre serviteur et Apostre de Jésus-Christ, à vous qui avez obtenu foy de pareil pris avec nous par la justice de nostre Dieu et Sauveur Jésus-Christ,*
2. *Grâce et paix vous soit multipliée par la cognoissance de Dieu*[1], *et de nostre Seigneur Jésus.*
3. *Comme sa Divine puissance nous ayant donné tout ce qui* appartient *à la vie et piété, par la cognoissance de celuy qui nous a appelez par sa propre gloire et vertu*[2] *:*
4. *Par lesquelles*[3] *nous sont données les grandes et précieuses promesses, afin que par icelles vous soyez fais participans de la nature Divine, après vous estre retirez de la corruption qui est au monde en concupiscence.*

1. SIMEON PIERRE SERVITEUR ET APOTRE DE JESUS-CHRIST, A VOUS QUI AVEZ OBTENU UNE FOI D'UN PRIX PAREIL A LA NOTRE PAR LA JUSTICE DE NOTRE DIEU ET SAUVEUR JESUS-CHRIST. En ce commencement d'épître il y a premièrement une prière, puis il s'ensuit une action de grâces, par laquelle il incite les Juifs à se donner garde de tomber en ingratitude, afin qu'ils ne mettent en oubli quels et combien grands bienfaits ils avaient déjà reçus de la main de Dieu.

Nous avons montré ailleurs pourquoi il s'intitule *serviteur et Apôtre de Jésus-Christ*, à savoir d'autant que nul ne doit être ouï en l'Eglise, s'il ne parle comme par la bouche de Christ. Au reste, le nom de ce serviteur est plus général, car il comprend tous les ministres de Christ, qui ont quelque charge publique en l'Eglise. Au titre d'Apôtre, il y a un plus haut degré d'honneur. Il signifie donc qu'il n'est point comme quelqu'autre du rang commun des ministres, mais que le Seigneur l'a constitué du nombre des Apôtres, qui était un office excellent par-dessus les autres en l'Eglise.

A VOUS QUI AVEZ OBTENU UNE FOI D'UN PRIX PAREIL A LA NOTRE. Ceci sert pour mieux exprimer la grandeur de la grâce que Dieu avait faite indifféremment à tous ses élus. Car vu que la foi est le principal et souverain bien de l'homme, ce n'était pas un petit don, que tous avaient été appelés à une même foi. Au reste, il l'appelle de pareil prix, non pas qu'elle soit égale en tous, mais parce que tous, par la foi, possèdent un même Christ avec

[1] Ou, *en la cognoissance*, ou, *avec*.
[2] Ou, *par gloire et vertu*, ou, *à sa gloire et vertu*.
[3] Ou, *à cause duquel*, ou *par ce que*, etc.

sa justice, et un même salut. Donc, bien que la mesure de la foi ne soit point semblable, toutefois cela n'empêche point que la connaissance de Dieu ne soit commune à tous, ainsi que le fruit qui en provient. Ainsi nous avons une vraie unité de foi avec S. Pierre et les autres Apôtres.

Il ajoute *en la justice de Dieu*, afin qu'ils sachent qu'ils n'ont point obtenu cette foi par leur propre vertu, mais l'ont du pur don de Dieu. Car la justice de Dieu, selon qu'elle est prise ici, et le mérite de l'homme, sont choses directement opposées l'une à l'autre. Car pour cette raison *la justice de Dieu* est appelée cause efficiente de la foi, d'autant que nul n'est capable de se la donner à soi-même. Ainsi il nous faut entendre une justice non pas qui demeure enclose en Dieu, mais qui s'épand et découle sur les hommes, comme il est dit au chapitre *3* des Romains, v. 22. Au reste, il attribue cette justice en commun à *Dieu et à Christ*, d'autant qu'elle procède de Dieu, mais c'est par Christ qu'elle découle jusqu'à nous.

2. GRACE ET PAIX VOUS SOIENT MULTIPLIEES PAR LA CONNAISSANCE DE DIEU, ET DE NOTRE SEIGNEUR JESUS. Il est certain que par ce mot de grâce est dénoté l'amour paternel de Dieu envers nous. Il est vrai que nous avons été une fois réconciliés avec Dieu par la mort de Christ, et que nous sommes entrés en la possession de ce grand bien par la foi, mais pour autant que nous participons à la grâce de Dieu selon la mesure de notre foi, il est dit qu'elle est augmentée, à notre point de vue, quand elle nous est donnée à connaître plus familièrement. Il ajoute, *et paix*, parce que comme le commencement de notre béatitude est que Dieu nous reçoive en grâce, ainsi, plus il confirme son amour en nos cœurs, plus richement aussi et abondamment il déclare sa bénédiction envers nous, afin que toutes choses nous adviennent bien et heureusement.

PAR LA CONNAISSANCE DE CELUI QUI NOUS A APPELES. Il y a de mot à mot, « en » la connaissance, mais le mot grec se prend aussi quelquefois pour « par » ou « avec ». Or bien que toutes les deux significations puissent convenir au texte, toutefois je reçois plus volontiers celle que j'ai mise la première. Car selon que chacun profite mieux en la connaissance de Dieu, en lui aussi, avec le sentiment de l'amour de Dieu, se fait augmentation de toutes sortes de biens. Quiconque donc aspire à la pleine jouissance de la vie bienheureuse, qu'il se souvienne de tenir le chemin que S. Pierre montre ici ! Au reste, il joint la connaissance de Dieu et de Christ, d'autant que Dieu ne peut être connu comme il convient, sinon en Christ, selon ce qui est dit : « Nul ne connaît le Père, sinon le Fils et celui à qui le Fils voudra le révéler » (Matth. *11* : 27).

3. COMME SA DIVINE PUISSANCE NOUS AYANT DONNE TOUT CE QUI APPARTIENT A LA VIE ET A LA PIETE, PAR LA CONNAISSANCE DE CELUI QUI NOUS A APPELES PAR SA PROPRE GLOIRE ET VERTU. Il rappelle la bonté infinie de Dieu qu'ils avaient déjà expérimentée, afin que pour l'avenir ils conçoivent plus grande confiance. Car cela est perpétuel à Dieu, de continuer le cours de ses bienfaits jusqu'à la fin, à moins que nous ne l'arrêtions par notre infidélité. Car quant à lui, il a une puissance qui ne peut s'épuiser, et, de même, sa volonté de bien faire aux siens. Par quoi le saint Apôtre encourage à bon droit les fidèles à bien espérer, leur rappelant les bénéfices de Dieu qu'ils ont déjà reçus. A cela même tend aussi l'amplification qu'emportent les mots dont il use. Car il pouvait parler plus simplement en disant : « Comme il nous a donné toutes choses » ; mais en exprimant le nom *de sa puissance divine*, il monte plus haut, et parle en termes plus magnifiques.

Au reste, ce dernier membre peut se rapporter tant à Christ qu'au Père, et tous ces deux sens conviennent bien. Toutefois il s'applique mieux à la personne de Christ comme s'il eût dit que la grâce qui est découlée de lui sur nous est un témoignage de sa divinité, parce que cela ne pouvait se faire par une puissance de l'homme.

CE QUI APPARTIENT A LA VIE ET A LA PIETE. Certains pensent que l'Apôtre parle ici de la vie présente, en sorte que la *piété* suive après comme un don plus excellent. Comme si S. Pierre alléguait ces deux choses pour montrer combien Dieu est libéral et plein de bonté envers les fidèles, à savoir, qu'il les a mis au monde, qu'il leur fournit abondamment toutes choses qui appartiennent à la conservation de la vie présente, et de plus, qu'il les a régénérés en la vie spirituelle, quand il les a ordonné de la vraie piété. Mais cette distinction ne convient point à l'intention de S. Pierre, parce qu'ayant fait mention de la vie, il ajoute incontinent la *piété*, qui est comme son âme. C'est alors vraiment que Dieu nous vivifie, quand il nous réforme à l'obéissance de sa justice.

Ainsi S. Pierre ne parle point ici des dons et des grâces naturelles de Dieu, mais il parle seulement des grâces que Dieu confère particulièrement à ses élus, outre ce qu'ils ont de commun avec les autres par l'ordre de nature. Que nous sommes nés hommes, doués de sens et d'intelligence, que notre vie est soutenue d'aides nécessaires, c'est vrai que tout cela vient de Dieu, toutefois parce que les hommes, comme ils sont malins et ingrats, n'estiment point pour bienfaits de Dieu ces biens communs, qu'on appelle biens de nature, pour cette cause il n'est point ici parlé de l'état commun de la vie humaine, mais S. Pierre choisit les dons qui sont propres et particuliers à la vie nouvelle et spirituelle, qui prennent leur origine dans le règne de Christ. Or si tout ce qui appartient à la piété et au salut est réputé entre les dons surnaturels de Dieu, que les hommes apprennent à ne rien s'attribuer, mais à demander humblement à Dieu tout ce qu'ils voient leur faire défaut ! Et semblablement qu'ils sachent reconnaître que tout le bien qu'ils ont est procédé de lui ! Car S. Pierre, en attribuant à la puissance divine de Christ toute la somme de la piété, et toutes les aides du salut, ôte tout cela à la nature commune des hommes, en sorte qu'il ne nous laisse pas une seule goutte de vertu, tant petite que ce soit.

PAR LA CONNAISSANCE DE CELUI QUI NOUS A APPELES. Maintenant il décrit le moyen par lequel Dieu nous fait participants de ces biens si grands et excellents ; et il dit que c'est quand il se manifeste à nous par l'Evangile. Car la connaissance de Dieu est le commencement de la vie, et la première entrée à la piété. En somme, nous ne pouvons jamais user des dons spirituels pour le salut, jusqu'à ce qu'étant illuminés par la doctrine de l'Evangile, nous connaissions Dieu. Au reste, il fait Dieu auteur de cette connaissance, parce que nous ne venons jamais à lui, sinon qu'il nous appelle lui-même. Ainsi donc, la vocation de Dieu est la cause efficiente de la foi, et non point la subtilité de notre entendement. Or il ne parle point seulement de la vocation extérieure, mais de celle qui consiste en la vertu secrète du Saint-Esprit, quand Dieu ne se fait pas entendre seulement à nos oreilles par la voix d'un homme, mais au-dedans tire à soi les cœurs par son Esprit.

PAR SA PROPRE GLOIRE ET VERTU. La leçon la plus commune est par « gloire et vertu ». Mais parce que quelques exemplaires grecs ont « par sa propre gloire », et aussi que l'ancien traducteur latin l'a ainsi traduit, j'ai mieux aimé suivre cette lecture, d'autant plus qu'il semble que le propos coule mieux. Car l'intention de S. Pierre est d'attribuer expressément à Dieu seul toute la louange de notre salut, afin que nous sachions que nous lui devons tout. Ce qui est plus clairement exprimé par ces paroles, quand il dit qu'il nous a *appelés par sa propre gloire et vertu.* Toutefois l'autre lecture, bien qu'elle soit plus obscure, tend à ce même but, car si nous la suivons, S. Pierre donne à entendre que nous sommes couverts d'ignominie, et complètement corrompus et vicieux, jusqu'à ce que Dieu nous ait ornés de vertu, et revêtus de gloire. Et de plus, il signifie que l'effet de la vocation des élus est que l'image glorieuse de Dieu soit réparée en eux, et qu'ils soient réformés à sainteté et justice.

4. PAR LESQUELLES NOUS SONT DONNEES LES GRANDES ET PRECIEUSES PROMESSES, AFIN QUE PAR ELLES VOUS SOYEZ FAITS PARTICIPANTS DE LA NATURE DIVINE, APRES VOUS ETRE RETIRES DE LA CORRUPTION QUI EST AU MONDE PAR LA CONCUPISCENCE. On doute, à savoir s'il parle seulement de la gloire et de la vertu, ou bien si cela se rapporte aussi aux autres choses qu'il a nommées précédemment. Toute la difficulté procède de ce que cela ne convient point à la gloire et à la vertu que Dieu nous donne. Mais si nous lisons « par sa propre gloire et vertu », il n'y aura obscurité ni ambiguïté quelconque. Car toutes les choses que Dieu nous a promises doivent être proprement et à bon droit réputées effets de sa gloire et de sa vertu. Bien qu'encore les livres grecs ne s'accordent pas du tout en cet endroit. Car certains ont : *à cause duquel*, qui se rapporte à Jésus-Christ. Qu'on choisisse celle des deux lectures que l'on voudra, ce sens toutefois demeurera toujours, à savoir, que les promesses de Dieu sont en premier lieu singulièrement à priser, puis ensuite, qu'elles sont gratuites, d'autant qu'elles nous sont offertes en pur don.

Or il montre l'excellence de ces promesses, en ce qu'elles nous font finalement *participants de la nature divine*, qui est la chose la plus excellente qu'on pourrait penser. Car il faut considérer d'où vient que Dieu nous élève en un si haut degré d'honneur. Nous savons combien la condition de notre nature est vile et abjecte ; quand donc Dieu se fait tellement nôtre, que, par manière de dire, tous ses biens soient nôtres, il est impossible que nos esprits puissent suffisamment comprendre la grandeur de cette grâce. Et pourtant, cette seule méditation doit plus que suffire à nous faire renoncer au monde, pour être complètement ravis au ciel. Notons donc que la fin et le but de l'Evangile est que nous soyons un jour faits conformes à Dieu. Or cela est être quasi déifié, s'il faut ainsi parler, c'est-à-dire être fait Dieu.

Au reste, ce mot de *nature* ne signifie pas ici la substance, mais la qualité. Les manichéens songeaient jadis que nous étions sortis de la substance de Dieu, et que finalement après avoir achevé le cours de notre vie, nous retournions à notre première source. Et aujourd'hui même, il y a encore des esprits extravagants, qui imaginent que nous passons tellement en la nature de Dieu, que sa nature engloutit la nôtre. Ils interprètent en ce sens ce que dit S. Paul, « Que Dieu sera tout en tous » (I Cor. *15* : 28). Ils tirent aussi ce passage-ci en ce même sens. Mais cette rêverie ne vint jamais en l'entendement des saints Apôtres. Ils ont seulement voulu dire, qu'après que nous serons dépouillés de toutes les corruptions de la chair, nous serons tellement faits participants de l'immortalité divine, et de la gloire bienheureuse, que nous serons comme un avec Dieu, selon que notre mesure pourra le comporter. Cette doctrine n'a pas été du tout inconnue à PLATON, qui définit en plusieurs endroits le souverain bien de l'homme, qui est d'être totalement fait conforme à Dieu. Mais comme il était enveloppé de nuées et d'obscurités d'erreurs, il retombe ensuite à ses imaginations, et à ses rêveries. Mais quant à nous, laissant là toutes spéculations oisives et superflues, contentons-nous de ceci, que l'image de Dieu est réparée en nous en sainteté et innocence, à cette condition que finalement nous soyons participants avec lui de la vie et de la gloire éternelles, autant qu'il sera nécessaire pour notre béatitude.

APRES NOUS ETRE RETIRES DE LA CORRUPTION QUI EST AU MONDE. Nous avons déjà déclaré que l'intention de l'Apôtre est, en nous proposant la dignité et l'excellence de la gloire céleste, à laquelle Dieu nous invite, de nous retirer de la vanité de ce monde. Or il met la corruption du monde à l'opposé de la nature divine mais il montre que cette corruption est non point dans les éléments qui sont autour de nous, mais en notre cœur, d'autant que là règnent les affections vicieuses et perverses, dont il dénote la source ou la racine par ce mot de *concupiscence*. Ainsi donc, l'Apôtre met tellement la corruption au monde, que pour cette raison, il veut que nous sachions que le monde est au-dedans de nous.

5. *Vous donc aussi de mesme y apportans toute diligence, fournissez avec vostre foy vertu, et avec vertu science,*
6. *Et avec science attrempance : et avec attrempance patience, et avec patience piété :*
7. *Et avec piété amour fraternelle : et avec amour fraternelle charité :*
8. *Car si ces choses sont en vous, et y abondent, elles ne vous laisseront point oiseux ne stériles en la cognoissance de nostre Seigneur Jésus-Christ.*
9. *Mais celuy qui n'ha point ces choses, est aveugle et taste la voye à la main, ayant oublié la purification de ses anciens péchez.*

5. VOUS DONC AUSSI DE MEME Y APPORTANT TOUTE DILIGENCE, FOURNISSEZ AVEC VOTRE FOI LA VERTU, ET AVEC VERTU LA SCIENCE. Parce que c'est une œuvre fort difficile, et où il y a bien à tirer, que de dépouiller la corruption qui est en nous, il nous commande de nous y évertuer et nous y efforcer. Et par cela il signifie qu'il n'est point question ici de s'endormir, et qu'il ne faut point lâchement et comme par acquit obéir à Dieu, quand il nous appelle, mais qu'il est besoin d'apporter une diligence accompagnée de promptitude et de rapidité. Comme s'il disait : « Evertuez-vous tant qu'il sera possible, et déployez tous vos sens, et n'épargnez rien », ainsi qu'on parle communément. Car le mot grec dont il use emporte ce sens.

FOURNISSEZ AVEC VOTRE FOI LA VERTU. Il montre à quoi il faut que les fidèles s'évertuent, à savoir à ce qu'ils aient une foi ornée de mœurs honnêtes, de prudence, et de patience et de charité. Il signifie donc que la foi ne doit point être nue ou vide, mais que ces vertus lui sont comme compagnes inséparables. *Fournir avec la foi*, c'est ajouter à la foi. Toutefois il n'y a point ici proprement de gradation (qu'on appelle) quant au sens, bien qu'il le semble par les mots. Car la charité ne suit point par ordre la patience, et ne procède point d'elle. Par quoi on peut ainsi résoudre simplement ce propos : « Donnez ordre qu'avec votre foi il y ait vertu, prudence, modération, et ce qui s'ensuit. » Je prends *vertu* pour une vie honnête et bien réglée. Car il ne se prend pas ici pour force ou puissance. *Science*, pour la façon de besogner prudemment, et de procéder en toutes choses par bon avis. Car après qu'il a mis le nom général, il nomme spécialement certaines des principales vertus et grâces de l'homme chrétien.

L'amour fraternel, c'est l'amour mutuel qui est entre les enfants de Dieu. *Charité* s'étend plus loin, car elle comprend tout le genre humain. Mais on pourrait faire ici une question, vu que S. Pierre nous assigne l'office de fournir la vertu, à savoir s'il élève jusque là la puissance et la vertu du libre arbitre ? Ceux qui veulent établir le libre arbitre en l'homme, donnent bien le premier lieu à Dieu, disant qu'il commence à besogner en nous, mais ils imaginent que de notre côté nous coopérons en même temps avec lui et lui aidons, et que par ce moyen c'est nous qui faisons que les mouvements de Dieu ne soient pas inutiles et sans efficacité. Mais cependant toute la doctrine de l'Ecriture contredit formellement à cette rêverie. Car elle atteste clairement que Dieu forme en nous les affections droites et les amène jusqu'à leur effet. Elle témoigne aussi que tout l'avancement qu'on voit en nous, et la persévérance, ne sont d'ailleurs que de Dieu. Bien plus, elle dit nommément que la prudence, la charité et la patience sont dons de Dieu et du Saint-Esprit. Il s'ensuit donc que le saint Apôtre, en requérant ces choses, ne veut point dire que la puissance soit en nous, mais il montre seulement quel est notre devoir, et ce qu'il faut faire. Or sur cela les fidèles, connaissant leur propre infirmité, quand ils voient qu'ils défaillent et ne peuvent satisfaire à leur devoir, concluent qu'il ne leur reste rien sinon de recourir à l'aide de Dieu.

8. CAR SI CES CHOSES SONT EN VOUS, ET Y ABONDENT, ELLES NE VOUS LAISSERONT POINT OISIFS NI STERILES EN LA CONNAISSANCE DE NOTRE SEIGNEUR JESUS-CHRIST. Alors vous montrerez, dit-il, que Christ a été vraiment connu de vous, quand vous serez garnis de vertu, de modération et des autres grâces. Car la connaissance de Christ est une chose pleine d'efficacité, et une racine vivante, qui ne peut que produire des fruits. Car quand il dit, *elles ne vous laisseront point oisifs ni stériles*, il signifie que ceux-là se glorifient à tort et faussement de la connaissance de Christ, qui s'en vantent, n'ayant point de charité, de patience, et de semblables dons. Comme aussi S. Paul en parle au chapitre *4* des Ephésiens, v. 20 : « Vous n'avez point ainsi appris Christ, si du moins vous l'avez entendu, et si vous avez été enseignés en lui, ainsi que dans la vérité qui est en Jésus : à savoir que vous ôtiez le vieil homme, lequel se corrompt. » Car il signifie que ceux qui font profession de Christ sans nouveauté de vie n'ont jamais été bien instruits en sa doctrine. Or il ne veut pas que les fidèles soient seulement garnis de patience, de piété, de modération, de charité, mais il requiert aussi qu'ils profitent et croissent continuellement en ces dons. Et à bon droit, car nous sommes encore bien loin du but, et c'est pourquoi il faut toujours marcher plus avant, en sorte que les dons de Dieu croissent en nous.

9. MAIS CELUI QUI N'A POINT CES CHOSES EST AVEUGLE ET TATE LA VOIE A LA MAIN, AYANT OUBLIE LA PURIFICATION DE SES ANCIENS PECHES. Maintenant il déclare plus ouvertement que ceux qui ne mettent en avant qu'une foi nue et vaine sont totalement éloignés de la vraie intelligence. Il dit donc qu'ils se fourvoient comme des aveugles au sein des ténèbres, d'autant qu'ils n'entendent point le chemin qui nous est montré par la clarté de l'Evangile. Et il confirme ceci aussi par une raison qu'il ajoute : car, dit-il, ceux-là *ont oublié qu'ils ont été purifiés de leurs péchés*, par le bienfait de Christ, et toutefois cela est le commencement de notre chrétienté. Il s'ensuit donc que ceux qui n'ont nulle affection de vivre purement et saintement, n'entendent pas même les premiers rudiments de la foi. Or S. Pierre prend ceci pour une chose tout arrêtée, que ceux qui se vautrent encore dans le bourbier et les souillures de la chair ont oublié *leur purification.* Car le sang de Jésus-Christ ne nous a point été fait lavage pour que nous soyons souillés par nos ordures. C'est pourquoi il parle des *péchés anciens*, entendant par cela que nous devons ordonner autrement notre vie, depuis que nous sommes nettoyés de nos péchés. Non pas que quelqu'un puisse être pur de tout vice et ordure tant qu'il vit en ce monde, ou que la pureté que nous obtenons par Christ consiste seulement en un pardon, mais parce qu'il faut que nous soyons différents des infidèles, depuis que Dieu nous a choisis et mis à part pour siens. Bien donc que nous péchions tous les jours, et que Dieu tous les jours nous pardonne, et que le sang de Christ nous lave de nos péchés et souillures, le péché toutefois ne doit point régner en nous, mais la sanctification de l'Esprit doit le surmonter. Car voilà comme S. Paul en parle au chapitre *6* de la première aux Corinthiens, v. 11 : « Et vous avez été ainsi, mais vous en êtes lavés. »

10. *Pourtant, frères, estudiez-vous plustost à rendre ferme vostre vocation et élection. Car en ce faisant vous ne tomberez jamais.*
11. *Car par ainsi l'entrée au Royaume éternel de nostre Seigneur et Sauveur Jésus-Christ vous sera abondamment fournie.*
12. *Parquoy je ne seray paresseux de vous ramentevoir*[1] *tousjours ces choses, jà soit que soyez cognoissans et fondez en la vérité présente.*
13. *Car j'estime que c'est chose juste tandis que je suis en ce tabernacle, de vous esveiller par advertissement :*
14. *Sçachant que de brief je laisseray ce mien tabernacle, comme nostre Seigneur Jésus-Christ mesme me l'a déclaré*[2].
15. *Mais je mettray peine qu'après mon département aussi vous puissiez avoir souvenance de ces choses.*

10. C'EST POURQUOI FRERES, ETUDIEZ-VOUS PLUTOT A RENDRE FERME VOTRE VOCATION ET VOTRE ELECTION. CAR EN CE FAISANT VOUS NE TOMBEREZ JAMAIS. Il conclut que c'est le seul moyen par lequel nous montrerons que nous sommes vraiment élus par le Seigneur, et non point appelés en vain, à savoir quand il y aura une bonne conscience et une sincérité de vie correspondant à la profession de foi. Or parce qu'il avait dit avant, que la foi ne doit point être stérile, il en déduit qu'il faut d'autant plus s'efforcer, et y employer plus de diligence. Quelques livres ont « par bonnes œuvres », mais cela ne change rien quant au sens, car aussi bien le faudrait-il entendre quand il ne l'exprimerait pas.

Il met *la vocation* en premier lieu, qui est toutefois seconde en ordre. Et la raison en est, parce que l'élection est de plus grande importance. Or l'ordre et la droite disposition du propos requièrent que ce qui est de plus grand poids soit mis le dernier. Le sens est donc celui-ci : « Mettez peine qu'on connaisse par un effort vrai que ce n'est point en vain que vous avez été appelés, et même, qui plus est, élus ». Bien qu'il parle ici de la vocation en tant qu'elle est l'effet et le témoignage de l'élection. Si on veut les prendre pour une même chose, je n'y contredis point, car l'Ecriture confond quelquefois la différence qui est entre ces deux mots ; toutefois j'ai amené ce qui me semblait être plus probable.

On fait maintenant une question, à savoir si la fermeté de notre vocation et de notre élection est appuyée sur les bonnes œuvres. Car s'il en est ainsi, il s'ensuivra qu'elle dépend de nous. Or toute l'Ecriture nous montre premièrement que l'élection de Dieu est fondée en son propos éternel, puis que la vocation a son commencement et aussi son accomplissement par la bonté gratuite de Dieu. Les sophistes ont accoutumé d'abuser de ce témoignage pour transférer à nous ce qui était propre à la grâce de Dieu. Mais leur raisonnement capiteux peut être repoussé sans grande difficulté. Car quand nous entendrons que la vocation est rendue ferme envers les hommes, il n'y aura point d'absurdité en cela. Nonobstant on peut l'étendre plus loin, à savoir que chacun mette peine de se confirmer en sa vocation en vivant justement et saintement.

[1] Ou, *rappeler*.
[2] Jean *21* : 19.

Mais je dis que c'est mal comprendre ce passage, d'en tirer ce que les sophistes prétendent. Car cette preuve que l'Apôtre fait ici n'est point prise de la cause, mais plutôt du signe ou de l'effet. Or cela n'empêche point que l'élection ne soit gratuite, et ne fait point qu'il soit en notre puissance ou volonté de faire l'élection ferme et valable. Car voilà comment va la chose : Dieu appelle avec efficacité ceux qu'il a prédestinés à la vie par son conseil éternel avant la fondation du monde. Il continue même d'une suite perpétuelle la vocation par sa pure grâce. Mais parce qu'il nous élit et appelle à cette fin que nous soyons purs et sans tache devant sa face, la pureté de vie n'est point appelée sans cause signe et témoignage de l'élection, par lesquels les fidèles non seulement montrent devant les hommes qu'ils sont enfants de Dieu, mais aussi se confirment eux-mêmes en cette foi, en sorte toutefois qu'ils constituent ailleurs leur ferme fondement. Bien que, selon mon avis, cette fermeté dont S. Pierre fait mention, ne doive point se rapporter à la conscience, comme si par cela les fidèles se reconnaissaient devant Dieu être élus et appelés ; mais je le prends simplement de la chose en soi, à savoir que la vocation se montre ferme par la sainteté de vie. On pourrait aussi lire ainsi : « Etudiez-vous, que votre vocation soit rendue ferme. » Car le mot grec peut porter ces deux explications. Mais comment qu'on le prenne, il n'y aura pas grande différence au sens.

Il veut dire en somme, que voilà une marque par laquelle on connaît les enfants de Dieu d'entre les réprouvés, à savoir quand ils vivent saintement et honnêtement, d'autant que le but de l'élection de Dieu est cette sainteté de vie. D'où il est évident que sans raison et sans honte aucune, ces chiens mâtins aboient vilainement contre Dieu et font de son élection gratuite une couverture de toute licence, comme si ces choses s'accordaient bien, qu'il nous est licite de pécher pour notre plaisir, et sans crainte aucune parce que nous sommes prédestinés à la justice et la sainteté.

CAR EN CE FAISANT VOUS NE TOMBEREZ JAMAIS. Il semble derechef que S. Pierre veuille attribuer aux mérites des œuvres le fait que Dieu avance le cours de notre salut, et même que nous persévérons constamment en sa grâce. Mais la solution est facile. Car il a voulu seulement montrer qu'il n'y a nulle fermeté dans les hypocrites, mais au contraire que ceux qui montrent par bonnes œuvres que leur vocation est ferme, sont hors de danger de tomber, parce que la grâce de Dieu, sur laquelle ils s'appuient, est immuable. En cette sorte la fermeté de notre salut n'est nullement placée en nous, puisque à la vérité, sa cause est hors de nous. Mais S. Pierre veut que ceux qui sentent l'efficacité de l'Esprit en eux, prennent bon courage dorénavant, d'autant que le Seigneur a mis en eux un ferme fondement de vraie et de certaine vocation.

Il déclare le moyen de persévérer, quand il dit : *et l'entrée au royaume vous sera abondamment fournie*. Le sens de cette manière de parler est : « Dieu, en vous donnant et fournissant abondamment de jour en jour de nouveaux dons et de nouvelles grâces, vous amènera finalement jusqu'à son royaume. » Et ceci est ajouté parce que, bien que nous soyons déjà passés de la mort à la vie, toutefois ce passage gît en espérance. Mais quant à la jouissance de la vie bienheureuse, il y a encore un long chemin à faire. Cependant nous sommes destitués de beaucoup d'aides nécessaires. Aussi, S. Pierre vient-il au-devant pour ôter tout doute, disant : « Le Seigneur subviendra à votre nécessité plus que suffisamment, jusqu'à ce que vous soyez entrés en son *royaume éternel*. » Or il l'appelle le *royaume de Christ*, parce qu'il n'y a point de chemin pour aller au ciel, sinon sous son enseigne et sa conduite.

12. DES LORS JE NE SERAI PARESSEUX DE VOUS RAPPELER TOUJOURS CES CHOSES, BIEN QUE SOYEZ CONNAISSANTS ET FONDES EN LA VERITE PRESENTE. Parce qu'il semble que nous nous défions de la mémoire ou de la diligence des autres, quand nous les admonestons souvent d'une même chose, l'Apôtre s'excuse modestement, de ce qu'écrivant aux fidèles, il ne cesse toutefois de leur réitérer une chsœ qu'ils savaient et avaient bien imprimée en leurs cœurs. Il dit qu'il le fait, d'autant que la grandeur et l'importance de la chose le requiert ainsi. Il est vrai, dit-il, que vous entendez bien quelle est la vérité de l'Evangile, et je ne vous écris pas comme si je voulais confirmer des gens qui seraient encore flottants en doute et incertitude, mais en une chose si grande, les admonitions ne sont jamais superflues, c'est pourquoi elles ne doivent jamais nous fâcher ou nous ennuyer. S. Paul use aussi de semblable excuse au chapitre *15*, v. 14 des Romains : « Je suis certain de vous frères, dit-il, que vous aussi êtes remplis d'intelligence, en sorte que vous pouvez vous admonester l'un l'autre. Mes frères, je vous ai écrit en partie plus hardiment, comme vous remettant ceci en mémoire. » Il appelle *la vérité présente*, en possession de laquelle ils étaient déjà entrés par une foi certaine. Il loue donc leur foi, afin qu'ils demeurent plus fermes et constants en elle.

13. CAR J'ESTIME QUE C'EST UNE CHOSE JUSTE TANDIS QUE JE SUIS EN CE TABERNACLE, DE VOUS EVEILLER PAR AVERTISSEMENT. Il exprime ici plus clairement combien l'usage des avertissements est utile, voire même nécessaire. Car il faut que les fidèles soient souvent réveillés, d'autant qu'on est tout ébahi que la chair amène les hommes à une telle nonchalance, qu'ils n'ont point de soin de leur salut. Bien qu'ils n'aient point besoin d'être enseignés, nonobstant il dit que les aiguillons des avertissements sont utiles, de peur que, comme il en advient souvent, la nonchalance et l'abandon ne viennent à couvrir et finalement à éteindre la bonne doctrine qu'ils avaient déjà reçue. Il ajoute une autre raison pour laquelle il est plus disposé et plus diligent à le faire, à savoir parce qu'il connaît qu'il est proche de sa mort. Il faut employer diligemment le temps, dit-il, car le *Seigneur m'a déclaré* que je ne vivrai pas longuement en ce monde.

Nous recueillons de ceci, qu'il faut tellement modérer les admonitions, que le peuple à qui nous voulons profiter ne pense point qu'on lui fasse tort, et d'autre part, qu'on doit tellement se garder d'offenser les hommes que cependant la doctrine ait son libre cours, et qu'on ne cesse point de faire des exhortations. Or cette modération a lieu envers ceux auxquels un blâme rude ne serait pas propre, mais qu'il faut plutôt aider en douceur, vu que, de leur propre gré, ils mettent peine à faire leur devoir. Nous sommes aussi enseignés par l'exemple de S. Pierre, que moins nous avons à vivre, d'autant plus diligemment devons-nous nous employer à faire notre office. Il est vrai qu'il ne nous est point donné ordinairement de savoir quand sera notre dernier jour, mais ceux qui sont déjà sur l'âge, ou sont maladifs, étant admonestés par tels indices et signes de la brièveté de leur vie, doivent se soucier d'eux-mêmes de plus près, afin qu'ils parachèvent de bonne heure ce que le Seigneur leur a enjoint. Et même ceux qui sont les plus robustes, et encore au milieu de la fleur de leur âge, parce qu'ils ne peuvent pas servir Dieu si longuement qu'il serait à désirer, doivent tendre à cette même sollicitude, en se proposant la mort prochaine, afin que l'occasion de bien faire ne s'écoule de leurs mains, quand ils s'emploieront à la besogne avec paresse et nonchalance. C'est pourquoi je ne doute point que S. Pierre ait voulu acquérir plus de poids et d'autorité à sa doctrine, en disant qu'il s'efforcera qu'après sa mort, qui était alors prochaine, ils aient mémoire de ces choses. Car si quelqu'un nous adresse sa parole, étant proche de la mort, ses propos ont quelque vertu de testament, et nous avons accoutumé de les recevoir en plus grande révérence.

14. SACHANT QUE BIENTOT JE LAISSERAI CE MIEN TABERNACLE, COMME NOTRE SEIGNEUR JESUS-CHRIST MEME ME L'A DECLARE. **15.** MAIS JE METTRAI PEINE QU'APRES MON DEPART AUSSI VOUS PUISSIEZ AVOIR SOUVENANCE DE CES CHOSES. Il y a au grec mot à mot : « Que le délaissement de mon tabernacle est bref. » Par cette forme de parler (comme après par le mot de *départ*) il désigne la mort. Ce qu'il nous faut bien noter, car nous sommes enseignés par cela combien il s'en faut que la mort soit une destruction. Or ce qui fait que nous sommes abattus de trop grande horreur de la mort, c'est que d'un côté nous ne considérons pas assez combien cette vie est fragile et caduque, et d'autre part nous ne nous proposons point l'état perpétuel de la vie à venir. Mais que dit S. Pierre ? Il prononce que la mort est un départ de ce monde pour aller ailleurs, à savoir au Seigneur. Elle ne doit donc point nous être épouvantable, comme si nous périssions en mourant. Il prononce que c'est un délaissement du tabernacle, dont nous sommes seulement couverts pour un peu de temps. Il ne faut donc point que nous soyons marris d'être transportés hors de celui-ci. Or il y a tacitement une antithèse de choses opposées entre un tabernacle caduc et le domicile perpétuel, qui est expliquée par S. Paul en la deuxième aux Corinthiens, chapitre *5*, v. 1.

Quant à ce qu'il dit que Christ le lui a *déclaré* : cela ne se rapporte point à l'espèce de la mort, mais au temps. Maintenant, si étant en Babylone, il a eu révélation de sa mort prochaine, comment peut-il avoir été crucifié à Rome ? Certes sinon qu'en moins de rien il ait traversé et terres et mers, ou plutôt volé, il n'y a point de doute qu'il est mort bien loin d'Italie. Car quant à ce que les papistes, afin que le corps de S. Pierre leur demeure, sont contents d'être nommés babyloniens, et disent que S. Pierre par Babylone entend Rome, cela sera réfuté quand nous viendrons au passage.

Quant à ce qu'il veut *qu'on ait souvenance de ces choses* après sa mort, c'est qu'il entend que ceux qui viendront après, apprennent encore de lui étant mort. Car les Apôtres n'ont point eu seulement regard à leur temps, mais ils ont cherché à profiter à nous aussi. Ainsi donc quoiqu'ils soient morts, leur doctrine ne cesse pas de vivre et d'être vigoureuse : et c'est à nous de recueillir du fruit de leurs écrits, aussi bien que si eux-mêmes étaient ici présents.

16. *Car nous ne vous avons point donné à cognoistre la puissance et la venue de nostre Seigneur Jésus-Christ, en suyvant des fables subtilement inventées*[1] *: mais comme ayans veu de nos yeux la majesté d'iceluy.*
17. *Car il avoit receu de Dieu le Père, honneur et gloire, quand une telle voix luy fut envoyée de la gloire magnifique, Cestuy-ci est mon Fils bien-aimé, auquel j'ay prins mon bon plaisir*[2].
18. *Et nous ouymes ceste voix envoyée du ciel, estans avec luy en la saincte montagne.*

16. CAR NOUS NE VOUS AVONS POINT DONNE A CONNAITRE LA PUISSANCE ET LA VENUE DE NOTRE SEIGNEUR JESUS-CHRIST, EN SUIVANT DES FABLES SUBTILEMENT INVENTEES, MAIS COMME AYANT VU DE NOS YEUX SA MAJESTE. C'est un point qui nous donne grand courage, quand

[1] Ou, *composées par art*, ou, *sophistiques*.
[2] Matth. *17* : 5.

nous savons que nous travaillons à une chose certaine. Et pour cette cause, afin que les fidèles, en leurs travaux, ne pensent pas que ce qu'ils font soit battre l'air, il vient maintenant à toucher la certitude de l'Evangile, et dit qu'il n'a rien mis en avant dont il n'ait eu connaissance certaine, et qui ne soit indubitable. C'est aussi une chose qui sert à les encourager en vraie constance, quand on les assure de l'heureuse issue de leur vocation. Et premièrement S. Pierre affirme qu'il ne parle point par ouï dire, car lui-même a contemplé de ses propres yeux la gloire de Christ, qu'il annonce. Ainsi, il oppose cette connaissance à des fables dressées par ruse, telles que les gens rusés ont accoutumé de forger pour abuser les esprits des simples. L'ancien traducteur latin a tourné : « fables feintes ». ERASME : « composées par art ». Il me semble à moi que l'Apôtre signifie un artifice subtil, propre à tromper les gens. Car le mot grec mis ici signifie quelquefois cela. Or nous savons combien de peine les hommes emploient à ces subtilités frivoles, seulement parce qu'ils y ont quelque satisfaction. Aussi ne devons-nous pas moins appliquer à bon escient nos entendements à cette vérité où il n'y a rien de tromperie, et à cette doctrine qui n'a rien de niaiserie, mais qui nous manifeste la gloire du Fils de Dieu avec notre salut.

LA PUISSANCE ET LA VENUE DE NOTRE SEIGNEUR JESUS-CHRIST. Il ne faut point douter que le saint Apôtre ait voulu comprendre par ces mots la somme de l'Evangile, car en fait, l'Evangile ne contient rien que *Christ*, en qui tous les trésors de sagesse sont cachés (Col. *2* : 3). Or il met deux parties distinctement : à savoir que Christ a été manifesté en chair, puis, quelle est sa vertu et son efficacité. Car en cela nous avons l'Evangile entier, quand nous savons que celui qui avait été anciennement promis rédempteur est venu des hauts cieux, qu'il a vêtu notre chair, qu'il est demeuré dans le monde, qu'il est mort, et finalement ressuscité. Secondement quand nous avons la fin et le fruit de toutes ces choses, c'est à savoir qu'elles ont été faites afin que Christ fût Dieu avec nous, qu'il nous montrât en sa personne un gage certain et assuré de notre adoption, que, nous arrosant de la grâce de son Esprit, il nous purifiât des souillures et des ordures de la chair, et nous consacrât à Dieu pour être ses temples. Que nous tirant du profond des enfers, il nous élevât au ciel, que par le sacrifice de sa mort il fit l'expiation et la satisfaction des péchés du monde, qu'il nous réconciliât au Père, et nous fût auteur de justice et de vie. Qui entend bien ces choses peut dire qu'il a dûment profité de l'Evangile.

MAIS COMME AYANT VU DE NOS YEUX SA MAJESTE. Nous tirons de ceci que ceux qui montent en chaire à leur fantaisie pour gazouiller de je ne sais quelles spéculations à eux inconnues, ne servent point Christ, et ne sont point semblables aux Apôtres. Car celui seul est vrai serviteur de Dieu, qui est certain que la doctrine qu'il enseigne est véritable. Non pas que tous aient une même raison ou un même moyen de certitude. Car quant à ce que S. Pierre dit qu'il était présent quand Christ par oracle et révélation céleste fut déclaré Fils de Dieu, il n'y en avait alors que trois présents. Nonobstant, les autres n'ont pas laissé d'être des témoins suffisants, à savoir d'autant qu'ils avaient contemplé la gloire de Christ par tant de miracles, et avaient eu une preuve évidente de sa divinité en sa glorieuse résurrection. Quant à nous, nous en sommes certains par un autre moyen, d'autant que c'est nécessaire. Car bien que Christ ne soit point ressuscité devant nos yeux, toutefois nous savons qui sont ceux par lesquels nous avons eu de main en main un suffisant et très certain témoignage de sa résurrection. Et de plus, nous avons le témoignage intérieur de notre conscience. J'entends ce sceau authentique du Saint-Esprit, qui surmonte infiniment toute l'expérience des sens humains. Ainsi qu'il nous souvienne que l'Evangile n'a point été forgé au commencement par des bruits volages, mais que les Apôtres ont été les annonciateurs authentiques des choses qu'ils avaient vues.

17. CAR IL AVAIT REÇU DE DIEU LE PERE HONNEUR ET GLOIRE, QUAND UNE TELLE VOIX FUT ENVOYEE DE LA GLOIRE MAGNIFIQUE : « CELUI-CI EST MON FILS BIEN-AIME, AUQUEL J'AI PRIS MON BON PLAISIR. » Il choisit un exemple digne de mémoire par-dessus les autres, auquel Christ orné de gloire céleste montra visiblement à ses trois disciples comme une image de sa magnificence divine. Or bien que S. Pierre ne rappelle point toutes les circonstances de l'histoire, il les touche toutefois en un mot, quand il dit que *la voix lui fut envoyée de la gloire magnifique*. Car le sens est qu'on ne voyait rien de terrestre en cette transfiguration, mais qu'il y avait là une majesté céleste qu'on apercevait reluire de tous côtés. Par quoi il faut recueillir tous les signes de cette magnificence qui sont rappelés par les Evangélistes. Or il fallait qu'il fût ainsi fait, afin que l'autorité de la voix qui fut ouïe fût authentique, comme nous voyons que le Seigneur en a fait assez de fois. Car quand il a parlé aux Pères, il n'a point voulu qu'il y eût seulement des voix résonnant en l'air mais y ajoutant certains signes de sa présence, il a rendu un témoignage suffisant que c'étaient des oracles et des révélations procédées de lui.

CELUI-CI EST MON FILS BIEN-AIME. S. Pierre allègue cette voix, comme si elle était seule suffisante pour approuver entièrement l'Evangile, et cela à bon droit. Car quand Jésus-Christ est reconnu pour tel que le Père nous l'envoie, voilà le dernier but de notre sagesse. Cette sentence contient deux membres. Car quand il dit : *Celui-ci est*, ce mot a un grand poids, à savoir que c'est lui qui est le Messie qui avait été tant de fois promis. Donc, toutes les choses que la Loi et les Prophètes disent du Messie, le Père en parlant ainsi et en usant de cette démonstration, les attribue et les rapporte à la personne de celui qu'il orne de ce titre. En l'autre membre il déclare que Christ est son Fils, en qui tout son amour réside et consiste. D'où il s'ensuit que nous ne sommes point aimés de lui autrement qu'en Christ, et qu'il ne faut pas chercher l'amour de Dieu ailleurs. Ce m'est assez maintenant de toucher ceci en bref.

18. ET NOUS ENTENDIMES CETTE VOIX ENVOYEE DU CIEL, ETANT AVEC LUI EN LA SAINTE MONTAGNE. Il appelle cette montagne sainte, par une même raison que la terre en laquelle Dieu apparut à Moïse est appelée sainte (Ex. *3* : 5 ; Act. *7* : 33). Car en quelque lieu que le Seigneur approche, comme il est la fontaine de toute sainteté, il sanctifie aussi toutes choses par la bonne odeur de sa présence. Or nous sommes enseignés par cette façon de parler, non seulement de recevoir Dieu en toute vénération en quelque lieu qu'il se manifeste et se révèle, mais aussi de nous disposer à la sainteté dès qu'il s'approche de nous, comme aussi il le fut enjoint au peuple, quand la loi devait être publiée en la montagne de Sinaï (Ex. *19* : 10). Aussi cette doctrine est-elle générale : « Soyez saints, car je suis saint, moi qui habite au milieu de vous. »

19. *Nous avons aussi la parole des Prophètes plus ferme*[1] *: à laquelle vous faites bien d'entendre, comme à une chandelle qui esclaire en lieu obscur, jusqu'à ce que le jour commence à luire, et que l'estoille du matin se lève en vos cœurs.*
20. *Si vous entendez premièrement ceci, que nulle prophétie de l'Escriture n'est de particulière déclaration*[2].
21. *Car la prophétie n'a point esté jadis apportée par la volonté humaine : mais les saincts hommes de Dieu, estans poussez du Saint Esprit, ont parlé.*

[1] Ou, *très ferme*.
[2] Ou, *n'est d'un propre mouvement, asçavoir des hommes.*

19. NOUS AVONS AUSSI LA PAROLE DES PROPHETES PLUS FERME, A LAQUELLE VOUS FAITES BIEN D'ETRE ATTENTIFS, COMME A UNE CHANDELLE QUI ECLAIRE EN LIEU OBSCUR, JUSQU'A CE QUE LE JOUR COMMENCE A LUIRE, ET QUE L'ETOILE DU MATIN SE LEVE EN VOS CŒURS. Il montre que la certitude de l'Evangile est aussi fondée sur les oracles et les révélations des Prophètes, afin que ceux qui l'ont reçu ne fassent aucune difficulté de s'adonner et de s'arrêter complètement à Christ. Car il est impossible que ceux qui doutent, n'aient pas le courage lâche. Au reste, quand il dit : *nous avons*, cela peut se rapporter tant à lui et aux autres docteurs, qu'aux disciples. Les Apôtres avaient les Prophètes comme défenseurs et approbateurs de leur doctrine, les fidèles aussi prenaient de leurs écrits confirmation de l'Evangile. En ce qui me concerne, je suis plus volontiers de cette opinion, qu'il parle de toute l'Eglise, et qu'il se met du nombre des autres, bien qu'il désigne proprement les Juifs, auxquels la doctrine des Prophètes était familière.

Et c'est la raison pour laquelle il l'appelle *plus ferme*, pour le moins selon mon jugement. Car ceux qui prennent ce comparatif « plus ferme », comme s'il disait simplement « ferme » ne considèrent pas bien tout le fil du texte. C'est aussi un sens contraint de dire que la parole des Prophètes est rendue plus ferme depuis que Dieu a accompli en fait ce qu'il avait promis de son Fils par eux. Car l'Apôtre tend ici simplement à montrer ou à prouver la vérité de l'Evangile par un double témoignage. Premièrement, parce que Christ a été approuvé magnifiquement par un titre solennel de louange, que Dieu a lui-même prononcé, et ensuite, parce que les prophéties des Prophètes se rapportent toutes à cette même fin.

Mais ceci semble absurde de prime abord, que la parole des Prophètes soit appelée *plus ferme* que la voix prononcée par la bouche sacrée de Dieu. Premièrement, la parole de Dieu a la même autorité qu'elle a eue au commencement. Et puis elle a été mieux confirmée par la venue de Christ, qu'elle ne l'était auparavant, comme il a été dit plus amplement en l'épître aux Hébreux. Mais cette difficulté n'est pas difficile à résoudre, parce que l'Apôtre a égard ici à sa nation, qui avait l'habitude de la lecture des Prophètes, en sorte qu'ils tenaient leur doctrine d'eux pour indubitable. Vu donc que cela était hors de doute parmi les Juifs, que tout ce que les Prophètes avaient enseigné était procédé du Seigneur, il ne faut point s'ébahir si S. Pierre dit que leur parole est plus ferme. Davantage, l'ancienneté apporte déjà d'elle-même toujours avec soi quelque vénération. Outre cela, il faut aussi noter les autres circonstances : on ne pouvait tenir aucunement pour suspectes les Prophéties, par lesquelles le règne de Christ avait été prédit si longtemps auparavant. Il n'est donc point question ici de savoir si les prophéties méritent plus qu'on leur ajoute foi qu'à l'Evangile, mais S. Pierre regarde seulement le respect que les Juifs leur portaient, eux qui, sans aucun doute, tenaient les Prophètes pour vrais ministres de Dieu, et avaient été nourris en leur école dès leur enfance.

A LAQUELLE VOUS FAITES BIEN D'ETRE ATTENTIFS COMME A UNE CHANDELLE. Mais ce passage a bien quelque peu de difficulté. Car on demande qui est ce jour dont parle S. Pierre. Certains estiment que c'est la claire connaissance de Christ, quand les hommes s'arrêtent pleinement à l'Evangile. Et quant au *lieu obscur*, ils disent que c'est quand les hommes demeurent encore en suspens, et que la doctrine de l'Evangile n'est point encore reçue comme indubitable, et ayant d'elle-même sa pleine certitude. Comme si S. Pierre louait les Juifs de ce qu'ils cherchent Christ en la Loi et aux Prophètes, et ayant cette chandelle devant eux qui les éclaire, tâchent de venir au soleil de justice, qui est Christ. Comme S. Luc, aux Actes, loue ceux qui, après avoir ouï les prédications de S. Paul, cherchaient par les Ecritures s'il en était ainsi (Act. *17* : 11). Mais en ce sens il y a premièrement une absurdité, parce qu'il pourrait sembler que S. Pierre voulût restreindre l'usage des Prophéties à un temps bref, comme si elles étaient maintenant superflues après la manifestation de la clarté de l'Evangile.

Si on réplique que cela ne s'ensuit pas nécessairement, d'autant que ce mot *jusqu'à ce*, ne dénote pas toujours la fin, je dis qu'il ne peut se prendre autrement dans les commandements : « Chemine jusqu'à ce que tu aies parachevé le chemin, bataille jusqu'à ce que tu ais obtenu la victoire. » Certes nous voyons en ces façons de parler qu'il y a quelque espèce de temps limité. Et encore que j'accorde que la lecture des Prophètes n'est pas totalement rejetée par ce moyen, toutefois il n'y a personne qui ne puisse bien voir combien ce serait une louange maigre, de dire que les prophéties sont utiles jusqu'à ce que Christ nous soit manifesté, vu que leur doctrine nous est aussi bien nécessaire jusqu'à la fin de la vie.

Et outre cela, il faut mettre en mémoire qui sont ceux auxquels parle S. Pierre. Car il n'enseigne point ici des gens ignorants et nouveaux apprentis qui en soient encore aux premiers rudiments, mais des gens dont il a affirmé ci-dessus qu'ils avaient obtenu une foi de pareil prix, et avaient été confirmés en la vérité présente. Or une telle épaisse obscurité d'ignorance ne se rapporte pas à eux. Je sais bien ce que quelques-uns mettent en avant à savoir que tous n'étaient pas également avancés, et qu'ici sont spécialement admonestés les nouveaux apprentis qui cherchaient encore Christ. Mais vu qu'il est clair par le contexte qu'il parle toujours aux mêmes personnes, il faut nécessairement que ce passage se rapporte aux fidèles qui avaient déjà fait profession de Christ, et été faits participants de la vraie lumière.

Quant à moi donc, j'étends *cette obscurité*, dont S. Pierre fait mention, à tout le cours de la vie, et j'expose qu'alors le jour nous éclairera quand nous verrons face à face ce que nous voyons maintenant en un miroir et dans l'obscurité. Il est vrai que le soleil de justice, qui est Christ, reluit en l'Evangile, mais c'est en telle sorte que les ténèbres de la mort occupent toujours en partie nos entendements, jusqu'à ce qu'étant sortis de la prison de la chair, nous soyons transportés au ciel. Ce sera donc alors une clarté de jour, quand il n'y aura plus de nuées ou de brouillards d'ignorance entre ce soleil et nous, qui nous empêchent de voir sa claire lumière. Et de fait, nous sommes autant loin du plein midi, que notre foi est loin de sa perfection. Il ne faut donc pas s'ébahir si la condition de la vie présente est appelée « obscurité », vu que nous ne sommes pas encore venus à cette connaissance, à laquelle l'Evangile nous appelle.

En somme, S. Pierre enseigne que tant que nous sommes voyageurs en ce monde, nous avons besoin de la doctrine des Prophètes, comme d'une chandelle qui nous guide, et sans laquelle nous ne pouvons que nous égarer dans les ténèbres. Car il ne sépare point les prophéties d'avec l'Evangile, vu qu'il montre qu'elles nous éclairent, pour nous conduire et guider au chemin. Il veut seulement enseigner que tout le cours de notre vie doit être conduit par la parole de Dieu, vu que sans cela nous sommes de tous côtés couverts des ténèbres de l'ignorance ; et le Seigneur ne nous éclaire point autrement, quand nous avons les yeux dressés à sa Parole, comme à une chandelle qui nous conduit et nous éclaire. Or il n'use point de la similitude d'une chandelle, pour signifier une lumière restreinte et petite, mais afin que ces deux membres soient correspondants l'un à l'autre, à savoir : que nous n'avons point de lumière en nous-mêmes, et ne pouvons tenir le chemin pas plus que celui qui, étant surpris et environné de l'obscurité épaisse de la nuit, s'égare entièrement ; et que toutefois le Seigneur remédie à ce mal, en allumant le flambeau pour nous conduire et nous guider au milieu des ténèbres.

Mais ce qu'il ajoute tout de suite après : *de l'étoile du matin*, ne semble point convenir à cette explication. Car la parfaite connaissance à laquelle nous tendons toute notre vie ne peut pas être appelée le commencement du jour. Je réponds qu'en ce passage on ne compare pas les parties du jour l'une à l'autre ; mais tout le jour, avec ses parties, est opposé à l'obscurité, qui couvrirait et accablerait entièrement tous nos sens, si le Seigneur ne nous secourait par la lumière de sa Parole. Voilà un beau passage, par lequel nous apprenons comment le Seigneur nous gouverne, et quel moyen il emploie. Les papistes ont si souvent ce mot en la bouche, que l'Eglise ne peut errer ! Cependant, laissant là la Parole, ils imaginent qu'elle est gouvernée par le Saint-Esprit. Mais S. Pierre prononce au contraire, que tous ceux qui n'ont point leurs yeux dressés à la lumière de la Parole, sont plongés dans les ténèbres. Dès lors, si nous ne voulons pas de notre propre gré nous jeter dans un labyrinthe, il faut diligemment nous garder de décliner tant peu que ce soit de la direction où nous guide la Parole. Et qui plus est, l'Eglise ne peut autrement suivre Dieu comme son conducteur, si elle ne garde cette forme de conduite et de gouvernement. Au reste, par cette sentence S. Pierre condamne aussi toute la sagesse des hommes, afin que nous apprenions en toute humilité à chercher ailleurs qu'en notre propre sens la vraie règle d'entendre et de connaître. Car hors de la Parole, il ne reste rien aux hommes que ténèbres et obscurité. Bien plus, ce qu'il dit de la clarté de l'Ecriture est bien digne d'être noté. Car cette louange serait fausse, si l'Ecriture n'était propre et suffisante pour nous montrer assurément le chemin. Ainsi, quiconque ouvrira les yeux par l'obéissance de la foi, connaîtra par une expérience certaine que le mot de *chandelle* n'a point été donné en vain à l'Ecriture.

Il est vrai qu'elle est obscure aux incrédules, qui, étant destinés à la perdition, sont aveugles de leur propre gré (II Cor. *4* : 3). D'où il suit que le blasphème des papistes est exécrable, quand, afin de détourner les simples de lire l'Ecriture, ils disent que la lumière de celle-ci ne fait qu'éblouir les yeux. Mais il ne faut point s'ébahir si des gens orgueilleux et enflés d'un vent de confiance perverse ne voient point cette lumière, que le Seigneur ne communique qu'aux petits et aux humbles. David donne un titre semblable de louange à la loi de Dieu, aux Psaumes *19* et *119*.

20. SI VOUS ENTENDEZ PREMIEREMENT CECI, QUE NULLE PROPHETIE DE L'ECRITURE N'EST DE PARTICULIERE DECLARATION. **21.** CAR LA PROPHETIE N'A POINT ETE JADIS APPORTEE PAR LA VOLONTE HUMAINE, MAIS LES SAINTS HOMMES DE DIEU, ETANT POUSSES DU SAINT-ESPRIT, ONT PARLE. S. Pierre commence à montrer ici comment il nous faut avoir les cœurs préparés, si nous voulons profiter en l'Ecriture comme il convient. Bien que ceci puisse être interprété de deux manières, car le mot grec mis ici peut signifier « mouvement », en changeant seulement une lettre, comme certains le lisent. Toutefois je l'ai seulement lu de l'autre manière, qui signifie « déclaration ». Et presque tous prennent le passage en ce sens, que nous ne devons point nous presser témérairement à lire l'Ecriture, étant appuyés sur notre propre sens. Et ils pensent que ce qui s'ensuit est la confirmation du propos, à savoir que le Saint-Esprit, qui a parlé par les Prophètes, est lui-même seul interprète de lui-même. Cette explication contient une doctrine vraie, sainte et ample, à savoir, qu'alors nous profitons vraiment de la lecture des prophéties, quand, renonçant à toute prudence de la chair, nous nous assujettissons à la maîtrise du Saint-Esprit ; au contraire, c'est une vilaine profanation de celles-ci, quand, nous ingérant avec arrogance, nous apportons notre subtilité pour les comprendre, alors qu'elles contiennent des mystères cachés à la chair, et des trésors de vie admirable surmontant infiniment la capacité de nos entendements. Et c'est ce que nous avons dit, que la lumière qui reluit dans les prophéties ne parvient qu'aux humbles.

Au reste, les papistes se montrent tant et plus sots, quand ils tirent de là que nulle interprétation d'homme privé ne doit être réputée authentique. Car ils abusent de ce témoignage de S. Pierre, pour attribuer à leurs conciles souveraine autorité d'interpréter l'Ecriture. En quoi ils se montrent plus dépourvus de sens que des petits enfants. Car ce que S. Pierre appelle *déclaration particulière*, ce n'est pas à dire cela de chaque individu, en sorte qu'il l'interdise à chacun en particulier, mais il montre que tout ce que les hommes y apportent de leur propre initiative, est une profanation. Par conséquent, quand tout le monde aurait fait complot ensemble, et tous les esprits des hommes seraient accordés et unis, toutefois tout ce qui sortira de là, sera une chose privée ou particulière, d'autant que ce mot est mis à l'opposé de la révélation de Dieu, quant les fidèles illuminés au-dedans par le Saint-Esprit, reconnaissent ce que Dieu veut dire par sa Parole. Nonobstant, l'autre sens me semble plus simple, à savoir que S. Pierre entend que l'Ecriture n'a point été mise en avant par la volonté ou les mouvements humains. Car nous ne serons jamais bien disposés pour la lire, si nous n'y apportons respect, obéissance et docilité. Or le vrai respect procède de là, quand nous nous proposons que c'est Dieu qui nous parle, et non point des hommes mortels. S. Pierre veut donc principalement qu'on ajoute foi aux prophéties, comme à des oracles indubitables de Dieu, d'autant qu'elles ne sont point procédées du propre mouvement des hommes.

A cela tend ce qu'il ajoute tout de suite après, à savoir que *les saints hommes de Dieu ont parlé, étant poussés du Saint-Esprit*, et n'ont point prononcé d'eux-mêmes et à leur fantaisie quelques inventions de leur cerveau. Bref, il veut dire que le commencement de droite intelligence, c'est quand nous attribuons aux saints Prophètes l'autorité qui est due à Dieu lui-même. Il les appelle *saints hommes de Dieu*, parce qu'exécutant fidèlement l'office qui leur était enjoint, ils représentaient la personne de Dieu en leurs manières. Il dit qu'ils ont été poussés, non pas qu'ils aient été transportés par leur entendement (comme les païens ont dit de leurs prophètes et devins, qu'ils étaient échauffés de je ne sais quelle fureur et frénésie), mais parce qu'ils n'ont osé ni entrepris de rien mettre en avant d'eux-mêmes, et ont seulement suivi en toute obéissance la conduite du Saint-Esprit, qui régnait en leur bouche comme en son sanctuaire. Quand il dit *prophétie* de l'Ecriture, il faut entendre celle qui est contenue dans les saintes Ecritures.

CHAPITRE II

1. *Mais il y a eu aussi des faux-prophètes entre le peuple, comme il y aura pareillement entre-vous des faux-docteurs, qui introduiront couvertement sectes de perdition, et renieront le Seigneur qui les a rachetez, amenans sur eux-mesmes soudaine perdition.*
2. *Et plusieurs suyvront leurs insolences*[1], *par lesquels la voye de vérité sera blasmée,*
3. *Et en avarice feront*[2] *marchandise de vous par paroles feintes : sur lesquels dés pieça la condamnation ne tarde point, et la perdition ne sommeille point.*

1. MAIS IL Y A EU AUSSI DES FAUX PROPHETES ENTRE LE PEUPLE, COMME IL Y AURA PAREILLEMENT ENTRE VOUS DES FAUX DOCTEURS, QUI INTRODUIRONT COUVERTEMENT SECTES DE PERDITION ET RENIERONT LE SEIGNEUR QUI LES A RACHETES, AMENANT SOUDAINE PERDITION. Parce que c'est une chose qui a accoutumé d'ébranler fort et avec grand danger les consciences débiles, quand des faux docteurs se lèvent, qui corrompent ou déchirent par pièces la doctrine de la foi, il a été nécessaire que l'Apôtre, voulant exhorter les fidèles à la constance, ôtât un tel scandale. Or il use de cet argument pour consoler et confirmer ceux auxquels il écrit, que Dieu a toujours soumis son Eglise à cette sorte de tentation, et c'est afin que leurs cœurs ne soient pas abattus par la nouveauté. La condition, dit-il, de l'Eglise ne sera point autre sous l'Evangile, qu'elle a été anciennement sous la loi. Il y a eu des faux prophètes qui ont troublé l'Eglise ancienne : il ne nous en faut pas moins attendre. Il était bien besoin que ceci fut ouvertement dénoncé, parce que plusieurs imaginaient que l'Eglise aurait un état tranquille sous le règne de Christ. Car comme les Prophètes promettent à son avènement une paix parfaite, une souveraine lumière de la sagesse céleste, et une pleine restauration de toutes choses, ceux-là pensaient que l'Eglise ne serait plus sujette à aucuns combats. Qu'il nous souvienne donc que l'Esprit de Dieu a une fois prononcé ceci, que l'Eglise ne serait jamais exempte de ce mal qui couve au milieu d'elle, et que cette similitude nous vienne toujours en mémoire ! Que notre foi doit être éprouvée comme la foi des Pères a été éprouvée d'autant qu'il y a une même raison, à savoir afin que par ce moyen il apparaisse si nous aimons Dieu à bon escient et en vérité, comme il est écrit (Deut. *13* : 3). Au reste, il n'est point besoin de citer ici tous les exemples. Que ce nous soit assez d'entendre en bref, qu'à l'exemple des Pères il nous faut batailler contre les fausses doctrines, et que pour toutes les divisions et sectes que nous voyons devant nos yeux, il ne faut point que notre foi défaille ou soit ébranlée, et ce d'autant que la vérité de Dieu n'a point cessé de demeurer ferme au milieu des troubles et des mouvements tempêtueux, par lesquels Satan a tant de fois tâché de tout renverser.

[1] Ou, *ruines et perditions.*
[2] Ou, *de sorte que par avarice ils feront.*

Or il nous faut noter que S. Pierre n'a pas en vue un temps précis, en disant qu'*il y aura des faux docteurs*, mais il comprend tous les temps et tous les âges. Car il fait ici comparaison des chrétiens avec le peuple ancien. Il nous faut donc appliquer cette doctrine à notre temps, de peur que cette tentation ne nous fasse perdre courage, quand nous voyons que des faux docteurs se lèvent pour batailler contre la vérité de Dieu. Aussi c'est pour cette raison que l'Esprit de Dieu nous en admoneste, afin que nous soyons soigneux de nous en donner garde. Et à cela même tend toute la doctrine qu'il ajoutera tantôt après, bien qu'il ne déclare point par le menu quelle sera chaque secte, mais adresse particulièrement son propos contre des gens profanes, qui font état d'introduire au monde un mépris de Dieu. Il est vrai qu'il y a bien ici une sentence générale, qu'il faut se garder des faux docteurs, mais cependant il en a choisi une espèce, de laquelle il y avait plus grand danger. Ce qui est mieux visible dans les paroles de S. Jude, qui traite du même propos.

QUI INTRODUIRONT SOURNOISEMENT DES SECTES DE PERDITION. Il désigne par ce mot la ruse et la finesse de Satan et de tous les iniques, qui bataillent sous la même enseigne, à savoir que pour semer leur venin ils s'insinueront par des moyens obliques, et comme minant par-dessous terre. Aussi les fidèles doivent-ils d'autant plus veiller, et se tenir sur leurs gardes pour éviter les ruses et les menées clandestines de tels fripons. Car quoi qu'ils s'insinuent par des moyens subtils et bien finement, nonobstant ils ne pourront abuser ceux qui seront diligents et attentifs à se tenir sur leurs gardes.

Il use de ce mot *sectes de perdition*, afin que, de même qu'un chacun a soin de son propre salut, il ait ces sectes en exécration et en horreur, comme pestes très dangereuses. Quant au mot d'hérésie ou secte, ce n'est point sans cause qu'il a été toujours infâme et odieux parmi les enfants de Dieu. Car la simple vérité de Dieu est le lien de sainte union ; aussitôt qu'on se retire d'elle, il ne reste plus rien qu'une horrible dissipation.

ET ILS RENIERONT LE SEIGNEUR QUI LES A RACHETES. Bien qu'on renie Christ en diverses sortes, toutefois, selon mon opinion, S. Pierre parle ici de cette façon de le renier, qui est exprimée en l'épître de S. Jude, à savoir quand on convertit la grâce et la bonté de Dieu en dissolution. Car Jésus-Christ notre Seigneur nous a rachetés, afin qu'il eût un peuple à soi, séparé de toutes les ordures et souillures du monde, et adonné à la sainteté et à l'innocence (Tite *2* : 14). Ce n'est donc point sans raison qu'il est dit que ceux qui, ayant rejeté toute bride, se prostituent tout entiers en une licence débordée, renient Christ, par lequel ils ont été rachetés. Si donc nous voulons que la doctrine de l'Evangile demeure saine et entière parmi nous, ayons ceci bien imprimé en nos cœurs, que nous avons été rachetés par Christ, afin qu'il soit Seigneur de notre vie et de notre mort ; c'est pourquoi ce but nous est proposé, de vivre et de mourir pour lui. Il répète derechef que *leur condamnation et perdition* est prochaine, afin que les autres ne se mêlent point à eux.

2. ET PLUSIEURS SUIVRONT LEURS INSOLENCES, PAR LESQUELS LA VOIE DE LA VERITE SERA BLAMEE. Certes, ce n'est pas un petit scandale pour les faibles, quand ils voient que le monde, par un applaudissement commun, reçoit les fausses doctrines, et qu'on nombre infini de gens est transporté après elles, en sorte qu'il y en a bien peu qui persévèrent en la pure obéissance de Christ. Et à ce propos, il n'y a rien aujourd'hui qui trouble plus fort les esprits des fidèles qu'un tel reniement. Car à grand-peine y en a-t-il parmi dix l'un, de ceux qui font fait profession de Christ, qui tiennent bon en la pureté de la foi jusqu'à la fin. Presque tous s'abâtardissent après les corruptions, et, étant abusés par ces docteurs qui lâchent la bride à toute licence, deviennent profanes. Afin que ceci n'ébranle pas notre foi, S. Pierre vient au-devant, et prédit de bonne heure qu'il adviendra que des docteurs d'impiété et exécrables tireront beaucoup de gens à la perdition. Au reste, il y a ici deux lectures parmi les Grecs mêmes. Car certains lisent « insolences », et les autres « perditions et ruines ». Toutefois j'ai suivi ce qui est plus reçu.

PAR LESQUELS LA LOI DE VERITE SERA BLAMEE. J'entends que ceci est dit, parce que de même que la religion est honorée et ornée quand les hommes sont institués en la crainte de Dieu, à la sainteté de vie et à des mœurs chastes et honnêtes ; ou pour le moins la bouche est fermée aux méchants de sorte qu'ils ne puissent médire de l'Evangile, de même, quand on lâche la bride à toute dissolution, le nom et la doctrine de Christ sont exposés aux blâmes et aux outrages des infidèles. Il y en a d'autres qui amènent ici un autre sens, à savoir que ces faux docteurs, comme des chiens mâtins, aboieront contre la vraie doctrine. Mais il me semble plutôt que les paroles de l'Apôtre signifient qu'ils donneront occasion aux adversaires de s'élever fièrement contre la vérité de Dieu, et de l'avoir en moquerie. Bien que, en ce qui les concerne, ils ne dégorgent pas ouvertement des paroles injurieuses pour se moquer de la profession chrétienne, toutefois ils arment les autres à la blâmer et la décrier.

3. ET EN AVARICE ILS FERONT MARCHANDISE DE VOUS PAR DES PAROLES FEINTES, SUR LESQUELS DES LONGTEMPS LA CONDAMNATION NE TARDE POINT, ET LA PERDITION NE SOMMEILLE POINT. S. Pierre tâche de toutes sortes de manières de rendre les fidèles courroucés contre les faux docteurs afin qu'ils les repoussent loin d'eux plus rudement et plus constamment. C'est une chose fort odieuse, que nous soyons exposés en vente comme de vils esclaves. Or il proteste que cela se fait, quand quelqu'un nous soustrait de la rédemption et de la délivrance acquises par Christ. Il appelle paroles feintes, celles qui sont dressées subtilement pour tromper. Ainsi donc, fermons toute entrée aux inventions perverses des faux docteurs, à moins que nous ne soyons tellement hors de sens, que de notre propre gré nous les veuillions laisser monnayer le salut de nos âmes. Il répète que *leur perdition* ne sommeille point, à une même fin qu'il avait fait ci-dessus, à savoir pour détourner les bons de la compagnie de pareilles gens. Car puisqu'ils sont destinés à une ruine prochaine, quiconque se mêle à eux, ne peut que périr misérablement.

4. *Car si Dieu n'a point espargné les Anges qui ont péché : ains les ayant abysmez avec chaînes d'obscurités, il les a livrez pour estre réservez au jugement*[1] *:*
5. *Et n'a point espargné le monde ancien, mais a gardé Noé luy huitième, héraut de justice, et a amené le déluge au monde des meschans*[2] *:*
6. *Et a condamné à subversion les citez de Sodome et Gomorrhe, les réduisant en cendre, et les mettant pour exemple à ceux qui vivront sans révérence de Dieu*[3] *:*
7. *Et en a délivré le juste Loth, qui estoit oppressé des abominables par leur infâme conversation.*
8. *(Car ce juste habitant entr'eux oyant et voyant, affligeoit*[4] *de jour en jour son juste cœur à cause de leurs œuvres injustes.)*

[1] Jude 6.
[2] Gen. *7* : 1.
[3] Gen. *19* : 24.
[4] Ou, *ce juste de veuë et d'ouye*, etc., *affligeoit...*

4. CAR SI DIEU N'A POINT EPARGNE LES ANGES QUI ONT PECHE, MAIS LES AYANT ABIMES AVEC CHAINES D'OBSCURITE, IL LES A LIVRES POUR ETRE RESERVES AU JUGEMENT. Nous avons dit combien il est requis qu'on soit averti que les méchants, qui auront corrompu l'Eglise par de fausses doctrines, ne peuvent éviter la vengeance de Dieu. Il le prouve donc par trois exemples du jugement de Dieu notables sur tous les autres, à savoir que Dieu n'a point épargné ses propres anges, qu'il a une fois exterminé tout le monde par le déluge, et qu'il a réduit en cendres Sodome et les autres villes voisines. Or S. Pierre prend pour vraiment arrêté, ce qui doit aussi être indubitable entre nous, à savoir que Dieu est juge du monde, d'où il s'ensuit que telle punition qu'il a faite anciennement des méchants et contempteurs, il la fera aujourd'hui aussi de ceux qui sont semblables. Car il ne peut se faire que toujours il ne soit semblable à soi-même, et il n'a point acception des personnes, pour dire qu'il pardonne à l'un une méchanceté dont il aura fait vengeance en l'autre, mais il hait également l'injustice, en quelque lieu qu'il l'a rencontre. Car il faut toujours retenir cette différence qui est entre Dieu et les hommes, à savoir que les hommes ne gardent jamais l'équité en leurs jugements, mais Dieu garde toujours une même manière de juger. Car quant à ce qu'il pardonne les péchés aux élus, cela se fait parce qu'il les efface par la repentance. Il ne nous réconcilie point avec soi autrement qu'en nous justifiant. Car jusqu'à ce que le péché soit ôté, toujours demeure entre lui et nous matière de division et de divorce. Quant à ce qu'il dit des anges, c'est un argument pris de la plus grande chose à une moindre. Car même si les anges ont été plus excellents, leur excellence toutefois ne les a pas pu faire échapper à la main de Dieu. A plus forte raison sera-t-il donc impossible que les hommes mortels qui auront suivi leur impiété, échappent.

Au reste, parce que S. Pierre parle ici en bref de la chute des anges, et qu'il ne raconte point le temps, ni la façon, ni les autres circonstances, il nous faut aussi philosopher sobrement en cet endroit. Il y a beaucoup de gens curieux, qui ne cessent jamais de s'enquérir de ces choses, mais vu que Dieu n'en a guère parlé en l'Ecriture, et seulement comme en passant, par cela même il nous a appris à nous contenter de cette connaissance moyenne. Et certes ceux qui s'en enquièrent plus curieusement ne cherchent pas à édifier, mais veulent repaître leurs esprits de vaines spéculations. Dieu a manifesté ce qui nous était utile : à savoir que les diables ont été créés au commencement, afin qu'ils rendissent obéissance à Dieu, mais que par leur propre faute ils sont tombés en apostasie ou en rébellion, parce qu'ils n'ont pu endurer que Dieu dominât sur eux ; et qu'ainsi la perversité qui est en eux est adhérente et accidentelle, et non point de nature, en sorte qu'on la puisse attribuer à Dieu. S. Pierre déclare cela assez clairement, quand il met en plus haut degré que les hommes les anges qui sont tombés. S. Jude aussi le dit plus précisément, quand il dit qu'ils n'ont point gardé leur commencement ou leur principauté. Ceux qui ne se contentent point de ces témoignages, qu'ils s'en aillent chercher la théologie sorbonique, qui les saoulera tellement de parler des anges, qu'elle les précipitera en même temps jusqu'aux enfers avec les diables.

AVEC CHAINES D'OBSCURITE. Il signifie par cette métaphore ou similitude, qu'ils sont tenus enserrés en ténèbres jusqu'au dernier jour. La similitude est prise des malfaiteurs, qui après qu'ils sont condamnés, endurent la moitié de la peine par la dureté de la prison, jusqu'à ce qu'ils soient tirés au dernier supplice. On peut déduire de là non seulement quelle peine les réprouvés endurent après la mort, mais aussi quelle est la condition des enfants de Dieu. Car ceux-ci acquiescent et reposent paisiblement en l'espérance de la béatitude assurée, bien qu'ils n'en jouissent point encore, comme au contraire les réprouvés endurent un tourment horrible de la vengeance qui leur est préparée.

5. ET N'A POINT EPARGNE LE MONDE ANCIEN, MAIS A GARDE NOE, LUI HUITIEME, HERAUT DE JUSTICE, ET A AMENE LE DELUGE AU MONDE DES MECHANTS. La raison de cette manière de parler est, parce que Dieu, après avoir noyé le genre humain, a, par manière de dire, refait le monde de nouveau. C'est encore ici un argument du plus grand au plus petit. Car comment les méchants échapperaient-ils au déluge de la colère de Dieu, par lequel tout le monde a été une fois englouti ? Car en disant que *huit furent sauvés*, il signifie que la multitude ne servira point de bouclier devant Dieu pour défendre les méchants, mais autant qu'il y en aura qui auront péché, ils seront punis, qu'ils soient en petit ou en grand nombre.

Mais on fait ici une question : pourquoi appelle-t-il *Noé, héraut de justice* ? Certains entendent ici cette publication de la justice de Dieu, à la façon que l'Ecriture loue et magnifie cette justice, en ce que Dieu maintient les siens, les délivre de la mort, et les remet en la vie. Mais il me semble plutôt qu'il est appelé *héraut de justice*, parce qu'il a tâché d'amener à la repentance et à l'amendement le monde débauché et désespéré, et cela non seulement par doctrine et saintes exhortations, mais en continuant à s'employer cent vingt ans de suite à bâtir l'arche avec grand-peine. Or l'intention du saint Apôtre est de tellement nous proposer devant les yeux la colère de Dieu contre les réprouvés, que cependant il nous exhorte à imiter les saints.

6. ET A CONDAMNE A SUBVERSION LES CITES DE SODOME ET GOMORRHE, LES REDUISANT EN CENDRE, ET LES METTANT POUR EXEMPLE A CEUX QUI VIVRONT SANS RESPECT DE DIEU. **7.** ET EN A DELIVRE LE JUSTE LOT, QUI ETAIT OPPRESSE DES ABOMINABLES PAR LEUR INFAME CONDUITE. Ce fut un exemple si notable de la vengeance de Dieu, que l'Ecriture, chaque fois qu'elle parle de la perdition universelle des infidèles, use volontiers de termes qui se rapportent là, comme à la figure de ce jugement dernier. C'est pourquoi, S. Pierre dit que *ces villes sont mises pour exemple*. On en pourrait bien dire autant d'autres villes, et à la vérité, mais S. Pierre note quelque chose de spécial en celles-ci, parce que ce qui leur advient est une image excellente, et comme un vif portrait du jugement, ou plutôt parce que Dieu a voulu laisser en cela un témoigange évident de sa colère contre les méchants, témoignage qui servît à tous les âges jusqu'à la fin du monde. De même, quand il a racheté son peuple d'Egypte, en cette seule grâce il nous a voulu peindre le salut perpétuel et la délivrance de son Eglise. Ce que S. Jude a aussi exprimé, l'appelant la peine du feu éternel.

8. CAR CE JUSTE HABITANT ENTRE EUX ENTENDANT ET VOYANT, AFFLIGEAIT DE JOUR EN JOUR SON JUSTE CŒUR A CAUSE DE LEUR ŒUVRES INJUSTES. Quasi tous exposent que Lot était juste de vue et d'ouïe, parce que tous ses sens avaient en horreur les méchancetés de Sodome. Toutefois on pourrait rapporter ailleurs ces mots de vue et d'ouïe, en sorte que le sens soit tel : que cet homme juste habitant chez les Sodomites, affligeait son âme, c'est-à-dire se tourmentait, de vue et d'ouïe. Car nous savons qu'il a été contraint de voir et d'ouïr beaucoup de choses qui tourmentaient de manière surprenante son esprit. Bref, S. Pierre veut dire, que bien que ce saint personnage fût de tous côtés environné et comme assiégé de vices monstrueux et horribles, néanmoins il n'a point décliné du droit chemin. Or S. Pierre exprime plus qu'il n'avait fait auparavant, à savoir que le juste Lot a volontairement incité son cœur à se sentir navré de grands tourments, comme il est raisonnable que tous les fidèles soient fâchés au vif, et grandement affligés, quand ils voient que le monde s'abandonne à toutes sortes de méchancetés. Et d'autant plus nous est-il nécessaire de gémir sur nos propres péchés. L'Apôtre a nommément mis ceci, afin que, quand nous verrons l'impiété régner partout, nous ne nous laissions pas surprendre ni enivrer par les séductions des vices, et que par ce moyen nous ne périssions pas malheureusement avec les autres, mais que nous préférions à tous les délices du monde, cette douleur bénie par le Seigneur.

9. *Le Seigneur sçait délivrer de tentation ceux qui l'honorent, et réserver les injustes pour estre tormentez au jour du jugement :*
10. *Et principalement ceux qui suyvent la chair, et cheminent en concupiscence de pollution, et mesprisent la seigneurie, audacieux, addonnez à leur sens, qui ne craignent point de blasmer les puissances supérieures :*
11. *Comme ainsi soit que les Anges qui sont plus grans en force et en puissance, ne baillent point sentence de blasme à l'encontre d'icelles devant le Seigneur.*

9. LE SEIGNEUR SAIT DELIVRER DE TENTATION CEUX QUI L'HONORENT, ET RESERVER LES INJUSTES POUR ETRE TOURMENTES AU JOUR DU JUGEMENT. Premièrement ceci scandalise les faibles, que, bien que les fidèles soupirent avec grande anxiété, toutefois ils ne sentent point immédiatement l'aide de Dieu qui les soulage, mais plutôt le Seigneur les laisse quelquefois travailler péniblement en longue peine et langueur, comme s'ils devaient sécher là sur les pieds, ainsi qu'on dit communément. Et puis les méchants se débordent alors à plaisir, et cependant Dieu ne dit mot, comme s'il fermait les yeux à leurs vices. S. Pierre détourne maintenant les fidèles de ces deux scandales. Car il témoigne que le Seigneur sait bien quand il est expédient de délivrer les fidèles de tentation. Par ces paroles, il nous enseigne qu'il faut laisser cet office à Dieu, et que par conséquent, il nous faut endurer patiemment les tentations, et ne point perdre courage, même si Dieu ne tarde quelquefois sa vengeance contre les méchants. Cette consolation nous est fort nécessaire, car n'en voyant cela, nous sommes induits à penser : « Si le Seigneur veut avoir les siens saufs et entiers, pourquoi ne les amasse-t-il pas tous à part en quelque coin de la terre, afin qu'ils s'incitent les uns les autres à vivre saintement ? Et pourquoi les mêle-t-il avec les méchants pour être souillés par eux ? » Mais quand Dieu s'attribue cet office d'aider et de maintenir les siens, afin qu'ils ne défaillent point au milieu du combat, nous reprenons courage pour batailler vaillamment. Voilà la somme du premier membre : que le Seigneur a ordonné cette condition à tous les fidèles, qu'ils soient éprouvés par diverses tentations, mais qu'il faut bien espérer de l'issue, d'autant qu'ils ne seront jamais destitués de son aide.

ET RESERVE LES INJUSTES POUR ETRE TOURMENTES. Il montre par ce passage que Dieu modère tellement ses jugements, qu'en supportant pour quelque temps les méchants, toutefois il ne les laisse point impunis. Ainsi il corrige la trop grande hâte qui a accoutumé de nous transporter, et principalement quand l'énormité des péchés nous navre plus au vif. Car nous voudrions alors qu'en un même instant Dieu foudroyât : s'il attend, il nous semble qu'il n'est plus juge du monde. Ainsi donc, afin que nous ne nous troublions pas si nous voyons que les méchants demeurent impunis pour quelque temps, S. Pierre nous rappelle que le Seigneur a ordonné et déterminé à l'avance le jour du jugement, et que par conséquent les infidèles et les réprouvés n'échappent point à la punition, quoique Dieu ne se venge pas d'eux sur le champ.

Ce mot de *réserver* a du poids, comme s'il disait qu'ils ne se sont point échappés de la main de Dieu, mais qu'il y a des liens que les hommes ne voient pas, par lesquels ils sont tenus serrés, pour être un jour tirés en jugement. Le participe grec qui est mis ici, est bien du temps présent (car il y a mot à mot : « Réserver les injustes qui sont tourmentés au jour du jugement ») ; mais on doit le résoudre ainsi : « A être tourmentés », ou « afin qu'ils soient tourmentés ». Car il veut que nous dépendions de l'attente du dernier jugement, afin que nous bataillions en espoir et en patience jusqu'à la fin de notre vie.

10. ET PRINCIPALEMENT CEUX QUI SUIVENT LA CHAIR, ET CHEMINENT EN CONCUPISCENCE DE POLLUTION, ET MEPRISENT LA SEIGNEURIE, AUDACIEUX, ADONNES A LEUR SENS, QUI NE CRAIGNENT POINT DE BLAMER LES PUISSANCES SUPERIEURES. Il en vient maintenant à spécifier, en accommodant la doctrine générale à son propos. Car il avait affaire à des gens pleins d'une malice effrontée ; il montre donc qu'il ne peut se faire qu'il n'y ait une horrible vengeance apprêtée pour eux. Car vu que Dieu fera sentir sa colère à tous, comment échapperaient ceux-ci, qui comme des bêtes se prostituent à toutes les méchancetés ? Cheminer après la chair, c'est être adonné à la chair, comme le sont les bêtes sauvages, lesquelles ne sont point conduites de jugement ni de raison, mais qui ont l'appétit et la sensualité de leur chair pour leur principal gouvernement et conduite.

Par la *concupiscence de pollution*, il nous faut entendre les désirs infâmes et débordés, à savoir quand les hommes sont transportés à l'impureté, rejetant tout amour et affection d'honnêteté, et oubliant toute honte. C'est la première tache de laquelle il les marque, que ce sont des gens infâmes, et adonnés à toutes vilenies et souillures. Il y a après d'autres marques, à savoir qu'*ils méprisent la seigneurie*, et n'ont point de honte de mettre blâme et opprobre sur les personnes que Dieu a bien voulu constituer en degré et en état honorable. Car je rapporte ces deux manières de parler à un même but. Car après qu'il a dit qu'*ils méprisent la seigneurie*, il montre aussitôt la source de ce mal, à savoir qu'ils sont *audacieux et adonnés à leur sens*.

Finalement afin de mieux exprimer la grandeur de leur orgueil, il dit qu'*ils ne craignent point de blâmer les puissances supérieures*. Car c'est une arrogance monstrueuse de n'estimer en rien la gloire qui reluit dans les états politiques ordonnés de Dieu. Là où nous avons traduit *les puissances supérieures*, il y a un mot qui signifie gloires, mais il n'y a point de doute que par ce mot il ne signifie les principautés et les magistrats. Car, bien qu'il n'y ait état légitime de vivre qui ne soit digne de louange, nous savons toutefois que l'office de magistrat est excellent par-dessus les autres, d'autant qu'ils sont comme lieutenants de Dieu pour gouverner le genre humain. Cette puissance est donc vraiment ornée de gloire, vu que Dieu se manifeste en elle.

Nous entendons maintenant ce que S. Pierre veut dire par ce second membre, à savoir que ceux dont il parle, étaient des gens frénétiques, amateurs de troubles et de confusion. Car nul ne peut ôter du monde le gouvernement civil, qu'il n'introduise un désordre. Or ceux-ci sans aucune crainte dégorgeaient des injures et de grands outrages contre les magistrats, pour ôter toute révérence de police et d'administration publique. Et par ce moyen que faisaient-ils sinon de blâmer Dieu, et de l'assaillir ouvertement, et de s'élever contre lui par leurs blasphèmes ? Nous avons eu aussi de notre temps plusieurs gens semblables, mutins et séditieux, qui mettant en avant que la puissance du glaive était profane et illicite, se sont efforcés de renverser furieusement tout ordre politique. Satan suscite de tels enragés, comme des furies, pour empêcher le cours de l'Evangile, mais le Seigneur nous a fait une grande grâce, de ce que non seulement il nous a avertis de nous donner garde de ce poison mortel, mais aussi il nous a munis d'un ancien exemple contre ce scandale. Par quoi les papistes se montrent trop sots et iniques, quand ils nous calomnient et nous chargent que par notre doctrine nous mettons les armes au poing des séditieux. Comme si on n'eût pu reprocher anciennement la même chose aux Apôtres, qui toutefois, n'en étaient en rien coupables.

11. TANDIS QUE LES ANGES, QUI SONT PLUS GRANDS EN FORCE ET EN PUISSANCE, NE DONNENT POINT SENTENCE DE BLAME CONTRE ELLES DEVANT LE SEIGNEUR. Il montre leur arrogance étourdie, en ce qu'il osent bien usurper plus de licence que ne font les anges mêmes. Mais c'est merveilles qu'il dit que *les anges ne baillent point sentence de blâme* contre les magistrats. Car à quel propos seraient-ils contraints à ce saint ordre, qu'ils savent être institué de Dieu ? A quel propos s'élèveraient-ils contre les puissances, qu'ils savent être destinées au même ministère qu'eux ? Cette raison a mû certains à penser que ceci fût dit des diables, mais par ce moyen ils n'évitent pas l'absurdité. Car comment Satan serait-il si modeste à épargner les hommes, vu qu'il est auteur de tous les blasphèmes qui se font contre Dieu ? Davantage, leur opinion est réfutée par les paroles de S. Jude. Or nous verrons qu'il a parlé ainsi des saints anges bien à propos, si nous considérons la circonstance du temps. Car presque tous les magistrats étaient pour lors infidèles, ennemis mortels et persécuteurs de l'Evangile. Par quoi il ne pouvait se faire qu'ils ne fussent haïs des anges, qui sont gardiens et protecteurs de l'Eglise. Toutefois il dit qu'ils condamnent tellement les hommes dignes de haine et d'exécration, qu'ils portent révérence à la supériorité qui est ordonnée de Dieu. Cette modestie, dit-il, étant aux anges, ceux-ci ne craignent point de dégorger des blasphèmes si détestables et outrageux.

12. *Mais ceux-ci comme bestes brutes qui sont faites naturellement pour proye et destruction*[1]*, blasmans ce qu'ils n'entendent point, périront par leur corruption,*
13. *Recevans le salaire d'injustice : réputans à volupté de pouvoir jouir des délices chacun jour*[2]*, tasches et souillures, faisans grand'chère en leurs erreurs*[3]*, en banquetant avec vous,*
14. *Ayans les yeux pleins d'adultère, et insatiables de péché, amorsans les âmes mal asseurées, ayans le cœur exercé en cupiditez*[4]*, enfans de malédiction,*
15. *Lesquels ayans laissé le droit chemin, se sont fourvoyez en ayant suyvi le chemin de Balaam fils de Bozor, qui aima le salaire d'iniquité*[5]*,*
16. *Et fut convaincu de son iniquité : car une asnesse muete parlant en voix d'homme, réprima la phrénésie du Prophète,*

12. MAIS CEUX-CI COMME DES BETES SAUVAGES QUI SONT FAITES NATURELLEMENT POUR PROIE ET DESTRUCTION, BLAMANT CE QU'ILS N'ENTENDENT POINT, PERIRONT PAR LEUR CORRUPTION. Il poursuit ce qu'il avait commencé de dire de ces contempteurs de Dieu et de ces méchants qui corrompent l'Eglise. Or il reprend premièrement leurs mœurs dissolues, et tout le train de leur vie confite en infamie et déshonnêteté. Puis il dit qu'ils sont si hardis et effrontés, que par leur plaisanterie et babil plein de flatterie, ils s'insinuent en la grâce de plusieurs. En premier lieu, il les compare à des *bêtes sauvages*, lesquelles semblent être nées pour

[1] Ou, *qui suyvent leur sensualité, estans faites pour estre prinses et destruites.*
[2] Ou, *prenans leur plaisir en leurs délices ordinaires.*
[3] Ou, *prenans leur esbat à leurs tromperies.*
[4] Ou, *rapines.*
[5] Nomb. *22* : 21 ; Jude 2.

se jeter dans les filets, et se précipiter à leur ruine de leur propre mouvement et gré. Comme s'il disait que, sans être retirés d'aucunes séductions, ils se hâtent de leur propre gré pour se jeter dans les liens de Satan, et les filets de la mort.

Au lieu que nous avons tourné : *qui sont faites naturellement*, il y a de mot à mot en S. Pierre, « nées naturelles », mais il n'y a pas grande différence quant au sens, soit que l'un de ces deux mots ait été supposé par quelque autre, soit qu'en mettant tous les deux, l'Apôtre ait voulu mieux exprimer ce qu'il disait. Quant à ce qu'il dit : *blâmant ce qu'ils n'entendent point*, cela concerne l'orgueil dont il a naguère fait mention. Il dit donc que la raison pour laquelle ils méprisent si fièrement toute excellence, c'est parce qu'ils sont devenus totalement stupides, en sorte qu'ils ne sont nullement différents des bêtes sauvages. Au reste, au lieu de ce que nous avons traduit « destruction et corruption », le grec n'a qu'un même mot pour tous les deux, en divers sens toutefois. Car quand il dit qu'ils périront en leur corruption, il entend que leurs abus et leurs faussetés leur tourneront en ruine.

13. RECEVANT LE SALAIRE D'INJUSTICE, REPUTANT A VOLUPTE DE POUVOIR JOUIR DES DELICES CHAQUE JOUR, TACHES ET SOUILLURES, FAISANT GRANDE CHERE EN LEURS ERREURS, EN BANQUETANT AVEC VOUS. Comme s'il disait, ils mettent leur félicité dans les délices présentes. Nous savons que les hommes sont plus excellents que les bêtes, en ce que leur jugement et leur raison s'étendent bien plus loin. C'est donc une chose malséante à l'homme de n'avoir de vue que pour les choses qui lui sont présentes, et de ne s'entretenir qu'à elles. Par cela il nous avertit que nous devons dépêtrer nos entendements des délices ou des voluptés de la chair, si nous ne voulons être mis au rang des bêtes sauvages. Ce qui s'ensuit doit être entendu ainsi : « Ceux-ci souillent vous et votre assemblée, et y laissent des taches de leur vilenie. Car quand ils banquettent avec vous, ils se moquent et font grande chère en leurs erreurs et se débordent en elles, montrant par leurs yeux et leurs gestes des signes d'amours impudiques, et d'incontinence détestable. » ERASME a tourné « banquetant en leurs erreurs se moquent de vous et vous outragent », mais cela est trop forcé. On pourrait l'exposer ainsi assez bien : « Faisant grande chère avec vous, ils se moquent de vous et vous outragent arrogamment en leurs erreurs. » Toutefois je l'ai tourné selon qu'il me semblait plus convenable.

Il appelle *les yeux pleins d'adultère*, des yeux impudiques, et qui par intempérance se jettent sans cesse çà et là pour trouver occasion de pécher, comme aussi il l'exprime tout de suite après.

14. AYANT LES YEUX PLEINS D'ADULTERE, ET INSATIABLES DE PECHE, AMORÇANT LES AMES MAL ASSUREES, AYANT LE CŒUR EXERCE EN CUPIDITES, ENFANTS DE MALEDICTION, **15.** LESQUELS, AYANT LAISSE LE DROIT CHEMIN, SE SONT FOURVOYES EN AYANT SUIVI LE CHEMIN DE BALAAM FILS DE BOZOR, QUI AIMA LE SALAIRE D'INIQUITE, **16.** ET FUT CONVAINCU DE SON INIQUITE, CAR UNE ANESSE MUETTE, PARLANT EN VOIX D'HOMME, REPRIMA LA FRENESIE DU PROPHETE. Cette similitude d'amorcer admoneste les fidèles de se garder des surprises secrètes et frauduleuses de ces garnements. Car il compare leurs finesses et leurs ruses à des hameçons, qui pourraient tirer à perdition ceux qui ne s'en donneraient garde. Quand il ajoute, *les âmes mal assurées*, il montre le moyen de se garder, à savoir quand nous prendrons racine en la foi et en la crainte de Dieu. Or il montre en même temps que ceux qui se laissent amorcer par de telles flatteries ne sont aucunement excusables, pour autant qu'il faut imputer cela à leur légèreté et à leur inconstance. Soyons donc fermes en la foi, et nous serons assurés contre les tromperies des méchants.

AYANT LE CŒUR EXERCE EN CUPIDITES. ERASME a tourné par « rapines », et de fait, la signification du mot grec est ambiguë. En ce qui me concerne, j'aime mieux dire « cupidités », parce que, comme il a condamné à leurs yeux l'intempérance et l'impudicité, il semble aussi que maintenant il reprend les vices qui sont cachés dans le cœur. Or cela ne doit point se restreindre à l'avarice.

Quant à ce qu'il les appelle *enfants de malédiction*, on peut l'exposer tant en signification active que passive, ou parce qu'ils apportent la malédiction en quelque lieu qu'ils se trouvent, ou parce qu'ils sont dignes de malédiction et d'exécration. Or parce qu'il a rappelé jusqu'à présent combien de nuisance ils apportent par l'exemple de leur méchante et vilaine vie, il répète derechef qu'ils sèment du poison mortel d'impiété en la doctrine, pour faire mourir les simples.

Il les compare à *Balaam fils de Bozor*, qui se laissa corrompre par l'argent, et exposa sa langue en vente pour maudire le peuple de Dieu. Et pour montrer qu'ils ne sont point dignes de longue réfutation, il dit que Balaam fut repris par son ânesse, et que par ce moyen *sa stupidité fut réprimée*. Mais par un même lieu il détourne les fidèles de suivre de quelque façon que ce soit leur compagnie. Car à la vérité, ce fut un surprenant et horrible jugement de Dieu, que l'ange apparût plutôt à une bête qu'à ce prophète, que la bête, sentant que Dieu était courroucé, n'osa passer plus outre, mais plutôt se recula en arrière, alors que Balaam prophète, poussé par le mouvement aveugle de son avarice, s'avançait et s'élevait contre la défense certaine de Dieu. Car s'il lui fut finalement répondu qu'il y allât, ce fut plutôt un signe de l'indignation de Dieu qu'un congé. Finalement la bouche fut ouverte à l'ânesse au grand déshonneur de Balaam, afin que lui, qui ne s'était point voulu assujettir au commandement de Dieu, l'eût pour maîtresse. Et le Seigneur a voulu montrer par ce miracle et par cet événement étrange, combien c'est une chose monstrueuse de convertir la vérité en mensonge.

On demande sur ceci, pourquoi Balaam est orné du titre de Prophète, vu qu'il est clair qu'il s'est adonné à beaucoup de mauvaises superstitions. Je réponds que le don de prophétiser est tellement particulier, que celui qui n'adore point le vrai Dieu, et ne sait pas ce qu'est la vraie religion, en peut être doué. Et Dieu a bien voulu quelquefois qu'il y eût don de prophétie au milieu de l'idolâtrie, afin que les hommes eussent moins d'excuse.

Maintenant, si quelqu'un veut recueillir en bref ce que S. Pierre a dit, il verra que son avertissement n'est pas moins convenable à notre temps. Car cette peste court partout, que les hommes ont je ne sais quelles injures, dont ils abusent en se moquant de Dieu et de Jésus-Christ. Pis est, sous ombre de sornettes et de plaisanteries, ils se rient et se moquent de toute religion, bien qu'ils soient adonnés à leur chair comme des bêtes sauvages, néanmoins ils osent même se mêler aux fidèles, et gazouillent quelque chose de l'Evangile. Cependant ils prostituent leur bouche et leur langue pour servir le diable, afin de faire tomber tout le monde en malédiction éternelle, si cela est en leur pouvoir. En cela ils sont pires que Balaam, d'autant que pour rien et de leur gré, ils dégorgent leurs exécrations horribles, tandis que lui ne se mit point à maudire, sinon alléché par la récompense qu'on lui promit.

17. *Ce sont fontaines sans eau, et nuées démenées par tourbillons de vents, ausquels l'obscurité des ténèbres est gardée éternellement*[1].
18. *Car en prononceant fort arrogans propos de vanité, ils amorsent par concupiscence de la chair et par insolences ceux qui vrayement avoyent évité ceux qui conversent en erreur :*
19. *Leur promettans liberté, comme ainsi soit qu'eux-mesmes soyent serfs de corruption. Car on est réduit en la servitude de celuy par lequel on est vaincu.*

17. CE SONT FONTAINES SANS EAU, ET NUEES DEMENEES PAR TOURBILLONS DE VENTS, AUXQUELS L'OBSCURITE DES TENEBRES EST GARDEE ETERNELLEMENT. Il montre par ces deux similitudes, qu'ils n'ont rien au-dedans, bien qu'ils aient grande apparence par le dehors. Une fontaine seulement à la regarder invite les hommes à soi, parce qu'elle promet de l'eau, tant pour en boire que pour d'autres commodités de la vie. Et les *nuées*, aussitôt qu'elles apparaissent, donnent espérance que bientôt il tombera de la pluie pour arroser la terre. Il dit donc que ceux-ci sont semblables à des fontaines, parce qu'ils sont pleins de vanteries, et il semble bien qu'il y a quelque subtilité en leurs sentences, et quelque grâce en leur propos, mais au-dedans ils sont secs et stériles, et ne sont donc qu'une figure et une vaine apparence de fontaine. Il dit de plus que ce sont des nuées que le vent disperse sans pluie, ou bien qui éclatent, et causent un orage dommageable. Par cela il signifie qu'ils n'apportent jamais profit, mais ils sont bien souvent fort pernicieux.

Après cela, il leur annonce derechef le jugement horrible de Dieu, afin que par cette crainte les fidèles soient retenus en bride. Bien qu'en parlant de *l'obscurité des ténèbres*, il fasse allusion aux brouillards par lesquels de telles gens obscurcissent la vérité, et embrouillent les matières. Comme s'il disait que, en place des ténèbres temporelles qu'ils introduisent maintenant, il y en a de beaucoup plus épaisses, voire éternelles, qui leur sont préparées.

18. CAR EN PRONONÇANT FORT ARROGANTS PROPOS DE VANITE, ILS AMORCENT PAR CONCUPISCENCE DE LA CHAIR ET PAR INSOLENCE CEUX QUI VRAIMENT AVAIENT EVITE CEUX QUI VIVENT EN ERREUR. Il signifie que par leurs grands mots, par leurs paroles superbes et enflées, ils éblouissent les yeux des simples, en sorte qu'ils ne peuvent percevoir leurs finesses et leurs tromperies. Car il ne serait pas aisé d'abuser leurs esprits par de telles rêveries, sinon qu'on les eût auparavant étourdis par quelque finesse et par ruse. Il dit donc qu'ils ont des propos et jaseries braves et bien raisonnantes, pour ravir en admiration ceux qui n'y prennent point garde. De plus, ces grandes parades et ces propos magnifiques que les poumons enflés soufflent dehors (comme dit Perse) sont fort propres à couvrir leurs tromperies entortillées. Or on peut savoir par les livres d'IRENEE qu'il y avait une telle finesse et une telle astuce en Valentin et en ses semblables. Car ils avaient forgé des mots dont on n'avait jamais ouï parler auparavant, et qu'ils faisaient résonner pour étonner les ignorants, et par ce moyen les envelopper en leurs rêveries. Et aujourd'hui, il y a un tas d'excités qui n'en font pas moins, qui se donnent ce beau et favorable nom de libertins. Car ils font retentir à pleine bouche ce mot « Esprit », et choses spirituelles, comme s'ils tonnaient de dessus les nues, et par ce moyen, ensorcellent beaucoup de gens, tellement qu'on dirait proprement que c'est d'eux que l'Apôtre a prophétisé. Car ils ne font que se moquer et rire de toutes choses. Et bien que ce soient des gens fort ignorants et sots, toutefois parce qu'ils lâchent la bride à tous vices, ils font trouver bonnes leurs je ne sais quelles plaisanteries. Leur but tend là, que la

[1] Jude 12.

différence entre le bien et le mal étant ôtée, tout soit permis, et que les hommes étant exemptés de toute sujétion de lois, fassent tout ce qui leur viendra en fantaisie. Ainsi cette épître est fort propre pour notre temps.

ILS AMORCENT PAR CONCUPISCENCES. Il compare bien proprement à des amorces ou à des hameçons les allèchements de ces méchants, quand ils disent que toutes choses sont licites. Car comme les cupidités des hommes sont aveugles et affamées, aussitôt que la licence leur est offerte, ils l'empoignent d'une impétuosité bouillante, mais ils sentent bientôt après l'hameçon qui les étrangle par dedans.

Or il est bon de peser toute la sentence de l'Apôtre. Il dit que *ceux qui vraiment avaient évité* la compagnie *de ceux qui vivent dans l'erreur*, sont derechef trompés par une nouvelle façon d'erreur, à savoir quand la bride leur est lâchée à toute dissolution. Par ce mot, il nous montre à quel point sont dangereuses les embûches de telles gens. C'était déjà une chose horrible, que presque tout le genre humain était enveloppé d'aveuglement et de ténèbres épaisses. C'était donc, par manière de dire, une double démonstration de ceci, à savoir que des gens délivrés de l'erreur commune du monde, après avoir reçu la lumière de Dieu, étaient retombés en une stupidité sauvage. Nous sommes avertis par là, de quoi nous devons nous garder principalement après que nous avons été une fois illuminés, à savoir que Satan ne nous attire sous couverture de licence, en sorte que, selon les concupiscences de notre chair, nous lâchions la bride à toutes dissolutions. Or le moyen pour nous garantir de ce danger est, que nous nous adonnions à bon escient à vivre honnêtement et saintement.

19. LEUR PROMETTANT LIBERTE, ALORS QU'EUX-MEMES SONT SERFS DE LA CORRUPTION. CAR ON EST REDUIT EN LA SERVITUDE DE CELUI PAR LEQUEL ON EST VAINCU. Il montre par les choses contraires qu'ils promettent faussement la liberté, vu qu'eux-mêmes se sont rendus misérablement serfs du péché. Car nul ne peut donner ce qu'il n'a pas. Toutefois il semble que cette raison ne soit pas assez ferme, parce qu'il advient quelquefois que des méchants qui n'auront rien de commun avec Christ, parleront des bienfaits de Christ bien à propos et avec édification. Mais il faut noter qu'ici est reprise la doctrine vicieuse, qui était conjointe avec une vie dissolue. Car l'intention de l'Apôtre est de venir au-devant de cette séduction et de cette amorce décevante, par laquelle ils attiraient les pauvres gens mal avisés.

Le nom de *liberté* est doux et gracieux. Ils en abusaient donc, afin que l'auditeur, ayant jeté au loin toute crainte de la loi de Dieu, se prostituât à toute licence débordée. Mais la liberté que Christ nous a acquise et qu'il nous offre tous les jours par l'Evangile, est bien autre. Car il nous délivre tellement du joug de la loi, en tant qu'elle nous montre coupables de malédiction, qu'en même temps il nous a racheté de la tyrannie du péché, qui nous entortille en ses concupiscences. Car là où les concupiscences dominent, et même la chair règne, la liberté de Christ n'y a point de place. L'apôtre exhorte donc tous les fidèles à ne rechercher point d'autre liberté que celle qui les ayant affranchis de la servitude du péché, les amène à une franche obéissance à la justice. Nous concluons de là qu'il y a toujours eu des vilains et dissolus, qui ont parlé faussement au nom de la liberté, et que c'est une des vieilles ruses de Satan, afin que nous ne nous ébahissions point, si nous voyons aujourd'hui des rêveurs qui remuent cette même ordure.

Or quant à ce que les papistes font violence à ce passage pour s'en servir contre nous, en cela ils découvrent leur ridicule impudence. Car premièrement ce seront des gens de vie dissolue et infâme jusqu'au bout, qui rotent en leurs cuisines et en leurs bordels puants cet ouvrage contre nous, que nous sommes les esclaves de la corruption, bien qu'ils ne puissent trouver en notre vie aucun blâme ou vice notable. Bien plus, nous n'enseignons rien, touchant la liberté chrétienne, que nous n'ayons pris de la doctrine de Christ et de ses Apôtres, et cependant nous requérons plus étroitement la mortification de la chair et les vrais exercices pour la dompter, qu'eux-mêmes qui nous diffament. Il s'ensuit qu'ils vomissent leurs injures et leurs calomnies outrageuses non point tant contre nous, que contre le Fils de Dieu, lui que nous avons pour garant très certain.

CAR ON EST REDUIT EN LA SERVITUDE DE CELUI PAR LEQUEL ON EST VAINCU. Cette sentence est prise du droit de guerre, et toutefois les auteurs profanes même ont souvent ceci en leurs écrits, qu'il n'y a point de servitude plus dure ou plus misérable que là où les concupiscences dominent. Que devons-nous donc faire, nous à qui le Fils de Dieu a donné son Esprit, afin que non seulement nous soyons affranchis de la servitude du péché, mais aussi que nous obtenions victoire glorieuse contre la chair et le monde ?

20. *Car si après qu'ils se sont retirez des souillures du monde par la cognoissance du Seigneur et Sauveur Jésus-Christ : toutesfois derechef estans enveloppez en icelles, ils sont vaincus, leur dernière condition leur est pire que la première*[1].
21. *Car il leur eust esté meilleur de n'avoir point cognu la voye de justice, qu'après l'avoir cognue se destourner arrière du sainct commandement qui leur avoit esté baillé.*
22. *Mais ce qu'on dit par vray proverbe leur est advenu, le chien est retourné à son propre vomissement : et, La truye lavée* est retournée *à se veautrer au bourbier*[2].

20. CAR SI, APRES QU'ILS SE SONT RETIRES DES SOUILLURES DU MONDE PAR LA CONNAISSANCE DU SEIGNEUR ET SAUVEUR JESUS-CHRIST, TOUTEFOIS DERECHEF, ETANT ENVELOPPES EN ELLES, ILS SONT VAINCUS, LEUR DERNIERE CONDITION LEUR EST PIRE QUE LA PREMIERE. Il montre derechef combien cette secte est pernicieuse, qui ramène les hommes, qui étaient déjà consacrés à Dieu, à leurs premières ordures et aux corruptions du monde. Et il exagère l'énormité de ce mal par comparaison, d'autant que ce n'est pas un crime léger de se révolter contre la sainte institution et la doctrine de Dieu. Il vaudrait beaucoup mieux, dit-il, n'avoir jamais connu la voie de justice. Car, bien que l'ignorance ne soit nullement excusable, toutefois le serviteur qui méprise les commandements de son maître de son propre gré et en toute connaissance, mérite double punition. Avec cela, il y a l'ingratitude, d'autant qu'ils éteignent la lumière de Dieu par une méchanceté certaine, qu'ils rejettent la grâce qui leur avait été donnée, qu'ils regimbent contre Dieu en rejetant obstinément le joug, et qui pis est, qu'ils profanent et anéantissent tant qu'ils peuvent l'alliance de Dieu inviolable et confirmée par le sang de Christ. Cela doit d'autant mieux nous faire tenir sur nos gardes, afin que nous poursuivions le cours de notre vocation avec respect et sollicitude.

Or il est bon que nous considérions de plus près chaque partie de ce texte. Quand il nomme les souillures du monde, il montre que nous sommes vautrés en des bourbiers, et entièrement souillés, jusqu'à ce que nous renoncions au monde.

Par la *connaissance de Christ*, il ne faut point douter qu'il n'entende l'Evangile. Il témoigne que le but de celui-ci est de nous délivrer des pollutions de ce monde, et de nous

[1] Matth. *12* : 45.
[2] Prov. *26* : 11.

en tirer bien loin. Pour cette raison il l'appelle ensuite *voie de la justice*. Celui qui a bien appris Christ a donc vraiment profité en l'Evangile. Or celui-là connaît vraiment Christ, qui a appris en lui à dépouiller le vieil homme, et à vêtir le nouveau, comme S. Paul le déclare (Eph. *4* : 22).

Quand il dit qu'*ils se détournent arrière du saint commandement qui leur avait été donné*, et retournent à leurs premières pollutions, il signifie premièrement combien ils sont inexcusables, et puis il nous montre que, bien que la doctrine de vivre saintement et honnêtement soit commune à tous et appartienne indifféremment à chacun, néanmoins elle est donnée spécialement à ceux auxquels Dieu présente la clarté de son Evangile. Au reste il dit que ceux-là se révoltent contre l'Evangile, qui se rendent derechef serfs des souillures du monde. Il est vrai que les fidèles pèchent aussi, mais parce qu'ils ne permettent pas que le péché règne en eux, ils ne déchoient point de la grâce de Dieu, et n'abandonnent point la profession de la saine doctrine, qu'ils ont une fois reçue. Car ils ne sont pas réputés pour vaincus, quand ils résistent hardiment et courageusement à la chair et à ses concupiscences.

22. MAIS CE QU'ON DIT PAR VRAI PROVERBE LEUR EST ADVENU : LE CHIEN EST RETOURNE A SON PROPRE VOMISSEMENT, ET LA TRUIE LAVEE EST RETOURNEE A SE VAUTRER AU BOURBIER.
D'autant que beaucoup de gens sont troublés par cet exemple, à savoir quand les hommes qui s'étaient rangés sous l'obéissance de Christ, sans honte et sans crainte quelconque s'abandonnent à toutes méchancetés, l'Apôtre, pour prévenir le scandale, dit que cela procède de leur vice, parce qu'ils sont pourceaux et chiens. D'où il s'ensuit qu'on ne peut attribuer aucune partie de la faute à l'Evangile. A cette fin il cite deux proverbes anciens. Le premier est pris des proverbes de Salomon, chapitre *26*, v. 11. Or S. Pierre veut dire en somme que l'Evangile est une médecine, qui nous libère par un vomissement salutaire, mais qu'il y a beaucoup de chiens, qui, à leur grand dommage, avalent derechef ce qu'ils avaient vomi. De même, que l'Evangile est un lavement, qui nettoie toutes nos immondices et nos ordures, mais qu'il y a beaucoup de pourceaux, qui sitôt qu'ils sont nettoyés, retournent se vautrer dans la fange. Ainsi les fidèles sont admonestés de se garder de ces deux dangers, s'ils ne veulent être réputés du rang des chiens et des pourceaux.

CHAPITRE III

1. *Trèschers, je vous escri desjà ces secondes letres, par lesquelles je resveille par advertissement vostre pur entendement :*
2. *Afin qu'ayez souvenance des paroles qui auparavant ont esté dites par les saincts Prophètes, et de nostre commandement, qui sommes Apostres du Seigneur et Sauveur,*
3. *Sçachans premièrement cela, qu'il viendra és derniers jours des mocqueurs, cheminans selon leurs propres concupiscences,*
4. *Et disans, Où est la promesse de son advénement ? Car depuis que les Pères ont dormi, toutes choses persévèrent ainsi dés le commencement de la création.*

1. TRES CHERS, JE VOUS ECRIS DEJA CES SECONDES LETTRES, PAR LESQUELLES JE REVEILLE PAR AVERTISSEMENT VOTRE PUR ENTENDEMENT. Afin qu'ils ne se fâchent pas de la seconde épître, comme si la première suffisait, il dit que l'une et l'autre n'ont point été écrites en vain, parce qu'ils ont besoin d'être souvent réveillés. Et afin que cela apparaisse mieux, il montre qu'ils ne seront pas hors de danger, s'ils ne sont bien munis, d'autant qu'ils auront à combattre contre des méchants garnements, qui non seulement corrompent la pureté de la foi par de fausses doctrines, mais même renverseront entièrement toute la foi, en tant qu'il leur sera possible.

Or quand il dit : *je réveille votre pur entendement*, c'est comme s'il disait : « Je veux vous réveiller à pureté d'entendement. » Et les mots se doivent ainsi résoudre : je réveille votre entendement afin qu'il soit pur et clair. Car le sens est que les entendements des fidèles s'offusquent, et par manière de dire, rouillent, quand les admonitions cessent. Au reste, nous déduisons en même temps de cela, que même ceux qui ont l'intelligence de la doctrine demeurent comme assoupis, s'ils ne sont réveillés par de continuelles admonitions. Il est clair maintenant quel est l'usage des admonitions, et combien elles nous ont nécessaires. Car la lâcheté et la nonchalance de la chair étouffent la doctrine une fois reçue, et la rendent oisive, si elle n'est réveillée par les aiguillons des admonitions. Ce n'est donc pas assez que les hommes aient été enseignés en sorte qu'ils connaissent et entendent ce qui est requis, mais il faut que les docteurs fidèles s'emploient à graver vivement la doctrine en la mémoire des auditeurs. Et pour autant que les hommes, en leur nature, sont volontiers désireux de nouveauté, et par conséquent enclins et faciles à se fâcher et à se dégoûter d'une chose, il est bon que nous entendions ce que S. Pierre dit ici, que non seulement nous souffrions de bon gré que les autres nous admonestent, mais que chacun s'exerce à part soi, en se remémorant assidûment la doctrine, afin que nos entendements resplendissent d'une pure et claire intelligence de celle-ci.

2. AFIN QUE VOUS AYEZ SOUVENANCE DES PAROLES QUI AUPARAVANT ONT ETE DITES PAR LES SAINTS PROPHETES, ET DE NOTRE COMMANDEMENT, A NOUS QUI SOMMES APOTRES DU SEIGNEUR

ET SAUVEUR. Il signifie par là qu'il y a assez dans les écrits des Prophètes et en l'Evangile de quoi nous réveiller, moyennant que nous soyons diligents à les méditer comme il se doit, et que dès lors, quand nos entendements deviennent quelquefois rouillés ou enveloppés de ténèbres, cela se fait par notre paresse et notre nonchalance. Afin donc que Dieu nous éclaire perpétuellement, employons-nous à cette étude, et que cependant notre foi acquiesce en ces témoins vraiment certains et suffisants. Car si nous avons les Prophètes et les Apôtres d'accord avec nous, voire même ministres de notre foi, et si nous avons Dieu pour garant de celle-ci, et les anges pour approbateurs, il ne faut point que la conspiration et le complot des méchants nous ébranlent dans notre fermeté. Il appelle *le commandement des Apôtres*, toute la doctrine dont ils avaient instruit les fidèles.

3. SACHANT PREMIEREMENT CELA, QU'IL VIENDRA DANS LES DERNIERS JOURS DES MOQUEURS, CHEMINANT SELON LEURS PROPRES CONCUPISCENCES. Ce mot *sachant* pourrait se rapporter à la personne du saint Apôtre, en ce sens : « La raison pour laquelle je travaille à vous réveiller, c'est parce que je sais quel et combien grand danger peuvent vous apporter ces moqueurs. » Toutefois je l'aime mieux expliquer autrement, en sorte que le participe soit mis au lieu du verbe, comme s'il eût dit : « Sachez en premier lieu ». Car il fallait que cela leur fut prédit, parce qu'ils eussent pu être ébranlés, si les méchants contempteurs les eussent soudainement assaillis par de telles moqueries. Il veut donc qu'ils le sachent, et qu'ils en soient avertis, afin qu'ils soient prêts à résister.

Au reste, il ramène derechef les fidèles à la même doctrine, dont il a fait mention au chapitre *2*. Car cela est assez connu, que, par *les derniers jours*, le règne de Christ est signifié, selon ce que dit S. Paul (I Cor. *15* : 24) : « Les fins des âges sont parvenues à nous. » Or le sens est, que plus Dieu se manifeste clairement au monde par l'Evangile, et invite les hommes à son royaume, plus il adviendra aussi, au contraire, que les hommes profanes vomiront plus fièrement le venin de leur impiété. Il appelle *moqueurs*, selon la façon commune de l'Ecriture, ceux qui désirent être réputés ingénieux, à force de mépriser Dieu et de se déborder en une arrogance pleine de sacrilège. Or ceci est le comble de tout mal, quand les hommes se permettent de se moquer et de brocarder la majesté redoutable de Dieu. Ainsi parle le Psaume *1* du banc des moqueurs. Ainsi David se plaint au Psaume *119* : 23, que les orgueilleux se sont moqués de lui, parce qu'il s'étudiait à garder la loi de Dieu. Ainsi Esaïe (*28* : 15), après avoir fait mention de tels moqueurs, décrit leur assurance jointe à la stupidité. Souvenons-nous donc qu'il n'y a rien plus à craindre que d'être assaillis par de tels moqueurs. Et de ceci nous avons déjà parlé au chapitre *3* des Galates. Toutefois puisque le Saint-Esprit a prédit qu'ils viendront, et en même temps nous a mis le bouclier en la main, par lequel nous pouvons les repousser, nous ne nous pouvons excuser de manquer de fermeté, quelque chose qu'ils puissent machiner.

4. OU EST LA PROMESSE DE SON AVENEMENT ? CAR DEPUIS QUE LES PERES SE SONT ENDORMIS, TOUTES CHOSES PERSEVERENT AINSI DES LE COMMENCEMENT DE LA CREATION. C'est ici une tromperie bien dangereuse, quand ils nous mettent en doute de la dernière résurrection ; car si celle-ci est ôtée, il n'y a plus d'Evangile, la vertu de Christ est anéantie, et toute la religion détruite. Satan vient donc saisir droit au gosier l'Eglise pour la tuer, quand il ôte la foi en l'avènement de Christ. Car pourquoi est-il mort et ressuscité, sinon qu'après nous avoir rachetés de la mort, il nous recueille une fois en la vie éternelle ? C'est donc ruiner jusqu'au fond toute la piété, si la foi en la résurrection ne demeure ferme et arrêtée. C'est pourquoi Satan nous donne plus âprement l'assaut de ce côté.

Or il faut noter la forme des pensées perverses de ces moqueurs. Ils opposent à la promesse de Dieu le cours ordinaire et continuel de la nature, tel qu'on l'a vu couler dès le commencement, comme si c'étaient deux choses contraires, ou pour le moins en désaccord. « Bien que (disent-ils) les pères aient eu cette même foi, il n'y a rien eu de changé depuis leur mort. » Or on sait bien que beaucoup de siècles sont passés depuis. De là ils tirent que ce qui est dit de la fin du monde est une fable, parce que, en raison du fait qu'il a déjà duré si longuement, ils font leur compte qu'il sera perpétuel.

5. *Car ils ignorent volontairement que dés jadis les cieux ont eu leur estre et la terre d'eau et par eau consistant*[1] *par la parole de Dieu :*
6. *Par lesquelles choses le monde d'alors est péri estant couvert d'un déluge d'eau :*
7. *Mais les cieux qui sont maintenant, et la terre, sont réservez par la mesme Parole, estans gardez pour le feu au jour du jugement, et de la destruction des hommes meschans.*
8. *Mais,* ô vous *bien-aimez, n'ignorez point une chose : c'est qu'un jour est envers le Seigneur comme mille ans, et mille ans sont comme un jour*[2].

5. CAR ILS IGNORENT VOLONTAIREMENT QUE DES LONGTEMPS LES CIEUX ET LA TERRE ONT TIRE LEUR ETRE DE L'EAU ET ONT SUBSISTE PAR L'EAU, PAR LA PAROLE DE DIEU. Il repousse les raisonnements captieux de ces méchants contempteurs par un seul argument, à savoir que le monde périt une fois par inondation d'eaux, bien toutefois qu'il fût tiré des eaux. Or parce que cette histoire était assez notoire et renommée, il dit qu'*ils ignorent volontairement*, c'est-à-dire de leur propre gré. Car ceux qui pensent que le monde est perpétuel, parce qu'il y a longtemps qu'il est en son état, ferment les yeux malicieusement, de peur qu'ils ne voient ce jugement de Dieu si clair et manifeste. Il est certain que le monde a son origine des eaux. (Car Moïse appelle eaux cette masse confuse de laquelle la terre est produite, Gen. *1* : 3). Bien plus, il était soutenu par les eaux. Et toutefois le Seigneur a usé des eaux pour le détruire. D'où il ressort que tant s'en faut que la vertu et la force de la nature fût suffisante pour entretenir et conserver le monde, que plutôt il y a là, comme enclose, matière de destruction, aussi souvent qu'il semblera bon à Dieu de le ruiner. Car il faut toujours considérer que le monde, à parler proprement, ne subsiste par autre vertu que de la Parole de Dieu, et que, par conséquent, les causes inférieures empruntent leur vertu de là, et ont divers effet, selon qu'il s'en veut servir. Ainsi le monde subsistait par l'eau, mais l'eau ne pouvait rien par elle-même, mais était plutôt sujette à la Parole de Dieu, comme un instrument inférieur. Ainsi donc, aussitôt qu'il a semblé bon à Dieu de détruire la terre, cette même eau a rendu obéissance à la Parole pour tout abîmer par une inondation mortelle.

Nous voyons maintenant combien se trompent ceux qui s'arrêtent aux éléments nus, comme s'il y avait une perpétuité en eux, et non plutôt que leur nature fléchît et se laissât mener selon le bon plaisir de Dieu. Par ce peu de paroles est assez suffisamment repoussée l'outrecuidance de ceux qui s'arment de raisons naturelles pour batailler contre Dieu. Car l'histoire du déluge est un témoin suffisant que tout l'ordre de la nature est régi par le seul gouvernement de Dieu. Toutefois ceci semble absurde, qu'il dit que *le monde*

[1] Ou, *consistant dedans l'eau et parmi l'eau.*
[2] Ps. *90* : 4.

périt par le déluge, vu qu'il avait auparavant fait mention du ciel et de la terre. Je réponds que le ciel fut aussi alors noyé, c'est-à-dire la région de l'air qui demeure vide entre les deux eaux. Car la distinction dont parle Moïse, était alors confuse. Et ce mot de ciel est souvent pris en cette signification. Si quelqu'un désire en savoir davantage, qu'il lise S. AUGUSTIN au vingtième livre de la cité de Dieu.

7. MAIS LES CIEUX QUI SONT MAINTENANT, ET LA TERRE, SONT RESERVES PAR LA MEME PAROLE, ETANT GARDES POUR LE FEU AU JOUR DU JUGEMENT ET DE LA DESTRUCTION DES HOMMES MECHANTS. L'Apôtre ne met point cela comme une conséquence tirée de ce qui précède. Car son but est seulement d'arracher aux moqueurs la subtilité de leur argument touchant l'état perpétuel de la nature. Comme nous en voyons aujourd'hui plusieurs, qui ayant quelque petite entrée aux rudiments de philosophie, afin de se montrer grands philosophes, s'amusent seulement à faire des spéculations profanes. Mais déjà par ce qui a été dit ci-dessus, il demeure bien prouvé qu'il n'y a nulle absurdité, quand le Seigneur prononce que le ciel et la terre seront un jour consumés par le feu, parce qu'il y a même raison du feu que de l'eau. Car même chez les anciens ça été une maxime commune, que toutes choses étaient nées de ces deux principes souverains. Au reste, parce qu'il avait affaire à des méchants et à des contempteurs de Dieu, il parle expressément de leur perdition et de leur ruine.

8. MAIS, O BIEN-AIMES, N'IGNOREZ POINT UNE CHOSE, C'EST QU'UN JOUR EST ENVERS LE SEIGNEUR COMME MILLE ANS, ET MILLE ANS SONT COMME UN JOUR. Maintenant il adresse sa parole aux fidèles, et les exhorte, quand il est question de l'avènement de Christ, à lever leurs entendements en haut. Car par ce moyen il adviendra qu'ils n'assujettiront point à leurs souhaits inconsidérés et mal réglés le temps ordonné et limité de Dieu. Car si l'attente nous semble trop longue, c'est parce que nous avons les yeux fichés sur la brièveté de la vie présente, puis en comptant les jours, les heures et les minutes, nous augmentons l'ennui. Mais quand nous nous proposons l'éternité du royaume de Dieu, alors plusieurs siècles s'évanouissent et s'écoulent comme un moment. L'Apôtre donc nous ramène à cela, afin que nous sachions que le jour de la résurrection ne dépend point du cours présent des temps, mais du conseil éternel de Dieu ; comme s'il disait que la raison pour laquelle les hommes veulent prévenir Dieu, c'est parce qu'ils mesurent le temps selon le sens de la chair, et puis ils sont naturellement enclins à impatience, en sorte que la hâte même leur semble un retard. *Vous donc*, dit-il, montez au ciel en esprit, ainsi il n'y aura nul temps qui vous semble long ou bref.

9. *Le Seigneur ne retarde point sa promesse, comme aucuns estiment retardement : mais il est patient envers nous, ne voulant point qu'aucun périsse, ains recevoir tous à*[1] *repentance*[2].
10. *Mais le jour du Seigneur viendra comme un larron en la nuict*[3], *auquel les cieux passeront comme bruit de tempeste, et les élémens seront dissous par chaleur : et la terre et toutes les œuvres qui sont en elle brusleront entièrement.*

[1] Ou, *que tous soyent recueillis*, ou *assemblez*, ou *viennent à*.
[2] Ez. *18* : 32.
[3] Matth. *24* : 44.

11. *Comme ainsi soit donc que toutes ces choses doyvent estre desfaites, quels vous faut-il estre en sainctes conversations et piétez*[1] *?*
12. *En attendant et vous hastans à la venue du jour de Dieu, par lequel les cieux estans enflammez seront dissous, et les élémens se fondront de chaleur.*
13. *Mais nous attendons nouveaux cieux et nouvelle terre, selon la promesse d'iceluy, esquels justice habite*[2].

9. LE SEIGNEUR NE RETARDE POINT SA PROMESSE, COMME QUELQUES-UNS L'ESTIMENT, MAIS IL EST PATIENT ENVERS NOUS, NE VOULANT POINT QU'AUCUN PERISSE, MAIS VOULANT LES RECEVOIR TOUS A REPENTANCE. Il amène une autre raison pour réprimer la trop soudaine et importune hâte des hommes, à savoir que le Seigneur diffère son avènement, afin de convier tout le genre humain à la repentance. Car les esprits nous frétillent toujours, et bien souvent ce doute nous revient en l'entendement : « Pourquoi ne vient-il pas plus tôt ? » Mais quand nous entendons que c'est pour notre profit que le Seigneur tarde, et que c'est parce qu'il a soin de nous, il ne faut plus que nous nous plaignions du délai et ou retard. Car est appelé tardif celui qui laisse écouler l'occasion par paresse. Il n'y a rien de semblable en Dieu, qui retarde fort bien les temps et les saisons pour notre salut. Et de fait, il faut estimer qu'il en prend de la durée du monde, comme de la vie de chaque homme. Car Dieu, prolongeant le temps à celui-ci et à celui-là, en endure et supporte jusqu'à ce qu'il s'amende ; semblablement il diffère la fin du monde, afin qu'il donne à tous loisir de se repentir. Cette admonition est fort utile, afin que nous apprenions à prendre le temps à notre profit, sachant qu'autrement nous recevrons punition de notre paresse et de notre nonchalance.

NE VOULANT POINT QU'AUCUN PERISSE. Voilà un amour de Dieu admirable envers le genre humain, de vouloir que tous soient sauvés, et d'être prêt à recueillir à salut des gens qui d'eux-mêmes s'en allaient périr. Or il faut noter cet ordre, que Dieu est prêt à recevoir tous les hommes à repentance, afin que nul ne périsse. Car le moyen d'obtenir le salut nous est montré par ces paroles. Ainsi, que chacun de nous qui aspire au salut apprenne à tenir ce chemin !

Mais on pourrait faire ici une question : « Si Dieu ne veut pas qu'aucun périsse, pourquoi y en a-t-il tant qui périssent ? » Je réponds qu'il n'est point ici parlé du conseil secret de Dieu, par lequel les réprouvés sont destinés à leur ruine, mais seulement de sa volonté qui nous est manifestée en l'Evangile. Car en celui-ci Dieu tend la main indifféremment à tous, mais il ne prend pas la main pour amener à lui sinon de ceux qu'il a élus avant la fondation du monde. Au reste, le mot grec pourrait encore recevoir une autre explication, à savoir que Dieu veut que tous viennent ensemble à la repentance, eux qui étaient auparavant épars et égarés.

10. MAIS LE JOUR DU SEIGNEUR VIENDRA COMME UN LARRON EN LA NUIT, AUQUEL LES CIEUX PASSERONT COMME BRUIT DE TEMPETE, ET LES ELEMENTS SERONT DISSOUS PAR CHALEUR, ET LA TERRE ET TOUTES LES ŒUVRES QUI SONT EN ELLE BRULERONT ENTIEREMENT. Ceci est ajouté afin que les fidèles soient toujours au guet, et qu'ils ne se promettent point de lendemain. Car nous avons presque tous deux vices bien différents : à savoir, d'une part, trop grande hâte, et de l'autre, trop grande paresse. Car nous sommes transportés d'impatience à

[1] Ou, *œuvres de piété.*
[2] Es. *65* : 17 et *66* : 22.

attendre dès maintenant le jour de Christ, et cependant par notre nonchalance et notre assurance charnelle nous le remettons à bien loin. Ainsi, comme auparavant, l'Apôtre a corrigé le désir bouillant et importun, de même maintenant il veut nous faire oublier toute nonchalance et stupidité, afin que nous soyons attentifs à toutes heures à attendre Christ, de peur de nous dissiper et de devenir paresseux, comme il advient souvent. Car d'où vient que notre chair se lâche la bride, sinon parce qu'il ne nous souvient pas de penser à la venue de Christ qui est prochaine ? Ce qui s'ensuit après du « brûlement du ciel et de la terre », n'a pas besoin de longue explication, moyennant que nous considérions de bien près l'intention de l'Apôtre. Car il n'a point ici voulu subtilement tirer de là une exhortation, qu'il ajoute après, à savoir que nous nous efforcions de profiter et de croître de plus en plus en nouveauté de vie. Car il argumente ainsi que le ciel et la terre seront purifiés par le feu, afin qu'il y ait quelque correspondance avec le règne de Christ, et que partant le renouvellement est beaucoup plus nécessaire chez les hommes.

Ainsi ceux qui se travaillent ici beaucoup en des spéculations subtiles sont de mauvais interprètes, vu que S. Pierre rapporte toute cette doctrine à de saintes exhortations. Le ciel, dit-il, et la terre, passeront à cause de nous. Est-il donc convenable que nous demeurions plongés en la terre ? Ne vaut-il pas mieux que nous méditions une vie sainte et chrétienne ? La corruption du ciel et de la terre sera purifiée par le feu, bien que ce soient de pures créatures de Dieu : que devons-nous donc faire, nous qui sommes remplis de tant de souillures ?

Quand il dit *piétés*, il prend le nombre pluriel pour le singulier, sinon qu'il ait voulu signifier par ce mot les exercices de piété. Quant aux éléments du monde, je dirai seulement ceci, qu'ils seront en vérité consumés, mais que ce sera seulement afin qu'ils prennent une nouvelle qualité, car la substance demeurera toujours, comme on peut le déduire du chapitre *8* des Romains, v. 20, et d'autres passages.

12. EN ATTENDANT ET VOUS HATANT A LA VENUE DU JOUR DE DIEU, PAR LEQUEL LES CIEUX ETANT ENFLAMMES SERONT DISSOUS, ET LES ELEMENTS SE FONDRONT DE CHALEUR. Il m'a semblé bon de le tourner ainsi, bien qu'il y ait proprement « attendant et vous hâtant ». Car des deux enseignements qu'il a proposés chacun à part, maintenant il en fait un recueil en une proposition, à savoir, que nous devons nous tenir tranquilles en nous hâtant. Et cette apparence de contradiction a une grande grâce, de même que le proverbe ancien des latins : « Hâte-toi tout bellement ». Quand il dit, *attendant*, cela se rapporte à la patience qui procède d'espérance, et il propose hâte à paresse et stupidité, l'un et l'autre fort bien à propos. Car ainsi que le silence et le repos conviennent à l'espérance, aussi faut-il nous donner garde de tomber en une assurance de la chair. C'est pourquoi il faut soigneusement nous employer aux bonnes œuvres, et poursuivre avec hâte la course de notre vocation. Ce qu'il avait auparavant nommé le jour de Christ (comme aussi l'Ecriture l'appelle communément) il l'appelle maintenant *le jour de Dieu*, et à bon droit. Car alors Jésus-Christ se lèvera pour rendre le royaume à son Père, afin que Dieu soit tout en tous, comme dit S. Paul (I Cor. *15* : 24 et 28).

14. *Parquoy bien-aimez, en attendant ces choses, mettez peine que soyez trouvez de luy sans tache et sans reproche, en paix,*
15. *Et tenez pour salut la longue attente de nostre Seigneur : comme aussi nostre bien aimé frère Paul vous a escrit, selon la sapience qui luy a esté donnée.*

16. *Comme celuy qui en toutes ses Epistres parle de ces points : entre lesquels il y a quelques choses difficiles à entendre, que les ignorans et mal asseurez tordent, comme aussi les autres Escritures, à leur propre destruction.*
17. *Vous donc, bien-aimez, puis que vous en estes desjà advertis, gardez qu'estans emportez avec les autres par la séduction des abominables, vous ne déchéez de votre fermeté.*
18. *Ains croissez en grâce et cognoissance de notre Seigneur et Sauveur Jésus-Christ. A luy soit gloire maintenant et jusques au jour d'éternité, Amen.*

14. C'EST POURQUOI, BIEN-AIMES, EN ATTENDANT CES CHOSES, METTEZ PEINE QUE SOYEZ TROUVES DE LUI SANS TACHE ET SANS REPROCHE, EN PAIX. Il conduit bien son argument, de l'espérance à l'effet, ou au désir de bien et saintement vivre. Car l'espérance est vive et pleine d'efficacité, et il ne se peut donc faire qu'elle ne nous ravisse à elle. Ainsi donc, celui qui attend les cieux nouveaux, commencera la nouveauté par soi-même, et aspirera à cela de toute son affection ; au contraire, quant à ceux qui s'arrêtent en leurs souillures, il est certain qu'ils n'ont nulle pensée du royaume de Dieu, et n'ont leur attente qu'en ce monde corruptible.

Au reste, notons qu'il dit qu'il faut que Christ nous trouve *sans hâte et sans reproche.* Car il signifie par là que, pendant que les autres ont leurs yeux occupés et attentifs au monde, il faut que nous ayons les nôtres fichés sur le Seigneur. Et il montre en même temps quelle est la vraie intégrité, à savoir celle qui est approuvée par le jugement de Dieu, et non point celle qui a louange devant les hommes. Quant au nom de paix, il me semble qu'il est pris pour le repos et la tranquillité de conscience, qui sont fondés en espoir et patience. Car le fait que si peu de gens soumettent leurs esprits au jugement de Christ, cela vient de ce qu'étant transportés par leur concupiscence importune, ils sont pleins de troubles et d'inquiétude en eux-mêmes. Cette paix est donc un repos et le silence d'une âme tranquille, qui se repose en la parole de Dieu.

On pourrait demander comment il peut se faire que Christ trouve quelqu'un *sans reproche*, vu qu'il n'y a personne de nous qui ne soit entaché de plusieurs vices. Mais la réponse est que S. Pierre montre ici seulement le but, auquel doivent tendre les fidèles, bien qu'ils n'y parviennent point, jusqu'à ce qu'étant dépouillés de leur chair, ils adhèrent pleinement à Christ.

15. ET TENEZ POUR SALUT LA LONGUE ATTENTE DE NOTRE SEIGNEUR, COMME AUSSI NOTRE BIEN-AIME FRERE PAUL VOUS A ECRIT, SELON LA SAGESSE QUI LUI A ETE DONNEE. Il prend cela pour une chose tout arrêtée, que la raison pour laquelle Christ diffère le jour de son avènement, c'est parce qu'il a égard à notre salut. Il prend donc occasion d'encourager les fidèles, sur ce qu'ils ont un signe de leur salut dans le délai de ce jour-là. Ainsi, au lieu que cela a accoutumé d'ennuyer les autres, et de leur faire perdre courage, bien prudemment il le retourne tout au contraire.

COMME AUSSI NOTRE BIEN-AIME FRERE PAUL. On peut facilement déduire tant de l'épître aux Galates, que de beaucoup d'autres passages, qu'un tas de garnements qui trottaient çà et là pour troubler les Eglises et pour faire qu'on n'ajoutât point foi à S. Paul, ont abusé de cette apparence, qu'il ne s'accordait pas bien avec les autres Apôtres. Il est donc bien à croire que S. Pierre a fait mention de S. Paul, pour rendre témoignage qu'ils étaient tous deux d'un même accord. Car il était plus que nécessaire de couper court à une telle calomnie. Et toutefois quand je regarde le tout de plus près, il me semble plus vraisemblable que cette épître a été composée par un autre que S. Pierre, par son consentement, car S. Pierre n'eût jamais parlé ainsi. Mais il me suffit d'avoir un témoin, tant à sa doctrine que de sa volonté, qui ne produit rien qui soit contraire à ce que S. Pierre lui-même eût dit.

16. COMME CELUI QUI EN TOUTES SES EPITRES PARLE DE CES POINTS, ENTRE LESQUELS IL Y A QUELQUES CHOSES DIFFICILES A ENTENDRE, QUE LES IGNORANTS ET MAL ASSURES TORDENT, COMME AUSSI LES AUTRES ECRITURES, A LEUR PROPRE DESTRUCTION. Ce mot *lesquels* ne se rapporte pas aux épîtres, et le mot grec le montre. Le sens est, qu'il y a quelquefois de l'obscurité et de la difficulté dans les points dont S. Paul fait mention. Les ignorants prennent occasion de cette difficulté pour errer à leur destruction. Par là nous sommes avertis qu'il faut philosopher sobrement en ces choses si hautes et si obscures. Bien plus, nous sommes mis en garde contre cette sorte de scandale, afin que les folles et absurdes spéculations de certains ne nous troublent pas, par lesquelles ils entortillent et emmêlent la simple doctrine, qui devait servir à l'édification. Or notons que la lecture des épîtres de S. Paul ne nous est pas défendue, bien qu'elles contiennent des choses hautes et difficiles à entendre, mais plutôt nous est recommandée, moyennant que nous y apportions un esprit paisible et docile. Car S. Pierre condamne les hommes inconstants et volages, qui tordent au rebours pour leur ruine les choses qui sont utiles à tous. Et même il dit que cela se fait généralement en toute l'Ecriture. Toutefois il ne conclut pas de là qu'il faille cesser de la lire, mais il enseigne seulement qu'il faut corriger les vices qui empêchent de profiter, et qui même font que ce que Dieu avait destiné à notre salut nous est fait mortel et pernicieux.

Toutefois on pourrait demander d'où vient cette obscurité, car l'Ecriture nous éclaire comme une lampe, et redresse sûrement nos pas. Je réponds qu'il ne faut pas s'ébahir si S. Pierre attribue de l'obscurité aux mystères du royaume de Christ, et principalement si nous considérons combien ils sont cachés aux sens de la chair ; toutefois la façon d'enseigner que Dieu emploie est tellement tempérée, que quiconque veut suivre le Saint-Esprit pour guide du chemin, trouvera en elle une lumière fort claire. Cependant plusieurs sont aveugles, qui achoppent en plein midi ; les autres sont orgueilleux, qui, errant par des détours égarés et gravissant par des lieux inaccessibles, c'est-à-dire voulant sonder profondément les secrets de Dieu, se précipitent de haut en bas.

17. VOUS DONC, BIEN-AIMES, PUISQUE VOUS EN ETES DEJA AVERTIS, PRENEZ GARDE QU'ETANT EMPORTES AVEC LES AUTRES PAR LA SEDUCTION DES ABOMINABLES, VOUS NE VENIEZ A DECHOIR DE VOTRE FERMETE. Après qu'il a montré aux fidèles les dangers dont ils devaient se garder, maintenant il conclut qu'ils se tiennent bien sur leurs gardes, après avoir été avertis. Mais il montre qu'ils ont besoin de veiller, afin qu'ils ne soient point surpris. Et de fait, l'astuce de notre ennemi, et tant de diverses embûches dont il nous assaille, d'autre part les tromperies et les ruses des méchants contempteurs ne permettent pas que nous soyons nonchalants et assurés.

C'est pourquoi il nous fait faire le guet afin que nous ne soyons pas surpris par les fraudes de Satan et des iniques. Toutefois il semble qu'il met notre salut en lieu mal assuré, en sorte que la certitude de celui-ci dépende seulement d'un fil, quand il conseille aux fidèles de prendre garde de ne point déchoir de leur fermeté. Or que sera-ce de nous si nous sommes en danger de tomber ? Je réponds que cette exhortation et les autres semblables ne tendent nullement à nous ôter l'assurance de la foi qui s'appuie sur Dieu, mais elles sont pour corriger la paresse de notre chair. De cette matière on pourra trouver plus long propos au chapitre *10* de la première aux Corinthiens. En résumé, tandis que nous sommes environnés de notre chair, il faut piquer et inciter notre lenteur ; et c'est un bon moyen pour ce faire quand, d'un côté notre faiblesse, et de l'autre, la diversité des dangers qui nous environnent, nous sont mis devant les yeux ; au reste, la confiance qui s'appuie sur les promesses de Dieu n'est nullement diminuée par là.

18. MAIS CROISSEZ EN GRACE ET CONNAISSANCE DE NOTRE SEIGNEUR ET SAUVEUR JESUS-CHRIST ! A LUI SOIT GLOIRE MAINTENANT ET JUSQU'AU JOUR D'ETERNITE, AMEN ! Il exhorte aussi les fidèles à progresser, parce que le seul moyen de persévérer est que nous cheminions toujours en avant, et que notre paresse ne nous arrête point au milieu du chemin, comme s'il disait que ceux qui tâchent de croître de jour en jour seront assurés. Je prends le mot *grâce* pour les dons spirituels que nous obtenons par Christ ; mais, parce que nous ne sommes participants des biens de Christ que selon le mesure de notre foi, *la connaissance* est ajoutée à la grâce ; comme s'il eût dit que, selon que la foi croîtra, il y aura aussi accroissement de la grâce.

A LUI SOIT LA GLOIRE ! Voilà un singulier témoignage pour prouver la divinité de Christ ! Car cela ne convient sinon à Dieu seul. Il dit : *maintenant*, afin que nous ne fraudions point Christ de sa gloire tandis que nous serons en ce monde. Il ajoute aussitôt après : *jusqu'au jour d'éternité*, afin que dès maintenant nous concevions en nos esprits le royaume éternel de Christ, qui nous manifestera pleinement sa gloire.

LA PREMIÈRE ÉPÎTRE DE JEAN

TEXTE ÉTABLI PAR ROGER BARILIER ET JEAN DE WATTEVILLE,
PASTEURS DE L'ÉGLISE ÉVANGÉLIQUE RÉFORMÉE DU CANTON DE VAUD

COMMENTAIRE DE M. JEAN CALVIN

SUR

LA PREMIÈRE ÉPÎTRE DE JEAN

ARGUMENT

Cette épître est vraiment digne de l'esprit de ce disciple, qui pour cette raison a été aimé de Christ plus que les autres, afin qu'il nous rendît Christ familier. Au reste, elle contient une doctrine mêlée d'exhortations. Car il traite des bénédictions de Christ, et surtout il loue, exalte et magnifie la grâce inestimable que Dieu montre envers nous en nous adoptant. De-là, il prend occasion d'exhorter. Parfois il exhorte en général à vivre purement et saintement, et parfois il aborde spécialement ce qui appartient à la charité. Mais en tout cela il ne suit point un ordre continu. Car il mêle par ci, par là, et entrelace en diverses sortes la doctrine et les exhortations. Et surtout il s'arrête fort à recommander la dilection fraternelle. Il touche aussi en bref quelques autres points, comme de prendre garde aux trompeurs, et autres choses semblables. Mais on pourra noter et observer chacune en son lieu[1].

[1] A noter : Calvin n'a pas commenté II et III Jean. N.D.L.R.

COMMENTAIRE SUR LA PREMIÈRE ÉPÎTRE DE S. JEAN

CHAPITRE PREMIER

1. *Ce qui estoit dés le commencement, ce que nous avons ouy, ce que nous avons veu de nos yeux, ce que nous avons contemplé, et nos mains ont touché, de la Parole de vie :*
2. *Et la vie est manifestée, et l'avons veuë, et nous aussi le tesmoignons, et vous annonçons la vie éternelle, laquelle estoit avec le Père, et nous est apparue*[1].

Au commencement, il déclare que la vie nous a été manifestée en Christ, ce qui, étant un bien inestimable, doit aussi ravir et enflammer tous vos sens à le désirer et à l'aimer ardemment. Il est vrai qu'il est dit en peu de paroles et simplement que la vie est manifestée ; mais si nous considérons combien misérable et horrible est la condition de la mort, d'autre part combien vaut le royaume de Dieu et sa gloire immortelle, nous sentirons ici une chose plus excellente et magnifique que les paroles ne peuvent l'exprimer. Ainsi donc, l'intention du saint Apôtre est d'élever nos entendements en haut, en nous proposant un si grand bien, ou pour mieux dire, la souveraine et unique béatitude que Dieu nous a conférée en son Fils.

Mais parce que la grandeur de la chose requérait que la vérité en fût certaine et bien approuvée, il s'arrête longuement sur ce point. Car toutes ces façons de parler, *ce que nous avons vu, ce que nous avons ouï, ce que nous avons contemplé,* etc., tendent à établir l'autorité et la ferme vérité de l'Evangile. Et ce n'est point sans cause qu'il s'emploie si fort à affirmer cela. Car vu que notre salut consiste en l'Evangile, la certitude de celui-ci est une chose plus que nécessaire. Or il n'y a personne de nous qui ne connaisse par sa propre expérience, et plus qu'il n'en serait besoin, combien nous sommes lents à croire. J'appelle « croire », non point avoir une légère opinion, ou approuver par consentement ce qu'on dit, mais embrasser d'une ferme et certaine persuasion, en sorte que nous ne fassions point de difficulté d'y souscrire et reconnaissions certainement que c'est la vérité infaillible. Voilà pourquoi S. Jean amasse ici tant de choses ensemble pour la confirmation de l'Evangile.

1. CE QUI ETAIT DES LE COMMENCEMENT, CE QUE NOUS AVONS OUI, CE QUE NOUS AVONS VU DE NOS YEUX, CE QUE NOUS AVONS CONTEMPLE, ET NOS MAINS ONT TOUCHE DE LA PAROLE DE VIE. Parce que c'est un propos rompu et emmêlé, afin que le sens soit plus clair et facile il nous faut ainsi transcrire les mots : « La Parole de vie qui était dès le commencement et qui nous

[1] Ou, *car la vie est manifestée,* etc., *avec le Père, et nous est apparue.*

a été vraiment attestée de toutes manières, nous vous l'annonçons, vous montrant comment en elle la vie a été manifestée. » Ou si nous aimons mieux ainsi : « Tout ce que nous vous annonçons de la Parole de vie était dès le commencement, et nous a été ouvertement montré, d'autant que la vie a été manifestée en elle. » Au reste, ces mots : *Ce qui était dès le commencement* se rapportent sans doute à la divinité de Christ. Car Dieu n'était point au commencement manifesté en chair, mais celui qui a été toujours la Vie et la Parole éternelle de Dieu a été manifesté homme à la plénitude des temps. En revanche, ce qui s'ensuit : « D'avoir contemplé et touché des mains », appartient plutôt à la nature humaine. Toutefois, parce que les deux natures sont une même personne, et que c'est un même Christ qui est procédé du Père afin qu'il vêtit notre chair, à bon droit le saint Apôtre dit ces deux choses ensemble : que le même a été de tout temps invisible, et que depuis il a été vu. En quoi est réfutée la sotte et vilaine invention de Servet, qui dit que la nature et l'essence de la divinité sont une même chose que la chair, et va jusqu'à prétendre que la Parole a été transformée en chair, puisque cette Parole vivifiante a été vue dans la chair. Qu'il nous souvienne donc qu'ici est confirmée cette doctrine de l'Evangile : que celui qui dans la chair s'est vraiment montré le Fils de Dieu, et a été reconnu pour le Fils de Dieu, celui-là même a toujours été la Parole invisible de Dieu. Car il ne parle point ici du commencement du monde, mais il remonte plus haut.

CE QUE NOUS AVONS OUI, CE QUE NOUS AVONS VU. Il ne parle point ici d'une façon d'ouïr qui soit fondée sur un bruit, et à laquelle on a accoutumé d'ajouter bien peu de foi, mais il entend que les choses qu'il a enseignées, il en a été auparavant bien instruit et suffisamment informé par le maître, en sorte qu'il n'a rien mis en avant à la volée. Et à la vérité, ne pensons pas que personne puisse être bon docteur en l'Eglise, que premièrement il n'ait été disciple et écolier du Fils de Dieu et bien instruit en son école, vu que son autorité seule doit avoir lieu. Quant à ce qu'il dit : qu'il a *vu des yeux*, ce n'est point une superfluité de langage, mais c'est une plus grande expression pour amplifier davantage ce qu'il veut dire. Et qui plus est, non content du simple regard, il ajoute : *Nous avons contemplé, et nos mains ont touché.* Par ces paroles il témoigne qu'il n'a rien enseigné de quoi il n'ait eu certaine et suffisante connaissance.

Toutefois il semble que l'approbation des sens ne sert pas beaucoup en la présente matière. Car la vertu de Christ n'a pu être comprise ni des yeux ni des mains. Je réponds qu'il dit ici la même chose qu'au chapitre *1* de son Evangile : *Nous avons vu sa gloire, comme une gloire convenable à celui qui est Fils unique de Dieu.* Car il n'a point été reconnu Fils de Dieu par la figure extérieure du corps, mais parce qu'il a montré des marques et témoignages magnifiques de sa puissance divine, en sorte qu'on a vu reluire en lui la majesté du Père comme en sa propre et vivante image. Parce qu'il parle au pluriel, et que le propos convient également à tous les Apôtres, je suis content de l'entendre d'eux tous, et principalement vu qu'il est question de l'autorité du témoignage. Au reste (comme j'ai déjà dit) la malice de Servet est non seulement vilaine, mais aussi sotte et frivole, quand il s'arme de ces mots pour prouver que la Parole de Dieu a été toujours visible et maniable. Car ou il abolit méchamment, ou il confond les deux natures en Christ. Il force donc je ne sais quel monstre, en déifiant tellement l'humanité de Christ qu'il lui ôte toute la vérité de la nature humaine, mais en niant cependant que Christ soit Fils de Dieu pour une autre raison que d'avoir été conçu de sa mère par la vertu du Saint-Esprit, et en lui ôtant une existence propre en Dieu. D'où il s'ensuit qu'il n'est ni Dieu ni homme, bien qu'il semble que ce malheureux forge une je ne sais quelle masse mêlée et brouillée de tous les deux.

Mais puisque nous connaissons avec certitude quelle est l'intention de S. Jean, laissons-là ce chien mâtin !

DE LA PAROLE DE VIE. C'est-à-dire : la Parole vivifiante. Car comme il dit au chapitre *1* de son Evangile : « La vie était en lui ». Bien que ce titre appartienne au Fils de Dieu pour deux raisons : et parce qu'il a répandu la vie dans toutes les créatures, et parce qu'il nous rend maintenant la vie qui avait été éteinte et perdue par le péché d'Adam. Aussi ce mot « Parole » peut être compris de deux façons : soit qu'on l'applique à Christ, ou à la doctrine de l'Evangile. Car par cette doctrine aussi le salut nous est apporté. Toutefois, parce que Christ est la substance de celle-ci, et qu'elle ne contient autre chose sinon que celui qui avait toujours été avec le Père a été finalement manifesté aux hommes, il me semble que la première façon de comprendre est plus simple et plus proche du sens. Or que la sagesse résidant en Dieu soit appelée Parole, la chose apparaît plus clairement dans l'Evangile selon S. Jean.

2. ET LA VIE EST MANIFESTEE, ET L'AVONS VUE, ET NOUS AUSSI LE TEMOIGNONS, ET VOUS ANNONÇONS LA VIE ETERNELLE, LAQUELLE ETAIT AVEC LE PERE, ET NOUS EST APPARUE. Ce mot *et*, est mis pour explication, comme s'il disait : « Nous rendons témoignage de la Parole vivifiante, comment la vie été manifestée. » Encore qu'on puisse entendre ceci en deux sens : ou que Christ, qui est la vie, et la fontaine de vie, a été manifesté, ou que la vie nous a été ouvertement offerte en Christ. Il est vrai que le dernier s'ensuit nécessairement du premier ; toutefois quant à la signification des mots, il y a différence entre ces deux choses, comme entre la cause et l'effet.

En ce qu'il répète pour la seconde fois : *Nous vous annonçons la vie éternelle*, je ne doute point qu'il ne parle de l'effet, à savoir qu'il annonce que la vie nous a été acquise par le moyen de Christ. D'où nous recueillons que Jésus-Christ ne nous peut être annoncé, sans qu'en même temps le royaume céleste ne nous soit ouvert afin qu'étant ressuscités de mort, nous vivions de la vie de Dieu.

LAQUELLE ETAIT AVEC LE PERE. Cela est vrai non seulement depuis que le monde a été créé, mais aussi de toute éternité. Car Dieu a toujours été la source de vie, et la vertu et puissance de vivifier a été en sa sagesse éternelle, mais elle ne la manifestait point par effet avant la création du monde. Or depuis que Dieu a commencé à mettre en évidence sa Parole, cette vertu qui auparavant était cachée, s'est étendue aux créatures. Déjà cela était quelque manifestation, mais S. Jean regarde ailleurs, à savoir que la vie a été finalement manifestée en Christ, lorsque celui-ci vêtu de notre chair, a fait office de rédempteur. Car bien que les Pères mêmes qui étaient sous la loi, aient été participants de cette même vie, néanmoins nous savons qu'ils ont été enclos sous l'espérance qui devait être révélée. Il leur était nécessaire de chercher la vie en la mort et résurrection de Christ. Or ces choses étaient alors non seulement éloignées de leur vue, mais aussi cachées à leurs entendements. Ils dépendaient donc de l'espérance de la révélation, laquelle finalement s'en est ensuivie quand il a été temps. Il est bien vrai qu'ils ne pouvaient pas obtenir la vie, qu'elle ne leur fût manifestée en quelque sorte, mais il y a une grande différence entre eux et nous. Car celui qu'ils cherchaient en figures, quand il leur était obscurément promis, maintenant qu'il est manifesté, nous le tenons comme entre nos mains. Au reste, l'intention de S. Jean est d'ôter toute opinion de nouveauté, qui pouvait diminuer l'autorité de l'Evangile. Pour cette raison, il dit que la vie n'a point commencé de cette heure, quoiqu'il n'y ait pas longtemps qu'elle soit apparue, parce qu'elle a été perpétuellement avec le Père.

3. *Ce,* di-je, *que nous avons veu et ouy, nous le vous annonçons : afin que vous ayez communion avec nous, et que nostre communion soit avec le Père et son Fils Jésus-Christ.*
4. *Et vous escrivons ces choses, afin que vostre joye soit complète.*
5. *Or voyci la promesse*[1] *que nous avons ouye de luy, et que nous vous rapportons, c'est* asçavoir *que Dieu est lumière, et n'y a nulles ténèbres en luy.*
6. *Si nous disons que nous avons communion avec luy, et nous cheminons en ténèbres, nous mentons, et ne faisons point vérité.*
7. *Mais si nous cheminons en lumière, comme luy est en lumière, nous avons communion l'un avec l'autre : et le sang de son Fils Jésus-Christ nous nettoye de tout péché.*

3. CE, DIS-JE, QUE NOUS AVONS VU ET OUI, NOUS VOUS L'ANNONÇONS, AFIN QUE VOUS AYEZ COMMUNION AVEC NOUS, ET QUE NOTRE COMMUNION SOIT AVEC LE PERE ET SON FILS JESUS-CHRIST. Il répète pour la troisième fois, qu'il a vu et entendu, afin de n'omettre rien qui puisse servir à une pleine certitude de la doctrine. Et ceci est bien digne d'être diligemment noté, que Christ a choisi des annonciateurs de son Evangile, qui puissent être fidèles témoins de toutes les choses qu'ils devaient annoncer. Il rend aussi en même temps témoignage de l'affection de son cœur, car il dit qu'il n'y a autre raison qui l'ait ému à écrire, sinon d'inviter ceux auxquels il écrit à la communion de ce bien si estimable. Cela montre quel soin il a de leur salut, ce qui sert grandement pour autoriser sa doctrine. Car nous sommes par trop ingrats si nous refusons d'ouïr celui qui désire nous faire participants de la félicité qu'il a obtenue.

Il déclare ensuite le fruit qu'on reçoit de l'Evangile, à savoir que par lui nous sommes conjoints avec Dieu, et avec son Fils Jésus-Christ, en quoi consiste le bien souverain. Il a fallu que ce second membre fut ajouté, non seulement afin qu'il montrât l'excellence de la doctrine de l'Evangile, et combien elle est digne d'être aimée, mais aussi afin qu'il donnât à entendre que le but pour lequel il désire qu'ils soient associés avec lui, est de les amener à Dieu, et que par ce moyen tous soient un en lui. Car les méchants même ont conjonction mutuelle entre eux, mais elle est hors de Dieu ; et qui pis est, ils sont conjoints afin que d'autant plus ils s'éloignent de Dieu, ce qui est le comble de tous les maux. Mais quant à nous, notre seule béatitude est (comme il a été dit) que Dieu nous reçoive en grâce, afin que nous lui soyons vraiment unis en Christ, ce dont il est traité au chapitre *17* de l'Evangile selon S. Jean. Bref, S. Jean veut dire que comme Christ a adopté les Apôtres pour frères, afin qu'étant assemblés en un même corps, ils soient aussi conjoints avec Dieu, de même lui aussi avec ses autres compagnons s'emploient de tout leur pouvoir, et travaillent afin que plusieurs soient faits participants de cette union sacrée et heureuse.

4. ET VOUS ECRIVONS CES CHOSES, AFIN QUE VOTRE JOIE SOIT COMPLETE. Par ce mot de *joie complète*, il exprime mieux l'entière et parfaite béatitude, que nous obtenons par l'Evangile. Il montre ainsi aux fidèles où ils doivent avoir toutes leurs affections fichées. Ce proverbe est véritable, que là où est notre trésor, là aussi est notre cœur (Matth. *6* : 21). Quiconque donc connaît et sent au vrai ce que vaut cette société ou communion avec Dieu, trouve suffisant contentement en elle, et ne brûle plus de divers désirs. « Le Seigneur, dit David, est mon héritage et ma portion, mon enclos m'est échu en lieux plaisants » (Ps. *16* :

[1] Ou, *l'annonciation.*

5). En cette sorte S. Paul dit qu'il estime toutes choses comme ordure et fiente, afin qu'il possède Christ seul (Phil. *3* : 8). Ainsi nous pouvons bien dire que celui-ci a vraiment profité de l'Evangile, qui, s'estimant bienheureux pour la communion qu'il a avec Dieu, se repose en elle seule, et la préfère tellement à tout le monde, qu'il est prêt d'abandonner toutes choses pour l'amour d'elle.

5. OR VOICI LA PROMESSE QUE NOUS AVONS OUIE DE LUI ET QUE NOUS VOUS RAPPORTONS, C'EST A SAVOIR QUE DIEU EST LUMIERE, ET N'Y A NULLES TENEBRES EN LUI. J'aime autant ce que le traducteur latin ancien a mis, à savoir : « Voici l'annonciation ! » Car bien que le mot grec signifie le plus souvent « promesse », toutefois parce que S. Jean parle ici généralement du témoignage dont il avait naguère fait mention, le texte semble requérir que nous recevions plutôt l'autre sens, à moins que d'aventure on ne le veuille ainsi résoudre : « La promesse que nous vous apportons tire ceci avec soi », ou bien « a cette condition annexée avec soi ». En cette sorte, nous aurons l'intention de l'Apôtre. Car il ne veut pas ici embrasser toute la doctrine de l'Evangile, mais il montre que si nous voulons jouir de Christ et de ses biens, il est requis que nous soyons conformes à Dieu en justice et sainteté, comme dit aussi S. Paul (Tite *2* : 11) : « La grâce de Dieu salutaire à tous les hommes est apparue, afin que renonçant à toute impiété et désirs mondains, nous vivions sobrement, justement et saintement en ce monde. » A moins qu'il ne parle ici par métaphore et similitude, quand il dit qu'il faut cheminer en lumière, parce que *Dieu est lumière*.

Au reste, qu'il appelle parfois Dieu « lumière », et d'autres fois il dit qu'il est « en la lumière », il ne se faut pas trop arrêter aux mots pour les prendre à la lettre, ainsi qu'on dit. Il est assez notoire pourquoi Satan est appelé « Prince des ténèbres ». Pour cette cause, quand Dieu au contraire est appelé « Père de lumière », et « la Lumière », il faut premièrement entendre qu'il n'y a rien en lui qui ne soit clair, pur et net, secondement qu'il illumine tellement toutes choses par sa lueur, qu'il ne souffre point qu'il y ait rien de vicieux ou tordu, ni aucunes macules ou ordures, ni hypocrisie ou fraude, qui demeurent cachées. Voici donc ce qu'il veut dire en somme : Vu qu'il n'y a nulle convenance entre la lumière et les ténèbres, nous avons dissension avec Dieu lorsque nous cheminons dans les ténèbres ; la communion ou société dont il a fait mention ne peut subsister, sinon que nous aussi soyons purs et clairs.

ET N'Y A NULLES TENEBRES EN LUI. S. Jean a l'habitude de souvent user de cette façon de parler : quand il a affirmé une chose, il l'amplifie par une négation contraire. Le sens donc est le suivant : que Dieu est une telle lumière qu'il ne peut admettre aucunes ténèbres ; d'où il s'ensuit qu'il hait la mauvaise conscience, les mœurs polluées et corrompues, et tout ce qui sent les ténèbres.

6. SI NOUS DISONS QUE NOUS AVONS COMMUNION AVEC LUI, ET NOUS CHEMINONS EN TENEBRES, NOUS MENTONS, ET NE FAISONS POINT VERITE. C'est un argument pris des choses contraires, quand il infère que ceux qui cheminent dans les ténèbres, sont éloignés de Dieu. Néanmoins toute cette doctrine dépend d'un plus haut principe, à savoir que Dieu sanctifie les siens. Car ce n'est point un commandement nu, par lequel il requiert de nous une sainte vie, mais plutôt il montre que la grâce de Christ sert aussi à cela, de chasser les ténèbres, et allumer la lumière de Dieu en nous. Comme s'il disait : le fait que Dieu se communique à nous n'est point une imagination en l'air, ni une chose vaine, mais il faut nécessairement que la vertu et efficace de cette communion et société reluise en notre vie ; autrement la profession que nous ferons de l'Evangile sera fausse. Ce qu'il ajoute : *et ne faisons point vérité*, équivaut à dire : « Nous ne besognons point en vérité », ou : « Nous ne suivons point ce qui est vrai et droit. » Or c'est cette façon de parler qui est coutumière à S. Jean, comme j'ai dit ci-dessus.

7. MAIS SI NOUS CHEMINONS EN LUMIERE, COMME LUI EST EN LUMIERE, NOUS AVONS COMMUNION L'UN AVEC L'AUTRE, ET LE SANG DE SON FILS JESUS-CHRIST NOUS NETTOIE DE TOUT PECHE. Il dit maintenant que c'est un signe certain que nous sommes conjoints avec Dieu, quand nous lui sommes conformes. Non pas que la pureté de vie soit cause que nous soyons unis avec Dieu, mais S. Jean entend que l'effet montre que nous sommes conjoints avec Dieu, quand sa pureté reluit en nous. Et de fait, la vérité est telle, que là où est Dieu, toutes choses sont tellement remplies de sa sainteté qu'elle efface toutes souillures ; mais si Dieu est absent de nous, il n'y aura plus en nous qu'immondices et ténèbres. Ceci montre que nul ne vit droitement, s'il n'adhère en même temps à Dieu.

Quant à ce qu'il dit, *que nous avons communion mutuelle*, cela ne se rapporte pas simplement aux hommes, mais il nous met d'un côté, et Dieu de l'autre. Or on pourrait ici demander qui est celui d'entre tous les hommes qui puisse tellement représenter la lumière de Dieu en sa vie, qu'il y ait une telle similitude que requiert ici S. Jean ? Car par ce moyen il faudrait qu'un tel homme fût entièrement sans ténèbres. Je réponds que nous devons accommoder telles façons de parler à la capacité des hommes. Dès lors nous pourrons dire que celui-là est semblable à Dieu, qui aspire à lui ressembler, quoiqu'il en soit encore bien loin. Il ne faut point en chercher exemple ailleurs qu'en ce présent passage. Quiconque n'est pas conduit par la crainte de Dieu, et ne regarde pas en pure conscience à ce but de s'étudier à avancer la gloire de Dieu, s'adonnant entièrement à lui, celui-là chemine dans les ténèbres. Au contraire donc, celui qui sert Dieu purement, réglant d'une pure et droite affection de cœur sa vie dans toutes les parties selon la crainte de Dieu et l'obéissance qui lui est due, encore qu'il pèche en beaucoup d'endroits et gémisse sous le fardeau de la chair, celui-là néanmoins est dit cheminer en la lumière, d'autant qu'il suit le droit chemin. Il n'y a donc que la pureté et rondeur de conscience qui discerne entre la lumière et les ténèbres.

ET LE SANG DE SON FILS JESUS-CHRIST NOUS NETTOIE DE TOUT PECHE. Après qu'il a montré quel est le lien de notre union avec Dieu, il déclare aussi le fruit qui en procède, à savoir qu'alors les péchés nous sont gratuitement pardonnés. Or c'est cette béatitude que David décrit au Psaume *32*, afin que nous sachions que nous sommes tant et plus misérables, jusqu'à ce que d'un cœur pur nous servions Dieu étant régénérés par son Saint-Esprit. Car pourrait-on imaginer chose plus misérable que l'homme que Dieu a en haine et abomination ? Et qui a sur sa tête non seulement la colère de Dieu, mais aussi la mort éternelle, prêt d'en être accablé ? Voici un beau passage, par lequel nous apprenons premièrement, qu'alors nous appartient en propre la purification acquise par la mort de Christ, quand nous suivons justice et sainteté d'une droite affection de cœur. Car Christ n'est point rédempteur sinon à ceux qui s'étant retirés de leur iniquité vivent une vie nouvelle. Ainsi donc, si nous voulons que Dieu nous soit propice et nous pardonne nos péchés et offenses, il ne faut point que nous nous pardonnions et flattions nous-mêmes. Bref, la rémission des péchés ne peut être séparée d'avec la repentance, et les consciences où la crainte de Dieu ne règne point ne peuvent avoir paix avec Dieu. Secondement, nous sommes enseignés par ce passage, que le pardon gratuit des péchés ne nous est point seulement donné une fois, mais que c'est un bénéfice qui réside perpétuellement en l'Eglise, et est offert tous les jours aux fidèles (car l'Apôtre parle ici aux fidèles). Comme à la vérité il n'y eut et n'y aura personne qui puisse autrement être agréable à Dieu, vu que tous méritent condamnation et sont coupables devant lui. Car quelque désir ou effort de bien faire qui soit en nous, toutefois nous ne tendons à Dieu qu'en clochant. Or ce qui n'est qu'à demi ne mérite aucune louange. Mais en commettant de nouveaux péchés, nous nous privons de la grâce de Dieu. De ce fait tous les fidèles ont tous les jours besoin de rémission des péchés, parce qu'il n'y a qu'elle seule qui nous entretienne en la maison de Dieu.

Quand il dit *de tout péché*, il signifie que nous sommes coupables devant Dieu en beaucoup de sortes, comme de fait il n'y a personne qui ne soit entaché de beaucoup de vices. Mais il montre qu'il n'y a péchés ni offenses qui empêchent les fidèles et ceux qui craignent Dieu de lui être agréables. Il montre aussi le moyen d'obtenir le pardon, et la cause de la purification, à savoir d'autant que Christ a effacé et lavé nos péchés par son sang. Or il affirme que tous les fidèles sans doute seront participants de cette purification. Les sophistes ont malheureusement corrompu tout ce point de doctrine. Car ils disent par leurs rêveries, que la rémission gratuite des péchés ne nous est donnée qu'au baptême. Ils confessent que le seul sang de Christ fait là tout, mais, depuis que nous sommes baptisés, ils enseignent que nous ne pouvons plus autrement être réconciliés à Dieu que par des satisfactions. Il est bien vrai qu'ils laissent ici quelque part au sang de Christ, mais, quand ils attribuent aux œuvres si peu que ce soit de louange, et l'office de laver les péchés et d'apaiser Dieu, ils renversent complètement ce que dit ici S. Jean. Car ces choses ne s'accorderont jamais ensemble, que nous sommes nettoyés par le sang de Christ, et que nos œuvres sont des moyens de lavage ; car S. Jean n'attribue pas ici une partie seulement au sang de Christ, mais le tout. Voici donc ce qu'il veut dire en somme, c'est que les fidèles s'assurent qu'ils sont agréables à Dieu parce qu'il est apaisé envers eux par le sacrifice de la mort de Christ. Or le sacrifice comprend purification, expiation et satisfaction. Ainsi la vertu et l'effet de toutes ces choses se trouvent et appartiennent au seul sang de Christ. Et par cela est réfutée l'invention diabolique des papistes touchant leurs indulgences et pardons. Car comme si le sang de Christ n'était pas assez suffisant, ils appellent aussi en aide le sang et les mérites des martyrs. Alors même que ce blasphème a une portée plus grande parmi eux. Car puisqu'ils disent que leurs clefs, sous lesquelles ils tiennent la rémission des péchés enclose, sont forgées en partie du sang et mérites des martyrs, en partie des œuvres de surérogation, par lesquelles chaque pécheur se rachète, il ne leur reste aucune rémission des péchés qui ne fasse injure au sang du Christ. Car si leur doctrine a raison, le sang du Fils de Dieu ne nous purifiera pas, mais il sera concurrent avec les autres moyens, pour aider en partie. De cette façon les consciences demeureront en suspens, en lieu que l'Apôtre veut ici qu'elles demeurent fermes en une confiance assurée.

8. *Si nous disons que nous n'avons point de péché, nous-nous séduisons nous-mesmes, et vérité n'est point en nous.*
9. *Si nous confessons nos péchez, il est fidèles et juste pour nous pardonner nos péchez, et nous nettoyer de toute iniquité.*
10. *Si nous disons que nous n'avons point péché, nous le faisons menteur, et sa Parole n'est point en nous.*

8. SI NOUS DISONS QUE NOUS N'AVONS POINT DE PECHE, NOUS NOUS SEDUISONS NOUS-MEMES, ET VERITE N'EST POINT EN NOUS. Maintenant il montre la grande excellence de cette grâce, par la nécessité que nous en avons. Car du fait que nul n'est exempt de péché, il dit que nous sommes tous perdus et hors de tout espoir, à moins que le Seigneur ne nous secoure en nous pardonnant nos péchés. Voilà pourquoi il s'arrête tant sur ce point, que nul n'est innocent, afin que tous comprennent mieux qu'ils ont besoin de miséricorde, par laquelle ils soient délivrés de perdition, et que par ce moyen ils soient d'autant plus incités à chercher d'obtenir ce bien tant nécessaire. Par le mot de *péché*, non seulement est signifiée une inclination perverse et vicieuse, mais la faute qui nous rend vraiment coupables devant Dieu. Au reste, vu que c'est une sentence générale, il s'ensuit que de tous les fidèles qui sont, ont été, ou seront, il n'y en a pas un qui soit exempt de ce rang. S. AUGUSTIN réfute bien à propos la ruse des pélagiens par ce témoignage, et note prudemment que la confession de la faute n'est point requise par humilité, mais afin que nous ne nous trompions en mentant. Quand il ajoute : *Et vérité n'est point en nous*, il confirme selon sa coutume la sentence précédente, en réitérant ce qu'il avait dit. Encore que ce ne soit point une simple réitération, comme ailleurs, car il dit qu'ils se trompent eux-mêmes, parce qu'ils se glorifient à tort.

9. SI NOUS CONFESSONS NOS PECHES, IL EST FIDELE ET JUSTE POUR NOUS PARDONNER NOS PECHES, ET NOUS NETTOYER DE TOUTE INIQUITE. Il promet derechef aux fidèles que Dieu leur sera propice, moyennant qu'ils se reconnaissent pécheurs. Car il est bien besoin que nous soyons certainement persuadés que la réconciliation avec Dieu nous est toute prête et préparée, quand nous avons péché ; autrement, nous portons toujours un enfer enclos en nous. Bien peu de gens considèrent combien c'est une chose misérable et malheureuse que l'incertitude et le trouble de la conscience, mais la vérité est que l'enfer règne où il n'y a point de paix avec Dieu. Et d'autant plus faut-il que nous embrassions de tout notre cœur cette promesse, qui offre pardon certain et assuré à tous ceux qui confessent leurs péchés.

Au surplus, il montre que cette promesse est fondée en la *fidélité et justice de Dieu*, d'autant que Dieu qui l'a promis est véritable et droit. Car ceux qui pensent qu'il est appelé *juste*, parce qu'il nous justifie gratuitement, philosophent trop subtilement, selon mon opinion. Car cette justice de Dieu dont il est parlé ici, dépend de sa fidélité. Or ces deux choses sont annexées à la promesse, car autrement Dieu pourrait être juste, et toutefois user de rigueur de droit envers nous. Mais parce qu'il s'est obligé envers nous par sa Parole, il ne veut point être réputé juste, s'il ne pardonne. Au reste, cette confession, vu qu'elle se rapporte à Dieu, requiert une pure affection de cœur. Or le cœur ne peut parler à Dieu sans nouveauté de vie ; il s'ensuit donc qu'elle contient en soi la vraie repentance. Il est vrai que Dieu pardonne gratuitement, mais c'est en telle sorte que la facilité de sa miséricorde ne soit point un allèchement pour pécher.

ET NOUS NETTOYER DE TOUTE INIQUITE. Il semble qu'il prenne ce mot de *nettoyer* dans un autre sens qu'il n'a fait auparavant. Car il disait que nous étions purifiés, ou nettoyés par le sang de Christ, du fait que par son moyen et à cause de lui nos offenses ne nous sont point imputées ; mais maintenant, après avoir parlé de la rémission, il ajoute aussi que Dieu nous purifie d'injustice, en sorte que ce second membre est différent du premier. Il signifie ainsi qu'un double bien nous revient de la confession : à savoir que Dieu, apaisé par le sacrifice de Christ, nous pardonne, et qu'il nous corrige et réforme. Si quelqu'un met en avant que, tant que nous vivons en ce monde nous ne sommes jamais purifiés de toute injustice, quant à la réformation de notre vie, cela est vrai. Mais il faut aussi noter que S. Jean ne parle point ici d'une chose que Dieu rendrait parfaite maintenant et présentement en nous. *Il est fidèle*, dit-il, *pour nous nettoyer*, autrement dit : non pas aujourd'hui, ni demain. Car il faut que nous profitions continuellement aussi longtemps que nous sommes environnés de la chair. Mais ce qu'il a commencé une fois, il le poursuit et avance tous les jours, jusqu'à ce que finalement il le parachève. Suivant cela, S. Paul dit que nous sommes élus pour paraître irrépréhensibles devant Dieu (Eph. *1* : 4). De même, que l'Eglise est nettoyée, afin qu'elle soit sans ride ni tache aucune (Eph. *5* : 27). Toutefois si on aime mieux interpréter ce passage autrement, comme si l'Apôtre répétait deux fois une même chose, je laisse cela à la liberté de chacun.

10. SI NOUS DISONS QUE NOUS N'AVONS POINT PECHE, NOUS LE FAISONS MENTEUR, ET SA PAROLE N'EST POINT EN NOUS. Il va plus loin, disant que ceux qui s'attribuent quelque pureté blasphèment contre Dieu. Car nous voyons comment partout il inculpe de péché tout le genre humain. Par quoi, quiconque se veut exempter de cette condamnation entreprend la guerre contre Dieu, et le taxe de mensonge, comme s'il poursuivait ceux qui ne l'ont point mérité. Il ajoute pour confirmation que *la parole de Dieu n'est point en nous*, comme s'il disait que nous rejetons toute sa doctrine, laquelle nous enclôt sous la damnation. D'où nous recueillons que nous avons vraiment profité de la parole du Seigneur, quand nous sommes vraiment humiliés, en sorte que gémissant sous la pesanteur de nos péchés, nous apprenions à recourir à la miséricorde de Dieu, et à ne nous reposer ailleurs qu'en la bonté et douceur paternelle de Dieu.

CHAPITRE II

1. *Mes petis enfans, je vous escri ces choses, afin que ne péchiez point. Que si aucun a péché, nous avons un Advocat envers le Père,* asçavoir *Jésus-Christ le juste :*
2. *Car c'est luy qui est la propiciation*[1] *pour nos péchez, et non seulement pour les nostres, mais aussi pour ceux de tout le monde.*

1. MES PETITS ENFANTS, JE VOUS ECRIS CES CHOSES, AFIN QUE NE PECHIEZ POINT. QUE SI QUELQU'UN A PECHE, NOUS AVONS UN AVOCAT ENVERS LE PERE, A SAVOIR JESUS-CHRIST LE JUSTE. C'est ici non seulement un récapitulation de la doctrine précédente, mais presque la somme de tout l'Evangile, à savoir que nous nous abstenions de pécher, et toutefois, parce que nous sommes toujours redevables devant le jugement de Dieu, que nous soyons certains que Christ intercède avec le sacrifice de sa mort pour nous rendre le Père propice. Cependant en ceci il use aussi d'une anticipation, afin que nul ne pense qu'il veuille donner licence de pécher quand il prêche la miséricorde de Dieu et qu'il montre qu'elle nous est offerte à tous. Il joint donc ensemble deux parties de l'Evangile, que des gens étourdis et mal entendus séparent l'une de l'autre, déchirant ainsi l'Evangile par pièces. Davantage, la doctrine de grâce à toujours été sujette aux calomnies des méchants. Quand on propose la purification des péchés en Christ, ils crient qu'on lâche la bride à mal faire. S. Jean donc, afin d'obvier à de tels maux, déclare premièrement que le but de sa doctrine est que les hommes cessent de pécher. Car quand il dit : *afin que vous ne péchiez point*, il n'entend autre chose, sinon qu'ils s'abstiennent du péché, selon que peut porter l'infirmité humaine. Et ce que j'ai déjà traité de la communion avec Dieu se rapporte aussi à ce but, que nous lui soyons conformes.

En même temps, toutefois il ne laisse point derrière la rémission gratuite des péchés. Car quand le ciel devrait tomber, et toutes choses être brouillées ensemble, toutefois cette partie de doctrine ne doit jamais être omise, mais plutôt il faut prêcher haut et clair l'office de Jésus-Christ. Voilà aussi comment il faut que nous en fassions encore aujourd'hui. Parce que la chair est fort encline à se déborder en dissolution, et à se déchaîner par trop, il faut à bon escient et diligemment avertir les hommes que justice et salut ont été acquis par Christ, à cette fin que nous soyons le sacré héritage de Dieu. Néanmoins, quoi qu'il advienne que plusieurs abusent désordonnément de la miséricorde de Dieu, et bien aussi qu'il y ait plusieurs chiens qui nous calomnient et diffament sans cause, comme si nous lâchions la bride aux vices, il ne faut point pour autant laisser de persévérer hardiment à maintenir la grâce de Christ, en laquelle la gloire de Dieu reluit principalement et où tout le salut des hommes réside. Il ne faut pas, dis-je, tenir compte de tels abois des contempteurs de Dieu, par lesquels les Apôtres mêmes ont été assaillis.

[1] Ou, *l'appointement*.

Pour cette cause, S. Jean ajoute immédiatement le second membre, *que nous avons un avocat, quand nous avons péché.* Par ces paroles il confirme ce que nous avons vu ci-dessus, que d'autant que nous sommes encore bien loin de la justice parfaite, et même que nous nous rendons tous les jours coupables, le remède est en même temps tout prêt pour apaiser Dieu, à savoir si nous recourons à Christ. Et voilà le seul point sur lequel les consciences se peuvent reposer, auquel gît la justice des hommes, et auquel l'espérance de salut est fondée. Quand il dit : *Si quelqu'un a péché*, c'est comme s'il disait : « Parce que nous avons péché, c'est ainsi car il ne se peut faire que nous ne péchions. » En somme, S. Jean signifie que par l'Evangile non seulement nous sommes retirés de pécher, parce que par lui Dieu nous appelle à soi et nous offre l'Esprit de régénération, mais aussi que là il est pourvu à ce que les pauvres pécheurs aient toujours Dieu propice, et que les péchés et offenses qu'ils commettent n'empêchent point qu'ils ne soient justes, d'autant qu'ils ont un médiateur qui les réconcilie avec Dieu.

Au reste, quand il veut montrer comment nous retournons en grâce avec Dieu, il dit que Christ nous est *avocat*. Car c'est à cette fin qu'il est présent devant la face de Dieu, c'est pour déployer envers nous la vertu et l'efficace de son sacrifice. Or afin que ceci puisse être mieux entendu, je parlerai plus ouvertement et grossièrement. L'intercession de Christ est une continuelle application de sa mort à notre salut. Ainsi, si Dieu ne nous impute point nos péchés, cela se fait parce qu'il regarde Christ, qui prie et intercède pour nous. Au reste, les deux titres dont il orne Christ appartiennent proprement à la circonstance de ce passage. Il l'appelle *le juste* et *la propitiation*. Il faut qu'il ait les deux, afin qu'il puisse faire office d'avocat. Car qui est le pécheur qui nous puisse acquérir la grâce de Dieu ? Nous sommes tous empêchés d'avoir accès à lui, parce qu'il n'y a nul de nous qui soit pur et sans offense. Personne n'est donc propre pour être sacrificateur, s'il n'est innocent et séparé des pécheurs, comme aussi il est dit au chapitre 7 de l'épître aux Hébreux, v. 26.

Il ajoute que Christ est la *propitiation*, parce que sans sacrifice nul n'est propre ou suffisant pour être sacrificateur. Aussi le sacrificateur, sous la loi, n'entrait-il jamais au sanctuaire, sans que le sang n'allât devant ; et aux prières, par l'ordonnance de Dieu, on avait accoutumé d'appliquer la bête du sacrifice comme un sceau authentique. Par cette figure Dieu a voulu déclarer et donner à entendre qu'il fallait que celui qui nous devait obtenir grâce fût garni de sacrifice. Car quand Dieu est offensé, le prix de satisfaction est requis pour l'apaiser. Il s'ensuit donc que tous les saints et fidèles qui ont été et seront à jamais, ont besoin d'avocat, et que nul n'est suffisant ni propre pour exercer cet office sinon Christ seul. Et de fait, S. Jean a attribué expressément ces deux épithètes à Christ, pour montrer qu'il est seul avocat. Or puisqu'il nous revient une grande consolation d'apprendre que Christ non seulement est mort une fois pour nous rendre le Père apaisé, mais aussi qu'il intercède assidûment pour nous, afin que nous ayons accès en son Nom auprès de Dieu pour que nos prières soient exaucées, aussi faut-il que nous nous donnions bien garde que l'honneur qui lui est propre ne soit transféré ailleurs. Or nous savons qu'en la papauté cet office a été indifféremment donné et attribué aux saints. Il y a maintenant trente ans que ce si excellent article de notre foi était presque enseveli, à savoir que Christ est avocat. Ils confessent bien aujourd'hui qu'il est avocat, mais c'est comme un entre plusieurs autres, et non pas le seul. Et ceux d'entre les papistes qui ont quelque peu plus de honte et de raison, ne nient pas que Christ ne soit pas par-dessus tous les autres, mais après cela ils lui donnent une grande multitude de compagnons. Mais les paroles de S. Jean chantent clairement que nul ne peut être avocat, qu'il ne soit aussi sacrificateur. Or il est ainsi que la sacrificature n'appartient qu'à Christ seul. Cependant nous ne voulons point abolir les intercessions mutuelles des saints par lesquelles ils exercent charité entre eux, mais ceci ne concerne point les morts qui sont décédés de la compagnie des hommes. Cela ne fait rien non plus pour les intercessions qu'ils se forgent pour montrer que Christ n'est pas seul avocat. Car bien que les frères prient pour les frères, toutefois tous sans exception ne s'adressent qu'à un seul et même avocat. Il ne faut donc point douter que tous les avocats que les papistes se forgent, ne soient autant d'idoles qu'ils opposent contre Christ. Toutefois, il nous faut noter en passant, que c'est une erreur trop lourde de penser que Jésus-Christ soit à genoux devant son Père pour prier pour nous. Il nous faut ôter de telles imaginations, qui portent atteinte à la gloire céleste du Fils de Dieu, et retenir cette doctrine simple, que le fruit de sa mort nous est toujours frais et perpétuel, d'autant que par son intercession il nous rend Dieu propice, et non seulement sanctifie nos prières par l'odeur de son sacrifice, mais aussi leur aide par la faveur qu'il a en faisant office d'avocat.

2. CAR C'EST LUI QUI EST LA PROPITIATION POUR NOS PECHES, ET NON SEULEMENT POUR LES NOTRES, MAIS AUSSI POUR CEUX DE TOUT LE MONDE. Il ajoute ceci pour plus grande amplification, afin que les fidèles soient certains et assurés que la purification des péchés faite par Christ s'étend à tous ceux qui auront reçu l'Evangile par la foi. Mais on fait ici une question : comment se fait-il que les péchés de tout le monde soient effacés ? Je laisse là les rêveries des fantasques, qui sous couleur de ces paroles veulent recevoir à salut tous les réprouvés, voire le diable même. Cette opinion monstrueuse n'a nul besoin d'être réfutée. Ceux qui ont voulu éviter cette absurdité ont dit que Christ a enduré pour tout le monde suffisamment, c'est-à-dire que sa mort était assez suffisante par elle-même pour la rédemption de tous, mais qu'elle a été d'efficace seulement pour les élus. Cette solution a été communément reçue aux écoles. Quant à moi, bien que je confesse que cette sentence soit véritable, toutefois je nie qu'elle convienne au présent passage. Car l'intention de S. Jean n'a point été autre que de rendre ce bien commun à toute l'Eglise. Par quoi sous ce mot « de tous », il ne comprend pas les réprouvés, mais il parle de ceux qui devaient aussi croire, et qui étaient épars çà et là par le monde. Car on magnifie vraiment, et comme il convient, la grâce de Christ, quand on dit que c'est l'unique salut de tout le monde.

3. *Et par cela nous sçavons que nous l'avons cognu,* asçavoir *si nous gardons ses commandemens.*
4. *Qui dit, je l'ay cognu, et ne garde point ses commandemens, il est menteur, et vérité n'est point en iceluy.*
5. *Mais qui garde sa Parole, l'amour de Dieu est vraiment accomplie en iceluy : nous sçavons par cela que nous sommes en luy.*
6. *Qui dit qu'il demeure en luy, doit cheminer comme iceluy a cheminé.*

3. ET PAR CELA NOUS SAVONS QUE NOUS L'AVONS CONNU, A SAVOIR SI NOUS GARDONS SES COMMANDEMENTS. Après avoir traité la doctrine de la rémission gratuite des péchés, il retourne encore aux exhortations annexées à cette doctrine, et qui dépendent d'elle. Et en premier lieu il déclare que la connaissance de Dieu qu'on conçoit par l'Evangile, n'est point oisive, mais qu'elle engendre de soi l'obéissance. Après cela il montre ce que Dieu requiert principalement de nous, et qui est le principal que nous devons suivre en toute notre vie, à savoir que nous aimions Dieu. L'Ecriture ne répète point sans cause en plusieurs passages ce que nous lisons ici de la vive connaissance de Dieu. Car le monde n'a rien plus coutumier que de convertir la doctrine de vérité en de froides spéculations. Voilà comment les sophistes sorboniques ont corrompu ou abâtardi la théologie, en sorte qu'en toute leur science on ne voit point reluire une seule petite étincelle de vraie religion. Et quasi partout, les gens curieux veulent apprendre de la parole de Dieu autant seulement qu'il leur en suffit pour en causer à plaisir, et se faire valoir. Davantage, ce mal a été trop commun de tout temps, de se vanter en vain du nom de Dieu. S. Jean prend donc ce principe, que la connaissance de Dieu n'est pas sans effet. D'où il conclut que ceux qui ne gardent point les commandements de Dieu ne le connaissent point non plus. PLATON, quoiqu'il fût un pauvre païen tâtonnant dans les ténèbres, nie toutefois qu'on puisse connaître cette beauté souveraine qu'il imagine, sans que l'homme qui la connaît ne soit ravi en admiration[1]. Comment donc est-il possible qu'on connaisse Dieu, et que cependant on ne soit point touché d'aucune affection ? Or cela ne procède point seulement de la nature de Dieu, de l'aimer sitôt que nous l'avons connu, mais le même Esprit qui illumine nos entendements inspire aussi en nos cœurs une affection conforme à la connaissance. Lorsque toutefois la connaissance de Dieu apporte cela avec soi, que nous la craignions et aimions. Car nous ne le pourrons connaître pour Seigneur et Père (tel qu'il se montre), sans que nous de notre côté ne nous montrions des enfants obéissants et des serviteurs remplissant leur devoir. Bref, la doctrine de l'Evangile est un miroir vivant, grâce auquel, en y contemplant la face de Dieu, nous sommes transfigurés comme S. Paul enseigne (II Cor. *3* : 18). Pour cette raison, là où il n'y a point de pure conscience, qu'y pourra-t-on trouver sinon un faux semblant de savoir ?

Il faut bien noter cet ordre, quand il dit : *Nous savons que nous l'avons connu.* Car il signifie que l'obéissance de Dieu est tellement conjointe avec le savoir, que quelquefois le savoir est le premier en ordre, comme aussi il faut nécessairement que la cause précède son effet. *Si nous gardons ses commandements.* Mais quoi ? Il n'y a personne qui les garde entièrement. De sorte qu'il n'y aurait nulle connaissance de Dieu au monde. Je réponds que le saint Apôtre n'est point en contradiction avec lui-même. Vu donc qu'un peu auparavant il a constitué tous les hommes coupables devant Dieu, quand il parle de ceux qui gardent les commandements de Dieu, il n'entend pas des gens qui accomplissent totalement la loi (lequel exemple ne se trouvera nulle part au monde), mais ceux qui selon la capacité de leur infirmité humaine tâchent de former leur vie en l'obéissance de Dieu. Car chaque fois que l'Ecriture parle de la justice des fidèles, tant s'en faut qu'elle exclut la rémission des péchés, que plutôt elle commence par elle. Et toutefois il ne faut point déduire de cela, que la foi soit fondée sur les œuvres. Bien que chacun ait témoignage de sa foi par les œuvres, néanmoins il ne s'ensuit point qu'elle soit fondée sur elles, vu que c'est une seconde approbation qui survient comme signe. Ainsi la certitude de la foi réside en la seule grâce de Christ, mais la piété et sainteté de vie discernent la vraie foi d'avec la connaissance de Dieu morte et feinte. Car (comme dit S. Paul) la vérité en Christ, c'est d'avoir dépouillé le vieil homme.

4. QUI DIT, JE L'AI CONNU, ET NE GARDE POINT SES COMMANDEMENTS, IL EST MENTEUR, ET VERITE N'EST POINT EN LUI. D'où prouve-t-il que ceux-là sont menteurs, qui se vantent d'avoir la foi sans la crainte de Dieu ? Il le prouve par le contraire, parce qu'il a déjà mis cela, que la connaissance de Dieu n'est point sans efficace. Car on ne connaît point Dieu par imagination nue, mais quand il se manifeste dans nos cœurs par son Saint-Esprit. Au

[1] En son livre appelé *Phædrus*, et ailleurs.

reste, parce que plusieurs hypocrites se vantent en vain et orgueilleusement du titre de la foi, l'Apôtre condamne de mensonge de telles gens. Car ce qu'il dit serait superflu, s'il n'y en avait pas plusieurs faisant profession de chrétienté de bouche seulement et à fausses enseignes.

5. MAIS QUI GARDE SA PAROLE, L'AMOUR DE DIEU EST VRAIMENT ACCOMPLI EN LUI. NOUS SAVONS PAR CELA QUE NOUS SOMMES EN LUI. Maintenant il déclare quelle est la vraie observation de la loi de Dieu, à savoir d'aimer Dieu. Il me semble que ce passage a été mal exposé par ceux qui entendent que ceux qui gardent la parole de Dieu sont vraiment agréables à Dieu. On le doit plutôt résoudre ainsi : aimer Dieu d'une pure affection de cœur c'est garder ses commandements. Car comme j'ai déjà dit, il a voulu montrer en bref ce que Dieu requiert de nous, et en quoi consiste la sainteté des fidèles. Moïse en disait autant, quand il faisait une somme de la loi (Deut. *10* : 12) : « Maintenant, ô Israël, qu'est-ce que le Seigneur demande de toi, sinon que tu le craignes et aimes, et que tu chemines en ses commandements ? » De même (Deut. *30* : 19) : « Elis la vie, à savoir que tu aimes le Seigneur ton Dieu, et que tu le serves et t'attaches à lui. » Car la loi qui est spirituelle, ne donne point seulement commandement sur les œuvres extérieures, mais elle nous commande principalement que nous aimions Dieu de tout notre cœur. Quant à ce qu'il ne fait ici aucune mention des hommes, il n'y a nul inconvénient en cela. Car de l'amour de Dieu découle incontinent la charité fraternelle, comme nous verrons ci-après. Ainsi donc, quiconque voudra que Dieu approuve sa vie, qu'il dresse toutes les parties de celle-ci à ce but. Si on met en avant qu'il ne s'est jamais trouvé homme qui ait aimé Dieu ainsi parfaitement, je réponds qu'il suffit que chacun aspire à cette perfection selon la mesure de la grâce qu'il aura reçue. Ainsi, nous avons cette définition, que la parfaite dilection de Dieu, c'est l'observation légitime de sa parole. Il faut donc avancer en elle, comme aussi nous devons profiter en la connaissance de Dieu.

NOUS SAVONS PAR CELA QUE NOUS SOMMES EN LUI. Il revient à parler de ce fruit de l'Evangile, dont il avait fait mention, à savoir la société et conjonction avec Dieu et son Fils. Et par ce moyen il confirme la sentence précédente par l'argument déductif suivant : si le but de l'Evangile est que nous communiquions avec Dieu, et qu'il ne peut y avoir aucune communication sans amour, il s'ensuit bien que nul n'aura profité en la foi comme il convient, sinon qu'il adhère à Dieu de cœur.

6. QUI DIT QU'IL DEMEURE EN LUI, DOIT CHEMINER COMME LUI A CHEMINE. Tout comme il nous a proposé la lumière de Dieu pour exemplaire, maintenant il nous appelle à aller à Jésus-Christ, afin que nous suivions son exemple. Toutefois il ne nous exhorte pas seulement à suivre Christ, mais il conclut aussi de l'union que nous avons avec lui, que nous devons être semblables à lui, disant que la conformité de la vie et des œuvres rendra témoignage que nous demeurons en Christ. Au reste, de ces paroles il prend occasion pour parler dans la phrase suivante de l'amour fraternel.

7. ***Frères, je ne vous escri point un commandement nouveau, mais le commandement ancien, que vous avez eu dés le commencement. Le commandement ancien, c'est la parole qu'avez ouye dés le commencement.***
8. ***Derechef, je vous escri un commandement nouveau, ce qui est la vérité[1] en luy et en vous : pource que les ténèbres passent[2], et la vraye lumière luit maintenant.***

[1] Ou, *est véritable*.
[2] Ou, *sont passées*.

9. *Qui dit qu'il est en lumière, et hait son frère, il est en ténèbres jusqu'à ceste heure.*
10. *Qui aime son frère, il demeure en lumière, et ne choppe point*[1].
11. *Mais qui hait son frère, il est en ténèbres, et chemine en ténèbres, et ne sçait où il va : car les ténèbres luy ont aveuglé les yeux.*

7. FRERES, JE NE VOUS ECRIS POINT UN COMMANDEMENT NOUVEAU, MAIS LE COMMANDEMENT ANCIEN QUE VOUS AVEZ EU DES LE COMMENCEMENT. LE COMMANDEMENT ANCIEN, C'EST LA PAROLE QUE VOUS AVEZ OUIE DES LE COMMENCEMENT. C'est une explication de la doctrine précédente, à savoir qu'aimer Dieu, c'est garder ses commandements. Or ce n'est point sans cause qu'il s'arrête longuement là dessus. Premièrement, nous savons comment la nouveauté est toujours odieuse ou suspecte ; davantage, nous ne recevons pas facilement un joug dont nous n'avons pas l'habitude. De plus, après que nous avons reçu quelque doctrine, nous sommes fâchés si nous voyons changer ou innover quelque chose. Pour cette raison, S. Jean nous avertit qu'il n'enseigne rien de la charité, que les fidèles n'aient ouï dès le commencement, et qui ne soit en usage de longtemps. Or les autres exposent cette ancienneté autrement, à savoir que Christ ne donne point maintenant en l'Evangile une autre règle de vivre que celle que Dieu a donné anciennement sous la loi. Cela est très vrai, et je ne contredis point qu'il appelle bientôt après la parole de l'Evangile, « le commandement ancien », mais je pense qu'il ne veut dire pour le présent autre chose, sinon que ce sont les premiers rudiments de l'Evangile, que les fidèles ont été ainsi instruits dès le commencement. Qu'il n'y a donc aucune raison de fuir cela comme une chose nouvelle et étrange, vu qu'ils en doivent être déjà instruits. Car on voit bien que quand il dit : *que vous avez eu*, c'est comme s'il disait : « Car vous l'avez eu ». Il appelle donc ce commandement *ancien*, non pas un commandement qui ait été donné dès longtemps aux pères, mais que les fidèles avaient appris dès leur entrée en la connaissance de la religion chrétienne. Or ceci sert grandement à la confirmation de l'enseignement que l'Apôtre propose, d'autant que les lecteurs doivent tenir pour certain que ce commandement a été donné par le même Christ duquel ils ont reçu l'Evangile.

LE COMMANDEMENT ANCIEN C'EST LA PAROLE QUE VOUS AVEZ OUIE DES LE COMMENCEMENT. Il est certain qu'il étend ici plus loin ce mot d'ancienneté. Car le propos est plus ample quand il dit : *La parole qu'avez ouie dès le commencement, est le commandement ancien.* Et selon mon opinion, il signifie qu'il ne faut point prendre l'Evangile comme une doctrine forgée de nouveau, mais comme procédée de Dieu, et comme la vérité éternelle de celui-ci. Comme s'il disait : « Il ne faut point que vous mesuriez l'ancienneté de l'Evangile par l'espace de temps auquel il vous a été apporté. Car la volonté éternelle de Dieu vous a été manifestée en lui. Non seulement donc Dieu vous a donné cette règle de bien et saintement vivre, quand vous avez été premièrement appelés à la foi en Jésus-Christ, mais c'est celle qu'il a de tout temps approuvée, et qu'il a décidée et arrêtée ». Et de fait, la vraie ancienneté, et qui mérite qu'on y ajoute foi, et qu'on lui porte révérence, c'est celle qui prend sa source en Dieu. Car quelque longue prescription d'années qu'il y ait aux inventions et traditions humaines, elles ne pourront pas toutefois acquérir si grande autorité, qu'elles puissent ensevelir la vérité de Dieu.

8. DERECHEF, JE VOUS ECRIS UN COMMANDEMENT NOUVEAU, CE QUI EST LA VERITE EN LUI ET EN VOUS, PARCE QUE LES TENEBRES PASSENT, ET LA VRAIE LUMIERE LUIT MAINTENANT. Il me

[1] Jean *3* : 14.

semble que les exégètes n'ont point compris l'intention de l'Apôtre. Car il appelle commandement *nouveau*, celui que Dieu, par manière de dire, renouvelle en le donnant tous les jours, afin que les fidèles s'exercent en lui tout le temps de leur vie, d'autant qu'ils n'en doivent point désirer un plus excellent. Car les rudiments que les enfants apprennent font après place à une doctrine plus haute et plus ferme. Au contraire, S. Jean dit que cette doctrine de la dilection et charité fraternelle n'est point telle qu'elle perde son cours et sa saison avec le temps, mais elle a une vigueur perpétuelle, en sorte qu'elle est aussi bien la dernière perfection, que l'apprentissage. Au surplus, il fallait nécessairement que ceci fut ajouté, parce que comme les hommes sont toujours curieux plus qu'il ne serait besoin, la plus grande partie brûle toujours du désir d'avoir quelque chose de nouveau. De là vient qu'on s'ennuie de la simplicité de la doctrine, ce qui engendre des erreurs infinies, et que chacun désire toujours de nouvelles révélations. Mais quand nous avons cela pour arrêté que Dieu continue et poursuit d'une même façon, pour nous entretenir toute notre vie en ce que nous avons appris, alors ces manières de cupidités curieuses sont bridées. Ainsi, quiconque désire parvenir et atteindre au but de la sagesse, quant à bien former sa vie, qu'il lui profite en charité.

CE QUI EST LA VERITE EN LUI ET EN VOUS. L'Apôtre prouve par raisonnement ce qu'il a dit, que toute la vérité de Christ gît en ce seul commandement de la charité, en tant qu'il touche la forme d'apprendre la vie. Quelle autre révélation plus grande doit-on attendre après celle-là ? Car à la vérité Christ est la fin et l'accomplissement de tout. Par quoi ce mot de *vérité* tend à cela, qu'ils s'arrêtent là comme au but. Il unit Christ avec eux, ainsi que le chef avec les membres, comme s'il disait que le corps de l'Eglise n'a point d'autre perfection, ou bien que les fidèles seront alors vraiment unis en Christ, quand ils s'entr'aimeront d'un amour saint. Les autres l'exposent autrement, disant : « Ce vous est la vérité, ce qui est la vérité en Christ. » Mais je ne sais à quel propos.

PARCE QUE LES TENEBRES PASSENT, ET LA VRAIE LUMIERE LUIT MAINTENANT. Il met le temps présent au lieu du passé : « passent » pour « sont passées », et signifie que nous avons une pleine lueur d'intelligence, aussitôt que Christ nous a éclairés. Non pas que chaque fidèle soit du premier jour aussi savant qu'il est nécessaire, (car S. Paul même aux Philippiens, Phil. *3* : 12, témoigne qu'il tâche d'appréhender ce qu'il n'a pas encore obtenu), mais parce que la connaissance de Christ est seule suffisante pour chasser les ténèbres. Il faut donc nécessairement faire tous les jours quelques pas pour s'avancer, et la foi d'un chacun a son aube, avant qu'elle puisse parvenir à son plein midi. Mais parce que Dieu tient toujours une même façon d'enseigner, et nous commande de profiter en cette doctrine, c'est à bon droit que la connaissance de l'Evangile est appelée vraie lumière, vu que Christ, qui est le Soleil de justice, y reluit. Par ce moyen le chemin est fermé à l'audace des hommes, qui essayent de rompre la pureté de l'Evangile par leurs folles inventions, et nous pouvons hardiment condamner et tenir pour exécrable toute la théologie du pape, qui obscurcit entièrement cette vraie lumière.

9. QUI DIT QU'IL EST DANS LA LUMIERE, ET HAIT SON FRERE, IL EST DANS LES TENEBRES JUSQU'A CETTE HEURE. Il poursuit sa similitude. Il dit que la charité est la seule règle à laquelle il faut conformer notre vie, il a dit aussi que cette loi nous est ordonnée en l'Evangile. Il a dit finalement qu'en l'Evangile, il y a comme une lumière de midi, qui doit retenir nos yeux en sa contemplation. Maintenant il en déduit au contraire, que tous ceux qui sont sans charité sont aveugles et cheminent en obscurité et ténèbres. Or quant à ce qu'il a mis précédemment l'amour de Dieu, et maintenant il met la dilection fraternelle, il n'y a pas plus de contradiction ni de contrariété, qu'il n'y en a entre l'effet et la cause ; bien plus, ces deux amours sont tellement conjoints ensemble, qu'ils ne peuvent être séparés. S. Jean dira ci-après au chapitre *4* que nous nous vantons à fausses enseignes d'aimer Dieu, si nous n'aimons pas nos frères et nos prochains. Et cela est très véritable. Mais maintenant il prend la charité envers les prochains comme un témoignage par lequel nous montrons que nous aimons Dieu. En somme, vu que la charité regarde tellement Dieu, qu'elle comprend aussi les hommes en Dieu, il n'y a nul inconvénient ou absurdité en cela, que l'Apôtre traitant de la charité, la rapporte indifféremment tantôt à Dieu, tantôt aux frères et prochains. Et l'Ecriture a accoutumé d'en user ainsi. Bien souvent toute la perfection de la vie consiste en l'amour de Dieu, d'autre part, S. Paul (Rom. *13* : 8) enseigne que celui qui aime son prochain a accompli toute la loi. Et le Fils de Dieu prononce que les choses principales de la loi sont celles-ci : justice, jugement et vérité (Matth. *23* : 23). L'un et l'autre sont vrais et conviennent très bien, car l'amour de Dieu nous apprend à aimer les hommes, et nous montrons de fait quelle crainte de Dieu il y a en nous, quand selon son commandement nous aimons les hommes. Quoi qu'il en soit, tenons toujours ceci pour ferme et arrêté, que la charité est le but pour redresser et former notre vie. Ce qu'il nous faut d'autant plus diligemment observer, parce que presque tous choisiront plutôt toutes les autres choses, que ce seul commandement de Dieu. A cette même fin tend ce qui s'ensuit, à savoir, *que celui qui aime son frère ne s'achoppe point*, car celui qui forme ainsi sa vie ne bronchera jamais (v. 10).

11. MAIS QUI HAIT SON FRERE, IL EST EN TENEBRES, ET CHEMINE EN TENEBRES, ET NE SAIT OU IL VA, CAR LES TENEBRES LUI ONT AVEUGLE LES YEUX. Il remontre derechef que là où il n'y a point de charité, il ne se peut faire que tout ne soit corrompu, quelque belle apparence de vertu qu'on puisse montrer. Qu'on compare ce passage avec le chapitre *13* de la première aux Corinthiens, et on n'aura pas besoin de longue explication. Mais cette doctrine est obscure et étrange au monde, parce que la plupart s'amusent et se laissent transporter à je ne sais quelles mines et apparences externes. Ainsi la sainteté feinte éblouit les yeux de presque tous, tandis qu'on ne tient pas compte de la charité, ou que pour le moins elle est rejetée au dernier rang.

12. *Mes petis enfans, je vous escri, pource que vos péchez vous sont pardonnez par son Nom.*
13. *Pères, je vous escri, pource que vous avez cognu celuy qui est dès le commencement. Jeunes gens, je vous escri, pource que vous avez vaincu le Malin.*
14. *Jeunes enfans, je vous escri, pource que vous avez cognu le Père. Je vous ay escrit, pource que vous avez cognu celuy qui est dés le commencement. Jeunes gens, je vous ay escrit pource que vous estes forts, et que la parole de Dieu demeure en vous, et que vous avez vaincu le Malin.*

12. MES PETITS ENFANTS, JE VOUS ECRIS PARCE QUE VOS PECHES VOUS SONT PARDONNES PAR SON NOM. Ceci est encore une sentence générale. Car il ne parle pas seulement aux petits enfants, mais il entend généralement par ses enfants, tous les hommes de quelque âge qu'ils soient, comme aussi au chapitre *1* et en celui-ci un peu après. Je le dis, parce que les exégètes s'abusent en restreignant ceci aux petits enfants. Quand S. Jean parlera ci-après spécialement des petits enfants, il les appellera d'un autre nom qui conviendra à leur âge ; mais ici, comme père spirituel, il appelle aussi bien ses enfants les vieux que les jeunes. Il est vrai que peu après il appliquera des sentences spéciales à chaque âge ; toutefois ceux qui le font dès ici s'abusent. Car son intention a été plutôt, de peur que l'exhortation précédente n'obscurcît la rémission gratuite des péchés, de répéter de nouveau cette doctrine qui est propre à la foi, puisqu'en effet il faut toujours retenir ce fondement, que notre salut gît en la seule grâce de Christ. Il est bien vrai qu'il faut solliciter les hommes à vivre saintement, leur commander diligemment de craindre Dieu, et les inciter vivement à la repentance, et leur recommander la nouveauté de vie avec ses fruits ; toutefois, il faut bien toujours prendre garde, qu'on n'étouffe ou ensevelisse la doctrine de la foi, qui fait de Christ notre unique auteur de salut et de tous biens, mais plutôt il faut veiller à ce que la foi tienne toujours le premier lieu. S. Jean nous donne cette règle, quand après avoir diligemment traité des bonnes œuvres, il nous ramène toutefois si soigneusement à la grâce de Christ, afin qu'il ne semble pas qu'il attribue aux œuvres plus qu'il n'est besoin.

VOS PECHES VOUS SONT PARDONNES. Il n'y aura qu'une vaine apparence de religion, si nous n'avons cette confiance. Et qui plus est, ceux qui, laissant en arrière la rémission gratuite des péchés, insistent sur les autres parties, bâtissent sans fondement. C'est pourquoi, S. Jean signifie qu'il n'y a rien de plus propre pour inciter les hommes à craindre Dieu, que de leur montrer dûment quels biens Christ leur a apportés, comme S. Paul (Phil. *2* : 1) prie et fait une instante requête par les entrailles de la bonté et miséricorde de Dieu. Il est ainsi démontré combien est méchante la calomnie des papistes, qui disent que quand on loue aussi hautement la miséricorde de Dieu, on refroidit l'affection à bien faire, vu que c'est la miséricorde de Dieu seule qui nous rend enfants vraiment obéissants à Dieu. Car il prend de là matière de nous exhorter, que Dieu nous est si bénin, qu'il ne nous impute point nos fautes et péchés par son Nom. Il montre la cause matérielle (comme on l'appelle) afin que nous ne cherchions point d'autres moyens pour nous réconcilier avec Dieu. Car ce ne sera point assez d'entendre que Dieu nous pardonne nos péchés, si nous ne venons droit au Fils de Dieu, et à cette rançon qu'il payée pour nous en la croix. Ce que nous devons d'autant plus diligemment noter, que nous voyons que le passage a été fermé et comme condamné par la ruse de Satan, et les inventions perverses des hommes quand (les pauvres fous !) ont voulu apaiser Dieu par diverses satisfactions, et ont inventé une infinité d'expiations pour se racheter. Car autant de moyens que nous présentons à Dieu pour obtenir le pardon, ce sont autant d'empêchements pour nous garder d'approcher de lui. Ainsi S. Jean, ne se contentant point de cette simple doctrine, que Dieu nous pardonne nos péchés, ajoute expressément, qu'il nous est favorable et propice à cause de Christ, afin d'exclure tous les autres moyens. Nous donc aussi, afin que nous jouissions d'un tel bénéfice, il faut nécessairement que nous laissions là et oublions tous les autres noms et nous arrêtions au seul nom de Christ.

13. PERES, JE VOUS ECRIS, PARCE QUE VOUS AVEZ CONNU CELUI QUI EST DES LE COMMENCEMENT. JEUNES GENS, JE VOUS ECRIS, PARCE QUE VOUS AVEZ VAINCU LE MALIN. Il vient maintenant au dénombrement des âges, pour montrer que ce qu'il enseigne convient à chacun. Car il advient bien souvent qu'une parole dite en général aura moins d'efficace, et qui pis est (tant nous sommes malins) il y en a bien peu qui pensent que ce qui est adressé en général à tous, leur appartienne. Les vieux se dispensent coutumièrement comme s'ils étaient hors d'âge d'apprendre. Les enfants refusent d'ouïr comme s'ils n'étaient pas encore capables de le faire. Ceux qui sont entre deux âges n'y appliquent point leur entendement, parce qu'ils sont occupés par d'autres affaires. Afin donc que nul ne s'exempte, il applique l'Evangile à l'usage de chacun. Or il spécifie trois âges, qui est la division de la vie humaine la plus reçue ou commune. D'où vient qu'aux jeux et assemblées renommées des Lacédémoniens il y avait trois ordres. Le premier chantait : « Nous serons ce que vous êtes », le dernier disait : « Nous avons été ce que vous êtes », et celui du milieu : « Nous sommes ce que les uns ont été, et ce que les autres seront. » S. Jean divise le cours de la vie humaine en ces trois degrés, et commence par les vieux, et dit que l'Evangile leur convient, d'autant que par celui-ci ils apprennent à connaître le Fils éternel de Dieu. On sait assez combien les vieillards sont chagrins et difficiles, mais surtout du fait qu'ils mesurent la sagesse par la multitude des ans, ils se rendent indociles. Davantage, HORACE a noté à bon droit en eux ce vice, en son livre de l'Art poétique, à savoir que louant le temps de leur enfance, ils rejettent tout ce qu'on dit ou ce qu'on fait. S. Jean remédie prudemment à ce vice, quand il montre que l'Evangile contient une science non seulement ancienne, mais telle qu'elle nous conduit même jusqu'à l'éternité de Dieu. D'où il s'ensuit qu'il n'y a rien là de quoi ils se doivent ennuyer ou fâcher.

Quant à ce qu'il dit que Christ est *dès le commencement*, je le rapporte tant à sa présence divine, selon laquelle il est éternel avec le Père, qu'à sa vertu, de laquelle l'Apôtre parle en l'Epître aux Hébreux au chapitre *13*, v. 8, quand il dit que Christ était hier, comme il est aujourd'hui. Comme s'il disait : « Si vous vous arrêtez à l'ancienneté, vous avez Christ qui est par-dessus toute ancienneté. N'ayez donc point honte d'être des disciples de celui qui comprend en soi tous les siècles. » Il nous faut ainsi noter quelle est la religion vraiment ancienne, à savoir celle qui est fondée en Christ. Car sans cela, que pourra valoir une continuation d'ans, si longue soit-elle, si elle prend son commencement de l'erreur ?

JEUNES GENS, JE VOUS ECRIS. Il ne faut point douter qu'il adresse ici son propos à tous ceux qui sont en la fleur de leur âge. Car nous savons que cet âge-là est tellement adonné aux vaines sollicitudes du monde, qu'il pense bien peu au Royaume de Dieu. Car la vigueur d'esprit et la force du corps les enivrent (par manière de dire). Aussi l'Apôtre leur indique-t-il où gît la vraie force, afin qu'ils ne se complaisent plus en la chair, et n'y mettent leur confiance comme ils en ont l'habitude.

VOUS ETES FORTS, DIT-IL, PARCE QUE VOUS AVEZ VAINCU LE DIABLE. Et de fait, voilà la force qu'on doit souhaiter, a savoir la spirituelle. Et ce faisant il montre qu'on ne peut pas la trouver ailleurs qu'en Christ, car il parle des biens que nous recevons de l'Evangile. Or parlant de ceux qui bataillent et guerroient encore, il dit qu'ils ont déjà vaincu, mais c'est parce que notre condition est bien différente de celle de ceux qui guerroient sous les enseignes des hommes. Car ils ne sont pas sûrs de la victoire, et l'issue de la bataille leur est incertaine ; mais quant à nous, nous avons déjà obtenu la victoire, avant que nous soyons venus au combat, parce que le Fils de Dieu notre chef a une fois vaincu tout le monde pour nous.

JEUNES GENS, JE VOUS ECRIS PARCE QUE VOUS AVEZ CONNU LE PERE. Les enfants ont besoin d'être gouvernés par autrui. C'est pourquoi le saint Apôtre rappelle que l'Evangile convient fort bien aux enfants, parce qu'ils y trouvent un Père. Nous voyons maintenant combien la tyrannie du pape est diabolique, quand il défend avec menaces à tous les hommes, de quelque âge qu'ils soient, d'apprendre la doctrine de l'Evangile, au lieu que l'Esprit de Dieu les exhorte et incite si soigneusement à le faire. Au reste, les choses que l'Apôtre divise par espèces, sont aussi générales. Car tous tant que nous sommes, nous découlons et fondons en vanité entièrement, si notre fermeté n'est appuyée sur la vérité éternelle de Dieu. Il n'y a rien ni plus caduque ni plus fragile que nous, si la vertu de Christ n'habite pas en nous. Nous sommes tous orphelins, jusqu'à ce que nous soyons venus à la grâce d'adoption par l'Evangile. Dès lors, ce qu'il dit des jeunes convient aussi aux vieux. Toutefois, il a voulu approprier à chacun ce qui lui était principalement nécessaire, pour montrer que tous sans exception ont besoin de la doctrine de l'Evangile.

PERES, JE VOUS AI ECRIT. Selon mon jugement ces répétitions sont superflues. Et il est à croire que les lecteurs ignorants, pensant que l'Apôtre eut parlé deux fois des enfants, ont ajouté sans propos les deux autres membres. Toutefois, il se peut bien faire que S. Jean lui-même a entrelacé pour la seconde fois la sentence des adolescents par manière d'amplification (car il ajoute là qu'ils sont forts, ce qu'il n'avait point dit auparavant). Et cependant ceux qui ont écrit les livres, se sont témérairement ingérés de répéter les sentences qui s'adressent tant aux pères qu'aux enfants, afin de parfaire le nombre, comme si S. Jean eût mal fait de répéter l'une sans les deux autres.

15. *N'aimez point le monde, ne les choses qui sont au monde. Si quelqu'un aime le monde, l'amour du Père n'est point en luy.*
16. *Car tout ce qui est au monde (*asçavoir *la convoitise de la chair, et la convoitise des yeux, et outrecuidance de la vie) n'est point du Père : mais du monde.*
17. *Et le monde se passe, et sa convoitise : mais qui fait la volonté de Dieu, demeure éternellement.*

15. N'AIMEZ POINT LE MONDE, NI LES CHOSES QUI SONT AU MONDE. SI QUELQU'UN AIME LE MONDE, L'AMOUR DU PERE N'EST POINT EN LUI. Il avait déjà dit que la seule règle de bien et saintement vivre, c'est aimer Dieu, mais parce qu'étant occupés à l'amour vain du monde, nous détournons tous nos sens en d'autres directions, il faut premièrement que cette vanité soit arrachée de nous, afin que l'amour de Dieu règne en nous. On pourrait répéter cent fois ce qui a été dit ci-dessus, qu'il ne nous profitera de rien jusqu'à ce que nos esprits soient purifiés. Comme si on jetait de l'eau sur une boule ou sur une autre chose ronde, on n'en pourrait recueillir une seule goutte, parce qu'il n'y a rien de vide ni de creux en une boule, qui puisse retenir l'eau.

Par le mot de *monde*, il nous faut entendre tout ce qui appartient à la vie présente, quand il est séparé du Royaume de Dieu et de l'espérance de la vie éternelle. Il embrasse ainsi toutes sortes de corruptions et un abîme de tous maux. Le monde a en soi les voluptés, délices, et tous allèchements qui séduisent tellement l'homme, qu'il se détourne de Dieu. Or l'amour du monde est si rigoureusement condamné, parce que quand nous ne regardons que la terre, nous sommes amenés à oublier Dieu et nous-mêmes. Et là où une telle cupidité perverse règne, et tient l'homme tellement enveloppé qu'il ne pense nullement à la vie céleste, il faut bien dire qu'il y a une stupidité grossière.

SI QUELQU'UN AIME LE MONDE, L'AMOUR DU PERE N'EST POINT EN LUI. Il prouve par argument pris de choses contraires, combien il est nécessaire de rejeter l'amour du monde, si nous voulons plaire à Dieu. Et il le confirme peu après par un autre argument pris de choses opposées, parce que les choses qui sont propres au monde sont tout à fait contraires à Dieu. Il faut retenir ce que j'ai déjà dit, qu'ici est condamnée une façon de vivre profane, qui n'a rien de commun avec le Royaume de Dieu, à savoir quand les hommes s'abâtardissent tellement, que, se contentant de la vie présente, ils ne se soucient pas plus de la vie immortelle que des bêtes sauvages. Ainsi donc, quiconque s'asservit ainsi aux cupidités terrestres ne peut être de Dieu.

16. CAR TOUT CE QUI EST AU MONDE (A SAVOIR LA CONVOITISE DE LA CHAIR, ET LA CONVOITISE DES YEUX, ET L'OUTRECUIDANCE DE LA VIE) N'EST POINT DU PERE, MAIS DU MONDE. Le traducteur latin ancien a tourné ceci autrement, car d'une sentence il en a fait deux. Les Grecs l'on mieux interprété, qui lisent ceci tout d'une suite, à savoir que tout ce qui est du monde n'est point de Dieu, et entremêlent trois espèces de concupiscence, sans aucunement rompre le propos. Car S. Jean entrelace ces trois exemples par forme d'explication, afin de montrer en bref quelles sont les affections de ceux qui vivent selon le monde. Au reste, il n'importe pas beaucoup si cette répartition est entière ou non. Bien qu'il ne se trouve homme mondain chez qui ces cupidités ne règnent, ou pour le moins l'une d'elles.

Maintenant il faut voir ce que l'Apôtre entend par chacune d'elles. Presque tous ont interprété le premier membre de toutes les concupiscences vicieuses en général, d'autant que *la chair* signifie toute la nature corrompue des hommes. Pour ma part, bien que je ne veuille point débattre, je ne veux pas dissimuler pourtant que je suis d'opinion toute différente. Quand S. Paul au chapitre *13* des Romains, v. 14, dit que nous n'ayons point soin de la chair en ses concupiscences, il me semble qu'en cela il explique très bien ce passage. Que signifie ici ce mot de *chair* ? Le corps et ses dépendances. Qu'est-ce donc que la concupiscence de la chair ? sinon quand les hommes terrestres[1], désirant vivre à leur aise et délicatement, ne sont attentifs qu'à leur propre bien et profit ? On sait assez par ce que Cicéron et d'autres en ont écrit, quelle est la répartition en trois membres, par laquelle EPICURE discernait entre les cupidités, faisant les unes naturelles et nécessaires, les autres naturelles mais non nécessaires, les autres ni naturelles ni nécessaires. Mais S. Jean, qui connaissait bien la perversité du cœur humain, ne fait nulle difficulté pour condamner la concupiscence de la chair, d'autant que toujours elle se déborde en délices et intempérance, et ne peut garder aucune mesure. Après il monte par degrés aux vices plus grossiers. Or selon mon jugement, *la concupiscence des yeux* comprend tant les regards impudiques, que la vanité du luxe et des pompes superflues. En dernier lieu il met *l'outrecuidance*, qui n'est jamais sans ambition, vantardise, mépris d'autrui, amour aveugle de soi-même, et vaine confiance. Il veut dire en somme qu'aussitôt que le monde se présente, nos appétits ou désirs sont là ravis et transportés comme bêtes débridées, tant notre cœur est pervers, et ainsi diverses concupiscences dominent et règnent en nous, qui sont toutes contraires à Dieu. Le mot grec, que nous avons traduit par « vie » signifie l'état et la façon de vivre.

17. ET LE MONDE PASSE, ET SA CONVOITISE, MAIS QUI FAIT LA VOLONTE DE DIEU DEMEURE ETERNELLEMENT. Parce qu'il n'y a rien au monde qui ne soit caduc et transitoire, l'Apôtre en déduit combien sont misérables et mal avisés ceux qui constituent leur félicité en ce monde, vu même que Dieu nous appelle à la gloire bienheureuse de la vie éternelle. Comme s'il disait : « La vraie béatitude que Dieu offre à ses enfants est éternelle. » Il n'est donc pas raisonnable que nous soyons enveloppés par le monde, qui s'évanouira bientôt avec tous ses biens. J'explique ce mot, *sa convoitise* (par la figure appelée métonymie) par « tout ce qui est convoité », et qui ravit à soi les désirs et affections des hommes. Le sens est, que tout ce qu'on estime très précieux et grandement désirable au monde, n'est qu'un fantôme ou une ombre.

Quand il dit *que ceux qui font la volonté de Dieu demeurent éternellement*, il signifie que ceux qui aspirent à Dieu seront bienheureux à tout jamais. Si quelqu'un objecte que nul ne fait ce que Dieu commande, la réponse est facile, qu'il n'est point ici question d'une

[1] *Terrestres* : attachés à la terre, matérialistes.

parfaite observation de la loi, mais d'une obéissance de foi, qui, bien qu'elle soit imparfaite, nonobstant ne laisse point d'être approuvée de Dieu. La volonté de Dieu nous est premièrement montrée en la loi, mais parce que nul homme n'accomplit la loi, on n'en peut espérer ou attendre aucune béatitude. Mais Christ subvient aux pauvres pécheurs désespérés en eux-mêmes et leur apporte un nouveau secours et remède. Car non seulement il nous régénère par son Esprit, afin que nous obéissions à Dieu, mais il fait aussi que notre effort, tel qu'il est, obtient louange de justice parfaite.

18. *Jeunes enfans, le dernier temps est : comme vous avez ouy que l'Antechrist viendra : dés maintenant mesmes il y a plusieurs Antechrists : dont nous cognoissons que c'est le dernier temps.*
19. *Ils sont sortis d'entre-nous, mais ils n'étaient point d'entre-nous. Car s'ils eussent esté d'entre-nous, ils fussent demeurez avec nous : mais c'est afin qu'il fust manifeste que tous ne sont pas d'entre-nous.*

18. JEUNES ENFANTS, C'EST LE DERNIER TEMPS ; COMME VOUS AVEZ OUI QUE L'ANTECHRIST VIENDRA, DES MAINTENANT MEME IL Y A PLUSIEURS ANTECHRIST, D'OU NOUS CONNAISSONS QUE C'EST LE DERNIER TEMPS. L'Apôtre confirme les fidèles contre les scandales qui pouvaient les troubler. Déjà s'étaient levées diverses sectes qui rompaient l'unité de la foi et mettaient les Eglises en désordre et confusion. Mais S. Jean non seulement fortifie les fidèles, afin qu'ils ne chancellent point, mais aussi tourne tout cela à une fin totalement contraire. Car il les avertit que le dernier temps est venu, et pour cette cause il les exhorte à être plus vigilants. Comme s'il disait : « Quand vous voyez que diverses erreurs se lèvent, il faut vous réveiller, et vous tenir soigneusement sur vos gardes, plutôt que de vous laisser accabler. » Car nous devons en conclure que Christ n'est pas loin. Il faut donc que nous l'attendions attentivement, afin qu'il ne nous surprenne soudainement. Nous nous devons aussi aujourd'hui réveiller en cette sorte, et appréhender par la foi la venue prochaine du Fils de Dieu, pendant que nous voyons que Satan confond et renverse tout pour troubler l'Eglise. Car ce sont les signes du dernier temps. Toutefois il semble que cette prophétie ne s'est pas trouvée véritable, vu que tant de siècles sont passés depuis la mort de S. Jean. Je réponds que l'Apôtre (selon la coutume de l'Ecriture) annonce aux fidèles qu'il ne reste plus rien sinon que Christ apparaisse pour la rédemption du monde. Mais parce qu'il ne fixe point de temps, il n'a point d'un côté entretenu de vaine espérance les hommes de son temps, et d'autre part il n'a point voulu rompre pour le temps à venir le cours de l'Eglise, ni beaucoup de successions d'années par lesquelles l'Eglise a duré dans le monde jusqu'à présent. Et de fait, si nous proposons devant nos yeux l'éternité du Royaume de Dieu, il n'y aura longueur de temps, si grande soit-elle, qui ne soit comme une minute. Il faut entendre l'intention de S. Jean, à savoir qu'il appelle le *dernier temps*, auquel toutes choses sont tellement accomplies, qu'il n'y faut plus rien de reste, que la dernière révélation de Christ.

QUE L'ANTECHRIST VIENDRA. Il en parle comme d'une chose toute notoire. D'où nous pouvons facilement déduire que les fidèles ont été enseignés et avertis dès le commencement de la confusion qui devait advenir en l'Eglise, tant afin qu'ils s'entretinssent soigneusement en la foi qu'ils avaient reçue, comme aussi afin qu'ils avertissent ceux qui viendraient après eux de prendre garde. Car Dieu a voulu que l'Eglise fût tellement tentée, que cependant personne ne fût trompé, sinon de son gré et à son escient, et que nul ne pût prétendre aucune excuse d'ignorance. Et toutefois nous voyons que presque tout le monde a été misérablement abusé, comme si jamais il n'eût été dit un seul mot de l'antéchrist. Et qui plus est, en la papauté il n'y a rien de plus commun, et dont on fasse plus grand bruit, que de l'antéchrist qui doit venir. Cependant ils sont si stupides qu'ils ne sentent point sa tyrannie, qui leur tient le pied sur la gorge. Et certes il leur en advient comme aux Juifs. Car bien que les Juifs sachent les promesses du Messie, nonobstant ils sont plus loin de Christ, que jamais ils n'en avaient ouï le nom. Car ce Messie qu'ils forgent selon leur imagination, et à plaisir, les détourne entièrement du Fils de Dieu. Et s'il advient que quelqu'un tâche de leur enseigner Christ par la Loi et les Prophètes, il perdra son temps. De même les papistes ont imaginé et forgé un antéchrist qui doit tourmenter l'Eglise en l'espace de trois ans et demi. Toutes les marques par lesquelles le Saint-Esprit définit l'antéchrist, apparaissent clairement au pape, mais cet antéchrist de trois ans tient les yeux bandés aux pauvres papistes, afin qu'en voyant ils ne voient point. Qu'il nous souvienne donc que non seulement l'antéchrist a été prédit par l'Esprit de Dieu, mais aussi que les marques ont été fournies, par lesquelles on puisse le discerner.

DES MAINTENANT MEME IL Y A PLUSIEURS ANTECHRISTS. On pourrait penser que ceci est ajouté par forme de correction, comme si ceux à qui S. Jean écrivait se fussent abusés en pensant que ce dût être quelque certain règne ; mais il n'en est pas ainsi. Il est bien vrai que ceux qui pensent que l'antéchrist sera un seul homme rêvent aussi, mais le fait que S. Paul faisait mention de la rébellion à venir, témoigne manifestement qu'il y aura un certain corps et un règne (II Thess. *2* : 3). Au commencement il prédit la révolte qui sera par toute l'Eglise, en sorte que ce sera comme un mal universel, puis il constitue pour chef de toute l'apostasie ou révolte l'adversaire de Christ, qui sera assis au Temple de Dieu, s'attribuant la divinité et les honneurs dûs à Dieu. Si nous ne voulons nous fourvoyer et abuser volontairement, apprenons à connaître l'antéchrist par cette description de S. Paul, que j'ai expliquée en son lieu ; maintenant il me suffit de la toucher en passant. Mais comment s'accordera cela avec les paroles de S. Jean, qui dit qu'il y en a déjà plusieurs ? Je réponds que l'Apôtre ne veut dire autre chose, sinon qu'il y avait déjà des sectes spéciales qui se levaient, qui étaient comme les préparatifs ou avant-coureurs de la confusion qui devait advenir. Car Cerinthe, Basilides, Marcion, Valentin, Ebion, Arius et autres étaient membres de ce règne, que le diable a depuis érigé contre Christ. A parler proprement, l'Antéchrist ne se montrait pas encore, mais il bâtissait le secret de son impiété (II Thess. *2* : 7). Mais S. Jean use de ce mot, afin d'aiguiser davantage l'affection et la sollicitude des fidèles à repousser les abus et les tromperies. Que si l'Esprit de Dieu commandait déjà aux fidèles de faire le guet, dès lors qu'ils ne voyaient seulement que les enseignes de l'ennemi qui devait venir, et de loin, pensons que maintenant il est beaucoup moins temps de dormir, quand cet adversaire de Christ tient l'Eglise oppressée sous sa cruelle tyrannie, et qu'il s'élève ouvertement contre Christ.

19. ILS SONT SORTIS D'ENTRE-NOUS, MAIS ILS N'ETAIENT POINT D'ENTRE-NOUS. CAR S'ILS EUSSENT ETE D'ENTRE-NOUS, ILS FUSSENT DEMEURES AVEC NOUS, MAIS C'EST AFIN QU'IL FUT MANIFESTE QUE TOUS NE SONT PAS D'ENTRE-NOUS. Il vient au-devant d'une autre objection qu'on pouvait faire, à savoir qu'il semblait que l'Eglise eût engendré de telles pestes et les eût nourries en son sein quelque temps. Car à la vérité, cela a plus d'efficace pour troubler les faibles, quand un seul qui aura fait profession avec nous de la vraie foi s'en détournera, que si dix mille étrangers conspiraient contre nous. Il confesse donc qu'ils sont sortis du giron de l'Eglise, et en même temps il dit qu'ils ne furent jamais de l'Eglise. Au reste, le moyen de résoudre l'objection est que nous disions que l'Eglise est toujours sujette à ce mal, qu'elle est contrainte d'endurer beaucoup d'hypocrites qui n'ont point vraiment Christ, bien que pour quelque temps ils le confessent et avouent de bouche. Quand il dit qu'*ils sont sortis d'entre nous*, il signifie qu'ils ont été auparavant dans l'Eglise, et ont été réputés du nombre des fidèles. Toutefois il dit qu'*ils n'étaient point d'entre nous*, parce que faussement ils ont prétendu au nom de fidèles, comme les pailles mêlées parmi le froment dans l'aire ne sont pas toutefois comptées pour froment.

CAR S'ILS EUSSENT ETE D'ENTRE NOUS, ILS FUSSENT DEMEURES AVEC NOUS. Il déclare ouvertement que ceux qui se détournent ne furent jamais membres de l'Eglise, et de fait le sceau de Dieu sous lequel il maintient et garde les siens, demeure ferme, comme dit S. Paul (II Tim. *2* : 19). Mais il y a ici une difficulté car il advient bien souvent que ceux qui semblaient avoir reçu Christ, viennent à se détourner. A cela je réponds qu'il y a trois sortes de gens qui font profession de l'Evangile. Car il y en a certains qui font semblant d'avoir la crainte de Dieu, et cependant ils ont une mauvaise conscience qui les blâme au dedans. Les autres ont une hypocrisie plus cauteleuse et subtile : non seulement ils tâchent de tromper les hommes, mais aussi, se trompant eux-mêmes, ils s'éblouissent et se font croire qu'ils servent Dieu purement. Les troisièmes ont une vive racine de foi, et portent en leurs cœurs le témoignage de leur adoption vivement enraciné. Ceux qui sont des deux premiers ordres, n'ont nulle fermeté en eux. S. Jean parle des derniers, quand il dit qu'il est impossible qu'ils soient des étrangers dans l'Eglise. Car le sceau que Dieu a gravé en leurs consciences par son Esprit ne peut être effacé, la semence incorruptible qui a pris racine en eux ne peut être arrachée ni abolie. Car il n'est pas ici question de la constance ou fermeté des hommes, mais de Dieu, dont il faut que l'élection soit stable. C'est donc à bon droit qu'il dit que là où la vocation de Dieu a son efficace, il y aura une persévérance certaine. Pour conclusion, il entend que ceux qui se détournent n'ont jamais eu la connaissance de Christ vivement imprimée dedans leurs cœurs, mais en ont eu seulement un goût léger et de petite durée.

MAIS C'EST AFIN QU'IL FUT MANIFESTE QUE TOUS NE SONT PAS D'ENTRE NOUS. Il montre que c'est un examen utile et nécessaire à l'Eglise. D'où il s'ensuit au contraire que cela n'emporte aucune juste occasion de se troubler. Puisque l'Eglise est semblable à une aire, il faut que la paille soit vannée afin qu'il n'y demeure que le pur grain. Dieu fait cela, quand il chasse les hypocrites hors de l'Eglise. Car en ce faisant il la purge et en ôte les ordures.

20. *Mais vous avez l'Onction de par le Sainct : et cognoissez toutes choses.*
21. *Je ne vous ay pas escrit, pource que ne cognoissez point la vérité, ains pource que vous la cognoissez, et que menterie aucune n'est point de vérité.*
22. *Qui est menteur sinon celui qui nie Jésus estre le Christ ? Cestuy-là est Antechrist, qui nie le Père et le Fils.*
23. *Quiconque nie le Fils, n'ha point aussi le Père : quiconque confesse le Fils, ha aussi le Père.*

20. MAIS VOUS AVEZ L'ONCTION DE PAR LE SAINT, ET CONNAISSEZ TOUTES CHOSES. L'Apôtre s'excuse modestement de ce qu'il les instruit si soigneusement, afin qu'ils ne pensent pas que ce soit pour les reprendre obliquement comme de petits apprentis qui ignorent les choses qu'ils devaient savoir. S. Paul en fait de même envers les Romains (Rom. *15* : 14), car il leur attribue tant de prudence et de connaissance, que même ils sont capables et suffisants pour instruire les autres ; toutefois, il montre qu'il ne peut pas s'acquitter de l'office qui leur est enjoint, sinon qu'il les instruise. Néanmoins les Apôtres ne parlent point ainsi par flatterie, mais ils usent de ce moyen par un bon avis, afin que leur doctrine ne soit rejetée de personne, de quelque état ou condition qu'il soit. Et ils disent que cette doctrine est convenable et utile non seulement aux apprentis mais à ceux qui sont déjà bien instruits en l'école du Seigneur. L'expérience montre combien les hommes ont les oreilles délicates et dédaigneuses. Il est vrai que les fidèles doivent chasser loin d'eux un tel dédain ; toutefois l'office d'un pasteur bon et prudent est de ne rien omettre de tout ce qui peut servir pour avoir l'audience de tous. Or il est certain que nous ne recevons pas si attentivement et avec si grande crainte ce qui nous est dit, quand nous pensons que celui qui parle nous prend comme si nous n'avions point l'intelligence que Dieu nous a donnée. Davantage, l'Apôtre par cette louange tend à aiguiser les lecteurs, d'autant que ceux qui ont le don d'intelligence sont beaucoup moins excusables, s'ils ne profitent mieux que les autres. En résumé, l'Apôtre ne les enseigne point comme des ignorants et des apprentis, mais leur remémore des choses à eux déjà connues, et après il les exhorte à ne point laisser éteindre, mais à entretenir plutôt les étincelles du Saint-Esprit, afin qu'il y ait en eux une pleine clarté reluisante.

Et il s'expose lui-même par les paroles qui suivent tout de suite après, disant qu'*il ne leur a pas écrit parce qu'ils ne connaissent point la vérité, mais parce qu'ils la connaissent*. Car s'ils eussent été tout à fait ignorants et nouveaux apprentis, ils n'eussent pu comprendre cette doctrine. Or quant à ce qu'il dit *qu'ils ont connaissance de toutes choses*, cela ne se doit point entendre généralement, mais il le faut restreindre à la circonstance du présent passage. Au surplus, touchant ce qu'il dit *qu'ils ont l'onction de par le Saint*, je ne doute point qu'il fasse allusion aux figures anciennes. Car on allait au sanctuaire pour y prendre l'huile, dont les sacrificateurs étaient oints. Or Daniel (Dan. *9* : 24) détermine l'avènement de Christ pour le temps propre à oindre le Saint des Saints. Car il a été oint de son Père, afin que de sa plénitude il fit découler toute abondance de richesses sur nous. Il s'ensuit que ce que les hommes ont de droite intelligence ne vient pas de la subtilité ou vivacité de leur propre entendement, mais de l'illumination du Saint-Esprit ; plus encore, que nous ne sommes point faits participants du Saint-Esprit autrement que par Christ, qui est et le vrai sanctuaire, et notre sacrificateur unique.

21. JE NE VOUS AI PAS ECRIT PARCE QUE VOUS NE CONNAISSEZ POINT LA VERITE, MAIS PARCE QUE VOUS LA CONNAISSEZ, ET QU'AUCUNE MENTERIE NE VIENT DE LA VERITE. Il leur accorde qu'ils ont du jugement pour savoir discerner entre la vérité et le mensonge. Car ce n'est point ici une proposition de dialecticien, quand l'Apôtre dit que le mensonge est différent de la vérité (comme on a accoutumé aux écoles de proposer des règles générales), mais c'est un propos qui se rapporte à la pratique et à l'usage, comme s'il disait que non seulement ils connaissent la vérité, mais aussi qu'ils sont munis contre les tromperies et perfidies des méchants et des trompeurs, pour s'en garder comme il faut. Au reste, il ne parle point seulement d'une ou de deux espèces de mensonge, mais il dit que quelque fraude que Satan puisse machiner, ou de quelque côté qu'il les puisse assaillir, ils pourront promptement discerner entre la lumière et les ténèbres, d'autant qu'ils sont conduits et gouvernés par le Saint-Esprit.

22. QUI EST MENTEUR, SINON CELUI QUI NIE JESUS ETRE LE CHRIST? CELUI-LA EST ANTECHRIST, QUI NIE LE PERE ET LE FILS. Il ne dit pas qu'il n'y ait de menteurs que ceux qui nient que le Fils de Dieu ait été manifesté en chair. Que personne ne se tourmente outre mesure à résoudre cette difficulté ! Mais il signifie que ces menteurs-là surpassent tous les autres en mensonge, comme s'il disait que si ceci n'est réputé pour mensonge, il ne sera plus question d'en trouver au monde. Comme nous avons accoutumé de dire communément : si la déloyauté contre Dieu et les hommes n'est point un crime, qu'est-ce que nous appellerons crime ? Or ce qu'il avait touché en général des faux-prophètes, il l'accommode maintenant à ce qui était de son temps, car il montre du doigt ceux qui troublaient l'Eglise.

Quant à ce que les anciens estiment que l'Apôtre blâme ici Cérinthe et Carpocrates, je m'y accorde volontiers. Au reste, le mot de *nier Christ*, s'étend bien loin. Car ce n'est pas assez de confesser en un mot Jésus-Christ, si on ne le reconnaît pour tel que le Père nous le présente en l'Evangile. Ces deux que j'ai nommés attribuaient bien le titre de Christ au Fils de Dieu, mais cependant ils le faisaient pur homme. Comme il y en a d'autres, ainsi qu'Arius, qui, lui donnant le nom de Dieu, le dépouillaient cependant de sa divinité éternelle. Marcion imaginait un Christ qui fût homme seulement par fantôme, Sabellius disait qu'il n'était en rien différent du Père. Tous ceux-là ont nié le Fils de Dieu, car nul d'entre eux n'a reconnu purement Christ entier, mais, déguisant la vérité de sa personne, autant qu'il dépendait d'eux, se sont forgés une idole au lieu de Christ. Pélagius s'est depuis dressé contre, bien qu'il ne soulevât point le débat touchant l'essence du Fils de Dieu, mais plutôt accordât qu'il est vrai Dieu et vrai homme ; toutefois il transférait en nous presque toute la gloire et l'honneur de Christ. Or c'est bien réduire Christ à néant quand on abolit sa vertu et sa grâce.

Ainsi aujourd'hui les papistes, opposant le libre arbitre à la grâce du Saint-Esprit, attribuant aux mérites des œuvres une partie de la justice et du salut, se forgeant un nombre infini de patrons et d'avocats, par lesquels ils puissent avoir Dieu favorable, ont un Christ je ne sais comment, fait à leur convenance, mais ils défigurent par leurs fausses et perverses inventions la vive et vraie image de Dieu, qui devait reluire en Christ. Ils anéantissent sa vertu et ensevelissent son office. Nous voyons maintenant que c'est nier Christ toutes les fois qu'on lui ôte les choses qui sont propres à sa personne. Or du fait que Christ est le but de la loi et de l'Evangile, et qu'il a en lui tous les trésors de sagesse et d'intelligence, il est aussi comme le blanc contre lequel tous les hérétiques visent, pour y envoyer leurs flèches. C'est donc à bon droit que l'Apôtre nomme capitaines des trompeurs et abuseurs ceux qui en veulent à Jésus-Christ, vu que la pleine vérité nous a été offerte et manifestée en lui.

CELUI-LA EST ANTECHRIST. Il ne parle point de ce grand chef de la révolte et apostasie, qui devait occuper le siège de Dieu mais il met dans cette bande maudite et diabolique tous ceux qui tâchent de renverser Christ. Et pour amplifier le crime de telles gens, il affirme qu'ils mettent aussi bien le Père que le Fils, comme s'il disait qu'ils n'ont plus aucune religion parce qu'ils ont entièrement rejeté Dieu. Ce qu'il confirme par la raison qu'il ajoute juste après, à savoir que le Père ne peut être séparé du Fils. Or voilà une sentence singulière et qui doit être mise entre les principales maximes de notre religion ; et qui plus est, sitôt que nous avons confessé qu'il y a un Dieu, il faut incontinent mettre ce second article après, à savoir qu'il n'y a point d'autre Dieu, sinon celui qui est connu en Christ. Au reste, l'Apôtre ne dispute point ici subtilement de l'unité de l'essence du Père et du Fils. Il est vrai que le Fils ne peut être séparé du Père, d'autant qu'il est d'une même essence avec lui, mais il est ici question d'autre chose, à savoir que le Père (qui autrement est invisible) s'est manifesté seulement en son Fils. Il est aussi appelé l'image du Père, d'autant qu'il nous représente et montre tout ce qu'il nous est utile de connaître touchant le Père. Car la majesté nue de Dieu éblouira toujours nos yeux de sa lueur infinie : il faut nécessairement que nous regardions en Christ. C'est le moyen d'avoir accès à la lumière, qui autrement est appelée inaccessible (I Tim. *6* : 16). Je dis derechef que l'Apôtre ne dispute point ici subtilement de l'essence éternelle de Christ, laquelle il a en commun avec le Père. Il est vrai que ce seul passage est assez suffisant pour prouver celle-ci, mais S. Jean nous appelle à la pratique de la foi, à savoir que, d'autant que Dieu nous a donné pleine jouissance de soi en Christ, c'est temps perdu de le chercher ailleurs. Ou si on le veut plus clairement, que, pour autant que toute plénitude de divinité habite en Christ, il n'y a rien de Dieu hors de lui. Il s'ensuit que les Turcs, les Juifs et autres semblables n'ont qu'une idole en lieu de Dieu. Car de quelques titres qu'ils ornent le dieu qu'ils adorent, toutefois, parce qu'ils rejettent celui sans lequel on ne peut parvenir à Dieu et par lequel Dieu se manifeste à nous entièrement, qu'ont-ils sinon une imagination et (par manière de dire) une créature de leurs cerveaux ? Que ceux qui philosophent des choses divines hors de Jésus-Christ se plaisent tant qu'ils voudront en leurs spéculations. Il est certain toutefois qu'ils ne font que radoter, parce qu'ils ne tiennent point le Chef, comme dit S. Paul (Col. *2* : 19). D'où nous pouvons facilement conclure combien la connaissance de Christ est nécessaire.

Plusieurs livres ont après cela une sentence opposite, à savoir *quiconque confesse le Fils, il a aussi le Père*. Mais parce que je pense que c'est une annotation que quelqu'un avait mise en marge, puis qui par la suite a été ajoutée au texte, je n'ai fait nulle difficulté de la laisser. Qu'il semble bon qu'elle soit ajoutée, le sens sera, qu'il n'y a point d'autre droite confession de Dieu, que quand on reconnaît le Père en son Fils. Si on objecte que plusieurs des anciens ont eu droite opinion de Dieu, quoique Christ leur fût inconnu, je confesse que la connaissance de Christ n'a pas toujours été si claire ; toutefois je maintiens que ceci a de tout temps été vrai, que, comme la lumière du soleil se répand jusqu'à nous par ses rayons, ainsi la connaissance de Dieu n'a été communiquée que par Christ.

24. *Ce que vous avez donc ouy dés le commencement, soit permanent en vous. Car si ce que vous avez ouy dés le commencement est permanent en vous, vous demeurerez aussi au Fils et au Père.*
25. *Et ceste est la promesse, laquelle il vous a annoncée, asçavoir la vie éternelle.*
26. *Je vous ay escrit ces choses touchant ceux qui vous séduisent.*
27. *Mais l'Onction que vous avez receuë de luy, demeure en vous : et n'avez point besoin qu'on vous enseigne : ains comme la mesme Onction vous enseigne toutes choses, c'est la vérité, et n'est*[1] *point mensonge ; et comme elle vous a enseignez, vous demeurez en luy.*
28. *Maintenant donc* mes *petis enfans, demeurez en luy : afin que quand il apparoistra, nous ayons asseurance, et que ne soyons confus pour sa présence à sa venue.*
29. *Si vous sçavez qu'il est juste, sçachez que quiconque fait justice est nay de luy.*

24. QUE CE QUE VOUS AVEZ OUI DES LE COMMENCEMENT SOIT DONC PERMANENT EN VOUS. CAR SI CE QUE VOUS AVEZ OUI DES LE COMMENCEMENT EST PERMANENT EN VOUS, VOUS DEMEUREREZ AUSSI DANS LE FILS ET DANS LE PERE. Il joint une exhortation à la doctrine précédente,

[1] Ou, *et est véritable, et n'est*, etc.

et, afin que l'exhortation ait plus d'efficace, il montre le fruit qui leur reviendra de leur obéissance. Il les exhorte donc à une constance de foi, afin qu'ils retiennent ferme en leurs cœurs ce qu'ils ont appris. Au reste, quand il dit *dès le commencement*, la seule ancienneté ne suffirait point pour preuve de toute doctrine, mais parce qu'il a déjà montré qu'ils ont été droitement enseignés au pur Evangile de Christ, il en infère à bon droit qu'il faut qu'ils persistent en celui-ci. Il faut diligemment observer cet ordre. Car si nous avons cela de ne vouloir nous détourner de la doctrine que nous aurons une fois reçue, quelle qu'elle soit, ce ne sera point une constance, mais une obstination perverse. Aussi nous faut-il bien veiller à ce que notre foi soit fondée en la parole de Dieu, et ensuite à ce qu'il y ait une constance ferme sans fléchir. Les papistes ont toujours en la bouche le commencement, et s'en vantent, d'autant qu'ils ont été dès leur enfance abreuvés de leurs superstitions. Sous cette ombre et couverture, ils se permettent de repousser et rejeter opiniâtrement la vérité manifeste. Une telle obstination nous sert de suffisant témoignage pour montrer que toujours il faut commencer par la certitude de la doctrine.

CAR SI CE QUE VOUS AVEZ OUI DES LE COMMENCEMENT EST PERMANENT, VOUS DEMEUREREZ AUSSI DANS LE FILS ET DANS LE PERE. Voilà le fruit de la persévérance : que ceux en qui la vérité de Dieu demeure, demeurent aussi en Dieu. Et nous en recueillons ce que c'est qu'il faut chercher en toute la doctrine de la vraie religion. Ainsi on peut bien dire que celui-ci à droitement profité, qui est venu jusque là, qu'il adhère tout à Dieu. Au contraire, celui en qui le Père n'habite point par son Fils, est vide, et n'y a rien en lui que vanité, quelque savoir qu'il ait. Or c'est une singulière louange de la saine doctrine, de dire qu'elle nous unit avec Dieu, et que nous trouvons en elle tout ce qui appartient à la vraie jouissance de Dieu.

Finalement l'Apôtre remontre que la ferme félicité consiste en ce que Dieu habite en nous. La façon de parler dont il use est ambiguë. Car nous pouvons entendre ou : *Telle est la promesse* par laquelle il nous a promis la vie éternelle, ou : *Telle est la promesse* qu'il nous a donnée, à savoir la vie éternelle. Toutefois, de quelque manière qu'on le veuille prendre, le sens est toujours tout un, et il sera donc loisible à un chacun de le prendre comme bon lui semblera. En somme, il signifie que nous ne vivrons point autrement, sinon que la semence de vie ayant été conçue, c'est-à-dire ayant pris racine en nos cœurs, soit par nous entretenue jusqu'à la fin. L'Apôtre S. Jean s'arrête beaucoup à traiter cet article, qu'en la connaissance de Christ gît non seulement le commencement de la vie bienheureuse, mais aussi sa perfection. Mais c'est une chose qui ne peut être répétée trop souvent, vu qu'il est notoire que ç'a toujours été une cause de ruine pour les hommes, que de ne point se contenter de Christ et de prendre plaisir à sortir hors de la simple doctrine de l'Evangile.

26. JE VOUS AI ECRIT CES CHOSES TOUCHANT CEUX QUI VOUS SEDUISENT. L'Apôtre s'excuse derechef, de ce qu'il avertit ceux qui étaient déjà doués de jugement et intelligence. Il le fait, afin qu'ils usent du jugement de l'Esprit, et que par ce moyen l'avertissement ne soit point inutile ; comme s'il eût dit : « Il est vrai que je fais mon devoir, mais cependant il est nécessaire que l'Esprit de Dieu vous gouverne et dirige en toutes choses. Car si l'Esprit ne vous parle au dedans, le son de ma voix aura beau battre vos oreilles, ou plutôt l'air, ce sera en vain. » Quand nous voyons ce qu'il a écrit touchant les séducteurs, il faut toujours noter qu'un pasteur bon et diligent ne doit point seulement avoir sollicitude d'assembler les brebis, mais aussi de chasser loin les loups. Car que profitera-t-il de mettre en avant la pure parole de l'Evangile, si nous fermons les yeux pour laisser libre cours aux tromperies manifestes de Satan ? Nul donc ne pourra fidèlement enseigner l'Eglise, s'il n'est attentif à rejeter et chasser les erreurs qu'il voit répandues par les séducteurs. Quant à ce qu'il dit : *L'onction que vous avez reçue de lui*, je le rapporte à Christ.

27. MAIS L'ONCTION QUE VOUS AVEZ REÇUE DE LUI DEMEURE EN VOUS, ET N'AVEZ POINT BESOIN QU'ON VOUS ENSEIGNE ; MAIS COMME LA MEME ONCTION VOUS ENSEIGNE TOUTES CHOSES, C'EST LA VERITE, ET N'EST POINT MENSONGE ; ET COMME ELLE VOUS A ENSEIGNES, VOUS DEMEUREREZ EN LUI. S. Jean se montrerait ridicule (comme j'ai dit ci-dessus) si sans raison et en vain il proposait la doctrine. Il ne leur attribue donc point une si grande sagesse, que cependant il ne les tienne plus pour disciples de Christ. Il veut dire seulement qu'ils ne sont pas du tout nouveaux et ignorants, tellement qu'il les faille enseigner comme de choses inconnues, et qu'il ne leur propose rien que le Saint-Esprit ne leur donne à entendre d'eux-mêmes tous les jours. C'est donc à tort que des gens fantasques empoignent ce témoignage pour rejeter hors de l'Eglise l'usage du ministère externe. Il dit que les fidèles, déjà instruits par la maîtrise du Saint-Esprit, entendent les choses qu'il enseigne, en sorte qu'ils n'ont pas besoin de les apprendre comme des choses inconnues. Il le dit afin d'autoriser mieux sa doctrine, d'autant que chacun trouve en son cœur une approbation de celle-ci gravée par le doigt de Dieu. Mais du moment que chacun a intelligence selon la mesure de sa foi, et que la foi est bien petite chez les uns, moyenne chez d'autres et parfaite chez aucun, il s'ensuit que nul n'a un si grand savoir, qu'il n'ait encore besoin de profiter. Davantage, il y a une autre utilité de la doctrine : c'est que, quand les hommes entendent bien ce qui est expédient, nous ne laissons pas pourtant de les réveiller par des admonitions, afin qu'ils en soient confirmés de plus en plus.

Car ce que S. Jean dit, qu'ils sont *enseignés de toutes choses par l'Esprit*, ne se doit point prendre généralement, mais se doit restreindre à la circonstance du présent passage. En somme, il ne regarde autre chose, qu'à confirmer leur foi en les ramenant à l'examen du Saint-Esprit, qui est seul suffisant approbateur et juge de la doctrine, quand il la scelle en nos cœurs, afin que nous soyons certains que c'est Dieu qui parle. Car comme la foi doit regarder en Dieu, il peut lui seul être témoin à soi-même pour persuader nos cœurs que ce que nos oreilles entendent vient de lui. Et c'est ce que signifient ces paroles : *Comme la même onction vous enseigne, c'est la vérité*, à savoir que l'Esprit de Dieu nous est comme un sceau, par lequel il faut que la vérité de Dieu nous soit certifiée.

Quant à ce qu'il ajoute : *Et ce n'est point mensonge*, il montre par cette parole un autre office du Saint-Esprit, qui est de nous diriger et nous douer de jugement et de discrétion, afin que nous ne soyons pas abusés par le mensonge, que nous ne demeurions point en suspens et en perplexité, et que nous ne chancelions pas et en soyons pas incertains comme en des choses douteuses.

ET COMME ELLE VOUS A ENSEIGNES, VOUS DEMEUREREZ EN LUI. Il avait dit que le Saint-Esprit demeure en eux ; maintenant il les exhorte à persister en la révélation de celui-ci, et touche nommément la substance de cette révélation. *Demeurez en Christ*, dit-il, *comme l'Esprit vous a enseignés*. Je sais bien que presque tous exposent ceci autrement, à savoir « demeurez en elle », en le rapportant à l'onction ; mais vu que la répétition qui s'ensuit aussitôt après ne convient qu'à Christ, je ne doute point qu'il ne parle ici aussi de Christ, et le contexte le requiert ainsi. Car l'Apôtre insiste toujours sur ce point, que les fidèles gardent la pure connaissance de Christ, et qu'ils ne tâchent point d'aller à Dieu par un autre chemin. Il démontre donc ouvertement que les enfants de Dieu ne sont illuminés par le Saint-Esprit à d'autre fin que de connaître le Christ.

Et s'ils ne se détournent point de là, il leur propose le fruit de leur persévérance, à savoir : *qu'ils auront assurance, en sorte qu'ils ne seront plus confus pour sa présence.* Car la foi n'est pas une appréhension de Christ nue et froide, mais un sentiment vif et plein d'efficace de sa puissance, sentiment qui engendre assurance. Et de fait, la foi ne pourrait autrement demeurer ferme, étant tous les jours assaillie de tant de vagues et de flots impétueux, sinon qu'elle eût sa vue dressée sur l'avènement de Christ, et si elle n'était appuyée sur la vertu de celui-ci, pour donner et apporter tranquillité aux consciences. Au surplus, on voit ici la nature de la confiance très bien exprimée, quand il dit qu'on se présente hardiment devant Christ, sans en avoir honte ni confusion. Car ceux qui se flattent à plaisir, et se lâchent la bride en leurs vices, tournent le dos à Dieu, et ne trouvent paix ni repos ailleurs qu'en oubliant Dieu. Et c'est là une assurance charnelle, qui endort les hommes et les rend stupides, en sorte qu'étant détournés de Dieu, ils n'ont point le péché en horreur, et ne craignent point la mort, alors qu'ils fuient le siège judiciaire de Christ. Mais la sainte confiance ne trouve repos qu'au regard et en la présence de Dieu. Ce qui fait que les fidèles attendent paisiblement Christ, et ne craignent point sa présence.

29. SI VOUS SAVEZ QU'IL EST JUSTE, SACHEZ QUE QUICONQUE FAIT CE QUI EST JUSTE EST NE DE LUI. Il vient derechef aux exhortations : comme en toute son épître il les entrelace volontiers avec la doctrine. Or il prouve par plusieurs arguments que la foi est nécessairement jointe à la vie pure et sainte. Le premier est que nous sommes engendrés spirituellement à la similitude de Christ, d'où il suit que nul n'est engendré de Christ, s'il ne vit justement. La chose est pourtant douteuse, de savoir s'il entend parler de Christ et de Dieu quand il dit *que ceux qui font ce qui est juste sont nés de lui.* Il est vrai que c'est une façon commune de parler de l'Ecriture, que nous sommes engendrés de Dieu en Christ ; mais il n'y a non plus d'absurdité en l'autre sens, à savoir que ceux qui sont renouvelés par l'Esprit de Christ, sont engendrés de lui.

CHAPITRE III

1. *Voyez*[1] *quelle charité le Père nous a donnée, que nous soyons nommez enfans de Dieu. Pource le monde ne vous cognoist point, d'autant qu'il ne le cognoist point.*
2. *Bien-aimez, nous sommes maintenant enfans de Dieu, mais ce que nous serons n'est point encores apparu : mais nous sçavons que quand il apparoistra, nous serons semblables à luy : car nous le verrons ainsi comme il est.*
3. *Et quiconque ha ceste espérance en luy, il se purifie, comme aussi luy est pur.*

1. VOYEZ QUELLE CHARITE LE PERE NOUS A DONNEE, QUE NOUS SOYONS NOMMES ENFANTS DE DIEU. POUR CELA LE MONDE NE VOUS CONNAIT POINT, D'AUTANT QU'IL NE LE CONNAIT POINT. C'est un second argument pris de la dignité et de l'excellence de notre vocation. Le Père céleste (dit-il) nous a fait un grand honneur, quand il nous a adoptés pour ses enfants. Cette grâce si excellente doit nous embraser du désir de vivre saintement, afin que nous lui soyons faits conformes. Et de fait, il ne se peut faire que celui qui se connaît être un des enfants de Dieu, ne se purifie. Et afin que l'exhortation ait plus grande véhémence, il amplifie la grâce de Dieu.

Car quand il dit que *cette charité nous a été donnée*, il signifie que cela procède d'une pure libéralité, quand Dieu nous répute pour ses enfants. Car d'où nous vient un si grand honneur, sinon de l'amour de Dieu ? Or il est ici montré que cet amour-là est gratuit. Il est vrai que cette manière de parler est impropre, mais l'Apôtre a mieux aimé parler improprement, que de ne pas exprimer ce qui était nécessaire d'être connu. En somme, il signifie que d'autant plus la bonté de Dieu a été répandue abondamment sur nous, d'autant plus nous lui sommes obligés. Comme S. Paul prie les Romains (Rom. *12* : 1) par les miséricordes de Dieu, qu'ils s'offrent à lui en pur sacrifice. Cependant, nous sommes enseignés que l'adoption de tous les fidèles est gratuite, et qu'elle ne dépend d'aucune considération des œuvres. Car ce que les sophistes disent, que Dieu adopte ceux qu'il prévoit devoir être dignes, est réfuté clairement par ces paroles de l'Apôtre. Car par ce moyen le don ne serait pas gratuit. Il est bien besoin et nécessaire d'entendre ce point de doctrine par-dessus tous autres. Car puisque l'adoption est la seule cause de notre salut, et que S. Jean témoigne qu'elle procède de la pure et seule dilection de Dieu, il ne laisse rien de reste, qu'on puisse attribuer à notre dignité ou aux mérites des œuvres. Car pourquoi sommes-nous enfants de Dieu ? C'est parce que Dieu a commencé à nous aimer gratuitement alors que nous sommes plutôt dignes d'être haïs que d'être aimés. Or puisque l'Esprit est le gage de notre adoption, il s'ensuit que s'il y a quelque bien en nous, tant s'en faut que nous le devions mettre en avant pour restreindre la grâce de Dieu ; reconnaissons plutôt que le tout procède de sa bonté.

[1] Ou, *vous voyez*.

Ce *nommer* dont il parle ne peut être un titre vain. Car c'est Dieu qui de sa propre bouche nous nomme et prononce ses enfants, comme il a imposé le nom à Abraham, suivant la grâce qu'il lui faisait à la vérité.

POUR CELA LE MONDE NE VOUS CONNAIT POINT, D'AUTANT QU'IL NE LE CONNAIT POINT. C'est une tentation qui donne de dangereux assauts à la foi. Car pour peu qu'on nous tienne pour enfants de Dieu, ou qu'on voie en nous quelque marque de cette condition excellente, presque tout le monde nous a en moquerie. Ainsi donc il est bien malaisé, en considérant l'état présent, d'en déduire que Dieu nous est Père, car le diable machine tout ce qu'il peut pour nous obscurcir ce bienfait. L'Apôtre remédie à ce scandale, quand il dit qu'on ne connaît pas encore ce que nous sommes, parce que le monde ne connaît point Dieu, et qu'il ne se faut donc pas ébahir s'il méprise les enfants de Dieu. On peut en voir un beau miroir en Isaac et Jacob. Car bien que tous deux fussent élus de Dieu, toutefois Ismaël persécutait Isaac de moqueries et gaudisseries (Gen. *21* : 9) et Esaü persécutait Jacob de menaces et de glaive (Gen. *27* : 41). Ainsi donc, quoiqu'il semble que nous soyons accablés en ce monde, néanmoins notre salut demeure debout en son entier.

2. BIEN-AIMES, NOUS SOMMES MAINTENANT ENFANTS DE DIEU, MAIS CE QUE NOUS SERONS N'EST POINT ENCORE APPARU ; MAIS NOUS SAVONS QUE QUAND IL APPARAITRA, NOUS SERONS SEMBLABLES A LUI, CAR NOUS LE VERRONS COMME IL EST. Il vient maintenant à parler du propre sentiment de chacun. Car quand encore les infidèles ne nous solliciteraient point à quitter notre espérance, toutefois notre condition présente est bien loin de la gloire des enfants de Dieu. Car quant au corps, que sommes-nous que poudre et ombre ? La mort est devant nos yeux à toutes heures. Nous sommes sujets à mille fâcheries ; et quant à l'âme, elle est sujette à des maux infinis. Ainsi nous trouverons toujours un enfer en nous. Aussi nous est-il d'autant plus nécessaire de détourner tous nos sens du regard des choses présentes, afin que les misères qui nous environnent de tous côtés, et dont nous sommes presque tout couverts, ne nous ôtent la certitude de cette félicité qui est encore cachée. Car c'est l'intention de l'Apôtre, de montrer que ce sera bien mal compris de nous, si nous estimons selon la condition présente la grâce que Dieu nous a faite ; il faut au contraire que notre foi soit assurée de ce qui n'apparaît point encore.

MAIS NOUS SAVONS QUE QUAND IL APPARAITRA NOUS SERONS SEMBLABLES A LUI. En lieu de *quand*, il y a proprement en grec *si*, mais il le faut traduire ainsi. Ce mot *apparaîtra* se prend en une autre signification qu'il ne faisait auparavant. L'Apôtre disait naguère que ce que nous serons n'est encore apparu, d'autant que le fruit de notre adoption est caché, parce que notre félicité est au ciel, et nous en sommes encore bien loin étant en ce pèlerinage terrestre. Car il y a grande différence entre cette vie caduque et sujette à toutes heures à cent morts, et la gloire éternelle promise aux enfants de Dieu, vu qu'étant enfermés en la prison de la chair comme des esclaves, nous sommes bien loin d'une pleine domination du ciel et de la terre. Mais maintenant il rapporte à Christ ces mots : *quand il apparaîtra*. Car il dit la même chose que ce qui est en S. Paul (Col. *3* : 3) : « Votre vie est cachée en Christ, mais quand Christ, qui est votre vie, apparaîtra, vous aussi alors apparaîtrez avec lui en gloire. » En effet notre foi ne peut être autrement ferme, sinon en regardant à la venue de Christ ; car voilà la cause pour laquelle Dieu diffère la manifestation de notre félicité et de notre gloire : parce que Christ n'est point encore manifesté avec la puissance de son royaume. Voici, dis-je, le seul moyen pour soutenir notre foi, que nous attendions patiemment la vie qui nous est promise. Si nous nous détournons tant peu que ce soit de Christ, il faudra nécessairement que nous défaillions.

Quand il dit *nous savons*, il exprime la certitude de la foi, afin que la distinguer avec une opinion ou supposition. Cependant il n'entend point une façon de savoir telle quelle, ou en général, mais celle que chacun doit approprier à sa personne en particulier, pour s'assurer qu'il sera un jour semblable à Christ. Ainsi donc, quoi que la manifestation de notre gloire soit suspendue jusqu'à la venue de Christ, nonobstant la connaissance de celle-ci est très bien fondée.

NOUS SERONS SEMBLABLES A LUI. Il n'entend pas que nous serons pareils. Car il faut bien qu'il y ait quelque différence entre le chef et les membres, mais nous lui serons semblables parce qu'il rendra notre corps vil conforme à son corps glorieux, comme S. Paul enseigne (Phil. *3* : 21). Car S. Jean a voulu montrer en bref que la dernière fin de notre adoption est que ce qui a précédé en Christ soit finalement accompli en nous. Toutefois il semble que la raison qu'il ajoute ne soit pas assez ferme. Car si le regard vers Christ nous doit faire semblables à Christ, les réprouvés auront une gloire commune avec nous, vu qu'ils le verront aussi. A cela je réponds qu'il est ici parlé d'un regard familier, que les infidèles et les réprouvés ne peuvent porter sans être tout à fait saisis de frayeur. Et même, outre qu'ils fuiront et auront en horreur la présence de Dieu, la gloire de celui-ci leur éblouira les yeux, en sorte qu'ils demeureront confus et éperdus. Car nous voyons comment Adam, se sentant coupable, craint de se trouver devant Dieu (Gen. *3* : 8). Et Dieu déclare au sujet des hommes en général, par Moïse : « Nul ne me verra, et vivra » (Ex. *33* : 20). Car il ne se peut faire autrement que la majesté de Dieu, qui est comme un feu dévorant, ne nous consume comme un fétu ou de la paille, tant est grande la faiblesse de notre chair. Mais en tant que l'image de Dieu est renouvelée en nous, nous avons les yeux disposés pour regarder Dieu. Il est vrai que Dieu commence à réparer son image en nous dès maintenant, mais c'est bien petitement. Ainsi nous ne pourrons voir Dieu face à face, jusqu'à ce que nous soyons dépouillés de toute la corruption de notre chair.

Ce qui est aussi exprimé par ces mots *ainsi comme il est.* Car il ne nous ôte point maintenant tout regard de Dieu, mais comme dit S. Paul (I Cor. *13* : 12) : « Maintenant nous voyons seulement en obscurité comme par un miroir. » Or il distingue ailleurs entre cette façon de voir, et le regard des yeux. En somme, Dieu se montre maintenant à voir, non pas tel qu'il est, mais tel que notre capacité le peut comprendre. Ainsi est accompli ce qui est dit en Moïse, que nous le voyons seulement comme par derrière (Ex. *33* : 23), parce qu'il y a une trop grande splendeur en sa face. Davantage, il faut noter que cette raison que S. Jean amène est prise de l'effet, et non pas de la cause. Car il ne dit pas que nous serons semblables parce que nous jouirons du regard de Dieu, mais il prouve que nous serons participants de la gloire divine, parce que si notre nature n'était faite spirituelle et douée de l'immortalité céleste, elle n'approcherait jamais de si près de Dieu. Toutefois, il n'y aura point en nous une telle perfection de gloire, que notre regard puisse comprendre Dieu entièrement. Car alors même, il y aura une longue distance et disproportion entre lui et nous. Mais quand l'Apôtre dit que nous le verrons comme il est, il parle d'une nouvelle façon de voir, qu'on ne pourrait exprimer et que nous n'avons point maintenant. Car tandis que nous cheminons par la foi, S. Paul enseigne que nous sommes absents de Dieu (II Cor. *5* : 6), et de fait, toutes les fois qu'il s'est donné à voir aux Pères, il a été toujours vu sous des figures, et non point en son essence. Ainsi donc la majesté de Dieu, qui est maintenant cachée, sera nue en elle-même quand le voile de cette nature mortelle et corruptible sera ôté. Je laisse de côté les autres questions subtiles. Car nous voyons combien S. Augustin se tourmente à leur sujet, et toutefois ne s'en peut dépêtrer, tant aux épîtres qu'il écrit à Fortunatian et à Pauline qu'au vingt-deuxième livre de la Cité de Dieu, et en beaucoup d'autres lieux. Néanmoins ce qu'il dit là est bien digne d'être noté, à savoir qu'en ces matières la vie y fait plus que le parler, et qu'il nous faut garder que pendant que nous nous enquérons en débattant comment Dieu peut être vu, nous ne perdions la paix et la sanctification, sans lesquelles nul ne le verra.

3. ET QUICONQUE A CETTE ESPERANCE EN LUI, SE PURIFIE, COMME AUSSI LUI EST PUR. Maintenant il conclut que l'exercice de la sainteté de vie ne se doit pas pourtant refroidir en nous, si notre félicité n'apparaît point encore ; car l'espérance suffit. Or nous savons qu'on espère les choses qui sont cachées. Ainsi donc le sens est que, bien que nous n'ayons point encore Christ présent à nos yeux, si toutefois nous espérons en lui, il ne se peut faire que cette espérance ne nous réveille et pousse à nous donner à la pureté, parce qu'elle nous conduit droit à Christ, le modèle accompli et parfait de cette pureté.

4. *Quiconque fait péché, fait aussi iniquité*[1] *: et péché est iniquité*[2].
5. *Et vous savez qu'il est apparu, afin qu'il ostat nos péchez : et il n'y a point de péché en luy.*
6. *Quiconque demeure en luy ne pèche point : quiconque pèche, ne l'a point veu, et ne l'a point cognu.*

4. QUICONQUE FAIT PECHE FAIT AUSSI INIQUITE ; ET PECHE EST INIQUITE. Le saint Apôtre a déjà montré ci-dessus combien nous sommes ingrats envers Dieu, et si nous estimons peu l'honneur d'adoption qu'il nous a fait de son bon gré, et si pour le moins nous ne l'aimions en retour. En ce même temps il a entretenu cette admonition, que notre affection ne doit point diminuer, parce que la béatitude promise est différée. Mais maintenant, vu que les hommes ont accoutumé de se flatter en leurs vices plus qu'il ne serait besoin, il corrige cette licence perverse, prononçant que tous ceux qui pèchent sont iniques et transgresseurs de la loi. Car il est vraisemblable qu'alors il y en avait quelques-uns qui amoindrissaient leurs péchés par ces flatteries. « Il ne se faut ébahir si nous péchons, vu que nous sommes des hommes, mais il y a grande différence entre le péché et l'iniquité. » S. Jean leur arrache des poings cette excuse frivole en donnant la définition du péché, à savoir que c'est la transgression de la loi divine. Car son intention est d'induire les hommes à avoir péché en haine et horreur. Le mot de *péché* semble être léger à certains, mais l'*iniquité* ou la transgression de la loi ne peut être pardonnée si facilement. Au reste l'Apôtre ne fait pas les péchés égaux, quand il taxe d'iniquité tous ceux qui pèchent, mais il veut montrer simplement que le péché procède du mépris de Dieu, et que quand on pèche, on viole la justice de la loi.

Cette doctrine de S. Jean n'a donc rien de commun avec l'opinion ou plutôt la rêverie étrange des stoïciens, qui disaient que tous les péchés sont égaux. Davantage, *pécher* en ce passage ne signifie pas faillir en quelque œuvre, et le nom de *péché* n'est pas pris pour chaque forfait ou délit ; mais il appelle péché, quand les hommes s'adonnent au mal de toute l'affection de leur cœur. Et il n'entend point qu'autres gens pèchent, sinon ceux qui prennent plaisir au péché. Car les fidèles qui sont encore travaillés par les concupiscences de la chair

[1] Ou, *contre la loy.*
[2] Ou, *ce qui est contre la loy.*

ne sont pas réputés iniques, bien qu'ils ne soient ni purs ni exempts de péché ; mais parce que le péché ne règne point en eux, S. Jean dit qu'ils ne pèchent point, comme je le déclarerai bientôt plus amplement. La somme de cette sentence est que la méchante vie de ceux qui s'abandonnent au péché et se lâchent la bride au mal, est haïe de Dieu, et qu'il ne la peut endurer, vu qu'une telle vie est contraire à sa loi. Il ne s'ensuit point, et l'on n'en peut déduire, que les fidèles soient iniques ; car ils désirent rendre obéissance et s'assujettir à Dieu, et se déplaisent en leurs vices, et cela en chaque forfait ; davantage, ils rangent et forment leur vie à l'obéissance de la loi, autant qu'ils peuvent. Mais quand il y a un propos délibéré ou une continuation perpétuelle de pécher, là il y a transgression de la loi.

5. ET VOUS SAVEZ QU'IL EST APPARU, AFIN QU'IL OTAT NOS PECHES, ET IL N'Y A POINT DE PECHE EN LUI. Il démontre par un autre argument combien grande répugnance il y a entre le péché et la foi. Car l'office de Christ est d'ôter les péchés, et il a été envoyé de son Père expressément à cette fin. Or par la foi nous sommes faits participants de la vertu de Christ. Quiconque croit en Christ doit donc nécessairement se purifier et nettoyer de ses péchés. Au reste, comme il est dit ailleurs (Jean *1* : 29), Christ ôte les péchés parce qu'il en a fait l'expiation et la satisfaction par le sacrifice de sa mort, afin qu'ils ne nous soient plus imputés devant Dieu. S. Jean en ce passage prend autrement ces mots « ôter les péchés », et entend que Christ ôte les péchés réellement et de fait, pour autant que notre vieil homme est crucifié par lui (Rom. *6* : 6) et que son Esprit mortifie par repentance notre chair avec ses mauvaises concupiscences. Car le fil et la déduction du texte ne peuvent porter que ceci soit exposé de la rémission, car, comme j'ai dit, il fait ainsi son argument : que ceux qui ne cessent de pécher anéantissent et rendent inutile le bénéfice de Christ, d'autant qu'il est venu pour abolir le règne du péché. Or cela se rapporte à la sanctification de l'Esprit.

ET IL N'Y A POINT DE PECHE EN LUI. Il ne parle point ici de la personne de Christ, mais de tout son corps. Il dit qu'en quelque endroit que Christ répande sa vertu, le péché n'a plus de lieu. Et il en conclut aussitôt que ceux qui demeurent en Christ ne pèchent point. Car s'il habite en nous par la foi, il parfait son œuvre, qui est de nous purifier des péchés. D'où il apparaît ce que signifie ici le mot de *pécher*. Car Christ ne nous renouvelle pas par son Esprit parfaitement en une heure ou en un moment, mais, ayant en partie commencé ce renouvellement, il le continue toute notre vie. Il ne se peut donc faire que les fidèles ne soient sujets à pécher, pendant qu'ils vivent dans le monde ; mais, en tant que le règne de Christ a vigueur en eux, le péché est aboli. Ils sont alors estimés par la principale partie d'eux-mêmes, c'est-à-dire qu'ils sont appelés justes, et est dit qu'ils vivent saintement, parce qu'ils aspirent à la justice d'une vraie sincérité de cœur.

Il est dit qu'*ils ne pèchent point*, parce que, bien qu'ils trébuchent et tombent par l'infirmité de leur chair, nonobstant ils ne consentent point au péché, mais plutôt lui résistent en gémissant, et combattent contre lui, en sorte qu'ils peuvent protester en vérité avec S. Paul qu'ils font contre leur gré le mal qu'ils ne veulent pas (Rom. *7* : 19). Il ajoute que les fidèles *demeurent en Christ*, parce que nous sommes greffés en lui par la foi, et sommes faits un avec lui.

6. QUICONQUE DEMEURE EN LUI NE PECHE POINT, QUICONQUE PECHE, NE L'A POINT VU, ET NE L'A POINT CONNU. Il a ajouté la contrepartie selon sa coutume, afin que nous sachions que c'est à tort et à fausses enseignes qu'on prétend à la connaissance et à la foi en Christ, si la nouveauté de vie n'y est conjointe. Car Christ, en quelque part qu'il règne, n'est nullement oisif, mais déploie la vertu de son Esprit. Or il a été dit que son œuvre propre est de chasser le péché, ni plus ni moins que le soleil écarte les obscurités et les ténèbres par sa clarté. Et nous sommes ici derechef enseignés, combien est vive et pleine d'efficace la connaissance de Christ, vu qu'elle nous transforme en son image. Ainsi par la vue et la connaissance, il n'est entendu autre chose que la foi.

7. *Mes petis enfans, nul ne vous séduise. Qui fait justice, est juste, comme iceluy est juste.*
8. *Qui fait péché, il est du diable : car le diable pèche dès le commencement. Or le Fils de*
Dieu est apparu, afin qu'il desfeist les œuvres du diable.
9. *Quiconque est nay de Dieu, ne fait point péché : car la semence d'iceluy demeure en luy :*
et ne peut pécher, pource qu'il est nay de Dieu.
10. *Par ceci sont manifestez les enfans de Dieu, et les enfans du diable.*

7. MES PETITS ENFANTS, NUL NE VOUS SEDUISE. QUI FAIT JUSTICE EST JUSTE, COMME LUI EST JUSTE. L'Apôtre enseigne ici qu'il faut que nous déclarions une nouveauté de vie par de bonnes œuvres et que cette similitude de Christ avec ses membres, dont il a parlé, n'est point en son être si elle ne produit ses fruits. Comme s'il disait : « Vu qu'il convient que nous soyons conformes à Christ, il faut que la vérité et le témoignage de cette conformité apparaissent en notre vie. C'est une exhortation semblable à celle que fait S. Paul au chapitre 5 des Galates, v. 25, disant : « Si vous vivez d'Esprit, cheminez aussi d'Esprit. » Car il y en a plusieurs qui voudraient volontiers faire à croire qu'ils ont une justice cachée en leurs œuvres, pendant que l'iniquité règne manifestement en leurs yeux, leurs pieds, leurs mains, et leur langue.

8. QUI FAIT PECHE, EST DU DIABLE, CAR LE DIABLE PECHE DES LE COMMENCEMENT. OR LE FILS DE DIEU EST APPARU, AFIN QU'IL DEFIT LES ŒUVRES DU DIABLE. Ce mot *faire péché* se rapporte aussi aux œuvres externes, tellement que le sens est que, quand les hommes se gouvernent méchamment et iniquement, il n'y a là nulle vie de Dieu, ni de Christ, mais cette sorte de gens sont plutôt esclaves du diable. Par cette façon de parler, il exprime mieux combien ils sont discordants d'avec Christ. Car de même qu'il a mis ci-dessus Christ comme fontaine de toute justice, de même à l'opposé il met ici le diable chef de péché. Il a dit que nul n'est de Christ, s'il n'est juste, et s'il ne se déclare tel par ses œuvres ; maintenant il renvoie tous les autres à la compagnie du diable, et les met sous la sujétion et tyrannie de celui-ci, afin que nous sachions qu'il n'y a point d'entre-deux, et que la tyrannie de Satan occupe la place, là où la justice de Christ ne domine point. Toutefois il ne faut point forger avec les manichéens deux principes contraires. Car nous savons que le diable n'est point mauvais de nature, ni de l'origine de la création, mais par le vice de sa révolte et de son apostasie. Nous savons au surplus qu'il n'est pas égal à Dieu, pour débattre contre lui tête à tête, comme on dit, mais qu'il est tenu de court contre son gré, tellement qu'il ne peut rien que par le consentement et le bon plaisir de son créateur. Finalement, quand S. Jean dit que les uns sont engendrés de Dieu, et les autres du diable, il ne dresse rien qui approche de la rêverie des manichéens, à savoir que la substance de Dieu ou du diable passe en nous ; mais il veut dire que les premiers sont gouvernés par l'Esprit de Christ, et les autres sont transportés par le diable, dans la mesure où Dieu lui donne cette puissance contre les incrédules.

CAR LE DIABLE PECHE DES LE COMMENCEMENT. De même que précédemment il ne parlait point seulement de la personne de Christ, quand il disait qu'il est juste, mais le mettait comme source et cause de justice, de même maintenant, quand il dit que le diable pèche, il comprend tout le corps de celui-ci, c'est-à-dire tous les réprouvés, comme s'il disait que cela est propre au diable d'inciter à pécher. D'où il s'ensuit que tous ceux qui sont adonnés au péché sont membres du diable et gouvernés par lui. Au reste, ce « commencement » dont l'Apôtre fait mention, ne signifie pas une éternité, comme quand il montre que la Parole a été dès le commencement. Car il y a une grande différence entre Dieu et les créatures. Le commencement en Dieu n'a point de temps ; autrement dit, vu que la Parole a été toujours avec Dieu, on ne trouvera aucun point de temps auquel elle ait commencé d'être ; ainsi il faut nécessairement en venir à l'éternité. Mais ici S. Jean ne veut dire autre chose, sinon que le diable dès le commencement du monde a été apostat, et depuis n'a cessé de répandre son venin parmi les hommes.

OR LE FILS DE DIEU EST APPARU AFIN QU'IL DETRUISIT LES ŒUVRES DU DIABLE. Il répète par d'autres paroles cela même qu'il avait dit auparavant, que Christ est venu pour ôter les péchés du monde. Nous avons à en déduire deux choses : que ceux en qui le péché règne, ne peuvent être réputés du nombre des membres de Christ, et n'appartiennent aucunement à son corps. Car partout où Christ déploie sa vertu, il en chasse le diable et le péché. Ce que S. Jean ajoute tout de suite après.

Car la phrase suivante , où il dit que *quiconque est né de Dieu ne fait point de péché, car la semence de Dieu demeure en lui ; et il ne peut pécher, parce qu'il est né de Dieu*, est la conclusion des choses précédentes. C'est un argument pris de choses contraires, comme j'ai déjà dit, vu que le règne de Christ, qui apporte nécessairement avec lui la justice, ne peut coexister avec le péché.

Au reste, j'ai déjà touché ci-dessus ce que signifie *ne pécher point*. Car il n'exempte point entièrement les enfants de Dieu de tout péché, mais il dit que nul ne se peut glorifier en vérité de ce titre, s'il ne s'étudie à former et régler sa vie sous l'obéissance à Dieu, de cœur et sans feinte. Il est vrai que les Pélagiens et les Cathares ont anciennement abusé de ce passage, imaginant que les fidèles étaient pourvus d'une pureté angélique en ce monde. Et même en notre temps, certains anabaptistes ont renouvelé cette rêverie. Mais tous ceux qui imaginent une telle perfection déclarent assez combien leur conscience est assoupie et stupide. Et tant s'en faut que les paroles du saint Apôtre favorisent leur erreur, qu'au contraire elles sont suffisantes pour la réfuter. Il dit que ceux qui sont nés de Dieu ne pèchent point. Maintenant il faut voir si Dieu nous régénère en un moment. Or il est certain que la régénération est commencée en nous de telle façon que jusqu'à la mort il demeure en nous des reliques du vieil homme. Si donc la régénération n'est point encore pleine et parfaite, elle ne nous exempte pas de la servitude du péché, sinon selon sa mesure. Ainsi il est clair qu'il ne se peut faire que les enfants de Dieu n'aient des péchés, ni qu'ils ne pèchent tous les jours, en tant qu'ils ont encore quelque reste de leur vieille nature ; et toutefois ce que l'Apôtre prétend ici ne laisse pas de demeurer véritable et ferme, à savoir que tel est le but de la régénération, que le péché soit aboli ; et pour cette cause tous ceux qui sont nés de Dieu vivent justement et saintement, d'autant que l'Esprit de Dieu corrige en eux cette affection volontaire à pécher.

Et c'est ce qu'entend l'Apôtre par *la semence de Dieu*. Car l'Esprit de Dieu forme tellement les cœurs des fidèles à de saintes affections et un pur zèle, que la chair avec ses concupiscences ne domine point, mais est réprimée, comme si elle était domptée sous le joug. En somme, S. Jean donne aux élus le plus haut lieu à l'Esprit, qui soit pour réprimer le péché par sa vertu, et ne le point laisser régner.

ET IL NE PEUT PECHER, PARCE QU'IL EST NE DE DIEU. L'Apôtre monte maintenant plus haut. Car il déclare nettement que les cœurs des fidèles sont gouvernés par l'Esprit de Dieu avec efficace, en sorte qu'ils suivent son gouvernement et sa conduite d'une affection qui ne fléchit pas. Or ceci est bien loin de la doctrine des papistes. Les sorbonistes confessent bien que la volonté de l'homme ne peut désirer ce qui est droit, si elle n'est aidée par l'Esprit de Dieu ; mais ils imaginent un mouvement de l'Esprit qui laisse ensuite à notre liberté le choix du bien ou du mal. Et de là ils font sortir les mérites, pour la raison que nous obtempérons à la grâce de l'Esprit de notre bon gré, grâce qu'il était en notre puissance de rejeter. Bref, ils ne reconnaissent point d'autre grâce du Saint-Esprit, sinon qu'il fait que nous puissions bien vouloir s'il nous semble bon. Mais S. Jean parle ici bien autrement. Car il n'enseigne pas seulement que nous pouvons ne point pécher, mais que le mouvement du Saint-Esprit est de si grande efficace qu'il nous retient nécessairement en une obéissance ferme et continuelle de justice. Et avec cela, il y a bien d'autres passages de l'Ecriture par lesquels ont peut reconnaître que le Saint-Esprit réforme tellement la volonté, qu'elle ne peut être que droite. Car Dieu témoigne qu'il donne un cœur nouveau à ses enfants, et promet qu'il fera qu'ils chemineront en ses ordonnances et commandements (Ez. *36* : 27). De plus, S. Jean n'enseigne pas seulement avec quelle efficace Dieu besogne en l'homme pour une fois, mais affirme clairement que le Saint-Esprit poursuit sa grâce en nous jusqu'à la fin, en sorte qu'avec la nouveauté de vie il y a une persévérance ferme et constante. Ainsi donc, n'imaginons point avec les sophistes un demi-mouvement, qu'il soit en la liberté de l'homme de suivre ou de rejeter, mais sachons que nos cœurs sont gouvernés par l'Esprit de Dieu, pour adhérer constamment à la justice.

Au reste, il est facile de repousser l'absurdité que les sophistes objectent. Ils disent que par ce moyen la volonté est ôtée aux hommes. Mais c'est à tort qu'ils parlent ainsi. Car la volonté est de nature ; mais parce que la corruption de la nature ne peut engendrer que des affections mauvaises et perverses, il faut que la volonté soit réformée par l'esprit de Dieu afin qu'elle commence à devenir bonne. Davantage, d'autant que les hommes se détourneraient incontinent du droit chemin, il est nécessaire que ce même esprit conduise jusqu'à la fin ce qu'il a commencé. Quant au mérite, la réponse est facile à faire. Car il ne faut pas trouver absurde si les hommes ne méritent rien, et que toutefois les œuvres qui procèdent de la grâce du Saint-Esprit ne laissent point d'êtres estimées bonnes, d'autant qu'elles sont volontaires. Elles ont aussi loyer et salaire, bien qu'elles soient imputées aux hommes gratuitement, ni plus ni moins que si elles étaient d'eux.

Mais on peut faire ici une question, à savoir si depuis l'heure qu'un homme est régénéré par l'Esprit de Dieu, l'amour et la crainte de Dieu ne peuvent jamais être éteintes en lui. Car il semble que les paroles de l'Apôtre emportent cela. Ceux qui sont d'autre opinion allèguent l'exemple de David, qui a été pour quelque temps si assoupi d'une pure stupidité, qu'il n'apparaissait en lui aucune étincelle de l'Esprit. Et même au Psaume *51* : 12, il fait requête à Dieu que cet Esprit lui soit rendu, d'où il s'ensuit qu'il en avait été privé. Toutefois quant à moi, je ne doute point que cette sentence par laquelle Dieu régénère ses élus, puisqu'elle est incorruptible, ne retienne une vertu perpétuelle. Je confesse bien qu'il se peut faire qu'elle est quelquefois étouffée, comme en David ; mais toutefois, lorsqu'il semblait que toute crainte et révérence de Dieu fût éteinte en lui, il y avait comme un charbon incandescent caché sous des cendres. Il est vrai que Satan s'efforce d'arracher des cœurs des élus tout ce qui y est de Dieu ; mais à l'heure que la bride lui est le plus lâchée, il demeure toujours au cœur quelque racine cachée, qui vient ensuite à repousser. Au reste, S. Jean ne parle point ici d'un acte seul, comme on dit, mais du train continuel de la vie. Certains fantasques songent qu'il y a chez les élus je ne sais quelle semence éternelle, qu'ils apportent toujours du ventre de leur mère. Mais il font violence trop lourdement et sottement aux paroles de S. Jean. Car il ne dispute point de l'élection éternelle, mais il commence par la régénération. Il y a aussi d'autres furieux au double, qui sous ce prétexte veulent que toutes choses soient licites aux fidèles, puisque S. Jean dit qu'ils ne peuvent pécher. Ils veulent donc que nous suivions indifféremment tout ce à quoi notre désir nous transportera. Ainsi ils donnent congé de paillarder, de tuer, de dérober, d'autant que ce ne peut être péché où l'Esprit de Dieu régne. Mais l'intention du saint Apôtre est bien autre. Car il dit que les fidèles ne pèchent point, parce que Dieu a gravé sa loi en leurs cœurs, comme dit le Prophète Jérémie, au chapitre *31*, v. 33.

10. PAR LA SONT MANIFESTES LES ENFANTS DE DIEU, ET LES ENFANTS DU DIABLE. Il conclut en peu de paroles, que ceux-là usurpent en vain et à fausses enseignes le nom et le titre d'enfants de Dieu, qui ne se montrent tels par une bonne et sainte vie, vu que c'est la marque qui fait la différence entre les enfants de Dieu et ceux du diable. Au reste, il n'entend pas qu'ils soient tellement manifestés, que tout le monde les puisse connaître manifestement et au premier coup d'œil, comme on dit ; mais il veut dire seulement que le fruit et l'effet de l'adoption divine se montrent toujours dans la vie.

Quiconque ne fait point justice, et qui n'aime point son frère n'est point de Dieu.
11. *Car voyci ce que vous avez ouy annoncer dés le commencement,* asçavoir *que nous aimions l'un l'autre*[1] *:*
12. *Non point comme Caïn,* qui *estoit du malin, et tua son frère. Et pour quelle cause le tuoit-il ? Pource que ses œuvres estoyent mauvaises, et celles de son frère estoyent justes.*
13. *Mes frères, ne vous esmerveillez point si le monde vous hait.*

QUICONQUE NE PRATIQUE POINT LA JUSTICE, ET QUI N'AIME POINT SON FRERE N'EST POINT DE DIEU. Pratiquer la justice, et pratiquer le péché sont mis ici à l'opposé l'un de l'autre. Pratiquer la justice n'est donc autre chose que craindre Dieu en vérité de cœur, et cheminer en ses commandements, selon que la fragilité humaine le peut porter. Car bien que la justice (à prendre le mot exactement et à la rigueur) ne puisse être qu'en une pleine et parfaite observation de la loi, dont les fidèles sont toujours bien loin, toutefois parce que Dieu ne leur impute point leurs fautes et péchés, cette demi et imparfaite obéissance qu'ils lui rendent est appelée Justice. Or S. Jean dit et déclare que tous ceux qui ne vivent pas justement ne sont point de Dieu, vu que tous ceux que Dieu appelle à soi, il les régénère par son Esprit. Par quoi la nouveauté de vie est un témoignage perpétuel de l'adoption divine.

ET QUI N'AIME POINT SON FRERE. Il applique à son propos la doctrine générale. Car jusqu'ici il a exhorté les fidèles à la charité fraternelle, et maintenant il rapporte à ce même but la somme de la vraie justice. Ainsi ce membre de phrase est ajouté par forme d'explication. Au reste, j'ai déjà dit ci-devant pour quelle raison la justice entière est comprise sous la charité fraternelle. A vrai dire, l'amour de Dieu tient le premier lieu. Mais parce

[1] Jean *13* : 34 et *15* : 12.

que la charité fraternelle entre les hommes dépend de cet amour-là, bien souvent on le comprend sous la charité, et la charité sous cet amour, par la figure nommée synecdoque. Ainsi donc, il dit que selon que chacun s'adonne à la charité, et use d'humanité envers les autres, il est et se montre juste, parce que la charité est l'accomplissement de la loi.

Il confirme cette doctrine, en disant que les fidèles ont été ainsi enseignés *dès le commencement.* Car il indique par ces paroles que cette définition qu'il donne ne leur doit point sembler nouvelle.

12. NON POINT COMME CAIN, QUI ETAIT DU MALIN, ET TUA SON FRERE. ET POUR QUELLE CAUSE LE TUA-T-IL ? PARCE QUE SES ŒUVRES ETAIENT MAUVAISES, ET CELLES DE SON FRERE ETAIENT JUSTES. C'est une autre confirmation prise de la chose contraire, à savoir de ce que la haine règne chez les réprouvés et les enfants du diable, et (par manière de dire) tient une principauté en leur vie, ce dont il propose un miroir en Caïn. Cependant cela sert pour leur consolation, comme aussi il conclut finalement : *Ne vous émerveillez si le monde vous hait.* Il faut diligemment noter cette déclaration. Car les hommes se trompent toujours en leur façon de vivre, parce qu'ils font consister la sainteté en des œuvres fondées sur des inventions humaines, et quand ils se sont bien tourmentés après je ne sais quels fatras, ils pensent être doublement agréables à Dieu. Comme les moines attribuent à leur façon ce vivre de titre d'orgueil, de l'appeler « état de perfection ». Et en la papauté on ne pense point qu'il y ait un autre service de Dieu, qu'un amas de folles superstitions. Mais S. Jean témoigne qu'en ceci consiste la justice vraiment agréable à Dieu, que nous nous aimions mutuellement ; au contraire, que le diable règne où règnent la haine, les débats, l'envie, la malveillance et l'inimitié. Toutefois il nous faut avoir mémoire de ce que j'ai naguère touché, que la charité fraternelle n'est point séparée de l'amour de Dieu, parce qu'elle en procède comme l'effet procède de sa cause ; mais S. Jean la loue plutôt de ce qu'elle est le témoignage de l'amour et de la crainte que nous avons de Dieu. Quand il dit que Caïn a été incité à tuer son frère, parce que ses œuvres étaient mauvaises, il signifie ce que j'ai déjà montré, que là où l'impiété a régné, là semblablement la haine se répand en toutes les entreprises de la vie. Après, il dit que *les œuvres d'Abel étaient justes*, afin que nous apprenions à supporter patiemment, si le monde nous hait pour son plaisir, sans que nous lui ayons fait le mal.

14. *En ce que nous aimons les frères, nous sçavons que nous sommes transférez de la mort à la vie : Qui n'aime point son frère, il demeure en la mort.*
15. *Quiconque hait son frère est meurtrier, et vous sçavez que nul meurtrier n'ha point la vie éternelle demeurante en soy.*
16. *A ceci nous avons cognu la charité, qu'il a mis sa vie pour nous : nous devons donc aussi mettre nos vies pour les frères.*
17. *Or qui aura des biens de ce monde, et verra son frère avoir nécessité, et luy fermera ses entrailles, comment demeure la charité de Dieu en luy ?*
18. *Mes enfans, n'aimons point de parole, ne de langue, mais d'œuvre et vérité.*

14. EN CE QUE NOUS AIMONS LES FRERES, NOUS SAVONS QUE NOUS SOMMES TRANSFERES DE LA MORT A LA VIE ; QUI N'AIME POINT SON FRERE DEMEURE EN LA MORT. Il orne d'un beau titre la charité fraternelle, disant que c'est un témoignage *que nous sommes transférés de la mort à la vie.* D'où s'ensuit que si nous aimons les frères, nous sommes bienheureux, et au contraire nous sommes misérables si nous les haïssons. Il n'y a personne qui ne désire être délivré de la mort, et en sortir. Par conséquent il faut bien dire que ceux-là sont plus que stupides, qui à leur escient nourrissent leur mort en couvant quelque haine en leurs cœurs. Au reste, quand l'Apôtre dit que par la charité on connaît que nous sommes passés de la mort à la vie, il ne veut pas dire que l'homme soit le libérateur de lui-même, comme si en aimant ses frères il se délivrait de la mort et s'acquerrait la vie. Car il ne traite point ici de la cause du salut, mais, d'autant que la charité est le principal fruit de l'Esprit, elle est aussi un signe certain de la régénération. Ainsi l'Apôtre argumente par le signe, et non par la cause. Car parce que nul n'aime les frères d'une vraie affection, s'il n'est régénéré par l'Esprit de Dieu, on peut bien en conclure que l'Esprit de Dieu, qui est la vie, habite en tous ceux qui aiment les frères. Mais ce serait mal inférer que de conclure de là qu'on acquiert la vie par la charité, vu qu'elle ne précède pas, mais vient après. Il y aurait beaucoup plus d'excuse en cet argument : si la charité nous rend certains de notre vie, il s'ensuit que l'assurance du salut repose sur les œuvres. Mais encore n'est-il pas difficile à résoudre. Car bien que toutes les grâces de Dieu soient comme des aides ou des appuis par lesquels la foi est confirmée et soutenue, celle-ci ne laisse pas pourtant d'avoir son fondement en la seule miséricorde de Dieu. Pour exemple de cela on pourrait prendre une chose qui se voit tous les jours. Quand nous jouissons de la clarté, nous sommes certains que le soleil luit ; si le soleil jette ses rayons au lieu où nous sommes, nous avons encore une clarté plus grande. Toutefois, encore qu'il n'y ait nuls rayons visibles qui parviennent jusqu'à nous, cela seul nous suffit que le soleil répande sa clarté jusqu'à nous. Pareillement, dès que la foi est fondée en Christ, quelques choses pourront bien survenir qui lui serviront d'aides ; cependant elle se repose sur la grâce seule de Christ.

15. QUICONQUE HAIT SON FRERE EST MEURTRIER, ET VOUS SAVEZ QUE NUL MEURTRIER N'A LA VIE ETERNELLE DEMEURANT EN LUI. Pour nous inciter davantage à la charité, il montre combien c'est une chose détestable devant Dieu que la haine. Il n'y a personne qui n'ait en horreur le meurtre, et même le nom seul est en exécration à tous. Or S. Jean déclare que quiconque hait son frère est homicide. Il était impossible d'en parler en termes plus terribles, et néanmoins ce n'est point un langage hyperbolique, c'est-à-dire qui excède la mesure de la vérité. Car dès que nous haïssons un homme, nous voudrions qu'il fût mort. Et c'est tout un, encore qu'on s'abstienne de l'outrager de fait, car la volonté de nuire est condamnée devant Dieu aussi bien que l'effort. Et même quand nous n'aurions nul désir de nuire, si toutefois nous désirons que mal advienne à notre frère de quelque autre part, alors nous sommes aussi meurtriers et homicides. S. Jean donc décrit simplement la chose comme elle est, quand il appelle haine, meurtre. Et en cela se voit la folie des hommes. Ils auront le nom en horreur et abomination, et n'estimeront presque rien le crime. Or d'où vient cela ? Certes c'est parce que l'apparence extérieure des choses occupe tous nos sens, mais l'affection intérieure vient en compte devant Dieu. Ainsi, afin que nous n'amoindrissions plus un mal si grave et horrible apprenons à rapporter nos jugements au siège judiciaire de Dieu.

16. A CECI NOUS AVONS CONNU LA CHARITE, QU'IL A MIS SA VIE POUR NOUS ; NOUS DEVONS DONC AUSSI METTRE NOS VIES POUR NOS FRERES. Il montre maintenant quelle est la vraie charité. Car ce ne serait point assez de la louer, si on n'entendait en quoi elle consiste. Or il propose la parfaite règle de la charité dans l'exemple de Christ, d'autant qu'en n'épargnant point sa propre vie, il a rendu bon témoignage combien il nous aimait. Il veut donc que nous tendions à ce but. La somme est que notre charité se montre vraie en ceci, à savoir si nous transférons l'amour de nous-mêmes à nos prochains en sorte que chacun s'oubliant (par manière de dire) soi-même, procure le bien des autres. Cela est bien certain, qu'il s'en faut beaucoup que nous ressemblions à Christ, mais l'Apôtre nous recommande de suivre cet exemple, pour que, bien que nous ne le puissions atteindre, du moins faut-il que nous suivions ses pas de loin. Et de fait, puisque l'intention de l'Apôtre est d'abattre toute la vanterie des hypocrites, qui se vantent d'avoir la foi en Christ, alors qu'ils n'ont cependant aucun amour fraternel, il expose par ces paroles que, si cette affection et ce zèle de charité ne règnent pas en nos cœurs, nous n'avons aucune accointance ni participation avec Christ. Toutefois, comme j'ai dit, il ne nous propose pas tellement la charité de Christ au point d'en requérir de nous une semblable et égale. Car que serait-ce , sinon mettre en désespoir tout ce qu'il y a d'hommes au monde ? Mais il veut que nos affections soient rangées là, que nous désirions employer notre vie et nous exposer à la mort, premièrement pour Dieu, et puis pour nos frères. Il y a une autre différence entre Christ et nous, c'est que la vertu de notre mort ne peut être semblable. Car la colère de Dieu n'est point apaisée par notre sang, ni la vie acquise, ni la peine que les autres ont méritée, payée par notre mort. Mais S. Jean en cette comparaison n'a point eu égard à la fin ou à l'effet de la mort de Christ, mais il a seulement voulu que notre vie fût conformée à son exemple.

17. OR QUI AURA DES BIENS DE CE MONDE, ET VERRA SON FRERE AVOIR NECESSITE ET LUI FERMERA SES ENTRAILLES, COMMENT DEMEURE LA CHARITE DE DIEU EN LUI ? Il parle maintenant des devoirs communs de la charité, qui découlent de cette première source, à savoir quand nous sommes prêts à nous employer jusqu'à la mort pour nos prochains. Bien qu'il semble qu'il fait un argument du plus grand au plus petit. Car qui refuse de subvenir de ses biens aux besoins de son frère, sa vie demeurant sauve et entière, comment à ce prix y emploierait-il sa vie ? Il dit donc qu'il n'y a nulle charité en nous, si nous refusons notre aide à nos prochains. Au reste, il recommande tellement la bienfaisance et la charité externes, qu'il exprime très bien ainsi quelle est la vraie façon de faire du bien aux prochains, et de quelle affection elle doit être gouvernée. Tenons donc à ce point pour la première maxime, que nul n'aime ses frères à la vérité, qu'il ne le montre par effet, toutes les fois que la nécessité le requiert. La seconde est que, dans la mesure de son pouvoir et de ses moyens, chacun est tenu d'aider ses frères, car par ce moyen le Seigneur nous donne matière d'exercer la charité fraternelle. La troisième, qu'il faut regarder quelle est la nécessité de chacun. Car selon que chacun a besoin de manger et boire, ou d'autres choses dont nous sommes pourvus en abondance, en cela déjà il requiert notre aide. La quatrième, qu'il n'y a bienfait ni aucune façon de charité qui soit agréable à Dieu, si elle n'est conjointe avec la compassion. Plusieurs sont libéraux en apparence, qui toutefois ne sont nullement touchés de misères et pauvretés de leurs frères. Mais l'Apôtre nous commande d'ouvrir nos entrailles, ce que nous faisons quand nous sommes touchés quasi d'un même sentiment, en sorte que nous ayons autant de compassion des maux d'autrui que des nôtres propres.

COMMENT DEMEURE LA CHARITE DE DIEU EN LUI ? Il est ici question de la dilection des frères : à quel propos donc parle-t-il de la dilection de Dieu ? C'est qu'il nous faut retenir ce principe, qu'il ne se peut faire que la charité de Dieu n'engendre en nous la dilection fraternelle. Et par ce moyen Dieu éprouve si nous l'aimons, quand il nous commande d'aimer les hommes pour l'amour de lui, comme il est dit : « Ma bénignité ne parviendra point jusqu'à toi, mais mon affection et mon plaisir sont envers les saints qui sont en la terre » (Ps. *16* : 2).

18. MES ENFANTS, N'AIMONS POINT DE PAROLE, NI DE LANGUE, MAIS D'ŒUVRE ET DE VERITE. Il parle par forme de concession en ce premier membre de phrase. Car ce n'est point de l'amour, quand nous aimons seulement de parole et de langue, mais parce qu'il y en a plusieurs qui à fausses enseignes se vantent d'aimer, S. Jean accorde que leur feintise soit nommée amour, comme on le fait souvent. Toutefois par l'autre membre de phrase, il blâme leur vanité, quand il dit qu'il n'y a point de vérité, sinon quand on le montre par ses œuvres. Car il faut comprendre ces paroles de cette façon : « Ne protestons point seulement de bouche que nous aimons, mais montrons-le par nos œuvres, car c'est là la vraie façon d'aimer ».

19. *Car à ceci cognoissons-nous que nous sommes de vérité, et asseurons nos cœurs devant luy.*
20. *Que si nostre cœur nous condamne, Dieu certes est plus grand que nostre cœur, et cognoist toutes choses.*
21. *Bien-aimez, si nostre cœur ne nous condamne point, nous avons asseurance envers Dieu.*
22. *Et quoy que nous demandions, nous le recevons de luy : car nous gardons ses commandemens, et faisons les choses qui sont plaisantes devant luy.*

19. CAR A CECI NOUS CONNAISSONS QUE NOUS SOMMES DE LA VERITE, ET NOUS ASSURONS NOS CŒURS DEVANT LUI. Il prend maintenant ce mot de « vérité » en une autre signification ; mais c'est une rencontre de mots qui a bonne grâce, que si nous aimons nos prochains en vérité, en cela nous avons témoignage que nous sommes nés de Dieu, qui est la vérité, ou que la vérité de Dieu agit en nous. Or il nous faut toujours réduire en mémoire que la connaissance dont parle l'Apôtre, nous ne l'avons pas par la charité, comme s'il fallait chercher en elle la certitude de notre salut. Et de fait, nous ne savons pas autrement que nous ne sommes enfants de Dieu, sinon d'autant qu'il grave et scelle en nos cœurs et par son Saint-Esprit son adoption gratuite ; et nous, de notre côté, nous en recevons par la foi le gage certain offert en Christ. La charité est donc un accessoire ou une aide inférieure pour appuyer et soutenir la foi, et non point le fondement, sur lequel celle-ci soit fondée. Pourquoi est-ce donc que S. Jean dit que nous avons nos cœurs certains devant Dieu ? Certes il nous avertit par ces paroles, que la foi ne peut être sans bonne conscience. Non pas que la persuasion et la certitude procèdent ou dépendent de là, mais parce qu'alors nous sommes vraiment persuadés et non point à fausses enseignes, de l'union que nous avons avec Dieu, quand l'efficace du Saint-Esprit se manifeste en notre charité. Car il nous faut toujours regarder ce que l'Apôtre veut dire. Car parce qu'il condamne une profession de foi feinte et fausse, il dit que nous ne pouvons autrement avoir une persuasion assurée devant Dieu, sinon que son Esprit produise en nous le fruit de la charité. Or bien que la bonne conscience ne puisse être séparée de la foi, toutefois on ne pourra jamais en déduire qu'il faille regarder à nos œuvres pour avoir ferme persuasion.

20. QUE SI NOTRE CŒUR NOUS CONDAMNE, DIEU CERTES EST PLUS GRAND QUE NOTRE CŒUR, ET CONNAIT TOUTES CHOSES. Il prouve au contraire que ceux à qui manque le témoignage d'une bonne conscience se vantent en vain du nom et de l'apparence de chrétiens. Car si un homme a mauvaise conscience, et est condamné par le propre sentiment de son cœur, il évitera beaucoup moins le jugement de Dieu. Il s'ensuit donc que l'inquiétude de la mauvaise conscience renverse la foi. Quand il dit que *Dieu est plus grand que notre cœur*, c'est par rapport au jugement : à savoir parce qu'il a une vue plus aiguë que nous, et fait ses enquêtes plus vives, et juge en plus grande sévérité. Pour cette même raison S. Paul dit dans la première aux Corinthiens (I Cor. *4* : 4) que, bien qu'il ne se sente en rien coupable, toutefois il n'est point justifié pour autant. Car il reconnaît que, quoiqu'il soit diligemment attentif à faire son office, néanmoins il est en défaut sur plusieurs points, et sans y penser se pardonne des fautes que cependant Dieu aperçoit bien. L'Apôtre veut donc dire qu'il ne se peut faire que celui qui est pressé et étreint de sa propre conscience, évite le jugement de Dieu.

A cela même tend ce qu'il ajoute aussitôt après, à savoir que *Dieu voit et connaît toutes choses*. Car comment se pourrait-il faire que les choses que nous sommes contraints de voir fussent cachées à Dieu, vu que nous avons les yeux tout éblouis, voire même aveugles en comparaison de lui ? Il faut donc comprendre ces paroles ainsi : « Vu que Dieu voit toutes choses, il est bien plus grand que notre cœur. » Car ce n'est pas une chose nouvelle que ce mot *et* soit pris pour *car*. Maintenant le sens est clair, à savoir que Dieu a une connaissance qui pénètre plus avant que le sentiment de notre conscience, tellement que nul ne peut tenir devant lui, s'il n'est soutenu par une intégrité et rondeur de conscience.

Mais on fait ici une question : il est certain que Satan plonge quelquefois les réprouvés jusqu'à une telle stupidité, qu'ils ne sentent plus leurs maux et se jettent dans leur ruine sans considération et sans aucune doléance ou crainte, comme dit S. Paul aux Ephésiens (Eph. *4* : 19). Il est certain aussi que les hypocrites ont accoutumé de se flatter, et de mépriser orgueilleusement le jugement de Dieu, parce qu'étant enivrés d'une fausse opinion de justice, ils ne sont point touchés du sentiment de leurs péchés. La réponse est facile à faire : que les hypocrites sont trompés, parce qu'ils fuient la lumière, et les réprouvés ne sentent rien, parce qu'ils s'éloignent de Dieu. Et qui plus est, la mauvaise conscience n'a nulle assurance, sinon dans les ténèbres et en se cachant. Mais S. Jean parle ici des consciences que Dieu, les tirant hors de leurs cachettes et les faisant venir en lumière, contraint de comparaître devant son siège judiciaire, et les tourmente du sentiment de son jugement. Encore ce point est-il véritable en général, que nous n'avons jamais paix ni tranquillité assurées, sinon celles que l'Esprit de Dieu donne, après avoir purifié nos cœurs. Car ceux que nous avons dit être sans doléances, sentent néanmoins parfois des pointes et piqûres secrètes en leur stupidité, et ne laissent pas d'être tourmentés.

21. SI NOTRE CŒUR NE NOUS CONDAMNE POINT, NOUS AVONS ASSURANCE ENVERS DIEU. J'ai déjà déclaré que ceci ne s'entend point ni d'hypocrisie, ni d'un lourd mépris de Dieu. Car quoique les réprouvés se plaisent en leurs voies, toutefois le Seigneur pèse les cœurs, comme dit Salomon (Prov. *21* : 2). Cette balance de Dieu fait, par son examen, que nul ne se peut vanter d'avoir le cœur pur. Voilà donc ce que signifient les paroles de l'Apôtre : que nous nous présentons hardiment et avec une confiance assurée devant la face de Dieu, lorsque ayant une bonne conscience, nous apportons avec nous le témoignage d'un cœur pur et rond. Je confesse bien que ce que dit S. Paul (Eph. *3* : 12) est bien vrai, à savoir que nous avons accès à Dieu avec confiance, par la foi qui est appuyée sur la grâce de Christ. De même, que par foi la paix nous est donnée, afin que nos consciences puissent demeurer paisibles devant Dieu (Rom. *5* : 1). Mais ces sentences s'accordent bien avec ce passage.

Car S. Paul montre la cause de notre assurance, et S. Jean ne fait seulement que toucher un accessoire inséparable de cette assurance, lequel nécessairement lui est lié, bien qu'il n'en soit point la cause.

Toutefois de ceci vient une plus grande difficulté, d'autant qu'il semble que S. Jean ne laisse rien d'assurance en tout le monde. Car qui est celui que son cœur n'accuse d'une façon ou d'une autre ? Je réponds que les fidèles sont accusés de telle façon, qu'en même temps ils s'absolvent eux-mêmes. Il est vrai qu'il faut bien qu'ils soient tourmentés par leurs péchés au-dedans à bon escient, afin que la frayeur les range à l'humilité et à se déplaire en eux-mêmes ; mais aussitôt, ils ont leur recours au sacrifice de Christ, où ils trouvent une paix et un repos assurés. A vrai dire, l'Apôtre parle en un autre sens, disant qu'ils ne sont point condamnés ; car bien qu'ils connaissent qu'ils pèchent en plusieurs sortes, nonobstant cela ils se sentent soulagés par ce témoignage que leur rend leur conscience, qu'ils craignent Dieu vraiment et de cœur et désirent se soumettre à sa justice. Tous ceux qui ont cette sainte affection, et savent ainsi que leurs efforts sont agréables à Dieu, quoi qu'ils soient bien loin de la perfection, à bon droit il est dit d'eux qu'ils ont le cœur apaisé, parce qu'ils n'ont nulle inquiétude intérieure qui trouble leur gaieté et leur repos.

22. ET QUOI QUE NOUS DEMANDIONS, NOUS LE RECEVONS DE LUI, CAR NOUS GARDONS SES COMMANDEMENTS, ET FAISONS LES CHOSES QUI SONT PLAISANTES DEVANT LUI. Parce que la confiance ou l'assurance et l'invocation de Dieu sont deux choses conjointes ensembles, comme ci-dessus il a montré que là où il y a mauvaise conscience, cette assurance n'y peut être, ainsi il dit maintenant que Dieu ne peut être invoqué, sinon de ceux qui le craignent d'un cœur pur et le servent en vérité. Ce dernier propos s'ensuit bien du premier. C'est une maxime générale de l'Ecriture, que les méchants ne sont point exaucés de Dieu, mais qu'au contraire leurs sacrifices et leurs prières sont autant d'abominations devant lui. Ainsi donc, la porte est ici fermée aux hypocrites, afin qu'ils ne s'avisent de se présenter devant lui avec un mépris de sa majesté. Cependant il ne veut pas dire qu'il faille apporter une bonne conscience, pour qu'elle fasse que nos prières et oraisons soient agréables. Malédiction sur nous, si nous regardons à nos œuvres, qui n'ont en elles que matières de frayeur et de tremblement. Les fidèles donc n'entreprennent point de venir devant le siège judiciaire de Dieu, s'ils ne sont appuyés sur la confiance qu'ils ont dans le médiateur, Christ. Mais parce que la dilection de Dieu est toujours conjointe avec la foi, pour mieux étonner les hypocrites S. Jean les prive de ce bénéfice et de ce privilège singulier que Dieu donne à ses enfants, afin qu'ils ne pensent point que leurs prières aient accès à Dieu.

Or quand il dit : *Car nous gardons ses commandements*, il ne faut pas penser qu'il entende que la confiance ou hardiesse de prier soit fondée en nos œuvres, mais il insiste seulement sur ce point, que la vraie religion et le pur service de Dieu ne peuvent être séparés de la foi. Et n'y a point d'absurdité en ce qu'il use de ce mot « car », bien qu'il ne parle pas de la cause de la chose. Ce qui est une propriété inséparable est quelquefois mis par forme de cause. Comme si on disait : « Parce que le soleil luit sur nous à midi, alors la chaleur est plus grande. » Car il ne s'ensuit pas que la chaleur vienne de la lumière.

23. *Et voyci son commandement, Que nous croyons au nom de son Fils Jésus-Christ, et aimions l'un l'autre, comme il nous en a donné commandement.*

24. *Et celuy qui garde ses commandemens, demeure en luy, et luy en iceluy. Et par ceci nous sçavons qu'il demeure en nous,* asçavoir *par l'Esprit qu'il nous a donné.*

23. ET VOICI SON COMMANDEMENT, QUE NOUS CROYIONS AU NOM DE SON FILS JESUS-CHRIST, ET NOUS AIMIONS L'UN L'AUTRE, COMME IL NOUS EN A DONNE COMMANDEMENT. Il applique derechef à son propos la sentence générale. En résumé, il y a un tel désaccord entre Dieu et nous, que nous sommes chassés et repoussés de sa présence, si nous ne sommes conjoints entre nous par l'amour fraternel. Bien qu'il ne recommande pas ici la charité seule, mais qu'il la fasse compagne et comme chambrière de la foi. Les sophistes par leurs fausses inventions pervertissent le vrai sens de ces mots, comme si la liberté ou hardiesse de prier nous était donnée en partie par la foi, en partie par nos œuvres. Parce que l'Apôtre, pour que nous puissions bien et dûment prier, requiert que nous gardions les commandements de Dieu, puis enseigne que leur observation consiste en la foi et la charité. Ces gentils argumentateurs en déduisent que la hardiesse ou assurance de prier est fondée en ces deux choses. Mais j'ai déjà assez de fois montré qu'il n'est point ici traité par quels moyens ou en quelle sorte les hommes acquièrent cette assurance d'oser invoquer Dieu. Car il n'est point ici question de la cause de cette assurance, ou s'il y a quelque chose en nous qui nous en fasse dignes. S. Jean montre seulement que Dieu n'octroie cet honneur et ce privilège, de les recevoir à parler avec lui, à nuls autres qu'à ses enfants régénérés par son Esprit. Ainsi le fil du propos est le suivant : quand la crainte ou le respect de Dieu ne règnent point, il ne se peut faire que Dieu nous exauce. Que si nous avons ce but de rendre obéissance à ses commandements, il faut voir ce qu'il commande. C'est ainsi qu'il ne sépare point la foi d'avec la charité, mais qu'il les requiert toutes deux de nous, comme conjointes ensemble. Et voilà pourquoi il a dit *commandement*, en nombre singulier.

Au reste, voici un singulier passage, qui déclare brièvement et nettement en quoi consiste toute la perfection d'une bonne et sainte vie. Il ne faut point donc que nous alléguions ici une difficulté, vu que Dieu ne nous promène point par de longs détours, mais nous expose simplement et en un mot ce qui est droit et juste, et ce qui lui est agréable. En cette brièveté, il n'y a nulle obscurité. Car il nous démontre ouvertement et clairement le commencement et la fin de l'art de bien et saintement vivre. Or quant à ce qu'il est ici fait mention de la charité fraternelle seulement, sans parler de l'amour de Dieu, la raison en est (comme nous avons dit ailleurs) parce que la charité fraternelle est une preuve vraie et certaine de l'amour de Dieu, comme aussi elle procède de lui seul.

QUE NOUS CROYONS AU NOM DE SON FILS. Ce mot de *Nom* se rapporte à la prédication de la Parole. Et il faut bien noter cette relation ou correspondance, d'autant qu'il y en a bien peu qui entendent ce que c'est que de croire en Christ. Or on peut facilement déduire de cette façon de parler qu'il n'y a point d'autre vraie foi, sinon celle qui reçoit Christ tel qu'il est annoncé en l'Evangile. D'où l'on peut aussi inférer qu'il n'y a point de foi sans la doctrine, comme aussi S. Paul le montre (Rom. *10* : 14). Davantage, il faut noter que S. Jean enclôt la foi en la connaissance de Christ. Car il est la vive image du Père, et tous les trésors de sagesse et de science sont cachés en lui. Ainsi donc, aussitôt que nous nous sommes détournés de lui, nous ne pouvons faire autre chose que nous fourvoyer.

24. ET CELUI QUI GARDE SES COMMANDEMENTS DEMEURE EN LUI ET LUI EN DIEU. ET PAR CECI NOUS SAVONS QU'IL DEMEURE EN NOUS, A SAVOIR PAR L'ESPRIT QU'IL NOUS A DONNE. Il confirme ce qu'il a déjà dit, que si nous nous aimons l'un l'autre, par ce moyen est manifestée l'union que nous avons avec Dieu. Non pas que l'union prenne son commencement de là, mais parce qu'elle ne peut être oisive ni sans efficace en quelque lieu où elle ait commencé d'être. Et il le prouve par la raison qu'il ajoute, que Dieu ne demeure point en nous, sinon que son Esprit y habite. Or en quelque lieu que soit son Esprit, il faut qu'il montre sa vertu et son efficace. D'où nous pouvons facilement déduire que nul ne demeure en Dieu, et n'est uni avec lui, sinon qu'il garde ses commandements. Ainsi quand il dit : *Et par ceci, nous savons*, c'est comme s'il disait : « Car nous savons ».

Au surplus il faut considérer la circonstance de la présente matière. Car bien que cette sentence s'accorde à celle de S. Paul, quand il dit que l'Esprit rend témoignage à nos cœurs que nous sommes enfants de Dieu, et que par lui nous crions à Dieu « Abba Père » (Rom. *8* : 15), toutefois il y a quelque différence quant au sens. Car S. Paul parle de la certitude de l'adoption gratuite, que l'Esprit de Dieu scelle en nos cœurs, mais S. Jean regarde ici les effets que le Saint-Esprit produit en habitant en nous. C'est aussi ce que fait S. Paul au même lieu, quand il dit que ceux qui sont menés de l'Esprit de Dieu sont enfants de Dieu. Car il traite là aussi de la mortification de la chair, et de la nouveauté de vie. Il veut dire en somme, qu'on connaît par cela si nous sommes enfants de Dieu, quand le Saint-Esprit conduit et gouverne notre vie. Ainsi l'Apôtre montre que toutes les bonnes œuvres qui sont en nous procèdent de la grâce du Saint-Esprit, et que nous n'obtenons point cet Esprit par notre justice mais qu'il nous est gratuitement donné.

CHAPITRE IV

1. *Bien-aimez, ne croyez point à tout esprit, mais esprouvez les esprits, s'ils sont de Dieu. Car plusieurs faux-prophètes sont venus au monde.*
2. *Cognoissez par ceci l'Esprit de Dieu : Tout esprit qui confesse que Jésus-Christ est venu en chair, est de Dieu.*
3. *Et tout esprit qui ne confesse point que Jésus-Christ est venu en chair n'est point de Dieu : et tel esprit est l'esprit de l'Antechrist, duquel vous avez ouy parler qu'il viendra, et est desjà au monde maintenant.*

Il retourne à la doctrine dont il avait parlé au second chapitre. Car, comme on a accoutumé de faire dans les choses nouvelles, plusieurs abusaient du nom de Christ pour semer leurs erreurs, et les autres faisaient profession de Christ à demi. De cette façon, d'autant qu'ils étaient au nombre des familiers de la maison, ils avaient beaucoup plus grand pouvoir de nuire ; et surtout Satan prenait occasion et matière en Christ même de troubler l'Eglise. Car il est la pierre d'achoppement, à laquelle il faut que se heurtent tous ceux qui ne tiennent point la droite voie, comme elle nous est montrée de Dieu.

Or tout ce propos de l'Apôtre consiste en trois points. Car en premier lieu il montre le danger auquel les fidèles étaient en butte, et pour cette raison il les exhorte à se garder. Il enseigne le moyen de se donner garde, à savoir qu'ils éprouvent les esprits, et c'est le second point. Finalement il désigne un danger spécialement grand pour eux : c'est qu'il leur défend d'ouïr ceux qui nient que le Fils de Dieu ait été manifesté en chair.

Traitons maintenant de chaque point par ordre. Or bien que cette raison soit mise en second lieu dans le texte, à savoir que *plusieurs faux-prophètes sont venus au monde*, toutefois il faut commencer par là. Cette sentence contient une admonition utile : car si dès ce temps-là plusieurs avaient déjà été poussés par Satan, et sous le nom de Christ semaient leurs abus, un tel exemple ne nous doit point aujourd'hui étonner, ni faire perdre courage. Car telle est la condition perpétuelle de l'Evangile, que Satan tâche d'en corrompre et infecter la pureté par diverses erreurs. De notre temps même se sont levées je ne sais combien de sectes monstrueuses et horribles. A cette occasion il y en a plusieurs qui demeurent tout étonnés, et ne sachant de quel côté ils se doivent tourner, rejettent là tout soin de la vraie religion. Car ils ne trouvent point de moyen plus expédient pour se dépêtrer du danger de tomber en quelque erreur. Ce qui est une grande folie, car en fuyant la lumière de vérité, ils se jettent de leur propre gré dans les ténèbres d'erreurs. Que ceci demeure donc ferme en nos cœurs, qu'aussitôt que l'Evangile a commencé d'être publié, il y a eu des faux-prophètes. Car cette doctrine nous munira contre un tel scandale. L'ancienneté des erreurs en retient plusieurs comme liés, tellement qu'ils n'en osent sortir. Mais S. Jean note ici un mal intérieur à l'Eglise. Que si déjà en ce temps-là il y avait des abuseurs et des faux-prophètes mêlés parmi les Apôtres et autres docteurs fidèles, est-ce étonnant si, après que la doctrine de l'Evangile eut été opprimée dès longtemps, plusieurs abus et fausses opinions ont couru par le monde ? Il ne faut donc point que l'ancienneté nous empêche de discerner franchement entre la vérité et le mensonge.

1. BIEN-AIMES, NE CROYEZ POINT A TOUT ESPRIT, MAIS EPROUVEZ LES ESPRITS, S'ILS SONT DE DIEU. CAR PLUSIEURS FAUX-PROPHETES SONT VENUS AU MONDE. Il y en a beaucoup (comme il a été dit) qui, effrayés quand l'Eglise est oppressée de désaccords et de contentions, se retirent et quittent l'Evangile. Or le Saint-Esprit ordonne un bien autre remède : que les fidèles ne reçoivent point à la légère ni sans discernement toute doctrine. Il faut donc bien se garder, lorsqu'on est offusqué par la diversité des opinions, d'abandonner les docteurs et la Parole de Dieu tout ensemble. Mais contentons-nous de ce moyen, que tous ne doivent point être indifféremment ouïs.

Je prends ce mot *d'esprit* (par la figure nommée métonymie) pour celui qui se vante avoir le don du Saint-Esprit pour faire l'office de Prophète. Car vu qu'il n'est permis à un homme quelconque de parler en son nom propre et privé, et ne faut ajouter foi à ceux qui parlent, sinon en tant qu'ils sont instruments et organes du Saint-Esprit ; afin que les Prophètes eussent plus grande autorité, Dieu leur a donné ce titre, comme s'il les exemptait du rang commun des hommes. Etaient donc appelés « esprits », ceux qui, ne faisant que prêter leur langue aux oracles du Saint-Esprit pour le servir, étaient établis pour faire en quelque sorte son office et le représenter, et n'amenaient rien de leur propre chef ni ne venaient en public en leur propre nom. Or ce titre honorable tendait à ce que la Parole de Dieu ne perdît rien de son honneur et autorité en raison de la petite réputation ou qualité de son ministère. Car Dieu a toujours voulu que sa Parole fût aussi bien reçue de la bouche des hommes, que si lui-même fût manifestement apparu du ciel. Satan s'est ici jeté à la traverse, et en faisant passer pour légitime des faux-docteurs pour corrompre la Parole de Dieu, il leur a du même coup donné un nom, à l'aveu duquel ils trompassent plus facilement. Ainsi les faux-prophètes ont toujours accoutumé de s'attribuer orgueilleusement et à pleine bouche tout l'honneur que Dieu avait conféré à ses serviteurs. Or il semble que l'Apôtre a usé de ce mot de propos délibéré, afin que ceux qui se couvrent faussement du nom de Dieu ne nous abusent point de leurs masques. Nous en voyons aujourd'hui beaucoup, qui à ce seul mot d'Eglise demeurent si étonnés et éperdus qu'ils aiment mieux s'assujettir au pape pour leur ruine perpétuelle, que de diminuer tant peu que ce soit de son autorité. Il faut donc noter cette manière de concessions. Car l'Apôtre pouvait dire qu'il ne faut point croire indifféremment à tous les hommes ; mais parce que les faux-docteurs se vantaient à fausses enseignes du titre de l'Esprit, il leur accorde et octroie ce nom, de telle manière qu'il montre en même temps qu'ils l'usurpaient faussement. C'est donc une chose totalement frivole et de néant, s'ils ne montrent par effet ce dont ils font profession ; et ceux qui s'étonnent sitôt qu'ils entendent parler d'un titre honorable, tellement qu'ils ne s'osent enquérir du fait, sont fous et stupides.

MAIS EPROUVEZ LES ESPRITS S'ILS SONT DE DIEU. Parce que toutes les prophéties ne sont pas véritables, S. Jean dit ici qu'il les faut examiner et éprouver. Or il parle non seulement à tout le corps de l'Eglise, mais aussi en particulier à chaque fidèle. Mais on demande ici, d'où nous vient ce jugement propre à les savoir discerner ? Ceux qui répondent que la Parole de Dieu est la règle à laquelle il faut rapporter tout ce que les hommes amènent en avant, disent bien quelque chose, mais non pas tout. Je confesse que toutes les doctrines doivent être éprouvées par la Parole de Dieu ; toutefois, s'il n'y a en même temps un esprit de prudence, il ne servira de rien, ou de bien peu, d'avoir la Parole de Dieu en main, et de ne la pouvoir interpréter. Ainsi, par exemple, l'or sera bien éprouvé par le feu, ou par la pierre de touche, mais ce sera par ceux qui entendent cet art. Car de quoi servira la pierre de touche ou le feu à ceux qui n'entendent pas cet art ? Par conséquent, avant que nous soyons juges compétents, il faut nécessairement que l'Esprit de discernement nous soit donné, et que nous soyons gouvernés par lui. Or parce que l'Apôtre nous commanderait cela en vain, si nous n'avions en même temps la science de juger, il nous faut tenir ceci pour certain, que les fidèles ne seront jamais privés de l'Esprit de prudence, autant qu'il sera expédient, moyennant qu'ils le demandent au Seigneur. Mais voici comment l'Esprit nous adressera à un vrai discernement : quand nous assujettirons tous nos sens à la Parole. Car comme il a été dit, elle est comme une pierre de touche, et même nous la devons beaucoup plus estimer, d'autant qu'il n'y a point de doctrine vraie et légitime, sinon celle qui est prise de là.

Mais sur ce point survient une question difficile : Si chacun a droit et liberté de juger, on ne pourra jamais rien arrêter de certain, mais, qui pis est, toute la religion chancellera. Je réponds qu'il y a une double façon d'examiner ou éprouver la doctrine. L'une est particulière, et l'autre publique. L'épreuve particulière, c'est quand un chacun confirme sa foi, en acquiesçant à cette doctrine, qu'il sait être procédée de Dieu. Car les consciences ne trouveront point de repos ni de port assuré ailleurs qu'en Dieu. L'épreuve publique appartient au commun consentement et gouvernement de l'Eglise. Car d'autant qu'il y a danger qu'il ne se lève quelques illuminés, qui se vantent faussement d'avoir l'Esprit de Dieu, ce remède est nécessaire, que les fidèles s'assemblent et cherchent le moyen d'un pur et saint accord ou consentement.

Au surplus, d'autant que ce proverbe ancien n'est que trop véritable — qu'il y a autant d'opinions qu'il y a de têtes — il est certain que c'est une œuvre singulière de Dieu, qu'après avoir dompté notre opiniâtreté il nous fasse sentir une même chose, et qu'il nous conjoigne en une vraie union de foi. Or quant à ce que les papistes veulent que sous ce prétexte on tienne pour révélations certaines et oracles toutes les choses qui ont été établies et ordonnées par les conciles, parce que l'Eglise a approuvé une fois qu'elles étaient de Dieu, cela est trop puéril et frivole. Car bien que ce soit là le moyen ordinaire de chercher accord ou consentement, d'assembler un concile saint et chrétien, dans lequel on puisse mettre fin à tous les différends par la Parole de Dieu, nonobstant Dieu ne nous a jamais astreints aux décrets et ordonnances de tous les conciles quels qu'ils soient. Car ce n'est pas à dire qu'aussitôt que cent évêques ou plus auront été assemblés en quelque lieu, ils aient pour autant dûment invoqué Dieu, et se soient enquis de sa bouche de ce qui était vrai. Mais au contraire, il n'y a rien plus certain que bien souvent ils se sont détournés de la pure Parole de Dieu. Par quoi l'examen ou épreuve que l'Apôtre ordonne, doit aussi ici avoir lieu.

2. CONNAISSEZ PAR CECI L'ESPRIT DE DIEU : TOUT ESPRIT QUI CONFESSE QUE JESUS-CHRIST EST VENU EN CHAIR EST DE DIEU. **3.** ET TOUT ESPRIT QUI NE CONFESSE POINT QUE JESUS-CHRIST EST VENU EN CHAIR, N'EST POINT DE DIEU ; ET UN TEL ESPRIT EST L'ESPRIT DE L'ANTECHRIST, DUQUEL VOUS AVEZ OUI PARLER QU'IL VIENDRA, ET QU'IL EST DEJA AU MONDE MAINTENANT. Il donne une marque spéciale, par laquelle on puisse mieux discerner les vrais Prophètes d'avec les faux. Bien qu'il ne fasse que répéter ici ce que nous avons vu ci-dessus, à savoir que, comme Christ est le but auquel la foi vise tout droit; ainsi il est le rocher contre lequel se heurtent tous les hérétiques. Tandis donc que nous demeurons en Christ, tout va bien pour nous, mais quand nous nous en éloignons, la foi périt et toute vérité est anéantie.

Au surplus, souvenons-nous de ce que contient cette confession. Car quand S. Jean dit que *Christ est venu*, nous en déduisons qu'il était auparavant avec le Père, et par là aussi est démontrée sa divinité éternelle. Quand il dit qu'*il est venu en chair*, il signifie qu'en vêtant la chair, il a été fait vrai homme d'une même nature que nous, afin qu'il fût notre frère, sauf qu'il a été exempt de tout péché et de tout vice. Finalement quand il dit qu'*il est venu* il faut noter la cause de son avènement, car le Père ne l'a point envoyé pour néant. De là dépendent l'office et la vertu de Christ. De même donc que les hérétiques anciens sont déchus de cette foi, niant en partie la nature divine de Christ, en partie sa nature humaine, de même aujourd'hui, bien que les papistes confessent que Christ est Dieu et homme, toutefois il s'en faut beaucoup qu'ils gardent la confession que l'Apôtre requiert, puisqu'ils dépouillent Christ de sa vertu. Car après avoir établi leur libre arbitre, les mérites des œuvres, les services fondés sur les inventions des hommes, les satisfactions et les intercessions des saints, que laissent-ils de reste à Christ ? Bien peu certes. Voici donc ce que S. Jean veut dire : vu que la connaissance de Christ comprend en soi la somme de toute la doctrine de la vraie religion, il faut que nous jetions et fichions là toujours les yeux, de peur que nous ne soyons abusés. Et de fait, Christ est la fin de la Loi et des Prophètes, et nous n'apprenons autre chose de l'Evangile que la vertu et la grâce qui sont en Lui.

ET TEL EST L'ESPRIT DE L'ANTECHRIST, DUQUEL VOUS AVEZ OUI PARLER. L'Apôtre a ajouté cela, afin qu'il rendît plus détestables les tromperies qui nous détournent de Christ. Car nous avons dit que la doctrine touchant le règne de l'antéchrist a été toute commune, afin que les fidèles avertis de la confusion qui devait advenir en l'Eglise se tinssent soigneusement sur leurs gardes. A bon droit donc avaient-ils en horreur ce nom comme infâme et malencontreux. Maintenant S. Jean dit que tous ceux qui ôtent quelque chose à Christ, sont membres de ce règne. Or il dit que l'esprit de l'antéchrist viendra, et qu'il est déjà dans le monde, en diverse signification. Car il entend qu'il était déjà dès lors dans le monde, parce qu'il machinait le secret de son iniquité (II Thess. *2* : 7). Toutefois, parce que la vérité de Dieu n'était pas encore opprimée par des doctrines fausses et bâtardes, que le service de Dieu n'était pas encore corrompu, que la superstition n'était pas encore en ce règne, que le monde ne s'était encore détourné de Christ par une déloyauté méchante, que la tyrannie ne s'était pas encore ouvertement manifestée et dressée à l'encontre du règne de Christ, pour cette raison il dit qu'il doit venir.

4. *Mes petis enfans, vous estes de Dieu, et les avez vaincus : car celuy qui est en vous, est plus grand que celuy qui est au monde.*
5. *Ils sont du monde, pource parlent-ils du monde, et le monde les escoute.*
6. *Nous sommes de Dieu. Qui cognoist Dieu, nous escoute : qui n'est point de Dieu, ne nous escoute point. A ceci cognoissons-nous l'Esprit de vérité, et l'esprit d'erreur.*

4. MES PETITS ENFANTS, VOUS ETES DE DIEU, ET LES AVEZ VAINCUS, CAR CELUI QUI EST EN VOUS EST PLUS GRAND QUE CELUI QUI EST AU MONDE. Il avait parlé d'un seul antéchrist, maintenant il parle de plusieurs. Mais le nombre pluriel se rapporte aux faux-prophètes qui s'étaient déjà levés alors, avant que le chef se montrât. Au reste, l'intention de S. Jean est de donner courage aux fidèles, afin qu'ils résistent constamment et hardiment aux trompeurs et abuseurs. Car le courage diminue beaucoup en combattant, quand on est incertain de l'issue du combat. Au surplus, cela pouvait faire peur aux bons, que, bien que le règne de Christ ne fît que commencer à se manifester, cependant ils voyaient déjà ses ennemis en bataille pour l'opprimer. C'est pourquoi, encore qu'il leur faille combattre, nonobstant il dit qu'ils ont déjà vaincu, d'autant qu'ils auront heureuse issue ; comme s'il disait qu'au milieu de la bataille ils sont déjà hors des dangers, parce qu'ils seront les plus forts. Cette doctrine se doit étendre bien plus loin. Car tous les combats ou assauts que nous soutenons contre le monde et la chair ont quant à eux victoire certaine. Il est vrai que nous avons à soutenir beaucoup de durs et terribles assauts, et l'un n'est pas sitôt fini que l'autre recommence, mais parce que nous combattons par la force de Christ, et sommes garnis des armes de Dieu, nous obtenons la victoire en bataillant et travaillant. Quant à la circonstance de ce passage, il y a une singulière consolation, que de quelques finesses et ruses que Satan nous assaille, néanmoins nous demeurerons fermes en la vérité de Dieu.

Mais il faut bien noter la raison qu'il ajoute tout de suite après : *Car celui qui est en nous est plus grand*, c'est-à-dire plus fort *que celui qui est au monde*. Car notre infirmité est telle, qu'il faut que nous succombions avant que nous entrions au combat contre notre ennemi. Car nous sommes enveloppés d'ignorance, et par conséquent exposés à toutes sortes d'abus et de faussetés, car Satan est un fin ouvrier pour tromper. Si nous avons soutenu la bataille un jour, nous serons cependant en doute de ce qui nous pourra advenir le lendemain, et ainsi nous serons en anxiété continuelle. L'Apôtre nous avertit donc que si nous sommes forts, ce n'est point de notre propre force, mais de la force de Dieu. D'où il conclut que nous ne pouvons pas être plus vaincus que Dieu lui-même, qui nous a garnis et munis de sa vertu et de sa puissance jusqu'à la fin du monde. Et nous devons avoir en toute notre bataille spirituelle cette pensée imprimée en nos cœurs, que c'en serait aussitôt fait de nous, s'il nous fallait combattre par notre propre force ; mais que, parce que Dieu repousse nos ennemis pendant que nous nous reposons, il ne nous faut point douter de la victoire.

5. ILS SONT DU MONDE, POUR CE PARLENT-ILS DU MONDE, ET LE MONDE LES ECOUTE. Voici une grande consolation, de dire que ceux qui osent assaillir Dieu en nos personnes, ne sont garnis et fortifiés que de l'aide du monde. Or S. Jean parle du monde, en tant que Satan en est le prince. Il y a semblablement une autre consolation ajoutée, quand il dit que le monde embrasse chez les faux-prophètes ce qu'il reconnaît être sien. Nous voyons combien les hommes sont enclins à la vanité, par quoi les fausses doctrines trouvent facilement entrée et ouverture, puis se répandent en long et en large. L'Apôtre dit qu'il ne faut point que nous nous troublions pour cela, d'autant que ce n'est point une chose nouvelle et non accoutumée, si le monde qui est tout mensonger prend plaisir à ouïr des mensonges.

6. NOUS SOMMES DE DIEU. QUI CONNAIT DIEU NOUS ECOUTE ; QUI N'EST POINT DE DIEU NE NOUS ECOUTE POINT. A CECI CONNAISSONS-NOUS L'ESPRIT DE VERITE, ET L'ESPRIT D'ERREUR. Bien que cela s'applique vraiment à tous les chrétiens, toutefois cela appartient spécialement aux ministres fidèles de l'Evangile. Car S. Jean se glorifie ici par une hardiesse procédant de l'Esprit, et se vante que lui et ses compagnons servent purement Dieu, et qu'ils ont reçu de lui tout ce qu'ils enseignent. Il adviendra bien que les faux-prophètes se vanteront de même, comme ils ont accoutumé de se couvrir du nom de Dieu pour tromper ; mais il y a une grande différence entre eux et les fidèles docteurs, qui ne se vantent point de bouche sans montrer en même temps la réalité. Or il nous faut toujours souvenir de quelle matière il traite ici. Le nombre des fidèles était bien petit, et quasi tout était rempli d'incrédulité. La plus grande partie s'adonnaient à l'erreur. Tout cela donnait occasion de scandale. Pour y obvier S. Jean veut que nous nous contentions du petit nombre qu'il y a de vrais fidèles, d'autant que tous ceux qui sont enfants de Dieu lui portent honneur, et s'assujettissent à sa doctrine. Car tout soudain il oppose la proposition contraire, disant que ceux qui ne sont point de Dieu n'écoutent point la pure doctrine de l'Evangile. Par ces paroles il signifie que quand cette grande troupe de gens qui ne trouve point de goût à l'Evangile, n'écoute point les vrais et fidèles serviteurs de Dieu, c'est parce qu'elle n'appartient point à Dieu ; et ainsi l'Evangile ne perd rien de son autorité, quand il est rejeté de plusieurs. Mais cette doctrine contient une admonition grandement utile : que par l'obéissance de la foi nous montrions que nous sommes de Dieu. Il n'y a rien de plus facile que de nous vanter que nous sommes de Dieu, et il n'y a rien plus commun entre les hommes. C'est ainsi qu'aujourd'hui les papistes se vantent orgueilleusement qu'ils sont bons serviteurs de Dieu, et cependant ils ne rejettent pas moins fièrement la Parole de Dieu. Car, bien qu'ils fassent semblant de croire à la Parole de Dieu, quand il faut en venir au fait, ils ont les oreilles bouchées. Et toutefois, c'est le seul témoignage de la crainte de Dieu, quand nous portons respect et honneur à sa Parole. Et l'excuse que plusieurs ont accoutumé de prétendre n'a point ici sa place, à savoir que la cause pour laquelle ils rejettent la doctrine de l'Evangile, quand elle leur est proposée, c'est qu'ils ne sont pas suffisants pour en juger. Car ils ne se peut faire que quiconque craint Dieu de cœur et en vérité, et lui obéit, ne le reconnaisse en même temps dans sa Parole. Si quelqu'un objecte qu'il y a plusieurs des élus qui ne s'approchent pas de la foi du premier coup, mais plutôt regimbent fièrement au commencement, je réponds que pour ce temps-là il ne les faut point tenir (quant à notre jugement) pour enfants de Dieu.

Au reste, c'est le signe d'un homme réprouvé, quand il rejette malignement et obstinément la vérité. Il faut aussi noter en passant, que cet *écouter* dont parle l'Apôtre, s'entend de l'ouïe intérieure et non feinte du cœur, laquelle consiste en la foi.

A CECI NOUS CONNAISSONS L'ESPRIT DE VERITE, ET L'ESPRIT D'ERREUR. Ce mot de *ceci* comprend les deux membres précédents, comme s'il disait que la vérité est distinguée du mensonge par le fait que les uns tiennent de Dieu ce qu'ils disent, et les autres le tiennent du monde. Or quant à ce que certains pensent que l'Apôtre entend parler des auditeurs, quand il dit : *l'Esprit de vérité*, et *l'esprit d'erreur*, — comme s'il disait que ceux qui se laissent de leur gré tromper par les abuseurs, sont nés pour être trompés, et ont en eux une semence de mensonge, mais que ceux qui consentent et obéissent à la parole de Dieu se montrent véritables par ce témoignage — je n'approuve point cette interprétation. Car en admettant que l'Apôtre prenne ici ce mot *d'esprit* (suivant la figure nommée métonymie) pour désigner les docteurs ou Prophètes, je pense qu'il ne veut signifier autre chose, sinon que la doctrine doit être examinée ou éprouvée par ces deux critères, à savoir : si elle est de Dieu, ou si elle est du monde. Toutefois, il semble qu'il ne dise rien en parlant ainsi. Car il n'y a personne qui ne puisse répliquer tout aussitôt, qu'il ne dit rien qu'il ne l'ait de Dieu. Ainsi aujourd'hui les papistes se vantent d'une arrogance magistrale, que toutes leurs inventions sont révélations et oracles du Saint-Esprit. Et Mahomet ne dit pas qu'il ait puisé ses rêveries ailleurs que du ciel. Davantage, les Egyptiens se glorifiaient jadis impudemment que ces sottes rêveries, par lesquelles ils devenaient fous et affolaient les autres, leur avaient été révélées de Dieu. Mais je réponds que nous avons la Parole de Dieu, à laquelle il nous faut principalement adresser pour nous conseiller. Toutes les fois donc que les esprits abuseurs mettent en avant le nom de Dieu, il nous faut enquérir des Ecritures si la vérité est telle. Moyennant que nous y apportions un saint zèle et une pure affection joint à l'humilité et la modestie, l'Esprit de discernement surviendra, qui sera comme un fidèle interprète, pour se déclarer soi-même parlant dans les Ecritures.

7. *Bien-aimez, aimons l'un l'autre ; car charité est de Dieu : et quiconque aime est nai de Dieu, et cognoist Dieu.*
8. *Qui n'aime point, il ne cognoist pas Dieu : car Dieu est charité.*
9. *En cela est manifestée la charité de Dieu envers nous, que Dieu a envoyé son Fils unique au monde, afin que nous vivions par luy.*
10. *En ceci est la charité, non point que nous ayons aimé Dieu : mais pource qu'il nous a aimez, et envoyé son Fils pour estre appointement pour nos péchez.*

7. BIEN-AIMEZ, AIMONS-NOUS L'UN L'AUTRE, CAR LA CHARITE EST DE DIEU, ET QUICONQUE AIME EST NE DE DIEU, ET CONNAIT DIEU. **8.** QUI N'AIME POINT, NE CONNAIT PAS DIEU, CAR DIEU EST CHARITE. Il retourne à cette exhortation qu'il poursuit presque dans toute son épître. Car nous avons dit que son épître était mêlée d'une part de doctrine de la foi, d'autre part d'exhortation à la charité. Il s'arrête tellement sur ces deux points, qu'il parle tantôt de l'un, tantôt de l'autre, et passe ainsi parfois de l'un à l'autre. Quand il nous recommande la dilection mutuelle, il n'entend pas que nous nous soyons acquittés de notre devoir, si nous aimons nos amis parce qu'ils nous aiment. Mais du moment qu'il parle en commun à tous les fidèles, il ne devait point parler autrement, sinon pour les exhorter à s'aimer mutuellement. Il confirme cette sentence par une raison qu'il a déjà quelque fois amenée, à savoir que nul ne se pourra montrer enfant de Dieu, sinon qu'il aime ses prochains ; et parce que la vraie connaissance de Dieu engendre nécessairement en nous l'amour de Dieu, il oppose aussi la proposition contraire, selon sa coutume, à savoir que là où il n'y a point de charité, il n'y a point non plus de connaissance de Dieu.

Or il prend un principe général, que *Dieu est charité*, c'est-à-dire que son naturel est d'aimer les hommes. Je sais bien qu'il y en a plusieurs qui philosophent ici plus subtilement, et surtout les anciens ont abusé de ce passage pour prouver la divinité du Saint-Esprit. Mais le sens de l'Apôtre est simple : parce que Dieu est la source de la charité, cette affection découle et se répand en quelque part que parvienne la connaissance qu'on a de lui. Comme ci-dessus il l'a appelé Lumière, d'autant qu'il n'y a rien d'obscur en lui, mais plutôt qu'il illumine toutes choses de sa splendeur. Il ne parle donc point ici de l'essence de Dieu, mais seulement de la manière dont nous le sentons.

Au demeurant, il nous faut noter deux choses en ces paroles de l'Apôtre. Premièrement, qu'il n'y a point d'autre vraie connaissance de Dieu, sinon celle qui nous régénère et réforme en sorte que nous soyons de nouvelles créatures. Secondement qu'il ne se peut faire que cette connaissance ne nous rende conformes à Dieu. Rejetons donc la sotte fantaisie des papistes touchant la foi non formée. Car si on sépare la foi d'avec la charité, c'est comme si on tâchait d'ôter la chaleur du soleil.

9. EN CELA EST MANIFESTEE LA CHARITE DE DIEU ENVERS NOUS, QUE DIEU A ENVOYE SON FILS UNIQUE AU MONDE, AFIN QUE NOUS VIVIONS PAR LUI. Nous avons aussi témoignage de l'amour de Dieu envers nous en beaucoup d'autres choses. Car si on demande pourquoi est créé le monde, pourquoi nous y sommes mis pour avoir la domination de la terre, pourquoi nous sommes gardés en cette vie afin que nous jouissions de tant de biens, pourquoi nous sommes créés en l'espérance d'une vie plus heureuse, pourquoi nous sommes doués de lumière et d'intelligence, on ne pourra alléguer d'autre raison de toutes ces choses, sinon l'amour gratuit de Dieu envers nous. Mais l'Apôtre a ici choisi le principal témoignage, qui est beaucoup plus excellent que les autres. Car ce n'a point été seulement un amour infini de Dieu, de n'avoir point épargné son propre Fils, afin que par la mort de celui-ci, il nous rendit la vie, mais aussi ç'à été une bonté plus qu'admirable, qui doit ravir nos esprits en admiration. Ainsi donc Christ est un si clair et singulier témoignage de l'amour de Dieu envers nous, que toutes les fois que nous jetons notre vue sur lui, il nous confirme entièrement cette doctrine, que Dieu est charité.

Or quant à ce qu'il l'appelle *Fils unique*, cela sert d'amplification. Car il a montré plus clairement de quel grand amour il nous aimait, en exposant son Fils unique à la mort pour l'amour de nous. Cependant, lui qui est Fils unique de nature, en fait beaucoup d'autres par grâce et adoption, à savoir tous ceux qu'il greffe en son corps par la foi.

Il déclare la fin pour laquelle Christ a été envoyé par son Père, à savoir *afin que nous vivions par lui*. Car hors de Christ nous sommes tous morts, mais par sa venue il nous a apporté la vie. Et si notre incrédulité ne nous empêche pas, nous sentons en nous cet effet de sa grâce.

10. EN CECI EST LA CHARITE, NON POINT QUE NOUS AYONS AIME DIEU, MAIS PARCE QU'IL NOUS A AIMES, ET ENVOYE SON FILS POUR ETRE APPOINTEMENT[1] POUR NOS PECHES. Il amplifie l'amour de Dieu par une autre raison, à savoir qu'il nous a donné son Fils lors même que nous lui étions ennemis. Comme aussi S. Paul enseigne au chapitre *5*, verset 6 des Romains, mais il use d'autres mots : que Dieu, n'étant provoqué d'aucun amour pour les hommes, les a aimés de son bon gré. Par ces paroles il nous a voulu montrer que l'amour de Dieu a été gratuit envers nous. Or bien que l'intention de S. Jean soit de nous proposer Dieu pour exemple, toutefois il ne faut pas laisser derrière la doctrine de la foi, qu'il y mêle en même temps : à savoir, que Dieu nous a aimés gratuitement. Pourquoi cela ? Parce que ç'à été avant que nous fussions nés. Davantage, selon que notre nature est perverse, nous avons le cœur détourné de Dieu, et qui par lui-même ne peut nullement être enclin à des droites et saintes affections. Si la subtilité des papistes avait lieu, à savoir qu'un chacun est élu de Dieu, selon qu'il a prévu qu'il serait digne de son amour, que vaudrait cette doctrine de S. Jean, que Dieu nous a aimés le premier ? Car alors notre amour envers Dieu tiendrait le premier lieu, bien qu'elle fût la dernière dans le temps. Mais l'Apôtre prend une maxime de l'Ecriture déjà toute arrêtée, mais que ces sophistes profanes ignorent, à savoir, que nous naissons tellement pervers et corrompus, que la haine contre Dieu nous est comme naturelle, que nous ne désirons rien qui ne lui soit déplaisant, et que toutes les affections de notre chair font la guerre assidûment contre sa justice.

ET A ENVOYE SON FILS. Christ donc, avec tous ses biens, nous est procédé de la pure bonté de Dieu, comme d'une source. Or il est nécessaire de connaître cela, que le salut que nous avons en Christ nous vient de ce que le Père céleste nous a aimés de son bon gré, et de sa pure miséricorde et bonté. Aussi quand il faut chercher la pleine et ferme assurance de l'amour de Dieu envers nous, nous ne devons regarder ailleurs qu'en Christ. Ainsi tous ceux qui délaissant Christ, s'enquièrent de ce qu'il a été ordonné d'eux au conseil secret de Dieu, se mettent hors des gonds pour leur grande ruine et confusion.

[1] *Appointement* : moyen de conciliation, propitiation.

Au surplus, il montre derechef la cause de la venue de Jésus-Christ, et son office, quand il dit qu'il a été envoyé *pour être* propitiation, c'est-à-dire *appointement pour nos péchés*. Or nous sommes en premier lieu enseignés par ces paroles, que nous avons été tous aliénés de Dieu par le péché, et que ce divorce demeure jusqu'à ce que Christ survienne pour nous réconcilier. Secondement, nous sommes enseignés que le commencement de notre vie est que Dieu, étant apaisé par la mort de son Fils, nous reçoit en grâce. Car ce qui est appelé propitiation se rapporte proprement au sacrifice de sa mort. Nous entendons donc maintenant que cet honneur appartient seulement à Christ, qu'il efface et purifie les péchés du monde, et que par ce moyen il ôte l'inimitié qui est entre Dieu et nous.

Mais il semble qu'il y ait ici quelque contradiction. Car si Dieu nous aimait avant que Christ se présentât à la mort pour nous, quel besoin avions-nous de nouvelle réconciliation ? Ainsi, il pourrait sembler que la mort de Christ soit superflue. A cela je réponds que quand il est dit que Christ a apaisé son Père envers nous, cela se rapporte à notre sentiment. Car puisque nous nous sentons coupables, nous ne pouvons non plus concevoir Dieu sinon courroucé et ennemi, jusqu'à ce que Christ nous ait absous de la condamnation. Car en quelque part que le péché se trouve, Dieu veut qu'on sente sa colère et le jugement de la mort éternelle. De là s'ensuit que nous ne pouvons faire autre chose que nous effrayer du regard présent de la mort, jusqu'à ce que Christ abolisse le péché par sa mort, et nous délivre de la mort par le prix de son sang. En outre, l'amour de Dieu requiert la justice. Avant donc que nous puissions être assurés que nous sommes aimés de Dieu, il faut nécessairement venir à Christ, par lequel seul nous avons la justice. Nous voyons maintenant que la diversité de parler qui se trouve en l'Ecriture selon divers points de vue, est très proche et grandement utile pour la foi. Pour cette raison Dieu a mis entre deux son Fils pour nous réconcilier avec lui, d'autant qu'il nous aimait, mais cet amour était caché, parce que cependant nous étions ennemis de Dieu en provoquant sans cesse sa colère contre nous. De plus, la crainte et la frayeur de la mauvaise conscience que nous avions, nous ôtaient tout goût de vie. C'est pourquoi, au point de vue du sentiment de notre foi, Dieu commence à nous aimer en Christ.

Or bien que l'Apôtre traite ici de la première réconciliation, sachons toutefois que ce bienfait de Christ est perpétuel, qu'en purifiant les péchés il nous rend Dieu propice. Les papistes mêmes accordent bien ceci en partie, mais ensuite ils amoindrissent cette grâce et la réduisent presque à néant, en mettant en avant leurs satisfactions fausses et controuvées. Mais s'il en était ainsi, que les hommes se rachetassent par le prix de leurs œuvres, Christ ne serait pas la propitiation ou l'appointement unique, comme il est appelé ici.

11. *Bien-aimez, si Dieu nous a ainsi aimez, nous-nous devons aussi aimer l'un l'autre.*
12. *Nul en veit jamais Dieu*[1]. *Si nous aimons l'un l'autre, Dieu demeure en nous, et sa charité est accomplie en nous*[2].
13. *Par ceci cognoissons-nous que nous demeurons en luy, et luy en nous, qu'il nous a donné de son Esprit.*
14. *Et nous l'avons veu, et tesmoignons que le Père a envoyé le Fils* pour estre *Sauveur du monde.*
15. *Quiconque confessera que Jésus est Fils de Dieu, Dieu demeure en luy, et luy en Dieu.*

[1] Jean *1* : 18.
[2] I Thess. *4* : 9.

16. *Et nous avons cognu et creu la charité que Dieu ha envers nous. Dieu est charité : et qui demeure en charité, demeure en Dieu, et Dieu en luy.*

11. BIEN-AIMES, SI DIEU NOUS A AINSI AIMES, NOUS NOUS DEVONS AUSSI AIMER L'UN L'AUTRE. L'Apôtre applique maintenant à son propos ce qu'il avait naguère enseigné de l'amour gratuit de Dieu à savoir qu'à l'exemple de Dieu il nous exhorte à aimer nos frères. Comme aussi S. Paul propose Christ, qui s'est offert au Père en sacrifice de bonne senteur, afin que chacun de nous s'emploie pour ses prochains (Eph. *5* : 2). Or quant S. Jean nous commande d'aimer nos frères comme Dieu nous a aimés, il nous enseigne que notre amour ne doit point être mercenaire, c'est-à-dire sous espoir de récompense. Car il faut répéter cela, que nous avons été aimés gratuitement. Et de fait, quand nous avons égard à notre profit, ou bien que nous aimons pour rendre seulement la pareille à ceux qui nous aiment, c'est un amour de nous-mêmes, et non point la charité.

12. NUL NE VIT JAMAIS DIEU. SI NOUS NOUS AIMONS L'UN L'AUTRE, DIEU DEMEURE EN NOUS, ET SA CHARITE EST ACCOMPLIE EN NOUS. **13.** PAR CECI NOUS CONNAISSONS QUE NOUS DEMEURONS EN LUI, ET LUI EN NOUS, QU'IL NOUS A DONNE DE SON ESPRIT. Ces mêmes mots se trouvent en l'Evangile selon S. Jean (Jean *1* : 18), mais Jean-Baptiste qui parle là, ne regarde pas du tout une même fin que fait ici l'Apôtre. Car il veut dire seulement que Dieu ne peut être autrement connu, sinon en tant qu'il se manifeste en Christ. Et l'Apôtre étend ici cette même doctrine plus loin, à savoir que nous appréhendons la vertu de Dieu par la foi et l'amour, afin que nous sachions que nous sommes ses enfants et qu'il habite en nous. Toutefois il parle premièrement de la charité, quand il dit que *Dieu demeure en nous, si nous nous aimons l'un l'autre*, d'autant que sa dilection est accomplie en nous, c'est-à-dire vraiment confirmée, comme s'il disait que Dieu (par manière de dire) se montre présent, quand il forme nos cœurs par son Saint-Esprit à aimer nos prochains. En ce même sens il répète ce qu'il avait déjà dit une fois, à savoir que nous reconnaissons par l'Esprit qu'il nous a donné, qu'il habite en nous. Car c'est une confirmation de la sentence précédente, d'autant que la charité est un effet de l'Esprit. Voici donc ce qu'il veut dire en somme : puisque la charité procède de l'Esprit de Dieu, nous ne pouvons aimer nos prochains d'une vraie et pure affection, que l'Esprit ne montre sa vertu. Par ce moyen il atteste qu'il habite en nous. Or Dieu habite en nous par son Esprit. Nous montrerons donc par notre charité que nous avons Dieu demeurant en nous. Au contraire, tous ceux qui se vantent d'avoir Dieu et n'aiment point leurs frères, montrent bien par cela qu'ils mentent. Car ils séparent et arrachent Dieu de soi-même.

Quand il dit : *Et sa charité est accomplie*, c'est comme s'il disait : « Car sa charité est accomplie ». Or la charité de Dieu se peut ici comprendre de deux façons : ou la charité par laquelle nous aimons, ou celle qu'il inspire en nous. Ces deux façons de parler : que Dieu nous a donné son Esprit, et *qu'il nous a donné de son Esprit*, signifient une même chose. Car nous savons que l'Esprit est distribué par mesure à un chacun de nous.

14. ET NOUS L'AVONS VU, ET TEMOIGNONS QUE LE PERE A ENVOYE LE FILS POUR ETRE SAUVEUR DU MONDE. Il déclare maintenant l'autre partie de la connaissance de Dieu, dont nous avons parlé, à savoir qu'il se communique à nous en son Fils et nous présente en lui la jouissance de sa personne, d'où il s'ensuit que c'est par la foi que nous le recevons. Car l'intention de l'Apôtre tend à cela, que nous soyons tellement unis à Dieu par la foi et la charité, qu'il habite vraiment en nous, et qu'étant invisible il se montre en quelque sorte visible par l'effet de sa puissance.

Quand il dit, *nous l'avons vu et témoignons*, il parle de lui et des autres Apôtres, et n'entend pas parler de tout regard, mais du regard joint à la foi, par lequel ils ont aperçu la gloire de Dieu en Christ, comme aussi il s'ensuit, qu'*il a été envoyé pour être Sauveur du monde.* Cette connaissante procède de l'illumination de l'Esprit.

15. QUICONQUE CONFESSERA QUE JESUS EST FILS DE DIEU, DIEU DEMEURE EN LUI ET LUI EN DIEU. Il répète cette maxime, que nous sommes unis à Dieu par Christ, et que nous ne pouvons être conjoints à Christ, que Dieu ne demeure en nous. Or ces deux mots, foi et confession, ou croire et confesser, sont ici mis pour une même chose. Car bien que les hypocrites se vantent à fausses enseignes d'avoir la foi, néanmoins l'Apôtre ne reconnaît ici autres confesseurs, sinon ceux qui croient de cœur et en vérité. Davantage, quand il dit que *Jésus est le Fils de Dieu*, il comprend en ce peu de parole toute la somme de la foi. Car il n'y a rien de nécessaire au salut, que la foi ne trouve en Christ. Au surplus, après qu'il a dit en général que les hommes sont greffés par la foi en Jésus-Christ de telle façon, que Christ les conjoint à Dieu, il ajoute spécialement qu'eux-mêmes l'ont vu, afin d'appliquer le propos général particulièrement à ceux auxquels il écrit. Finalement il met une exhortation : qu'ils aiment les autres, comme ils ont été aimés de Dieu. Voici donc quel est l'ordre et le sens de ces paroles : la foi en Christ fait que Dieu demeure dans le cœur des hommes, et nous sommes participants de cette grâce. Or vu que Dieu est charité, nul ne peut demeurer en lui, s'il n'aime ses frères. Ainsi donc, il faut que la charité règne en nous, vu que Dieu s'est uni à nous.

16. ET NOUS AVONS CONNU ET CRU LA CHARITE QUE DIEU A ENVERS NOUS. C'est comme s'il disait : « Nous avons connu en croyant. » Car une telle connaissance ne peut être reçue que par la foi. Mais nous apprenons de là quelle différence il y a entre la foi et une opinion douteuse et en suspens. Au demeurant, bien que son but soit d'accommoder la sentence précédente aux lecteurs (comme j'ai déjà dit), toutefois il définit de diverses manières la substance de la foi. Il avait dit ci-dessus : « Quiconque croit que Jésus est le Fils de Dieu », et maintenant il dit que par la foi nous connaissons l'amour de Dieu envers nous. D'où il ressort que nous appréhendons l'amour paternel de Dieu en Christ, et aussi que nul ne peut rien obtenir de Christ, sinon ceux qui se savent enfants de Dieu par sa grâce. Car pour cette raison le Père nous propose tous les jours son Fils, afin qu'il nous adopte en lui.

DIEU EST CHARITE. C'est la mineure de son syllogisme, comme disent les dialecticiens. Car il argumente de la foi à la charité, de cette façon : Dieu habite en nous par la foi ; or Dieu est charité ; il s'ensuit donc qu'en quelque lieu que Dieu demeure, il faut qu'avec lui la charité y règne. De là s'ensuit que la charité est nécessairement conjointe avec la foi.

17. *En ceci est accomplie la charité envers nous, afin qu'ayons asseurance au jour du jugement, que nous sommes*[1] *en ce monde tel qu'il est.*

[1] Ou, *afin que pour le jour du jugement nous ayons asseurance que nous sommes...*

18. *Il n'y a point de peur en la charité : ains la parfaite charité chasse dehors la peur : car la peur ha torment*[1], *et celuy qui ha peur, n'est point accompli en charité.*

17. EN CECI EST ACCOMPLIE LA CHARITE ENVERS NOUS, AFIN QUE AYONS ASSURANCE AU JOUR DU JUGEMENT QUE NOUS SOMMES EN CE MONDE TELS QU'IL EST. Cette sentence contient deux parties, à savoir que nous sommes participants de l'adoption divine, lorsque nous ressemblons à Dieu comme les enfants ressemblent à leur père. D'autre part, que cette confiance est un bien inestimable, d'autant que sans elle nous sommes plus que misérables. En premier lieu donc il montre à quelle condition Dieu nous a pris en amour, et comment nous jouissons de cette grâce qu'il nous a manifestée en Christ. Par conséquent, ce mot de *charité* se doit entendre de la charité de Dieu envers nous. Il dit qu'elle est *accomplie*, parce qu'elle a été répandue en pleine abondance, et donnée entièrement, en sorte qu'il n'y a rien à redire de ce qui est requis. Au reste, il affirme que nul n'est participant de ce bien, sinon ceux qui, en se conformant à Dieu, montrent qu'ils sont ses enfants. C'est donc un argument pris des choses conjointes.

AFIN QU'AYANT ASSURANCE AU JOUR DU JUGEMENT. Il commence maintenant à montrer le fruit qui nous revient de l'amour que Dieu a envers nous — ce qu'il montrera plus clairement ci-après par le contraire. C'est une félicité inestimable que d'oser hardiment nous présenter devant Dieu, vu que de notre nature nous avons en horreur sa présence, et à bon droit. Car puisqu'il est le juge du monde, et que nos péchés nous tiennent enserrés en condamnation, il faut nécessairement qu'avec Dieu, la mort et les enfers nous viennent en la mémoire. Et de là vient la crainte, dont j'ai parlé et qui fait que les hommes fuient Dieu tant qu'ils le peuvent. Mais S. Jean dit que les fidèles ne craignent point, quand on leur fait mention du dernier jugement, mais plutôt qu'ils se viennent hardiment et allègrement présenter devant le siège judiciaire de Dieu, d'autant qu'ils sont persuadés d'une manière certaine de l'amour paternel de Dieu envers eux. Autant donc chacun se sent paisible d'esprit à attendre le jour du jugement, autant il a profité en la foi.

QUE NOUS SOMMES EN CE MONDE TEL QU'IL EST. Par ces mots (comme il a été déjà dit) il exprime qu'il est requis de nous, en contrepartie, que nous représentions l'image de Dieu. Il veut donc que nous soyons tels en ce monde, que Dieu est au ciel, afin que nous soyons réputés ses enfants. Car lorsque l'image de Dieu apparaît en nous, elle est comme un sceau de son adoption. Mais il semble que par ce moyen il fait reposer une partie de notre confiance sur nos œuvres. Pour cette raison les papistes lèvent ici la crête, comme si S. Jean niait que toute l'assurance et la confiance de notre salut dépendent de la seule grâce de Dieu, et s'il disait que nos œuvres y doivent aider. Mais ils s'abusent en ce qu'ils ne considèrent point que l'Apôtre ne déduit pas son argument de la cause, mais le prend des choses conjointes. Or quant à nous, nous confessons franchement que nul n'est réconcilié avec Dieu par Christ, qu'il ne soit également transformé à l'image de Dieu, et que l'un ne peut être séparé de l'autre. L'Apôtre parle donc très bien, quand il exclut de la confiance de grâce tous ceux chez qui n'apparaît aucune ressemblance de Dieu. Car il est certain que ceux-là sont totalement aliénés de Christ et de l'Esprit de Dieu. Nous ne nions point d'ailleurs que la nouveauté de vie, d'autant qu'elle est un effet de l'adoption de Dieu, ne serve grandement à confirmer la confiance ; mais nous ajoutons que c'est seulement comme une aide seconde. Cela n'empêche pas qu'il faut que nous soyons fondés sur la grâce seulement. Et de fait, autrement la doctrine de S. Jean se contredirait elle-même. Car l'expérience montre,

[1] Ou, *peine*.

et les papistes mêmes sont contraints de confesser, qu'il y a toujours matière de tremblement en la considération des œuvres. Ainsi, nul n'approchera jamais du siège judiciaire de Dieu d'une conscience paisible et assurée, s'il n'a l'intime conviction qu'il est aimé gratuitement. Mais il ne se faut point ébahir si les papistes ne goûtent rien de tout cela, vu que les pauvres malheureux ne connaissent aucune foi qui ne soit enveloppée de doute. Ajoutons que l'hypocrisie leur bande tellement les yeux, qu'ils ne peuvent considérer à bon escient combien est redoutable le jugement de Dieu, quand Christ n'est point proposé pour médiateur. Les autres méprisent la résurrection comme une fable ; mais quant à nous, afin que nous allions joyeux et allègres au-devant de Christ, il faut que notre foi soit fichée en sa seule grâce.

18. IL N'Y A POINT DE PEUR EN LA CHARITE, MAIS LA PARFAITE CHARITE CHASSE DEHORS LA PEUR, CAR LA PEUR A TOURMENT, ET CELUI QUI A PEUR, N'EST POINT ACCOMPLI EN CHARITE. Maintenant il loue l'excellence de ce bien par les choses contraires. Car il dit que nous sommes continuellement tourmentés, jusqu'à ce que Dieu nous délivre de ce misérable tourment par le remède de son amour envers nous. Il veut dire en somme que, vu qu'il n'y a rien de plus misérable que d'être tourmenté d'une inquiétude continuelle, nous obtenons ce bien, par la connaissance de la charité de Dieu envers nous, de reposer paisiblement, et d'être hors de toute peur. D'où il ressort combien ce bienfait de Dieu est singulier, qu'il daigne bien nous aimer. Au reste, il tirera tout de suite après une exhortation de cette doctrine ; mais avant de nous exhorter à faire notre devoir, il loue ce don de Dieu, qui nous délivre de la crainte par la foi.

Je sais bien que plusieurs expliquent tout ce passage autrement ; mais quant moi, je regarde ce que veut dire S. Jean, et non pas quelle est l'opinion des autres. Ils disent que la peur n'est pas dans la charité, d'autant que nous aimons Dieu volontairement, et nous ne sommes point contraints par force et crainte de lui rendre obéissance. Ainsi, selon eux, la crainte servile est ici opposée à un respect volontaire, d'où on a tiré la distinction entre la crainte filiale et servile. Or je confesse bien que cela est vrai, que quand nous aimons Dieu franchement comme Père, nous ne sommes plus menés par la contrainte et la crainte d'être punis, mais cette doctrine n'a rien de commun avec le présent passage. Car l'Apôtre veut seulement enseigner que quand l'amour de Dieu envers nous nous est connu par la foi, et que nous en sommes bien persuadés, alors nos consciences sont en repos et hors de trouble.

Toutefois on pourrait ici demander, quand c'est que la charité parfaite met dehors la peur ? Car n'ayant qu'un petit goût de l'amour de Dieu envers nous, jamais nous ne sommes tout à fait exempts de crainte. Je réponds que, bien que la crainte ne soit point entièrement ôtée, nonobstant, quand nous recourons à Dieu comme à un port assuré et hors de tout danger de périr et de toutes tempêtes et orages, alors la crainte est vraiment chassée, parce qu'elle fait place à la foi. Ainsi donc la crainte n'est point chassée au point de ne plus inquiéter nos cœurs, mais cependant elle l'est de telle façon qu'elle ne nous trouble point, et n'empêche pas notre paix, que nous obtenons par la foi.

CAR LA PEUR A TOURMENT. L'Apôtre amplifie aussi en cet endroit la grandeur de la grâce dont il parle. Car comme c'est une condition fort misérable, d'être en perpétuel tourment, il n'y a rien plus désirable que de se présenter devant la face de Dieu avec une conscience paisible et un cœur tranquille. Quant à ce que les autres disent que les esclaves craignent, parce qu'ils se proposent devant les yeux la punition et les fouets, et qu'ils ne font point que par contrainte ce qu'ils sont tenus de faire, ce n'est point là le propos de l'Apôtre, comme il a été dit. Aussi, quand ils expliquent à la phrase suivante que celui qui craint n'est point parfait dans la charité, parce qu'il ne s'assujettit point à Dieu de son bon gré, mais plutôt s'exempterait volontiers de cette servitude s'il pouvait, cela ne convient nullement au sens du texte. Car l'Apôtre enseigne plutôt que c'est un vice d'infidélité, quand quelqu'un craint, c'est-à-dire quand il n'a point de repos en son esprit. Car l'amour de Dieu, bien connu, rend les esprits paisibles.

19. *Nous l'aimons donc, d'autant que luy premier nous a aimez.*
20. *Si aucun dit, J'aime Dieu : et il hait son frère, il est menteur. Car qui n'aime son frère, lequel il voit, comment peut-il aimer Dieu lequel il ne voit point ?*
21. *Et nous avons ce commandement de luy, que celuy qui aime Dieu, il aime aussi son frère*[1].

19. NOUS L'AIMONS DONC, D'AUTANT QUE LUI NOUS A AIMES LE PREMIER. Ceci peut se lire de deux façons, à savoir : « Nous l'aimons donc », ou : « Aimons-le donc ». Toutefois le premier sens est beaucoup plus convenable. Car selon mon jugement, l'Apôtre répète la sentence précédente : savoir que d'autant que Dieu nous a prévenus de son amour gratuit, nous lui rendions la pareille comme nous devons ; en sorte qu'il infère tout de suite après, qu'il faut aimer Dieu dans les hommes, ou rendre témoignage envers les hommes de l'amour que nous lui portons. Toutefois, si on veut prendre l'autre sens, cela reviendra au même : parce que Dieu nous a aimés gratuitement, aimons-le aussi en retour. Or il est sûr que cet amour-là ne peut exister, qu'il n'engendre un amour fraternel entre nous. C'est pourquoi il dit que ceux qui se vantent d'aimer Dieu, et cependant haïssent leurs prochains, sont menteurs.

Mais il semble que la raison qu'il ajoute n'est guère ferme. Car c'est une comparaison du plus petit au plus grand. « Si nous n'aimons nos prochains (dit-il) que nous côtoyons, beaucoup moins pourrons-nous aimer Dieu, qui est invisible. » Or on peut faire ici tout promptement deux répliques. Car l'amour dont nous aimons Dieu procède de la foi, et non point de l'avoir vu en face, comme il est dit (I Pier. *1* : 8). En outre, il y a une bien grande différence entre la manière de procéder de Dieu, et celle des hommes. Car au lieu que Dieu nous inspire de l'aimer selon sa bonté infinie, les hommes ont souvent mérité d'être haïs. Je réponds à cela que l'Apôtre prend ceci pour une chose toute arrêtée (ce que nous aussi devons avoir pour tout résolu) que Dieu se présente à nous en la personne des hommes, qui portent son image gravée en eux, et requiert de nous que nous fassions aux hommes ce dont lui n'a nul besoin, comme il est dit au Psaume *16* : 2 : « Mon bien ne vient point jusqu'à toi, Seigneur, mais aux saints qui sont en la terre. » Et certes l'association d'une même nature, l'usage commun de tant de choses, et la communication mutuelle nous devraient attirer à nous entr'aimer, si nous n'étions plus durs que fer. Mais S. Jean n'a voulu dire autre chose, sinon que c'est une vanterie fausse et vaine, quand quelqu'un dit qu'il aime Dieu, et cependant ne tient pas compte de l'image de Dieu qu'il voit devant lui.

21. ET NOUS AVONS CE COMMANDEMENT DE LUI, QUE CELUI QUI AIME DIEU, AIME AUSSI SON FRERE. C'est un argument plus ferme, pris de l'autorité et de la doctrine de Christ. Car

[1] Jean *13* : 34 et *15* : 12.

Christ ne nous enseigne pas d'aimer Dieu seulement, mais nous commande aussi d'aimer nos frères. C'est pourquoi il faut d'abord commencer par Dieu, pour de lui venir aux hommes.

CHAPITRE V

1. *Quiconque croit que Jésus est le Christ, il est nay de Dieu : et quiconque aime celuy qui l'a engendré, aime aussi celuy qui est nay de luy.*
2. *Par ceci nous cognoissons que nous aimons les enfans de Dieu, quand nous aimons Dieu, et gardons ses commandemens.*
3. *Car c'est l'amour de Dieu, que nous gardions ses commandemens, et ses commandemens ne sont point griefs.*
4. *Car tout ce qui est nay de Dieu, surmonte le monde : et ceste est la victoire qui a surmonté le monde,* asçavoir *nostre foy.*
5. *Qui est celuy qui surmonte le monde, sinon celuy qui croit que Jésus est le Fils de Dieu ?*

1. QUICONQUE CROIT QUE JESUS EST LE CHRIST, EST NE DE DIEU, ET QUICONQUE AIME CELUI QUI L'A ENGENDRE, AIME AUSSI CELUI QUI EST NE DE LUI. Il confirme par une autre raison que la foi et l'amour fraternel sont deux choses conjointes. Car puisque Dieu nous régénère par la foi, il faut nécessairement qu'il soit aimé de nous comme Père. Or cet amour comprend tous ses enfants : la foi donc ne peut être séparée de la charité. La première sentence est que tous ceux qui croient que Jésus est le Christ, sont nés de Dieu. Où nous voyons derechef que Christ nous est proposé seul pour le but de notre foi, comme aussi elle trouve en lui justice, vie et tout ce qu'on peut désirer de biens, voire Dieu entièrement. C'est donc la vraie façon de croire, quand nous dressons nos esprits vers lui. Au surplus, croire qu'il est le Christ, c'est espérer et attendre de lui tout ce qui a été promis du Messie. Car le titre de *Christ* qui lui est ici donné n'est pas vain, mais il comprend plutôt la charge que son Père lui a enjointe. Or de même que pleine restauration, justice et félicité ont été promises en la Loi dans la personne du Messie, aussi tout cela est aujourd'hui plus clairement exprimé dans l'Evangile. Jésus ne peut donc être reçu pour le Christ, qu'on n'attende salut de lui, vu que c'est à cette fin que le Père l'a envoyé, et qu'il nous est tous les jours offert. A bon droit donc l'Apôtre prononce que tous ceux qui croient vraiment sont nés de Dieu. Car la foi surmonte de beaucoup la capacité de l'entendement humain, en sorte que pour venir à Christ, il faut que le Père céleste nous y attire, car nul n'y pourrait jamais parvenir de sa propre vertu ou de ses propres efforts. Et c'est ce que S. Jean même enseigne au chapitre *1* de son Evangile, verset 13, que ceux qui croient au nom du Fils unique ne sont point nés du sang ni de la chair. Et S. Paul en la première Epître aux Corinthiens, chapitre *2*, v. 9 et 12, que nous n'avons point reçu l'esprit de ce monde, mais l'Esprit qui est de Dieu, afin que nous connaissions les choses qui nous ont été données par Christ. Car l'œil n'a point vu, ni l'oreille entendu, ni les sens de l'homme senti le salaire qui est préparé pour ceux qui aiment Dieu ; il n'y a que l'Esprit qui parvienne à ce secret. Davantage, vu que Christ nous a été offert et donné en sanctification, et qu'il apporte avec soi l'Esprit de régénération, et finalement qu'il nous ente en son corps, c'est encore une seconde raison pourquoi nul ne peut avoir la foi s'il n'est né de Dieu.

AIME AUSSI CELUI QUI EST NE DE LUI. S. AUGUSTIN et quelques autres des anciens docteurs ont appliqué ceci à Jésus-Christ, mais c'est à tort. Car l'Apôtre, sous le nombre singulier, dénote généralement tous les fidèles, et le fil du texte montre clairement qu'il n'a point eu d'autre intention, sinon de déduire et faire découler la dilection fraternelle de la foi, comme de sa source. Or c'est un argument pris de l'ordre commun de nature, mais il transfère à Dieu ce qu'on voit chez les hommes. Il faut encore noter que quand l'Apôtre fait seulement mention des fidèles, oubliant les étrangers, ce n'est pas pour dire que les fidèles doivent être seuls aimés, et qu'on ne doive avoir aucun égard aux autres ; mais en nous commandant de commencer par les fidèles, il veut, comme par un apprentissage, nous induire à aimer tous hommes sans exception.

2. PAR CECI NOUS CONNAISSONS QUE NOUS AIMONS LES ENFANTS DE DIEU, QUAND NOUS AIMONS DIEU, ET GARDONS SES COMMANDEMENTS. **3.** CAR C'EST L'AMOUR DE DIEU, QUE NOUS GARDIONS SES COMMANDEMENTS, ET SES COMMANDEMENTS NE SONT POINT LOURDS. Il démontre en bref par ces paroles quelle est la vraie charité, à savoir celle qui est rapportée à Dieu. Il a enseigné jusqu'ici qu'il n'y a jamais de vrai amour pour Dieu, sinon quand les prochains aussi sont aimés, d'autant qu'il faut que cet effet s'ensuive toujours. Maintenant il montre que les hommes sont aimés droitement et par bon ordre, quand Dieu est aimé en premier lieu. Or il est nécessaire que nous entendions cette définition. Car il advient souvent que nous aimons les hommes hors de Dieu : ainsi les amitiés profanes et charnelles, qui ne tendent point ailleurs qu'au profit particulier, ou à quelques autres respects vains et frivoles. C'est pourquoi, ainsi que plus haut il insistait sur l'effet, maintenant il insiste sur la cause. Car il veut que la charité mutuelle règne entre nous de telle façon que Dieu soit préféré. Il conjoint avec l'amour de Dieu l'observation de la Loi, et à bon droit. Car puisque nous aimons Dieu comme Père et Seigneur, il ne se peut faire qu'avec l'amour il n'y ait vénération et obéissance. Davantage, Dieu ne peut être séparé de lui-même. Vu donc qu'il est la source de toute droiture et de toute justice, il faut nécessairement que celui qui l'aime ait ses affections formées et dressées en l'obéissance de la justice. Ainsi donc l'amour de Dieu n'est pas une chose oisive. Toutefois on peut du même coup déduire de ce passage quelle est la vraie observation de la Loi. Car si nous obéissons à Dieu et gardons ses commandements, en étant seulement contraints par la crainte, nous sommes encore bien loin de la vraie obéissance. Il faut donc premièrement que nous adonnions nos cœurs à porter honneur à Dieu franchement et volontairement, et ensuite que nous formions notre vie à la règle de la Loi. C'est ce que veut dire Moïse (Deut. *10* : 12) quand il résume en bref la somme de la Loi, disant : « Israël, qu'est-ce que le Seigneur ton Dieu requiert de toi, sinon que tu l'aimes, et lui obéisses ? »

ET SES COMMANDEMENTS NE SONT POINT LOURDS. Ceci a été ajouté afin que la difficulté ne rompe ou diminue notre affection, comme il advient souvent. Car il advient quelquefois que des gens, après avoir avec un grand courage et une affection ardente commencé à mener une vie sainte et bonne, deviennent nonchalants après qu'ils ont expérimenté que leurs forces ne sont pas suffisantes. S. Jean donc, pour nous inciter à nous évertuer, dit que les commandements de Dieu ne sont point lourds. Mais on peut répliquer à l'encontre, que nous expérimentons bien le contraire, et l'Ecriture même témoigne que le joug de la Loi est insupportable (Act. *15* : 10). Davantage, la raison en est toute claire. Car, quoique le renoncement à nous-mêmes soit comme une entrée à l'observation de la Loi, oserons-nous dire qu'il soit facile à l'homme de renoncer à lui-même ? Mais plutôt, vu que la Loi est spirituelle (comme S. Paul enseigne aux Romains : Rom. *7* : 14) et que nous, nous ne sommes rien que chair, il faut nécessairement qu'il y ait un grand désaccord entre la Loi de Dieu et nous. Je réponds que cette difficulté ne procède point de la nature de la Loi, mais du vice de notre chair. Ce que S. Paul aussi exprime clairement. Car après avoir dit qu'il a été impossible à la Loi de nous conférer la justice, tout aussitôt il rejette la faute sur la chair.

Cette solution accorde très bien les sentences de S. Paul et de David, lesquelles semblent être grandement différentes de prime abord. D'un côté, S. Paul fait de la Loi le ministère de la mort, et dit qu'elle ne cause que la colère de Dieu (II Cor. *3* : 7), qu'elle est donnée pour accroître le péché (Rom. *4* : 15), qu'elle est vivante pour nous tuer (Rom. *7* : 10 et 13). David au contraire dit qu'elle est plus douce que le miel, et plus désirable que l'or (Ps. *19* : 9 et 11). Parmi les autres louanges qu'il en fait, il met qu'elle réjouit les cœurs, qu'elle les convertit à Dieu et les vivifie. Mais entendons que S. Paul compare la Loi avec la nature vicieuse de l'homme. De là vient ce combat mortel. Et David montre comment son affectionnés ceux que Dieu a régénérés par son Esprit. De là procède cette suave délectation, dont la chair ne sent nul goût. Et certes S. Jean n'a point oublié cette distinction. Car afin qu'on ne donnât pas une portée générale à cette sentence — que les commandements de Dieu ne sont pas pénibles — il la restreint aux enfants de Dieu. En quoi il signifie que cela se fait par la vertu du Saint-Esprit, qu'il ne nous soit point pénible ni fâcheux d'obéir à Dieu.

Toutefois, il semble bien que la question ne soit pas encore tout à fait résolue. Car les fidèles, quoiqu'ils soient gouvernés par l'Esprit de Dieu, ont toutefois un dur combat à soutenir contre leur propre chair ; et quoiqu'ils s'y efforcent de tout leur pouvoir, ils ne font pourtant qu'à grand-peine la moitié de leur devoir ; et qui plus est, étant quasi en si grande perplexité qu'ils ne savent que faire, ils défaillent presque sous le fardeau. Nous voyons comment S. Paul fait sa complainte qu'il est détenu captif, et se dit misérable, d'autant qu'il ne peut pas franchement servir Dieu. Je réponds que la Loi est appelée facile et aisée, en tant que, garnis de force céleste, nous surmontons les concupiscences de la chair. Car quoique la chair regimbe, nonobstant les fidèles sentent qu'il n'y a rien qui leur apporte plus grand plaisir que de suivre Dieu.

Davantage, il faut noter que S. Jean ne parle point de la Loi nue, qui ne contient autre chose que les commandements, mais qu'il comprend avec elle la débonnaireté gracieuse et paternelle de Dieu, par laquelle la rigueur de la Loi est adoucie. Ainsi donc, quand nous savons que Dieu nous supporte bénignement, si nos œuvres ne satisfont point à la Loi, cela nous rend beaucoup plus prompts à lui porter obéissance, comme il est dit au Psaume *130* : 4 : « Il y a pardon auprès de toi, afin que tu sois craint. » De là donc vient que la Loi est facile et aisée à garder, et que s'il advient que les fidèles défaillent en quelque sorte, nonobstant ils ne perdent point courage, d'autant que le pardon les soutient. Cependant l'Apôtre avertit qu'il nous faut batailler pour servir Dieu. Car tout le monde nous résiste, et nous empêche d'aller où Dieu nous appelle. Ainsi donc celui-là gardera la Loi, qui résistera constamment au monde.

4. CAR TOUT CE QUI EST NE DE DIEU SURMONTE LE MONDE, ET LA VICTOIRE QUI A SURMONTE LE MONDE, C'EST NOTRE FOI. Parce qu'il avait dit que tous ceux qui sont nés de Dieu surmontent le monde, il exprime aussi la manière de vaincre. Car on pourrait encore demander d'où vient la victoire. C'est donc en la foi qu'il fait consister la victoire sur tout le monde. Voilà un beau passage, car bien que Satan nous livre assidûment des étonnants et horribles assauts, toutefois, l'Esprit de Dieu nous encourage à ôter toute crainte et à batailler hardiment, en nous assurant que nous sommes hors de tous dangers.

Or il dit : *Nous avons déjà surmonté le monde*, ce qui emporte plus que s'il eût seulement dit : « Nous surmontons », afin que nous soyons aussi assurés que si notre ennemi était déjà accablé. Il est bien vrai que notre condition de guerroyer dure tout le temps de notre vie, que les escarmouches sont ordinaires, et même que notre ennemi nous fait la guerre à toutes heures, et de tous côtés ; mais parce que Dieu ne nous arme point seulement pour un jour, et que la foi n'est pas non plus seulement pour quelque temps, mais une œuvre perpétuelle du Saint-Esprit, pour cette raison nous n'avons pas moins obtenu la victoire que si nous avions déjà tout gagné, et que la guerre fût finie. Toutefois cette assurance n'engendre point un nonchaloir, que nous ne soyons toujours soigneux et attentifs à batailler. Car Dieu veut que les siens soient tellement assurés, que cependant ils ne soient point nonchalants et endormis ; mais plutôt il dit qu'ils ont déjà vaincu, afin qu'ils combattent plus courageusement et vaillamment.

Le mot de « monde » s'étend ici bien loin, car il comprend tout ce qui est contraire à l'Esprit de Dieu. Ainsi la perversité de notre nature est une partie du monde. Autant en dirons-nous de toutes nos concupiscences, de toutes les astuces de Satan, bref de tout ce qui nous détourne de Dieu. En une si grande multitude d'ennemis nous avons un bien grand fait de guerre à soutenir. Et de fait, nous serions vaincus avant que d'entrer en combat, et prêts d'être surmontés cent fois le jour, si Dieu ne nous promettait la victoire ; mais il nous exhorte au combat sous cette condition, que premièrement il nous promet la victoire. Au reste, comme cette promesse nous arme à tout jamais de la vertu invincible de Dieu, ainsi, à l'inverse, elle réduit à néant les forces des hommes. Car l'Apôtre n'enseigne pas ici que Dieu nous donne seulement du secours, afin qu'aidés par lui nous soyons suffisants pour résister, mais il fait dépendre la victoire de la seule foi. Or la foi prend d'ailleurs la force et la vertu de vaincre. C'est pourquoi ceux qui attribuent l'honneur de la victoire à leur propre vertu, ravissent à Dieu ce qui lui appartient.

5. QUI EST CELUI QUI SURMONTE LE MONDE, SINON CELUI QUI CROIT QUE JESUS EST LE FILS DE DIEU ? C'est la raison de la sentence précédente, à savoir que nous surmontons par la foi, parce que nous empruntons de Christ la force, comme dit aussi S. Paul : « Je peux toutes choses par Christ qui me fortifie » (Phil. *4* : 13). L'homme donc qui, se défiant de soi-même, se reposera sur la seule vertu et la force de Jésus-Christ, sera celui qui surmontera Satan et le monde, et ne se laissera point vaincre par sa propre chair. Car par le mot de *foi*, il entend une vive compréhension que nous avons de Christ, laquelle nous applique la vertu et l'office de celui-ci.

6. *C'est cestuy Jésus-Christ qui est venu par eau et par sang : non pas seulement par eau, mais par eau et par sang, et c'est l'Esprit qui en tesmoigne, veu que l'Esprit est la vérité.*
7. *Car il y en a trois qui donnent tesmoignage au ciel, le Père, la Parole, et le sainct Esprit : et ces trois sont un.*

8. *Aussi y en a-il trois qui donnent tesmoignage en la terre,* asçavoir *l'Esprit, l'eau, et le sang : et ces trois sont un*[1].
9. *Si nous recevons le tesmoignage des hommes, le tesmoignage de Dieu est plus grand.*

6. C'EST CE JESUS-CHRIST QUI EST VENU PAR EAU ET PAR SANG, NON PAS SEULEMENT PAR EAU, MAIS PAR SANG, ET C'EST L'ESPRIT QUI EN TEMOIGNE, VU QUE L'ESPRIT EST LA VERITE. Afin que notre foi se repose avec assurance en Christ, il dit qu'en lui réside la ferme réalité dont la Loi était l'ombre. Car je ne doute point qu'il ne fasse allusion aux cérémonies anciennes de la Loi, par ces deux mots *eau* et *sang*. Or la comparaison tend à cela : non seulement que nous sachions que la Loi de Moïse est abolie par la venue de Christ, mais aussi que nous cherchions en lui l'accomplissement des choses qui étaient anciennement figurées par les cérémonies. Or bien qu'il y en eût plusieurs espèces, toutefois sous ces deux-là l'Apôtre désigne toute la perfection de sainteté et de justice. Car par l'eau toutes les souillures étaient lavées, afin que les hommes ne se vinssent présenter à Dieu, qu'ils ne fussent purs et nets. Dans le sang était l'expiation, et le gage de la réconciliation entière avec Dieu. Mais la Loi a seulement figuré par signes extérieurs ce qui devait être accompli parfaitement et à la vérité par le Messie. S. Jean donc prouve bien à propos que Jésus est le Christ du Seigneur, qui avait été jadis promis, parce qu'il a apporté avec soi de quoi nous sanctifier entièrement. Or touchant le sang par lequel Christ a apaisé Dieu, il n'y a nul doute. Mais on pourrait demander comment il est venu avec l'eau. Car il n'est pas à croire que ceci se rapporte au baptême. Pour moi, je pense que S. Jean exprime ici le fruit et l'effet de la chose qu'il rapporte en l'histoire de l'Evangile. Car il faut tenir indubitablement pour miracle ce qu'il dit là, à savoir que du côté de Christ sortit de l'eau et du sang. Je sais bien que quelque chose de semblable peut advenir naturellement à ceux qui viennent de mourir ; mais il advint par un conseil certain de Dieu, que le côté de Christ fut une fontaine de sang et d'eau, afin que les fidèles connussent que le vrai lavage (dont les ablutions anciennes étaient les figures) était parfait en lui, et afin qu'ils sussent aussi que ce que les aspersions de sang avaient anciennement promis, était accompli. Par quoi cette brève partition a fort bonne grâce, parce qu'elle montre sommairement à quel but principalement tendaient les cérémonies anciennes : à savoir à ce que les hommes, purifiés de toutes pollutions et absous de toutes offenses, eussent Dieu propice et favorable et lui fussent consacrés. En outre, que la vérité a été manifestée en Christ, d'autant que la Loi n'offrait rien que de simples figures. De quoi nous avons parlé plus amplement sur les neuvième et dixième chapitres des Hébreux.

ET C'EST L'ESPRIT QUI EN TEMOIGNE, VU QUE L'ESPRIT EST LA VERITE. Il montre par là comment les fidèles éprouvent cette vertu-là de Christ, à savoir d'autant que l'Esprit de Dieu les rend certains. Et afin que leur foi ne chancelle pas, il ajoute que le témoignage de l'Esprit a une fermeté sûre et entière. Car l'Esprit est appelé *la vérité* parce que son autorité est indubitable, et nous doit être plus que suffisante.

7. CAR IL Y EN A TROIS QUI DONNENT TEMOIGNAGE AU CIEL, LE PERE, LA PAROLE, ET LE SAINT-ESPRIT, ET CES TROIS SONT UN. Tout ceci a été omis par quelques-uns, ce que S. JEROME pense avoir été fait plus par malice que par ignorance ou mégarde, et seulement par les latins. Mais d'autant que les livres grecs même ne s'accordent pas l'un avec l'autre, à grand-peine en osé-je rien affirmer. Toutefois, parce que le fil du texte coule très bien si cette phrase

[1] Ou, *en un*.

y est ajoutée, et que je vois qu'elle se trouve dans les meilleurs et les plus corrects exemplaires, pour ma part je la reçois volontiers. Or le sens sera que Dieu, pour confirmer plus abondamment la foi que nous avons en Christ, nous rend témoignage de trois façons, qu'il nous faut acquiescer et reposer sur lui. Car comme notre foi reconnaît trois personnes en une seule essence de Dieu, c'est aussi de trois manières qu'elle est appelée à Christ, afin qu'elle se tienne à lui.

Or quand il dit que *ces trois sont un*, cela ne se rapporte point à l'essence, mais plutôt au consentement. Comme s'il disait que le Père, et la Parole éternelle, et l'Esprit, comme par un accord harmonieux prouvent Christ et en donnent témoignage. Certains livres grecs ont : « Et ces trois sont un ». Mais quand bien même on lirait comme les autres : « Ces trois sont un », il n'y a point de doute toutefois que le Père, la Parole et l'Esprit ne soient dits être un, dans le même sens qu'il est dit ci-après que « l'Esprit, l'eau et le sang sont un ». Mais d'autant que l'Esprit qui n'est qu'un témoin est allégué deux fois, il semble que ce soit une répétition absurde. Je réponds à cela que, vu qu'il rend témoignage de Christ de diverses façons, c'est pertinemment qu'il lui est assigné un double lieu pour témoigner. Car le Père, avec sa sagesse éternelle et son Esprit, prononce du ciel comme avec autorité et puissance que Jésus est le Christ. Il ne nous faut donc considérer là que la seule majesté de la divinité. Mais parce qu'aussi l'Esprit habitant en nos cœurs est arrhes, gage, et sceau pour confirmer ce décret divin, de cette manière il est dit derechef qu'il parle sur terre par sa grâce. Au surplus, parce que peut-être tous ne recevront pas cette lecture, j'expliquerai ce qui s'ensuit comme si l'Apôtre n'eût nommé que les témoins sur la terre.

8. AUSSI Y EN A-T-IL TROIS QUI DONNENT TEMOIGNAGE EN LA TERRE, A SAVOIR L'ESPRIT, L'EAU ET LE SANG, ET CES TROIS SONT UN. Il applique maintenant à son propos la sentence que nous avons vue de l'eau et du sang, à savoir que ceux qui rejettent Christ n'ont nulle excuse, vu qu'il a montré par d'assez fermes et évidents témoignages, qu'il est celui qui avait été anciennement promis. Car puisque l'eau et le sang sont gages et effets du salut qui a été apporté par lui, ils rendent vraiment témoignage qu'il a été envoyé de Dieu. Puis vient le troisième témoin qui est le Saint-Esprit, lequel toutefois tient le premier lieu. Car sans lui l'eau et le sang s'écouleraient sans aucun profit. Car c'est lui qui scelle et confirme le témoignage de l'eau et du sang en nos cœurs, c'est lui qui fait par sa vertu, que le fruit de la mort de Christ parvient jusqu'à nous, voire même que le sang répandu pour notre rédemption pénètre jusqu'en nos âmes ; ou (pour dire le tout en un mot) il fait que Christ soit nôtre avec tous ses biens. Ainsi S. Paul au chapitre *1* des Romains, v. 4, après qu'il a dit que Christ a été déclaré Fils de Dieu par la vertu de sa résurrection, ajoute aussitôt après « par la sanctification de l'Esprit », parce que tous les signes de la gloire divine qui reluisent en Christ nous seraient obscurs, et ne pourraient être aperçus de nous, si les yeux de la foi ne nous étaient ouverts par le Saint-Esprit. Les lecteurs entendent maintenant pourquoi S. Jean a allégué l'Esprit pour témoin avec l'eau et le sang : à savoir d'autant que le propre office de l'Esprit est de nettoyer les souillures de nos consciences par le sang de Christ, et faire que la purification apportée par lui ait son efficace en nous. Et de cela nous en avons touché quelque chose en la première épître de S. Pierre, où il use presque d'une même manière de parler, à savoir que le Saint-Esprit purifie nos âmes par l'aspersion du sang de Christ.

Au reste on peut recueillir de ces paroles, que la foi n'appréhende point un Jésus-Christ nu ou vide, mais aussi sa puissance vive avec lui. Car que profiterait-il que Christ eût été envoyé en terre, s'il n'eût apaisé Dieu par le sacrifice de sa mort, et si son Père ne lui eût donné l'office de nous laver ? Toutefois on pourrait faire une objection : que la distinction qui est ici mise est superflue, d'autant que Christ, en effaçant les péchés, nous a ainsi nettoyés. Ainsi l'Apôtre nomme deux fois une même chose. Je confesse bien qu'avec l'expiation des péchés la purification est aussi comprise, et qu'ainsi la différence n'est point ici mise entre l'eau et le sang comme si c'étaient deux choses séparées. Mais si chacun de nous considère bien quelle est sa faiblesse, il connaîtra facilement que ce n'est point sans cause que l'eau est distinguée d'avec le sang. Davantage (comme il a déjà été dit), l'Apôtre fait allusion aux cérémonies de la Loi. Or c'est ainsi que Dieu, à cause de la faiblesse des hommes, avait jadis ordonné non seulement les sacrifices, mais aussi les ablutions. S. Jean donc a voulu distinctement exprimer que la vérité de ces deux choses a été donnée en Christ. Pour cette raison aussi il avait dit un peu auparavant : « Non seulement avec l'eau ». Car il signifie que nous ne trouvons pas seulement une partie de notre salut en Christ, mais une perfection accomplie en tous points, en sorte qu'il ne nous faut plus rien chercher ailleurs.

9. SI NOUS RECEVONS LE TEMOIGNAGE DES HOMMES, LE TEMOIGNAGE DE DIEU EST PLUS GRAND. Il prouve par un argument du plus petit au plus grand, combien les hommes sont ingrats s'ils rejettent Christ ainsi approuvé de Dieu, comme il l'a exposé. Car si dans les affaires du monde nous nous arrêtons à ce que les hommes auront dit, eux qui peuvent mentir et tromper, quelle absurdité sera-ce si nous ajoutons moins de foi à Dieu siégeant en son tribunal, où il est souverain juge ? Il n'y a donc que notre perversité qui nous empêche de recevoir Christ, vu qu'il fait montre de sa puissance et de sa vertu par une preuve si suffisante.

Au reste, il appelle *témoignage de Dieu*, non seulement celui que le Saint-Esprit rend en nos cœurs, mais aussi celui que nous avons par l'eau et par le sang. Car cette vertu de purifier et effacer n'a point été terrestre, mais céleste. Aussi ne faut-il point estimer le sang de Christ selon la façon commune des hommes, mais nous devons plutôt regarder le conseil de Dieu, par lequel son Fils a été ordonné pour effacer les péchés, et cette vertu divine qui est procédée de là.

Car c'est[1] *le tesmoignage de Dieu lequel il a tesmoigné de son Fils.*

10. *Qui croit au Fils de Dieu, il ha le tesmoignage de Dieu en soy-mesme : qui ne croit point à Dieu, il l'a fait menteur : car il n'a point creu au tesmoignage que Dieu a tesmoigné de son Fils.*

11. *Et voyci le tesmoignage,* asçavoir *que Dieu nous a donné la vie éternelle, et ceste vie est en son Fils.*

12. *Qui ha le Fils, ha la vie : qui n'ha point le Fils de Dieu, n'ha point la vie.*

CAR C'EST LE TEMOIGNAGE DE DIEU, LEQUEL IL A TEMOIGNE DE SON FILS. Le mot « car » n'est pas mis ici pour rendre raison, mais plutôt par manière d'explication du propos précédent. Car l'Apôtre, après avoir montré que Dieu mérite beaucoup plus que les hommes qu'on lui ajoute foi, dit maintenant qu'on ne peut ajouter foi à Dieu, sinon en croyant à Christ, d'autant que Dieu nous le propose seul et veut que nous nous arrêtions à lui.

[1] Ou, *or cestuy est.*

Il en déduit que nous croyons en Christ avec certitude et en repos de conscience, parce que Dieu confirme et maintient notre foi par son autorité. Et il ne dit pas que Dieu parle par dehors, mais que chaque fidèle le sent *au-dedans de soi-même*, comme garant de sa foi. D'où l'on voit combien de différence il y a entre la foi, et une vaine opinion qui dépend d'ailleurs.

10. QUI NE CROIT POINT A DIEU, IL L'A FAIT MENTEUR, CAR IL N'A POINT CRU AU TEMOIGNAGE QUE DIEU A TEMOIGNE DE SON FILS. Comme les fidèles ont ce bien, qu'ils connaissent fermement qu'ils sont hors de danger d'errer, parce qu'ils sont fondés en Dieu, ainsi il montre que les infidèles sont coupables d'un blasphème horrible, parce qu'ils accusent Dieu de mensonge. Certainement Dieu n'a rien de plus précieux que sa vérité, et on ne saurait donc lui faire plus grand outrage que quand on le dépouille de cet honneur. Ainsi donc l'Apôtre, pour nous inciter à croire, prend un argument de la chose contraire. Car si faire Dieu menteur est une impiété horrible et exécrable, d'autant qu'alors on lui ravit et ôte ce qui lui appartient principalement, qui est celui qui n'aura horreur de n'ajouter point foi à l'Evangile, par lequel Dieu par-dessus tout veut être réputé véritable et fidèle ? Ceci doit être diligemment noté.

Certains se demandent pourquoi Dieu recommande et loue si expressément la foi, et pourquoi l'incrédulité est si rigoureusement condamnée. Mais ils devraient considérer qu'il est ici question de la plus grande gloire de Dieu. Car puisqu'il a voulu montrer le principal témoignage de sa vérité en l'Evangile, tous ceux qui rejettent Christ qui est là offert ne lui laissent rien de reste. Ainsi prenons le cas qu'il y ait quelqu'un qui en tout le reste de sa vie soit semblable à un ange, toutefois ce sera une sainteté diabolique s'il rejette Christ. Comme nous en voyons quelques-uns en la papauté, qui se plaisent grandement en je ne sais quel masque de sainteté, mais qui toutefois résistent obstinément à l'Evangile. Retenons donc que le commencement de la vraie religion consiste à recevoir en toute obéissance cette doctrine que Dieu nous a si strictement laissée pour témoignage.

11. ET VOICI LE TEMOIGNAGE, A SAVOIR QUE DIEU NOUS A DONNE LA VIE ETERNELLE, ET CETTE VIE EST EN SON FILS. Maintenant, en nous proposant le fruit, il nous convie à croire. A vrai dire, cet honneur est dû à Dieu, qu'aussitôt qu'il nous aura affirmé quelque chose, nous la recevions comme toute certaine ; mais quand il nous offre gratuitement la vie, c'est une ingratitude insupportable, si nous ne recevons d'une fois prompte cette doctrine si aimable et gracieuse. Et de fait, les paroles de l'Apôtre tendent à cette fin, que non seulement nous devons obéir à l'Evangile en tout respect, de peur que nous ne fassions injure à Dieu, mais aussi qu'il le faut aimer parce qu'il nous apporte la vie éternelle. D'où nous apprenons aussi ce que c'est qu'il faut principalement chercher en l'Evangile, à savoir le don gratuit du salut. Car le fait que Dieu nous exhorte là à la crainte et à la repentance, ne doit pas être séparé de la grâce de Christ. Et afin que l'Apôtre nous retienne absolument en Christ, il répète derechef que la vie est en lui, comme s'il disait que Dieu ne nous a point donné d'autre moyen pour obtenir la vie. Or l'Apôtre a ici sommairement compris trois choses, à savoir : que nous sommes tous destinés à la mort, jusqu'à ce que Dieu par sa bonté gratuite nous rende la vie (car il prononce clairement que la vie nous est donnée de Dieu, d'où il s'ensuit que nous en sommes privés, et que nous ne la pouvons obtenir par aucun mérite). Ensuite, il montre que cette vie nous est conférée par l'Evangile, d'autant qu'en celui-ci sont manifestés la bonté de Dieu et son amour paternel envers nous. Finalement il dit que nous ne sommes point autrement faits participants de cette vie, sinon en tant que par la foi nous sommes entés en Christ.

12. QUI A LE FILS A LA VIE, QUI N'A POINT LE FILS DE DIEU N'A POINT LA VIE. C'est la confirmation de la sentence précédente. Cela nous devait bien suffire, que Dieu n'a point mis la vie ailleurs qu'en Christ, afin que nous l'allions chercher là ; mais afin que personne ne se détourne ailleurs, il exclut de l'espérance de vie tous ceux qui ne la cherchent point en Christ. Nous savons ce que c'est que d'avoir Christ, car nous le possédons par la foi. Il prive donc de la vie tous ceux qui ne sont point du corps de Christ.

Mais il semble que ceci ne soit point raisonnable. Car les histoires racontent qu'il y a eu des hommes excellents et doués de vertus héroïques, qui toutefois étaient totalement étrangers à Christ. Or il semble que ce soit une chose absurde, que nul honneur ne soit donné à une si grande excellence. Je réponds à cela que nous sommes grandement abusés, si nous pensons que Dieu approuve tout ce qui est excellent devant nos yeux ; au contraire (comme il est dit en S. Luc *16* : 15) tout ce que les hommes estiment excellent est abomination devant Dieu. Car parce que l'impureté du cœur nous est cachée, nous nous contentons de l'apparence extérieure ; mais Dieu voit bien les souillures infâmes qui sont cachées sous ce masque. Il ne se faut donc pas ébahir si ces belles vertus lui sont puantes, vu qu'elles partent d'un cœur infect, et ne tendent point à une fin bonne et droite. Or d'où viennent la pureté de cœur et le vrai zèle de piété et de sainteté, sinon de l'Esprit de Christ ? Il n'y a donc rien qui soit digne de louange hors de Christ.

Il y a toutefois une autre raison qui ôte tout doute. Car la justice des hommes consiste en la rémission des péchés ; celle-ci ôtée, il le faut point que nous attendions autre chose qu'une malédiction de Dieu certaine et la mort éternelle. Or il n'y a que Christ qui nous réconcilie avec le Père céleste, puisqu'il l'a apaisé une fois par le sacrifice de sa mort. D'où il s'ensuit que Dieu n'est propice à personne sinon en Christ, et qu'il n'y a point de justice sinon en lui. Si on met en avant Corneille, duquel S. Luc rend témoignage (Act. *10* : 2) qu'il était agréable à Dieu avant qu'il fût appelé à la foi de l'Evangile, je réponds à cela que quelquefois Dieu besogne en nous de telle façon que la semence de la foi ne se montre pas du premier coup. Corneille n'avait pas une claire connaissance de Christ, mais du moment qu'il avait quelque sentiment de la bonté et de la miséricorde de Dieu, il fallait en même temps qu'il eût quelque connaissance du médiateur. Toutefois, parce que Dieu a des moyens cachés et admirables de faire ce qu'il veut, laissons les spéculations qui ne nous profitent de rien, et tenons seulement le grand chemin de salut qu'il nous montre.

13. *Je vous ay escrit ces choses, à vous qui croyez au nom du Fils de Dieu : afin que vous sçachiez que vous avez la vie éternelle, et afin que croyez au nom du Fils de Dieu.*
14. *Et ceste est l'asseurance que nous avons envers Dieu, que si nous demandons quelque chose selon sa volonté, il nous oit.*
15. *Et si nous sçavons qu'en quelque chose que nous demandions, il nous oit, nous sçavons que nous obtenons les requestes, lesquelles nous lui avons demandées.*

13. JE VOUS AI ECRIT CES CHOSES, A VOUS QUI CROYEZ AU NOM DU FILS DE DIEU, AFIN QUE VOUS SACHIEZ QUE VOUS AVEZ LA VIE ETERNELLE, ET AFIN QUE VOUS CROYIEZ AU NOM DU FILS DE DIEU. Parce qu'il nous faut tous les jours progresser en la foi, il dit qu'il écrit à ceux qui croyaient déjà, afin qu'ils croient plus fermement et assurément, et que par ce moyen ils jouissent d'une pleine assurance de la vie éternelle. C'est donc l'usage de la doctrine, non seulement de donner les commencements de la connaissance de Christ aux ignorants, mais aussi de confirmer de plus en plus ceux qui sont déjà instruits. Il faut donc que nous tâchions assidûment d'apprendre, afin que notre foi croisse tout le cours de notre vie. Car premièrement il y a encore beaucoup de restes d'infidélité en nous, et puis notre foi est si débile, que ce que nous croyons n'est point encore croire parfaitement, si une plus ample confirmation ne survient. Au reste, il est besoin de noter quel est le vrai moyen de confirmer notre foi, à savoir quand la vertu et l'office de Christ nous sont dûment déclarés. Car S. Jean dit qu'il a écrit ces choses — qu'il ne faut point chercher la vie éternelle ailleurs qu'en Christ — afin que ceux qui sont déjà fidèles, croient, c'est-à-dire progressent dans la foi. Aussi l'office d'un fidèle docteur est-il de bien confirmer ses disciples en la foi, d'exalter et magnifier la grâce de Christ tant qu'il pourra, afin que, se contentant d'elle, ils ne désirent rien de plus.

Or puisque les papistes obscurcissent cette grâce de toutes manières, et l'amoindrissent, ils montrent assez en cela seulement qu'ils ne se soucient de rien moins que de la pure doctrine de la foi. Même pour cette raison on doit fuir leurs écoles plus que tous les gouffres et périls de la mer, parce qu'à grand-peine quelqu'un y pourra-t-il entrer sans mettre sa foi en grand danger.

Au reste, l'Apôtre montre aussi en ce passage, que Christ est le propre but de la foi, et que l'assurance du salut est annexée avec la foi que nous avons en son Nom. Car tel est le but de la foi, à savoir que nous sommes enfants et héritiers de Dieu.

14. ET TELLE EST L'ASSURANCE QUE NOUS AVONS ENVERS DIEU, QUE SI NOUS DEMANDONS QUELQUE CHOSE SELON SA VOLONTE, IL NOUS ENTEND. Il loue la foi (dont il a fait mention) par son fruit, ou bien il montre en quoi consiste principalement l'assurance : à savoir que les fidèles osent hardiment invoquer Dieu, comme aussi S. Paul en parle au chapitre *3* des Ephésiens, v. 12, disant que « par la foi nous avons accès à Dieu avec confiance ». Et au chapitre *8* des Romains, v. 15, que « l'Esprit nous ouvre la bouche, en sorte que nous crions hardiment : Abba, Père ». Et de fait, si l'accès vers Dieu nous est ôté, il n'y a rien plus misérable que nous ; au contraire, pourvu que ce refuge-là nous soit ouvert, nous ne laisserons point d'être bienheureux au milieu de toutes les adversités. Et qui plus est, ceci seul rend nos misères heureuses, que nous nous assurons que Dieu nous sera libérateur, et qu'étant appuyés sur son amour paternel envers nous, nous avons notre recours à lui. Retenons donc cette sentence de S. Jean, que l'invocation de Dieu est la preuve souveraine de notre foi, et que Dieu n'est point droitement invoqué, ni avec foi, sinon quand nous sommes persuadés avec certitude que nos prières ne sont point vaines. Car l'Apôtre nie que ceux qui sont en suspens et en doute aient aucune confiance ni aucune assurance. D'où il ressort que la doctrine de la foi est ensevelie et presque entièrement éteinte en la papauté, puisqu'on y ôte toute certitude. Il est vrai qu'on y barbote beaucoup de prières, et qu'ils causent à plaisir de l'invocation de Dieu, mais ils prient avec doute et incertitude, et commandent de prier ainsi. Et qui pis est, ils condamnent cette confiance, que l'Apôtre requiert comme nécessaire.

SELON SA VOLONTE. Par là il veut montrer comme en passant quelle est la vraie règle de prier, à savoir quand les hommes assujettissent leurs souhaits à Dieu. Car quand Dieu a promis de faire tout ce que les siens lui demanderont, ce n'est pas à dire qu'il leur ait lâché la bride pour demander tout ce qui leur viendra en fantaisie, mais il leur a ordonné et délimité du même coup la règle de prier comme il convient. Et à la vérité rien ne nous est plus utile que cette bride-là, car s'il était licite à chacun de nous de demander tout ce qui lui semblerait bon, et que Dieu obtempérât à nos désirs, il nous en prendrait bien mal. Car nous ne savons ce qui nous est utile et propice, mais nous brûlons plutôt de désirs mauvais et dommageables. Or Dieu nous donne double remède, afin que nous ne priions autrement que selon la règle de sa sainte volonté. Car il nous enseigne par sa Parole ce qu'il veut que nous demandions, et nous donne son Esprit pour gouverneur et conducteur, afin de réprimer nos désirs et nous garder d'excéder les bornes. « Car nous ne savons quoi ni comment il faut que nous priions, dit S. Paul, mais l'Esprit aide à nos infirmités, et suscite en nous des soupirs et des gémissements qu'on ne peut exprimer » (Rom. *8* : 25). Il nous faut donc interroger la bouche du Seigneur, pour qu'il inspire nos oraisons. Car comme il a déjà été dit, Dieu nous a ordonné la vraie façon de prier par ses promesses.

15. ET SI NOUS SAVONS QU'EN QUELQUE CHOSE QUE NOUS DEMANDIONS, IL NOUS ENTEND, NOUS SAVONS QUE NOUS OBTENONS LES REQUETES QUE NOUS LUI AVONS DEMANDEES. Cette répétition n'est pas superflue, comme il semble en apparence. Car ce que l'Apôtre a dit en général de l'issue des prières, maintenant il l'affirme en particulier : les fidèles ne désirent et ne demandent rien à Dieu qu'ils n'obtiennent. Toutefois, quand il dit que tous les désirs des fidèles sont exaucés, il parle des désirs saints et modestes, et qui sont soumis à la règle d'obéissance. Car les fidèles ne se ruent point à bride abattue, et ne se permettent point tout ce qui vient à leur gré, mais ils regardent toujours en leurs prières ce que Dieu ordonne. C'est donc une application de la doctrine générale à l'usage spécial et particulier de chacun, pour que les fidèles ne doutent point d'avoir Dieu propice en tous leurs souhaits, et en général et en particulier, et qu'ils attendent d'un esprit paisible jusqu'à ce que le Seigneur accomplisse ce qu'ils ont requis ; et par ce moyen, étant relevés de toute fâcherie et anxiété, ils déchargent leurs sollicitudes sur Dieu. Néanmoins ce repos et cette assurance ne doivent point éteindre en nous l'ardeur de prier, en sorte que celui qui est certain de l'issue heureuse s'abstienne d'invoquer Dieu. Car la certitude de la foi n'engendre point stupidité ou nonchalance. Mais l'Apôtre veut seulement que chacun soit patient et paisible en ses nécessités, après qu'il aura exposé à Dieu ses gémissement et se sera comme déchargé en son sein.

16. *Si quelqu'un voit son frère pécher du péché qui n'est point à mort, il requerra à Dieu, et il lui donnera vie : à ceux,* di-je, *qui ne pèchent point à mort. Il y a un péché à mort : je ne di point que tu pries pour cestuy-là.*
17. *Toute iniquité est péché : mais il y a quelque péché qui n'est point à mort.*
18. *Nous sçavons que quiconque est nay de Dieu, ne pèche point : mais qui est engendré de Dieu, il se garde soy-mesme, et le malin ne le touche point.*

16. SI QUELQU'UN VOIT SON FRERE PECHER DU PECHE QUI N'EST POINT A LA MORT, IL REQUERRA A DIEU, ET IL LUI DONNERA LA VIE, A CEUX, DIS-JE, QUI NE PECHENT POINT A LA MORT. IL Y A UN PECHE A LA MORT, JE NE DIS POINT QUE TU PRIES POUR CELUI-LA. L'Apôtre étend maintenant plus loin le fruit de la foi, dont il avait fait mention, à savoir jusque-là que nos prières servent aussi à nos frères. C'était déjà grand-chose qu'aussitôt que nous sommes éprouvés, Dieu nous invite à lui avec bonté, et est prêt à nous secourir ; mais quand nous entendons qu'il nous exauce aussi quand nous prions pour les autres, ce n'est pas une petite confirmation de notre foi, car nous sommes ainsi certainement persuadés que nous ne serons jamais éconduits dans notre propre cause. Ainsi, S. Jean nous admoneste que nous soyons soigneux du salut les uns des autres. Davantage, il veut que les chutes et fautes de nos frères nous servent d'aiguillons pour nous inciter à prier. Et de fait, ce serait une dureté sans pareille de n'être touché d'aucun sentiment de compassion, quand nous voyons aller en perdition les âmes qui ont été rachetées par le sang de Christ. Or il montre que nous avons le remède en main, par lequel les frères doivent subvenir aux frères.

Qui priera pour son frère (dit-il) *il lui donnera la vie*. Bien que ce mot *donnera* se puisse rapporter à Dieu, comme s'il avait été dit : « Dieu nous octroiera, à nos prières, la vie du frère. » Toutefois le sens reviendra toujours au même, à savoir que les oraisons des fidèles auront efficace jusque-là, qu'elles délivreront le frère de la mort. Si nous entendons ceci des hommes, qu'ils donneront la vie aux frères, ce sera une manière de parler hyperbolique, c'est-à-dire excessive ; toutefois il n'y aura nulle absurdité. Car quand une chose nous est octroyée par la bonté gratuite de Dieu, ou plutôt est octroyée aux autres en notre faveur, il est dit que c'est nous qui la donnons. Cette utilité si grande nous devrait grandement inciter à prier pour que les péchés de nos frères leur soient pardonnés. Et puis, quand l'Apôtre nous recommande une compassion mutuelle, il nous enseigne en même temps combien nous nous devons diligemment garder de cruauté, quand il est question de condamner nos frères, ou bien de trop grande rigueur à désespérer de leur salut.

DU PECHE QUI N'EST POINT POUR LA MORT. Afin que nous ne désespérions pas tout de suite du salut de ceux qui pèchent, S. Jean montre que Dieu ne punit pas si gravement les offenses des siens, que pour cela il les rejette. D'où il s'ensuit que nous les devons réputer pour frères, vu que le Seigneur les retient au nombre de ses enfants. Or il nie que les péchés que commettent ordinairement les fidèles, et même ceux par lesquels il advient quelquefois qu'ils provoquent grandement la colère de Dieu, soient des péchés pour la mort. Car tant qu'il y a espérance de pardon ou de rémission, la mort n'y règne pas encore entièrement.

Toutefois ne pensons pas que l'Apôtre fasse ici distinction entre le péché véniel et le péché mortel, comme depuis on l'a fait coutumièrement. Car cette distinction qui a été reçue depuis en la papauté, est tout à fait puérile et sotte. Les sorbonistes ne reconnaissent presque point d'autres péchés mortels, sinon ceux dont la turpitude est si évidente, qu'on peut la toucher à la main. Ainsi ils mettent au rang des péchés véniels les vilenies exécrables qui sont cachées dans les cœurs. Davantage, ils pensent qu'on peut effacer d'une petite aspersion d'eau bénite (comme ils l'appellent) tous les fruits du péché originel, moyennant qu'ils ne viennent point à être commis de fait. Et s'en faut-il ébahir, vu qu'ils ne mettent point au nombre des péchés les doutes pleins de blasphèmes de la grâce de Dieu, ni toutes les méchantes concupiscences et les perverses affections, pourvu que le consentement n'y soit point ? Si le cœur de l'homme est agité par l'infidélité, s'il est sollicité par l'impatience, en sorte qu'il murmure contre Dieu, s'il est chatouillé de cupidités monstrueuses, tout cela est si peu estimé par les papistes qu'ils ne le daigneraient compter pour péché, au moins après le baptême. Ne nous étonnons donc point si de forfaits énormes ils font des péchés véniels, car ils les pèsent à leur balance, et non point à celle de Dieu. Bien au contraire, les fidèles entre eux doivent avoir cette maxime pour toute résolue, que tout ce qui répugne à la Loi de Dieu est un péché, voire mortel de sa nature. Car là où il y a transgression de la Loi, là aussi il y a péché et mort.

Quel sera donc le sens des paroles de l'Apôtre ? Il nie que ce soient péchés pour la mort, ceux que, bien qu'ils soient dignes de mort, Dieu toutefois ne punit pas si gravement. Il n'estime point les péchés selon leur grandeur, mais il les juge selon la douceur paternelle de Dieu, par laquelle il remet la condamnation, là où toutefois il y avait offense. Bref, l'Apôtre n'adjuge point à la mort ceux que Dieu remet en vie, en les redressant, bien qu'il n'ait point tenu à eux qu'ils n'aient été écartés et exclus de la vie.

IL Y A UN PECHE POUR LA MORT. J'ai déjà dit que le péché est appelé péché pour la mort, quand il n'y a plus nulle espérance de pardon. Mais on demande quel est ce péché. Car il faut qu'il soit grandement énorme puisque Dieu en fait une vengeance si horrible. On peut déduire des paroles de l'Apôtre que ce n'est point une offense partielle (comme ils l'appellent), ni la transgression d'un seul commandement, mais une apostasie ou révolte générale, quand les hommes se séparent entièrement de Dieu. Car l'Apôtre ajoute un peu après, que les enfants de Dieu ne pèchent point, c'est-à-dire de telle façon que, délaissant Dieu, ils s'adonnent et asservissent totalement au diable. Il ne se faut point ébahir si une telle révolte est une chute mortelle. Car Dieu ne prive jamais ses élus de la grâce de son Esprit de telle façon qu'ils ne retiennent en eux quelque étincelle de piété. Il faut donc que ceux qui se révoltent au point de rejeter entièrement la crainte de Dieu, soient des gens réprouvés et destinés à la ruine éternelle. Si on demande si la porte du salut leur serait fermée s'ils venaient à se repentir, la réponse est facile. Car, vu qu'ils sont mis en sens réprouvé, et sont privés du Saint-Esprit, ils ne peuvent que s'obstiner d'autant plus, allant de mal en pis, et ajoutant péchés sur péchés. Or puisque le péché ou le blasphème contre le Saint-Esprit tire toujours avec lui une telle apostasie ou révolte, il ne faut point douter qu'il soit ici désigné.

Mais on fait encore une autre question, à savoir par quels signes nous pouvons connaître que la chute d'un homme soit mortelle. Car si on n'en peut avoir une connaissance certaine, à quel propos l'Apôtre dirait-il qu'il ne faut point prier pour un tel péché ? Il sera donc quelquefois licite d'asseoir son jugement sur celui qui a péché, pour savoir s'il est absolument abandonné et désespéré, ou bien s'il y a encore quelque remède. Ce qu'aussi je confesse être vrai, comme du présent passage il se peut infailliblement prouver. Mais pour autant que c'est une chose qui n'advient guère souvent, et que Dieu, nous proposant les richesses infinies de sa grâce, nous commande qu'à son exemple nous soyons bénins et miséricordieux, il ne faut pas asseoir à la légère un jugement de mort éternelle contre quelqu'un, mais il faut plutôt que la charité nous induise à bien espérer. Si néanmoins l'impiété désespérée de certains nous est aussi évidente que si Dieu nous la montrait au doigt, il ne faut point que nous résistions au juste jugement de Dieu, ou que nous désirions d'être plus miséricordieux que lui.

17. TOUTE INIQUITE EST PECHE, MAIS IL Y A QUELQUE PECHE QUI N'EST POINT A LA MORT. On peut expliquer ce passage de diverses manières. Et premièrement il se peut ainsi comprendre : bien que toute iniquité soit un péché, toutefois il y a un péché qui n'est pas pour la mort. Le sens aussi conviendra bien en disant ainsi : parce que toute iniquité est un péché, il s'ensuit qu'il y a quelque péché qui n'est pas pour la mort. Les autres prennent ceci comme si l'Apôtre eût dit que le péché dont il fait mention est toute iniquité, c'est-à-dire le comble d'iniquité. Toutefois je reçois plus volontiers la première ou la seconde explication, et parce qu'elles reviennent tout à un même sens, je laisse à juger aux lecteurs laquelle des deux est la plus convenable.

18. NOUS SAVONS QUE QUICONQUE EST NE DE DIEU NE PECHE POINT, MAIS QUI EST ENGENDRE DE DIEU SE GARDE SOI-MEME, ET LE MALIN NE LE TOUCHE POINT. Si quelqu'un veut inférer de ce que les enfants de Dieu sont totalement purs et exemptés de péché (comme certains fantasques le soutiennent) l'Apôtre se contredira lui-même. Car par ce moyen il ôterait le désir mutuel des fidèles de prier les uns pour les autres. Il entend donc que ceux-là ne *pèchent point*, qui ne déchoient point totalement de la grâce de Dieu. Or il a voulu conclure de là qu'il faut prier pour tous les enfants de Dieu, parce qu'ils ne pèchent point d'un péché de mort. Ce qu'il prouve parce qu'il dit que *quiconque est né de Dieu se garde soi-même*, c'est-à-dire se retient en la crainte de Dieu, et ne se laisse point tellement transporter qu'ayant éteint en soi tout sentiment de la crainte de Dieu, il s'abandonne totalement au diable et à la chair.

Car quand il dit que *le malin ne le touche point*, cela s'entend d'une blessure mortelle. Car les enfants de Dieu ne laissent point d'être blessés par Satan, mais c'est de telle manière que, par le bouclier de la foi, ils repoussent tous ses coups, si bien qu'ils ne pénètrent point jusqu'au cœur. Ainsi la vie spirituelle ne s'éteint jamais en eux. C'est donc ce qu'il appelle *ne point pécher*, quand les fidèles pèchent quand même par l'infirmité de la chair, mais cependant gémissent sous le fardeau du péché, se déplaisent en eux-mêmes, et ne laissent point de craindre Dieu.

IL SE GARDE SOI-MEME. Il nous attribue ce qui est propre à Dieu. Car si chacun de nous était gardien de son propre salut, la garde en serait pauvre et misérable. C'est pourquoi Jésus-Christ prie son Père qu'il nous garde (Jean *17*: 11), signifiant que cela n'est point en notre puissance. Ceux qui maintiennent le libre arbitre empoignent ce mot pour prouver par lui que nous sommes gardés du péché en partie par la grâce de Dieu, en partie par notre propre vertu. Mais ils ne s'aperçoivent point que les fidèles n'ont pas d'eux-mêmes cette garde dont parle l'Apôtre. Et de fait, il ne loue point ici leur vertu, comme s'ils se gardaient par leur propre industrie ou force, mais il montre seulement qu'ils résistent à Satan, en sorte que ses flèches ne les blessent jamais mortellement. Or nous savons qu'ils ne sont armés que des armes de Dieu quand ils bataillent. Les fidèles donc se gardent du péché, en tant qu'ils sont gardés de Dieu.

19\. *Nous sçavons que nous sommes de Dieu, et tout le monde est mis en mauvaistié*[1].
20\. *Mais nous sçavons que le Fils de Dieu est venu, et nous a donné entendement pour cognoistre celuy qui est véritable : et sommes au véritable,* asçavoir *en son Fils Jésus-Christ. Iceluy est le vray Dieu, et la vie éternelle.*
21\. *Enfans, gardez-vous des idoles, Amen.*

19. NOUS SAVONS QUE NOUS SOMMES DE DIEU, ET TOUT LE MONDE EST MIS EN MAUVAISETE[2]. Il prend occasion de la doctrine précédente, de leur faire cette exhortation. Car ce qu'il a dit en général de tous les enfants de Dieu, il l'accommode maintenant à ceux auxquels il dit, et ce afin qu'il les incite à se garder du péché et les encourage à repousser les assauts de Satan. Que les lecteurs observent qu'il n'y a point d'autre vraie foi, que celle qui nous applique (par manière de dire) la grâce de Dieu. Car S. Jean ne reconnaît pour fidèles, sinon ceux qui se rangent du nombre des enfants de Dieu. Aussi ne met-il point en avant une conjecture probable (comme disent les sophistes) au lieu de la confiance certaine. Car il dit que « nous savons ». La somme de ce propos est que, vu que nous sommes nés de

[1] Ou, *en la puissance du malin.*
[2] Nous avons laissé le mot employé par Calvin, bien qu'il ne soit plus français aujourd'hui, mais dont le sens est évident. Calvin a d'ailleurs noté que le mot pouvait être compris au masculin et désigner le diable : « Le monde est soumis au Malin ».

Dieu et séparés du monde, il faut nous efforcer de montrer par notre sainteté de vie que ce n'a point été en vain que nous avons été appelés à une dignité si excellente. Or cette admonition est fort nécessaire pour tous les fidèles. Car de quelque côté qu'ils tournent les yeux, Satan a des allèchements préparés pour les détourner de Dieu. Ce leur serait donc une chose fort difficile de tenir le droit chemin, s'ils ne faisaient plus grand compte et estime de leur vocation, que de tous les empêchements du monde. Afin donc que nous soyons bien munis pour batailler, il faut retenir ces deux points : à savoir que le monde est pervers et corrompu, et que notre vocation est de Dieu. Au reste, il ne faut point douter que sous ce mot de *monde*, l'Apôtre ne comprenne tout le genre humain.

Quand il dit *qu'il est mis en mauvaiseté*, il le place sous la principauté de Satan. Il ne faut point donc que nous fassions difficulté pour fuir le monde, lequel, méprisant Dieu, se livre à la servitude de Satan ; et il ne faut point que nous craignions d'être en désaccord avec lui, puisqu'il ne s'accorde pas avec Dieu. Bref, puisque toute notre nature est saisie de corruption, il faut que les fidèles s'étudient à renoncer à eux-mêmes ; et puisqu'on ne voit rien au monde que malice et perversité, il faut nécessairement que les fidèles quittent la chair et le sang, afin qu'ils suivent Dieu. Il faut toutefois aussi ajouter l'autre point, à savoir que c'est Dieu qui les a appelés, et cela afin qu'ils opposent son aide à toutes les machinations du monde et de Satan.

20. MAIS NOUS SAVONS QUE LE FILS DE DIEU EST VENU, ET NOUS A DONNE L'ENTENDEMENT POUR CONNAITRE CELUI QUI EST VERITABLE ; ET NOUS SOMMES AU VERITABLE, A SAVOIR EN SON FILS JESUS-CHRIST. CELUI-CI EST LE VRAI DIEU, ET LA VIE ETERNELLE. Parce que les enfants de Dieu sont assaillis de tous côtés, l'Apôtre, pour les exhorter et encourager à résister constamment, leur propose (comme nous avons dit) cette raison, qu'ils guerroient sous l'enseigne de Dieu et sont assurés qu'ils sont gouvernés par son Esprit. Mais maintenant il montre d'où il faut principalement prendre cette connaissance. Il dit donc que Dieu nous est tellement manifesté en Christ, que nous n'avons plus occasion de douter. Ce n'est point sans cause que l'Apôtre s'arrête sur cet article. Car si la foi n'est pleinement fondée en Dieu, nous ne serons jamais fermes au combat. Pour cette raison S. Jean nous enseigne que par le moyen de Christ nous avons obtenu la connaissance certaine du vrai Dieu, en sorte que nous ne flottons point en incertitude.

Quand il dit *Dieu véritable*, ce n'est pas pour signifier que Dieu dit vérité, mais qu'il est le vrai Dieu, ou vraiment Dieu, et c'est afin de le distinguer de toutes les idoles. Ainsi ce mot *véritable* est opposé à ce que nous dirions contrefait ou supposé. Comme aussi au chapitre *17* de l'Evangile selon S. Jean, v. 3 : « La vie éternelle, c'est qu'ils te connaissent seul vrai Dieu, et Jésus-Christ que tu as envoyé. » Or c'est à bon droit qu'il attribue cet office à Jésus-Christ, d'illuminer nos esprits en la connaissance de Dieu. Car puisqu'il est l'image unique de Dieu invisible, qu'il est l'ambassadeur unique du Père, et que lui seul est le chemin de la vie, ou plutôt la vie même, la lumière du monde et la vérité, aussitôt que nous nous sommes détournés de lui, il faut nécessairement que nous nous évanouissions en nos inventions.

Or il est dit que Christ *nous a donné l'entendement*, non seulement parce que, par la doctrine de l'Evangile, il montre qu'il est le vrai Dieu et qu'il nous illumine par son Esprit, mais aussi parce qu'en Christ même nous avons Dieu manifesté en chair, comme dit S. Paul dans la première Epître à Timothée, chapitre *3*, v. 16. « En lui habite toute la plénitude de la divinité, et tous les trésors de la science et de l'intelligence sont cachés en lui » (Col. *2* :

3 et 9). Par ce moyen, la face de Dieu nous apparaît (par manière de dire), et nous est en quelque sorte visible en Jésus-Christ. Non pas qu'il n'y ait eu nulle connaissance de Dieu avant la venue de Christ, ou que, s'il y en a eu, elle ait été douteuse, mais parce qu'il s'est maintenant plus pleinement et quasi évidemment manifesté. Et c'est ce que dit S. Paul au chapitre *4* de la Seconde aux Corinthiens, v. 6 : « Dieu, qui commanda jadis que la lumière resplendit des ténèbres à la création du monde, est celui qui a lui maintenant en nos cœurs pour donner l'illumination de la connaissance de la gloire de Dieu en la face de Jésus-Christ. » Et il faut noter que ce don est spécialement conféré aux élus. Il est vrai que Christ allume la torche de son Evangile indifféremment pour tous, mais les entendements de tous n'ont pas des yeux pour voir, et plutôt Satan met un voile au-devant de plusieurs pour les aveugler. L'Apôtre donc entend par la *lumière*, celle que Christ allume au-dedans des cœurs de ses fidèles, et qui, après qu'elle est une fois allumée, ne s'éteint jamais, bien qu'il advienne quelquefois qu'elle soit comme étouffée en quelques-uns pour quelque temps.

ET NOUS SOMMES AU VERITABLE. Par ce mot il montre de quelle efficace est cette connaissance dont il a fait mention, à savoir que par elle nous sommes entés en Christ, et faits un avec Dieu. Car elle a une racine vivante, et vivement plantée au plus profond de nos cœurs, qui fait que Dieu vit en nous, et nous en lui. Quand il dit tout d'un trait, que « nous sommes au véritable en son Fils », au lieu de dire « et en son Fils », il semble qu'il veuille exprimer le moyen de notre union avec Dieu, comme s'il disait que nous sommes en Dieu par Christ.

CELUI-CI EST LE VRAI DIEU. Bien que les ariens se soient efforcés de pervertir le sens de ce passage, et que certains aujourd'hui aient suivi leur opinion, toutefois nous avons ici un singulier témoignage de la divinité de Christ. Les ariens transfèrent cela au Père, comme si l'Apôtre répétait derechef qu'il est le vrai Dieu ; mais cette répétition serait trop froide. Il avait déjà témoigné par deux fois que le vrai Dieu est celui qui s'est manifesté à nous en Christ. A quel propos donc ajouterait-il aussitôt après : *Celui-ci est le vrai Dieu* ? Mais cela convient proprement à Christ. Car après avoir montré que Christ est le conducteur qui nous mène par la main à Dieu, il affirme maintenant par forme d'amplification, que Christ est ce Dieu-là, afin que nous ne pensions pas qu'il le faille aller chercher bien loin. Et ceci est confirmé par ce qu'il ajoute : *Et la vie éternelle.* Il dit tous les deux d'un seul, à savoir qu'il est le vrai Dieu et la vie éternelle. Je laisse à dire que la particule qui est au grec pour laquelle nous avons traduit par *celui-ci*, se restreint ordinairement à la personne la plus proche. Seulement je dis que Christ est proprement appelé « la vie éternelle », et on ne peut nier que S. Jean use ordinairement de cette manière de parler. La somme est que quand nous avons Christ, nous jouissons du vrai Dieu, et du Dieu éternel, d'autant qu'on ne doit point chercher Dieu ailleurs. Davantage, que nous sommes faits participants de la vie éternelle par ce moyen ; car, étant cachée dans le Père, elle nous est offerte en Christ. Il est vrai que le Père est la source de vie, mais Christ est la fontaine dans laquelle on peut puiser.

21. ENFANTS, GARDEZ-VOUS DES IDOLES, AMEN. Bien que ce soit une sentence à part, toutefois c'est comme une dépendance de la doctrine précédente. Car la lumière vivifiante de l'Evangile ne doit point chasser des entendements des fidèles seulement les ténèbres, mais aussi toutes les nuées et tous les brouillards. Et l'Apôtre ne condamne point seulement l'idolâtrie, mais il commande aussi qu'ils se donnent garde des images, signifiant par cela qu'on ne peut garder le service de Dieu pur et entier, sitôt que les hommes commencent à rechercher des images ou des idoles. Car la superstition nous est tellement naturelle qu'à la moindre occasion nous sommes corrompus et infectés par elle. Le bois sec ne brûlera point aussi facilement, après qu'on aura mis du charbon ardent dessus, que l'idolâtrie saisira les esprits des hommes, aussitôt que quelque matière ou occasion leur est offerte. Or qui est celui qui ne voit que les images sont comme des étincelles ? Que dis-je des étincelles ? Mais plutôt des torches ardentes, qui sont suffisantes pour brûler tout le monde. Et l'Apôtre ne parle point seulement des images, mais il comprend aussi les autels, et tous instruments de superstitions. Au surplus, les papistes sont dignes de moquerie, qui détourent le sens de ce passage aux statues de Jupiter, Mercure, et autres semblables, comme si l'Apôtre n'enseignait point en général que c'est une corruption de la vraie religion, quand on donne à Dieu forme corporelle, ou bien quand on dresse des images et peintures pour lui faire honneur. Souvenons-nous donc qu'il nous fait si soigneusement nous arrêter au service spirituel de Dieu, que nous chassions bien loin de nous tout ce qui nous peut faire incliner aux superstitions lourdes et charnelles.

L'ÉPÎTRE DE JUDE

TEXTE ÉTABLI PAR MARTIN HOEGGER, PASTEUR

ÉPÎTRE CATHOLIQUE DE S. JUDE

ARGUMENT

Bien que chez les Anciens il y ait eu diverses opinions touchant cette épître, toutefois parce que la lecture en est bien utile et qu'elle ne contient rien que ne s'accorde à la pureté de la doctrine apostolique, parce qu'aussi dès longtemps elle a été tenue pour authentique parmi tous les gens de bien, pour ma part je la mets volontiers du nombre des autres épîtres. Au reste, la brièveté de celle-ci ne requiert pas qu'on fasse longue déduction de l'argument. Et en substance elle s'accorde quasi partout avec le chapitre *2* de la deuxième épître de S. Pierre. Car d'autant qu'il était survenu des méchants garnements, qui s'étaient insinués sous le titre de chrétienté et cependant ne prétendaient à autre chose que de tirer et induire à un profane mépris de Dieu ceux qui étaient légers d'esprit ou faibles en la foi, S. Jude montre en premier lieu que les fidèles ne doivent point être ébranlés ou trop ébahis par de telles alarmes, vu que l'Eglise en a de tout temps été assaillie, et néanmoins il les exhorte à se garder diligemment de telles pestes. Et afin de les leur faire trouver plus odieux et détestables, il dénonce vivement et avec autorité la prochaine vengeance de Dieu sur ces garnements, telle que leur impiété la mérite. Maintenant, si nous venons à considérer ce que Satan a machiné en notre temps aussi, dès l'heure où l'Evangile a commencé à renaître, par quelles ruses et moyens il tâche encore de renverser la foi et la crainte de Dieu, nous verrons que l'admonition qui a été utile du temps de S. Jude est aujourd'hui plus que nécessaire. Mais on entendra mieux tout ceci par la lecture de l'épître.

COMMENTAIRE SUR L'ÉPÎTRE DE S. JUDE

CHAPITRE PREMIER

1. *Jude serviteur de Jésus-Christ, et frère de Jaques, aux appelez qui sont sanctifiez en Dieu le Père, et conservez par Jésus-Christ,*
2. *Miséricorde et paix, et dilection vous soit multipliée.*

1. JUDE SERVITEUR DE JESUS-CHRIST, ET FRERE DE JACQUES, AUX APPELES QUI SONT SANCTIFIES EN DIEU LE PERE, ET CONSERVES PAR JESUS-CHRIST. Il s'appelle serviteur de Jésus-Christ, non pas comme ce nom appartient indifféremment à tous les fidèles, mais au regard de son apostolat. Car ceux auxquels Christ a enjoint quelque charge publique sont spécialement réputés ses serviteurs. Or nous savons à quel propos les Apôtres ont accoutumé de se donner ce titre. Car quiconque n'est point appelé ne peut s'attribuer le droit ni le pouvoir d'enseigner, sinon à tort. Les Apôtres ont donc leur vocation pour témoignage qu'ils ne s'ingèrent point de leur propre autorité. Pourtant, ceci seul ne suffirait point en soi, à savoir d'être constitué en un office, si on ne se comportait fidèlement en celui-ci. Et de fait, celui qui se dit être serviteur de Dieu réunit les deux choses : à savoir qu'il a Dieu pour auteur de la charge et office qu'il exerce, et qu'il exécute fidèlement ce qui lui est enjoint. Or parce que plusieurs usurpent à tort ce titre et se vantent à fausses enseignes de ce dont ils sont bien loin, il faut toujours regarder si la vérité correspond à ce qu'ils disent.

FRERE DE JACQUES. Il a ajouté le nom d'un personnage qui était plus renommé et connu dans les Eglises. Car bien que l'autorité ou la révérence de la doctrine ne dépende point de quelque homme que ce soit, toutefois c'est une grande aide pour la foi quand on est certain de la sincérité et de la probité de celui qui entreprend la charge d'enseigner. Ajoutons que l'autorité de Jacques n'est point ici mise en avant comme celle d'un homme privé, mais parce qu'il était réputé par toutes les Eglises un des principaux Apôtres de Christ. Or ce Jacques était fils d'Alphée, comme j'ai dit ailleurs (Matth. *10* : 3). Et même ce passage fait autorité pour moi, à l'encontre d'EUSEBE et des autres, qui disent qu'un je ne sais quel disciple surnommé Oblias est celui dont S. Luc fait mention (Act. *15* : 13 et *21* : 18) et qui par-dessus les Apôtres a été excellent en cette Eglise-là. Car il ne faut point douter que S. Jude ne le nomme ici son frère, pour la raison qu'il était le plus renommé entre les Apôtres. Par quoi il est probable que ce Jacques a été celui dont S. Luc dit que les autres Apôtres lui déférèrent le principal honneur.

AUX APPELES QUI SONT SANCTIFIES. Par ce nom il désigne tous les fidèles, parce que Dieu les a choisis pour lui. Mais vu que la vocation n'est autre chose que l'effet de l'élection éternelle, quelquefois elle est prise pour celle-ci. Quant à ce présent passage, il n'y a pas grande différence si nous traduisons par *élus* ou bien par *appelés*, car il est certain qu'il magnifie la grâce de Dieu par laquelle il lui a plu de les recevoir pour son héritage. Et il signifie que les hommes ne préviennent pas Dieu et qu'ils n'approchent jamais de lui, jusqu'à ce qu'il les ait tirés à lui. Il les appelle aussi *sanctifiés en Dieu le Père*, ce qu'on peut traduire : *par Dieu le Père* ; toutefois j'ai retenu la forme de parler qui est en grec, afin qu'il fût loisible aux lecteurs de choisir lequel des deux sens ils voudront ; car le sens peut être aussi, qu'étant profanes par eux-mêmes, ils ont sainteté en Dieu. Or le moyen de sanctifier, c'est quand il nous régénère par son Esprit. L'autre lecture que l'ancien traducteur latin a suivie est un peu dure, à savoir : aimés en Dieu le Père. Et de fait, j'estime qu'elle est corrompue ; aussi se trouve-t-elle en peu d'exemplaires. Il ajoute qu'ils sont *conservés par Jésus-Christ*, car nous serions toujours abandonnés à Satan, en danger de mort, et même il nous ravirait cent fois à tout moment comme une proie qui est à son commandement, si nous n'étions en sûreté sous la sauvegarde de Christ, qui pour cette raison nous a été donné du Père pour gardien et protecteur, afin que rien de ce qu'il a reçu sous sa protection ne périsse. S. Jude démontre donc trois sortes de bienfaits de Dieu envers tous les fidèles, à savoir : qu'il les a faits participants de l'Evangile par sa vocation, ensuite qu'en les appelant il les a régénérés par son Esprit en nouveauté de vie, enfin qu'il les a conservés par la main de Jésus-Christ afin qu'ils ne déchussent pas du salut.

2. MISERICORDE ET PAIX, ET DILECTION VOUS SOIT MULTIPLIEE. Ce mot de miséricorde a presque une même signification que le mot de grâce, dans les salutations qui sont au commencement de chaque épître de S. Paul. Si quelqu'un veut y voir une différence plus subtile, la grâce est proprement l'effet de la miséricorde, car il n'y a point d'autre cause qui incite Dieu à nous aimer sinon qu'il a égard à nos misères. Quant à la *dilection*, on peut l'entendre tant de Dieu envers les hommes, que des hommes les uns envers les autres. Si on la rapporte à Dieu, le sens sera que la confiance de l'amour de Dieu croisse en leurs cœurs, et qu'elle soit de jour en jour de plus en plus confirmée. Toutefois l'autre sens aussi ne conviendrait pas mal : que Dieu embrase et confirme en eux une charité mutuelle.

3. *Bien-aimez, comme ainsi soit que je m'estudie totalement de vous escrire du commun salut, il m'a esté nécessaire de vous escrire, pour vous exhorter qu'en combattant vous aidiez la foy*[1], *laquelle a esté une fois baillée aux Saincts.*
4. *Car aucuns hommes se sont insinuez lesquels piéça auparavant estoyent enroulez à tel jugement*[2], *sans piété, changeans la grâce de nostre Dieu en dissolution, et renonçans Dieu le seul dominateur, et nostre Seigneur Jésus-Christ.*

3. BIEN-AIMES, COMME AINSI SOIT QUE JE M'ETUDIE TOTALEMENT DE VOUS ECRIRE DU COMMUN SALUT, IL M'A ETE NECESSAIRE DE VOUS ECRIRE, POUR VOUS EXHORTER QU'EN COMBATTANT VOUS AIDIEZ LA FOI, LAQUELLE A ETE UNE FOIS BAILLEE AUX SAINTS. Les mots grecs signifient proprement faire diligence. Or plusieurs commentateurs résolvent ainsi cette sentence, que la grande et véhémente affection a poussé et comme contraint S. Jude à leur récrire, comme

[1] Ou, *à vous esvertuer pour la foi.*
[2] Ou, *à telle damnation.*

on a coutume de dire de ceux qui brûlent d'un désir et d'un zèle véhéments, qu'ils ne peuvent se tenir. Selon leur opinion donc, la nécessité dont il est ici fait mention consistait en ce que le désir que S. Jude avait de leur écrire ne lui permettait point de se taire. Mais quant à moi, je pense qu'il y a ici deux membres distincts, à savoir : bien qu'il fût déjà enclin et diligemment attentif à écrire, toutefois avec cela la nécessité l'y a encore contraint. Il signifie donc qu'il leur écrit volontiers, et y prend grand plaisir, mais que toutefois la nécessité même le presse et le sollicite à faire cela parce que (comme le texte continue) étant assaillis par les méchants, ils avaient besoin d'être munis pour résister à leurs embûches. S. Jude proteste donc en premier lieu qu'il a si grand soin de leur salut, que de soi-même et sans être incité d'ailleurs, il a désiré leur écrire, et avec une affection véhémente. Et après, afin de les rendre plus attentifs, il dit de plus que même la chose le requérait ainsi, car la nécessité donne de merveilleux aiguillons. S'ils n'eussent été auparavant avertis combien cette exhortation leur était nécessaire, ils eussent pu être paresseux ou nonchalants à lire. Mais quand il proteste d'entrée que leur nécessité présente l'a contraint à leur écrire, c'est comme s'il sonnait l'alarme pour les réveiller et leur faire oublier toute paresse.

DU COMMUN SALUT. Quelques livres ajoutent ce mot : *votre*, mais il me semble que c'est sans raison, car S. Jude fait sien le salut commun aussi à eux. Et de fait, c'est un point qui donne grand poids à la doctrine, quand quelqu'un parle comme lui-même le sent, et qu'il l'a expérimenté, car notre propos sera vain et inutile, si nous parlons aux autres du salut, dont cependant nous n'avons nul goût. S. Jude déclare donc qu'il a pratiqué ce qu'il leur enseigne, quand il se met au nombre des fidèles et se fait compagnon d'un même salut avec eux.

POUR VOUS EXHORTER. Le mot à mot est : « vous exhortant », mais vu qu'il touche la fin de sa délibération, il faut ainsi résoudre ce propos. Quant à ce que j'ai traduit : *aider la foi en combattant*, cela emporte autant que s'efforcer de persévérer en la foi, et soutenir vaillamment les assauts contraires de Satan. Il leur montre en effet que pour persévérer dans la foi, il faut qu'ils soutiennent divers combats, et qu'ils auront à batailler continuellement. Il dit : *la foi* qui a été une fois donnée, afin qu'ils sachent qu'ils l'ont obtenue à cette condition qu'ils ne se détournent jamais de celle-ci, ou viennent à en déchoir.

4. CAR CERTAINS HOMMES SE SONT INSINUES LESQUELS LONGTEMPS AUPARAVANT ETAIENT ENROLES A TEL JUGEMENT, SANS PIETE, CHANGEANT LA GRACE DE NOTRE DIEU EN DISSOLUTION, ET RENONÇANT DIEU LE SEUL DOMINATEUR, ET NOTRE SEIGNEUR JESUS-CHRIST. Car bien que Satan fasse toujours des ennuis aux fidèles, et ne cesse coup sur coup de les agacer, l'Apôtre avertit toutefois d'une nécessité présente ceux auxquels il écrit. Maintenant, dit-il, Satan vous assaille spécialement, et se dresse contre vous, il faut donc que vous preniez les armes pour lui résister. Nous tirons de là qu'il est requis à un fidèle et bon pasteur de prudemment considérer ce que la nécessité présente et urgente de l'Eglise requiert, pour accommoder sa doctrine à cela. Le mot grec que nous traduisons : *se sont insinués*, signifie proprement : « sont entrés par dessous », et exprime les insinuations obliques et à la dérobée, par lesquels les suppôts de Satan trompent les simples, et ceux qui ne prennent point garde. Car Satan épie la nuit, et l'heure où les laboureurs dorment, pour semer son ivraie, afin de corrompre la pure semence du Seigneur. Et il montre en même temps que ce mal est domestique et au-dedans. Car Satan a aussi cette ruse, d'en susciter même de ceux qui sont du troupeau pour nuire, afin qu'ils trompent plus facilement, sans qu'on y prenne garde.

LESQUELS LONGTEMPS AUPARAVANT ETAIENT ENROULES A TEL JUGEMENT. Par ce mot de *jugement*, il entend soit la damnation, soit le sens réprouvé par lequel de tels gens sont transportés à corrompre la doctrine de la vraie religion, car nul ne peut faire cela sinon à sa confusion et perdition. Au surplus cette métaphore est prise de ce que le conseil éternel de Dieu, par lequel les fidèles sont ordonnés au salut, est appelé Livre[1]. Or quand les fidèles entendent que de tels méchants sont destinés à la mort éternelle, ils doivent prendre garde de ne pas s'envelopper dans la même damnation. Pourtant S. Jude a voulu du même coup remédier au danger, afin que personne ne fût troublé ou ébranlé, voyant une chose si nouvelle et étrange. Car si de tels gens sont déjà dès longtemps destinés et ordonnés à une telle damnation, il s'ensuit que si l'Eglise est ainsi exercée et travaillée par de tels garnements, cela n'advient que par un conseil certain de Dieu.

CHANGEANT LA GRACE DE NOTRE DIEU EN DISSOLUTION. Maintenant il exprime plus clairement quelle était cette peste-là, car il dit qu'ils ont abusé de la grâce du Seigneur, pour se prostituer, eux-mêmes et les autres, à une vile et profane licence de pécher. Or la grâce de Dieu est apparue à une fin bien différente, à savoir à ce que, renonçant à toute impiété et aux concupiscences terrestres, nous vivions purement, sobrement et religieusement en ce monde (Tite *2* : 11). Sachons donc qu'il n'y a rien de plus dangereux que de telles gens, qui de la grâce de Christ prennent couverture de se déborder et débaucher. Parce que nous enseignons que nous obtenons le salut par la miséricorde gratuite de Dieu, les papistes nous blâment de ce crime, dont S. Jude charge ceux-ci. Mais quel besoin est-il de réfuter par des paroles leur impudence, vu que partout nous insistons à solliciter le monde à la repentance, à la crainte de Dieu, et à la nouveauté de vie ; et eux au contraire non seulement corrompent tout le monde par de mauvais exemples et des actes vilains, mais aussi, par leur méchante doctrine, ils ôtent du monde la vraie sainteté et le pur service de Dieu ? Pourtant je pense plutôt que ceux dont S. Jude parle étaient semblables aux libertins de notre temps, comme on pourra le connaître plus clairement par la suite du texte.

ET RENIANT DIEU LE SEUL DOMINATEUR. Certains anciens livres ont : « Christ, qui est seul Dieu et dominateur ». Et de fait, en la seconde épître de S. Pierre, à l'endroit où ce même propos est traité, il est seulement fait mention de Christ, et là lui est attribué le mot qu'ici nous traduisons par *dominateur*. Au reste, il entend que Christ est renié, quand ceux qui avaient été rachetés par son sang, se rendant derechef esclaves du diable, anéantissent, en tant qu'il dépend d'eux, ce prix inestimable. Afin donc que Christ nous retienne et nous garde pour sa possession et son héritage particulier, qu'il nous souvienne que la cause pour quoi il est mort et ressuscité pour nous, c'est afin qu'il soit Seigneur de notre vie et de notre mort !

5. *Or je vous vueil ramentevoir* ces choses, *veu qu'une fois vous sçavez cela,* asçavoir *que le Seigneur ayant délivré d'Egypte le peuple, puis après a détruit ceux qui n'avoyent point creu*[2] *:*
6. *Et a réservé sous obscurité en liens éternels, jusqu'au jugement de la grande journée, les Anges qui n'ont point gardé leur principauté*[3]*, ains ont délaissé leur domicile :*

[1] C'est-à-dire *rouleau.*
[2] Nomb. *14* : 37.
[3] Ou, *origine*, II Pier. *2* : 4.

7. *Comme Gomorrhe et Sodome, et les villes circonvoisines, lesquelles ayans paillardé en pareille manière qu'eux, estans allées après autre chair, ont esté proposées pour exemple, ayans receu jugement du feu éternel*[1].

5. OR JE VEUX VOUS RAPPELER CES CHOSES, VU QU'UNE FOIS VOUS SAVEZ CELA, A SAVOIR QUE LE SEIGNEUR AYANT DELIVRE D'EGYPTE LE PEUPLE, PUIS APRES A DETRUIT CEUX QUI N'AVAIENT POINT CRU. Ou il s'excuse par modestie, afin qu'il ne semble pas qu'il les enseigne comme apprentis sur des choses qui leur fussent encore inconnues ; ou bien (ce que j'approuve plus) avec plus grande véhémence il proteste qu'il ne leur apporte rien de nouveau ou qu'ils n'eussent déjà entendu, afin que ce qu'il dira soit mieux reçu et ait plus d'autorité. Quant à moi, dit-il, je vous remets seulement en mémoire ce que vous avez déjà appris. Mais comme il reconnaît leur savoir, afin qu'ils soient plus attentifs à prendre garde, et qu'ils ne pensent point que la peine qu'il prend envers eux soit inutile, il leur montre qu'ils ont encore besoin d'admonitions. Car l'usage de la parole de Dieu ne consiste pas seulement en ce que nous apprenions ce qui ne nous a jamais été enseigné, mais aussi en ce qu'elle nous réveille à méditer à bon escient ce que déjà nous entendons, et qu'elle ne nous laisse point dormir et devenir nonchalants dans une froide connaissance. Or il veut dire en somme, qu'après que Dieu nous a appelés, il ne faut point nous glorifier de sa grâce en lâchant la bride à la nonchalance, mais plutôt il nous faut avec sollicitude cheminer dans la crainte de celui-ci, d'autant que si quelqu'un se moque de Dieu en cette sorte, le mépris de sa grâce et de sa bonté ne demeurera point impuni. Il montre cela par trois exemples notables. Car en premier lieu il rappelle la vengeance horrible que Dieu a faite des incrédules, qu'il avait adoptés comme son peuple, les rachetant par sa vertu. Au chapitre *10* de la première aux Corinthiens, il y a presque une semblable comparaison. La somme du propos est la suivante : ceux auxquels Dieu avait conféré de grands et souverains bienfaits, et qu'il avait élevés à un semblable degré d'honneur qu'il nous a aujourd'hui élevés, n'ont pas toutefois été quittes de sentir sa vengeance rigoureuse, quand par la suite ils sont venus à l'irriter. C'est pourquoi tous ceux qui ne répondent point à la vocation de Dieu, se vantent en vain de Sa grâce.

Ce mot de *peuple* se prend en honneur pour la gent sainte et élevée. Comme s'il disait que cela ne leur a de rien profité qu'ils avaient été reçus dans l'alliance par un privilège singulier. Quand il dit *ceux qui n'avaient point cru*, il dénote la fontaine de tous les maux. Car tous leurs péchés que Moïse énumère, ont pris leur source de là, qu'ils ne pouvaient endurer d'être gouvernés par la parole de Dieu, car où il y a une sujétion de la foi, il est impossible qu'on ne voie aussi une obéissance envers Dieu dans toutes les parties de la vie.

6. ET A RESERVE SOUS OBSCURITE EN LIENS ETERNELS, JUSQU'AU JUGEMENT DE LA GRANDE JOURNEE, LES ANGES QUI N'ONT POINT GARDE LEUR PRINCIPAUTE, MAIS ONT DELAISSE LEUR DOMICILE. C'est un argument pris du plus grand au plus petit. Car la condition des anges a été plus excellente que la nôtre, et toutefois Dieu a puni leur révolte d'une façon épouvantable et horrible, il ne pardonnera donc point à notre déloyauté, si nous nous détournons de la grâce à laquelle il nous a appelés. Et de fait, cette peine par laquelle ont été punis de si excellents ministres de Dieu, et habitants du ciel, nous devrait être incessam-

[1] Gen. *19* : 24.

ment devant les yeux, de peur que nous ne venions à nous élever en un mépris de la grâce de Dieu, et que nous tombions dans la perdition et la ruine. Quant au mot que nous traduisons *principauté*, il pourrait aussi être pris dans le sens d'« origine », car tous les deux conviennent fort bien. Car S. Jude signifie ainsi la raison de leur punition : c'est parce qu'ils ont méprisé la grâce et la bonté de Dieu, qu'ils sont déchus de leur première vocation.

Et bientôt après s'ensuit l'explication, quand l'Apôtre dit qu'*ils ont délaissé leur domicile*, car comme des gendarmes fugitifs, et qui laissent le parti de leur prince, ils ont abandonné la place et condition en laquelle ils avaient été mis. Il faut aussi noter la grandeur et la sévérité de la punition qui est ici exprimée par l'Apôtre. Non seulement ils étaient des esprits libres et francs, mais aussi des dominations ou des principautés célestes ; et maintenant ils sont détenus serrés *en liens éternels*. Non seulement ils jouissaient de la clarté glorieuse de Dieu, mais aussi la splendeur de celui-ci reluisait en eux, en sorte que par eux elle s'épandait comme par rayons à toutes les parties du monde et maintenant ils sont plongés sous une *obscurité* profonde. Au reste, il ne faut pas imaginer un lieu auquel les diables soient enclos, car l'Apôtre a voulu simplement montrer combien est misérable leur condition, depuis qu'ils ont été privés de leur dignité par leur apostasie. Car en quelque lieu qu'ils aillent, ils traînent toujours leurs liens avec eux, et demeurent toujours enveloppés de leurs ténèbres ; cependant le comble de leur tourment est différé jusqu'à la grande journée.

7. COMME GOMORRHE ET SODOME, ET LES VILLES CIRCONVOISINES, LESQUELLES AYANT PAILLARDE EN PAREILLE MANIERE QU'EUX, ETANT ALLEES APRES AUTRE CHAIR, ONT ETE PROPOSEES POUR EXEMPLE AYANT REÇU JUGEMENT DU FEU ETERNEL. Cet exemple est plus général, car il montre que Dieu punit indifféremment tous les méchants et les iniques, sans excepter une condition ou un état quelconque. Et S. Jude même déclare ensuite que ce feu dans lequel périrent les cinq villes, est figure du feu éternel. Dieu donc proposa alors un jugement notable, qui servit d'avertissement pour tenir les hommes dans la crainte jusqu'à la fin du monde. Pour cette cause l'Ecriture en fait mention tant de fois, et même, toutes les fois que les Prophètes veulent noter quelque mémorable ou redoutable jugement de Dieu, ils le décrivent sous la figure d'un feu de souffre, faisant allusion à la destruction de Sodome et Gomorrhe. Par quoi ce n'est point sans raison que S. Jude, en proposant un tel exemple, veut donner crainte et frayeur à tous les siècles.

Quand il dit : *les villes circonvoisines, qui ont paillardé en pareille manière qu'eux*, je rapporte cela à Sodome et Gomorrhe, et non point aux Israélites ou aux anges. Et à cela ne s'oppose pas qu'il y a « eux » et non « elles », car S. Jude n'a pas tant regardé aux villes qu'aux habitants qui y étaient. Il met : *aller après autre chair*, pour se transporter ou déborder après des paillardises horribles et monstrueuses. Car nous savons que les Sodomites, ne se contentant point du commun débordement de paillarder, se sont pollués d'une plus horrible et vilaine infection, et contre nature. Il faut noter qu'il les adjuge au *feu éternel*. Nous concluons de là que ce spectacle épouvantable, qui est décrit par Moïse, n'a été qu'une image et figure d'une punition plus grave et horrible.

8. *Et ceux-ci toutesfois estans semblablement déceus par songes, souillent*[1] *leur chair, et mesprisent la seigneurie, et blasment gens de puissance*[2].

[1] Ou, *endormis souillent*.
[2] Ou, *les dignitez*.

9. *Toutesfois Michel l'Archange, quand il débatoit disputant avec le diable touchant le corps de Moyse, n'osa jetter sentence de malédiction, ains il dit, Le Seigneur te rédargue.*
10. *Mais ceux-ci mesdisent de tout ce qu'ils n'entendent, et se corrompent en tout ce qu'ils cognoissent naturellement, comme les bestes brutes.*

8. ET CEUX-CI TOUTEFOIS ETANT SEMBLABLEMENT TROMPES PAR SONGES, SOUILLENT LEUR CHAIR, ET MEPRISENT LA SEIGNEURIE, ET BLAMENT GENS DE PUISSANCE. Il ne faut point prendre à la rigueur cette similitude, comme s'il comparait en tout et partout aux Sodomites, ou aux anges apostats, ou au peuple incrédule, ceux dont il parle. Il montre seulement que ce sont des vases de colère, destinés à la perdition, et qu'ils ne peuvent éviter la main de Dieu, qu'il ne montre sur eux aussi quelque jour un tel exemple de sa vengeance. Car son intention est d'effrayer les fidèles auxquels il écrit, afin qu'ils ne s'enveloppent pas dans la compagnie de tels garnements.

Au reste, il commence ici à décrire plus clairement ces abuseurs et trompeurs. Et en premier lieu il dit qu'*ils souillent leur chair*, comme s'ils songeaient. Par ces paroles, il note une impudence stupide, comme s'il disait qu'ils sont abandonnés à toute turpitude, de laquelle les plus méchants même ont horreur, sinon que le dormir leur ôte honte et sentiment. C'est donc une façon de parler par métaphore et similitude, par laquelle il signifie qu'ils sont tant hébétés et étourdis, qu'ils se prostituent à toute vilenie sans aucune honte.

Or il faut noter l'antithèse contenue en ces mots, quand il dit qu'*ils souillent la chair*, c'est-à-dire, qu'ils déshonorent ce qui a moins d'excellence, et cependant méprisent comme une chose déshonnête ce qui est surtout excellent entre les hommes. Il apparaît par ce second membre qu'il y avait alors des fantasques et des mutins, qui ne demandaient autre chose sinon qu'il n'y eut point de supériorité, afin qu'étant délivrés de toute crainte des lois, ils fissent le mal plus librement. Et certes ce sont deux choses presque toujours conjointes ensemble, que ceux qui sont abandonnés au mal et à la dissolution, voudraient aussi que tout ordre fût aboli. Au surplus, bien que leur but principal fût de s'égayer dans le mal, étant exempts de tout joug et sujétion, il apparaît toutefois par les paroles de S. Jude, qu'ils étaient accoutumés à parler arrogamment et outrageusement des magistrats. Comme encore aujourd'hui il y a des fantasques qui non seulement murmurent de ce qu'ils se voient réprimes par l'autorité et la puissance des magistrats, mais aussi dégorgent furieusement des termes injurieux et diffamatoires contre toute police et tout ordre civil, disant que l'usage du glaive est profane, et contraire à la vraie religion ; bref, par leurs déterminations présomptueuses, ils retranchent de l'Eglise de Dieu les rois et tous les magistrats.

Là où nous avons traduit *gens de puissance*, il n'y a dans le grec que ce mot simplement : « les gloires », mais par cela S. Jude entend les états éminents en dignité, et élevés en grand honneur.

9. TOUTEFOIS MICHEL L'ARCHANGE, QUAND IL DEBATTAIT DISPUTANT AVEC LE DIABLE TOUCHANT LE CORPS DE MOISE, N'OSA JETER SENTENCE DE MALEDICTION, MAIS IL DIT, « LE SEIGNEUR LE PUNISSE ». S. Pierre touche cet argument en moins de paroles, et le traite en général, que les anges qui sont plus excellents que les hommes n'osent toutefois donner jugement d'outrage contre ces puissances. Au reste, parce qu'on a pensé que l'Apôtre S. Jude eut pris cette histoire d'un livre apocryphe, cela a été la cause que cette épître n'a pas eu si grand poids et autorité. Mais comme les Juifs tenaient lors beaucoup de choses reçues comme de main en main des pères anciens, je ne vois point qu'il y ait aucune absurdité de dire que S. Jude a rapporté ce qui de longtemps avait été donné de main en main par plusieurs siècles. Je sais bien que sous ce titre on a reçu plusieurs fatras et niaiseries frivoles, comme aujourd'hui les papistes mettent en ce catalogue toutes les sottes rêveries des moines, mais cela n'empêche point que les Juifs n'aient eu quelques histoires qui n'étaient point rédigées par écrit. Quoi qu'il en soit, c'est un point hors de tout débat, que Moïse a été enseveli par le Seigneur, c'est-à-dire que le sépulcre de Moïse, par un conseil certain de Dieu n'a été connu de personne (Deut. *34* : 6). Or on comprend bien pourquoi son sépulcre a été caché : afin que les Juifs ne proposassent son corps pour matière de superstition. Nous étonnerons-nous donc si Satan a tâché de mettre en avant le corps de ce saint Prophète, que Dieu avait caché ? Mais les anges résistèrent à l'encontre, comme leur service et ministère est toujours au commandement de Dieu. Et de fait, nous voyons que Satan a tâché en tous âges de faire que les corps des saints serviteurs de Dieu fussent autant d'idoles aux pauvres ignorants et mal avisés. Par quoi cette épître ne doit pas nous être suspecte à cause de ce témoignage, bien qu'on ne le trouve dans l'Ecriture. Quant à ce qu'il introduit seulement Michel disputant contre Satan, cela n'est point nouveau. Nous savons qu'il y a toujours mille millions d'anges devant Dieu, prêts à exécuter ses commandements, mais Lui choisit celui-ci ou celui-là selon son bon plaisir pour faire ce qu'Il veut. Ce que S. Jude déclare avoir été dit par Michel, on le trouve aussi au Prophète Zacharie *3* : 2, à savoir : « Le Seigneur te punisse, Satan », ou « te réprime ». Or c'est une comparaison du plus grand au plus petit, comme on dit. Michel n'a osé injurier plus gravement Satan, qui toutefois est réprouvé et damné, que de le livrer entre les mains de Dieu, pour le réprimer et tenir de court ; mais ceux-là ne font nulle difficulté de dire des outrages extrêmes aux puissances, que Dieu orne d'un singulier honneur.

10. MAIS CEUX-CI MEDISENT DE TOUT CE QU'ILS N'ENTENDENT, ET SE CORROMPENT EN TOUT CE QU'ILS CONNAISSENT NATURELLEMENT, COMME LES BETES BRUTES. Il signifie qu'ils n'ont nulle connaissance, sinon lourde et grossière, et par conséquent n'entendent pas ce qui est digne d'honneur, et toutefois qu'avec leur bêtise ils sont si insolents, qu'ils n'ont point honte de condamner ce qui surmonte la capacité de leur entendement. Davantage ils sont entachés d'un autre vice différent : étant comme des bêtes transportés aux choses qui se présentent aux sens corporels, ils ne gardent nulle modestie en celles-ci, mais s'en remplissent excessivement, ni plus ni moins qu'un pourceau se vautre dans la puanteur d'un bourbier. Ce mot *naturellement*, est mis à l'opposé de raison et jugement. Car il n'y a que l'impétuosité naturelle qui domine les bêtes sauvages, mais la raison doit gouverner les hommes, et réfréner leurs appétits.

11. *Malheur sur eux : car ils ont suyvi le train de Caïn*[1], *et se sont abandonnez en l'erreur du loyer de Balaam*[2], *et sont péris selon la contradiction de Coré*[3].
12. *Ceux-ci sont des taches en vos repas de charité, en banquetant ensemble*[4], *se repaissans eux-mesmes sans crainte : nuées sans eaux, emportées des vents çà et là : arbres flestrissans*[5] *comme en Automne, et sans fruit, deux fois morts, et desracinez :*

[1] Gen. *4* : 8.
[2] Nomb. *22* : 21.
[3] Nomb. *16* : 1.
[4] Ou, *avec vous.*
[5] Ou, *dont le fruit se pourrit.*

13. *Vagues impétueuses de la mer, escumans leurs vilenies : estoilles errantes par l'air, ausquels est apprestée l'obscurité des ténèbres éternellement*[1].

11. MALHEUR SUR EUX, CAR ILS ONT SUIVI LE TRAIN DE CAIN ET SE SONT ABANDONNES EN L'ERREUR DU LOYER DE BALAAM, ET ONT PERI SELON LA CONTRADICTION DE CORE. C'est merveilles comment il les poursuit si rudement, vu que naguère il disait qu'il n'avait pas été permis à l'ange de jeter une sentence de malédiction contre Satan. Mais il n'a pas voulu donner une règle générale, seulement il a voulu par l'exemple de Michel montrer brièvement combien est intolérable la fureur de telle sorte de gens, quand ils déchirent fièrement d'outrage ce que Dieu honore. Il était certes permis à Michel de foudroyer et de prononcer une malédiction extrême contre Satan, et nous voyons comment les Prophètes usent de grande véhémence quelquefois contre les méchants, mais vu que Michel s'abstient d'user d'une sévérité extrême, (ce qui toutefois lui était permis) quelle rage est-ce de ne garder aucune mesure envers les créatures honorables et excellentes en gloire ? Au reste, quand il parle ainsi d'eux, c'est plutôt pour avertir quelle issue auront tels gens, mais non pas pour désirer que mal leur advienne. Il fait cela de peur que quelqu'un par faute d'aviser à soi, ne soit tiré par eux dans la même perdition.

Il dit qu'ils sont imitateurs, et *ont suivi le train de Caïn*, lequel étant ingrat envers Dieu, corrompant faussement le service de celui-ci par un cœur pervers et méchant, se rendit indigne du droit d'aînesse. Il dit qu'ils se sont abusés et débauchés *pour un salaire*, comme *Balaam*, d'autant qu'ils pervertissent la pure doctrine, pour un gain déshonnête. Mais la métaphore dont l'Apôtre use signifie proprement : « Ils se sont écroulés », d'autant que leur intempérance a été démesurée et débordée comme une eau qui s'en va d'un côté et d'autre. Troisièmement, il dit qu'ils imitent *la contradiction de Coré*, pour autant qu'ils troublent l'état bien ordonné de l'Eglise.

12. CEUX-CI SONT DES TACHES EN VOS REPAS DE CHARITE, EN BANQUETANT ENSEMBLE, SE REPAISSANT EUX-MEMES SANS CRAINTE, NUEES SANS EAUX, EMPORTEES DES VENTS ÇA ET LA, ARBRES FLETRISSANTS, COMME EN AUTOMNE, ET SANS FRUIT, DEUX FOIS MORTS, ET DERACINES. Ceux qui traduisent « entre vos charités » ne déclarent pas assez le sens naturel, selon mon jugement. Car S. Jude appelle en grec *agapas*, les banquets que les fidèles faisaient entre eux pour rendre témoignage de leur unité fraternelle. Il dit que de tels banquets étaient déshonorés par ces vilains, qui après se repaissaient eux-mêmes dans la dissolution et l'ivrognerie. Car il y avait une grande modération et frugalité dans de tels banquets. Il ne fallait donc point que de tels gouffres fussent reçus là, lesquels après remplissaient leurs panses ailleurs en toute gourmandise. Certains livres ont : « banquetant avec vous », si on aime mieux suivre cette lecture le sens sera que ceux-ci non seulement ne servent que le déshonneur à la compagnie des bons, mais aussi leur sont à charge et embarras, d'autant qu'ils remplissent hardiment leur ventre aux dépens communs de l'Eglise. S. Pierre parle un peu autrement : il dit qu'ils font grande chère en leurs erreurs, et sont repus ensemble avec le troupeau des fidèles, comme s'il disait que ceux qui nourrissent ces serpents si pernicieux le font inconsidérément, et ceux qui les laissent vivre aussi dissolûment, sont doublement fous. Et il serait à désirer aujourd'hui qu'il y eût plus de jugement ou de

[1] II Pier. *2* : 17.

discernement en certains bons personnages, qui, se voulant montrer par trop bons envers les méchants, font grand dommage à toute l'Eglise.

NUEES SANS EAUX, EMPORTEES DES VENTS ÇA ET LA. Il recueille en une les deux similitudes qui sont en S. Pierre, toutefois c'est dans le même sens, car toutes deux blâment la vaine et folle ostentation : ces garnements, bien qu'ils promettent beaucoup, toutefois sont secs et vides au-dedans, comme il advient que des nuées agitées d'orage donnent quelque espoir de pluie, nonobstant elles s'évanouissent immédiatement et deviennent néant. S. Pierre ajoute la similitude d'une fontaine sèche et tarie. Mais S. Jude amasse plusieurs métaphores à une même fin, car il dit que ce sont des *arbres flétrissants*, comme en automne la vigueur et force des arbres se perd. Après il les appelle *arbres sans fruit, déracinés, deux fois morts*, comme s'il disait que bien que les feuilles apparaissent par dehors, néanmoins il n'y a ni suc ni vigueur au-dedans.

13. VAGUES IMPETUEUSES DE LA MER, ECUMANT LEURS VILENIES, ETOILES ERRANTES PAR L'AIR, AUXQUELLES EST APPRETEE L'OBSCURITE DES TENEBRES ETERNELLEMENT. On peut mieux saisir, par les paroles de S. Pierre, pourquoi ceci a été ajouté : d'autant qu'ils sont enflés d'orgueil, dégorgent des paroles braves, et écument des mots magnifiques d'un style affecté et hautain. Cependant il s'en faut qu'ils amènent rien de spirituel, ou qu'ils plongent plutôt les hommes en une stupidité de bêtes sauvages. Tels sont aujourd'hui ces esprits érudits de libertins, comme il a déjà été dit. On dirait que tout ce qui sort de leur bouche ne sont que tonnerres ; car, méprisant la façon commune de parler, ils se forgent je ne sais quel langage de marque nouvelle et étrange. Après avoir ravi leurs disciples par-dessus le ciel, semble-t-il, ils tombent soudain dans des erreurs grossières ; car ils forgent un état d'innocence, où il n'y a nulle différence entre l'honnêteté et la vilenie. Ils veulent faire croire que c'est une vie spirituelle, quand chacun se lâche la bride hardiment, chassant toute crainte de Dieu, en outre que nous sommes faits Dieu, d'autant que (comme ils disent) Dieu engloutit les esprits sortant hors des corps. C'est pourquoi, d'une autant plus grande affection et révérence devons-nous nous entretenir en la simplicité de l'Ecriture, de peur qu'en philosophant plus subtilement qu'il n'est de besoin, nous n'approchions point du ciel, mais plutôt soyons plongés en des labyrinthes entortillés. Il les appelle *étoiles errantes*, pour autant qu'ils éblouissent les yeux d'une vaine apparence de lumière, qui s'évanouit en un moment.

14. ***Desquels aussi Enoch a propétizé, septième homme après Adam, disant, Voyci le Seigneur est venu avec ses Saincts, qui sont par millions,***
15. ***Pour donner jugement contre tous, et convaincre tous les meschans d'entre'eux, de toutes leurs œuvres meschantes qu'ils ont faites meschamment, et de toutes les rudes paroles que les pécheurs meschans ont proférées contre luy.***
16. ***Iceux sont murmurateurs, quereleux, cheminans selon leurs convoitises, et leur bouche prononce propos fort enflez, ayans en admiration les personnes pour leur proufit.***

14. DESQUELS AUSSI ENOCH A PROPHETISE, SEPTIEME HOMME APRES ADAM, DISANT : VOICI LE SEIGNEUR EST VENU AVEC SES SAINTS, QUI SONT PAR MILLIONS. Je pense plutôt que cette prophétie s'est gardée et continuée de main en main entre les Juifs sans être écrite, que de dire qu'elle ait été prise de quelque livre apocryphe, car il se peut bien que les anciens aient donné cette sentence notable en mémoire perpétuelle à leurs successeurs. Si quelqu'un demande, vu qu'on trouve partout dans l'Ecriture des sentences presque semblables : « Pourquoi S. Jude n'a-t-il pas allégué un témoignage de quelque Prophète qui se trouvât dans l'Ecriture ? », la solution est facile à faire : il a voulu remettre en mémoire, et ramener du premier commencement de toute ancienneté, ce que le Saint-Esprit a prononcé au sujet de ces gens-là. Et c'est ce que signifient les paroles suivantes, car il dit expressément : *homme septième après Adam*, pour monter que cette prophétie est d'autant plus à estimer qu'elle est plus ancienne, d'autant qu'Enoch était du premier commencement du monde. Or quant à ce que j'ai dit que les Juifs avaient cette prophétie par la tradition de leurs ancêtres, si quelqu'un est d'autre opinion, je ne veux point débattre, non plus que de l'épître elle-même, à savoir si elle est de S. Jude, ou de quelque autre. J'avise seulement en ces choses douteuses à suivre ce qui est le plus vraisemblable.

VOICI LE SEIGNEUR EST VENU. Suivant la façon des Prophètes, il prend le passé simple pour le futur : « est venu », pour « viendra ». Il dit qu'il viendra *avec ses saints qui sont par millions* ; par ces mots il désigne tant les fidèles que les anges, car les uns et les autres orneront le siège judiciaire de Christ, quand il descendra pour juger le monde. Il parle de *millions*, comme Daniel fait aussi mention de mille millions d'anges, afin que les enfants de Dieu ne se laissent emmener et gagner par la grande multitude des méchants, comme par le ravage d'une mer impétueuse, mais que plutôt ils se tiennent fermes, prenant leur résolution sur ce qu'un jour viendra où le Seigneur assemblera les siens, dont une partie, habitant au ciel, ne peut être vue maintenant de nous, et l'autre partie est cachée sous un grand tas de paille. Au reste, la vengeance qui est préparée pour les réprouvés doit contenir les élus dans la crainte et la sollicitude.

Il parle des *œuvres et paroles*, d'autant que ces garnements nuisaient grandement non seulement par leur vie méchante, mais par leurs propos profanes et pervers. Or il les appelle *paroles rudes*, à cause de l'audace effrontée par laquelle ils sont portés à s'insinuer sans aucune honte.

16. CEUX-LA SONT CONTESTATAIRES, QUERELLEURS, CHEMINANT SELON LEURS CONVOITISES, ET LEUR BOUCHE PRONONCE PROPOS FORT ENFLES, AYANT EN ADMIRATION LES PERSONNES POUR LEUR PROFIT. Parce qu'ils se lâchent la bride en méchantes cupidités, ils sont en même temps difficiles et chagrins, en sorte qu'on ne peut jamais les contenter. Par ce moyen il advient qu'ils murmurent et grondent toujours en quelque chose qu'on fasse pour eux, ils ne font toutefois que se plaindre. Il blâme les paroles arrogantes et hautaines, parce qu'ils se vantent orgueilleusement. Mais en même temps, il montre qu'ils sont d'une nature servile, d'autant qu'ils s'abaissent comme des mendiants, pour le profit qu'ils attendent. Et on apercevra habituellement une telle inégalité dans de tels babouins. Quand il n'y a personne qui réprime leur insolence, ou quand il n'y a nul regard qui les empêche, alors leur orgueil est intolérable, tant ils sont hautains à s'attribuer toutes choses. Mais quand ils craignent quelqu'un, ou qu'ils espèrent ou attendent quelque profit de lui, ils se rendent serviles en flattant et flagornant. Il prend ce mot de *personnes*, pour la puissance ou la grandeur extérieure.

17. *Mais vous, bien-aimez, avez*[1] *souvenance des paroles qui ont esté prédites par les Apostres de nostre Seigneur Jésus-Christ :*

[1] Ou, *ayez*.

18. *C'est qu'ils vous disoyent qu'il y auroit au dernier temps des mocqueurs, cheminans selon leurs convoitises de meschancetez.*
19. *Ce sont ceux qui se séparent*[1], *sensuels, et n'ayans point l'Esprit.*

17. MAIS VOUS BIEN-AIMES, AVEZ SOUVENANCE DES PAROLES QUI ONT ETE PREDITES PAR LES APOTRES DE NOTRE SEIGNEUR JESUS-CHRIST. Après cette prophétie très ancienne, il ajoute maintenant les admonitions des Apôtres, desquels la mémoire était fraîche. Le mot grec peut être traduit : « vous avez souvenance », ou « ayez souvenance », mais il n'y a pas grande différence entre les deux. Car le sens est toujours semblable, à savoir qu'étant munis de l'avertissement qui leur a été fait auparavant, et comme avant le coup, ils ne doivent point être ébranlés. Il appelle *le dernier temps* le temps depuis que la condition de l'Eglise a été renouvelée, et qu'un état y a été mis qui ne doit point changer jusqu'à la fin du monde. Or cet état a commencé au premier avènement de Christ. Il appelle *moqueurs*, selon le commun usage de l'Ecriture, ceux qui, enivrés d'une méchante et profane contestation de Dieu, s'abandonnent à un mépris grossier de toute divinité, en sorte qu'ils ne sont plus retenus par aucune religion ou conscience pour faire leur devoir, d'autant qu'il n'y a en leurs cœurs nulle crainte du jugement à venir, ni aucune espérance de la vie éternelle. De même aujourd'hui le monde est partout rempli d'épicuriens et de contempteurs de Dieu, qui, ayant chassé tout respect, ont en moquerie toute la doctrine de la vraie religion comme si c'était une fable.

19. CE SONT CEUX QUI SE SEPARENT, SENSUELS, ET N'AYANT POINT L'ESPRIT. Certains exemplaires grecs ont comme nous traduisons, les autres ont simplement « ceux qui séparent », mais tous les deux reviennent au même sens. Car il entend qu'ils se détournent de l'Eglise, parce qu'ils ne peuvent porter le joug de la discipline, comme des gens qui, adonnés à la chair, n'ont en eux rien de la vie spirituelle. Quant au mot que nous traduisons par *sensuels*, à le traduire au plus près du grec il faudrait dire « animaux » (car il vient d'âme) ; mais le mot d'âme en cet endroit est mis à l'opposé de l'*esprit*, c'est-à-dire de la grâce de renouvellement ; et il signifie la nature corrompue, telle qu'elle est dans les hommes qui ne sont point encore régénérés. Car en cette nature bâtarde que nous tirons d'Adam, il n'y a rien qui ne soit grossier et terrestre, en sorte qu'il n'y a nulle partie de nous qui aspire à Dieu, jusqu'à ce que nous soyons renouvelés et faits des nouvelles créatures par son Esprit.

20. *Mais vous, bien-aimez, vous édifians vous-mesmes sur vostre très sainte foy, et prians par le sainct Esprit,*
21. *Contregardez-vous vous-mesmes en charité*[2], *attendans la miséricorde de nostre Seigneur Jésus-Christ à vie éternelle.*
22. *Et ayez pitié des uns, en usant de discrétion :*
23. *Et sauvez les autres par frayeur, les arrachans hors du feu, hayssans mesmes la robbe qui est tachée par la chair.*
24. *Or à celuy qui vous*[3] *peut garder sans chopper, et vous amener devant sa gloire irrépréhensibles avec liesse :*
25. *A Dieu* di-je *seul sage, et nostre Sauveur, soit gloire et magnificence, force et puissance, maintenant et à tout jamais, Amen.*

[1] Ou, *font divisions.*
[2] Ou, *les uns les autres en la dilection de Dieu.*
[3] Ou, *les.*

20. MAIS VOUS, BIEN-AIMES, VOUS EDIFIANT VOUS-MEMES SUR VOTRE TRES SAINTE FOI, ET PRIANT PAR LE SAINT-ESPRIT. Il montre le moyen par lequel ils peuvent repousser tous les efforts de Satan, à savoir si, ayant la charité annexée avec la foi, ils prennent soin d'eux, comme faisant toujours le guet jusqu'à la venue de Christ. Mais comme S. Jude est plein de métaphores et de similitudes, aussi a-t-il ici ses façons de parler, qu'il nous faut brièvement noter.

Il commande en premier lieu qu'ils *s'édifient eux-mêmes sur leur foi*. Par là il signifie qu'il faut retenir le fondement de la foi, mais qu'il ne suffit pas d'avoir été une fois bien instruits, mais qu'il faut que ceux qui sont fondés en la vraie foi, tâchent de progresser continuellement. Il appelle leur foi *très sainte*, afin qu'ils se tiennent avec sûreté à elle, et que, appuyés sur la fermeté de celle-ci, ils ne soient jamais ébranlés. Mais vu que toute la perfection de l'homme consiste en la foi, il semble que ce soit une chose absurde, qu'il commande d'édifier un autre bâtiment par-dessus, comme si la foi ne faisait que donner le commencement à l'homme. L'Apôtre donne la solution de cette question, quand il ajoute aussitôt après, que les hommes sont édifiés sur la foi, quand la *charité* y est ajoutée. A moins qu'on ne l'aimât mieux prendre en cette sorte, que les hommes sont édifiés sur la foi, en tant qu'ils progressent en elle. Et de fait, les avancements ordinaires de la foi, font qu'elle croît jusqu'à faire comme un bâtiment entier et accompli. Par ce moyen l'Apôtre commanderait de croître dans la foi, de persévérer dans les prières, et de se maintenir dans la vocation par charité.

ET PRIANT. Le moyen de persévérer est que nous soyons garnis et fortifiés de la vertu de Dieu. Toutes les fois donc qu'il est question de la constance de la foi, il faut avoir notre recours aux prières. Mais parce que nous prions coutumièrement par acquit, il ajoute : *par le Saint-Esprit*, comme s'il disait que la paresse et froideur de notre chair est si grande, que nul ne peut prier comme il convient, sinon qu'il soit réveillé et échauffé par l'Esprit de Dieu. Nous sommes, en effet, tellement enclins à défiance et tremblement, que nul n'ose appeler Dieu, Père, à moins que ce même Esprit ne le lui fasse dire. Car de cet Esprit procède la sollicitude, l'ardeur et la véhémence, la joie, l'assurance d'obtenir, bref, ces gémissements inénarrables dont parle S. Paul (Rom. *8* : 25). Non sans cause donc S. Jude déclare que nul ne peut prier comme il convient, sinon en étant gouverné et conduit par le Saint-Esprit.

21. CONTREGARDEZ-VOUS VOUS-MEMES EN CHARITE, ATTENDANT LA MISERICORDE DE NOTRE SEIGNEUR JESUS-CHRIST A VIE ETERNELLE. Il constitue la charité comme la gardienne et la gouvernante de notre vie, non pas qu'il veuille l'opposer à la grâce de Dieu, mais parce que c'est le droit cours de notre vocation, que nous persévérions dans la charité. Mais parce que plusieurs choses nous sollicitent à nous détourner, en sorte qu'il est difficile de nous garder entiers à Dieu jusqu'à la fin, il renvoie les fidèles au dernier jour. Car la seule attente de celui-ci doit nous soutenir, afin que nous ne perdions jamais courage, autrement il faudra que nous défaillions à toutes heures. Cependant il faut noter qu'il ne veut point que nous espérions ou attendions la vie éternelle, sinon de la miséricorde de Christ. Car il sera tellement notre juge, que pour juger il ne suivra d'autre règle que le bienfait gratuit de la rédemption acquise par lui-même.

22. ET AYEZ PITIE DES UNS, EN USANT DE DISCRETION. **23.** ET SAUVEZ LES AUTRES PAR FRAYEUR, LES ARRACHANT HORS DU FEU, HAISSANT MEME LA ROBE QUI EST TACHEE PAR LA CHAIR. Il ajoute une autre exhortation : comment les fidèles doivent se gouverner dans la correction des frères, pour les ramener au Seigneur. Or il montre qu'on doit les traiter en diverses sortes, un chacun selon qu'il est besoin, eu égard à son naturel. Car envers les doux et dociles il faut user de clémence. Il y en a d'autres qui sont plus durs, il faut donc les dompter par la crainte et la *frayeur*. Et c'est en cela que consiste le discernement dont il fait mention. Ainsi donc la somme de ce propos est que, si nous voulons pourvoir au salut de ceux qui se fourvoient, il faut considérer la nature d'un chacun, à savoir que ceux qui sont doux et traitables soient doucement ramenés au chemin, comme dignes de miséricorde, mais si quelqu'un est revêche et opiniâtre, qu'il soit corrigé plus rudement. Et parce que la rigueur et âpreté est presque toujours odieuse, il l'excuse par la nécessité, à savoir qu'il est impossible de sauver autrement ceux qui ne veulent pas paisiblement suivre les bons avertissements. Au reste, il use d'une métaphore qui a une grande grâce. Car où il y a danger de feu, nous ne faisons pas de difficulté de tirer par force et violence celui que nous voulons garder sain et entier. Car il ne suffirait pas de lui faire signe du doigt, ou de lui donner et tendre la main doucement. Voilà aussi comment il nous faut besogner à procurer le salut de ceux qui ne viendraient point à Dieu si on ne les tirait rudement. L'ancienne traduction latine lit bien autrement ce passage, car il y a : « Reprenez ceux qui sont jugés », lecture qui se trouve en plusieurs exemplaires grecs ; mais l'autre sens premier convient mieux, et selon mon jugement est le vrai et naturel. Ce mot *sauver*, est transféré aux hommes, non pas qu'ils soient auteurs du salut, mais seulement ministres.

HAISSANT MEME LA ROBE TACHEE PAR LA CHAIR. Bien que ce passage semble obscur, néanmoins il n'a nulle difficulté, si la métaphore ou similitude est bien expliquée. Il veut que les fidèles non seulement se donnent garde d'attoucher aux vices, mais aussi afin qu'aucune contagion ne parvienne jusqu'à eux, il les admoneste de fuir tout ce qui est proche du vice. S'il est question d'impudicité, nous dirons qu'il faut ôter tout ce qui peut inciter à la paillardise. Le propos sera encore mieux éclairé quand on remplira la sentence, à savoir que nous ayons en haine non seulement la chair, mais aussi la robe qui est infectée de par l'attouchement de celle-ci. Car le mot *et*, que nous traduisons par *même*, est pour amplifier la chose. Plutôt que de permettre que le mal soit entretenu en le tolérant, il commande au contraire de retrancher toutes préparations et tous accessoires de celui-ci.

24. OR A CELUI QUI VOUS PEUT GARDER SANS BRONCHER, ET VOUS AMENER DEVANT SA GLOIRE IRREPREHENSIBLES AVEC LIESSE. Il met fin à son épître par une louange à Dieu, dans laquelle il montre que nos exhortations et nos efforts n'ont nulle puissance, si l'effet ne procède de la vertu de Dieu. Certains exemplaires ont : « Qui a puissance de *les* garder ». Si nous recevons cette lecture, le sens sera tel : « C'est bien à vous de vous efforcer à ce qu'ils soient sauvés, mais c'est à Dieu seul de l'accomplir ». Toutefois l'autre lecture me plaît mieux, en laquelle aussi il y a une allusion à la sentence précédente. Car après avoir exhorté les fidèles à sauver ce qui était péri, afin qu'ils entendent que tous leurs efforts seront inutiles, si Dieu ne besogne, il témoigne que même eux ne pourront être autrement sauvés que par la vertu de Dieu, bien qu'en ce dernier membre il n'use pas du même verbe dont il avait usé au précédent, mais d'un autre qui signifie garder. Ainsi ce propos se rapporterait à ce qu'il avait dit auparavant : *contregardez vous vous-mêmes*.

LOUANGE A DIEU.

Table des matières